KB105515

젊은 시절의 박헌영.

박헌영. 해방 직후 김해균의 집 2층에서 찍은 사진이다.
모스크바의 딸에게 보내기 위해 찍었다.

1927년 11월 24일자 『동아일보』에 실린 박헌영.
'정신이상자'로 병보석 석방될 당시의 박헌영과 부인 주세죽(왼쪽)의 모습이다.

1928년 12월, 정신병으로 출옥해 블라디보스토크로 탈출한 후의 박헌영,
주세죽 부부. 박헌영의 얼굴이 초췌하다.

1928년 부인 주세죽, 딸 비비안나와 함께.

1929년 모스크바 국제레닌학교 재학 중 모습. 앞줄 왼쪽에서 두 번째부터
김단야, 박헌영이 나란히 앉아 있다.
두 번째 줄 오른쪽에서 세 번째가 주세죽이다.

딸 박비비안나.

정치적·사상적 동지이자 연적이 된 김단야.

두 번째 부인 정순년.
그러나 그녀는 박헌영의 은신 중 친정아버지에 의해 강제로 개가하게 된다.

해방되는 날까지 박헌영의 수행비서 격이던 이순금. 이관술의 여동생이다.

박헌영·김단야·임원근 트로이카의 여성
트로이카이던 주세죽·고명자·허정숙이 청계천에서 족욕을 하며 놀고 있다.

1946년의 박헌영.

해방 직후 '박헌영 동무 만세'를 붙여 놓고 일하는 남한의 여성 노동자들.

1946년 2월의 박헌영과 여운형. 일생의 동지였다가
좌우합작 문제와 3당 합당 문제 등으로 서로 앙숙 관계가 되어버렸다.

1946년 서울의 조선공산당 창건 21주년 기념행사에
참석한 박헌영(가운데)과 허헌(왼쪽).

1948년 평양에서 열린 남북연석회의에 참석한
김두봉, 허헌, 김달현, 김원봉, 박헌영, 김일성(왼쪽부터).

1948년 4월 남북연석회의에서 노동당 부위원장 자격으로
축사를 낭독하는 박헌영.

1948년 4월 남북연석회의에 참석했던
김일성과 박헌영이 회의장 바깥에
나와 이야기를 나누고 있다.

1948년 8월 황해도 해주에서 열린 인민대표자대회에 참석한 백남운, 허헌, 박헌영, 홍명희(왼쪽부터).

1948년 9월 2일 평양 최고인민회의장에서
김책, 박헌영, 김일성, 최용건(앞줄 왼쪽부터).

1948년 9월 수립된 북조선의 초대 내각.
오른쪽부터 허정숙, 최용건, 박헌영, 김일성, 홍명희.

1949년 3월 김일성과 박헌영의 모스크바 방문 기념 의장대 사열식.
앞줄 왼쪽부터 김일성, 아나스타스 미코얀, 안드레이 그로미코, 박헌영, 홍명희.

1949년 3월 북조선 내각 구성원들. 왼쪽부터 박헌영, 최용건, 홍명희, 김일성.

1949년 윤레나와 재혼하는 박헌영. 결혼식 축사를 하는 김일성
왼쪽으로 슈티코프, 오른쪽으로 윤레나와 박헌영 부부, 허정숙이 보인다.

월북 후 박헌영 가족의 단란한 한때. 왼쪽은 딸 비비안나, 오른쪽은 아내 윤레나.

그러나 적들이 숨인 우리가 처하여있는 엄중하고 어려운 태도를 리용하여 우리에게 시간여유를 주지않고 계속 진공하여 38도선을 침공하게되는때에는 우리 자력의 힘으로서는 이 위기를 극복할 가능성이 없습니다. 그러므로 우리는 당신의 특별한 원조를 요구하지않을수없게됩니다. 즉 적군이 38도선 이북을 침공하게 될때에는 약속한바와같이 중국인민군의 직접 출동이 절대로 필요하지 됩니다.

이상과 같은 우리의 희망은 당신에게 제의하기되어 비여대한 당신의 회답을 우리는 기다립니다.

조선로동당·중앙위원회.

김일성
박헌영

1950·10·1일
한리에시

1950년 10월 1일 김일성과 공동 명의로 스탈린에게 보낸 편지.

1950년, 조선인민군 총참모장 강건의 영구를 메고 가는 김일성과 박헌영.

숙청되기 얼마 전의 박헌영.

박헌영과 정순년 사이에서 태어난 박병삼은 승려가 되었다.
2008년 평택 만기사 주지로 있는 박병삼(법명 원경)을 찾아온
전 『해방일보』 기자 박갑동.

박 헌 영

평 전

박헌영 평전

안재성 지음

인문서원

사라진 열정의 흔적을 찾아서

조선공산당 총무부장 이관술의 사촌 매제였던 이석도는 1945년 가을부터 이듬해 봄까지 박헌영을 비롯한 당대 공산주의 최고지도자들을 누구보다도 가까이에서 지켜볼 수 있었다.

가회동에 있던 이관술의 아담한 한옥에는 불과 몇 년 안에 모두 죽어 없어지게 될 이 비극적인 인물들이 매일이다시피 모여 회의를 했다. 이관술의 수행 비서였던 이석도가 하는 일은 담배 심부름이나 차를 날라다 주는 정도였지만, 회의가 끝나고 한가하게 방담을 나눌 때면 슬그머니 옆에 앉아 들어보기도 했다.

공산당 지도자들의 회의는 소란한 법이 없었다. 담배는 뽀얗게 피워대도 술을 마시는 일은 드물었다. 두런두런 나직한 음성으로 회의를 끝내고 헤어지기 전에 잠시 나누는 한담이라야 일본 식민지 말기에 누구는 어디 숨어서 무얼 했고, 어떻게 경찰의 추적을 피해 다녔는가 하는 이야기 정도였다.

이석도는 그들이 과거에 얼마나 치열하게 싸웠고 얼마나 많은 시간을 감옥에서 보냈는지 잘 알지 못했다. 공산주의 사상 같은 것은 갖고 있지 않았던 평범한 시골 청년의 눈으로 본 그들은 하나같이 점잖고 다정한 사람들일 뿐이었다.

이관술은 야무져 보이는 깡마른 얼굴에 두 눈이 날카롭게 반짝였으나, 늘 유쾌한 농담을 좋아하는 서민적인 사람이었다. 단단한 체격이며 뭉툭하니 내려앉은 콧등이 권투 선수 같은 김삼룡 역시 두터운 입술에 늘 웃음을 띠고 다니는 호걸이었다. 공장 노동자처럼 검정색 투박한 작업복 차림의 이주하는 깡마른 얼굴에 날선 눈빛이 매서웠으나, 말수가 무척 적어 조용한 학자처럼 보였다. 커다란 눈이며 이목구비가 무척 잘생긴 이현상은 특히 과묵한 사람이었는데, 자기보다 훨씬 어린 이석도에게도 반드시 존댓말을 써주었다. 자라처럼 들어간 짧은 목에 넓적한 얼굴을 가진 최용달은 둥근 테 안경 속에 부리부리한 큰 눈이 순박한 인상이었다. 정태식은 자그마한 체격에 얇은 입술의 양 끝이 위로 올라가는 미소가 귀여운 사람이었다.

조선공산당 지도자들은 하나같이 모범생 아니면 점잖은 선생 같았다. 커다란 체구에 잘생긴 얼굴, 시원시원한 말투를 가진 이강국이나 검은 피부에 달변인 이승엽이 오히려 특이한 경우였다. 그러나 그 두 사람조차도 수십 개가 넘는 온갖 잡다한 정당의 정치 모리배들과는 비교도 할 수 없는 품격을 갖추고 있었다.

여성 공산주의자로 유명하던 이순금, 박진홍, 이경선도 평범한 동네 아낙들처럼 수수한 사람들이었다. 이순금은 집회에서는 제법 연설을 잘했지만, 가회동 모임에서는 숫기라곤 없이 나직한 음성으로 두런두런 이야기해 잘 눈에 띄지 않았다. 박진홍은 조선공산당의 또 다른 지도자 김태준과의 사이에 낳은 갓난아이 때문에 회의에 자주 참석하지는 않았는데, 가끔 놀러 오면 자신의 동덕여고보 선생이기도 했던 이관술에게 더없이 살갑게 굴었다. 제주도에서도 더 내려가는 가파도 출신인 이경선은 귀여운 눈매와 입가에 늘 웃음이 떠나지 않는 정겨운 여자였는데, 집회에서만은 맹렬하고도 설득력 있는 대중연설로 사람들을 감동시켰다.

이들 여성 운동가들과 동덕여고보 동기동창인 이효정은 웃음 많고 울음 많은 친구들로 그들을 기억한다. 서로 눈길만 마주쳐도 까르르 웃느라 숨이 찼다. 일본어로 된 세계 명작 소설들을 읽으며 눈물 흘리던 다정다감한 친구들이었다. 중앙고보 남학생들과 몰래 『공산당 선언』을 공부하고 동맹휴학을 주도하면서 수도 없이 경찰서에 끌려가 고초를 당했지만, 결코 기죽지 않고 당당하기만 했던 친구들이었다. 친구들이 모두 월북하고, 자신의 남편까지 월북해버린 후 외롭고도 혹독한 시련의 반세기를 살아온 이효정에게 여고보 시절은 염원과도 같은 추억이 되었다. 죽음을 얼마 앞두고 대

6

부분의 시간을 누워서 지내는 이효정은 소원을 묻는 이에게 남편이 보고 싶다는 말 대신 박진홍과 이순금이 보고 싶다고 말한다. 누가 물어도 똑같이 대답한다.

조선공산당은 남조선노동당으로 바뀌기까지 1년이라는 짧은 시간 동안 안팎으로 온갖 공격에 시달려야 했지만, 지도부는 겹치는 곤란에도 흔들림 없이 응대해 나갔다. 이석도는 회의에서나 방담에서나 이들이 함부로 남을 비방하거나 소리치며 싸우는 모습을 본 적이 없었다. 언제나 학자들처럼 점잖고 조심스럽게 말했다. 실제로 이들의 대다수는 경성제대 등 당대 최고 학부 출신들이거나 고등고보 시절 최고 성적을 기록하던 수재들이었다. 억압받고 착취당하는 조선인들에 대한 사랑과 동정심으로 항일운동을 시작한 그들이 동시대 인류를 사로잡고 있던 공산주의 이상을 최후의 지향점으로 설정한 것은 결코 비난받을 일이 아니었다.

이들 조선공산당 핵심들의 변함없는 지도자는 박헌영이었다. 이석도가 보기에 박헌영은 엄격하고 정직한 인상이었다. 키도 작고 까무잡잡한 피부가 그다지 볼품 있는 편이 아니었으나, 진솔하고 믿을 수 있는 사람이라는 것은 중년의 얼굴에 속일 수 없이 새겨져 있었다.

박헌영은 말수도 적고 잘 웃지도 않았지만, 한번은 일경에 쫓겨 도망 다닐 때 끓여 먹던 된장찌개 만드는 방법에 대해 얼마나 실감나게 이야기해주는지 모두 군침을 흘리며 듣기도 했다. 미식가였을 뿐 아니라 직접 음식 만들기를 즐겼던 박헌영은 식민지 시절 여럿이 비밀모임을 갖고 난 다음 날이면 제일 먼저 일어나 된장찌개와 밥을 해 놓고 후배들을 깨웠다고 했다.

박헌영은 회의가 끝나고 다들 떠난 뒤에도 혼자 남아 이관술과 밀담을 나누곤 했다. 이럴 때면 술도 한 잔씩 했는데, 꽤 큰 호리병에 담긴 소주를 몽땅 마시고도 얼굴색 하나 변하지 않고 취한 기색도 없었다. 이석도가 청소를 하고 있으면 이리 오라고 불러 한두 잔 따라 주기도 했다. 이때 박헌영은 고작 농담이라고 방바닥을 손가락 끝으로 쓸어 보이며 "이 군, 청소가 덜 되었구먼?" 하며 놀리곤 했다. 그럴 때면 좀처럼 웃지 않는 얼굴에 그 특유의 수줍은 듯 엷은 미소를 지어 보였다.

해방 직후 남한의 정국을 주도했던 조선공산당 간부들에 대한 후세 사람들의 공포와 혐오는 지속적인 반공교육의 효과라 할 수 있었다. 실제의 그들은 인본주의와 민주주의의 신념에 사로잡힌, 근본적으로 선량하고 온건한 고급 지식인이 대부분이었다.

학자풍의 지도자들이었다고 해서 나약하거나 선병질적인 모습은 아니었다. 조선공산당 기관지 『해방일보』 기자였던 박갑동은 공산당 지도부의 강인한 측면을 더 생생히 기억한다. 박갑동의 기억에 박헌영은 표범과 같이 단단하고 민첩한 인상이었다. 박헌영의 연설은 시골 훈장처럼 두런두런하니 조용해서 아무리 잘 봐줘도 대학 교수의 강의 같았지만, 인상은 강렬했다. 쏘는 듯 매서운 눈빛은 그가 확고한 실천력을 가진 사람이라는 것을 느끼게 했다. 또 다른 지도자 이주하는 불꽃이 튀는 듯한 눈매와 칼날이 선 듯한 날카로운 음성을 가지고 있어서 조용히 말을 하고 있어도 금세 벼락이 떨어질 것 같은 조바심을 느끼게 했다. 똑같은 인물인 이주하에게서 이석도는 학자 같은 점잖음을, 박갑동은 저돌적인 혁명가를 본 것이다. 공산주의 최고지도자들이 이처럼 온유함과 강인함을 함께 가지고 있었다는 것은 다른 이들의 증언에도 나타난다.

1948년부터 5년 가까운 세월 동안 이현상과 함께 지리산에서 빨치산 투쟁을 했던 여성 대원 이옥자는 아무리 어린 대원에게도 반드시 존댓말을 써주고, 포로로 잡은 국군이나 미군을 죽이는 법이 없이 좋은 말로 교화해서 돌려보내는 이현상의 고매한 인품을 잊지 못한다. 그녀는 일반 대원들보다 스무 살 이상 많았던 중년의 이현상이 그 험악한 산중에서 5년이나 노숙을 하며 젊은 빨치산들을 지휘한 저력이 다름 아닌 그 깊은 인간애에서 나왔다고 확신한다.

식민지 시절이던 1933년 이현상과 함께 동대문에서 노동운동을 했던 여성 노동자 출신 이병희는 자신들의 지도자였던 이재유와의 마지막 만남을 잊지 못한다. 상하이에 망명 중인 박헌영으로부터 조선공산당 재건의 총책임을 맡았던 이재유는 앉았다 일어선 자리에 핏물이 흥건히 고일 정도로 고문을 당하고서도 조금도 기죽지 않은 활달한 음성으로 유치장에 갇힌 동지들의 이름을 부르며 격려했다. 박헌영의 처 주세죽의 친척이기도 했던 이재유는 결국 해방을 보지 못한 채 감옥에서 숨진다. 이렇게 일본의 고문으로 숨져간 조선공산당의 주요 간부는 1대 책임비서 김재봉, 2대 책임비서 강달영, 4대 책임비서 차금봉 등 기록에 남은 이만도 60명에 달했다.

1926년 이후 항일운동은 온전히 공산주의자들이 주도했다고 해도 과장이 아니었다. 1930년대 초반에는 매년 3천 명 이상의 공산주의자들이 체포되었으며, 해방 직전 최악의 상황에서도 해마다 7백 명 이상이 구속되었다. 해방 후 박헌영은 식민지 치하 공산주의자들이 형무소에서 보낸 시간을 모두 합치면 6만 년이라고 말한 적이 있다. 해방되던 다음 날 형무소에서 쏟아져 나온 공산당 관련자만 수천 명이었고, 엄격한 심사를 거쳐 조선공산당에 입당한 숫자가 수개월 만에 3만 명에 이르렀다.

불행하게도 이 조선공산당원의 명단은 수년 안에 사망할 사람들을 위한 죽음의 명단이 되고 말았다. 극우 반공 정권이 들어선 남한에서 이들이 살 수 없게 된 것은 당연했다. 탄압을 피해 월북한 이들도 1953년부터 시작된 수차례의 숙청

으로 죽거나, 대남공작대에 선발되어 월남했다가 체포되거
나 사살되었다.

남한은 그렇다 치고, 북한은 왜 당대 최고의 지식인들이었
으며 누구보다도 용맹한 투사였던 국내 혁명가들을 모조리
숙청한 것일까? 그것도 하나같이 미제의 간첩이니 반혁명분
자라는 오명을 씌워서 말이다.

남로당 경북도당 간부이던 이일재는 남로당 경북도당 위
원장 배철이 얼마나 용맹한 사람이었는지 생생히 기억한다.
남로당이 불법화된 후 팔공산 빨치산을 이끌던 배철은 1950
년 봄 수색하는 토벌대 바로 옆에 숨어 있었는데, 기침 소리
를 내지 않기 위해 자신의 입을 모자로 틀어막고 있다가 숨
을 못 쉬어 기절하고 말았다. 동료들은 토벌대가 지나간 후
에야 배철을 깨워 살려냈다. 이일재는 그토록 용맹하고 헌신
적이던 혁명가 배철을 반역자로 처형한 북한의 처사를 지금
도 이해하지 못한다.

이승엽은 북한이 남로당 지도부를 일본과 미국의 간첩이
요, 비겁한 전향자들로 지목할 때마다 상징적으로 등장시키
는 인물이다. 그러나 한국전쟁 당시 미군의 서울 수복 작전
에 끝까지 저항한 핵심 세력은 이승엽과 김응빈이 이끄는 서
울시당 자위대였다. 부안군 인민위원회 위원장이던 허영철
같은 이는 남로당 지도부에 비판적인 사람이었다. 그럼에도
1950년 9월 말의 서울 철수 당시 젊은 학생들과 당원들로

급조된 서울시당 자위대가 사제 수류탄밖에 없는 빈약한 무기만으로 얼마나 용감히 싸웠는가를 증언한다. 이승엽이 이끄는 자위대는 세계 최강의 미 해병대가 인천에서 서울까지 30킬로미터도 안 되는 거리를 진격하는 데 무려 14일이나 걸리게 만든다.

같은 시각, 인민군 총사령관 김일성을 비롯한 북한군 수뇌부는 벌써 압록강을 건너 만주로 도피하고 있었다. 인천 상륙 후 서울까지 14일이나 걸렸던 미군이 10월 3일 서울을 출발해 압록강까지 수백 킬로미터를 돌파하는 데는 불과 3주일밖에 걸리지 않았다.

이후 미군에게 점령된 3개월간 북한 지역에서는 북한군 지휘부나 주민들에 의한 산악 유격전 같은 것은 거의 일어나지 않았다. 유일하게 대항전에 나선 것은 이번에도 남로당 출신들이었다. 이승엽, 김응빈, 배철 등은 북한 전역이 미군에게 장악된 후에도 강원도 철원에서 미군을 저지하는 한편, 후퇴하는 인민군과 월북자들을 유격대로 재편해 남하시키는 일을 계속했다. 전쟁 전부터 고립된 남한에서 유격대를 이끌던 이현상도 다시 남부군을 편성해 남한 땅 깊숙이 내려가 후방 교란을 위해 사력을 다했다.

이토록 헌신적이고 용감한 공산주의자들이 왜 그들의 나라가 되어야 할 북한에서 거의 모두 죽거나 버림받은 것일까? 김일성이 다른 나라의 공산주의 지도자들보다 특별히 냉혹하거나 잔인하다는 근거도 보이지 않는다. 오히려 많은 사람의 증언 속에서 김일성은 드물게 대범하고 호방한 성품의, 넓은 포용력을 지닌 유능한 지도자로 등장할 뿐이다. 북한의 지도자가 되지만 않았다면, 그는 가장 존경받는 항일운동가 중 한 명이 되기에 충분한 사람이었다.

그런데 왜 북한 정권과 김일성은 이 많은 혁명가들을 모조리 제거해야만 했을까? 북한의 발표대로 정말 남로당 고위 간부들이 일본과 미국의 간첩이었으며, 미국과 협조해 북한을 붕괴시키려 시도했을까?

조금만 냉철하고 면밀하게 시대의 증언들을 분석해보면 이 의문에 답을 얻기란 그리 어려운 일이 아니다. 지금 당장 몇 개의 문단으로 해답을 보여줄 수도 있다. 다만, 해답에 이르기까지의 과정을 제대로 설명하지 않는다면, 왜곡과 거짓으로 점철된 또 한 편의 반공 드라마가 될 위험이 다분하기에 보다 긴 설명이 필요하다.

또한 사람들은 물을 것이다. 현실 사회주의 국가들의 붕괴와 함께 공산주의에 대한 사망 선고가 내려진 지도 벌써 30년이 넘어가고 있는 오늘에 와서 흘러간 옛이야기를 왜 꺼내느냐고. 대답은 간단하다. 소련, 동독, 중국, 북한 할 것 없이 모든 사회주의 국가들에서 벌어진 빈곤과 인권 침해는 이념 자체의 한계를 입증해준다. 그럼에도 20세기 초반의 공산주의의 역할을 부정한다면, 오늘의 우리가 누리고 있는 인간의 존엄성과 자유의 상당 부분을 상실해야 하기 때문이다.

식민지 치하 공산주의자들의 투쟁 목표에는 반드시 일일 7시간 노동이 들어갔으며, 표현은 조금 달랐지만 최저임금제의 실시, 국민연금과 의료보험의 도입, 남녀평등, 동일노동 동일임금, 외국인 노동자 차별대우 금지, 호주제 폐지 등의 요구가 빠지지 않았다. 언론·출판·집회·결사의 자유와 사형제도 반대 등의 요구도 필수적이었다. 반면 김구를 비롯한 민족주의자들은 그 헌신성에도 불구하고 "나의 소원은 첫째도 독립, 둘째도 독립, 셋째도 독립이다"라는 말만 되풀이했다. 독립을 이룬 새 나라에서 민중들이 어떻게 살아야 하는가 하는 고민 따위는 그들의 머릿속에 들어 있지 않았다. 공산주의자들의 투쟁과 희생이 아니었다면 오늘날 자본주의 사회의 보통 사람들이 누리고 있는 정치적 자유와 각종 사회보장제도는 존재하지 않았을 것이다. 공산주의에 대한 사망선고를 함부로 남발해서는 안 되는 이유다.

공산주의 사상의 긍정적인 측면이 현대 인간의 삶에 얼마나 큰 영향을 미치고 있는가는 반공주의자들 자신이 입증한다. 그들은 민주주의와 진보를 향한 모든 움직임을 빨갱이들의 음모라고 외친다. 투쟁적 노동조합과 진보적 사회단체들의 활동은 물론이요, 최소한의 복지 정책이나 인권 정책, 나아가 친일파 추적 같은 민족주의 정책까지도 좌파들의 공세로 믿는다. 고의적인 정치 공세일까, 아니면 과대망상에 걸린 것일까? 그렇지 않다. 그들의 두려움에는 이유가 있다.

　제국주의 침략전쟁이 고조되던 당시, 식민지 국가의 혁명 과제는 즉각적인 사회주의혁명이 아니라, 반봉건 부르주아 민주주의혁명으로 설정되어 있었다. 조선공산당은 그 시작부터 끝까지, 토지와 공장의 일체 몰수 같은 사회주의적인 공약을 내세운 적이 없었다. 해방 후에도 토지 개혁, 소작료 3할 요구 등 대부분의 요구는 자본주의를 토대로 한 일반민주주의 정책이었다. 북한 역시 해방 후 10여 년이 지나서야 사회주의 체제로 가겠다고 선언한다.

　당대 사회주의자들은 조선 민중이 꿈꾸어온 자유롭고 평등한 세상을 위해 가장 앞장서서 투쟁했을 뿐이다. 민주와 자유와 평등을 요구하는 이들이야말로 공산주의자들이라는 사실을, 그들은 해방 직후의 경험을 통해 정확히 파악하고 있는 것이다.

　따라서 입만 벌리면 진보적 민주주의니 자유 평등을 외치던 공산주의자들에게 넌덜머리가 났던 보수 기득권 세력들이 오늘도 계속되는 민주주의와 진보의 행렬에서 공산주의의 유령을 발견하는 것은 결코 이상한 일이 아니다. 그들에 의해 빨갱이라 불리는 것은 결코 불명예스러운 일이 아니다. 빨갱이란 호칭은 인류를 위해 봉사하고 투쟁하는 모든 선인들을 가리키는 명예훈장인 것이다.

　한국인들에게 공산주의의 유령은 지금도 두려움으로 존재

하고 있다. 한국인들에게 이념 문제는 여전히 최대의 쟁점으로 살아 있기 때문이다. 70년째 적대 관계를 지속하고 있는 남북이 통일되어 극단적인 좌우 대립이 상식적이고 일상적인 계급 갈등으로 완화되기 전까지는 계속해서 주요 모순으로 존재할 것이다. 그리고 박헌영은 그 모순의 최고 정점에 올라가 있는 인물의 한 명이다. 박헌영의 일생을 더듬어보면 한민족의 과거와 현재, 그리고 미래가 보인다. 오래된 옛이야기를 돌이켜보는 이유다.

지금까지 수집된 자료와 증언만으로 보건대, 박헌영을 역사에 길이 남을 위인이라거나 불세출의 영웅이라 찬양하기는 어렵다. 그는 공산주의 이론에는 탁월했지만, 선동력과 포용력 등 대중정치가로서 필요한 정치 수완은 거의 갖추지 못한 사람이었다. 근본 성품은 온후하고 지성적이었지만, 정치적 입장은 다분히 교조주의적이었던 것도 사실이었다. 표범처럼 단단한 인상에 좀처럼 웃지 않는 과묵하고 비밀주의적인 성향은 지하운동의 지도자에게는 적합했을지라도 공개정당의 지도자에게는 어울리지 않았다.

그러나 모든 정황과 증거 자료로 보건대, 그는 결코 미국의 간첩 노릇을 했거나 비겁자인 적은 없었다. 그는 식민지 후반기 내내 국제공산당으로부터 조선공산당 조직의 최고책임자로 임명되어 있던 사람이었다. 조선의 공산주의자들이 해방되자마자 그를 최고지도자로 옹립한 데는 그만한 이유가 있었다. 원칙적이고 교조적인 성향이 '결과적으로' 적을 이롭게 했다고 공박할 수도 있겠지만, 그런 면모가 없었다면 애초에 공산당 지도자가 될 수 없었을 것이다. 그것이 그의 한계요, 시대의 한계였다.

우리는 위인도 영웅도 아닌 그에게서 조용하고 성실한, 수줍은 듯 조심스러우면서도 단호한 미소를 띤 혁명가의 초상을 본다. 욕심 많은 세상에서 무욕의 꿈을 이루어보려던 한 몽상가의 초상을 본다. 말년에 남긴 몇 장의 음울한 사진에서는 실패한 혁명가의 우울한 자화상을 본다.

혁명은 그를 배신했고 몽상은 깨졌지만, 적과 동지가 모두 그를 반역자라고 부르게 되었지만, 한국전쟁을 일으킨 전범의 한 명인 것도 부인할 수 없지만, 적어도 식민지시대의 그는 온몸을 던져 제국주의와 맞서 싸운 애국자였다. 해방 후에는 이승만 파시즘에 맞서 민중이 주인 되는 진정한 민주공화국을 만들어보려고 애쓴 민주주의자였다. 그 측면만으로도 그의 일생을 되살려보는 의미는 충분하리라.

차례

1
혁명의 바람

朴憲永　評傳

조선인들은 자신의 왕과의 투쟁을 통해 스스로 봉건 체제를 무너뜨리고 공화국을 세워 평등과 자유를 쟁취할 기회를 갖지 못했다.

서구 열강들의 식민지 분할 경쟁이 한창이던 19세기 말, 일본은 국왕 메이지가 주도적으로 서구 문명을 받아들여 불과 30년 만에 동양 최강의 제국주의 대국으로 성장한다.

같은 기간, 어린 아들 이희를 대신해 왕권을 잡은 대원군 이하응은 서구 문명의 유입을 거부하고 철저한 쇄국 정책을 택했다. 대원군은 두어 차례 외국 배의 상륙을 저지하고는 서양 침략자들을 물리쳤노라며 기세등등했고, 서양 문화의 유입을 막기 위해 가톨릭 전도사들과 신도들을 무참히 학살했다. 미국과 손잡은 일본은 그사이 조선을 넘어 중국과 러시아까지 압도하는 군사대국이 되고 있었으나, 반외세를 국시로 삼은 이 고루한 수구파 노인을 자극하지는 못했다. 대원군 치하 조선의 관리들이 할 수 있는 일이라곤 해안가의 야산을 일부러 황폐하게 만들어 한반도에 대한 서양인들의 욕망을 가라앉혀보려는 시도뿐이었다.

아내 민자영의 책략에 힘입어 아버지 대원군을 내몰고 왕권을 잡은 고종 이희는 뒤늦게나마 쇄국을 풀어 서구 문명을 도입하려 했다. 그러나 그는 이를 수행할 능력도 야심도 없는 사람이었다. 고종은 왕실을 드나드는 외국인들에게 매우 친절하고 부드럽고 쾌활한 모습을 보여주었다. 그는 커피를 사랑했고, 많은 책을 읽은 온화한 지도자였다. 그러나 침략의 전초병으로 온 일본인들과 서양인들은 그가 조선을 둘러싼 정세를 전혀 이해하지 못하고 있으며, 어떤 해결책도 내놓을 수 없는 무능하고 나약한 인물임을 금방 알아챘다.

고종으로 하여금 이 불안한 왕좌를 지키도록 힘을 준 유일한 철학은 자신이 조선의 주인이며 조선의 모든 땅과 백성은 자신의 소유라는 유교 사상뿐이었다. 외국인들에게는 친절함으로 깊은 인상을 남기지만, 부하 관리들에게 그는 언제든 사약을 내릴 수 있는 무서운 존재였다. 5백 년 넘게 한반도를 지배해온 전주 이씨의 한 명인 그는 백성이 나라의 주인이요, 백성의 뜻이 곧 하늘의 뜻이라는 새로운 사상은 납득할 수도, 용납할 수도 없었다. 1894년, 백성이 곧 하늘이라는 구호 아래 왕권마저 위협할 정도의 대규모 농민반란이 일어났을 때, 이희는 주저하지 않고 오랜 우방인 청나라 군대에 진압을 요청했다. 백성의 생존보다 자신의 권좌를 더 중시한 이 어리석은 구원 요청은 이씨 왕조는 물론, 조선의 종말을 재촉하는 결과를 낳았다.

통일신라시대부터 끊임없이 한반도를 노려온 일본은 청나라와의 사이에 어느 한 나라 군대가 조선에 들어가면 다른 나라 군대도 자동적으로 조선에 진입한다는 청일조약을 맺고 있었다. 조선의 의지와는 아무 상관없이 자기들끼리 맺은 조약이었다. 청나라 군대의 상륙을 핑계로 조선에 진출한 일본군은 왕실의 요청에 따라 남부조선 전역에서 봉기한 농민군을 최신 기관총과 대포로 무참히 학살하고 청나라 군대까지 몰아내는 데 성공했다.

이희는 뒤늦게나마 일본의 간섭을 피하기 위해 국호를 대한제국이라 고치고 스스로를 광무황제라 칭했다. 명성황후에 봉해진 민자영은 남편보다 한결 야무진 여자였다. 그녀는 여러 제국들 사이의 등거리 외교를 통해 조선의 중립을 유지하려 애썼다. 그러나 민자영의 궁극적인 목표 역시 전제 왕권을 수호하는 데 있을 뿐이었다. 민씨 일족의 40년 세도정치는 조선의 경제적·도덕적 기반을 근본부터 무너뜨리고 있었다.

한반도 침략의 주도권을 선점한 일본인들은 이를 용납하지 않았다. 사악한 일본인들은 민자영을 칼로 난자해 불에 태워 죽여버렸다. 아내를 잃고 겁에 질린 이희는 러시아공사관으로 도피해 날림으로 급조한 허술한 숙소에 숨어들었다. 그의 처소는 밤만 되면 철저히 봉쇄되었으나, 불쌍한 황제는 암살의 두려움으로 밤잠을 이루지 못했다.

민중봉기를 적국의 군대보다 더 두려워한 고종은 살해당한 아내가 그랬던 것처럼 강대국들 사이의 균형외교를 통해 왕권을 유지하려 시도했다. 하지만 그가 몸을 의탁한 러시아 황제는 사회주의혁명가들과 농민반란군에게 들짐승처럼 쫓겨 장엄한 붉은 궁전 깊숙이 처박혀 있는 신세였다. 오랜 동맹국인 청나라 역시 서구 열강의 침략 아래 상처 입은 호랑이처럼 쓰러져 헐떡이고 있었다.

조선의 일부 신식 지식인들은 서구 제국들과의 교류를 통해 일본을 막으려 시도하기도 했다. 먼 호랑이를 불러 가까운 늑대를 잡으려는 위험한 계획이었다. 그러나 서구 제국들에게 한반도는 그다지 매력적인 땅은 아니었다. 그들은 제각기 중국, 인도, 동남아를 관리하느라 바빴다. 더구나 일본의 후견인은 건국 1세기 만에 세계의 초강대국으로 성장한 미국이었다. 미국과의 마찰을 바라지 않았던 서구 제국들은 조선을 차지하기 위해 수백 년 전부터 노력해온 일본의 야망을 묵인해주었다.

갑오년의 농민봉기가 처절히 패한 지 10년이 지난 1905년, 한반도를 향한 일본인들의 염원은 마침내 이루어졌다. 이를 최종적으로 승인해준 것은 미국이었다. 일본은 자신에게 자본주의를 이식해준 은인이자 조선 강점의 마지막 경쟁자이던 미국과의 우호적인 협상을 통해 조선에 대한 독점권을 승인받았다. 대신 미국은 필리핀에 대한 독점적 점유권을 확보했다. 조선이나 필리핀의 의사와는 상관없이 두 제국이 사이좋게 식민지를 나눠 가진 것이다. 이른바 '가쓰라·태프트 밀약'이었다.

이때부터 한반도는 실질적으로 일본의 식민지가 되었고, 5년 후인 1910년에는 공식적으로 일본에 합병되어 대한제국이라는 국명조차 상실해버렸다. 한국인들은 한때 몽골의 사위 국가가 되는 수모를 겪은 적은 있지만, 27년간 네 차례에 걸친 맹렬한 항전 끝에 무너졌었다. 그런데 일본과는 단 한 방의 총도 쏘지 않은 채 고스란히 국권을 넘겨준 것이다. 국가 차원에서 전투 한 번 해보지 않고 세계 지도상에서 그 존재가 완전히 사라져버리는 치욕은 4천 년 역사 이래 처음이었다.

인간 평등과 생존권을 위한 조선 민중의 투쟁은 이때부터 일본인들을 물리치기 위한 민족해방운동으로 전환되었다. 스스로 봉건제를 타도하여 자본주의를 경험하고 민주주의를 훈련할 기회를 가지지 못한 채 곧바로 자본주의 야만성의 최고 단계인 제국주의와의 전면 투쟁에 나선 것이다.

초기의 대일항쟁은 아직 봉건적 의식에서 벗어나지 못한 채 왕정복고적인 사상을 가진 선비들에 의해 주도되었다. 수많은 평민들도 의병으로 참여했다. 짚신에 죽창을 든 이들은 제대로 싸워보지도 못한 채 무참히 학살되었다. 그 과정에서 평민 출신 의병장이 양반 출신 의병장에 항의하다가 건방지다는 이유로 참수당하는 일이 벌어지기도 했다.

거듭되는 패배 속에 봉건 왕조가 다시는 복구될 수 없음이 확실해지면서 대일항쟁을 이끄는 이념도 바뀌었다. 민족주의의 등장이었다.

본래 민족이란 허구적인 개념이었다. 민족이란 단어는 종족적·문화적·언어적 동질성을 공유하는 집단을 뜻했으나, 엄격히 말해 완벽하게 독자적인 민족이란 존재할 수 없었다. 예컨대 조선인의 피 속에는 몽고족, 한족, 여진족, 일본족, 심지어 베트남족의 유전 인자까지 뒤섞여 있었다. 문화적으로 보아도 인도에서 발생한 불교문화와 중국에서 시작된 유교문화에 서구의 기독교까지 혼합되었다. 민족이란 국민의 또 다른 표현에 불과했던 것이다. 실제로 서양인들은 국민과 민족을 구별 없이 같은 단어로 불렀다.

중국, 조선 등 한자 문화권에서 민족이라는 신생 단어를 만들어낸 것은 자본제국들의 침략에 맞서 민중을 단결시키는 유력한 정신적 무기가 되었기 때문이다. 실로, 초기의 민족주의는 항일운동의 강력한 동력이 되어주었다. 그러나 나라와 나라를 가르는 배타적 개념에 불과한 민족주의가 구체적인 전략과 전술의 지침이 될 수는 없었다. 약소국 민중들을 독립 투쟁에 동원하는 강력한 동력은 되었으되 왜 이런 참혹한 침략전쟁이 시작되었으며 어떻게 이 전쟁을 종식시킬 수 있을까 하는 것까지 가르쳐주지는 못했다.

민족의 이익을 위해서는 무엇이든 할 수 있다는 국수주의적인 민족주의는 오히려 제국주의자들에게 이용되어 침략을 정당화하는 역할을 했다. 자기 민족의 번영을 위해서는 고등한 민족의 지배를 허용할 수도 있고, 반대로 자기보다 열등한 민족을 침략할 수도 있다는 이 국수주의적 민족주의는 장차 많은 조선인을 사로잡게 될 것이었다.

19세기 인류에게는 세계를 횡행하고 있는 침략과 약탈과 학살을 막으려는 보다 깊은 사회과학적 고민이 필요했다. 봉건사상은 물론, 국수주의적인 민족주의가 인류의 평화를 해치고 잔인한 종족 학살을 불러온다는 사실은 명확했다. 고민의 결과, 지금까지 인간의 역사에 존재하지 않았던 새로운 이상사회의 꿈이 탄생했다. 공산주의가 그것이었다.

민족주의자들은 강대한 민족이 약소민족을 침략하는 외부적인 현상만을 보았지만, 공산주의자들은 그 이면에 숨겨져 있는 자본주의의 원리를 들여다보았다. 자본가들 사이의 무한 경쟁이 이윤율의 저하를 낳고, 이윤율을 늘리기 위해 보다 값싼 노동력과 저렴한 원료를 찾아 해외로 나서려는 것이 바로 제국주의라는, 단순하지만 대단히 중요한 논리였다. 공산주의자들은 참혹한 제국주의 전쟁, 인간에 대한 착취와 수탈, 자원의 낭비 등 현대 사회가 안고 있는 치명적 모순들이 모두 자본주의에서 비롯된다고 보게 되었다.

해결책도 제시했다. 우선 자본주의를 타도하고 민중이 주인 되는 사회주의 정권을 수립해 토지와 공장 등 주요 생산수단을 국가가 운영함으로써 생산력을 급속히 발전시켜야 했다. 사회주의 단계는 사적 욕망 대신 공공의 이익을 우선하는 공리정신과 민주주의를 훈련하는 과정이기도 했다. 이렇게 생산력이 고도로 발전하고 인간 사이의 완전한 이타주의가 정착되면 누구나 자기 능력에 맞게 일하고 필요한 만큼 소비하는 이상사회, 곧 공산주의 단계가 도래하리라 보았다.

전쟁과 수탈과 착취가 없는 이상사회의 꿈은 산업의 발달로 대량의 노동자가 양산된 유럽의 지식인들 사이에 빠르게 퍼져 나갔다. 특히 노동자 숫자가 7백만 명이나 되는 데다 레닌과 트로츠키 같은 뛰어난 혁명가를 가진 러시아에서의 성장은 괄목할 만한 것이었다. 그러나 전근대적 농업 생산을 토대로 봉건적 질서가 온존하던 동양의 여러 나라에는 아직 그 씨앗도 뿌려지지 않았다. 장차 조선의 공산주의 지도자가 될 이들은 대부분 아직 한창 자라나는 소년들이었다. 남부조선 중서부의 작은 농촌 마을에서 태어난 박헌영도 그중 한 명이었다.

명칭만 제국으로 바꾸었을 뿐, 자신의 영토와 국민에 대한 통치력을 거의 상실한 황실이 최후의 가쁜 숨을 몰아쉬고 있던 19세기의 마지막 수년간 조선 땅에는 때 아닌 금광 바람이 불었다. 함경도와 평안도 등지의 대규모 금광들은 외국

자본에 채굴권이 넘어갔으나, 지방의 소규모 금맥들은 여전히 일확천금의 꿈으로 조선인을 유혹했고, 수많은 조선인이 채금에 뛰어들었다.

이는 문호개방으로 옥양목 같은 공산품이 들어오는 대신 쌀이 헐값으로 일본에 수출되면서 농촌 경제가 치명적인 타격을 입은 것과 관계가 있었다. 농사로는 살 수 없게 된 수많은 소규모 자영 농민들이 뺏기다시피 대지주에게 땅을 팔아 넘기고 고향을 등져야만 했다. 농민들은 새로운 농토를 찾아 만주로 떠나거나, 괭이와 채반 외에 별다른 장비도 없이 금광으로 흘러 들어왔다.

높지 않은 산봉우리와 풍요로운 들판이 어우러진 한적한 농촌 마을이던 충남 예산군 광시면 서초정리에도 금 채취가 한창이었다. 밤낮으로 돌 깨는 소리가 요란한 광구 근처에는 원석을 선별하는 허름한 창고들이 세워졌고, 토박이 농민들의 가옥은 광산 노동자가 된 유랑농민들을 위한 하숙집으로 바뀌었다. 광부들은 비좁은 방에 예닐곱 명씩 칼잠을 자면서 해도 뜨기 전에 일을 나가 해가 질 때까지 열심히 망치질을 하고 사금 채취를 했지만 돈 벌기는 쉽지 않았다. 얼마간 고생하다 포기하고 떠나는 이가 대부분이었다. 그래도 일하러 찾아오는 행렬은 끊임없이 이어졌다.

서초정리의 하숙집 주인 중에는 일찍 남편을 잃고 어린 딸 하나를 키워온 젊은 과부 이학규도 있었다. 안채와 행랑채 사이에 조그마한 마당이 있는 그녀의 작은 초가는 마을에서 조금 떨어진 개울가에 있었는데, 주변에 여러 개의 광구가 뚫리면서 하숙을 치기에 좋은 위치가 되었다. 예산에서 멀지 않은 바닷가인 서산 출신이라 서산댁으로 불리던 그녀는 작고 통통한 체구에 뒤통수가 납작하니 볼품없는 과부였으나, 음식 솜씨가 좋은 데다 싹싹하고 친절할 뿐 아니라 인심도 후해서 그녀의 하숙집은 빈자리가 날 틈이 없었다.

광부들은 일당 대신 전표를 받아 식비로 지급했다. 하숙집 주인들은 전표를 모았다가 보름이나 한 달 만에 돌아오는 급여일에 광산주에게 찾아가 현금과 교환했다. 하숙집에 쌀이나 장작을 대주는 이들 역시 외상으로 먼저 물건을 대주고 이날 정산을 하기 때문에 하숙집 주인과 상인들 사이에는 기본적인 신뢰가 필요했다.

이학규의 하숙집에 쌀을 대주던 미곡상은 멀지 않은 신양면 면소재지에 사는 박현주였다. 1876년생으로 이학규와 동갑이었다. 봉건 조선과 마찬가지로 대한제국의 법률에도 양반과 평민, 상민의 신분 등급이 엄존했으나 대부분의 양반들은 경제적으로 몰락해 직업의 귀천을 따지지 않고 닥치는 대로 살아가고 있었다. 배운 한문을 이용해 묫자리를 봐주는 지관 노릇을 하거나 사주팔자를 봐주는 점쟁이로 살아가는 경우는 나은 편이었다. 떠돌이 장사꾼이 되거나 남의 집 종살이를 하는 양반도 있었다. 신라 귀족 박제상의 후손으로 민적에는 양반으로 기록되어 있던 박현주도 얼마 안 되는 농사만으로는 살 수 없어 형 박현정과 함께 쌀장사를 시작했다. 도정하지 않은 벼를 사두었다가 비쌀 때 정미해 파는 일이었다. 상공업자를 천시하던 예전의 양반이라면 택하기 어려운 직업이었다.

쌀장사를 한다고 해서 품격까지 잃지는 않았다. 박현주는 이웃한 보령군 청라면의 이름난 선비인 김창규와 친하게 지내고 있었다. 김창규는 15세 어린 나이로 과거에 합격해 진사가 된 수재로, 얼마 후인 1910년 한일합병에 분개해 스스로 곡기를 끊어 자결한다. 김창규의 손자인 김봉한은 훗날 박현주의 아들인 박헌영과 함께 항일운동을 하다 목숨까지 잃는다. 두 집안은 신양에서 이름난 항일열사의 가문이었다.[1]

영리하고 야무진 젊은 과부 이학규와 양반의 품위를 잃지 않은 미곡상 박현주는 동갑내기 친구로 지내며 신뢰를 쌓아가던 끝에 깊은 사이가 되어 아이까지 가졌다. 박현주는 자기보다 다섯 살 어린 아내 최 씨와의 사이에 남매를 둔 상태였으므로 명백히 이중 결혼이었지만, 첩을 두는 일이 관습적으로 용납되던 시대였다.

19세기의 마지막 해 겨울에 잉태한 아이는 20세기의 첫해 봄에 태어났다. 1900년 5월 1일, 엄마를 닮아 작고 야무진 얼굴을 가진 사내아이였다. 이중 혼인을 관습적으로 인정하되, 이로 인해 태어난 아이는 민적에 서자라고 기록하던 시대였다. 이학규의 아이도 자연히 서자가 되었다. 박현주는 박씨 집안의 돌림자를 따라 박헌영이라 이름 지어 자신의 민적에 올렸다. 본처 최 씨가 낳은 맏아들의 이름은 박지영이었다.

남존여비의 고리타분한 유교철학 아래 고단하게 살아가던 조선의 여인들에게는 위로가 필요했다. 인간의 형상을 하고 인간을 압도하여 그 운명을 좌우하는 서구의 신들과 달리, 조선의 신들은 나무나 돌맹이 같은 친근한 모습으로 천지사방에 무수히 존재했다. 조선의 여인들은 그 작은 신들을 합쳐 천지신명이라 부르며 자신의 소원을 빌고 마음의 위안을 구했다. 일정한 건물에 모여 성직자의 인도를 받아야만 만날수 있는 서구의 신들과 달리, 조선의 신들은 경배하는 방식도 쉬웠다. 마을 입구 큰 나무에 천 조각을 걸어 놓거나 자기집 뒤란의 장독대 위에 찬물을 떠 놓고 정성 들여 기도하는 것으로 족했다. 남성들은 부인들의 어리석음을 비웃으면서도 새해가 되면 사주팔자 책을 펴 놓고 자신과 가족의 한 해를 진단해보는 것이 전통이었다.

여인들은 수태 기간 중에 꾸는 진기한 꿈을 자기 아이의 장래를 결정하는 계시로 받아들였다. 이학규는 아이를 잉태했을 때 하늘에서 내려온 둥근 달을 품에 안는 꿈을 꾸었다. 그녀는 이 꿈을 서자라는 불운을 안고 태어난 아이가 운명의 굴레를 벗어던지고 세상을 이끄는 큰 인물이 될 징조로 해석했다.

이학규를 더욱 확신하게 한 것은 예로부터 마을 사람들 사이에 내려오던 전설이었다. 그녀의 집 앞 개울 건너에는 무쇠 종을 엎어 놓은 듯 봉긋한 산봉우리 하나가 외따로 솟아 있었다. 경사는 가파르고 정상은 완만한 것이, 무언가 속에 가득 차 있는 듯한 형상이었다. 금맥을 품은 야트막한 야산들이 수호하듯 이 봉우리를 둘러싸고 있었다. 서초정리 사람들은 장차 자신들의 마을에 이 산의 정기를 받은 큰 인물이 태어나리라 이야기해왔다. 이학규는 이 신비한 봉우리 바로 앞집에서 태어난 자신의 아들이 그 전설의 주인공이라 믿었다. 그녀는 외동아들 박헌영의 미래를 위해 모든 것을 바치기로 마음먹었다.

박헌영이 두 살이 되던 1901년, 이학규는 두 아이를 데리고 신양면 면소재지인 신양리로 나왔다. 신양리는 중부 지방의 행정도시인 대전과 공주를 잇는 중간 지점에 자리 잡은 마을로, 5일장과 우시장이 서는 곳이었다. 이학규는 마을을 가로지르는 도로변 장터 입구에 대지 2백 평 정도 되는 기와집을 사서 주막을 열었다. 쇠고기국밥과 막걸리에 녹두전이나 파전을 파는 식당이었다. 방도 여러 개라 숙박을 할 수도 있었다. 대전과 공주를 오가는 행인과 장사꾼들은 신양 주막에서 요기를 했고, 밤이 늦으면 주막의 뜨거운 온돌방에서 낯선 사람들 사이에 고단한 몸을 뉘었다가 다음 날 아침 일찍 발길을 재촉했다.

조선을 점령한 일본인들은 맨 먼저 철도와 도로를 닦았다. 쌀과 지하자원을 일본으로 실어 나르기 위해서였다. 주막 앞 길도 훤히 넓어져 신작로가 되었다. 농촌의 붕괴와 상공업의 발달로 이동 인구도 부쩍 늘었다. 비포장도로인 신작로에는 쌀이나 통나무를 가득 실은 트럭이며 지붕이 사람 키만 한 검정색 미제 승용차들이 먼지를 날리며 달려갔다. 우마차나 나귀를 타고 느긋하게 지나가던 조선인들은 일본인들의 차가 지날 때마다 흙먼지를 흠뻑 뒤집어써야 했다. 얼마 전까지는 평생 자기 마을을 벗어날 일이 없던 많은 조선인이 등짐에 예비용 짚신을 몇 개씩 달고 먼 길을 터벅터벅 걸어 다녔다. 그들은 처음 보는 차들이 먼지를 날리며 달려오는 모습을 신기하게 바라보곤 했지만, 감히 태워달라고 손을 내밀지 못했다. 일거리를 찾아, 돈을 찾아 이동하는 빈민의 물결이야말로 자본주의가 만들어낸 최초의 풍경이었다. 자연히, 이학규의 주막 터는 일본인들도 탐내는 상업의 요지가 되었다. 장사는 꽤 잘 되었고, 따로 벼농사도 지어 어렵지 않게 살 수 있었다.

해마다 10만 명 이상의 농민들이 먹고살 길이 없어 만주로 이주하고 그중 수만 명은 그곳에서도 적응하지 못하고 돌아오던 이 시기에 박씨 집안이 그런대로 안정되게 살아가게 된 바탕에는 이학규의 지독한 생활력이 있었다. 이학규는 사시사철 하루도 노는 날 없이 주막을 열면서도 장이 서지 않는 한가한 시간이면 논밭에 나가 일했다. 어느 해에는 쇠스랑에 발등이 찍혀 고름이 나고 잘 걷지도 못하는데도 상처에 담뱃가루를 붙이고 쩔뚝거리며 들에 나가 일을 해 사람들의 고개를 젓게 했다.

그는 독하다는 소리를 듣도록 야무질 뿐 아니라 후덕하기도 했다. 가난한 이들에 대한 동정심이 많아 먹을 것과 입을 거리를 나눠 주는 데 인색하지 않았다. 농업 생산력은 변화가 없는데 대량의 쌀이 일본으로 반출되니 밥도 못 챙겨 먹는 농민들이 나날이 늘어났다. 밥을 푸고 남은 누룽지를 잘 말려두었다가 가난한 이웃에게 나눠 주는 것이 신양 주막의 오랜 전통이 되었다. 이학규는 1912년 본처 최 씨가 병으로 죽은 후에는 정식으로 박현주와 살 수 있게 되었다.

외동아들 박헌영은 말수가 적고 침착하다는 것 이외에 별 특징이 없는 소년이었다. 엄마를 닮아 보통보다 작고 통통한 체구에 둥근 얼굴 때문에 아이들에게 땅딸보라고 놀림을 받기도 했는데, 본래 내성적인 그는 아이들과 잘 어울리지 않고 주막 안채에서 혼자 놀거나 개천가 풀밭으로 소를 끌고 나가 몇 시간씩 홀로 생각에 잠기곤 했다. 머리는 좋은 편이었다. 다른 아이들보다 여러 해 늦은 10살 때부터 서당에 나갔는데, 어려운 한자들을 무척 쉽게 익혀 부러움을 샀다.

모든 어머니가 그러하듯이, 이학규는 자기 아들의 영리함을 굳게 믿었다. 보수적인 유학자인 박현주는 서당에서 한문을 배우는 것으로 만족했으나, 이학규는 신학문을 가르쳐 출세시켜야 한다고 생각했다. 그녀는 박헌영을 보통학교에 입학시키도록 남편을 설득했다.

보통학교는 일본이 조선인 노동 인력을 양성하기 위해 읍면 단위에 하나씩 세우기 시작한 4년제 초급학교였다. 아직 학교 수는 적은 데 비해 지망생이 많아 입학 때는 물론 학년별로 시험에 합격해야 진급할 수 있었다. 몇 년씩 입학시험을 보고도 끝내 합격하지 못하는 아이들도 많았다. 대신 능력 있는 학생은 연차적으로 수학하지 않아도 진급시험에 붙어 월반할 수 있었다.

영리한 박헌영은 12살이 되던 1912년 대흥보통학교 2학년 편입학시험에 붙었다. 1년 전인 1911년에 세워진 대흥보통학교는 신양에서 걸어서 두 시간이나 걸리는 대흥에 있었다. 신양면에는 아직 학교가 없었기 때문에 할 수 없이 먼 곳으로 통학하게 된 것이다.

얼마 후 국내 최대의 저수지인 예당지가 만들어지면서 면적이 급속히 줄어들어 예산군에 흡수되지만, 대흥군은 조선시대 관아가 있던 큰 마을이었다. 대흥보통학교는 옛 관아 건물 바로 아래에 일본식 목조건물로 지어져 있었다. 굵은 통나무를 원형대로 사용하는 조선 한옥과 달리, 일본인들은 발달된 기계를 이용해 사각형으로 반듯하게 깎은 각목으로 건물을 지었다. 조선집들과 마찬가지로 기둥 사이에는 싸

릿대 따위를 엮어 걸고 진흙을 붙여 보온을 했는데, 겉에 나무판자를 덧붙여 비를 막는 점이 달랐다. 지붕도 흙으로 빚어 구운 무거운 연와 대신 얇은 함석판을 덮고 녹색이나 붉은색을 칠했다. 한옥은 무거운 돌로 온돌을 놓아야 하기 때문에 단층인 데 비해 난로를 사용하는 일본 건축들은 2층이 기본이었다. 지금까지 보지 못했던 밝은 색깔의 다층 건물들은 신문명의 상징이 되었다. 관공서와 학교, 일본인 상점 등 대흥에 새로 지어지는 건물들은 하나같이 일본식 건물이었고, 그곳에서 공부하고 일하는 사람은 일반 조선인들과 구별되는 특권의식을 갖고 있었다.

박헌영의 동급생은 24명으로, 특권층이라고까지 할 수는 없었으나 선택된 소수임에는 틀림없었다. 입학하기도 어렵거니와 먹고살 만하지 않으면 비싼 월사금을 낼 수 없었기 때문이다. 동급생들은 모두 10대 중·후반으로, 박헌영보다 나이도 많고 체격도 월등히 컸다. 13살만 되면 결혼시키는 조혼 풍습에 따라 아이가 한둘씩 딸린 애아버지도 여럿이었고, 나머지도 대개 보통학교에 다니던 중 결혼했다. 졸업할 때까지 결혼하지 않은 학생은 유일한 여학생이던 이용주와 박헌영, 단둘뿐이었다.

나이도 어린 데다 키도 작은 박헌영은 운동이나 장난을 좋아하지 않았다. 점심시간이면 넓은 운동장이 뛰어노는 아이들로 시끄러웠으나, 박헌영은 한쪽에서 조용히 책을 읽는 때가 더 많았다. 성적은 재학 3년 동안 24명 중 평균 7등을 유지했다. 특출하지는 않으나 동급생들의 나이를 감안하면 좋은 편이라 할 수 있었다.

성실하기도 했다. 동급생들은 대개 대흥에 사는 청년들로, 신양에서 통학하는 학생은 박헌영과 윤돈영 등 세 명뿐이었다. 매일 아침저녁으로 노적봉 골짜기를 넘어 두 시간이나 걸어야 하는 먼 길을 박헌영은 거의 빠짐없이 통학했다. 2학년 때 두 번, 3학년 때 한 번 결석한 것이 전부였고, 4학년 때는 개근을 했다. 나이 많은 동급생들은 얌전하니 말수도 적고 성실한 박헌영을 동생처럼 아껴주었다.

박헌영은 평소 온순하고 조용했으나 때로 독한 일면을 보여주기도 했다. 한번은 동네 아이들과 달리기를 하다가 돌부리에 넘어져 꼴찌를 하고 말았다. 화가 난 박헌영은 한구석에 앉아 씩씩거리더니 저녁이 되어 돌아갈 시간이 되자 자기를 넘어뜨린 돌멩이를 캐내 산산조각 내버렸다.

3학년 때는 순사보조와 싸운 사건도 있었다. 어느 날 동급생 몇이 박헌영의 집에 놀러 와 자전거를 타며 놀았다. 자전거가 무척 귀한 시절이라 신양면에도 몇 대 되지 않았다. 아이들이 교대로 타며 놀고 있을 때, 일본 순사의 보조원으로 일하던 한국인 청년이 다가와 자기도 타보자고 요구했다. 박헌영은 냉정히 이를 거절했다. 꼬마에게 면박당한 순사보조는 그의 뺨을 한 대 쳤다. 순사나 순사보조라면 조선인들을 함부로 때리고 욕해도 누구 하나 덤벼들지 못하던 시절이었다. 그런데 뺨을 맞은 박헌영은 와락 순사보조에게 달려들어 사타구니를 붙잡고 늘어졌다. 순사보조는 죽겠다고 비명을 지르며 박헌영의 얼굴과 등을 주먹으로 내리쳤으나, 그는 악착같이 붙들고 늘어졌다. 불쌍한 순사의 사타구니는 어머니 이학규가 달려 나와 뜯어내기까지 독기 어린 손아귀에서 풀려나지 못했다. 이 사건으로 박헌영은 겁 없는 독종으로 유명해졌다. 이학규의 억척스러움을 아는 동네 사람들은 "그 엄마에 그 아들"이라고 했다.

1915년 3월 23일, 대흥보통학교 제1회 졸업식이 열렸다. 졸업생의 절반 이상은 20대 초반의 성인들이었고, 나머지도 10대 후반이었다. 박헌영은 나이만 16살일 뿐, 149센티미터밖에 안 되는 작은 키에 몸무게는 40킬로그램에 불과했다. 커다란 체구의 형들 사이에 낀 그는 목까지 짧아 더욱 꼬마 같았다. 유일하게 그보다 작은 아이는 나란히 선 여학생 이용주뿐이었다. 남학생들은 하나같이 머리를 빡빡 깎았고 긴 두루마기를 입었다.

사진이 귀하던 시절이었다. 졸업식을 마치고 기념사진을 찍는 자리였다. 난생처음 사진기 앞에 선 이들의 표정은 굳어 있었다. 통통한 볼과 오밀조밀한 이목구비가 귀여운 박헌영도 회색 두루마기에 머리를 빡빡 깎은 모습으로 사진기를 응시했다. 다른 아이들은 맨손이었지만, 그의 왼손에는 책이

들려 있었다. 졸업 사진을 찍기 직전까지도 책을 놓지 않았던 것이다.

쌀 한 가마니에 2원 하던 시기였다. 경성에 올라가 고등보통학교에 다니려면 월사금까지 한 달에 5원은 들었다. 1년에 쌀 30가마니는 주막을 운영하는 박현주 부부에게도 상당한 부담이었다. 하지만 이학규는 아들이 장차 큰 인물이 되리라는 태몽의 예지를 위해 기꺼이 희생할 각오가 되어 있었다. 다른 많은 부모들도 마찬가지였다. 봉건시대부터 과거시험을 경험해온 조선인들은 자식 교육에 집안의 명운을 거는 데 익숙했다. 대대로 물려온 농토를 팔아서라도 자식을 가르치려는 부모는 얼마든지 있었다. 오늘의 중학교와 고등학교를 합친 과정인 고등보통학교는 주요 대도시에만 설립되어 입학생 숫자가 제한되었기 때문에 경쟁이 더 치열했다.

고등보통학교 중 전국 최고 명문으로 알려진 곳은 훗날 경기고등학교가 되는 서울의 경성고보였다.[2] 총독부가 운영하는 관립학교로, 2학년부터는 농업계와 상업계가 있었는데, 졸업만 하면 취업이 보장되기 때문에 경쟁률이 무척 높았다.

박헌영은 조선 최고의 학교에 다녀야 한다는 이학규의 소원에 따라 경성고보에 지원했다. 대흥보통학교 졸업생 중에서는 네 명이 경성고보에 지원했는데, 1·2등으로 졸업한 장해민과 윤돈영은 특별전형제 덕분에 무시험으로 입학 허가를 받을 수 있었다. 등수가 낮은 박헌영과 강예식은 입학시험을 보아야 했다.

이해 경성고보 지원자는 1,320명이었는데, 입학 정원은 256명으로, 5 대 1의 높은 경쟁률이었다. 두 사람은 무시험으로 합격한 윤돈영의 안내로 서울 권농동에 있는 그의 형 집에서 합숙하며 시험을 치렀다.

결과는 좋았다. 둘 다 합격이었다. 충청도 산골의 작은 학교에서 경성고보에 네 명이나 합격한 것은 이례적인 일이었다. 1915년 4월에 상경한 박헌영은 권농동 윤돈영의 형 집에 하숙을 정하고 학교생활을 시작했다.[3]

갓 입학한 박헌영의 피부는 눈에 띄게 까무잡잡했으나 전체적으로는 단정한 얼굴이었다. 초승달 모양의 긴 눈썹은 검고 짙었으며, 조선인치고는 큰 눈을 가졌다. 코와 입술도 가지런했으며, 어머니와 달리 뒤통수도 보기 좋게 튀어나왔다. 목소리는 부드러운 저음이었는데, 말이 많은 편은 아니었고, 웃을 때면 수줍음을 타는 듯했다. 보통학교 때와 마찬가지로 남의 주목을 받을 일이 없는 조용한 아이였다. 보통학교 때처럼 빡빡머리에 어디나 교복인 검정 두루마기를 입고 다녔으며, 손에는 늘 책이 들려 있었다.

경성고보는 경복궁과 창경궁 사이, 종로구 화동의 야산 기슭에 자리 잡고 있었다. 목조로 된 2층짜리 긴 본관과 몇 개의 부속 건물들로 이루어졌는데, 나란히 붙은 창문들은 단조롭고 마당은 황량한, 전형적인 일본식 실용주의 건물이었다.

넓지 않은 운동장에는 테니스장이 만들어져 쉬는 시간이나 방과 후면 학생들로 붐볐다. 겨울이면 운동장에 물을 받아 스케이트장으로 사용했다. 일반인들은 스케이트가 뭔지도 모르던 시절이었다. 학교 측은 정식 학과목에 스케이트 시간을 넣어 학생들에게 선민의식을 심어주기도 했다.

일본은 조선 점령 초기, 조선인에 대한 통제를 원활하게 하기 위해 72명의 친일파 조선인들에게 공후백자남의 순서로 귀족 작위를 내리고 3천만 원의 거금을 수여했으며, 면장, 군수, 각 부 중간관리자의 일부도 조선인으로 채웠다. 헌병보조와 순사보조로 채용한 조선인도 8천 명이나 되었다. 이들은 기본적으로 일본인의 통역이나 보조 역할을 했는데, 월급도 같은 직급 일본인의 절반 이하에서 심한 경우 몇 분의 일에 불과했다. 조선인 헌병보조나 순사보조의 월급은 9원에 지나지 않았다. 그래도 농업 이외에 돈벌이라곤 없던 조선인들에게 경제적 안정과 권력을 보장하는 총독부 하급 관리직은 선망의 대상이었다. 막상 관리가 되면 일본의 가혹한 수탈 정책에 앞장서느라 동포들에게 원망의 대상이 되었지만, 그래도 다들 관리가 되고자 했다.

관직 중에서 부와 존경을 함께 받을 수 있는 것은 법관이었다. 대한제국 시절이던 1907년부터 사법고시가 실시되고 있었다. 제1차 시험에 붙은 함경도 명천 출신 변호사 허헌 등여러 조선인 법관들이 항일운동가들을 변호하거나 문화운동에 나서는 등 활약하고 있었다. 이학규는 아들이 열심히 공부해 법관이 되기를 바랐다. 경성고보 출신이라면 시도해볼 만한 일이었다. 법관이 아니라 행정 관리만 되어도 좋을 것이었다. 후일 대전시 부시장을 하는 한상현의 증언에 따르면, 이학규는 주변 사람들이며 친척들에게 자랑하곤 했다.

"우리 헌영이는 똑똑하고 착실하고 서울 가서도 공부 잘한대요. 졸업만 하면 나도 고생 안 해요. 우리 헌영이만 생각하면 주막 일도 하나도 힘들지 않아요."[4]

하지만 정작 박헌영은 일본인의 통역 노릇을 하며 조선인 착취에 앞장서는 총독부 관리가 되고 싶은 마음은 추호도 없었다. 법관은 되기도 어려웠지만 되고 싶은 마음도 없었다. 경성고보 시절 그를 사로잡은 것은 서양 문물에 대한 열망이었다. 그것은 영어 공부로 표현되었다. 관리가 되는 데 필요한 것은 영어가 아니라 일본어였다. 동급생들은 열심히 일본어를 배워 일본으로 유학을 가거나 관리 시험에 붙으려고 노력했지만, 박헌영은 영어 공부에만 열성이었다.

박헌영은 경성고보가 실업계여서 영어 시간이 충분치 않자 입학 한 달 만인 1915년 5월 2일 중앙기독교청년회 야간부에 등록했다. YMCA로 불리던 중앙기독교청년회는 대한제국 시기에 만들어진 사립학원으로, 영어와 일본어 외에 목공과 철공 등 다양한 직업교육을 하고 있었다. 박헌영은 영어를 배우려는 목적뿐이었다. 성서공회 사무원인 장두철이

50명의 학생을 가르쳤다. 같은 반인 한봉섭, 이태규, 최원형 등도 함께 등록했다.

힘겨운 야간 강의를 따라가는 이들은 많지 않았다. 몇 달 만에 모두 포기하고, 박헌영과 한봉섭만 남았다. 공식적인 강의는 무산되고 말았다. 그래도 박헌영은 혼자서 낙원동에 있는 장두철의 집을 찾아가 개인교습을 자청했다. 2학년에 올라가면서 농업과가 아닌 상업과를 택한 것도 상업과만 1주일에 두 시간씩 영어를 배울 수 있었기 때문이다. 열심히 공부한 결과, 사전을 뒤적이면 영어 원서를 읽을 정도의 수준이 되었다.

박헌영의 성적은 특출하지는 않아도 비교적 좋은 편이었는데, 영어 성적만은 두드러지게 좋았다. 그의 성적은 1·2학년 때 전교 170여 명 중 19등과 16등을 기록하다가 3·4학년 들어 58등과 42등으로 떨어졌지만, 영어는 최고 점수를 유지했다. 10점 만점에 매년 9점을 받다가 졸업반 때는 10점 만점을 받았다. 이에 비해 국어로 불리던 일본어나 조선어는 평균 7점에 머물렀다.

동급생들이 보기에 박헌영은 별다른 특징이 없는 평범한 학생이었다. 보통학교 때와 마찬가지로 과묵한 성격에다 체육이나 장난치기를 좋아하지 않았다. 쉬는 시간에도 다른 학생들과 어울리지 않고 양지쪽에 혼자 앉아 책을 읽는 때가 많았다. 체육 성적은 평균 6점으로 다른 과목보다 한결 낮았다. 늘 깨끗이 세탁된 검정색 수수한 두루마기 차림이었고, 얼굴이 검어서 '기왓장'이라 불렸다. 성격은 당당하고 밝았다. 1학년 때 담임이던 일본인 선생은 그의 말투가 명료하며 쾌활한 성격이라고 평가했으며, 이후 담임을 맡은 일본인들도 하나같이 온순하고 과묵하며 착실하다고 기록했다. 최기룡 등 동급생들에게도 침착하고 사려 깊은 친구로 기억에 남았다.

휴일이면 동급생들과 어울려 옛 궁궐이며 시내 구경을 하기도 했다. 북악산 아래 아담하고 소박한 궁궐들은 사람의 손길이 줄어들어 점차 퇴색하고 있었다. 때로는 자신의 백성을 실망시키고 때로는 배신하기도 했지만, 540년간 조선인들의 신성한 존엄의 대상이었던 이씨 왕들이 살아온 궁전은 이제 관광객을 위한 빈집이 되었다. 조선의 전통을 지키기 위해 애썼으나 오히려 일본에 나라를 바친 결과를 낳은 최악의 지도자 대원군의 처소였던 운현궁과 조선의 마지막 왕비였던 민자영이 살해당한 경복궁 정도가 숙소로 이용되고 있을 뿐이었다. 오랜 세월 왕실 여인들의 처소로 애용되던 창경궁은 일본인들에 의해 동물원으로 바뀌어 창경원이 되어버렸다.

가난한 조선인들이 살아가는 종로 일대에는 몇 줄기 개천들이 가로지르는 위로 손때가 반질반질한 고풍스러운 돌다리들이 걸려 있었다. 돌로 만들어진 깊은 하수구는 좁은 골목들까지 이어져 대문을 나서려면 하수구 위를 덮은 판자나 통나무로 된 다리를 건너야 했다. 오염된 물이 모인 청계천은 장마 때가 아니면 늘 바닥을 드러낸 채 간신히 흘러갔는데, 가난한 여인네들은 이 더러운 물가에 모여들어 하루 종일 즐겁게 수다를 떨고 빨래를 했다. 배추나 시금치 같은 찬거리까지 다듬고 씻는 여인도 있었다. 이들에게 네온사인 화려한 일본인 상가들과 우아한 유럽풍 백화점들은 먼 나라 풍경이었다.

박헌영이 영위할 수 있던 안락한 학창 생활은 조선인 중 극소수만이 누릴 수 있는 특권이었다. 이에 만족해 특권의식에 젖어버린 대다수의 학생들은 자신을 점령한 일본의 정신문화를 숭배한 나머지 민족개량주의자나 친일파가 되어 갔다. 일본이 강요하지 않아도 스스로 돈과 권력을 좇아 그렇게 변했다. 그러나 박헌영을 비롯한 소수 학생들에게 학창시절은 식민지 젊은이가 잊어서는 안 되는 대의와 명분을 생각할 시간이 되었다. 일본인 교사들이 고양한 특권의식과 선민의식이 오히려 자기가 아니면 불쌍한 동포들을 구할 사람이 없다는 책임감을 자극하기도 했다. 잃어버린 조국에 대한 애국적 열망을 일본인들이 가르친 셈이었다. 항일운동가의 대다수가 정규교육을 받았거나 독학이라도 했던 지식인이었던 것은 불가피한 일이었다.

1917년 11월에 일어난 러시아혁명의 소식도 학생들을 크게 자극했다. 단편적이나마 공산주의혁명에 대한 정보들이 흘러 들어오기 시작한 것은 1918년부터였다. 러시아에 봉건 왕조가 무너지고 노동자, 농민이 주도하는 소비에트연합이 성립되었다는 소식은 학생들을 들뜨게 했다. 학생들은 조선의 변화를 사회주의혁명과 연결 지어 생각해보는 것만으로도 흥분되었다. 사회주의 이론과 실천에 대한 체계적인 분석이나 토론은 아직 이루어지지 않았으나, 조선의 젊은 지식인들은 식민지해방투쟁과 사회주의혁명이 대단히 밀접한 관계라는 것을 본능적으로 느낄 수 있었다. 학생들 사이에는 혁명적 운동만이 조선의 처지를 획기적으로 바꿀 수 있다는 공감대가 형성되었다. 학교에서, 하숙집에서, 또는 가정에서까지 더 이상 일본의 무단통치에 순응할 수는 없다는 속삭임들이 공공연해졌다.[5]

분위기를 더욱 고양한 것은 소련과 미국에서 잇달아 발표된 민족자결주의였다. 러시아공산당은 혁명이 성공한 직후인 1917년 11월 말, 자본제국들의 식민지로 전락한 1백여 약소민족의 해방을 요구하는 '민족자결의 원칙'을 선언하고 피압박 민족들의 독립투쟁을 지원하겠다고 나섰다. 깜짝 놀란 자본제국들은 전쟁의 종식을 서두르는 한편, 두 달 후인 1918년 1월 미국 대통령 윌슨의 명의로 '민족자결주의'를 발표해 맞불을 놓았다.

윌슨의 발표는 모든 식민지 약소국의 해방을 주장한 소련의 그것과는 다른 내용을 담고 있었다. 윌슨의 대상에는 제1차 세계대전의 패전국인 독일과 오스트리아의 식민지 및 연합국 편에서 전쟁에 기여한 인도 정도만이 포함되어 있었다. 더구나 일본은 제1차 세계대전에서는 미국과 같은 연합국의 일원이었다. 일본의 식민지인 조선은 애초에 윌슨 선언의 대상이 되지 못했다. 영국의 식민지인 인도가 대표적인 대상이었는데, 영국은 자기들을 도와주면 독립시켜주겠다던 약속을 깨고 그대로 식민지를 고수한다. 윌슨의 선언은 소련의 '민족자결의 원칙'에 쏠린 약소국의 민심을 흩어 놓기 위한 교란 작전에 불과했다. 그러나 제국주의의 본질을 제대로 이해하지 못하던 조선인들은 윌슨의 선언에 크게 고무되었다. 거족적인 항일운동을 일으켜야 한다는 분위기는 점차 거세져 구체적인 준비가 시작되었다.

당시는 4월에 학기가 시작되어 이듬해 3월에 끝났다. 1919년 3월, 20살 나이로 졸업을 앞둔 박헌영의 키는 161센티미터로 자랐고, 몸무게는 55킬로그램이 되었다. 일본인 담임은 학적부 용모란에 '남자답다'고 평가했다. 작은 키는 성인이 된 이후에도 크게 변하지 않아 조선 남자들의 평균에 미치지 못했으나, 마르지는 않아서 왜소하다거나 허약해 보이지는 않았다. 좀처럼 큰소리로 떠들거나 소리 내어 웃는 법이 없이 약간 통통한 볼에 어색한 느낌을 주는 고요한 미소를 지으며 상대방을 응시하는 습관, 침착하고도 논리정연한 말솜

씨는 이미 이때부터 그의 독특한 인상으로 각인되었다. 경성고보 동창이던 소설가 심훈은 성인이 된 박헌영을 이렇게 묘사한다.

"사나이다운 검붉은 안색에 양미간에는 엄격한 위엄이 서려 있고, 침묵에 잠긴 입은 한번 벌리면 사람을 끌어당기는 매력이 있다."

명문 경성고보 졸업을 앞둔 박헌영의 앞날에 특별한 장애는 없었다. 총독부 하급 관리가 되는 일은 쉬웠다. 사법시험을 준비하든, 일본에 건너가 대학에 진학하든, 이학규는 아들이 하고자 하는 어떤 일도 지원할 각오가 서 있었다. 그러나 그럴 필요가 없게 되었다. 1919년 3월 1일, 거대한 만세운동이 조선을 뒤흔들었고, 박헌영도 그 한복판에 뛰어든 것이다.

만세시위를 주동한 이들은 천도교와 기독교, 불교계 등 종교계와 교육계 인사들이었다. 윌슨의 선언에 고무된 이들은 1918년 말부터 수차례 회합을 갖고 전국적인 만세운동으로 국제사회에 조선 독립을 호소하자는 데 의견을 모았다. 투쟁방식은 평화적인 만세시위로 정해졌고, 행동 원칙으로는 비폭력과 무저항이 채택되었다. 때마침 고종이 사망해 45일장이 선포되자 장례식 애도 인파가 몰리는 3월 1일을 거사일로 최종 결정했다.

일본의 가혹한 폭력에 항거하는 수단으로 무장투쟁이 아닌 비폭력 만세시위를 선택한 것은 주동자들의 계급적인 본질이 반영된 것이었다. 조선인 중에서는 기득권층이라 할 수 있는 이들 부르주아 계급은 자신들이 직접 피를 흘리는 투쟁은 바라지 않았다. 만세시위란 일본을 상대로 한 투쟁이라기보다 세계의 여론을 향한 구조 신호로 생각했다. 조선을 일본에 할양한 나라가 다름 아닌 미국이라는 역사적 사실조차 망각한 채, 세계 최강의 자본주의 제국으로 부상한 미국의 발표를 믿고, 그나마 조선은 해당되지도 않는데 희망을 건 것도 어리석은 일이었다. 세계를 분할하느라 여념이 없는 자본제국들에게 조선을 독립시켜 달라고 구원을 요청하는 자체가 우스꽝스러운 짓이었다. 이 무렵, 자칭 민족지도자의 한 명이던 이승만이 일본 대신 한국을 지배해달라고 미국 정부에 요청한 것도 놀라운 일이 아니었다. 그러나 민족지도자를 자처한 이들의 이 순진한 계획은 예상치 않았던 거족적인 대투쟁을 점화시키는 계기가 되었다.

막상 수십만의 애도 인파가 서울에 집결하자 민족지도자로 나선 33인은 크게 당황했다. 그들은 고종이 일본에 의해 독살되었다는 소문으로 조선인들의 반일감정이 고조되자 일본인들보다 더 겁을 집어먹고 동요했다. 예정대로 탑골공원에서 선언문을 낭독할 경우 군중과 일경의 충돌로 대규모 폭력 사태가 벌어질지도 모른다고 우려한 그들은 집회 바로 전날의 마지막 모임에서 옥외집회를 포기하고 말았다. 대신 탑골공원 근처의 고급 한식당인 태화관에서 자기들끼리 선언서를 낭독하기로 했다. 애초부터 민중의 힘을 모아 독립을 쟁취하려는 의지가 없던 결과였다.

다음 날인 1919년 3월 1일 정오가 되자 탑골공원에는 수천 명의 군중이 만세시위를 위해 모여들었다. 그러나 기다리던 주동자들은 나타나지 않았다. 자칭 민족대표들은 몰래 태화관 방 안에서 독립선언서를 읽은 후 최린이 직접 총독부 경무총감[6]에게 전화를 걸어 자신들을 체포해 가라고 자수 의사를 밝혔다. 명백한 투항이었다. 최린 등 이날 식당에서 연행된 이들의 대다수가 머지않아 일본의 회유에 포섭되어 친일파로 변절하는 것은 당연한 귀결이었다.

탑골공원에 모인 군중은 학생대표의 독립선언서 낭독과 선동에 따라 자발적으로 가두시위에 들어갔다. 전문학교 학생이던 김두봉, 변호사 이백초, 기독교 계열의 김백추, 여고보 졸업생인 김제혜 등이 선두에 섰다. 이 시각으로부터 40여 일간, 만세시위는 전국의 거의 모든 도시와 마을을 휩쓸었다.

어디서나 그 선두는 학생들이었다. 경성고보의 시위를 맨 앞에서 이끈 것은 졸업반인 김백평, 박노영 등이었다. 선동가는 아니었던 박헌영은 주로 격문을 쓰고 등사하는 선전 일을 맡았다.

3월 1일 12시경, 박헌영을 비롯한 4학년들은 계단과 교실 문 앞에 감시 학생을 세워 놓고 19개 반마다 돌아다니며 "오후 2시 탑골공원에서 조선 독립 선언식이 있으니 안내를 따르라"고 말해두었다.

오후 1시, 운동장에서 고종의 장례 행렬 참가 연습을 마치고 교실로 돌아가려던 학생들은 4학년들의 신호에 따라 일제히 교문 밖으로 뛰어나갔다. 흰 띠를 두른 검정 모자는 경성고보의 특징이었다. 1천여 명의 경성고보 학생들은 "조선 독립 만세"를 외치며 탑골공원까지 달리기 시작했다.

이날부터 매일이다시피 가두시위에 참가하느라 서울 시내 조선인 학교는 거의 휴교 상태가 되어버렸다. 서울뿐 아니라 전국의 조선인 학교들이 3월 내내 문을 닫아야 했다. 3월 하순에 치르는 졸업식도 많은 학생이 연행되거나 수배되어 제대로 치른 학교가 없었다. 3학년 때까지 단 하루밖에 결석하지 않았던 박헌영도 만세운동이 시작된 후 무더기로 결석을 해 학교 측은 그의 출결 사항을 공백으로 남겨두어야 했다.

박헌영은 주로 전단을 쓰고 배부하는 일을 맡았기 때문에 구속되어 조사를 받지는 않았다. 하지만 심훈 등 동급생들은 그가 누구보다 용감하고 열정적이었음을 잘 알고 있었다.

3·1운동 당시 박헌영과 함께 활동했던 한 인물은 훗날 소련 역사학자 샤브시나 쿨리코바에게 박헌영이 이때부터 이미 용감하고 탁월한 모습을 보여주었다고 증언한다.

"그때 그의 나이가 열아홉 살밖에 되지 않았지만, 우리는 그를 종종 선생님이라 불렀다."

이듬해 만 20세 젊은 나이로 고려공산청년회를 책임지게 된 것도 3·1운동에서 보여준 열정과 지도력 덕분이었을 것이다.

한반도 전역과 해외의 조선인 거류지까지 흔든 만세시위는 잔혹하게 진압되었다. 시위가 교회에서 시작된 것을 이유로 어린아이까지 포함된 주민들을 교회 안에 가둬 놓고 산 채로 불태워 죽이는 일이 곳곳에서 벌어졌다. 체포된 시위자들을 20명씩 집단으로 목매달아 죽이거나 수십 명을 작두로 목 잘라 죽인 후 사진으로 찍어 공개하기도 했다. 조선인들을 협박하기 위해서였다. 일본도로 차례로 목을 날리는 광경이며 연습 삼아 총검으로 찔러 죽이는 사진도 고의적으로 공개되었다. 사악한 일본인들이었다.

일본인들의 잔학한 살육에 맞서 조선인들도 점차 무력으로 대항하기 시작했다. 3월 중순으로 접어들면서 시위 참가 인원은 줄어든 대신 양상은 격렬해졌다. 용산 기관차 화부 차금봉의 선동으로 수천여 명의 철도 노동자가 시위에 참가하는 등 주요 도시의 노동자들이 집단적으로 시위에 나섰고, 지방에서는 농민이 주력으로 나서는 등 기층민중의 참가가 늘어났다. 낫과 괭이 따위로 무장한 젊은이들이 한밤중에 경찰지서를 습격하거나 군청, 면사무소, 은행 등을 파괴하고 불태우는 사건이 전국 곳곳에서 벌어졌다. 마을 주변의 야산에 횃불을 든 시위대가 올라가 "독립 만세!"를 외치거나 봉화를 붙이고 달아나는 일은 헤아릴 수가 없었다.

하지만 낫과 돌멩이가 정규군의 상대가 될 수는 없었다. 4월 초까지 계속된 만세운동은 7,500여 명의 사망자와 2만 5천여 명의 중상자를 남긴 채 수그러들었다. 조선은 독립되지 않았다. 서구 자본주의 제국 어느 정부도 조선인들의 항거에 주목하지 않았다. 각자 자기 나라의 자본주의를 살리기 위해 온 세계의 약소국을 침략하고 있던 제국주의자들이 양심의 가책을 받아 조선의 독립을 위해 노력해주리라는 기대는 환상에 지나지 않았다. 동병상련의 처지에 놓인 인도의 네루 같은 이들은 조선인의 거대한 투쟁을 높이 샀으나, 실질적인 도움을 줄 수는 없었다.

그러나 승리를 보장하는 완전한 계획이나 확신이 없더라도, 실패하여 죽으리라는 것을 빤히 내다본다 해도 불의를 향해 달려드는 것이 인간의 역사였다. 동양 최대의 군사력을 가진 일본군을 맨몸 맨손으로 몰아낸다는 계획은 애당초 존재하지 않았다. 때로는 물리적으로 이길 수 없는 강적과 만신창이가 되도록 싸우는 행위 자체가 승리일 수도 있었다. 조선인들은 물리적으로는 패했으나 정신적으로는 커다란 성과를 얻어냈다. 민족부르주아들이 일으킨 기적이었다.

만세운동의 최대 성과는 대일투쟁에 대한 자신감이었다. 전국 방방곡곡에서 터진 거대한 항일 의지를 확인한 항일 세력들은 임시정부를 구성하기로 뜻을 모으고, 멀리 중국 땅

상하이에 본부를 두기로 했다. 또한 많은 젊은이들이 중국 땅 만주와 소련 땅 연해주로 건너가 무장투쟁을 시작했다.

이승만 사건을 제외하면 초창기 임시정부는 여러모로 역사적 의의를 갖고 있었다. 만세운동 직후인 1919년 4월에 출범한 임시정부는 대한제국 시절부터 항일운동을 한 데다 당시로는 드물게 미국 프린스턴 대학을 다녀 유명했던 이승만을 초대 대통령에 선출했다. 그런데 이승만이 미국 정부에게 일본 대신 한국을 지배해달라고 청원했다는 사실이 드러나면서 임시정부는 발칵 뒤집혔다. 이완용은 있는 나라를 팔아먹었지만, 이승만은 있지도 않은 나라를 팔아먹은 셈이었다. 이승만은 초대 대통령이자 탄핵당한 첫 대통령이 되었다.

이승만 탄핵 사건에서 알 수 있듯이, 임시정부는 한민족 최초의 민주공화국이었다. 이에 따라 국호를 대한민국이라 정하고 약칭 한국이라 불렀다. 이념적으로도 개방적이어서 민족주의자뿐만 아니라 공산주의자, 무정부주의자 등 다양한 정치 세력을 포괄해 대표성을 확보했다. 비록 국토와 국민을 갖지 못한 유랑정부인 데다 이후 민족주의자들의 반공 편향으로 분열되고 약화되어 기능을 잃어버리지만, 명목상이나마 봉건왕조시대가 종말을 고하고 민주공화국 시대가 열렸다는 점에서 큰 의의가 있었다.

박헌영도 평생을 두고 3·1운동의 경험을 되새겼고, 그 역사적 의의를 존중했다. 그는 해방 후 작성한 논문에서 3·1운동을 현대 세계사의 초기 시기에 일어난, 동방에서 가장 큰 봉기였다고 찬양했다. 그 결과물인 임시정부를 주도한 민족주의자들에 대해서도 존중심을 잃지 않았다. 해방 직후 민족주의자들과 격렬하게 대립하던 시기였음에도 불구하고, 그는 사회주의자들이 지나치게 민족주의자들을 경멸하고 있다고 지적하면서, 혁명적 애국자와 민족주의적 애국자를 너무 단선적으로 대립시켜 바라보아서는 안 되며, 평화적 투쟁 방법과 청원에 의한 투쟁 방법을 지나치게 경멸적으로 대하지 말아야 한다고 말했다. 민족주의자들의 논리와 활동에는 오류가 있었으나 식민지 치하의 그들은 분명 애국자들이었고 나라의 독립을 위해 노력했으며, 그들에게서 그 공훈을 빼앗을 수는 없다는 생각이었다.

만세운동은 공산주의 사상의 본격적인 유입도 가져왔다. 평화적인 요구에 대한 무차별 학살을 목격한 다수의 지식인들은 보다 강력한 혁명적 투쟁의 필요성에 설득되었다. 자본주의 열강은 결코 식민지 문제의 해결에 나서지 않는다는 것, 사심 없이 식민지해방운동을 도와줄 나라는 소련뿐이라는 인식도 공산주의에 대한 호감을 불러일으켰다.

조선 땅에서 만세운동이 한창이던 1919년 3월, 모스크바에서는 세계 각국에서 모여든 40여 명의 공산주의자들에 의해 역사적인 회의가 개최되었다. 통상 코민테른 또는 국제공산당이라 부르는 제3인터내셔널의 결성식이었다.

소련은 미국, 독일, 일본, 영국 등 자본주의 제국들에게 포위되어 혹독한 반혁명 내전을 겪고 있었다. 훗날 자기들끼리 또 전쟁을 하게 될 이들 선진국들은 사회주의 소련을 없애는 데 일치단결해 반혁명 백위군에게 막대한 무기와 물자를 지원했다. 이에 맞선 레닌은 국제적인 혁명투쟁으로 그들을 배후에서 흔들기 위해 코민테른을 적극 후원하고 식민지 민족해방운동에 물량 지원을 아끼지 않았다. 이동휘를 크렘린으로 초대해 직접 접대하고 40만 루블을 지원하기도 했다.

러시아혁명의 또 다른 지도자 트로츠키는 유럽의 사회주의혁명과 동방의 식민지 민족해방운동이 동맹을 맺어야 한다고 설파했다. 그의 주장은 명쾌했다.

"아프리카와 아시아 식민지 노예들이여! 유럽에 프롤레타리아 독재가 나타나는 시간이 곧 여러분이 해방되는 시간이 될 것이다!"

세계 각국의 식민지 지식인들은 이에 열렬한 호응으로 화답했다. 중국 대륙과 동남아시아, 남미의 수많은 지식인들이 공산주의운동에 뛰어들었다. 제국주의 국가 내부에도 제각기 공산당이 탄생해 자국 부르주아들의 악마적인 욕망을 저지하는 전선을 구축해 나갔다.

박헌영도 급속히 공산주의로 경도되었다. 그는 3·1운동이라는 동양 현대사 최대의 인민항쟁이 자신을 공산주의자 진영으로 이끌었다고 고백했다. 이 싸움을 계기로 공산주의 이

넘이 독립과 정의, 민주주의와 진보를 호소하고 있다는 것을 이해하기 시작했다고, 보다 더 정확히 말해서 처음으로 느끼기 시작했다고 말했다. 직업혁명가라는 고단한 생애의 시작이었다.

2
상하이의 젊은 혁명가들

朴憲永　評傳

혁명의 열풍은 조선을 포함한 모든 식민지 젊은이들을 열광시켰다. 자본주의가 약육강식의 섭리에 따라 자연스럽게 만들어진 제도라면, 공산주의 이론은 배우지 않으면 알 수 없는 인위적인 이론이었다. 그러나 일단 공부만 하면 너무 쉽게 이해되었다. 이는 공산주의 이론이 그만큼 단순하다는 뜻이었다. 제각기 수많은 조건과 변수에 따라 다양하게 살아가는 수십억 인류의 번잡한 삶을 변증법과 사적 유물론 등의 몇 가지 명제로 단순 명확하게 규정해버리는 것은 대단히 위험한 발상이었다. 집단적 정의를 위해 개인적 자유를 유보해야 한다는 전체주의적 실천 방식 역시 장차 공산주의가 뒤집어쓸 마성의 근원이 되었다.

하지만 아직은 이러한 문제점이 드러나지 않은 채 오로지 혁명적 열정이 세계를 휩쓸고 있던 시대였다. 조선의 공산주의자들은 공산주의의 이 태생적인 결함들이 지도자 숭배와 같은 봉건적 유습과 결합했을 때 어떤 비극이 일어날지 조금도 예상하지 못한 채 거대한 역사적 비극 속에 휘말려 들어갔다.

박헌영도 그중 한 명이었다. 평화시위에 대한 일본의 무자비한 학살에 분노하고 민족주의 지도자들의 배신에 충격받아, 오직 공산주의혁명만이 조선을 해방시킬 길이라는 생각을 품게 된 젊은이의 한 사람이었다. 그는 이 무렵부터 시작해 생애 마지막 순간까지 철두철미한 공산주의 혁명가로 살았다. 그는 자신이 활동하던 시기부터 이미 심각하게 드러나고 있던 사회주의의 근본적인 문제점들을 제대로 인지하지 못했다. 이론은 올바른데 실천하는 인간이 문제라고만 보았다. 고칠 수 있고, 고치면 되는 오류로만 보았다. 이런 안이함이야말로 그의 가장 치명적인 오류가 될 것이었다.

1919년 3월 24일에 열기로 했던 경성고보 제15회 졸업식은 무산되었다. 3·1운동의 여파로 27명의 학생이 재판을 받는 등 어수선한 상태여서 졸업식은커녕 졸업사진조차 찍지 못했다. 학교 측은 5월이 되어서야 학생들을 개별적으로 불러 시위 참가를 질책하며 졸업장을 나눠 주었다.

졸업장을 받은 박헌영은 취직도 진학도 하지 않은 채 종로구 훈정동에서 동창생 최기룡과 함께 하숙을 하며 공산주의 이론을 독학했다. 조선은행에 취직한 최기룡이 출근하는 시간에 맞춰 도서관에 가서 공산주의에 관련된 책을 읽다가 저녁이면 종로 2가 YMCA 회관에서 영어를 배우고 밤늦게야 돌아와 밥을 먹었다. 연희전문학교 학생들을 만나 어떤 책을 읽어야 할지 충고를 듣기도 하고 열정적인 토론을 벌이기도 했다. 휴일에는 하숙생들과 어울려 윷놀이를 하며 놀기도 했으나, 거의 모든 시간은 공산주의 이론 서적 탐구에 바쳤다.

어머니 이학규는 아들이 무슨 짓을 하는지 알지 못한 채, 영어 공부를 한다는 말만 믿고 계속해서 학비를 보내주었다. 영어 공부에 열심인 것은 사실이었다. YMCA 회관 3층 강의실에서 야간에 두 시간씩 진행된 영어반에는 35명 정도가 수강했는데, 박헌영은 빠짐없이 출석하는 모범생이었다. 일요일에는 인사동 승동교회에서 미국인 선교사 스코필드가 가르치는 영어성경반에 출석해 신봉조 등 7~8명의 젊은이들과 함께 한 시간씩 공부했다. 수업은 교회에 붙은 아담한 한옥의 큰 방에서 이루어졌는데, 스코필드는 영어와 조선어가 섞인 우스갯소리를 잘해 인기가 많았다. 그가 '미스터 박'이라 부르면 박헌영은 수줍게 씩 웃어주곤 했다.

졸업을 하고도 영어 공부에 더욱 열을 올린 것은 아직까지 한글로 번역된 공산주의 원전이 없어 『자본론』을 비롯한 대부분의 원전을 영어로 읽어야 했기 때문이다. 일본어로 번역된 책은 다소 있었으나 일본어를 싫어하던 박헌영은 더욱 영어에 매진했다. 영어 잘하는 이가 드물던 시대였다. 능숙한 영어 독해력은 장차 그를 유력한 공산주의 이론가로 만드는 조건이 되었다.

훗날 정적들은 그의 영어 편향을 두고 미국을 숭배하여 미국의 간첩이 되는 과정이라고 지적한다. 그러나 현재도 마찬가지인 것처럼, 이 시기 지식인들에게 영어는 서구의 진보적인 사상을 배울 수 있는 열쇠이자 관문일 뿐이었다. 본래 암기력이 뛰어나고 공부를 좋아했던 박헌영은 어학 공부 자체를 좋아했다. 영어 외에도 국제어인 에스페란토와 러시아어를 공부했으며, 중국어와 일본어까지 포함하면 5개 외국어를 할 줄 알았다.

공산주의 공부를 하고는 있었어도 아직까지는 스무 살의 앳된 청년이었다. 영어에 익숙해진 그는 미국에 건너가 서구 문명을 배우려는 꿈을 꾸기도 했다. 태평양을 항해하는 데 한 달이 넘게 걸리던 시절이라 뱃삯이 상당했다. 어머니가 국밥집에서 어렵게 번 돈으로 겨우 하숙비를 내고 있던 처지로는 편도 배표도 살 수 없었다. 몇 달째 최기룡과 하숙하고 있던 박헌영은 가을이 되었을 때 고향 친구이자 경성고보 동창인 윤돈영을 찾아가 함께 미국에 유학을 가자고 제안했다. 윤돈영도 이에 적극 찬성했다. 다른 고향 친구들도 합류하기로 했다. 뱃삯은 부잣집 아들인 윤돈영이 모두 대는 조건이었다. 일단 미국 땅만 밟으면 어떻게든 돈을 벌어가며 공부할 생각이었다. 모두 미국에 간다고 신바람이 났다. 그런데 갑자기 윤돈영이 맹장염에 복막염이 겹쳐 쓰러졌다. 의술이 발달하지 않아 맹장염만 걸려도 생명이 위험한 시절이었다. 윤돈영이 장기간 병상에 누워 있는 바람에 박헌영과 친구들의 꿈은 무산되고 말았다.

잠시 품었던 미국행을 포기한 박헌영은 이듬해인 1920년, 잡지 『여자시론』의 편집원으로 들어갔다. 『여자시론』은 본래 일본 메이지 대학에 재학 중이던 이양전이 창간한 잡지로, 발행처도 일본 요코하마로 되어 있었다. 이양전은 1920년 1월 창간호를 낸 후 도쿄에서 열린 3·1운동 기념식에 참석했다가 체포되어 심한 고문을 받은 끝에 정신착란을 일으켜 더 이상 정상적인 생활을 할 수 없게 되었다. 이후 잡지는 연희전문학교 교사이던 미국인 언더우드와 한국인 차미리사 등이 주관하게 되는데, 박헌영은 이 시기에 편집원으로 일하게 된 것이다.[7]

박헌영은 잡지사에 다니는 한편으로, 영어 실력을 발휘해 영시를 번역하기도 했다. 로웰의 시 「유산」, 휘트먼의 시 「청년은 낮, 노년은 밤」, 「감옥의 가수」를 번역해 박종화와 정백이 창간한 문학잡지 『문우』에 게재했다. 로웰이나 휘트먼은 사회주의자는 아니지만 자본주의 사회의 모순을 지적하는 시들을 써낸 이들이었다. 박헌영이 번역한 시들도 빈부 격차 문제나 감옥의 비참한 생활에 대해 쓴 시들이었다. 검열 담당 경찰은 휘트먼의 「감옥의 가수」는 모두 삭제해버렸다.[8]

3·1운동으로 보여준 조선인들의 단결력에 놀란 일본은 무단통치를 완화해 문화통치로 바꾸고 있었다. 조선인에게 공장을 세울 권리도 주고, 학교 설립이나 신문, 잡지에 대한 규

제도 완화해 조선인 상층부를 회유하려는 전략이었다. 일본의 계산은 맞아떨어졌다. 한때 3·1만세운동을 주도하기도 했던 종교계와 교육계의 조선인 상층 계급은 일본의 새 정책에 적극 호응해 신문명 교육을 통해 조선인의 능력을 개발하자는 계몽운동으로 전환했다. 문화운동의 명분을 내세웠으나 사실상 투쟁을 포기한 투항이었다.

진보 세력에 의해 도입된 문화운동도 있었다. 에스페란토도 그중 하나였다. 에스페란토는 인류의 화합과 평화를 주장하며 만들어진 세계 공용어로, 나중에 소설가가 되는 홍명희와 시인 김억 등이 보급에 앞장서고 있었다. 신사상을 가진 젊은 유망주의 한 사람으로 부각되던 박헌영도 에스페란토 공부에 관심을 가졌다.

새 언어를 배우면서 여러 젊은이들과 교류할 수 있었다. 훗날 중국 옌안에서 항일 조선의용군을 이끄는 김무정과 최창익도 에스페란토를 함께 배우며 알게 되었다. 두 사람 다 북부 출신이었는데, 본명이 김병희인 김무정은 박헌영보다 네 살 어린 1904년생으로 중앙고보를 다녔고, 네 살이 더 많은 최창익은 와세다 대학을 다닌 수재였다.

에스페란토를 공부하던 이들은 이해 9월 조선에스협회를 창립했다. 박헌영은 변영로, 신봉조와 함께 협회의 사교부를 맡았다. 오래 활동하지는 못했다. 창립과 동시에 일경의 추적을 받아 피신해야만 하는 처지에 놓였기 때문이다. 협회 창립 직후인 1920년 9월, 박헌영은 일본으로 향하는 밀항선에 몸을 실었다. 그는 나중에 소련공산당 앞으로 제출한 자필 이력서에서, 3·1운동으로 체포될 위험에 처하자 도쿄로 밀항했다고 보고한다. 조선에스협회가 일경의 주목을 받으면서, 박헌영이 3·1운동에 깊숙이 개입했으면서도 체포되지 않았다는 사실이 드러난 것이다.

고향의 아버지 박현주는 침착하고 온순한 둘째 아들이 공산주의운동에 빠져들고 있다는 사실을 알지 못했다. 그는 도쿄에서 학교에 다니겠다는 아들을 위해 3백 원의 거금을 마련해 주었다. 박헌영 자신도 일단 도쿄에 정착해 고학을 하려고 마음먹었다. 그러나 조선에서 경찰에 쫓겨 밀항한 처지라 대입시험조차 치를 수 없었다. 설사 시험에 붙는다 해도 막대한 학자금을 조달할 길도 없었다. 도쿄로 건너간 지 두 달 만인 1920년 11월, 그는 다시 상하이로 가는 밀항선을 탔다. 공부를 위해서라면 일본에 머물러야겠지만 독립운동을 위해서라면 상하이로 가는 게 옳았다. 대한민국 임시정부가 자리 잡고 있던 상하이는 민족주의, 공산주의 할 것 없이 항일운동가들의 해외 집결소나 마찬가지였다.

중국 대륙의 입구이던 동양 최대의 항구도시 상하이는 제국주의 침략의 관문으로 전락해 있었다. 시커먼 연기를 뿜어대는 거대한 기선들이 뱃고동을 울리며 떠다니는 황푸강 부두에는 화려하고 웅장한 중세식 건물들이 줄지어 늘어서서 서양인들을 맞이했다. 건물들은 모두 서양인들의 소유로, 중국인들은 함부로 드나들 수조차 없었다. 영국이 조성한 황푸 공원에는 '개와 중국인은 들어올 수 없다'는 팻말이 버젓이 붙어 있었다. 시내 중심가도 여러 제국들이 공동으로 관리하는 공동조계와 프랑스가 직할하는 프랑스조계에 분할되어 중국인들은 옛 거리에서만 몰려 살아야 했다.

자신의 땅에 들어갈 수도 없게 된 중국인들과 마찬가지로, 조국을 잃은 조선인들은 상하이에 와서도 일본인으로 취급되어 일본 경찰의 감시와 체포 대상이 되었다. 다만 프랑스조계에서는 일본 경찰이 함부로 활동할 수 없었기 때문에 항일운동을 위해 상하이를 찾은 조선인들은 주로 프랑스조계에 몰려 있었다. 대한민국 임시정부 청사와 요인들의 거주지도 프랑스조계 안에 있어 임시정부 경무국장이던 김구 같은 이는 14년이나 프랑스조계에서 한 발도 벗어나지 못했다.

조선인들은 일본 경찰의 감시와 추적을 피하기 위해 중국옷을 입고 중국어를 사용했다. 박헌영도 상하이에 떨어지자 조선인임을 감추기 위해 검정 두루마기를 버리고 시커먼 중국옷으로 갈아입고 왕양옥이라는 중국식 가명을 지었다. 그리고 기독교청년회 부설 영어강습소에 등록해 학생 신분을 유지하면서 항일단체에 가입하는 길을 알아보았다.

영어강습소에는 선린상고를 나와 일본 경응의숙에서 수학한 공산주의자 임원근이 와 있었다. 조선시대 인삼 거래의 요지이던 개성 출신인 임원근은 상인 집안에서 태어나 상업학교를 다닌 만큼 항일 의지가 강한 편은 아니었으나, 상대방을 편안하게 해주는 성품을 갖고 있었다. 동갑내기인 두 사람은 곧 친해졌고, 박헌영은 그를 통해 여러 공산주의자와 교류하게 되었다.

김단야와도 친해졌다. 경북 김천의 기독교 집안 출신으로 3·1운동에 앞장섰다가 태형 90대를 맞은 적 있는 열혈 청년이었다. 가는 몸매에 큰 키를 가진 그는 늘 빙글빙글 웃음을 띤 잘생긴 청년이었다. 김단야는 부모가 정해준 아내와 이혼하려 한다는 이유로 가족과 의절한 후 작년 겨울 밀항해 상하이에서 멀지 않은 항저우의 배정학교에서 영어와 중국어를 배우는 중이었다. 박헌영이 내성적인 성격으로 사람을 가려 사귀는 편이라면, 사교성 풍부한 김단야는 누구하고나 잘 친해지는 외향적인 성격이었다. 나이도 한 살밖에 차이 나지 않는 두 사람은 곧 절친해져 임원근까지 셋이 늘 함께 붙어 다니는 사이가 되었다.

이 무렵 상하이에는 두 개의 조선인 공산당이 활동하고 있었다. 임시정부 초대 국무총리인 이동휘가 만든 상하이파 고려공산당과 러시아 이르쿠츠크에서 결성된 고려공산당의 상하이지부였다. 러시아혁명의 고양된 분위기 속에서 경쟁적으로 만들어진 두 개의 고려공산당은 레닌이 보낸 막대한 원조금의 사용처를 두고 갈등을 벌이는 등 심각한 파벌 싸움에 휩싸여 있었다.

비슷한 시기에 상하이에 도착한 박헌영, 김단야, 조봉암, 허정숙 등 장차 조선의 공산주의 지도자가 될 젊은이들은 두 파벌 중 한 곳을 선택해야만 했다. 이동휘의 상하이파 고려 공산당의 실무자이던 김철수는 이들 젊은이들을 쉽게 가입 시키는 데 반대했다. 일을 시켜봐서 비밀을 잘 지키는가를 확인한 후 가입시켜야 한다고 주장했다. 반면 김만겸, 여운 형, 조동호 등이 이끌고 있던 이르쿠츠크파 고려공산당은 제 한을 두지 않았다. 박헌영과 여러 젊은이들은 이르쿠츠크파 에 가입해버렸다.

1921년 3월, 이르쿠츠크파에 가담한 일단의 젊은 공산주 의자들은 고려공산청년회, 약칭 고려공청 상하이회를 조직 했다. 고려공청은 30세 이하 공산당원을 대상으로 한 청년 조직으로, 최고책임자인 집행위원장은 최창식이 맡았다. 박 헌영은 22살의 나이로 비서를 맡았고, 두 달 후에는 정식으 로 고려공산당에 가입했다. 고려공청 상하이회 비서직은 박 헌영 생애 최초의 공식 직책이 되었다.

박헌영, 김단야, 임원근이 이끄는 고려공청 상하이회 집행 부는 7월부터 프랑스조계 복강리 32호에 사무실을 얻어 본 격적인 활동에 들어갔다. 임대료가 싼 뒷골목의 으슥한 집으 로, '사회주의 연구소'라는 간판을 붙여 위장했다. 코민테른 에서 자금 지원을 받기 때문에 운영에는 다소 여유가 있었다. 연구원에 선정되면 약간의 연구비까지 지급했다. 연구원은 대개 조선인이었으나 중국인도 몇 명 있었다.

고려공청 사무실은 아담한 도서관 같았다. 일본에서 발행된 『사회주의 연구』, 『노동신문』, 『개조』, 『해방』 같은 출판물이 비치되어 누구나 읽을 수 있었다. 이르쿠츠크파의 이론가인 안병찬의 강연회를 개최하는 등 회원들을 위한 강연과 토론회도 계속되었다.

박헌영은 고려공청 기관지 『올타』의 편집자로도 활동했다. 『올타』는 '옳다'라는 뜻으로, 한자로는 '正報(정보)'라고 표기했다. 한글로 간행된 이 비합법 지하신문은 발행처를 서울의 옛 이름인 한성의 종로정보사로 기재했으나, 실제로는 상하이에서 인쇄해 비밀리에 국내에 반입했다. 이듬해인 1922년 초까지 8호를 발행했다.

영어에 능숙한 박헌영은 영어 원서의 번역과 출판도 책임졌다. 그는 부하린의 『꼬뮤니즘 ABC』, 영국 노동당의 『직접행동』 등을 한글로 번역했다. 인쇄는 김만겸이 코민테른에서 교부받은 자금으로 해결했다. 마르크스의 『공산당 선언』은 여운형이 번역해 놓은 것을 활용했다. 이들 영문판 공산주의 이론 서적들은 수백 부에서 1천 부 이상 인쇄되어 국내로 밀송, 김시현 등에게 건네져 국내 곳곳에 배부되었다.

박헌영은 1921년 4월부터 이듬해 6월까지는 상하이상과대학에 학적을 두고 있었다. 학생 신분을 내세워 고려공청 활동을 숨기기 위한 위장이었다. 직업혁명가로서의 정체를 감추고 경찰의 주목을 피하기 위해 학적을 두었을 뿐, 공부를 위한 것은 아니었다. 따라서 나중에 쓴 자필 이력서 어디에도 상하이상과대학 재학 사실은 기록하지 않았다.

기관지 편집과 학습 토론회 개최, 이론 서적의 번역과 출판, 지회 결성 등 고려공청 책임비서 업무는 분주했다. 조선 국내에서는 비밀 유지를 위해 되도록 증거 서류를 만들지 않았으나 해외에서는 모든 일에 기록을 남겼다. 6월에는 고려공청 도쿄지회를 조직하기 위해 단원을 파견하면서 집행위원장 최창식과 비서 박헌영 공동명의의 위임장을 발급하기도 했다.

시급한 것은 고려공청의 대표성과 지도성의 확립이었다. 고려공청 상하이회는 상부 조직인 고려공산당이 두 개로 나뉜 상태에서 이르쿠츠크파의 주도로 만들어져 처음부터 반쪽이었다. 또 중앙 조직이 없는 가운데 상하이회부터 만들어 놓았으므로 중앙총국을 결성해야 했다.

1921년 8월, 이르쿠츠크, 간도, 상하이, 베이징, 도쿄 등 각 지역의 고려공청 대표들이 베이징에 집결했다. 이르쿠츠크 고려공산당을 통해 고려공청을 조직하라는 국제공청의 지령에 따라 고려공청 중앙총국을 결성하기 위해서였다. 장소를 베이징으로 정한 것은 이르쿠츠크 고려공산당 중앙위원회가 이 무렵 일시적으로 베이징에 있었기 때문이다. 코민테른 극동비서부 파견원인 조훈의 주도로 개최된 총회는 중앙총국의 결성을 선언하고, 5인의 중앙집행위원을 선출해 실무를 책임지게 했다. 박헌영은 조훈, 이괄, 김호반, 남공선 등과 함께 중앙위원으로 선출된 동시에 그 최고책임자인 책임비서가 되었다.

다섯 명의 중앙위원 중 박헌영을 제외한 나머지는 소련공산당 당원이었다. 전주 출신인 조훈은 만주에 건너가 무관학교를 세울 돈을 마련하려고 동지 40명과 함께 소련 벌목장에서 일하다가 소련공산당에 가입한 인물이었다. 강원도 통천 출신인 김호반과 함북 종성 출신인 이괄은 부모를 따라 연해주로 이주했다가 소련공산당에 가입한 경우였다. 박헌영은 공산주의운동 초기부터 자연스럽게 소련공산당과 밀접한 관계를 갖게 되었다.

코민테른은 조선인들이 만든 두 개의 고려공산당을 파벌로 간주해 둘 다 인정하지 않고 있었는데, 고려공청을 승인해달라는 국제공청의 요청은 기꺼이 받아들였다. 상부 조직인 공산당이 없는 가운데 공산청년회가 먼저 승인된 것이다. 공산당과 마찬가지로 공산청년회도 각 나라에 하나씩만 인정되었으므로 조선에는 박헌영이 이끄는 고려공청 이외에 공산청년회라는 이름이 들어가는 조직은 더 이상 만들 수 없게 되었다.

고려공청 중앙총국의 책임비서이자 상하이회의 운영을 맡

은 박헌영은 바빴다. 중앙총국의 시급한 과제는 전문적인 운동가를 양성하는 일이었다. 중앙위원회는 26명의 공청 회원을 위한 단기 과정을 마련해 집중적으로 사회주의 학습을 시작했다. 『공산당 선언』, 『공산독본』, 소련공산당의 강령과 규약, 국제공청 2차 대회 결의안, 다윈의 진화론, 사적 유물론 등이 학습되었다. 현실의 시사 문제를 토론하는 일도 게을리하지 않았다. 졸업한 회원이 11명밖에 되지 않을 정도로 엄격한 교육 과정이었다.

소규모 선전 사업도 계속되었다. 이르쿠츠크 고려공산당과 합동으로 잡지 『공산』을 1천 부씩 제작해 4회까지 발행했고, 주간신문 『정보』도 매회 2천 부씩 발행했다. 회원 교육을 위한 소책자 『공산당 선언』, 『공산독본』 등도 인쇄했다.

상하이회 책임자로서의 활동도 바빴다. 1921년 10월에는 상하이 공동조계의 에스페란토 학교에 20여 명이 모여 공산주의자이자 에스페란토 연구자인 일본인을 환영하는 조촐한 행사를 열기도 하고, 러시아의 저명한 시인이자 혁명 당원인 바실리 예로센코를 초청해 강연회를 열기도 했다.

상하이 생활은 박헌영의 인생에 여러모로 의미가 깊은 시기였다. 첫 아내가 되는 주세죽과의 만남도 그 하나였다. 1898년 함흥 출신으로 박헌영보다 두 살이 더 많은 주세죽은 고향에서 영생여학교 고등과에 다니던 중 3·1운동에 참가해 한 달간 수감된 전력이 있는 열혈 신여성이었다.[9] 석방된 후에는 병원에서 근무하다가 1921년 4월 상하이로 건너와 공동조계에 있는 안정씨여학교에서 영어와 피아노를 배우고 있었다. 갸름하니 잘 다듬어진 얼굴에 날씬한 체구의 미인으로 남성들의 시선을 모으던 그녀를 박헌영에게 소개한 것은 임원근의 애인이던 허정숙이었다. 허정숙은 변호사 허헌의 딸로, 유명한 여성 운동가이자 공산주의자였다. 자유분방한 그녀는 네 번이나 결혼하는데, 이 무렵에는 임원근과 연애 중이었다.

신세대 공산주의 지도자로 자리를 굳혀가던 청년 박헌영은 주세죽을 매료시키기에 충분했다. 불덩이 같은 정열과 대담성을 가슴속에 감춘 채 늘 침착하고 조심스러워 무슨 일이든 함부로 덤비거나 말 한마디도 함부로 내뱉지 않는 박헌영의 인품은 그녀에게 충분히 매력적이었다. 박헌영은 다리가 짧은 대신 상체가 긴 편이어서 나란히 앉으면 박헌영이 더 커 보였으나 일어서면 주세죽이 더 컸다. 하지만 단단한 체격과 표범 같은 인상은 작은 키를 상쇄하고도 남았다. 두 사람은 곧 연인 사이가 되었다.

박헌영은 동거에 들어간 주세죽을 고려공청 사무실에 출근시켰다. 그녀의 주요 업무는 혁명운동에 관한 모든 기사와 자료들을 모으고 세계 약소민족의 분포와 생산력과 생활 상태 등에 관한 도표를 그린다거나 중국과 조선의 각 도시 공장 노동자들의 노동 시간과 임금 조건 등에 관한 통계를 뽑아 토론의 기초를 만드는 일이었다. 함께 근무한 김단야는 주로 밖으로 돌아다니며 조직원들과의 연락을 맡았는데, 저녁에는 중국어 강습에 다녀와서 배운 중국어를 두 사람에게 다시 가르쳐주곤 했다.

생활은 궁핍했다. 코민테른에서 운영비가 나오기는 했지만 주로 인쇄비에 들어가고 있어 생활비는 턱없이 부족했다. 대부분의 날들은 하루 두 끼니를 먹을 형편도 못 되었다. 하루 종일 책과 자료 속에 파묻혔다가 저녁때가 되어서야 중국 만두 한 개씩으로 허기를 채우곤 했다. 집으로부터 송금도 받기 어려운 조건이어서 툭하면 전당포에 외투를 맡기고 급전을 얻어 생활해야 했다.

이럴 때 큰 힘이 되어준 이는 여운형이었다. 여운형은 경기도 양평 출신으로 우람한 체격에 화통한 목소리를 가진 데다 성격도 호탕하고 개방적이어서 늘 주위 사람들을 압도하는 인물이었다. 박헌영보다 14살이 많은 그는 조봉암과 함께 공산주의를 항일운동에 도입한 첫 세대였는데, 실제 활동은 좌와 우를 가리지 않았다. 고려공산당의 중앙위원인 동시에 임시정부 외무부 위원이자 상하이 한인거류민단의 단장으로 활약하는 등 활동의 폭이 대단히 넓었다.

임시정부가 수립되었다지만 국무위원들의 행태는 젊은 운동가들에게 실망을 주고 있었다. 이리저리 파를 나누어 파벌 싸움을 벌이고 북부조선 출신들과 남부조선 출신들이 지역

감정까지 드러내 대립했다. 상하이 임시정부 외에도 국내외에 한성 임시정부, 대한국민회의 등 여러 조직이 난립해 각축하기도 했다.

이런 풍토 속에서 단연 돋보이는 존재는 여운형이었다. 그는 공산당 간부였지만 민족주의자들과의 대화와 협력도 마다하지 않았고, 중국인들과도 널리 사귀어 상당한 인맥을 확보하고 있었다. 편협함이나 아집을 보이지 않고 널리 사람을 사귀어 끌어 모으는 여운형의 능력은 대중정치가에게는 꼭 필요한 덕목이었으나, 확고한 규율로 뭉친 조직을 양성해야 하는 혁명가로서는 치명적인 결함이 될 수도 있었다. 그러나 그 허술함이 더 많은 사람을 그의 곁에 모이게 했다. 권력욕이나 영웅주의라고 매도할 수는 없는 순수하고 선한 인품이야말로 그가 가진 가장 큰 정치적 자산이었다. 이론적으로 무지했던 것도 아니었다. 언제 어느 자리에서나 청중을 사로잡는 달변인 그는 공산주의 이론을 매우 쉽고 대중적으로 설파하는 데 능숙했다. 이론 문제에 엄격한 박헌영도 해방 후 상하이 시절의 여운형을 상기하며 대단한 애국자이자 투사인 동시에 능력 있는 이론가였다고 말한다.

여운형에게는 조선에서 건너온 청년들의 방문이 끊이지 않았다. 대부분 격정만 끓어넘칠 뿐, 지혜도 능력도 없는 청년들이었다. 그들은 러시아를 가려고 하니 소개장을 써달라든가, 밥을 굶고 있으니 생활비를 지원해달라는 등 온갖 요구를 했고, 여운형은 능력 닿는 대로 지원을 해주었다. 하지만 끝까지 신의를 지키는 젊은이는 드물었다. 도리어 외국인들에게까지 신용을 잃어 여운형까지 싸잡아 욕먹게 만들기 일쑤였다.

여러 부류의 동포를 접해본 여운형은 앳된 얼굴을 한 22살의 청년 박헌영의 남다른 투지와 능력을 금방 간파해냈다. 어떤 조선인보다 공산주의 이론 수준이 높은 데다 단정하고 품위 있는 태도로 주위 사람들을 사로잡는 힘을 알아본 것이었다. 여운형은 일찌감치 박헌영을 고려공청뿐 아니라 장차 만들어질 조선공산당의 책임비서감으로 점찍어 그가 경제적으로 어려울 때마다 최선을 다해 도와주었다.

박헌영 부부의 결혼식을 열어주고 주례를 서준 이도 여운형이었다. 여운형 자신도 이때는 넉넉한 여건이 아니었음에도 교회를 빌리고 술과 음식을 장만했으며, 두 사람의 혼수로 새 이불과 반지까지 마련해 주었다.

박헌영과 함께 활동하다가 귀국해 소설가가 된 심훈이 1930년 10월부터 『조선일보』에 연재하다가 경찰에 의해 중단된 장편소설 『동방의 애인』에는 이날의 상황이 잘 묘사되어 있다.

밤 8시에 시작된 결혼식에는 청첩장도 없이 알음알음으로 모인 하객이 백 명이 넘어 조그만 예배당이 꽉 찼다. 하객들은 대부분 중국옷을 입고 있었는데, 주례를 맡은 여운형은 주세죽이 새로 지어준 새하얀 두루마기를 입고 등장했다. 신랑 박헌영도 검정 두루마기를 입고 있었다. 주세죽은 장미꽃 한 아름으로 예복을 대신했다. 청중을 웃고 울게 하는 데 누구보다도 뛰어난 명연설가인 여운형은 짧지만 따뜻한 격려로 두 사람의 결혼을 축하했다.

예식이 끝난 후에는 피로연을 겸한 무도회가 열렸다. 하객이 주로 이르쿠츠크 공산당원들이다 보니 연해주에서 온 이들이 다수였다. 조선인과 러시아인 사이에 태어난 아리따운 혼혈 처녀들도 몇 명 있었다. 하객들은 러시아 보드카와 러시아 음악에 맞춰 밤늦도록 춤추고 놀았다. 여운형은 자신의 집 뒷방을 두 사람의 살림방으로 제공해주었다.[10]

고려공청에 주어진 시급한 사안 중 하나는 두 개로 분열된 공산당과의 관계 정립이었다. 1921년 말부터 두 파벌의 대립이 심화되면서 고려공청 내부에도 악영향이 미치기 시작한 데다 상하이파 고려공산당도 자체적으로 청년부를 만드는 바람에 고려공산청년회까지 두 개로 분열될 상황이었다. 고려공청 중앙위원회는 더 이상의 분열을 막기 위해 자신의 상부 기관이던 이르쿠츠크 고려공산당과 관계를 끊기로 결의했다. 이르쿠츠크파를 대표해 중앙위원이 되었던 남공선은 사임했다.

남공선의 사임과 함께 중앙위원의 재편성이 이루어졌다. 이괄이 체포되어 조선으로 압송되었고, 김호반은 만주로 파견된 후 연락이 두절된 상태였다.[11] 결원된 세 명의 중앙위원에는 김단야, 임원근, 고준만이 선출되었다. 책임비서 박헌영을 중심으로 강력한 구심력을 갖도록 재편된 셈이었다.

활동 기반을 국내로 옮기는 것도 중요한 과제였다. 박헌영의 상하이 생활 1년은 망명지 항일 활동의 무기력함을 일깨워준 시간이기도 했다. 겨우 11명의 조직원을 배출하고 소량의 인쇄물을 제작·배포하는 일로 만족할 수는 없었다. 조선 땅에 들어가 학생조직과 청년단체에 직접 파고들어 사회주의를 퍼뜨리고 조직해 일본의 심장부를 찌르는 조직이 되어야만 공산청년회의 의미가 있다는 생각이 점점 깊어졌다.

1922년 3월, 국제공청은 박헌영의 제안에 따라 고려공청 중앙총국을 조선 국내로 이전하도록 승인했다. 아울러 우선 국내의 혁명적인 학생조직에 세포를 조직하고 이들을 전국의 청년단체에 파견해 혁명화할 것, 만주의 무장투쟁단체들과 관계를 맺을 것 등을 지령했다.

박헌영은 곧바로 이전 작업에 들어갔다. 중앙위원 중 조훈은 국제공청과의 연락을 위해 상하이에 남기로 하고, 나머지 네 명은 국내에 잠입하기로 결정했다. 중앙위원들이 세운 원칙은 명확했다. 조선 내의 유일한 공산당이 조직될 때까지 어떤 파당에도 가담치 말고 오직 국제공청의 지도 아래 조직을 할 것, 8개의 소조, 즉 야체이카(공산당 조직의 기본 단위인 세포의 러시아어)만 조직되면 창립대회를 소집한 후 이를 토대로 전국의 청년단체에 파고 들어가 혁명화할 것, 만주 방면의 무장투쟁과 직접 연관을 맺을 것 등이었다.

1922년 3월 25일, 박헌영, 김단야, 임원근, 세 사람은 기선 북해환호를 타고 상하이항을 출발했다. 박헌영과 김단야에게는 각기 150원, 임원근에게는 100원의 활동 자금이 주어졌다. 부두에는 고려공산당 간부 김만겸 등 여러 선배들이 나와 배웅했다.

자본주의 제국들은 신생 소련을 무너뜨리기 위해 국제적인 연대를 맺고 반혁명 백위군에게 막대한 무기를 공급해주고 있었다. 일본과 미국도 두만강과 인접한 러시아 땅 연해주의 백위군을 지원하는 중이었다. 일본군은 무기뿐 아니라 병력 지원까지 마다하지 않았다. 항일운동의 여러 계열 중에서도 공산주의자들은 일본군의 최우선적인 제거 대상이 되었다. 일본군 장교들은 공산주의 혐의자들을 즉결 처형할 권한을 갖고 있었다. 국경 일대에서는 헌병에게 총살당한 조선인 젊은이들의 시신이 곳곳에 전시되고 있었다.

조선과 중국을 잇는 압록강 다리는 삼엄한 검문검색이 이루어지고 있었다. 항일운동가들의 왕래를 막기 위해서였는데, 주된 적발 대상은 공산주의자로 바뀌었다. 도보나 열차로 다리를 건너는 조선인 중에 조금이라도 수상한 기색이 보이는 자는 즉석에서 연행되어 호된 조사를 받았다. 말단 순경과 헌병들까지도 마음대로 구타와 고문을 할 수 있는 권력을 가지고 있었기 때문에 잡혀간 조선인들이 당해야 하는 고통은 이루 말할 수가 없었다.

4월 1일, 압록강 하구의 중국 쪽 국경도시인 안동에 도착한 세 사람은 이륭양행에서 일하는 최준의 안내에 따라 구시가지에 있는 중국요리점 영빈루에 숙소를 정했다. 이륭양행은 영국 국적의 아일랜드인 조지 루이스 쇼가 운영하는 선박회사로, 식민지해방운동을 하려는 조선인들에게 많은 편의를 제공하고 있었다. 영국의 식민지가 된 조국 아일랜드에 대한 애정이 남달랐던 조지 루이스 쇼는 민족주의나 공산주의 상관없이 항일운동가들의 피신을 도와주었고, 국내에도 지점을 만들어 독립 자금의 송금 통로로 제공하고 있었다.

어떻게 압록강 다리를 넘을 것인가 궁리하던 세 사람은 국경을 오가는 조선인 장사꾼으로 변장하기로 했다. 세 사람은 그동안 입고 있던 시커먼 중국옷을 벗어버리고, 최준이 가져온 흰 한복과 두루마기를 걸쳤다. 또 중국인을 시켜 신의주에서 경성까지 가는 기차표 세 장을 사 오도록 했다. 평소 이륭양행을 감시하던 일본 밀정들이 새로 나타난 세 사람의 행적을 수상히 여겨 집중 미행하고 있다는 사실은 눈치 채지 못했다.

4월 3일, 먼저 김단야가 출발했다. 그는 신의주에서 경성까지 가는 기차표는 감춘 채 신의주 근방인 백마역까지 가는 표를 끊어 기차에 올랐다. 안동에서 경성까지 직통으로 간다면 여행 목적에 대해 추궁당하리라 보고 안동에서 백마 사이를 오가는 단거리 상인 행세를 한 것이다. 백마에서 내리지 않고 그대로 경성까지 가다가 검문에 걸리면 미리 사둔 경성행 기차차표를 보여줄 계획이었다. 그러나 안동으로부터 사전 연락을 받은 일경을 속여 넘길 수는 없었다. 김단야는 신의주경찰서 형사들에 의해 철산군 차련관역에서 체포되고 말았다.

같은 시각, 안동 영빈루에서 출발을 준비하던 박헌영과 임원근도 최준과 함께 체포되었다. 다른 경로를 택한 중앙위원 고준만 한 사람만이 국경을 넘어 국내로 잠입하는 데 성공했으나, 전국 조직을 건설하기에는 역량이 부족한 인물이었다. 고준만은 단 한 개의 세포를 조직하고 항만노조에 영향력을 미치는 데 그친다.

신의주경찰서로 연행된 세 사람은 혹독한 고문을 받았지만, 미리 말을 맞춘 대로 일관되게 진술했다. 박헌영은 상하이에 공부를 하러 갔다가 김만겸, 안병찬 등의 강연을 듣고 공산주의에 감화되어 조선에 들어가 공산주의를 선전하려고 귀국하던 길이라고 주장했다. 공산주의 사상을 실천하려 했다는 점과 김만겸에게 여비를 받은 사실은 인정했으나, 고려공청에 대해서는 일체 진술하지 않은 것이다.

공산주의를 퍼뜨리기 위해 귀국하려 했다는 혐의 이외의 범죄 사실을 적발해낼 수 없었던 일본 법원은 세 사람에게 1

년 6개월의 실형을 선고하고 평양형무소에 수감했다. 실형 사유는 제령 위반이었다. 제령이란 3·1만세운동이 한창이던 1919년 4월에 발령된 법령으로, 반일시위 참가자에게 무한정 실형을 부과할 수 있게 할 뿐 아니라 해외의 반일운동 가담자를 처벌할 수 있으며 반일운동을 지원하는 외국인까지 처벌하는 내용을 담고 있었다.

첫 감옥살이가 시작되었다. 식민지 감옥은 굶주림과 중노동, 고문과 질병으로 얼룩진 죽음의 공간이었다. 그러나 사상범들에게는 새로운 동지를 사귀고 책을 읽는 공간이기도 했다. 평양형무소에는 주로 북부조선의 항일운동가들이 수감되어 있었다. 이들과 맺은 각별한 우정은 경성콤그룹의 결성과 해방 후 조선공산당 결성에 기초가 되었다.

감옥 안 사상범들의 낙은 동지들과 통방을 하거나 독서를 하는 것이었다. 형무소 안으로 사회주의 서적을 반입하는 것은 금지되어 있었지만, 간수들이 이해하기 어려운 외국어 원서나 전문 서적으로 보이는 제목을 가진 책들은 학술 서적인 줄 알고 그냥 들여보내곤 했다. 박헌영은 상하이 시절과 감옥살이를 통해 주요한 사회주의 서적들은 대부분 읽었다. 카를 마르크스의 『자본론』과 프리드리히 엥겔스의 『가족, 사유재산, 국가의 기원』, 카를 카우츠키의 『마르크스의 경제 이론』과 에두아르트 베른슈타인의 『사적 유물론』 등의 원서들을 통독했으며, 레닌의 저서로는 중국어로 된 『제국주의론』,

『국가와 혁명』,『프롤레타리아 혁명과 배신자 카우츠키』,『무엇을 할 것인가』 등을 읽었다. 아직 스탈린은 전면에 등장하지 않을 때여서『레닌주의의 기초』나『공산주의운동의 좌익소아병』 등 스탈린의 저서들은 출간되지 않은 시기였다.

세 사람은 체포된 지 22개월 만인 1924년 1월 19일 평양형무소에서 동시 석방되었다. 형량보다 4개월을 더 산 것은, 일본 법원이 수사 기간을 형량에 산입하지 않은 채 무한정 잡아둘 수 있는 예심제도를 운영했기 때문이다. 이 제도로 형량보다 1~2년씩 더 감옥살이를 하는 게 보통이었으니 오히려 운이 좋은 편이었다.

한겨울 모진 추위에 형무소 문을 나선 세 사람은 주세죽과 허정숙의 뜨거운 환영을 받았다. 주세죽은 박헌영이 체포된 직후인 1922년 5월에 귀국해 옥바라지를 해오고 있었다. 이들이 다음 날 경성으로 들어온 소식은『동아일보』에 '3씨 만기 출옥'이라는 제목으로 짤막하게 보도되었다.

"상해에서 공산주의를 선전했다는 일로 재작년 3월에 안동현에서 체포되어 제령 위반이라는 죄명으로 징역 1년 반을 언도받고 그동안 평양형무소에서 복역 중이던 박헌영, 임원근, 김단야 세 사람은 지난 19일에 만기 출옥하여 20일에 경성에 왔다더라."

박헌영이란 이름이 처음으로 언론에 보도된 기사였다.

3

조선공산당

朴憲永 評傳

석방된 박헌영은 먼저 주세죽과 함께 고향 신양면에 내려갔다. 독립운동가로 유명해진 그가 신식 양장을 입은 늘씬한 미인을 데리고 나타나자 온 동네 사람들이 모여들어 인사를 나누느라 바빴다. 공산주의자를 명예롭게 여기던 시절이었다. 민중들은 공산주의든 무정부주의든 상관하지 않았다. 일본 경찰과 조선인 부유층들이 공포감을 느끼는 상대일수록 민중들의 사랑을 받았다. 동네 사람들에게 박헌영은 상하이에서 독립운동을 하다가 체포되어 감옥살이를 하고 나온, 신양이 낳은 애국자였다.

어머니 이학규와 아버지 박현주는 예쁘고 지적인 며느리에게 흠뻑 만족했다. 상하이에서 자기들끼리 예식을 올렸다지만 집안 어른들과 동네 사람들이 빠진 결혼식은 있을 수 없었다. 이학규는 떡과 고기로 풍성한 음식상을 차리고 널리 사람들을 초대해 성대한 결혼식을 열어주었다. 집안 어른들은 독립운동으로 박씨 집안의 명예를 살려준 박헌영을 칭찬했고, 동네 사람들은 가난한 농민에게 무료로 땅을 나눠 준다는 공산주의자이기에 더욱 축복해주었다.

사람들이 너도나도 술을 따라 주는 바람에 박헌영은 이날 셀 수 없이 많은 술잔을 받아야 했다. 이날을 기억하는 동네 사람들은 박헌영이 동네 술을 혼자 다 마셔버린 것 같았는데도 자세는 조금도 흐트러지지 않더라고 술회한다. 박헌영이 밤새 꼿꼿이 앉은 자세로 주는 술잔을 모두 비우고 있는 사이, 취해버린 것은 아버지 박현주였다. 친척들과 동네 사람들의 축하주에 만취한 박현주는 혼절하듯 쓰러져 잠들고 말았다.

이학규는 모처럼 돌아온 아들이 되도록 오래 머물러주기를 바랐다. 그러나 박헌영은 바빴다. 코민테른은 박헌영 일행이 수감된 2년 동안에도 승인해줄만한 조선인의 공산당을 찾지 못한 상태였다. 뜻하지 않게 감옥살이를 하게 되었지만 박헌영에게 주어진 임무는 변한 게 없었다. 조선 국내에 고려공청을 만들고 나아가 조선 최초의 통일된 공산당을 결성해야 하는 임무였다. 박헌영은 어머니의 아쉬움을 뒤로하고 며칠 만에 상경했다.

박헌영 부부는 종묘 앞 훈정동에 살림을 차렸다. 햇볕이 잘 들지 않아 침침한 좁은 마당을 가운데 두고 삼면이 방으로 둘러싸인 작고 낡은 한옥이었다. 은행원인 집주인은 선량해 보이는 젊은 부부에게 본채와 떨어져 방 한 칸에 따로 부엌이 딸린 행랑채를 빌려주었다. 두 사람은 책상과 의자를 사고 나지막한 책꽂이도 들여놓았다. 책꽂이는 박헌영이 감옥에서 가지고 나온 책들로 꽉 찼다.

이 무렵 조선에는 무수한 청년조직들이 만들어져 경성에만 70개 청년회가 난립해 있었다. 3·1운동 이후 조성된 일본의 문화 정책에 따른 것이었다. 이를 하나로 묶고자 하는 노력이 계속되었지만, 이 시도 역시 여러 갈래로 나뉘어 있었다. 이영, 정백, 이정윤, 최익한 등이 주도하는 서울청년회 계열과 홍명희, 조봉암, 김재봉 등이 주도하는 화요회 계열, 그리고 김약수, 이여성 등이 이끄는 북풍회 계열이었다.

서울청년회는 1921년에 결성된 사회단체로 가장 많은 회원 대중을 확보하고 있었다. 그러나 조직을 주도하는 이영, 정백, 이정윤, 최익한 등은 공산주의자들 사이에서 그다지 신뢰를 받지 못하고 있었다. 특히 이영과 정백은 운동가로서 상당한 경력에도 불구하고 매사 자기중심적이고 좌익소아병과 우익기회주의를 오가는 극단적인 노선으로 신망을 잃고 있었다.

마르크스의 생일이 화요일인 데 착안해 이름을 지은 화요회는 박헌영이 평양형무소에서 석방되던 당일인 1924년 1월 19일 결성된 공개단체였다. 홍명희, 홍증식, 구연흠, 박일병이 발기하고 김재봉, 조봉암, 김찬, 권오설, 안기성 등 당대의 이론적·조직적 지도자들이 대거 참가하고 있었다. 박헌영도 처음부터 화요회에 가입했다. 화요회는 기관지 『이스크라』를 발간했다.

화요회는 코민테른 코르뷰로 내지부에서 직접 지도하고 있는 유일한 조직이기도 했다. 외국인들은 조선이란 명칭보다 세계사적으로 훨씬 유명했던 고려 혹은 그 영어 발음인 코리아라는 명칭을 선호했다. 코르뷰로는 코민테른 산하의 조선 담당국으로, 고려국이라는 뜻의 러시아어였다.

코르뷰로 내지부 책임자, 즉 조선 국내 담당자는 김재봉이었다. 박헌영보다 열 살이 많은 김재봉은 경북 안동 출신으로, 경성공전을 나와 3·1운동에 참가한 이래 공산주의운동에 가담, 이르쿠츠크에서 고려공산당을 창당할 때부터 중앙위원으로 참가해온 인물이었다. 커다란 체격에 이목구비가 뚜렷한 그는 대범하고 호방한 성품으로 신망이 높았는데, 이 무렵에는 『조선일보』 기자로 일하며 정체를 위장하고 있었다.

김재봉의 화요회는 분열된 청년조직의 통합을 주도할 새로운 공개단체도 추진했다. 박헌영이 형무소에서 석방된 후 3주일 만인 1924년 2월 11일 신흥청년동맹이 결성되었다. 무산계급의 청년단체임을 강조해 명칭에도 무산이란 단어를 사용하자는 의견도 있었으나, 그럴 경우 경찰의 집중 감시를 받고 전단 한 장 제대로 뿌릴 수 없으리라 판단하여 신흥으로 정했다. 결성식에는 박헌영, 김단야, 홍명희, 홍증식, 조봉암, 김재봉, 이준태, 김찬, 박일병 등 23명이 참가했고, 집행위원장은 임원근이 맡았다.

사실상 고려공청의 준비 조직인 신흥청년동맹은 주로 화요회와 북풍회 계열의 젊은 지식인들로 이루어져 있었다. 전도유망한 젊은 운동가들이 결집된 이 단체는 지금까지 우후죽순으로 난립한 다른 청년단체들과는 질적으로나 규모로나 사뭇 달랐다. 조선의 좌파 청년운동을 대표한다고 할 만했다. 코민테른도 이를 인정해 김재봉과 신철에게 활동 자금까지 보내며 깊숙이 관여했다.

국내외 공산주의자들 중에는 25살의 고보 졸업자인 박헌영보다 학력이나 경륜이 한결 높은 이가 널려 있었다. 하지만 공산주의 이론과 조직력, 지도력에서 박헌영만큼 확실한 인물은 없다는 것이 그들의 판단이었고, 이는 곧 코민테른의 결정 근거로 제공되었다. 신흥청년동맹 회원들도 암묵적으로 박헌영에게 지도권을 위임하고 있었다.

여론에 따라 국제공청은 3월 1일자로 박헌영을 고려공청 중앙총국의 비서로 재임명했다. 이 명령은 국제공청의 중앙위원이자 조선 담당 책임자인 조훈을 통해 전달되었다. 이후 국내 공산주의 조직에서 박헌영이 항상 최고지도자로 추천된 것은 이 다수의 말 없는 지지에 의한 것이었다.

신흥청년동맹은 결성 한 달 후인 3월 11일부터 1개월 예정으로 전국 순회 강연에 나섰다. 강사진은 지역을 나누어 주요 도시와 군청 소재지를 돌아다니며 강연회를 개최했는데, 북부조선은 박일병과 조봉암이 누비고 다녔다. 박헌영은 김찬, 신철과 함께 청주, 공주, 대구, 광주 등 남부조선 28개 도시를 순회하며 강연했다.

박헌영의 강연 제목은 '청년의 사회적 지위', '이제로부터의 청년', '청년의 사적 고찰'처럼 주로 청년의 사회적·역사적 책임을 강조하는 내용들이었다. 침착한 말투로 시작하는 그의 연설은 선동적이라기보다 차분하고 진지한 설명식이었으며, 폭소를 자아내거나 눈물을 흘리게 하기보다는 논리적이면서도 이해하기 쉬운 내용이었다. 그러나 가끔씩 열변을 토할 때면 충분히 좌중을 사로잡았다. 작은 키에 둥근 테 안경을 쓴 선생님 같은 외모에 누구보다도 해박한 이론을 갖춘 그의 풍모는 남부조선의 뜻있는 젊은이들에게 깊은 인상을 심어주었다. 박헌영의 이름은 중앙뿐 아니라 지방의 진보적인 청년들 사이에도 널리 각인되었다. 나중에 해방이 되었을 때 전국의 대다수 공산주의자들이 그의 이름 아래 결집한 것은 이 시기부터 형성된 넓은 인지도에 힘입은 것이었다.

전국을 순회하고 돌아온 1924년 4월 15일, 박헌영은 『동아일보』의 판매부 서기로 입사했다. 전과자인 박헌영이 『동아일보』에 취직할 수 있었던 것은 얼마 전 민족주의자인 송진우가 사장에서 물러나고 사회주의에 우호적인 변호사 허헌이 직무대리로 취임한 덕분이었다. 주세죽의 절친한 벗이자 과격한 페미니스트이던 허정숙의 아버지이기도 한 허헌은 공산주의자라고 할 수는 없었으나 3·1운동 민족대표의 변호를 맡고 이후 공산주의자들을 무료 변론하는 등 조선인들에게 크게 신망을 얻고 있던 애국자였다.

청년단체의 통합 문제는 의외의 상황을 맞았다. 이영의 서울청년회 쪽에서 먼저 전국적 통일체를 제안해온 것이었다. 전국 순회 강연 등으로 신흥청년동맹의 활약상이 부각되자 통합의 주도권을 잃지 않으려고 먼저 제안한 것이었다. 신흥청년동맹으로서는 기다렸던 바였다. 연합체의 명칭은 조선청년총동맹으로 정해졌다.

1924년 4월 21일, 종로 중앙기독교청년회관에서 조선청년총동맹 창립대회가 개막되어 3일간 열렸다. 주최 측으로부터 참가 권유를 받은 520개 청년조직 중 이에 응한 223개 단체 대표들이 참석했는데, 산하 회원을 모두 합치면 3만 7,150명에 이르렀다.

공산주의자들이 주도한 만큼 조선청년총동맹은 산하 청년단체에 민중적 정신을 고무하고 계급의식을 주입하려는 목적을 띤다고 명백히 밝혔다. 일본인과 조선인 대지주, 자본가들로 구성되어 조선인들의 땅을 사들이고 간척지를 개간하던 동양척식주식회사를 조선인을 착취하기 위해 만든 기관으로 규정하고 이를 배척하기로 결의하는 한편, 날로 늘어나는 타협적 민족주의운동을 절대 배격한다고 성명했다.

조선청년총동맹의 기구로는 25명의 중앙집행위원과 5명

의 중앙검사위원을 두었는데, 박헌영은 중앙검사위원의 한 명으로 선출되었다. 중앙총국의 위원은 7명으로, 비서부, 조직부, 선전선동부, 교양부 등에 배치되어 있었다. 정위원의 체포에 대비해 5명의 후보 위원을 선출해 놓았는데, 전원 체포될 경우에 대비해 다시 20명의 회원을 확보해두었다.

모든 공개 행사에 일본 경찰이 배석해 감시하던 시절이었다. 강사가 자본주의니 사회주의, 계급이니 혁명 같은 단어만 사용하면 배석 형사가 바로 일어나 주의를 주고, 같은 일이 되풀이되면 바깥에 대기 중인 경찰 병력을 끌어들여 강제 해산해버렸다. 조선청년총동맹의 결성식도 수차례나 지적을 받던 끝에 사흘째 되던 날은 일경에 의해 강제로 해산되고 말았다.

박헌영은 공개적으로는 조선청년총동맹의 지도자이자 신문기자로, 비밀 조직인 고려공청의 책임자로 바쁜 나날을 보내야 했다. 잡지 『개벽』에 '국제청년데이의 의의'라는 제목으로 국제공산주의 청년운동의 역사를 정리해 기고하기도 하고, 종로의 중앙청년회관에서 '식민지 청년운동'이란 제목으로 강연을 하는 등 공개 활동과 함께, 국제공청과의 연락을 위해 파견자를 선발하고 위임장을 발급하는 등 비밀 활동을 병행했다.

신흥청년동맹의 기관지 『신흥청년』을 발행하는 데도 노고가 필요했다. 고려공청 기관지 역할을 하게 될 이 잡지의 출판에는 예상치 못한 인력과 경비가 소요되었다. 조선에서는 감시 때문에 인쇄가 불가능한 상태였으므로 도쿄에서 일본인의 이름으로 인쇄를 하기로 했는데, 일본에는 조선어 활자가 없어 조선에 있는 인쇄기와 활자를 일본으로 보내야 했다. 이에 소모된 비용은 국제공청의 지원금으로 해결했다.

하지만 막상 박헌영은『신흥청년』창간호에 불만족스러워했다. 잡지는 대부분 고려공청 지도부의 글로 채워졌는데, 제10차 '국제청년의 날'과 '러시아혁명 기념일'을 의식하다 보니 전반적으로 과격한 혁명적 색채를 띨 수밖에 없었다. 보통의 청년들을 설득하는 데 유용한 합법적이고 대중적인 잡지가 되기를 바랐던 박헌영은 이를 아쉽게 생각했다. 그나마도 조선으로 반입하는 과정에서 일본 경찰에 적발되어 창간호 대부분이 몰수되고 말았다. 박헌영은 제2호 출간을 위해 국제공청에 영어로 쓰인 잡지 같은 자료들을 요청하기도 했지만, 여러 악조건 때문에 다시는 발행하지 못했다.

이해 연말,『동아일보』판매부 서기였던 박헌영은 지방부 기자로 보직을 변경해 정식으로 취재기자가 되었다. 이 무렵 신문기자는 단순한 직업을 넘어 최고의 지성인으로서 스스로 우국지사적인 열정을 갖고 있었다. 공산주의 사상을 가졌든, 민족주의 사상을 가졌든 마찬가지였다. 조선어로 발행되는『동아일보』,『조선일보』,『시대일보』기자들은 경영난으로 반년씩 월급이 밀려도 불평하지 않고 직간접적으로 조선 독립의 염원을 표현해냈다. 기자들은 독립운동가들이 갇힌 경찰서와 감옥, 조선인 노동자들의 파업 현장을 누비고 다니며 항일의 소식들을 생생히 그려냈다. 박헌영이 취재기자가 된 것은 이런 목적 말고도 지방 출장을 핑계로 자유로이 전국을 누비며 고려공청을 조직하기 위해서였다.

해가 바뀐 1925년 1월 초, 박헌영은 독일의 여성 혁명가 로자 룩셈부르크의 피살 6주년을 맞아 신흥청년동맹에서 주최한 연설회에 참가해 '반군국주의운동과 청년'이란 제목으로 연설했다. 일본이 제국주의 침략의 이념으로 자랑스럽게 내세우고 있는 군국주의를 공개적으로 비판하고 청년들이 이에 휩쓸려서는 안 된다는 내용이었다.

같은 달 25일, 박헌영은 향후 조직될 공산당의 활동 계획을 입안해 코민테른에 보고했다. 그는 보고서에서 조선의 공산당이 해야 할 우선적인 활동으로 해외에 있는 독립운동단체 및 무장독립군과의 제휴를 들었다. 만주에 조선인의 군대를 양성하여 일본 군국주의의 중추기관 및 인물을 파괴·암살하자는 계획이었다. 또 민족부르주아의 자치운동과 친일적 정치 활동을 공격하고 총독부에 반항하는 운동을 펼치며, 동양척식주식회사 폐지운동과 일본인과 중국인들의 조선으로의 이민을 막는 운동을 일으켜야 한다고 보았다.

보고서는 또한 서울파가 고려공청과 공산당 창립에 결정적인 장애로 등장했다고 지적하며, 그들의 정치적 기회주의를 비난했다. 공산주의운동의 선배를 자처해온 이영과 정백 등은 코민테른이 김재봉, 박헌영, 조봉암, 홍명희 같은 새로운 세력을 선택했다는 사실에 실망한 나머지 사사건건 시비를 걸었다. 이들은 먼저 당을 만들어 코민테른으로부터 인정받기 위해 창당을 서둘렀다. 이영 등은 1924년 10월 자파들만을 동원해 서울콤그룹이란 이름의 지하공산당을 창당하고, 무산자동맹회, 조선노동연합회 등 공개단체를 급조해 나갔다.

더 큰 문제는 이영 일파가 각종 간담회나 대회를 열어 조선의 공산주의운동이 두 갈래로 나뉘어 있음을 공공연히 떠벌리고 다녔다는 점이었다. 서울파의 지도자들은 마치 자신들이 공산주의운동에서 소외당하는 일을 막는 것 이외에는 아무런 관심도 없는 듯, 전위운동가는 물론이요 일반 대중과 일본 경찰 앞에서도 아무 스스럼 없이 다른 운동가들을 비난해댔다. 박헌영은 차후 서울청년회가 청년운동에 가담한다면 그 분열은 불을 보듯 환하다고 보았다. 만일 국제공청이 서울청년회 혹은 그에 소속된 인자들을 받아들인다면 공산당 건설은 반드시 실패할 것이니 그들과 절대 관계를 맺지 말라고 경고했다.

서울파에 대한 박헌영의 우려는 편파적이라거나 감정적인 비난이라고만 할 수는 없었다. 이미 여러 지방의 활동가들도 이영 일파의 독단에 대해 보고하고 있었다. 박헌영의 보고서가 올라간 직후인 1925년 2월에도 또다시 서울파의 성격을 드러내는 사건이 일어났다. 대구청년회 제명 사건이었다.

늦게 출범해 회원 숫자에서 열세이던 화요회계는 지방 조직에 박차를 가한 결과, 1925년 들어 대구와 안동 등지에서 7개 청년회를 신규로 조직하는 데 성공했다. 이들 단체들은 경북청년대회를 준비하기로 결의하고, 2월 20일 발기대회를 개최했다. 안동과 대구는 이시영, 김동삼, 이동하 등 민족주의 항일투사들의 본거지이자 김재봉, 권오설, 이준태, 이병기 등 수많은 공산주의자들을 배출한 지역이었다. 이곳에 화요파가 뿌리를 내리자 서울파는 즉각 반격을 가했다. 상부인 자신들의 사소한 명령을 위반했다는 이유로 대구청년회를 조선청년총동맹에서 제명해버리겠다고 나선 것이다.

대구청년회 대표 최원택은 물론 박헌영, 조봉암 등은 이에 격렬히 항의했다. 그러나 조선청년총동맹 집행위원회의 다수를 차지한 서울파는 제명을 가결해버렸다. 분개한 조봉암은 아예 조선청년총동맹에서 탈퇴해버렸고, 최원택은 3월 3일자 신문에 이영 일파의 분파주의에 항의하는 담화까지 발표했다. 이에 서울계는 이영, 정백, 김두수 등 일곱 명의 명의로 대구청년회가 조직을 파괴하려 했기 때문에 제명한 것이라고 발표하고, 임원 구성에서도 박헌영을 비롯한 화요회 계열을 모조리 배제해버린다.

서울파와의 연합은 어렵게 되었다. 공산당 결성 작업은 서울파를 배제한 채 화요회와 북풍회의 주도로 진행되었다. 화요회는 전국의 민족운동가 72명의 이름으로 1925년 4월 20일 전조선민중운동자대회를 연다고 공개적으로 발표했다. 민중대회를 명분으로 대규모 인파를 끌어 모아 경찰의 감시망을 흩어 놓은 사이에 공산당을 결성하기 위해서였다.

민중대회 준비위원회는 경성 지역 준비위원으로 김재봉, 김단야, 박일병, 권오설, 구연흠, 장지필 등 20명을 선정해 의사, 심사, 통신, 서무의 업무를 분담했다. 박헌영·주세죽 부부, 임원근·허정숙 부부, 조봉암·김조이 부부도 나란히 준비위원에 들어갔다. 지방 준비위원으로는 평양의 진병기, 대구의 최원택, 동래의 백광흠, 진주의 강달영, 안동의 이준태 등이 뽑혔다.

다른 한편으로는 4월 15일부터 사흘간 조선기자대회를 열기로 해 경찰을 더욱 바쁘게 했다. 전 조선의 신문·잡지 기자들의 모임을 표방한 기자대회는 주최가 따로 없이 무명회의 명의로 통고되었는데, 당연히 박헌영을 비롯한 화요회 계열 기자들이 주동한 것이었다.

공산당 결성식은 기자대회의 마지막 날이자 민중대회 참가를 위해 많은 운동가들이 경성에 집결하게 될 1925년 4월 17일로 정해졌다. 서울파의 대구청년회 제명 사건으로 소란한 가운데도 박헌영은 민중대회를 조직한다는 명분으로 지방을 순회하며 공산당 결성의 실무적인 문제를 상의했다. 박헌영은 나중에 경찰 조사에서 공산당은 자신과 아무 상관이 없고 민중대회 참가를 독려하기 위해 돌아다닌 것으로 진술했으나 빤한 거짓말이었다.

예컨대 1925년 3월 6일에는 아침 기차로 경성을 떠나 신의주를 방문했는데, 먼저『동아일보』지국에 들렀으나 지국장이 없자『조선일보』지국에 들러 지국장 독고전에게 평안도 지방 청년운동의 현황에 대해 듣고 민중대회 참여를 권유한다. 점심에는 압록강을 건너 안동현에 들러『동아일보』지국장 구창모를 만나 밥을 먹으며 역시 민중대회 참여를 독려한 후 오후 기차로 경성에 돌아온다. 이런 식으로 전국을 돌아다니며 민중대회 참가를 권유했다는 것이 박헌영의 일관된 진술이었다. 하지만 사실은 공산당과 고려공청 창당대회에 보낼 지역 대표를 선출하는 문제를 상의했던 것이다. 실제로 신의주의 독고전은 공산당 결성식에 참여한다.

1925년 4월 15일 오전 11시, 종로의 YMCA 회관에서 조선기자대회가 시작되었다. 전국 20여 종의 신문·잡지 기자 639명이 참가했는데, 박헌영, 김단야, 김재봉 등도 기자 자격으로 참석했다. 기자 중에는 최은희, 김명순, 이각경, 허정숙 등 세간의 관심을 모으고 있던 여성 기자 다섯 명도 참석해 이채를 띠었다. 대회의 구호는 '죽어가는 조선을 붓으로 그려보자! 거듭나는 조선을 붓으로 채질하자!'였다. 의장에는『조선일보』사장 이상재, 부의장에는『조선일보』부사장 안재홍

이 선출되었다. 애초에 공산당 결성을 위한 위장 전술로 시작한 대회였으나, 그 자체만으로도 역사적인 의의가 있었다.

1925년 4월 17일, 인구 30만의 자그마한 도시 경성은 사흘간의 기자대회가 막바지에 이른 데다 20일의 민중대회를 앞두고 지방에서 미리 올라온 5백여 명의 대의원들로 소란했다. 대회장 주변의 여관은 빈방을 찾을 수 없었고, 식당마다 단체손님들로 붐볐다. 경찰은 총비상이 걸렸으나 모든 움직임을 다 감시할 수는 없었다. 점심시간인 오후 1시, 시내 한복판인 을지로 1가의 중국 식당 아서원 연회실에 한 무리의 청년들이 모여들었으나 별 주의를 기울이지 않았다.

아서원 연회실에 모인 이들은 모두 19명이었다. 김재봉, 박헌영, 김찬, 김약수, 주종건, 윤덕병, 진병기, 조동호, 조봉암, 송봉우, 김상주, 유진희, 독고전, 정운해, 최원택, 이봉수, 김기수, 신동호, 홍덕유였다. 파벌로 보면, 민중사 계열의 주종건과 이봉수, 신생활사 계열의 유진희를 제외하면 거의 화요회 계열의 인물들이었다. 지역으로 보면 서울의 6개 합법 단체의 야체이카 대표자가 8명이었고, 각 지역의 야체이카 대표자가 11명이었다. 박헌영을 비롯한 대부분의 참석자들은 두루마기를 입은 한복 차림이었으나, 나비넥타이를 한 양복 차림도 몇몇 섞여 있었다.

연회를 가장했기 때문에 평범한 모임처럼 음식이 들어온 가운데 코민테른 코르뷰로의 내지부 책임자 김재봉이 개회를 선언했다. 언제 경찰이 들이닥칠지 알 수 없었다. 결성식은 김약수의 사회로 빠르게 진행되었다. 공산당 결성을 위해서는 규약과 강령을 심의해 통과시키는 것이 원칙이었으나, 시간이 오래 걸리는 데다 증거 서류가 남게 되는 위험을 피하기 위해 대폭 생략되었다. 당의 명칭과 기본 지도부 구성만 합의했다.

당의 명칭은 조선공산당으로 정해졌다. 외국인들에게 고려라는 명칭이 더 알려져 있으나, 해외에서 결성된 두 개의 고려공산당이 파쟁을 벌여온 점을 의식해서였다. 일곱 명의 중앙집행위원이 선출되어 향후 진행이 일임되었다. 김재봉이 책임비서에 선출되었고, 조직부에는 조동우, 선전부에는 김찬, 인사부에는 김약수, 노동부에는 정운해, 정경부에는 유진희, 조사부에는 주종건이 뽑혔다. 박헌영, 조봉암, 김단야는 고려공청을 책임지기 위해 공산당 간부직에서는 빠졌다.

다음 날인 4월 18일, 조선공산당은 가회동 김찬의 집에서 첫 번째 중앙집행위원회를 열어 95개 조로 된 당칙을 심의, 통과시켰다. 당칙에 따르면, 당원은 정당원과 후보당원으로 나누었는데, 직업에 따라 후보 기간에 차등을 두었다. 노동자는 3개월, 타인의 노동을 착취하지 않는 농민과 소규모 자영업자는 6개월, 사무원 등 지식인은 1년으로 했다. 당원은 수입의 3퍼센트를 당비로 내며, 공장, 농촌, 학교, 군대 등에 만들어진 당의 기본 조직인 야체이카에 소속될 의무가 있었다.

야체이카 하나의 인원은 7명 이하로 제한했다. 러시아의 20명, 일본의 10명보다 적은 7명으로 한 것은 일경의 극심한 추적을 피하기 위해서였다.

상부 조직인 조선공산당의 결성과 함께 고려공청도 정식으로 다시 결성해 코민테른에 보고해야 했다. 공산당의 첫 중앙집행위원회가 열리고 있던 4월 18일, 훈정동 박헌영의 단칸 사글셋방에는 20명의 젊은 공산주의자들이 빼곡히 들어찼다. 고려공청 중앙위원 임원근과 김단야 외에 신흥청년회 대표 조봉암, 조선노농총동맹 대표 권오설, 인천 대표 장순명, 안동 대표 안상훈, 여성 대표 주세죽 등이었다.

고려공청 결성식에서 주세죽이 여성 대표를 맡은 것은 여성운동의 대표적인 인물이었기 때문이다. 주세죽은 1924년 5월 『동아일보』 첫 여성 기자인 최은희를 위시해 고명자, 허정숙, 김조이, 박원희 등과 '조선여성동우회'를 만들어 서울과 지방에서 여성을 상대로 계몽 강연을 해오고 있었다. 조선여성동우회의 지방 분회는 70개나 되었는데, 이들 여성 지도자들이 순회 강연을 내려가면 극장이 넘칠 정도로 청중이 많았다. 신여성이라 불리던 이들 여성 사회주의자들은 '낡은 제도를 탈피하고 과학적으로 살자', '여성도 하나의 사람이고 노예가 아니다. 부엌의 종이 아니다', '우리의 원수는 일본만이 아니라 돈 많은 사람도 적이다' 같은 주제로 강연하여 인기를 휘몰았다. 이들은 페미니즘을 전면에 내세워 남성들의 가부장적인 행태를 비판했다. 이들은 서울파와의 반목이 심해진 후에는 별도로 경성여성동맹을 결성해 활동했다.

김단야가 의장을 맡고 서기는 김찬이 맡은 가운데 고려공청 결성식 역시 일사천리로 진행되었다. 박헌영의 개회사에 이어 조봉암이 명칭을 고려공산청년회로 제안해 통과되었다. 문장력 좋은 김단야가 기초한 강령은 사회주의 제도를 건설하는 데 목표를 두었다. '회원은 18세부터 30세로 하되 6개월의 후보 기간을 둘 것' 등의 내용이 담긴 규약은 전원 앞에서 낭독한 후 태워 없애버렸다. 박헌영은 이번에도 책임 비서에 선출되었고, 선전부에 임원근, 조직부에 권오설, 연락 부에 김단야, 정치교양부에 김찬, 조사부에 홍증식, 국제부에 조봉암이 선임되었다.

무사히 두 대회를 치른 후, 코민테른으로부터 조선공산당을 인정받는 임무는 조직부장 조동우가, 국제공청으로부터 고려공청을 인정받는 일은 국제부장 조봉암이 맡아 각각 소련 모스크바로 출발했다.

처음부터 코민테른과 국제공청의 지도를 받아 이루어진 조직이었다. 두 조직은 아무 문제 없이 코민테른과 국제공청의 승인을 받아낼 수 있었다. 과거 고려공산당, 한인사회당 등 여러 공산주의 정당이 만들어졌지만, 코민테른의 공식적인 인정을 받은 것은 이번이 처음이었다. 고려공청 역시 해외 지회만 있던 반쪽짜리 조직에서 국내에 기반을 둔 완전한 조직으로 재출발하게 되었다.

특히 박헌영은 두 조직의 건설과 운영에 결정적인 역할을 함으로써 국내 공산주의자들 사이에 실질적인 최고지도자로 확고한 위치를 굳히게 되었다. 박헌영이 26살이던 이해 여운형은 40살, 이영은 37살, 김재봉은 36살, 홍명희는 38살이었지만, 모든 일은 박헌영을 중심으로 이루어져왔고, 앞으로는 더욱 강화될 것이었다.

반도를 발칵 뒤집어 놓을 조선공산당 결성의 비밀은 한동안 유지되었다. 박헌영은 기자들의 동맹파업에 앞장섰다가 5월 24일 날짜로 『동아일보』에서 해직되었으나 공산당과는 상관없는 일이었다. 이제는 허헌도 사장 직무대리를 그만두어 해고를 막을 수가 없었다.

두 달 정도 고려공청 업무에만 전념하던 박헌영은 1925년 8월 『조선일보』 사회부 기자로 취직했다. 『동아일보』 영업국장을 하다가 『조선일보』 영업국장으로 옮겨 간 홍증식의 추천에 의해서였다. 충남 당진 출신의 홍증식은 수완이 특출한 공산주의자로 고려공청 조사부장을 맡고 있었다. 그는 양대 신문이 자금난에 시달릴 때마다 대자본을 끌어들여 되살리는 역할을 해 상당한 영향력을 갖고 있었다. 이번에도 『조선일보』를 살린 공로로 영업국장을 맡자 박헌영뿐 아니라 임원근, 김단야, 조봉암 등 고려공청의 핵심 당원들을 『조선일보』로 끌어들인 것이다.

사회부 기자로서 박헌영은 별로 재능을 인정받지 못했다. 어렵지는 않지만 이성적이고도 설명조인 그의 문장은 선정성과 압축성이 필요한 사회부 기사에 어울리지 않았다. 편집국은 그의 기사를 답답하고 지루하다고 평가했다. 사상 같은 것은 갖지 않은 평범한 인물로 박헌영의 비밀을 모르던 사회부장 유광렬은 그에게 지방에서 올라오는 짧은 기사들을 정리하는 일이나 맡겼다. 함께 일하게 된 임원근이나 조봉암도 기자로서의 재능이 특별나지는 않았는데, 강화도 출신인 조봉암은 스스로 인천 주재 기자로 자원해 내려가버렸다.[12]

유광렬이 보기에 박헌영은 선정적인 기사를 못 썼을 뿐 아니라 일상적인 인간관계에도 미숙했다. 타고난 시커먼 얼굴에 수염도 잘 깎지 않아 털보라는 별명으로 불렸으며, 옷도 늘 허름하게 입고 다녔다. 공산품 가격이 엄청 비싼 시절임에도 박헌영은 옷이니 구두니 하는 물건에 아무런 애착이 없었다. 친구가 와서 얼마 전에 새로 산 양복을 입고 가도, 새 구두를 신고 가버려도 그냥 "허, 그 사람!" 하며 웃고 말았다. 자연히 양복은 늘 단 한 벌 낡은 옷뿐이었다. 구두도 마찬가지였다. 이 시기 공산주의자들은 대개 부잣집 자식들로 넉넉하게 사는 이들이 많았으나, 박헌영은 개인이 소유한 것이라고는 입고 있는 낡은 옷과 낡은 구두 한 켤레 외에 아무것도 없는 것처럼 보였다. 이후 수십 년을 공산주의 지도자로 활동하면서 박헌영은 한 번도 자기 명의의 집이나 토지를 가져본 적이 없었다. 평생을 남의 집이나 관사에 얹혀살고 되는 대로 입고 먹으면서도 일체 불만이 없던 타고난 무소유주의 자였다.

유광렬이 보기에 동료 기자들과도 거의 어울리지 않는 점은 임원근과 김단야도 마찬가지였다. 김단야는 글 솜씨가 뛰어난 데다 밝은 성격에 재치가 넘쳐 동료 기자들에게 인기가 좋았으나 퇴근 후 동료들과 어울려 다니는 일은 거의 없었다. 세 사람은 성격이나 능력이 서로 판이하게 달랐지만, 늘 자기들끼리 수군수군 비밀 이야기를 나누며 똘똘 뭉쳐 다녔다. 기자들은 거의 매일 저녁 명월관이나 국일관 같은 기생집에서 술판을 벌였는데, 이들은 아무리 가자고 해도 따라나선 일이 없었다.

박헌영은 가끔 농담을 하기도 했지만 대개는 냉정한 편이었다. 온갖 청년단체들이 난립하던 시절이라 신문사 사회부장은 좌익 청년들에게 매를 맞는 자리였다. 화요회, 북풍회, 서울청년회 등은 조금이라도 자신들에게 불리한 기사가 실리면 떼로 몰려와 항의하고, 때로는 신문기자와 사회부장을 폭행하기도 했다. 유광렬도 자주 그런 처지에 놓여야 했다. 이럴 때 재치 있고 융통성 많은 김단야는 앞에 나서서 신문사는 신문사의 입장이 있으니 이해해달라며 분위기를 누그러뜨리곤 했다. 그러나 박헌영은 냉정하게도 왜 유광렬 개인을 위해 나서느냐며 오히려 김단야를 질책했다. 그에게 교과

서적인 원리 원칙 이외의 융통성은 존재하지 않는 듯했다.

총독부는 공산주의자들의 은신처이자 선전도구처럼 활용되고 있는 『동아일보』와 『조선일보』를 주목하고 있었다. 마침 1925년 9월 초, 서울청년회 계열의 논설위원인 신일용이 소련의 힘을 빌려 조선 독립을 쟁취하자는 극좌적인 내용의 사설을 쓰는 사건이 일어났다. 탄압의 호기를 잡은 일경은 즉각 타격을 가했다. 『조선일보』는 9월 8일자로 정간되었고, 윤전기까지 압수되었다.

윤전기를 쥔 총독부는 좌익적인 신문기자들을 해고하지 않으면 신문을 내지 못하게 하겠다고 협박했다. 놀랍게도 이에 정면으로 반발하고 나선 것은 우익적인 기자들이었다. 그들은 북풍회 소속 기자들과 연대해 총독부의 요구를 거부하고 싸우자고 주장했다. 좌우익이 서로를 적대시하지 않고 필요에 따라 공조하던 시기이기에 가능한 일이었다. 오히려 홍증식을 중심으로 한 화요회 계열 기자들은 총독부의 요구를 수용하자는 예상외의 반응을 보였다. 화요계가 뜻밖의 결론을 내린 이유는 대부분의 지방 조직들이 신문사 지국을 토대로 만들어져 있으므로 다소 희생이 따르더라도 전국 조직을 살리려는 뜻이었다. 『조선일보』는 17명의 기자가 해직된 후 10월 15일자로 정간 조치에서 해제되었다. 박헌영, 임원근, 김단야도 물론 해고되었다.

『조선일보』 정간 사태로 소동이 벌어진 동안에도 박헌영은 고려공청 비서로서 바쁘게 활동하고 있었다.

1925년 9월 5일 소련총영사 바실리 샤르마노프가 경성에 들어왔다. 소일조약에 따라 경성 주재 소련총영사관을 개관하기 위해서였다. 소련총영사관 개설은 조선의 공산주의자들을 크게 고무했다. 박헌영은 5일 후인 9월 10일, 김단야를 샤르마노프에게 보내 고려공청과 연계를 맺도록 했다. 아직 총영사관이 문도 열기 전이었다. 소련총영사관은 정동의 구 러시아대사관 건물에 입주해 9월 24일 개관했다.

소련총영사관은 조선공산당과 고려공청의 활동을 보고받아 소련공산당에 전달하고, 반대로 지시를 받아 오는 역할을 개시했다. 총영사관 도서실에는 소련에서 발행하는 신문과 잡지가 비치되어 누구나 열람할 수 있었다. 일경의 감시 때문에 공공연히 출입하는 사람은 많지 않았는데, 박헌영은 교묘한 위장과 대리인을 통해 경찰의 감시를 따돌리고 소련 영사와 연락을 주고받는 한편, 소련 잡지와 신문을 통해 세계 정세를 읽어 나갔다.

정예 공산당원 양성도 역점 사업이었다. 아직까지 조선어로 된 『자본론』조차 출판되지 않은 시기였다. 박헌영은 공산주의자들에게 무엇보다 필요한 것이 제대로 된 학습이라 보았다. 그는 혁명가로서의 자세가 확실한 21명의 청년을 선발해 모스크바의 동방노력자공산대학교 유학을 추진하고 있었다. 이를 위해 국제공청에 여비를 요청해 상하이 여운형 집에 은거하고 있던 조봉암을 통해 3천 원을 수령했다.

자금이 도착한 9월부터 모스크바 유학 대열이 시작되었다. 9월 25일, 1차로 정경창, 김응기, 장도명, 조용암이 떠났다. 장도명은 장순명의 동생이고, 조용암은 조봉암의 동생이었다. 10월 10일에는 권오직, 장서명, 정운림, 안상훈, 강한이 출발했다. 유학생들은 일경의 삼엄한 경계를 뚫고 압록강을 건너 상하이를 거쳐 모스크바로 향했다. 대기 중인 학생 중에는 고명자, 김조이, 김명시 등 세 명의 여성도 있었다.

고려공청의 주된 사상적 과제 중 하나는 종교와의 투쟁이었다. 이 무렵 『조선지광』을 비롯한 진보적 잡지들은 거의 매회 종교의 허구성을 비판하는 글을 싣고 있었다. 특히 서구 자본주의의 첨병인 기독교에 대한 비판은 중요한 소재였다. 10월 25일 중앙기독교청년회관에서 복음주의 집회인 '전조선주일학교대회'가 열렸다. 고려공청은 이에 맞서 인사동 한양청년연맹에서 반기독교 대강연회를 개최했다. 김단야는 '기독교의 기원', 박헌영은 '과학과 종교', 홍순준은 '기독교는 미신이다', 김평주는 '대중아 속지 마라', 박래원은 '양면랑심의 기독교'라는 제목으로 강연했다. 모두 기독교의 제국주의성과 관념적 보수성을 신랄히 비판하는 내용이었다.[13]

박헌영은 강연에서, 기독교는 봉건 사회에서는 제후의 영토를, 자본주의 사회에서는 자본가 계급의 이익을 수호하는 도구라고 통렬히 비난했다. 기독교는 강자의 편리한 무기인 것이 역사적 사실이며, 다만 인간의 육체를 정복하기보다 정신을 정복하는 무기로 위력을 발휘한다고 주장했다. 역사적 사례로는 미국을 들었다. 그는 미국의 역사는 원주민 학살로 그 첫 페이지가 열렸다고 지적하고, 신을 사랑하고 사람을 불쌍히 여긴다는 청교도들은 미국에 이주하자마자 원주민의 집과 토지를 강탈하고 그들의 가족을 죽였다고 분개했다. 위대한 성인처럼 모셔지는 미국의 초대 대통령 워싱턴은 영국 정부를 위해 토지 감독을 한다는 명목으로 3만 에이커의 토지를 강탈해 자기 소유로 만든 도둑에 불과하다고 야유를 퍼부었다. 학창 시절 누구보다도 영어 공부에 열중했지만, 미국을 포함한 영어권 제국주의 국가들의 본질과 야수성에 대해서는 냉철히 인식하고 있었던 것이다.

공산주의만이 조선을 구할 수 있다는 생각이 청년 지식인들 사이에서 대세로 퍼져 나가던 시기였다. 고려공청은 군마다 군청년동맹을 만들고 도 단위에는 도청년동맹을 조직하도록 하는 한편, 신규 가입한 청년들을 가르치기 위해 연구소 형태의 학교를 세우도록 했다. 대중적 인기가 높던 진보적 잡지인 『조선지광』을 사들여 기관지로 운영하려는 계획도 세웠다. 이를 위해 박헌영은 국제공청에 정식으로 운영비를 청구했다. 1925년 9월 18일 날짜로 각 지방 청년연맹 결성비와 조선의 정치 경제 통계비용 등 특별지출비 7,100루블과 매달 경상비로 5,100루블씩 보내달라는 내용의 청구서를 모스크바 코민테른으로 보냈다. 그러나 이 모든 야심 찬 계획은 예기치 못한 사건으로 좌절되고 말았다. 이른바 신의주 사건이었다.

1925년 11월 25일 밤 10시경, 압록강 하구의 국경도시 신의주의 중심가에 있는 경성식당에서는 30명가량의 청년들이 만취해 고성방가를 하며 소란을 피우고 있었다. 신의주 지역의 이름난 청년단체인 신만청년회 소속 회원의 결혼 피로연이었다.

마침 아래층에는 친일파로 경멸당하고 있던 조선인 변호사와 두 명의 의사, 그리고 일본인 순사와 조선인 순사보조 등 다섯 명이 술을 마시고 있었다. 젊은이들이 너무 시끄럽게 떠들자 참다못한 술집 주인은 아래층에 순사와 변호사가 와 있으니 조용히 해달라고 부탁했다. 주인의 말은 도리어 젊은이들을 흥분시켰다. 만취한 청년들은 유명한 친일 변호사와 일본인 순사가 와 있다는 사실을 알고는 떼 지어 내려가 술상을 뒤엎고 욕을 퍼부으며 구타하기 시작했다. 일부 청년들은 달아나는 일본인 순사를 끝까지 뒤쫓아 몰매를 때렸다.

여기까지는 우연히 일어날 수 있는 사건이었다. 그런데 폭력을 휘두르던 청년 중 한 사람이 경찰을 두들긴 후 "시원하다, 성공했다!"며 팔을 치켜올리는데, 팔뚝에 감춰졌던 붉은 완장이 순사들의 눈에 띄고 말았다. 신의주 경찰은 경찰 폭행보다도 붉은 완장에 초점을 맞춰 철저한 수사에 들어갔다.

대대적인 연행과 수색이 벌어진 끝에 경찰은 신만청년회 회원인 김경서의 집 옷장에서 고려공청 중앙집행위원회의 회원 자격 심사표와 의문의 통신문 세 통을 찾아내는 데 성공했다. 경찰은 당사자들을 고문, 『조선일보』 신의주지국 기자 임형관이 경성부 훈정동 4번지의 박헌영으로부터 받아 온 문서임을 밝혀냈다.

발각된 통신문은 모스크바에 가 있는 조봉암에게 보내는 박헌영의 극비 서신으로, 조봉암을 통해 코민테른과 국제공청에 활동 내용을 알리려는 보고문이었다. 그 내용은 당시 국내 공산주의운동의 전모를 여실히 드러내고 있었다.[14]

보고문에서 박헌영은 18개의 군 단위 청년동맹이 결성되었음을 알리고, 자금만 풍부하다면 30군데를 더 결속할 수 있다고 썼다. 군 동맹을 토대로 13개 도 동맹을 조직하고, 이를 통해 전조선청년총동맹을 결성하겠다는 의지를 밝혔다. 이영과 정백의 서울파가 단독으로 청년단체를 만들어 도 동맹을 발기했으나 실세가 없이 이름뿐인 단체라는 내용도 첨부했다.

보고문은 또한 모스크바 유학생에 관한 조항에서 북풍회의 김약수를 집중적으로 견제했다. 경남 동래 출신으로 본명이 김두전인 김약수는 박헌영보다 8살 많은 공산주의운동의 선배로, 서울파도 화요파도 거부하고 독자적으로 북풍회를 만들어 파벌적인 활동을 계속하고 있었다. 김약수의 파벌주의에 불만을 가진 박헌영은 유학생 21명 중 두 명이 김약수의 부하인데 그의 조종을 받아 제대로 공부를 하지도 않고 개인적인 감정으로 나간다면 용서할 수 없다고 썼다. 그는 김약수가 모스크바로부터 북풍회에 지원된 2만 원을 자신의 측근들을 해외에 보내는 여비로 마구 사용하고 있으며, 공산당에서 제명을 주장하는 이들과 통교하고 있다는 점에서 사이비주의자라고 단언했다. 심지어 '저 쥐새끼 같은 놈을 어떻게 해야 할 것인가' 개탄하기까지 했다.

고질적인 문제가 되고 있던 서울파의 동향에 대해서도 썼다. 서울파는 근래 자신들만으로 새로 공산당을 만들어 코민테른의 승인을 받으려 시도하고 있으며, 블라디보스토크에 가 있는 한명세와 손을 잡았다고 보았다. 그는 한명세가 서울파, 노동당 등 조선공산당에 반대하는 세력에게 돈을 주어 정면에서 조선공산당을 공격하는 한편, 북풍파와 손을 잡고 자파 인물을 조선공산당에 가입시켜 당 대회에서 전권을 획득하려 음모하고 있다고 보았다.

박헌영은 코르뷰로의 일부 파벌이 조선공산당을 파괴하려고 돈까지 뿌리는데 러시아공산당은 왜 이를 방임하는지 따지고, 조봉암에게 러시아의 당 기관을 이용해 이러한 반동을 미연에 방지할 계획을 세우라고 촉구했다. 코민테른이 승인한 조선공산당은 자금이 없어 해야 할 일에 하나도 착수하지 못하는데 반동파들은 수중에 많은 돈을 가지고 있으니 문제라며 코민테른이 이 점에 주의를 기울이지 않으면 조선에서의 사업은 실패하리라고 경고했다.

통신문은 그 밖에 여러 문제들을 보고했다. 만주 지역에는 열두 개의 야체이카가 만들어졌으며, 무장독립군 8백여 명이 고려공청의 영향 아래 있다고 썼다. 신흥청년회와 『조선지광』을 지원해달라는 요청과 함께, 경성에 당 학교를 건설해 지방 당원을 모아 비밀스러운 교육과 훈련을 하려 하니 4,500원을 후원해달라고 했다.

조봉암에게 보내는 박헌영의 서신이 발각되면서 조선공산당과 고려공청의 창립은 만천하에 알려졌다. 대대적인 검거 선풍이 불어닥쳤다. 한낱 지방 하급 당원들의 치기 어린 술주정이 조선 최초의 공산당을 통째로 붕괴시킨 것이다. 결성 7개월 만의 일이었다.

경찰의 체포 작전은 극비리에 신속하게 진행되었다. 경찰은 1925년 11월 29일 한밤중에 훈정동 4번지에서 박헌영·주세죽 부부를 체포한 동시에 관철동 허헌 변호사의 집을 기습해 임원근·허정숙 부부를 연행했다. 같은 시각 권오설, 유진희도 체포되었고, 강화의 박길양, 마산의 김상주 등도 연행되었다.

박헌영 일행은 며칠간 종로경찰서에 머물다가 12월 3일자로 신의주경찰서로 압송되었다. 종로경찰서에서 시간을 끈 것은 신의주경찰서와 종로경찰서의 관할권 다툼 때문이었다. 종로경찰서는 이미 김재봉을 추적해 조선공산당에 대한 기초 정보를 수집하고 있었고 박헌영 등의 체포도 자신들에 의해 이루어졌으므로 자기들이 수사권을 가지려 했으나 신의주경찰서의 강력한 요구에 관할권을 넘긴 것이다.

신의주는 예로부터 한반도와 중국 대륙을 잇는 국경 상업 도시였다. 시가지는 대구, 부산 못지않게 크고 번화했다. 신의주 기차역은 서울역보다 큰 3층짜리 유럽식 붉은 벽돌 건물이었다. 이미 종로경찰서에서 구타와 고문으로 심신이 피폐해져 있던 박헌영 일행은 기차를 타고 신의주에 도착해 경찰서에 수감되자마자 다시 호된 고문을 당해야 했다.

체포도 계속되었다. 10일에는 홍증식이 관훈동 집에서 체포되고, 13일에는 조선노농총동맹 간부 서정희가, 15일에는 도쿄에 다녀오던 김약수가 대구에서 체포되는 등 전국에서 모두 66명이 체포되어 신의주로 압송되었다.

이 와중에도 조봉암은 모스크바 체류 중이라 체포를 면했고, 김단야, 김찬, 김동명, 최원택 등은 아슬아슬하게 조선을 빠져나가 상하이의 프랑스조계에 있던 여운형의 집에 숨어 지냈다. 이처럼 무사히 달아나 수배령이 떨어진 사람만도 37명이었다.

체포된 이들은 남녀와 나이를 막론하고 혹독한 구타와 고문에 처해졌다. 박헌영은 나중에 국제혁명가구원회 기관지

『모쁘르의 길』에 자신의 경험을 토대로 짧은 글을 쓰기도 했다. 국제혁명가구원회는 러시아어로 '모쁘르'라 불리는 기구로, 세계의 혁명가들을 원조하는 단체였다.

"우리 중 누군가가 체포되기만 하면 그는 곧바로 예비 신문이 이루어지는 경찰서의 비밀 장소로 끌려가게 된다. 일본 경찰은 연행된 사람으로부터 증거를 수집하기 위해 냉수나 혹은 고춧가루를 탄 뜨거운 물을 입과 코에 들이붓거나, 손가락을 묶어 천장에 매달고 가죽 채찍으로 때리거나, 긴 의자에 무릎을 꿇려 앉힌 다음 막대기로 관절을 때리거나 한다. 7~8명의 경찰들이 큰 방에서 벌이는 축구공놀이라는 고문도 있었다. 이들 중 한 명이 먼저 희생양을 주먹으로 후려치면 다른 경찰이 이를 받아 다시 또 그를 주먹으로 갈겨댄다. 이 고문은 가련한 희생양이 피범벅이 되어 의식을 잃고 바닥에 쓰러질 때까지 계속된다."[15]

이 글에서는 묘사하지 않았으나, 일본 경찰은 손톱 밑을 대침으로 찌르거나 남녀의 성기에 이물질을 박아 넣는 고문까지 자행했다. 이런 악질적인 고문과 폭력은 일본 경찰로부터 기술을 전수받은 조선인 경찰들에 의해 해방 후에도 계속되었는데, 박헌영이 묘사한 수준의 폭력은 50년이 지난 1980년대 초반까지도 일반적으로 시행된다.

초기 연행자 열 명은 12월 12일자로 경찰 취조를 끝내고 신의주지법 검사국에 넘겨져 신의주형무소에 수감되었다.

가혹한 고문에도 불구하고, 박헌영은 고려공청의 조직 사실은 인정하되 조선공산당과의 관계는 완강히 부인하는 데 성공했다. 경찰은 이 초기 진술을 믿고 그대로 검사국에 송치했다. 그러나 추가로 체포된 이들의 진술을 통해 박헌영이 조선공산당의 책임자 중 한 명이라는 사실이 드러났고, 박헌영은 12월 13일부터 열흘간 다시 경찰서에 불려가 극심한 고문과 폭행 속에 재조사를 받아야 했다.

주세죽은 자기는 부녀자로서 자기 집에 찾아온 손님들에게 식사 대접을 했을 뿐이며, 어떤 단체에도 가입한 적이 없다는 주장을 끝까지 고수했다. 사회주의에 대해 아느냐는 질문에도 모른다고 잡아뗐다. 박헌영도 주세죽을 내보내기 위해 애썼다. 그는 자신의 집은 방이 한 칸뿐이라 모임을 하고 있을 때 주세죽이 드나든 것은 밥을 짓기 위해서였으며, 그녀는 교육 수준이 낮아서 공산주의가 무언지도 모를 뿐 아니라 사상운동에는 하등 흥미가 없는 여자라고 거들었다. 12월 22일 박헌영 등 주요 공범들의 예심이 청구되었는데, 주세죽은 이 명단에서 빠질 수 있었다.

치안유지법 및 제령 7호 위반으로 예심에 넘겨진 이들은 박헌영, 김약수, 홍증식, 유진희, 임원근, 김경서, 독고전, 임형관, 조동근, 진병기, 김상주, 신철수, 주종건, 조이환, 장순명, 윤덕병, 박길양, 서정희였다. 이들에 대한 지방법원 예심판사의 피고인 심문은 1927년 3월 31일까지 1년 3개월이나 계속되었다.

예심 기간 중이던 1926년 4월, 박헌영은 검사국의 요구에 따라 「공산주의」라는 제목의 논문을 작성했다. 감옥의 잉크로 쓴 27쪽의 원고에서 그는 사적 유물론의 주요 명제를 알기 쉽게 설명한 후 인류는 필연적으로 공산주의로 갈 수밖에 없다고 서술했다. 그러나 이를 위한 혁명적 전위조직의 역할에 대해서는 일체 언급하지 않은 채, 자본주의 자체에 이미 공산주의적인 단서들이 배태되고 있기 때문에 자연스럽게 공산주의로 이행될 것이라고 썼다. 이후 심문 조서에서도 공산주의는 평화적·합리적으로 자연히 이루어질 것이라는 점을 일관되게 강조했다.

이는 고려공청이 무력혁명을 위한 단체가 아니라 공산주의를 연구하고 선전하는 단체임을 강조해 형량을 줄이려는 의도가 작용한 것이지만, 무혈혁명을 천명해온 공산주의 원론에 따른 것이기도 했다. 레닌도 가장 좋은 경로는 무혈혁명이라고 누차 강조해왔고, 실제 러시아혁명은 큰 유혈충돌 없이 성공했다. 현명하고도 강력한 전위정당의 지도만 있으면 민중의 희생을 줄이고도 사회주의로 이행하고, 나아가 공산주의 사회를 이룰 수 있다는 것이 이 시기 공산주의자들의 일반적인 생각이었다.

무력투쟁의 필요성을 전면적으로 부정한 것은 아니었다. 그들은 러시아혁명 이후 소련을 무너뜨리기 위해 자본제국들이 일으킨 반혁명전쟁에 대해서 잘 알고 있었다. 또 자본주의 제국들의 무자비한 식민지 지배를 타도하는 최후의 수단은 무력이란 점을 잘 알고 있었다. 박헌영이 해방되기까지 국내의 조직운동에 매여 있으면서도 기회가 있을 때마다 항일유격투쟁의 중요성을 강조하고 중국의 무장부대와 연계하려 노력한 것도 그 때문이었다.

조선공산당 1차 집행부가 신의주형무소에 수감되어 예심을 받고 있는 동안, 전국에서는 또 한 차례 만세 사건이 일어났다. 6·10만세운동이었다.

1926년 4월, 왕위를 빼앗기고 구중궁궐에 유폐되어 있던 대한제국의 마지막 황제 순종이 젊은 나이에 급사했다. 선대 고종이 독살되었다고 믿었던 조선인들 사이에는 순종도 독살되었다는 소문이 돌아 민심이 어수선했다.

고종의 장례를 계기로 3·1만세운동을 일으켰던 것처럼, 순종의 장례식을 기해 만세운동을 일으키자고 제안한 것은 조선공산당 2차 집행부였다. 박헌영 등이 체포된 직후인 1925년 12월 경성에서 열린 중앙위원회에서 조선공산당 책임비서로는 강달영을, 고려공청 책임비서로는 권오설을 선출해 코민테른의 승인을 받아 놓고 있었다. 새로운 책임자 강달영은 1887년 진주 출신으로, 일찍부터 노동운동으로 단련되어 화요회의 핵심으로 활동하던 인물이었다. 권오설은 김재봉과 같은 경북 안동 출신으로 괄괄한 성격에 추진력이 뛰어난 인물이었다.

신의주 사건의 여파를 피해 상하이에 머물던 김단야는 우선 권오설에게 순종의 장례일인 6월 10일을 기해 만세운동을 일으키라고 지시하고, 1천 원을 활동 자금으로 보냈다. 권오설은 인쇄기 두 대를 구입해 격문 5만 장을 인쇄하는 한편, 지방의 청년회 조직들에 시위 준비를 하달했다. 얼마 후에는 김단야가 직접 서울에 잠입해 준비 사항을 점검하고 상하이로 돌아갔다.

조선공산당의 새 책임비서 강달영은 상하이 임시정부에 동의를 구하는 한편, 갑오농민봉기의 주역이던 동학교의 후예로 항일 투지를 견지하고 있던 천도교 구파의 지도자 이종린과 권동진의 동의를 얻어내는 등 민족주의 세력과 공동보조를 맞추려 뛰어다녔다. 그러나 3·1운동을 주도했던 국내 민족주의자의 대다수는 민중봉기와 같은 유혈투쟁보다 신식 교육으로 민족의 힘을 길러 미래에 대비하자는 준비론에 빠진 지 오래였다.

게다가 공교롭게도, 중국인 위조지폐범을 쫓기 위해 인쇄소들을 수색하던 일본 경찰이 6월 6일 우연히 격문 한 장을 발견했고, 이를 추적하는 과정에서 거사 계획의 전모가 드러나고 말았다. 권오설이 찍어 놓은 무려 5만 장의 격문은 모조리 압수당하고 조선공산당 간부진과 천도교 구파 지도자들 백여 명이 체포되었다.

운 좋게 체포를 면한 강달영은 경찰의 집중 추적 속에서도 조선학생과학연구회 소속 학생들을 접촉해 시위를 준비해 나갔다. 조선학생과학연구회는 고려공청의 지도 아래 사회과학 학습을 위해 1925년 9월에 결성한 반공개 조직으로 회원이 5백 명이 넘는 상당한 규모였다. 경성뿐 아니라 개성, 평양 등 전국 주요 도시 고등고보에 조직을 갖고 있었다. 학생들은 서둘러 새로 전단을 등사하고 학교마다 연락을 취해 시위를 강행했다. 시위 계획의 전모를 파악하고 있던 총독부는 2만여 군경을 동원해 삼엄하게 경비를 펼치는 한편, 인천항에 5천여 병력을 대기시켜 놓았다.

순종의 장례 행렬이 시작된 6월 10일 오전 8시 15분, 종로 단성사 앞에서 중앙고보 3학년생 이현상의 선동으로 시위가 시작되었다. 잇달아 오후 2시 반까지 장례 행렬 곳곳에서 학생과 청년들이 시위를 벌였다. 도로변을 차단한 군경의 압도적인 위세 때문에 일반인의 참가는 많지 않았으나, 수천 명이 시위에 나서서 수백 명이 연행되었다. 연행자에는 이현상을 포함한 중앙고보 학생만 90명이 넘었다. 이날 전국의 20여 개 도시에서도 동시 시위가 벌어져 1천여 명이 연행되었으며, 6월 내내 산발적인 시위로 총 5천여 명이 연행되었다. 곳곳에서 경찰과 무력충돌이 벌어져 160여 명이 부상당했다.

6·10만세운동은 3·1만세운동에 비해 훨씬 규모가 작았지만, 조선공산당을 중심으로 조직적·계획적으로 지도된 대

중운동이란 점에서 의의가 있었다. 공산주의자들이 주도한 만큼 조선 독립만이 아니라 8시간 노동제 확립과 소작료 인하 등 계급적이고 민중적인 구호를 내세운 점도 의미가 컸다.

이 사건으로 주세죽이 다시 종로경찰서에 연행되었다. 여성동우회 집행위원으로서 만세운동에서의 역할을 심문하기 위해서였다. 고향 함흥으로 내려가 사찰 석왕사에 피신해 있다가 6월 22일자로 체포된 그녀는 엄중한 수사를 받았으나 이번에도 완강히 버텨 3주일 만에 석방될 수 있었다.

조선공산당은 또 한 번 큰 타격을 입었다. 일본 경찰과 언론은 이것이 두 번째 대량 검거라 하여 제2차 공산당 사건이라 불렀고, 이후 역사학자들도 이런 분류를 따르게 되었다. 그러나 공산당이 다시 결성된 것은 아니었다. 신의주 사건으로 김재봉의 초기 집행부가 체포되자 강달영을 중심으로 한 두 번째 집행부가 코민테른의 인정을 받은 것이었다. 공산당은 이후에도 김철수, 차금봉이 차례로 책임비서를 맡아 코민테른의 승인을 받는데, 이를 두고 1차에서 4차까지 서로 다른 공산당이 존재했던 것처럼 기술하는 것은 조선공산당의 파벌성을 강조하려는 의도에서 일본 경찰이 만들어낸 용어일 뿐이었다.

굳이 파벌 싸움이라면 1927년 서울파의 이영이 신조선공산당이란 이름으로 자파들만의 공산당을 만들어 코민테른의 승인을 받으려다 거부당한 사례가 있는 정도였다. 코민테른은 이영의 공산당이 조직적 기반이 약한 데다 계급성과 투쟁성에서 떨어진다고 보고 승인을 불허했으며, 이영 일파는 또다시 정치 모리배라는 불명예를 얻었을 뿐이었다.

일본 경찰도 1차·2차 공산당 사건이라 분류해 발표한 두 사건을 실제로는 하나로 보았다. 일경은 신의주형무소에 수감되어 예심 중이던 박헌영 등을 서울로 이송해 6·10사건 관련자들과 묶어 하나의 공산당 사건으로 병합 수사하기로 결정했다. 조선총독 사이토 마코토는 1926년 7월 10일자로 이를 승인했다.

신의주형무소에 수감되었던 21명은 세간의 이목을 끌지 않기 위해 차례로 나뉘어 이송되었다. 박헌영과 윤덕병은 수갑을 차고 양팔과 몸이 포승에 묶인 채 7월 21일 경의선 열차에 태워져 서울로 향했다. 박헌영은 흰 두루마기에 무명 고의적삼을 입고 납작한 사냥 모자를 썼는데, 깎지 못한 수염이 더부룩한 얼굴에 커다란 둥근 테 안경을 썼다. 윤덕병은 모시적삼 갈포 고의에 역시 수염이 더부룩했다.

호송을 담당한 신의주경찰서 소속의 두 일본인 형사는 조선인들의 이목을 피하기 위해 대낮인데도 3등 침대칸을 이용했는데, 서울에 오는 사이 깜깜한 밤이 되었다. 임진강 넘어 문산역에서 정차했을 때 신문기자와 사진기자들이 몰려들자 두 형사는 당황해하며 저지했다.

윤덕병은 다소 침울한 얼굴로 침묵하고 있었지만, 박헌영

은 기자들에게 들리도록 자신감 넘치는 쾌활한 태도로 항의
했다.

"이 밤중에 경성역에 많은 동무들이 기다리고 있을 텐데
잠깐이라도 만나야 할 것 아니오?"

기자들은 기차에 올라타고 두 사람을 따라갔다. 기차는 밤
9시 23분이 되어서야 경기도 신촌역에 도착했다. 역 앞에는
주세죽과 7~8명의 동료들이 기다리고 있었으나, 경찰이 두
사람을 서둘러 차에 태워 달아나는 바람에 서로 이야기도 한
마디 나눌 새가 없었다. 3주 동안 수사를 받다가 석방된 지
며칠 안 되어 초췌한 얼굴의 주세죽은 차에 실리는 박헌영의
모습을 안타깝게 바라볼 수밖에 없었다. 신문기자들은 이 광
경을 다음 날 그대로 기사화했다.

불구속으로 수사를 받던 주세죽은 8월 하순이 되어서야
자유의 몸이 되었다. 주세죽은 여성단체에서 활동하기도 했
으나 박헌영의 옥바라지를 하느라 어려운 생활을 꾸려 나가
기에도 바빴다. 생계를 위해 서대문 근처에 있는 맨포드 상
점에서 점원 일도 했다. 주인 이름을 따서 이생필 상점이라
고도 불리던 맨포드 상점은 외국인을 상대로 고급 옷감을 파
는 곳으로, 수려한 미모에 중국어와 영어를 잘하는 주세죽을
고용한 것이다.

예심은 길었다. 경성지방법원은 신의주 사건이 터진 지 1
년 4개월 만인 1927년 3월 31일이 되어서야 조선공산당

및 고려공청 관계자 105명에 대한 예심을 종결했다. 관련자 105명 중 99명이 재판에 넘겨졌다. 5명은 면소 처분을 받았고, 나머지 한 명인 박순병은 고문으로 사망했기 때문이다. 『시대일보』 기자였던 박순병은 고문 후유증으로 경성회생병원에 옮겨졌으나 사망했는데, 경찰은 맹장염 때문에 죽었다고 허위 발표했다.

항일운동가들은 혹독한 고문을 당한 후에도 감옥에서 지속적으로 심신을 훼손당해야 했다. 경찰서를 거쳐 감옥에 들어오는 정치범들 가운데 건강한 상태인 사람은 아무도 없었다. 감옥은 이들을 더욱 지속적으로 괴롭혀 기를 꺾고 생명을 단축시키는 공간이었다. 일본 감방에는 침대나 의자는 물론 없었고, 맨바닥에 가마니만 깔려 있었다. 겨울 감옥의 온도는 보통 영하 5~6도였지만, 방한 효과가 거의 없는 얇은 겉옷 한 장으로 지내야 했다. 하루 평균 열 시간 이상 어망을 짜는 노역이나 돌 깨기 작업, 벽돌 찍는 노동에 시달리느라 산책 시간 따위는 없었다. 목욕은 일주일에 한 번에 음식의 열악함은 말할 나위도 없었다. 편지와 면회는 두 달에 한 번밖에 허락하지 않았다. 자유로이 독서가 허용되는 책은 불교나 기독교 등의 종교 서적과 일본인들이 발행하는 팸플릿 정도로, 전문 서적의 차입을 위해서는 치열한 투쟁을 벌여야 했다. 그나마 감옥의 규율을 위반하면 책부터 압수해 독방에 집어넣고 급식을 줄였으며, 저항하면 손발을 묶고 짐승처럼 매질을 했다.

가뜩이나 고문으로 병든 항일운동가들이 이 혹독한 조건을 이겨내기는 쉽지 않았다. 해방되기까지 조선공산당은 네 차례 집행부를 구성하는데, 그중 세 명의 책임비서가 고문으로 사망했다. 1대 김재봉, 2대 강달영, 4대 차금봉이 그들이었다. 강달영의 경우는 수배 40여 일 만에 체포된 후 혹독한 고문을 견디다 못해 네 차례나 자살을 기도했으며, 6년 형을 살고 석방된 후에도 정신질환으로 고생하다 1942년 사망한다. 고려공청 2대 책임비서 권오설도 고문으로 죽었으며, 박순병으로 시작해 백광흠, 박길양, 이재유, 권오상 등 사망한 간부들만 50명이 넘었다.

혹독한 고문과 감옥살이는 사회주의자든 민족주의자든 항일운동에 나섰던 운동가들의 기를 꺾는 데 상당히 유용했다. 훗날의 역사는 몇 번씩 감방에 끌려가고도 의지를 꺾지 않은 투사들의 이야기만을 보여주지만, 한두 번 당한 후 좌절해 운동 대열에서 이탈하는 이들이 거의 대부분이었다. 박헌영은 물론 그렇지 않은 사람의 하나였다.

조선공산당에 대한 첫 재판은 예심이 종결되고도 다시 6개월이 지난 1927년 9월 13일에야 개시되었다. 그사이 대구의 정운해와 배덕심이 뒤늦게 체포되어 기소자는 101명으로 늘어났다. 101명에 대한 취조 문서만 무려 4만 장, 재판장이 이를 읽는 데만 4개월이 걸렸다.

여러 언론들은 이 사건을 3·1운동 이래 초유의 비밀결사 사건이라 대서특필했고, 미국에서 일어난 자코·반제티 사건과 함께 1927년 전 세계 무산계급운동의 양대 사건으로 꼽았다.[16]

구경거리가 많지 않은 시대라 남편 독살 사건 등 신문에 보도된 유명한 사건의 재판을 보러 몰려다니는 사람이 많았다. 공산당에 대한 인식이 매우 호의적이던 시기인 데다 이름이 널리 알려진 피고인들이 등장하는 재판을 보기 위한 대규모 인파가 예상되었다. 재판은 종로구 공평동의 경성지방법원 제3호 형사법정에서 열리게 되어 있었다. 경찰은 본관 옆에 임시 화장실을 짓고 건물 주위에 목책까지 세웠다.

예상대로 법원 주변에는 전날 밤 11시부터 신문기자와 가족들이며 학생, 청년들이 몰려들어 자리를 잡았다. 마침 차가운 가을비가 내렸지만, 사람들은 방청권을 받기 위해 선 채로 밤을 꼬박 새웠다. 날이 밝자 서대문형무소에서 경성지방법원으로 이어지는 대로변에는 수많은 군중이 몰려나와 인도를 메우기 시작했다. 흰 두루마기에 모자를 쓰거나 드문드문 양복을 입은 조선인들은 총칼로 무장한 경찰의 위세에도 불구하고 점점 늘어났다. 일경은 기마대까지 동원해 이들이 차도로 내려오지 못하도록 차단해야만 했다. 사실상 침묵의 시위였다. 공산당 간부들은 이미 새벽 6시경 몇 차례에 걸쳐 호송차에 실려 이동했기 때문에 온종일 서 있어도 소용없음

을 잘 알면서도 인파는 흩어지지 않았다.[17]

개정 시간이 가까워지자 경찰이 법정 입구에서 일일이 방청권을 검사해 허가받은 사람들만 들여보내기 시작했다. 들어가지 못한 가족들과 동료들은 차단선 밖에서 얼굴이나 보려고 애썼으나, 101명이나 되는 피고인들의 머리에는 하나같이 대나무로 만든 뾰족한 원뿔 모양의 용수가 씌워져 있어 누가 누군지 구별이 되지 않았다. 그 많은 피고인들이 제각기 흉물스러운 용수를 뒤집어쓴 채 앞뒤 사람과 나란히 포승줄에 엮여 법정으로 들어가는 장면도 장관이었다.

뒤따라 두루마기처럼 너풀거리는 서양식 검정 예복에 검정 모자를 쓴 15인의 변호인단이 줄지어 들어갔다. 김병로, 허헌, 김태영, 이인 등 10여 명의 조선인 변호사 외에 일본인 변호사 후루야 사다오도 있었다. 후루야는 도쿄의 자유법조인단에 소속된 진보적 변호사로, 일본 노동농민당에서 고용해 파견한 인물이었다. 조선인 변호사들은 대개 무정견하거나 민족주의자들인 데 비해 후루야의 변론은 명확히 진보적 입장을 갖고 있었다. 그는 일본인 재판관들을 향해 누구보다 열렬히 조선공산당을 옹호했다.

일경은 가족의 방청조차 제한한 반면, 특별방청석이라 하여 일본 관헌들을 위한 좌석을 마련해두고 있었다. 특별방청석에는 법원장과 검사, 경찰서장과 형무소장뿐 아니라 헌병대장까지 나와 긴장감을 조성했다. 조선 최대의 좌익 사건

재판을 직접 참관하여 사상 사건에 대해 배우려는 것이었다. 제각기 제복을 입고 긴 칼을 찬 이들의 모습은 위압감을 주기에 충분했다. 하지만 공산당 간부들은 기죽지 않았다.

첫날 재판은 비교적 여유로운 가운데 시작되었다. 오전 10시, 재판장과 두 판사의 질문에 따라 피고인들의 신상 확인이 시작되었다. 피의자들은 제각기 앉은 자리에서 자신의 신분을 밝혔는데, 직업을 묻는 재판장의 질문에 다들 여유만만하게 답했다.

"원래 원산노동회 간사였으나 그것은 직업이 아니라니 무직인 셈이지요."

박선태가 재판장을 놀리자, 연희전문 학생 이병립은 형무소에서 노동하는 것에 빗대어 말했다.

"지금은 서대문형무소 직공입니다만 그 전에는 학생이었소."

박헌영은 자기 차례가 오자 크지도 않고 빠르지도 않은 목소리로 당당히 말했다.

"나는 공산주의자가 맞으며, 공산주의자의 목적은 조선 민족의 해방과 정의의 실현이오."

법정은 일대 소란에 빠졌다. 판사와 검사는 발언을 중지하라고 제지했으나, 박헌영은 계속해서 단호한 음성으로 조선 독립의 정당성과 공산주의운동의 필요성에 대해 일목요연하게 발언하고서야 자리에 앉았다.

오후에는 변호인단과 재판관 사이에 논란이 벌어져 재판이 제대로 진행되지 못했다. 변호인단은 재판을 공개적으로 할 것을 요구하는 한편, 신의주 사건 관계자들에 대해 경성지법이 재판권을 가질 수 있는가에 대한 법리 논쟁을 벌였다. 변호사 이창휘 등은 특별방청석에 대해 문제를 제기했다. 고문과 강압수사의 당사자인 일본 경찰과 사법 관리들을 배석시킨 것은 피의자들에게 공포감을 조성하고 협박하기 위한 것이 아니냐고 따지고 들었다. 그러나 재판장은 변호사들의 항의를 묵살했고, 특별방청석은 두 번째 재판이 열린 9월 15일에도 그대로 유지되었다.

두 번째 재판 날은 바깥 날씨까지 살풍경했다. 이른 아침부터 거센 바람과 함께 집중호우가 쏟아져 지척을 분간할 수 없을 정도였다. 먹장구름으로 온 도시가 밤중처럼 어둠에 덮인 아침 7시부터 피고들을 태운 승용차들이 경적 소리를 울리며 재판소에 진입하기 시작해 7시 30분 이송이 완료되었다. 괴기스러운 어둠과 폭우 속에서도 자동차 휘장 틈새로라도 얼굴을 볼 수 있을까 하여 많은 사람이 모여들어 있었다. 방청권도 얻지 못한 가족들은 폭우를 그대로 맞으며 양편에 늘어서서 고개를 빼고 남편이나 형제를 찾아 이리저리 몰려다녔다.

재판은 오전 10시 30분이 넘어 시작되었다. 변호사들은 첫날에 이어 특별방청인들을 내보내라고 요청했으나 재판장은 이번에도 묵살했다. 재판장과 변호사들 사이에 설전이 벌어졌다. 이때 돌연 박헌영이 벌떡 일어나 외쳤다.

"재판장, 박헌영부터 한마디 하겠소! 하리까?"

재판장이 발언을 허용하자 박헌영은 유창한 일본어로 소리쳤다.

"나는 피고로서 경계에 대한 감상을 한마디 말하겠소. 우리는 전 무산계급의 전위가 되어 일하는 터인데, 우리를 이같이 엄중하게 경계하는 것은 전 무산계급을 위압하는 것이오. 만약 재판장이 이 경계를 해제하지 않고 일반 방청을 허락하지 않는다면 우리는 변호사도 사실심리도 필요 없소. 차라리 재판장이 하루나 이틀 동안에 너는 징역 얼마, 너는 징역 얼마라고 즉결 언도해주기를 바라오."

판검사들이 박헌영의 발언을 막느라 재판정의 분위기는 험악해졌다. 재판장은 배석 판사들과 합의하고 오겠다고 퇴정하더니 5분 만에 돌아와 피고인들의 진술이 사상 문제이기 때문에 일반 방청객에게 선전적인 영향을 주므로 방청을 일체 금지하겠다고 선언했다. 일본 관헌의 퇴장은커녕 81명으로 제한한 일반인 방청조차 허가하지 않겠다는 것이었다.

분개한 변호사들을 일제히 항의하며 전원 퇴장해버렸다. 전날 자정부터 비를 맞으며 기다려 겨우 표를 얻어 들어갔던 방청객들도 경찰에 떠밀려 법원 밖까지 쫓겨났다. 아들을 보러 왔던 박일병의 아버지가 이에 항의하다가 경찰관들에게 집단 구타를 당하는 사건도 벌어졌다.

전국의 이목이 집중된 재판이 파국에 이르자 검사 측에서 양보안을 제시했다. 세 번째 재판부터는 정사복 경찰은 들어오지 않되 일반 방청도 허가하지 않겠다는 것이었다. 변호인단도 이에 합의해주었다.

힘겹게 세 번째 재판이 열렸다. 그런데 검사 측의 약속과 달리, 조선인 형사 하나가 방청석 뒤편에 앉아 재판 내용을 일일이 기록하는 것이 발각되었다. 박헌영은 즉각 이에 항의해 경관이 필기하고 있는 한 대답할 수 없다고 버텼다. 또다시 소동이 시작되었다. 변호사들은 집단 사임하는 사태까지 벌인 끝에 검사 측의 거듭된 약속을 받고 돌아왔다.

매회 공판 때마다 앞장서서 재판정을 흔들어 놓던 박헌영은 9월 20일에 열린 네 번째 공판은 처음부터 뒤집어버렸다. 박순병이 고문으로 사망했다는 사실이 뒤늦게 전달된 것이다. 극도로 흥분한 박헌영은 오전 9시 20분 재판장이 개정을 선언하자마자 벌떡 일어나 앞으로 달려 나가며 외쳤다.

"재판장! 피고인들 가운데 박순병이 보이지 않는다. 웬일이냐?"

간수들이 몰려와 끌어 앉히려 하자 박헌영은 자신의 안경을 벗어 재판장에게 팔매질을 했다. 안경은 박살 나버렸다. 박헌영은 진술대 위로 껑충 뛰어올라 소리쳤다.

"누가 박순병을 죽였느냐? 박순병을 살려내라!"

염창렬 등 다른 피고들도 함께 고함을 치고 통곡을 하기 시작했다. 염창렬의 울음소리가 법정 밖까지 들려왔다. 재판은 중단되었다. 박헌영의 난동은 간수들이 몰려와 질질 끌고 나갈 때까지 10분 넘게 계속되었다.[18]

공판정에 들어갈 수 없던 주세죽은 남편이 끌려나와 간수 휴게소에 갇히는 것을 보고 무슨 영문인지 몰라 눈물을 머금은 채 이리저리 뛰어다니며 알아보았으나 소용없었다. 잠시 후에는 통곡하다 졸도한 염창렬이 간수들에게 들려 나와 바깥 사람들을 더욱 놀라게 했다. 공판은 11시 10분이 되어서야 재개되었지만, 박헌영이 더욱 큰 소리로 고함을 쳐대는 바람에 도저히 진행을 할 수가 없었다. 재판장은 다시 20분 만에 폐정을 선언했다.

이날의 소식은 박헌영의 사진과 함께 모든 신문에 큼직하게 보도되었다. 신문들은 끌려나온 박헌영이 안경을 쓰고 있지 않음을 지적해 그가 법정에서 안경을 집어던졌음을 암시했다. 간수들이 그를 진정시키기 위해 강제로 간수 휴게소 의자에 눕혀 진정제를 먹였다는 소문까지 돌았다.

다시 이틀 후인 9월 22일에 열린 5회 공판에 박헌영은 출석하지 않았다. 재판장은 변호인 측에 박헌영이 이날 새벽 2시부터 갑자기 신체에 이상이 생겨 출정하지 못하게 되었다고 통고했다. 일본인 후루야 사다오 변호사와 허헌, 김병로는 공판을 중지하고 면회를 갔다. 주세죽도 따라갔으나 제지당했다. 변호사들이 감방에 들어가 보니 큰 병을 앓은 사람처럼 초췌해진 박헌영은 인사할 생각도 않고 주저앉아 횡설수설하기만 했다. 밥도 물도 일체 먹지 않았다. 변호사들은 어쩔 수 없이 그냥 돌아와야 했다.

변호사들은 알지 못했으나 박헌영은 법정에서 소란을 피웠다는 이유로 경찰과 간수들에게 호된 구타와 고문을 당하고 있었다. 극심한 고문은 9월 말까지 그의 정신을 잃게 만들었다. 훗날 많은 사람들은 그가 거짓으로 광인 행세를 했다고 믿었지만, 본인은 이듬해에 모스크바의 국제레닌학교에 입학하기 위해 쓴 이력서에 자신이 고문으로 한동안 비정상적인 정신 상태였다고 고백한다. 이양전, 강달영 등 여러 사람이 일본의 고문에 정신병자가 된 실제 사례도 있었다.

10월 들어 박헌영의 정신공황은 더 심각해졌다. 거의 밥을 먹지 않은 채 혼잣말을 중얼거리며 감방 안을 맴돌거나 벽을 보고 이야기하다가 사람을 보면 무서워 질린 표정을 했다가는 이내 히죽히죽 웃었다. 두 번이나 목을 매 자살을 시도하다가 버둥대는 것을 간수들이 구해냈고, 자살 시도를 못 하도록 수갑을 채워 놓자 이리저리 감방 안을 헤매며 몸부림을 쳐 온몸이 멍투성이가 되었다. 나중에는 자신의 대변을 손에 묻혀 벽에 바르다 못해 직접 변을 먹기도 했다.

변호사들은 박헌영을 포함한 다섯 명에 대해서 병보석을 신청했다. 재판부는 10월 25일자로 이를 일괄 기각했으나,

변호사들은 거듭 보석을 신청해 마침내 11월 22일 오후 3시 박헌영을 석방시킬 수 있었다. 더 심각한 육체적인 질병을 앓고 있던 이들도 있는데 박헌영이 먼저 석방된 것은 정신이 상으로 자해를 할 위험이 높은 데다 간수들의 업무가 방해되기 때문이었다. 간수들은 불의의 사태를 우려해 그를 감옥 문밖에 내보낼 때까지도 수갑을 채워 놓았다. 철문을 나서는 그는 말끔했던 흰옷은 산산이 찢어지고 더럽혀져 걸인이나 다름없는 몰골이었다.[19]

석방되던 날, 빡빡 깎은 머리에 통통하던 볼까지 홀쭉해진 박헌영은 예산에서 올라온 어머니 이학규와 아내 주세죽의 얼굴도 못 알아보고 사람만 보면 무섭다고 자꾸 도망쳤다. 신문기자가 사진을 찍으려 하자 몸을 돌려 달아나려 해 어머니와 아내가 양손을 꽉 잡고 있어야만 했다. 사진기자에게 잡힌 박헌영의 얼굴은 핼쑥하게 말랐고, 움푹 들어간 눈은 공포에 휩싸여 있었다. 그는 자동차에 타고서도 계속 미친 사람처럼 행동해 어머니와 주세죽을 눈물짓게 했다.

이학규는 아들이 감옥에 있는 동안 삶은 계란 등을 싸 들고 면회를 다녀오곤 했다. 그녀는 아들이 겪는 불행이 자신의 불경스러움 때문이라고 믿었다. 하늘에서 커다란 보름달이 떨어지는 것을 가슴으로 받아내는 태몽을 꾸었던 그녀는 달을 받는 순간 태몽에 대해 일체 발설해서는 안 된다는 고함을 들었다. 그런데 너무 흥분한 나머지 남편 박현주에게 꿈 이야기를 하고 말았다. 미신을 굳게 믿던 이학규는 큰 인물로 태어난 아들이 자신의 경솔함 때문에 고난을 겪는다고 믿었다.

정신뿐 아니라 몸까지 쇠약해진 박헌영은 서소문에 있던 유명한 정신과 병원인 김탁원의원에 입원했다. 김탁원은 병원까지 따라온 신문기자들에게 박헌영은 정신이 완전히 상실되어 치료가 매우 어려운 상태라 앞으로 여러 달을 두고 성심껏 치료하며 경과를 지켜봐야겠다고 회견했다.

박헌영은 5일 만에 퇴원해 주세죽이 혜화동에 마련해 놓은 살림방으로 들어갔다. 박헌영 부부의 일거수일투족은 신문기자들과 경찰의 초미의 관심사였으므로 두 사람은 행동에 극히 제한을 받고 있었다. 어딜 가도 노골적인 미행이 뒤따랐다. 두 사람은 한동안 꼼짝도 않고 집 안에만 머물러야 했다. 박헌영은 누가 찾아오면 발가벗고 혜화동 뒷산으로 달아나 미친 짓을 하고 괴성을 질러댔고, 주세죽이 추위에 벌벌 떨며 산에 올라가 데려오곤 했다.[20]

주세죽의 임신이 확인된 것은 1928년이 되면서였다. 박헌영의 정신도 조금씩 맑아지고 있었다. 날이 풀렸을 때는 주세죽과 함께 시내로 외출을 나가기도 했다. 하루는 자신이 일했던 『조선일보』 사회부를 찾아가기도 했다. 좌익 기자 집단해고 때 함께 해고되었던 우익 기자들은 어느새 다시 복직되어 있었다. 주세죽은 사회부장으로 복귀한 유광렬에게 심정을 털어놓았다.

"집 안에만 있으니 갑갑해하는 것 같아 데리고 나왔어요. 정신병이라 마음을 놓을 수 없어요."

박헌영은 두 사람이 이야기하는 동안 맞은편 책상에 앉아 감개무량한 표정으로 유광렬을 멀뚱히 지켜보고 있었다. 유광렬은 그가 진짜 정신병인지 알아보려고 원고지에 써서 보여주었다.

'나를 아느냐?'

원고지를 받아 든 박헌영은 무심결에 말했다.

"유광렬이를 몰라?"

그러고는 스스로 놀란 듯 주세죽의 손을 잡고 총총히 사라졌다.

주세죽의 헌신적인 간호로 정신이 조금씩 돌아온 박헌영은 고향 신양으로 내려갔다. 병보석을 유지하기 위해 여전히 실성한 모습을 가장하고 있었으나 이학규는 아들이 이제 정신이 돌아왔다는 것을 누구보다 먼저 느낄 수 있었다. 그녀는 임신한 며느리를 온갖 정성으로 보살펴주었다.

한동안 신양에 머물던 박헌영 부부는 주세죽의 친정이 있는 함경남도 함흥으로 향했다. 병보석 중이라 자유로이 여행을 다닐 수는 없었다. 1928년 초여름, 일단 정신병 치료를 이유로 함경남도 안변읍의 유서 깊은 고찰인 석왕사까지 가는 여행증을 끊을 수 있었다. 수배된 주세죽이 숨어 있다가 체포된 곳이기도 했다.

한동안 석왕사에 머문 두 사람은 아이를 출산하겠다는 명목으로 함흥 처가로 들어갈 수 있었다. 처가살이가 목적은 아니었다. 박헌영의 목적은 오로지 소련으로의 망명이었다. 함흥에 머무는 동안, 박헌영은 주을온천을 오가며 병을 치료하는 시늉을 해 경찰의 감시를 누그러뜨리려 애썼다. 하지만 사건이 별로 없는 지방 경찰의 감시는 서울보다 더 심했다. 형사들이 화장실 앞까지 따라와 지키고 있을 정도였다.

두 사람이 함경도에 온 이후 함흥 지역의 여러 운동가들 사이에서는 박헌영을 망명시키기 위한 작전이 모색되고 있었다. 목적지는 소련이었다. 신의주를 통해 중국 내륙을 관통하거나 두만강 상류를 건너 만주를 지나 국경을 넘는 방안이 제시되었다. 하지만 압록강 다리를 건너는 일은 물론이요, 일본 관헌이 깔린 만주를 통과해 소련 국경까지 가는 일은 쉽지 않았다. 혼자 몸이라면 몰라도 곧 출산을 하는 임산부를 데리고 이동하기란 거의 불가능했다.

박헌영과 동지들은 여러 방법을 모색한 끝에 곧 개통하는 함경선 철도를 이용해 두만강 하구까지 진출해 소련 땅으로 넘어가기로 결정했다. 실행은 당대의 유명한 배우이자 영화 연출자인 김용환이 맡았다. 김용환은 연예인으로서의 생명을 유지하기 위해 적당히 친일적인 활동을 하고 있었으나, 내밀하게는 항일운동을 지원하는 모쁘르의 일원이었다. 그는 9

월 1일 함경선 철도가 개통되어 기록영화를 촬영하는 기회를 이용해 박헌영 부부를 빼돌리기로 했다. 두 사람을 배우로 분장시켜 두만강까지 이동시키려는 계획이었다.

1928년 9월 1일, 박헌영 부부는 남몰래 집을 빠져나왔다. 주세죽이 만삭이 되어 몸도 제대로 가누지 못하는 것을 확인한 경찰은 잠시 감시를 소홀히 하고 있었다. 박헌영은 잘 걷지도 못하는 주세죽을 부축해 함경선 개통 기념 열차에 올랐다. 김용환 연예단원들을 위한 전용 칸이었다. 기차의 다른 칸에는 일본 고관들과 지역 유지들, 경찰과 헌병 간부들이 시승하고 있었지만, 연예인으로 가장해 전용 칸에 올라탄 두 사람을 알아보지 못했다. 그런데 기차가 청진을 지날 무렵, 주세죽의 양수가 터져버렸다. 주세죽은 기차 안에서 아이를 낳았다. 아버지를 닮아 아주 작고 예쁜 여자아이였다.[21]

우여곡절 끝에 갓난아이를 품에 안고 두만강 하구에 도착한 두 사람은 밤이 되기를 기다렸다. 위도가 높은 두만강 유역에는 벌써 단풍이 들기 시작하고 있었다. 밤이 깊어졌을 때, 두 사람을 태운 나룻배는 조선인 뱃사공이 노를 젓는 가운데 무사히 국경을 건넜다.

이때 두 사람이 멀어지는 모습을 지켜본 김용환은 '두만강을 건너간 내 님은 언제나 돌아올까' 하는 구슬픈 노랫말을 지었다. 나중에 작곡가 이시우가 이 가사에 곡을 붙여 〈눈물 젖은 두만강〉이라는 제목의 노래로 만들었고, 1936년 김용환의 동생 김정구가 오케이레코드사에서 취입했다. 이 노래는 식민지시대는 물론 이후 반세기가 넘도록 조선인들이 가장 사랑하는 가요의 하나가 된다.[22]

박헌영 부부가 종적을 감추자 일본 경찰은 비상이 걸렸다. 그러나 국내에서는 두 사람의 흔적도 발견할 수 없었다. 감시를 소홀히 한 함흥경찰서장과 담당자들은 중징계를 받았다. 그 시간에 박헌영 부부는 소련 땅 블라디보스토크에 도착해 갓 낳은 딸아이를 돌보고 있었다.

두 사람의 탈출은 국내 항일운동가들의 속을 후련하게 해준 사건이었다. 잡지 『혜성』은 1931년 9월호에서 박헌영의 탈출과 서울 생활에 대한 기사를 싣기도 했다. 기사는 정신이상으로 석방된 그가 주세죽을 데리고 러시아로 탈주했다는 내용과 함께 서울에서 활동하던 때 보여준 그의 풍모를 재미있게 묘사했다.

"그는 온후한 성격이요 원만하여 모나지 않으며, 수치와 모욕이라도 참기 잘하는 것이 그의 장점이었다. 그래서 파벌 대립이 심하던 그때에도 그는 비교적 원활했고, 남하고 싸우는 일이란 별로 볼 수 없었다. 입는 것도 되는대로 입고 먹는 것도 되는대로 먹으며 너무 그러한 관계로 그의 집에는 언제나 랑자(浪者)의 생활상이었다. 영년의 계획하에서 착실한 살림을 하는 집이 아니요, 그저 하루 이틀 살고는 걷어치우려는 도망꾼의 살림 같았다."

일본의 식민지 백성으로 모멸당하던 그 시대에도 대다수의 조선인들은 한 평이라도 땅을 갖기 위해, 살 집을 마련하고 처자식을 부양하기 위해 모든 시간을 바치고 있었다. 그들의 입장에서는 부패할 대로 부패했던 조선 왕조의 관리들보다는 엄격한 일본인 관리들이 더 편한 상대일 수 있었다. 독립운동을 하자고 피와 돈을 요구하는 항일투사보다는 먹고살 기술을 가르치려 애쓰는 착한 일본인 교사들이 더 고마울 수도 있었다. 그들의 눈에는 잃어버린 조국을 찾겠다고 부랑하는 이들보다는 자식을 위해 평생을 땀 흘려 일하는 아버지가 더 영웅처럼 보일 수 있었다. 설사 독립운동에 뛰어들었다 하더라도 개인의 삶에 아무런 애착도 없이 모든 재산과 생명을 항일에 바치고 부평초처럼 떠도는 사람들은 그리 많지 않았다. 박헌영 부부의 떠돌이 유랑자 같은 무소유의 삶은 그리 흔한 이야기가 아니었다.

무사히 두만강을 건너 소련의 항구도시 블라디보스토크에 도착한 박헌영 부부는 국제혁명가구원회에 몸을 의탁할 수 있었다. 주세죽과 신생아는 그곳에서 비로소 안정을 취할 수 있었다. 박헌영은 아이의 이름을 자신의 그림자라는 뜻으로 '박영'이라 지었다. 러시아어로는 '로제타 비비안나 박'으로 했다. 아이의 생일은 두 사람이 탈출하던 날이기도 한 1928년 9월 1일로 등재했다.

소련 땅에 들어갔을 때 박헌영의 얼굴은 심하게 상해 있었다. 통통하던 뺨은 움푹 들어가고 광대뼈가 앙상히 드러난 데다 본래 까무잡잡했던 얼굴 피부는 긴장과 피로로 더욱 새까맣게 타 있었다. 국제혁명가구원회 관계자들은 조선에서 탈출해 온 유명한 혁명가 부부를 위해 의료 지원을 아끼지 않았다. 이들의 헌신적인 간호로 박헌영 부부는 빠르게 건강을 회복했다. 두 사람은 블라디보스토크 오케안스카야 거리의 공원 의자에 나란히 앉아 기념사진을 찍는 여유를 갖기도 했다.

국제혁명가구원회의 도움으로 충분한 휴식을 취하는 한편, 박헌영은 코민테른과 국제공청에 지난 상황에 대한 보고서를 보냈다. 보고를 받은 코민테른은 그가 모스크바로 올라올 수 있도록 조치했다. 소련 당국의 도움에 따라 두 사람은 1928년 10월 하순 어린 딸 로제타 비비안나를 안고 시베리아 횡단열차에 몸을 실었다.

4
모스크바, 상하이, 경성

朴憲永 評傳

박헌영 일가가 모스크바에 도착한 것은 막 겨울이 시작된 1928년 11월 5일이었다. 유서 깊은 궁전과 붉은 광장, 오래된 성당과 건축물들이 잘 정돈된 이 아름다운 도시는 당대의 혁명가라면 누구라도 방문하고 싶어 하던 사회주의의 성지였다. 자본주의 나라의 화려함이나 흥성함도, 빈민가나 재래시장의 생동감 넘치는 혼잡함도 눈에 띄지 않는, 일찍 찾아온 한파가 더욱 적막하게 느껴지는 이 고요한 도시는 그러나 일본의 억압에서 탈출해 얼어붙은 시베리아 벌판을 수천 킬로미터나 달려온 혁명가 부부에게는 더없이 포근한 안식처였다.

사회주의혁명의 성공으로 소련공산당이 권력을 잡은 지 11년이 지난 이 나라에는 새로운 사회 구성체 실험의 근원적인 문제점들이 서서히 드러나고 있었다.

일찍이 권력을 장악했던 어떤 집단도 볼셰비키 지도자들이 천명한 혁명 공약만큼 엄청난 부담을 짊어진 적이 없었다. 아득한 공산주의의 이상사회에 대한 약속은 차치하고라도, 누구나 똑같은 크기의 빵과 자유를 받을 수 있게 하겠다는 공약조차도 이후 1백 년이 흐르도록 지구상의 그 어떤 권력도 완전히 이행하지 못한 약속이었다.

막상 혁명이 성공하자 레닌은 '전시공산주의'라는 이름의 강력한 통제 정책을 폈다. 백위군과의 내전에서 승리하기 위해 거주 이전을 제한하고 누구나 공장 또는 농장에 소속되어 의무적으로 노동을 하도록 한 조치였다. 각 개인의 정신 속에 박혀 있는 자본주의적이고 자유주의적인 정신을 뿌리 뽑기 위한 자기비판과 상호비판의 일상화도 포함되어 있었다. 러시아인들은 전시 상황이라는 조건 속에 어쩔 수 없이 이 숨통 막히는 조치들을 수용했다. 트로츠키는 이 제도가 혁명을 거꾸로 돌리는 반동이라고 격렬히 반대했으나, 일단 당에서 다수결로 통과되자 가장 앞장서서 제도를 시행했다. 일반 시민들에게 트로츠키는 자본주의 권력가들보다 더 가혹한 압제를 휘두른 인물로 각인되었다.

트로츠키의 뛰어난 선동력과 아직 식지 않은 혁명적 열정이 맞물려 전시공산주의는 일정 부분 성공을 거둔 것처럼 보였다. 그러자 엉뚱하게도 스탈린을 비롯한 다수 공산주의 지도자들은 장차 실현해야 할 공산주의의 맹아를 이 체제로부터 찾아냈다. 레닌은 내란이 가라앉으면서 일반 국민의 불만이 더 심해지자 전시공산주의를 폐지하고 신경제 정책으로 전환했다. 자본주의적인 요소를 대폭 도입해 완만한 속도로 사회주의를 발전시키려는 시도였다. 그러나 불행하게도 레닌은 너무 빨리 사망했다. 1923년 레닌의 뒤를 이어 정권을 잡은 스탈린은 전시공산주의가 보여주었던, 너무나 편하고 쉬운 공산주의 실현이라는 유혹에 빠져들고 말았다. 그는 소련을 다시 전시공산주의 체제로 돌려버렸다.

이 무렵 소련의 정치 체제는 급속히 경직되고 있었다. 스탈린은 결코 사악한 본성을 감춘 음흉한 인간이 아니었다. 그는 신학생 출신답게 엄격한 자기 통제력을 갖고 있었고, 오페라를 즐기는 문화적인 소양이 있으며, 전쟁에 반대하는 평화주의자였다. 그러나 이타주의를 기반으로 한 공동의 행복이라는, 인류 최후의 '성스러운 목표'를 향한 그의 엄숙한 경건주의는 장차 너무나 많은 인민의 고통과 희생을 불러오게 될 것이었다. 제국주의, 군국주의, 전체주의, 파시즘 등은 세계의 모든 공산주의자들이 혐오하는 단어들이었다. 이 최악의 용어들이 다름 아닌 공산주의의 적들에 의해 사회주의 종주국인 소련으로 되돌려질 줄은 아직까지는 아무도 몰랐다. 물론 박헌영도 마찬가지였다.

1917년 10월 혁명 이후, 혁명의 요람인 소비에트 연방을 그리워하던 수많은 서구의 진보적 지식인들이 모스크바를 방문하고 있었다. 그들은 자본주의 세계에서는 볼 수 없던 새로운 가치들을 발견할 수 있었다. 거리 어디에도 걸인이나 도둑이 없는 데 놀라고, 호텔과 식당의 종업원이나 공장 노동자들이 부자들의 노예가 아니라 당당하게 국가의 주인으로 행동하는 데 감명받았다. 하지만 그 사회 전반에 퇴적되고 있는 어두운 무언가가 그들의 뒷덜미를 채어 잡고 있음을 외면할 수 없었다.

특히 예민한 문화예술가들은 그 어둠의 정체를 놓치지 않았다. 앙드레 지드, 조지 버나드 쇼, 슈테판 츠바이크 같은 진보적인 작가들은 그것이 개인주의의 말살에서 오는 어두움이라는 것을 금방 알아챘다. 그들은 개인의 자유야말로 수백 년간의 민주주의혁명을 통해 얻어낸 인류 최대의 성과라고 보았다. 스탈린이 시행하는 사회주의는 이 성과를 근본적으로 무시하는 관념적 극좌 정책이라고 보았다. 그들은 개인주의가 많은 문제의 원인이라는 것은 인정하고 있었지만, 그렇다고 봉건왕조시대와 같은 전체주의로 돌아가는 것은 역사의 역류라고 보았다. 급진적인 사상 때문에 영국의 감옥에서 죽어간 오스카 와일드조차도 1890년대에 이미 전체주의 체제의 위험성을 지적하고 개인주의가 없는 전체주의는 반드시 실패하리라고 예언한다. 그들은 개인주의를 되살리고, 개인의 창의력과 욕구를 충족시키면서 보다 점진적으로 사회주의 정책을 실현해야 한다고 주장했다.

고급 지식인 출신들이 다수이던 조선의 공산주의자들도 서구 지식인들의 반성과 모색을 알고 있었다. 박치우 등 이론진들은 벌써 이 무렵부터 사회와 개인의 관계에 대한 서구인들의 글을 번역해 읽고 있었다. 이강국이 1929년에 발행한 잡지 『신흥』은 개인주의와 전체주의의 문제를 집중적으로 다루기도 했다. 경성제대에서 최용달과 함께 사회주의운동을 했던 유진오는 공산주의의 전체주의적 성향에 실망해 자본주의를 수정하는 쪽으로 노선을 바꾸기도 했다. 한때 공산주의 지도자였던 유진희도 해방 후 우익으로 전향해 한민당 간부가 된다.

그러나 박헌영을 포함한 대다수의 조선 공산주의자들은 이런 문제로 자기 사상에 심각한 타격을 받지는 않았다. 일본의 침략 아래 신음하고 있는 조선 민중의 고통에 비하면 사회주의의 문제점은 대수롭지 않게 보였던 것이다. 자본계급과 노동계급 간의 적대적 모순과 달리, 본질적으로 선한 목적이 빚어낸, 화해하여 해결해야 하는 비적대적 모순으로 보였다. 그들은 오히려 유진오, 유진희 같은 이탈자나 백남운 등 수정주의자들을 비판하는 데 논점을 맞추었다. 최용달은 1930년 잡지 『신흥』에서 자본주의하의 삼권분립이란 무용지물이며 소련과 같이 인민위원회가 입법, 사법, 행정을 총괄하는 제도가 필요하다고 역설했다. 훗날 북한의 헌법과 법률을 기초하는 일을 맡게 될 최용달의 이 단순한 결론은 당대 사회주의자들의 의식을 대변하고 있었다.[23]

소련 인민들은 고통받고 있었지만, 식민지에서 온 혁명가들에게 모스크바는 결코 숨 막히는 곳이 아니었다. 마음껏 자기 사상을 밝히고 혁명을 노래할 수 있는 자유로운 해방구였다. 실제로 모스크바는 세계 혁명의 요람으로서의 역할을 하고 있었다. 베트남, 아랍, 조선, 인도 같은 식민지의 독립운동가는 물론이요, 중국, 일본, 스페인 등의 공산주의자들까지 오는 대로 받아들여 특별 대우를 해주고 있었다.

소련 당국은 고문 후유증과 출산의 여독이 풀리지 않은 박헌영 부부를 위해 우선 흑해 연안의 휴양지 세바스토폴에서 한 달간 충분한 휴식을 취하도록 배려해주었다. 두만강을 넘어 소련 땅에 들어서면서부터 시작된 따뜻한 영접은 두 사람을 감동시키기에 충분했다. 소련에 대한 박헌영의 철두철미한 신뢰와 복종심은 필연적인 것이었다.

맑고 깨끗한 바닷가에서 편히 쉬는 동안 박헌영은 국제레닌학교 입학을 위한 영문 이력서를 작성했다. 국제레닌학교는 코민테른이 운영하던 공산주의 최고 간부 교육기관이었다. 입학 자격이 매우 까다로워 각 나라의 공산당 지도자 중에서도 최고지도자로 엄선된 후보들만이 들어갈 수 있었다. 일반 지도자나 중급 당원들은 동방노력자공산대학에 입학하도록 했고, 사상성이 더 낮은 하급 운동가들은 고등전문학교에서 기술교육을 받았다. 어느 학교든 일단 입학만 하면 무료 기숙사에 의복, 음식 일체가 제공되었고, 용돈까지 받을 수 있었다.

국제공청 비서실은 박헌영의 국제레닌학교 입학을 위해

두 차례나 강력한 추천장을 보냈다. 비서실은 추천서에서 그를 격찬했다.

"고려공청 조직자 중 한 사람이며, 고려공청의 비서를 역임했던 사람이다. 그는 3년 이상 투옥되었고 101인 공판에 회부되었는데, 공판 과정에서 자신을 매우 훌륭히 옹호했다."

김단야의 신원 보증도 보탬이 되었다. 상하이에서 활동하던 김단야는 1926년 모스크바로 건너와 국제레닌학교를 수료하고 코민테른 동양부 조선 담당 조사관으로 일하고 있어 발언권이 컸다. 국제레닌학교는 박헌영의 입학 신청에 어떤 이의도 달지 않고, 1929년 1월 18일 날짜로 입학을 허가했다.

국제레닌학교와 동방노력자공산대학은 졸업 후 각자의 나라로 귀국했을 때의 안전을 위해 모든 학생에게 가명을 쓰게 했다. 박헌영은 논을 가는 써레와 농작물을 끌어 모으는 고무래의 한자어를 합쳐 '이정(耏丁)'이라 가명을 짓고, 러시아 발음인 '이춘'으로 등록했다. 하층 농민계급의 마음으로 살겠다는 뜻이었다. 박헌영은 나중에 소련으로 보내는 개인 편지나 문서에도 '이춘'이라는 이름을 사용했고, 해방 후에는 '이정'이라는 필명으로 글을 발표한다.

국제레닌학교는 일본어나 조선어는 사용하지 않았기 때문에 박헌영은 영어로 수업하는 반에 편성되었다. 영어 수업 외에 프랑스어, 중국어, 스페인어, 헝가리어, 아랍어, 루마니아어, 핀란드어, 인도어 수업이 있어 학생들은 각자 익숙한 언어로 수업을 들을 수 있었다.

주세죽은 동방노력자공산대학에 입학했다. 박헌영은 그녀에게 '코레예바'라는 가명을 지어주었다. '조선 여자'라는 단순한 뜻이었다. 주세죽은 이 이름으로 학교를 마친 후에는 '한베라'라는 새로운 이름을 지어 소련 국적에 올렸다. 러시아어 '베라'는 '믿음'이라는 뜻이었다. 이후 소련의 모든 문서들은 '한베라'라는 이름으로 그녀를 기록했다. 그녀는 오기섭, 박세영, 정재달 등 장차 조선공산당의 주요 간부가 될 인물들과 동창이 되었다.

1928년 12월, 코민테른은 여러 식민지 국가의 민족해방운동과 관련된 명령을 발표했다. 그중 한 가지는 1925년 4월에 결성된 조선공산당을 해체하라는 명령이었다.

조선공산당이 네 차례나 집행부를 교체하게 된 것은 노동자·농민 대중 속에 뿌리박지 못한 채 지식인들만의 허약한 당을 만들었기 때문이라는 것이 그 이유였다. 코민테른은 조선의 공산주의자들에게 노동자, 농민 속에 파고들어 피억압 계급의 광범위한 지지를 받는 대중적인 정당을 건설해 다시 신고하라고 충고했다.

코민테른은 또한 제국주의의 침탈로 각국에 흩어져 있는 식민지 공산주의자들에게 각자 자신이 거주하고 있는 나라의 공산당에 가입하도록 명령했다. 일국일당제의 원칙이었다. 박헌영은 다른 여러 조선인 망명자들과 함께 1929년 2월 자로 소련공산당에 입당했다.

충분한 휴식과 심리적인 안정, 편안하고 즐거운 대학 생활은 박헌영 부부를 살찌게 했다. 이 무렵 어린 딸을 안고 찍은 기념사진의 박헌영은 불과 몇 달 전에 블라디보스토크에서 찍은 사진과는 판이했다. 아직 볼은 홀쭉했으나 깨끗한 양복에 넥타이를 맨 단정한 차림으로 여유 있는 표정을 짓고 있었다. 딸 비비안나도 뺨에 살이 통통히 올라 있었다. 1929년 1월부터 1931년 말까지 3년은 박헌영의 생애 중 드물게 편안하고 행복한 시절이었다.

국제레닌학교는 보르프스키 25번지에 있는 아담한 2층 건물이었다. 기능성만 살린 소박한 모양의 하얀 석조건물이었는데, 2층 정면에는 세 개의 굵은 화강암 기둥을 세워 멋을 냈다. 수강 과목은 노동운동사, 정치경제학, 레닌주의 등이었다. 박헌영은 특별한 문제 없이 대단히 진지한 태도로 공부했다. 교수단은 박헌영의 수업 성과에 대해 대체로 긍정적으로 평가했다. 활동성이 매우 만족스러우며 몹시 열심히 공부한다는 총평이었다. 그러나 아직 극복하지 못한 관념적 성향을 드러내고 있음을 냉철히 지적했다.

"발전 정도가 매우 우수하다. 매우 적극적이며 학업에 열심히 정진하고 있다. 반면 실천적 경험이 상당히 빈약하다. 그 때문에 지나칠 정도로 학구적이며 도식적인 경향을 가지고 있다. 그러나 이 점에 대한 자기비판의 필요성을 인정하고 있다. 만약 이춘 동지가 이러한 결함들을 극복하기 위해 열심히 노력한다면 그는 틀림없이 당에 헌신적인 일꾼으로 성장할 수 있을 것이다. 그는 조선공산당 내의 지도적인 집단에서 사업할 역량을 구비하고 있다. 그러나 반드시 낮은 수준의 일상적인 대중적 사업과 견고히 결합되는 것이 필수적이다."

공산주의자들은 공장 노동자나 농민 같은 기본대중 속에서 조직적 경험을 하고 선전선동 훈련을 하는 것이 전통처럼 되어 있었다. 낮은 수준의 일상적인 대중사업 속에서 훈련되어야 관념주의나 교조주의에 빠지지 않는다고 보았다. 불행하게도, 운동의 시작 단계부터 지도자로 출발한 박헌영은 그런 기회를 얻지 못했다. 대중운동의 경험 부족은 그를 자주 학구적이고 도식적인 경향에 빠뜨렸다. 국제레닌학교 교수들은 이 점을 금방 간파해낸 것이다.

고려공청 상하이회 비서직을 시작으로 항상 최고지도부에 소속되어 있는 데다 특히 화요파의 대표적인 인물로 부각된 그에게는 정적도 많을 수밖에 없었다. 모스크바에는 화요파뿐 아니라 서울파와 북풍회 계열의 운동가들도 여럿이 유학을 와 있었다. 그들은 30세 나이에 조선공산당을 대표하는 지도자로 우대받고 있던 박헌영을 대놓고 질시하고 경계했다.

유학 1년 만인 1929년 12월 중순, 모스크바 시내 트베르

스코이 불리바르 거리에 있던 동방노력자공산대학 구내에서는 조선 공산주의운동에 대한 합동토론회가 개최되었다. 이 대학에 재학 중인 40여 명의 조선인과 몇몇 일본인 공산주의자가 참석한 토론회는 1주일간이나 계속되었다.

토론의 기조 발제는 코민테른 동양비서부 조선위원회 위원인 마자르가 맡았다. 그는 조선의 공산주의운동에 대해 누구보다도 해박한 정보를 갖고 있었다. 토론 첫날, 마자르는 조선의 농촌 문제와 자본주의 발전 문제, 공산주의운동 내부의 파벌 문제에 대해 장시간의 발제를 마치고 20여 명으로부터 질문 세례를 받았다. 저녁까지 계속된 질의응답 중 중요한 부분은 조선이 당면한 혁명의 성격에 관한 것이었다.

마자르는 우선 조선에는 사회민주주의가 수행될 토대가 없다고 지적했다. 그는 사회민주주의란 유럽처럼 자본가가 식민지에서 얻은 초과이윤 중에서 노동계급의 상층 부분에 얼마간을 떼어 줄 수 있을 때 가능하다고 보았다. 이런 조건이 갖춰지지 않은 조선이나 식민지 약소국들에서는 사회민주주의가 실현될 가망성이 없다는 것이었다.

마자르는 조선의 혁명을 부르주아민주주의 단계라고 규정했는데, 부르주아민주주의혁명은 세 단계가 있다고 보았다. 첫째는 프랑스혁명이나 영국혁명처럼 부르주아 계급 자신이 주도해 봉건제도를 철폐하는 단계였다. 둘째는 부르주아들이 새로운 지배계급으로 등장한 가운데 노동자와 농민들이 보다 완전한 평등과 민주주의를 위해 투쟁하는 단계였다. 셋째는 농민계급과 연합한 무산계급이 혁명의 원동력이 된 프롤레타리아 혁명의 단계였다. 프롤레타리아트와 농민계급이 주도한 혁명까지 부르주아 혁명 단계에 포함하는 이유는 토지를 농민들의 개인 소유로 나눠 주기 때문이었다. 혁명의 주력군과 형태는 비슷하지만 토지를 국유화하는 단계부터가 사회주의혁명이 된다는 해석이었다. 마자르는 조선의 혁명은 부르주아 혁명 중에서도 세 번째 단계인 무산계급이 주도하는 혁명의 단계라고 보았다. 그다음 단계인 사회주의혁명 단계가 되려면 생산력의 발달이 필수적이라고 지적했다.

마자르 개인의 소견은 아니었다. 코민테른이 식민지 민족해방운동에 적용하고 있던 기본 방침이었다. 따라서 마자르의 관점은 장차 박헌영이 조선 혁명 단계를 규정하는 기초가 되었다. 박헌영은 조선의 혁명 단계를 부르주아민주주의혁명 단계로 보되, 이를 주도하는 것은 부르주아가 아니라 프롤레타리아와 농민들이라고 보았다. 마자르의 분석에 따르면 그 세 번째 유형이요, 사회과학적 용어로는 인민민주주의혁명의 단계였다. 박헌영은 주로 '인민적 민주주의혁명'이라는 용어를 애호했다. 훗날 남한에서 자주 사용되는 '민중민주주의혁명'과 비슷한 의미라고 할 수 있었다.

이 논리적 귀결에 대해 잘 모르는 후세 사람들은 박헌영이 해방 후 부르주아민주주의를 주장해 미국과 부르주아 계급에 충성했으면서도 현실에서는 사회주의적인 지침들을 내려 혼란을 일으켰다고 생각하게 된다. 박헌영이 주장한 부르주아민주주의가 자본주의 아래의 일반민주주의와는 다르다는 점을 이해하지 못한 탓이었다. 인민위원회와 같은 프롤레타리아 정권의 주도 아래 농민에게 개인 소유 토지를 나눠 주고, 중소 자본가로 하여금 사기업을 육성하도록 지원하되 주요 기간산업은 국유화하는 특수한 형태를 의미한다는 점을 알지 못한 탓이었다. 물론 그들은 부르주아민주주의론이 박헌영 개인의 주장이 아니라 소련공산당의 결정이라는 사실은 더더욱 몰랐을 것이다.

토론회의 참석자들은 마자르의 의견이 코민테른의 결정이자 스탈린의 명령이란 점을 잘 알고 있었다. 참석자들도 하나같이 마자르의 분석에 지지 의사를 밝혔다. 학생들 사이의 논쟁의 발단은 혁명 단계가 아니라 파벌 문제에 있었다. 코민테른의 12월 테제에 따라 많은 공산주의자들이 공장과 농촌에 들어가 대중조직을 시도하고 있었다. 하지만 고질적인 파벌 문제는 여전히 남아 있었다. 토론회의 나머지 날들도 파벌 문제로 소모되었다.

이 토론회에서 박헌영은 박애, 최성우, 멜만, 마자르와 함께 코민테른 동양비서부 조선위원회의 위원 자격으로 참석해 발언했는데, 파벌 문제로 인해 신랄한 비판에 직면했다. 주로 그의 화요회 활동과 공산당의 간부 선발 기준에 관한 것이었다.

당 간부 선발에 대해서 박헌영은 다양한 종파에서 일하고 있는 좋은 인재들과 감옥에 수감된 공산주의자들 중에서 선정해야 한다고 말했다. 이에 여러 공산대학생들이 반박했다. 그들은 박헌영이 노동계급 속에서 노동계급의 이익을 위해 투쟁하는 이들을 당 간부로 선출하지 않고 파벌 투쟁에 익숙한 감옥의 지식인들 중에서 선발하려 한다며 비판했다. 박헌영이 과거의 혁명 역사 위에 공산당을 세워야 한다고 주장하지만, 자신의 화요회 활동에 대해서는 철저한 반성이 없다고 지적했다.

조봉암의 아내인 김조이만이 전적으로 박헌영을 지지했다. 마야코바라는 가명으로 동방노력자공산대학에 재학 중이던 그녀는 박헌영이 모든 문제를 솔직하게 말했고 솔직하게 자신을 보여주었으며 다른 동무들도 그를 본받아야 한다고 지적했다. 박헌영이 사업량이 과중한데도 자주 공산대학생들을 찾아와 종파 투쟁에 관한 정보를 알려주었는데, 이는 매우 중요한 도움이 되었다고 말했다. 주세죽은 남편의 발언에 대한 개인적인 견해는 밝히지 않았다.

문제는 박헌영이나 화요회에 대해 국내에서부터 끈덕지게 비방해온 이들이 현실 운동에서 그다지 헌신적이지 못한 이들이란 점이었다. 이 토론회에서 박헌영에 대해 맹렬히 비판한 이들은 주로 화요파와 대립해온 김광은, 임민호, 김승훈 등이었는데, 그들은 학교를 졸업하고 귀국한 뒤로는 거의 활동하지 않은 채 사라진다. 장차 조선 공산주의운동의 지도자들이 되는 오기섭, 박세영, 고경인, 정재달 등 대부분의 성원들은 침묵으로 박헌영을 지지했다. 그들은 대개 화요파였다.

코민테른과 소련공산당도 확실히 박헌영을 신뢰하고 지지했다. 코민테른 동양비서부 조선위원회는 코민테른 차원에서 조선공산당의 재건을 지원하려고 만든 부서였다. 세계의 공산주의운동이 코민테른의 통제와 지원을 받고 있는 현실에서 조선 문제에 대해 가장 강력한 권위와 결정권을 가진 조직이라고 할 수 있었다. 코민테른은 박헌영, 박애, 최성우 등 세 명을 이 위원회의 조선인 위원으로 임명했다. 최성우와 박애는 소련 교포나 다름없는 인물들이어서 실질적인 내국인은 박헌영 한 사람뿐이라 해도 무방했다. 코민테른은 이들을 조선공산당 재건을 위한 트로이카로 명명했다. 박헌영은 1931년 말 국제레닌학교를 졸업할 때까지 트로이카의 일원으로 활동했다. 이는 사실상 그가 유일하게 조선공산당 재건의 전권을 부여받았음을 뜻했다.

조공 재건 트로이카는 임시 지도부로서 소련으로 건너온 조선인들의 거취를 결정할 수 있는 권한까지 부여받고 있었다. 조선인 운동가들의 대학 입학 여부를 결정할 수 있었고, 제명도 시킬 수 있었을뿐더러 졸업 후 직장 배치까지 결정할 권한을 갖고 있었다. 모스크바의 조선인 운동가들에 대한 전반적인 사상 검토를 마친 트로이카는 공산대학생 중 한산 빈 등 종파 활동을 계속한 운동가들을 제명 처분하고, 김만복, 김원묵, 김광은, 이순 등에 대해서는 종파 활동을 중단하는 조건으로 학업을 허가하되 반성하지 않으면 제명하겠다고 통보한다. 모스크바에 체류 중인 운동가들이 제출한 각종 청원서 심의와 공산대학의 단기 과정 운영 문제, 한글판 기관지인 『꼼무니스트』의 운영 문제도 주요 논의 사안이었다.[24]

조공 재건 트로이카는 박헌영, 김단야, 권오직, 조두원, 고명자 등 모스크바에 체류하던 30여 명의 운동가들을 조직해 조선공산당 재건위원회를 결성했다. 이들은 학교를 졸업하는 대로 국내에 돌아가 노동운동과 농민운동에 가담했는데, 국내 운동가들은 이들이 국제공산당 코민테른에서 왔다는 의미로 '국제선'이라 불렀다.

국제선에 대해서는 혼선도 없지 않았다. 코민테른의 활동과 별도로, 중국공산당도 40여 명의 조선인 운동가들을 국내 공작위원회로 조직해 밀파하고 있었다. 코민테른 산하 단체로서 프로핀테른이라 불리던 국제적색노조에서도 별도의 국제선을 파견했다. 이들도 모두 국제선이라 자칭했다.

국제공산주의운동의 규범으로 보아, 코민테른 산하 조공 재건 트로이카에서 인증한 국제선만이 권한을 갖는 게 원칙이었으나, 제각기 국내에 들어간 국제선들이 자신의 권위를 주장해 분란이 조성되곤 했다. 더구나 어느 조직의 위임을 받았는가를 막론하고, 이들 국제선들은 자신에게 부여된 권위만큼의 지도력을 발휘하는 경우가 별로 없었다. 해외에서 간접적으로 파악하고 결정한 내용이 조선의 운동 현실을 반영하지 못하는 데다, 국제선으로 임명된 인물들의 능력이나 의지도 일천한 경우가 많았기 때문이다.

공산주의운동은 개인적인 이권을 위한 운동이 아니었다. 소련 이외의 나라에서 공산주의운동을 한다는 것은 끔찍한 고문과 감옥살이를 자처하는 희생 행위였다. 이권운동이라면 오지 말라고 해도 사람이 모이지만, 이상사회를 위해 기꺼이 자신의 생애를 바치기로 결심할 사람을 모으는 일은 쉽지 않았다. 얼마간 사람을 조직한다 해도 보다 많은 민중을 투쟁으로 이끌어내기란 어려운 일이었다.

그런데도 자본주의의 근원적인 모순밖에 읽을 줄 모르는 교조주의자들의 눈에는 세상은 항상 혁명적이고 민중은 항상 혁명을 갈구하는 것처럼 보이기 마련이었다. 그들은 민중은 혁명을 요구하는데 전위가 이를 지도하지 못한다고 불평하며 보다 분발할 것을 요구했다. 해외에서 조선을 바라보는 이들도 마찬가지였다. 국제선을 자처한 이들의 주관적이고도 조급한 요구는 느리고 힘겨운 사업에 매진해온 국내 운동가들의 반발을 사는 것이 보통이었다.

박헌영 자신도 얼마 후인 1932년에 귀국하면서 국제선이 된 셈이었는데, 해방 후 이 문제 전반에 대해 솔직하게 발언하기도 했다. 1946년 2월 19일 서울에서 열린 '중앙 및 지방 동지 연석간담회' 자리에서였다.

"국제당 노선을 잘 집행하였느냐 하면, 나는 아무 오류가 없다고 변명할 수가 없습니다. 잘 집행하겠다는 성의만은 갖고 있었습니다. 내가 너무 동무들을 정선주의로 상의했기 때문에, 즉 수공업적으로 한 결함은 있습니다. 조선에 나온 오르그(조직 책임자)들이 혹은 일을 잘한 사람도 있고 못한 사람도 있습니다. 반혁명가로 떨어진 사람도 있고 일을 썩 잘한 사람은 없고 나 자신도 잘하였다는 것이 아닙니다. 국제노선을 가지고 온 사람만이 국제노선인 것은 아닙니다. 테제에 의하여 일한 동무가 국제노선인 것입니다. 국제노선을 가지고 왔다고 전횡적으로 하나부터 열까지를 자기만이 옳다고 주장하는 것은 잘못입니다. 국제노선과 개인과는 구별해야 합니다. 말은 쉽지만 실천은 어려운 것입니다. 국제당에서 나왔다고 내가 제일이다 하는 것은 옳지 못합니다."

상하이에서 고려공청을 운영한 경험에 따라 국내 운동에 대한 해외에서의 간접 지도가 얼마나 어려운가를 잘 알고 있던 박헌영은 머지않아 자신이 직접 국내에 들어가야 한다는 점도 잘 알고 있었다.

안락한 시간은 빠르게 지나갔다. 1932년 1월, 국제레닌학교를 졸업한 박헌영은 김단야와 함께 상하이로 파견되었다. 주세죽도 동행했다. 코민테른이 세 사람에게 부여한 임무는 모스크바에서 발행하던 공산당 재건을 위한 기관지『꼼무니스트』를 상하이에서 발행해 이를 토대로 조선 국내에 공산당을 재건하는 일이었다.

어느새 만 세 살이 된 딸 비비안나는 모쁘르 중앙위원회에서 새로 창립한 스타소바 육아원에 맡겨졌다. 외국인 혁명가 자녀들을 위해 세워진 스타소바 육아원은 모스크바 근교 이바노바시에 위치해 있었는데, 청결하고 따뜻한 시설에다 음식이나 교육의 질도 좋았다. 조선인 아이 네 명을 포함해 10여 개국의 최고지도자급 혁명가의 자녀들이 보호되고 있었다. 중국인으로는 마오쩌둥의 두 아들과 주더의 딸, 류사오치의 아들이 들어와 있었다.

두 번째 상하이행이었다. 또다시 언제 체포되어 고문대 위에 올라갈지 알 수 없는 불안한 삶의 시작이었다. 나중에 박헌영은 초조함과 희망을 품고 상하이로 갔지만 결코 희망을 버리지는 않았다고 술회한다. 그는 왕양옥이라는 새로운 가명을 만들고 안전한 프랑스조계 막리아로 91번지에 거처를 정했다.[25]

세 사람은 먼저 기관지 발행을 서둘렀다. 코민테른의 지원금으로 발행된『꼼무니스트』는 이듬해인 1933년 7월까지 나오는데, 박헌영은 이정이라는 필명으로 거의 매회 글을 게재했다.

1932년 3월에 발행된 제4호에서는 「과거 1년과 조선 공산주의자의 당면 임무」라는 글을 통해 세계대공황의 와중에 피폐해져 가는 조선의 경제 현실과 노동자, 농민의 궁핍에 대해 언급했다. 그는 조선 혁명의 객관적 조건은 양호한 데 반해 군중을 이끌고 나가야 할 공산주의자들은 정치적·조직적으로 낙후되어 있다고 지적했다. 따라서 공산주의자들은 공장 노동자 속에 당의 뿌리를 확대하고 실업자를 조직하며 반전운동에 나서야 한다고 주장했다. 훗날 자기 스스로 비판하듯이, 전위운동가들 특유의 주관적이고 조급한 주장의 전형이었다.

같은 호에 실린 「새 전쟁을 준비하는 군축회의」라는 글에서는 스위스 제네바에서 개최된 군축회의의 결과를 소개하고 그 본질을 폭로했다. 국제연맹과 군축회의가 평화를 구호로 내걸고 있지만, 실제로는 전쟁 준비가 촉진되고 있으며, 제국주의 열강들의 블록 형성이 가속화되어 새로운 세계대전의 도래가 불가피하다고 보았다. 특히 일본이 중국과 소련을 침공할 목적으로 조선에서 군수산업을 일으키고 있음을 지적하고, 조선과 일본의 공산주의자들은 강력한 반전운동에 나서야 한다고 주장했다.

이 부분은 상당히 날카로운 분석이었다. 제국주의 열강들은 겉으로는 평화와 군축을 주장하고 있었지만, 이면에는 서로 패거리를 나누어 식민지 재분할 전쟁을 준비하고 있었다. 일본은 1931년 만주 침공에 이어 1938년 중국 본토를 공격하게 되고, 이듬해부터는 일본의 동맹국인 독일과 이탈리아의 선공으로 제2차 세계대전이 발발하게 된다.

제5호에서는 '토지를 위한 투쟁을 전개하자'는 제목으로 모든 대토지 소유자로부터 토지를 몰수하자고 주장했다. 그는 토지혁명의 구호를 내걸어 반일투쟁을 반봉건투쟁과 결합해야 한다고 보았다. 천도교, 흥사단, 『동아일보』 등이 벌이고 있는 문맹퇴치운동은 개량주의적 농민운동이며, 조선농민총동맹도 합법화된 개량주의 단체에 머물고 있다고 혹평했다. 그는 민족개량주의적인 농민운동 지도자들로부터 지도권을 빼앗기 위해 아래로부터의 통일전술로 농민 대중을 획득하는 게 필요하다고 역설했다.

1932년 4월 29일, 상하이 공동조계에 있는 홍커우공원에서 윤봉길이 폭탄을 투척해 일본 고관들을 살상하는 사건이 터졌다. 국내외 조선인들의 가슴을 후련하게 해주었을 뿐 아니라 조선인에 대한 중국인들의 인식까지 바꿔준 사건이었다. 나라를 잃고 떠돌아다니는 조선인들을 멸시하고 심지어 일본인의 일부로 보아 배척하던 중국인들은 이 사건으로 조선인을 항일투쟁의 동반자로 대우하게 되었다.

7월에 발간된 제6호에서 박헌영은 '상해 폭탄 사건은 무엇을 의미하느냐?'라는 제목으로 이 사건을 다루었다. 그는 윤봉길의 의거는 결코 살인이 아니며, 일본의 대표들을 죽이고 병신을 만들었다는 것은 참으로 통쾌한 기분이라고 전제하면서도 개인적인 테러와 공산주의와는 무관하다고 못 박았다. 개인적인 테러는 군중의 조직적이고 대중적인 투쟁에 장애가 되며, 그들에게 비조직적이고 개인적인 투쟁의 환상을 심어 결과적으로는 적에게 유리한 무기가 되고 만다고 보았다. 빨치산과 같은 무장유격대의 활동이 혁명적 역할을 할 수 있는 시기도 있으나, 이는 대중적 투쟁이 무르익어 무장 폭동의 기세가 충분히 성숙되었을 때 가능한 일이라고 보았다. 의병운동이나 암살운동조차 없었다면 조선의 망국사는 더욱 비참했으리라고 인정하면서도, 모든 투쟁은 민중의 이익을 위해 민중적으로 이루어져야 가치가 있다고 본 것이다.

전통적인 공산주의혁명 이론에 따라 테러의 의의와 한계를 지적한 그는 윤봉길의 희생을 이용해 모금을 하는 데 급급한 임시정부에 대해서는 신랄한 조소를 보냈다.

"조선의 양반들이 제 할아비의 뼈다귀를 대대로 물려 먹듯이, 중국에로 방황하는 조선 '애국지사'들은 안중근의 명성을 두고두고 팔아먹는단다. 그렇거든 하물며 오늘날 국민당의 요구에 응하여 윤봉길의 생명을 제단에 바친 김구 일당이 각 방면의 '중국 지사'로부터 윤봉길의 값을 받아서 부자가 되었고, 그래도 또 좀 더 얻어먹으려고 각 신문에다가 '윤봉길을 시켜 폭탄을 던진 어른은 누구냐? 다른 사람이 아니라 그는 곧 나다. 나는 누구냐? 나는 곧 김구다'라고 커다란 광고를 냈다는 것이 결코 기괴할 것이 없는 것이니, 이런 것이 상해의 '한국 임시정부' 및 그 수령들이 하는 '조선 독립운동'인 것이다."

김구가 윤봉길 사건을 광고까지 하여 기금을 모은 것은 안타까운 일이기도 했다. 공산주의자들이 소련의 상당한 지원을 받는 데 비해 반공 우익 일색으로 바뀐 임시정부는 어떤 세력의 도움도 받지 못하고 있었다. 자본제국들이 식민지해방운동을 지원할 리 만무한 데다 국내의 부유한 조선인들은 친일적인 문화운동으로 돌아서버렸기 때문이다. 독립운동을 위해 전 재산을 팔아 고국을 떠나왔던 임시정부 요인들은 어린 자녀나 조카들이 전차 차장이나 공장 노동자로 일해 벌어오는 박봉에 매달려 겨우겨우 연명하는 실정이었다.

박헌영은 조선인 자본가와 지주, 고급지식인 등 조선인 유산계급이 동맹파업이나 농민쟁의 같은 민중시위는 반대하면서도 윤봉길 사건 같은 개인적 테러 행동은 찬양하는 현상에 대해서도 일갈했다. 그들이 민중시위를 반대하는 것은 자신의 이권도 침해당할 수 있기 때문이며, 개인적 테러를 찬성하는 것은 적당히 일본에 자극을 가해 보다 많은 양보를 받아내기 위해서라고 보았다. 그렇다고 윤봉길 같은 싸움을 남의 일로 방임해서는 안 된다는 말도 덧붙였다.

"그렇다고 해서 윤봉길 사건을 '너희끼리 싸우든지 말든지 우리는 모른다'고 손을 씻을 것이 아니다. 우리는 이 기회에 개인적 테러 행동이 결코 혁명적 투쟁 방법이 아닐 뿐 아니라 도리어 군중의 조직적 투쟁을 방해하는 것이며, 다른 한 편으로는 저 부르주아들이 무엇 때문에 개인 테러를 환영하는가를 광범한 노동자·농민 대중에게 폭로하는 동시에 우리의 투쟁 방법을 널리 선전해 대중화해야 한다."

구체적인 투쟁 방법으로는 공장 파업, 실업자의 군중적 행동, 농민쟁의의 조직화 등을 들었다. 이런 싸움들을 유기적으로 연결시켜 공동의 정치적 파업과 시위로 발전시켜야 한다고 주장했다. 일상적 투쟁을 통해 대중의 조직을 공고화하고 전투성을 훈련함으로써 무장폭동의 시기에 대비하자는 논리였다.

국내 노동운동의 발전은 조선공산당 재건의 척도가 되었다. 조선 국내에는 조선공산당을 재건하고자 하는 노력들이 여러 조직에 의해 계속되고 있었다. 고등고보와 사범학교, 전문학교에서 배출된 많은 지식인 공산주의자들이 코민테른의 12월 테제에 따라 전국의 노동 현장에 파고들어 갔다. 이들은 직접 공장에 다니거나 공장 주변에서 노동자를 조직해 사회과학 학습 모임을 운영하며 크고 작은 파업을 일으켰다.

박헌영은 국내에 파견할 조직 책임자, 곧 오르그로 김형선을 선정했다. 1904년 경남 마산 출생인 김형선은 부두 노동자와 점원 생활을 하면서 공산주의운동에 가담, 1925년 마산 야체이카의 일원으로 조선공산당에 입당한 인물이었다. 심장병을 앓아 안색이 창백한 데다 상대방의 의견을 잘 존중

해주는 온순하고도 부드러운 성품을 가졌지만, 항일을 위해서라면 무슨 일이든 황소의 뿔처럼 밀어붙인다 하여 '소'라는 별명을 가지고 있었다. 그 여동생 김명시도 대단한 열정을 가진 투사로, 이미 조선공산당의 제1기 유학생으로 모스크바에서 공부한 후 극비리에 인천으로 파견되어 노동운동을 하고 있었다.[26]

박헌영은 이미 여러 차례 국내에 드나들며 조직을 하고 있던 김형선에게 기관지 『꼼무니스트』의 국내 배포를 조직하는 임무를 맡겨 들여보냈다. 박헌영이 이 일의 국내 총책으로 지목한 인물은 이재유였다.

이재유는 주세죽의 일곱 살 어린 이종사촌이었다. 때문에 박헌영과는 1920년대 초부터 잘 알고 지내는 사이였다. 일찌감치 이재유의 항일 투지를 간파한 박헌영은 신문기자로 일하고 있던 1925년, 그를 개성의 송도고보에 입학시키고 학비까지 대주었다. 그러나 이재유는 이듬해 겨울, 동맹휴학을 주동했다가 퇴학을 당하고 일본으로 건너갔다. 일본대학교 사회과에 입학했던 이재유는 학비가 없어 학업을 포기하고 고려공청 일본총국에 가입해 노동운동을 시작했다. 이후 2년간 재일조선인 노동조합 간부로 활약하면서 70번이나 연행되도록 헌신적으로 싸워 국내외에 널리 알려진 그는 조선으로 압송되어 4년간 옥살이를 마치고 막 석방된 참이었다.

1933년 2월 경성에 잠입한 김형선은 한강 치수 공사장에서 인부로 일하면서 이재유에게 접근했다. 이 무렵 이재유는 6·10만세운동의 학생 선동가였던 이현상, 노동자 출신 김삼룡과 안병춘 등으로 조선공산당 재건을 위한 경성 트로이카를 조직해 활동하고 있었다. 경성 트로이카는 서울, 영등포, 인천 일대의 공장과 학교에서 활동하던 운동가들을 조직, 2백여 명의 핵심 조직원을 확보해 놓고 있었다. 얼마 후 이재유가 수배되었을 때 경찰에 연행되어 조사를 받은 노동자와 학생은 1천여 명이 넘었다.

이재유는 이 무렵 또 다른 국제선인 권영태와 논쟁을 벌이고 있었다. 함경남도 홍원 출신인 권영태는 동방노력자공산대학을 졸업한 후 프로핀테른의 극동 책임자로부터 경성 지역의 공장지대를 중심으로 적색노조를 건설하라는 지시를 받고 입국한 인물이었다. 김형선처럼 코민테른의 정식 지명을 받은 것도 아니고 프로핀테른 간부라면 누구나 의무적으로 이행해야만 하는 지시를 받고 들어왔을 뿐인 권영태가 국제선을 자임한 것은 잘못이었다. 박헌영은 해방되던 해 겨울에 열린 '중앙 및 지방 동지 연석간담회'에서 이 문제에 대해 공식적으로 언급한다.

"조선에 나와 보니 권영태 동무와 이재유 동무가 싸우고 있었습니다. 그 싸움의 원인은 권영태 동무가 국제 오르그라고 주장한 데 있으며, 그것은 확실히 권영태 동무가 옳지 못했습니다."[27]

이재유는 권영태가 국제선의 권위를 내세워 운동가들을 규합하고 있지만 실제 운동에 도움이 되지 못한다는 점을 간파하고 있었다. 그는 무조건 자기 하부로 들어오라고 강권하는 권영태에게 사안별로 투쟁위원회를 만들어 공동투쟁을 통해 결합하자고 역으로 제안했다. 권영태는 이를 거부하고 이재유를 파벌주의자로 비판하며 고립시키려 했는데, 그 자신이 곧 구속됨으로써 흐지부지되었다. 권영태는 한 번의 감옥살이로 호된 고초를 당한 후 투쟁 의지를 잃고 활동을 중단한다.

김형선은 이재유를 만나 박헌영의 뜻을 전하고, 조선공산당 재건의 국내 총책을 위임했다. 이재유는 매우 호의적으로 이를 받아들였다. 그러나 김형선이 제안한 운동 방식에 대해서는 조목조목 반박했다.

김형선은 상하이에서 발행되는 기관지 『꼼무니스트』를 통해 국내 운동을 통일적으로 지도하자고 제안했다. 또 이재유가 서울의 경찰에 얼굴이 많이 알려졌으니 이 기회에 원산 지역에 가서 활동하는 게 어떻겠느냐고 말했다. 1929년 1월의 대규모 총파업으로 전국을 흔들었던 원산 지역 노동운동은 최근 탁월한 조직가이자 이론가인 이주하가 구속되는 바람에 공백에 빠져 있었다. 이재유와 이주하는 둘 다 화전민 출신이며, 일본대학교 사회과를 다니다가 학비 부족으로 그만둔 경력이 일치했다. 도쿄에서 2년여를 함께 활동한 사이

이기도 했다.[28]

이재유는 반박했다. 하루가 다르게 변하는 것이 현장 상황인데, 오가는 데만도 두 달이 걸리는 상하이에서 만든 기관지로 국내 운동을 지도한다는 것은 비현실적이라고 했다. 또 이미 자신은 경성에서 여러 건의 파업과 학생 동맹휴학을 지도하고 있는데, 아무 연고도 없는 원산으로 가라는 것은 부당하다며 파견을 거절했다. 그는 자신은 경성에서 계속 활동할 것이며, 기관지는 국내에서 자체적으로 제작해 배포하자고 역제안했다.

김형선은 이재유의 판단을 현실적이라고 인정해 그의 주장을 그대로 수용하기로 약속했다. 그러나 구체적으로 일을 진행시키기도 전인 7월 15일 노량진에서 체포되고 말았다. 일본 경찰은 이날을 전후로 인천에서 홍운표를 체포하는 등 20여 명을 연행해 그중 일곱 명을 재판에 넘겼다. 그런데 놀랍게도 기소된 일곱 명 중에는 상하이의 박헌영이 포함되어 있었다.

박헌영이 체포된 것은 김형선이 체포되기 열흘 전인 1933년 7월 5일이었다. 함흥에서 잠적한 이래 5년, 상하이에 잠입한 지는 1년 6개월 만이었다. 두 사람은 체포 시기도 비슷하고 혐의 내용도 같아 한 사건에 엮였으나 체포 과정은 관련이 없었다. 어느 한 사람이 먼저 체포되어 진술한 것을 토대로 상대를 체포한 것이 아니라 각각 우연히 체포된 것이었다.[29]

그날 오전 7시 45분경, 박헌영은 한 여성 연락원을 만나기 위해 안전한 프랑스조계를 나와 공동조계인 북경로의 강서로 교차로에 나갔다가 사전 정보를 입수하고 잠복해 있던 일본영사관 경찰들에게 체포되었다. 일본 경찰은 "김단야로 추정되는 이두수라는 인물이 한 동지와 연락을 취하려 한다"는 밀정의 정보에 따라 잠복하고 있었는데, 체포 후 심문을 하는 과정에서 이두수란 인물이 김단야가 아니라 박헌영이라는 사실이 밝혀졌다.

뜻밖의 큰 수확을 얻은 일경은 박헌영의 지난 행적과 함께 김단야의 거처를 밝히기 위해 혹독한 고문을 가했다. 심문 투쟁이 시작되었다. 박헌영은 체포되어도 만 하루 동안은 굳게 입을 다물어 다른 동지들이 피신할 시간을 벌어준다는 원칙에 충실했다.

주세죽은 다음 날 아침이 되어도 남편이 돌아오지 않자 확실히 문제가 생겼음을 깨닫고 김단야의 거처로 찾아갔다. 두 사람은 급히 증거물들을 없앤 후 박헌영과 접선하기로 했던 여인의 집으로 찾아갔다. 박헌영의 체포를 알려 도피시키기 위해서였다. 그런데 두 사람이 도착한 지 5분도 되지 않아 박헌영을 태운 경찰차가 들이닥쳤다. 박헌영은 꼬박 하루 동안 자신의 거처에 대해 굳게 입을 다물고 있다가 엉뚱한 곳으로 경찰을 이끌고 온 것이었다. 주세죽과 김단야가 하필 그 집에 와 있을 줄은 생각지 못한 채였다.

경찰이 들이닥치자 두 사람은 소스라치게 놀랐으나, 다닥다닥 붙은 방에 많은 가구가 살아가는 전형적인 중국식 서민주택이고 집 안은 잡동사니들로 번잡한 데다 경찰차 소리에 놀라 몰려나오는 중국인들 틈에 몸을 숨길 수 있었다. 자신들이 이미 체포한 여자의 집이란 것을 깨달은 경찰은 많은 사람들이 보는 앞에서 사정없이 박헌영을 두들겨 패기 시작했다. 하루 종일 고문과 구타를 당해 만신창이가 되어 있던 박헌영은 여러 경찰에게 둘러싸여 무자비하게 두들겨 맞았다. 김단야는 이 소란을 틈타 다음 골목으로 돌아 인력거를 잡아타고 달아날 수 있었다. 여성이라 관심을 덜 받은 주세죽도 무사히 빠져나왔다. 박헌영은 뒤늦게 자기 부부의 방과 김단야의 거처를 실토했지만, 경찰이 습격했을 때는 사람도 서류도 남아 있지 않았다.

모진 고문 속에서도 박헌영의 버티기는 계속되었다. 함흥에서 경찰의 감시를 따돌리고 사라진 이래 5년간의 행적에 대해서 그는 사실과 다르게 진술했다. 조선을 탈출한 후 연해주 수청이란 곳에서 4년간 조선인 소학교 교사로 월급 60루블을 받고 근무했으며, 1932년 11월 말 상하이에 왔으나 정신병자 취급을 받아 어떤 활동도 하지 못한 채 무위도식해왔노라고 진술했다. 김용환 악극단의 도움을 받아 탈출했다는 사실은 물론, 모스크바에서 3년간 국제레닌학교에 다닌 사실이나 코민테른 조선위원회 트로이카 활동, 『꼼무니스트』 발간 등 실제 활동에 대해서는 단 한마디도 실토하지 않았다. 여러 사람이 동시에 체포되었던 신의주 사건 때와 달리 혼자 체포되어 진술의 일관성을 유지할 수 있었던 덕분이었다. 아무런 증거물도 입수하지 못한 경찰은 박헌영의 진술만으로 사건을 마무리 지을 수밖에 없었다.

상하이의 일본총영사관 경찰은 박헌영을 1933년 7월 말 일본 나가사키까지 이송했다. 김형선 일행을 체포해 박헌영과의 관계를 밝혀내고 있던 경기도 경찰부에서는 두 명의 형사를 나가사키로 보내 박헌영을 경성으로 압송해 왔다.

경기도경에는 항일운동가들에 대한 악질적인 고문 수사로 악명 높은 사찰계 주임 미와 경부가 기다리고 있었다. 미와가 수집한 정보들은 상하이의 일본총영사관 경찰과는 수준이 달랐다.

박헌영은 온갖 증거와 다른 운동가들의 조서를 들이대는 미와에게는 모스크바까지 갔었다는 사실을 인정할 수밖에 없었다. 그러나 모스크바에서 마르크스 학원에 입학해 공산주의를 연구했으나 학업이 진척되지 않아 포기하고 연해주로 돌아와 교사 생활을 했다고 고집했다. 김형선과의 관계 부분도 자기는 정신병으로 지도를 할 수 없는 상태여서 김단야가 시키는 대로 연락을 담당했을 뿐이라고 버텼다.

한 달간의 모진 취조 끝에 박헌영, 김형선, 양하석, 송봉기, 한국형, 신재영, 홍운표 등 일곱 명은 조선공산당 재건 사건으로 분류되어 경성지방법원 예심에 회부되었다. 체포되었던 나머지는 석방되었다.

한편, 체포되지 않은 이재유는 이관술과 함께 경성의 동북쪽인 경기도 양주군 노해면, 오늘의 쌍문동에서 농민으로 가장해 살면서 조선공산당 재건의 책임자 역할을 다했다. 두 사람은 직접 제작한 등사기로 수차례에 걸쳐 『적기』를 20여 부씩 발행해 배포했는데, 조선 공산주의자들의 행동 지침, 공산당이 요구하며 투쟁해야 할 최소 강령과 최대 강령 같은 내용들이 담겨 있었다. 이는 몇 년 후 원산의 이주하와 이강국, 최용달이 만든 대중용 선전물인 『노동자신문』과 달리, 조선공산당 재건의 임무를 명확히 한 기관지임을 말해준다. 2년여 만에 이재유도 체포된 후에는 이관술이 그 임무를 이어받아 남으로 마산부터 북으로 함흥까지 전국을 돌며 공산당 조직을 재건하게 된다.

박헌영은 체포되고 7개월 만에 예심을 끝내고, 다시 9개월을 기다려 1934년 12월 10일이 되어서야 첫 재판을 받을 수 있었다.

박헌영의 재판은 또다시 사회의 큰 관심을 받았다. 신문들은 '조선공산당 재건 사건'이라는 제목으로 이 재판을 크게 보도했다. 공판정은 피고인들의 친척과 동료들로 만원을 이루었고, 서대문경찰서 정사복 경찰들이 재판정 안에까지 삼엄하게 배치되어 만일의 사태에 대비했다.

피고인들은 당당했다. 본래 심장병이 있는 김형선은 목덜미까지 앙상한 뼈가 드러날 정도로 마른 몸으로 법정에 나왔는데, 서 있는 것조차 힘들어 가쁜 숨을 몰아쉬면서도 판검사를 질타했다. 체포되고 열두 시간 동안 고문을 당한 내용을 낱낱이 공개하며 소리쳤다.

"당신네 경찰은 병들어 죽어가는 사람을 이렇게 몹시 고문해 여기 세웠소!"

이 무렵 김형선의 남동생 김형윤은 부산감옥에, 여동생 김명시는 신의주감옥에 있었다.

박헌영은 재판장이 병보석 중에 달아나버린 5년 전의 죄과를 거론하며 별도로 재판을 하겠다고 구구절절 설명하자 벌떡 일어나 고함쳤다.

"아무렇게나 재판하면 그만이지 자꾸 시간만 끄느냐!"

10여 일 후인 12월 21일에 열린 두 번째 재판에는 박헌영 혼자 출석했다. 공범 여섯 명은 전날 모두 언도를 받았기 때문이다. 재판장은 박헌영의 친지 40여 명이 재판정에 들어오자 개정 3분 만에 일반인의 방청을 금지하고 이들을 내쫓아버렸다. 방청은 형 박지영 단 한 사람에게만 허용되었다. 언제나처럼 검은 두루마기에 둥근 뿔테 안경을 쓰고 출정한 박헌영은 고려공청 사건에서 김단야와 협의한 사실 등 오래전 일에 대한 심의를 대체로 인정했으나, 구체적인 부분은 틀린 점이 많다고 이의를 제기했다.

12월 27일의 세 번째 재판에서 박헌영은 징역 6년을 언도받았다. 이는 자신의 종범이자 재건 사건에만 연루된 김형선이 받은 8년보다도 적은 형량이었다. 김형선이 국내에서 여러 사람의 조직을 시도했고 파업이나 동맹휴학과 관련이 있는 데 비해 박헌영은 정신이상으로 아무 활동을 하지 못한 채개인적인 시간을 보내왔다는 거짓 진술이 주효한 것이었다.

이 시기 조선의 형무소에는 한 해에 3천 명 이상의 사회안전법 위반자들이 수감되고 있었는데, 그중 상당수가 조선공산당 재건과 관련된 혐의를 받고 있었다. 재건 사건들은 비밀조직을 만들고 공부를 했다는 것뿐, 직접적으로 일본 기관이나 관헌에게 물리적 공격을 가한 경우는 거의 없었다. 이재유나 김형선처럼 직접 파업과 휴학을 지도한 경우는 형량이 다소 늘어났으나, 그렇지 않은 경우는 기소유예나 집행유예로 풀려나는 게 보통이었다. 최고 주동자라도 4년에서 6년 형을 넘지 않았다. 반면, 만주에서 무장유격대 활동을 하다 서대문형무소에 끌려온 이들은 최소 15년에서 사형까지 엄중한 처벌을 받고 있었다. 또한 경찰은 김단야나 김형선을 박헌영보다 더 중요한 인물로 파악하고 있었다. 이 사건을 보도한 1933년 8월 17일자 『동아일보』의 제목도 '지하운동의 주요 인물 김형선 등 7명 송국'으로, 박헌영보다 김형선을 핵심 인물로 파악하고 있었다. 공산주의자들 내부의 인식과 외부의 시각이 반드시 일치하는 것은 아니었다.[30]

박헌영은 1심 후 항소할 뜻을 밝혔으나, 이듬해 1월 15일 상경한 형 박지영이 서대문형무소에 면회를 간 길에 항소해 봐야 유리할 것이 없으니 취하하라고 권고하자 이에 따랐다.

6년의 긴 감옥살이가 시작되었다. 박헌영은 함께 수감된 사회안전법 위반자들에게 상당한 존경과 신뢰를 받았다. 운동이나 면회를 위해 이동할 때면 늘 몇 명의 운동가들이 호위라도 하듯 집단으로 움직였다. 운동 시간이면 여러 방의 동지들과 수화로 대화하기에 바빴다.

수감자들은 감옥에서 통벽이라 불리는 수단으로 대화를 나누었다. 주먹, 손바닥, 손가락 마디 등을 사용해 벽을 두드려 옆방과 대화하는 독특한 방법이었다. 먼저 자음을 두드리고 잠깐 쉬었다가 모음을 두드리는 방식으로 글자를 만들어 나갔다. 두드리는 숫자는 자음과 모음의 순서에 따랐는데, 받침이 필요한 경우는 빠르게 세 번 두드리고 받침이 되는 자음의 숫자를 때렸다. 듣는 사람이 무슨 단어인지 잘 알아듣지 못했을 때는 손바닥으로 벽을 여러 번 쓸어 다시 보내달라고 요청했다. 잘 알아듣고 있을 때는 10초에 한 번씩 벽을 쳐 계속하라는 신호를 보냈다. 자모의 나중 글자들은 두드리는 횟수가 너무 많아지므로 이를 간략하게 하는 신호를 따로 만들고, 받침의 자음이 두 개이거나 두드리기 복잡한 경우는 알아듣기 쉽도록 앞 자음만 때리는 식으로 간소화하기도 했다.

정치범은 감옥에 들어가면 통벽부터 배웠다. 따라서 누

가 새로 들어오면 그가 무슨 활동을 하던 누구인가 하는 것이 밤새 온 감방에 퍼져 나가기 마련이었다. 처우 개선이나 조선어 사용 같은 갖가지 요구 사항을 내걸고 일시에 투쟁에 들어갈 수 있었던 것도 통벽 덕분이었다. 만주의 연길형무소에서는 통벽을 이용해 탈옥에 성공한 사례도 있었다. 서로 얼굴을 볼 수 있을 때는 입 대신 손으로 글을 쓰는 수화를 사용했다. 운동장에서 운동을 하거나 청소를 위해 감방 밖을 이동하면서 감방 안의 정치범들과 대화하는 데 유용한 수단이 되었다.

박헌영이 수감되어 있던 기간에 서대문형무소는 좌익 운동가들로 넘치다시피 했다. 유명한 인물로는 경성제대의 일본인 좌익 교수 미야케 시카노스케와 역시 경성제대 출신으로 중국공산당 조선 국내 공작위원이던 이중업 등이 있었다. 또 얼마 후에는 이현상, 김삼룡, 정태식 등 이재유와 함께 경성 트로이카를 이끌었던 젊은 운동가들이 대거 입소했다. 박헌영은 이들과 깊이 사귀며 출옥 후의 조선공산당 재건 사업을 준비해 나갔다. 웰스의 『세계문화사』를 어학 교재로 삼아 독일어를 공부하기도 했다. 마르크스의 저서들을 독일어 원본으로 읽기 위해서였다.

사상범이 집중 수용된 대전형무소로 이감된 후에도 박헌영의 기세는 여전했다. 당시 대전형무소에는 조선공산당 3차 집행부의 책임비서를 맡았던 김철수가 수감되어 있었다. 와세다 대학 출신인 김철수는 1921년 박헌영이 상하이에 있을 때부터 서로 파벌을 달리해온 인물이어서 공산주의운동 내부의 정적이라 할 만했다. 박헌영보다 8살이 많은 선배인 그는 어느 날 운동하러 간 길에 조용히 말을 건넸다.

"박 동무는 형을 얼마나 받았는지 모르지만 아무리 장기형이라도 젊은이는 살아 나가야 하니 전향서를 쓰고 나가 활동하는 게 좋지 않겠어?"

순간, 박헌영은 안색이 변하더니 버럭 화를 내며 말했다.

"아니, 운동의 대선배인 김 선배가 어떻게 그런 말을 할 수가 있습니까?"

그래도 박헌영의 인물이 아까웠던 김철수는 다음 날 돼지고기가 배급되자 자기는 감옥에서 죽더라도 젊은이는 살리려는 마음에 간수를 통해 박헌영에게 고기를 주라고 부탁했다. 하지만 박헌영은 더욱 화를 내며 고기를 내던져버렸다.

"비겁한 선배가 주는 고기는 먹을 수 없소!"

김철수는 그가 투지는 강하지만 앞일을 생각 못 하는 어린 애구나 하고 생각했다. 반면 이영, 정백 등 노회한 운동가들의 기회주의를 벌레보다 싫어하던 박헌영은 김철수 역시 그런 부류로 보고 상종도 하지 않았다. 실제로 김철수를 3차 공산당 집행부의 책임비서로 앉힌 것은 이영과 정백이었다.

1930년대 중반 이후, 일본은 조선에서 생산되는 쌀의 거의 절반가량을 일본으로 가져가고 있었다. 땀 흘려 수확한 햅쌀을 맛도 보지 못한 채 몽땅 빼앗기고, 일본이 점령한 만주에서 들여오는 콩이나 옥수수 따위로 연명하는 조선인들이 나날이 늘어났다. 감옥의 실정은 더욱 어려웠다. 굶주린 죄수들은 한 수저 콩밥이라도 더 얻어먹으려 아우성이었다. 한방에 배급된 밥을 한 사람이 몽땅 먹어버리는 내기가 생길 지경이었다. 그렇게라도 해서 배가 터지도록 밥을 먹어보고 싶었던 죄수들 중에는 급체로 숨지는 경우까지 있었다.

오래전부터 그랬듯이, 조선인 사상범들에게 감옥은 또 다른 투쟁의 장이었다. 사회과학 서적의 반입이나 편지 문제 등 끊임없이 투쟁거리가 이어졌다. 일반수들은 자기들끼리는 사소한 일로도 피 터지게 싸우면서도 간수에게는 꼼짝도 못 했다. 사상범들은 일반수들을 대신해 식사와 목욕 등 처우 개선을 위해 앞장서 싸워야 했다. 통벽과 수화는 새벽부터 한밤까지 온 감방에서 계속되었다.

박헌영은 수인의 처우 개선을 위한 싸움에서도 늘 선두에 섰다. 조선인 간수 이홍래를 설득해 지원을 받은 일로도 유명했다. 벽지로 바른 신문 조각만 보고서도 국제 정세며 국내 정세를 귀신같이 알아맞힌다는 소문도 그를 더욱 전설적인 지도자로 부각했다. 온통 공산주의자들로 들끓던 이 시기의 감옥살이는 박헌영이란 인물을 공산주의운동의 지도자로 각인시키는 또 다른 시간이 되었다.[31]

감옥살이를 하는 동안, 그의 신상에는 여러 가지 변화가 생졌다. 아버지와 아내, 그리고 가장 절친한 친구를 잃어버린 것이다.

아버지 박현주는 1934년 67살로 사망했다. 일본은 독립운동가들의 가족을 마음대로 체포하고 고문했다. 아내 이학규와 함께 둘째 아들의 절대적인 후원자였던 박현주는 여러 차례 경찰서에 끌려가 모진 구타와 고문을 당한 후유증으로 고생하던 끝에 사망한 것이다.

주세죽도 그를 떠났다. 그녀가 선택한 새 남자는 다름 아닌 김단야였다. 상하이 공동조계에서 박헌영을 잃은 두 사람은 모스크바로 돌아가는 2개월이 넘는 먼 여로 도중에 자연히 연인 관계가 되어버린 것이다. 김단야는 기독교인인 부모가 강제로 맺어준 고향의 아내와 남남으로 지낸 지 오래였다. 주세죽은 체포된 남편이 이제 다시는 살아서 나오지 못하리라 생각했다고 훗날 소련공산당에 낸 자술서에 쓴다. 무사히 모스크바에 돌아간 두 사람은 아이까지 낳았다. 주세죽은 조선 호적에는 여전히 박헌영의 아내로 남아 있었다.

가장 절친한 동지인 동시에 아내를 빼앗은 연적이 되어버린 김단야는 그러나 제대로 행복도 누려보지 못한 채 불의의 죽음을 맞았다. 박헌영이 감옥에 있던 1937년 전후로 벌어진 스탈린의 대숙청이 앗아간 수많은 혁명가들 속에 끼고 만 것이다.

서구의 진보적 지식인들이 10년 전부터 경고했던 스탈린주의의 문제는 드디어 현실이 되어 있었다. 라브렌티 베리야를 위시한 스탈린의 충복들에 의해 공산당 안팎의 자유주의와 개인주의에 대한 대청소가 실시된 결과, 최소 70만 명 이상이 처형당하거나 유형지에서 사망한 것으로 알려졌다.

한인에 대한 숙청은 1920년대 후반부터 시작되었다. 초창기 한인공산당 조직가이던 박애는 일본의 밀정으로 몰려 처형되었고, 이르쿠츠크파의 수장이던 김만겸은 1929년 반혁명분자로 몰려 소련공산당에서 제명되고 감옥살이를 하던 중 사망했다. 남만춘, 이중집, 오하묵 등도 1930년대 중반에 처형되었고, 오성묵, 김한 등은 김단야와 비슷한 시기에 제각기 처형되었다. 홍범도와 김경천의 경우처럼 처형되지는 않았으나 죽을 때까지 유형을 당한 이들은 훨씬 많았다. 반자본주의 투쟁에 평생을 바쳐온 그들에게 씌워진 죄명은 다름아닌 자본제국의 간첩이라는 것이었다.

진정 안타까운 것은 러시아 왕조와 일본 제국주의의 탄압을 두려워 않고 생명을 내걸고 싸웠던 그 많은 혁명가들이 이 부당하고 참혹한 숙청을 당하면서도 감히 누구도 공개적으로 스탈린과 공산당에 저항하지 못했다는 사실이었다. 실천에 옮기지도 않은 머릿속의 욕망과 사상까지 고백하도록 할 뿐 아니라 타인의 생각까지도 끄집어내어 비판하게 만들고, 이렇게 들춰낸 관념에 죄를 물어 처형하거나 수용시설로 보낼 수 있게 한 집단 비판의 효력이었다. 중세 유럽의 종교국가들조차 성공하지 못한, 인류 역사상 어떤 권력자도 이루지 못한 완전한 독재를 인류사상 가장 이상적인 민주국가라고 자임하는 소련에서 성취해낸 것이다. 유물론적 세계관으로 시작한 공산주의가 최악의 관념론에 정복당하고 만 것이다.

이 불가사의한 집단적 광기의 전조는 아직 혁명 국가를 세우지도 않은 중국공산당 내부에서도 나타나고 있었다. 수백 명의 조선인 항일운동가들이 아무 죄도 없이 동료 공산당원들에게 무자비하게 고문을 당하고 학살되고 있었던 것이다. 이른바 민생단 사건이었다.

민생단은 만주에 진출한 조선인 농민들이 일본의 허락 아래 만든 자치단체였는데, 일본은 어떤 형태로든 조선인이 자치를 하는 것은 위험하다고 판단해 반년 만에 그 해산을 명령했다. 그런데 일본군에 체포되었다가 전향하고 나온 조선인 유격대원 하나가 동료들로부터 전향을 의심받아 심한 고문을 당하자 "일본군이 민생단과 같은 첩보조직을 만들라고 했다"고 진술했다. 이때부터 만주 일대 중국 공산당원들 사이에 조선인 사냥이 시작되었다.

간첩 색출에는 소련에서 벌어진 방식이 그대로 도입되었다. 중국 공산당원들은 전투에 열성이 없었다거나 심지어는 동지들보다 밥을 더 많이 먹었다거나 하는 온갖 이유로 조선인들을 체포해 민생단원임을 실토하도록 고문했다. 잡혀간 사람은 뼈가 부서지도록 고문을 당한 끝에 친한 동료들을 민생단원이라고 실토하고 함께 처형되었다. 1937년 전후 2년여 사이에 벌어진 이 마녀재판으로 최소 5백 명 이상의 조선인 혁명가들이 학살되었다. 김산이라는 이름으로 더 유명했던 장지락도 이때 일본의 밀정으로 몰려 중국공산당에 의해 처형되었다.

스탈린의 대숙청과 중국공산당의 민생단 사건은 수많은 공산주의 동조자들을 사회주의운동으로부터 등 돌리게 만들었다. 어떤 이들은 공산주의 이론 자체를 회의했고, 어떤 이들은 스탈린이 마르크스와 레닌의 뜻을 왜곡했다고 비난했다. 다수의 서구 공산주의자들은 소련식 공산주의를 거부하고 보다 민주적인 사회주의 혹은 보다 사회주의적인 요소를 가미한 자본주의를 택하게 되었다. 점진적 사회주의 혹은 사회민주주의로 불리는 제3의 길이었다. 그러나 사회주의는커녕 민주주의라는 말도 한마디 할 수 없는 식민지 조선의 공산주의자들에게는 어떠한 퇴로도 없었다. 그들에게는 공산주의자들의 광기를 피해 돌아갈 조국조차 없었다. 무사히 살아남기를 바라는 수밖에 없었다.

불행하게도 대숙청의 시기에 모스크바에 머문 김단야는 불운을 피할 수 없었다. 소련 내무부는 1937년 11월 5일 김단야를 일본의 간첩이라는 죄명으로 체포했다. 수차례 검거의 위기에서 혼자만 무사히 빠져나왔던 것, 체포되고서도 다른 동지들보다 적은 형량을 받았다는 것이 간첩이라는 유일한 증거로 제시되었다. 1926년의 조선공산당 101인 사건 당시 김단야가 무사히 조선을 탈출한 것은 사실이지만, 이때 무사히 체포망을 벗어난 이가 37명이나 되었다는 사실은 무시되었다.

김단야를 간첩이라고 투서한 인물은 김춘성이란 가명의 조선인이었다. 김춘성은 김철수가 만든 조선공산당 3차 집행부의 일원이던 제주도 출신 이성태로 추측되는데, 그는 투서에서 김단야뿐 아니라 박헌영, 조봉암, 김찬, 김한 등 당대의 공산주의 최고지도자들이 모조리 일본의 간첩이라고 무고했다. 박헌영에 대한 투서도 악의로 가득했다.

"박헌영은 친일파 가정의 소생이다. 그의 아버지와 큰형은 조선에서 악명 높은 친일단체 일진회의 성원들이었으며, 게다가 아편쟁이인 박헌영의 큰형은 지금까지 일본 밀정으로 활약하고 있다."

아버지 박현주와 큰형 박지영에 대한 신양면 현지인들의 증언과는 전혀 다른 내용이었다. 훗날 장이진, 윤돈영, 이건복 등 신양면 출신들은 두 사람의 훌륭한 인품에 대한 여러 증언을 남긴다.

이런 터무니없는 주장들은 반대 정파의 악의적인 모함 차원을 넘어서는 것이었다. 김춘성이든 이성태든 자기 자신도 처형될 위기에 처하자 살아남기 위해 거짓 진술을 한 것이 틀림없었다. 나라와 시대를 불문하고 공산주의자들의 재판에 이용되는 수많은 진술들이 마찬가지였다.

변호사도 반론권도 없이 인민재판식으로 진행되는 간첩 색출에 김단야는 빠져나갈 구멍이 없었다. 혁명의 순수성을 지킨다는 명분 아래 죄명을 먼저 정해 놓고 여기에 온갖 사실을 꿰맞추는 일방적인 수사와 이미 형량을 정해 놓고 요식 절차로 진행되는 재판에 예외란 없었다. 김단야는 어떤 변호도 받지 못한 채 사형 판결을 받은 직후 처형되고 말았다.

비극은 김단야에 그치지 않았다. 모스크바에서 외국인 노동자 출판부 조선과 교정원으로 일하고 있던 주세죽도 사회적 위험분자라는 이유로 체포되었다. 김단야와의 사이에 낳은 아들 김비탈리이가 생후 3개월일 때였다. 그녀는 두 달간 혹독한 조사를 받은 후 5년간의 카자흐스탄 유배형을 선고받았다. 카자흐스탄 크질오르다의 방직공장에 개찰원으로 배치된 그녀는 죽기 전까지 15년 세월을 춥고 낯선 유배지에서 보내야만 했다.

크질오르다와 카라간다 등지에는 초창기 공산주의운동의 지도자였던 홍범도, 김경천 등 수만 명의 조선인들이 흩어져 살고 있었다. 조선 땅에서 수천 킬로미터나 떨어진 이 황량한 들판에 그렇게 많은 조선인들이 살게 된 것은 조선인들이 일본의 첩자 노릇을 하지 못하도록 내륙으로 이주시켜야 한다는 스탈린의 명령에 따른 것이었다. 이주 과정에서 수많은 조선인들이 추위와 굶주림에 시달리다가 죽어야만 했고, 정착지에 도착해서도 거주와 이동의 제한 속에 유형 생활을 해야만 했다. 조선 공산주의운동의 선구자였던 이들이 바로 공산주의의 첫 희생자가 된 것이다.

혹독한 유형지 생활이었다. 김단야와 주세죽 사이의 아들 비탈리이는 혹독한 환경을 견디지 못하고 곧 죽었다. 다만 비비안나는 친아버지 박헌영이 일본 감옥에 수감되어 있다는 점이 참작되어 보육원에 계속 머물 수 있었다.

비비안나는 자신을 둘러싼 비극에 대해 조금도 알지 못한 채 즐거운 학창 시절을 보냈다. 그녀는 공산당과 스탈린이 하는 일에는 절대 오류가 없다고 교육받았다. 당 중앙 스탈린이 곧 당이요, 당은 무오류였다. 혁명가 유자녀 학원과 발레 학교에서 좋은 대우를 받으며 자란 그녀는 이 명제를 의심할 만한 어떤 경험도 해보지 않은 채 스탈린을 신처럼 생각하며 컸다. 만일 이 시기의 그녀가 소련 정보기관에 남은 김단야와 주세죽의 기록을 읽었다면 두 사람을 동정하기는커녕 당의 결정대로 일본의 간첩이라 굳게 믿고 혐오했을 것이다.

감옥의 박헌영은 주세죽과 김단야가 어떻게 되었는지 알지 못했다. 소련에서 대숙청이 이루어지고 있다는 소문은 들었으나, 거기에 두 사람이 포함되었다는 것, 더구나 두 사람 사이에 아이까지 태어났다는 사실은 알 수가 없었다. 그는 스탈린의 대숙청에 대해서도 자세히 알 수 없었기 때문에 함부로 말하지 않았다.

스탈린주의의 폐해는 이제 비밀도 아니었다. 가장 앞장서 나팔을 부는 것은 자본주의 언론들이었다. 일본의 학자들은 스탈린의 우상화와 공포정치가 공산주의의 본질이라고 비난하며 조선인 사상범들을 전향시키려 들었다. 자본주의의 폭력성과 추악성을 감춘다는 점에서는 일방적이지만, 현실 사회주의에 대한 그들의 진단은 사실에 가까웠다.

하지만 일본의 가혹한 탄압 아래 짓눌려 있던 대다수 조선의 공산주의자들은 여전히 생각의 여유가 없었다. 설사 공산주의의 모순이 드러나더라도, 자본제국들이 일으킨 식민지 전쟁과 주민 학살에는 비교할 수 없는 작은 오류라고 생각했다. 아니, 많은 경우는 오류라고 생각하지도 않았다. 무오류인 당이 하는 일에는 반드시 옳은 이유가 있으리라 생각했다. 박헌영도 그중 한 사람이었다.

감옥은 어떤 사람을 단련시키기도 하고, 기를 꺾기도 하는 곳이었다. 인간적으로는 더없이 인품이 깊고 성실해도 마음이 약해 풀려나자마자 투쟁에서 이탈하는 사람이 적지 않았다. 반면, 시간이 갈수록 더 굳건해지는 사람들도 있었다. 인간의 역사와 사회 현실에 대해 누구보다도 복잡한 많은 지식을 갖고 있으면서도 믿어지지 않을 정도의 단순함으로 오로지 앞만 보고 전진하는 이들이었다. 지능의 높고 낮음이나 인격의 고매함 같은 것에서 공통점을 찾기도 어려운 이 불가사의한 의지는 끝내 그들을 파멸로 이끌어갈 것이었다. 그러나 어떤 현실의 고통도, 어떤 미래의 불길한 예언도 그들의 걸음을 멈추게 하지는 못했다. 그들은 굴복하지 않았다. 박헌영도 그중 한 사람이었다.

1939년 8월, 40살 나이로 대전형무소에서 석방된 박헌영 앞에는 6년 전 체포될 때와 조금도 바뀌지 않은 임무가 기다리고 있었다. 조선공산당 재건의 임무였다. 6년의 시간이 흘렀지만 조선공산당은 여전히 재건되지 않고 있었다.

공산주의 신념을 가진 자라면 누구나 조선공산당 재건 책임자라는 명예를 안고 싶어 했으나 엄혹한 전시 체제는 모든 운동의 숨통을 틀어막고 있었다. 몇몇 세력이 조심스럽게 움직이고 있었지만 소모임 수준에 지나지 않았다.

다만, 한 무리의 운동가들이 전국적 전망을 갖고 활기차게 움직이고 있었다. '조선공산당 재건을 위한 경성콤그룹'이었다. 상하이에서 박헌영 자신이 오르그로 파견한 김형선으로부터 조선공산당 재건의 국내 책임을 맡은 이재유, 그리고 이관술로 이어진 주류 운동 세력이었다.

朴憲永 評傳

경성콤그룹은 코민테른의 대변자인 박헌영의 직계이기도 하거니와 조선공산당 재건을 시도한 여러 세력 중 노동 현장과 가장 밀접하고 인원이 많은 조직이었다. 박헌영이 석방되었을 때는 이관술이 이끌고 있었다.

1902년 경남 울산 출신인 이관술은 동경고등사범학교를 나온 수재로, 동덕여고보 교사로 재직 중이던 1931년 일본의 만주 침략에 항의하는 반제동맹에 가담해 혁명운동에 뛰어든 인물이었다. 부잣집 맏아들이었으나 근육질 단단한 마른 몸에 까맣게 탄 얼굴, 눈도 코도 입도 자그마한 인상이 퍽 강인하고도 서민적이었다. 경성 트로이카 사건으로 체포되었다가 서대문경찰서 2층에서 뛰어내려 탈출한 이재유와 함께 2년여 동안 경기도 양주군 노해면 공덕리 산중에서 농사를 지으며 조직 재건에 노력을 기울이던 그는 1936년 12월 25일 이재유가 체포된 후에도 홀로 대구와 대전 등지에서 노동자 모임을 이끌어왔다.

1938년 12월, 대구에서 식품점을 차려 놓고 노동자와 학생들에게 사회주의 학습을 지도하고 있던 이관술은 이재유와의 경성 트로이카 사건으로 구속되었다가 석방된 여동생 이순금을 경기도 수원의 옛 성곽인 화홍문에서 만나 조직 재건에 합의했다. 1939년 1월 화홍문에서 다시 만난 두 사람은 같은 사건으로 구속되었다가 얼마 전 석방되어 고향 충주에 내려가 있던 김삼룡을 직접 찾아가 조직 결성을 결의했다.

김삼룡은 두 사람이 먼저 서울에 올라가 대창직물에서 일하고 있는 자신의 아내 이옥숙을 만나 운동을 하고 있으면 곧 뒤따르겠다고 말했다.[32] 이관술 오누이는 그길로 상경해 이옥숙과 함께 노동자 조직에 착수했다. 김삼룡은 약속대로 고향의 농민 조직을 마무리하고 두 달 후 상경해 합류했다.

1939년 봄부터 본격적으로 조직을 시작한 이관술 오누이와 김삼룡, 강귀남 등은 5월에 서대문구 공덕정 이정열의 집에 모여 '조선을 일본의 압제로부터 벗어나게 하기 위하여 노동자·농민 정권을 수립하기 위한' 조선공산당을 재건하기로 결의했다. 이날은 조직의 이름까지는 정하지 않았다.

이날 첫 회의에 참석한 강귀남은 함남 홍원 출신으로 15살때 부모의 결혼 강요에 반발해 서울로 가출, 김삼룡과 함께 고학당에서 공부하며 노동운동을 시작한 열정적인 여성이었다. 꽤 미인으로 강경자라는 가명을 쓰던 그녀는 경성 트로이카 사건 때는 카페의 여급으로 일하면서 이재유의 연락원으로 활동하다 체포되어 감옥살이를 하기도 했다. 강귀남은 결성 직후 이순금으로부터 5일간 집중 교육을 받은 후 함경 도로 파견되었다.

강귀남을 시작으로 무명의 공산주의자 조직은 전국 주요 도시에 조직 책임자를 내려보내거나 현지 운동가를 책임자로 임명해 나갔다. 대구에는 문경에서 태어나 서울에서 인쇄공으로 일하며 이관술과 함께 활동했던 정재철이 내려갔다. 마산에는 경남 산청 출신으로 이현상의 중앙고보 후배인 권우성이 내려갔고, 부산에는 조선중공업 노동자인 이기호가 조직 책임자로 선정되었다. 함경도 책임자로는 박헌영과 함께 고려공청 중앙위원으로 시작해 함경도 일대에서 노동운동과 농민운동으로 널리 알려진 장순명이 결정되었다. 함경도의 또 다른 지도자 이주하는 이강국, 최용달과 함께 원산 적색노조 사건으로 수배되어 서해안 진남포로 피신해 있었다. 박헌영이 고려공청 책임비서일 때 모스크바 동방노력자 공산대학으로 유학을 보냈던 권오직이 수배 중인 몸으로 합류하고, 동덕여고보 출신들의 지도자 격인 박진홍도 5월에 석방되자마자 가담하는 등 조직원은 속속 늘어났다.

박헌영이 석방될 무렵, 이관술과 김삼룡은 경성전기, 대창직물, 경성방직, 용산철도공작소, 조선인쇄소 등에 소모임을 만들고, 학생과 신문 배달부 등으로 이루어진 10여 개의 가두조도 조직해 놓은 상태였다. 가두조는 기관지인 『공산주의자』와 각종 유인물을 배포하고 벽보나 낙서를 주도하는 청년 조직이었다.

『공산주의자』에는 「경성형무소 반항 사건을 보라」, 「남해 제사의 동요 사건」, 「염전 인부 40명의 단결」, 「예방구금령에 대하여」 등 현재 진행 중인 항일운동과 노동쟁의에 대한 기사들이 실려 극비리에 배포되었다. 무명으로 출발했던 조직은 이 무렵 '경성콤그룹'이란 이름을 쓰고 있었다. 서울의 공산주의자 모임이라는, 아무런 의미도 없는 이름을 쓰게 된 이유는 기관지의 발행 주체를 밝혀야 했기 때문이다.

박헌영은 이관술을 직접 만난 적은 없었다. 그가 전국적 조직을 도모하고 있다는 사실도 몰랐다. 감옥 문을 나선 그는 동대문 근처에 있던 누이의 집에 숙소를 정해 놓고 활동을 재개하기 위해 동지들을 찾아 나섰다.

제일 먼저 찾은 인물은 함께 감옥살이를 하다가 1개월 전에 먼저 석방되어 있던 이현상이었다. 이현상은 중앙고보 재학 중 6·10만세시위를 주동한 이래 고려공청과 경성 트로이카 사건으로 두 차례에 걸쳐 7년이나 감옥살이를 해온 과묵한 행동파였다. 단단한 체격에 잘생긴 얼굴을 가진 그는 말수가 적고 좀처럼 자신의 감정을 드러내지 않는 성격으로, 항일 투지가 대단해 경성 지역 운동가들이며 노동자들 사이에 널리 신망을 얻고 있었다. 박헌영도 형무소에서 처음 만난 그를 굳게 신뢰해 석방되면 함께 운동하기로 약속을 해둔 사이였다.

경성콤그룹 사건에 대한 경찰 심문 조서에 따르면, 이현상은 종로 혜화동에서 형의 가족과 함께 살고 있었다. 일찍 결혼한 그는 여러 남매를 두고 있어 집안이 번잡했다. 식구들때문에 제대로 이야기를 나눌 수 없던 두 사람은 며칠 후 창경궁 맞은편에 있는 경성의전 병원 앞에서 다시 만나 향후계획을 논의하는 등 1주일에 한 번 정도씩 주기적으로 만나여러 문제를 상의해 나갔다.[33]

석방되자마자 경성콤그룹과 결합해 있던 이현상은 박헌영을 만나자 몇 가지 질문을 한다. 박헌영이 코민테른의 국제선이고 아직 코민테른은 건재했지만, 일단 조직의 지도자로서 자격을 보기 위해서였다. 먼저 이현상이 향후의 의지에대해 묻자 박헌영은 운동의 한참 후배인 그에게 스스럼없이이야기했다.

"혁명가가 혁명가다운 점은 혁명을 위해 온몸을 희생하는데 있소. 나는 혁명가라는 사실을 자랑스럽게 생각하오. 평생공산주의운동을 위해 활동할 결심이오. 나는 특히 가정도 없으므로 지하운동을 할 수 있을 때가 도래하면 언제라도 지하로 잠복하여 운동할 작정이오."

박헌영의 대답은 이관술에게 고무적으로 전달되었다. 경성콤그룹은 여러 경륜 있는 운동가들을 끌어들이기 위해 노력해왔으나 성과는 좋지 않았다. 최익한, 정백, 서중석, 하필

원 등을 만났으나, 서중석만이 가담했을 뿐 나머지는 시기상
적절치 않다는 등의 이유로 기피했다. 젊은 층도 수십 명이
나 접촉했는데, 안병춘, 정태식, 이남래, 이순근, 이종희, 남남
덕 등만이 가담한 실정이었다. 박헌영의 대답에 고무된 이관
술은 보다 구체적인 활동 계획을 묻도록 했다.

이현상은 다시 박헌영을 만나서 앞으로 어디에서 활동할
생각이냐고 물었다. 다시 중국이나 소련으로 망명할 것인지
를 확인한 것이었다. 박헌영은 외국으로 가지 않고 경성에서
활동하겠다고 대답했다. 어떤 사람들과 조직을 하고 싶은가
에 대한 물음에도 평소의 지론을 밝혔다.

"운동을 하는 과정에서 동지라고 자칭하는 사람 가운데는
밀정이나 파벌분자가 있으므로 동지 획득에 대해서는 충분
히 주의해야 하오. 우리는 오랜 기간 형무소에 있었기 때문
에 현재의 사회 정세나 공산주의운동의 상태를 판단하지 못
하므로 가능한 이를 분석해야 하오. 지나사변을 계기로 종래
의 동지들 가운데는 전향한 자가 대부분인데, 이들은 진실로
실천력이 있는 동지는 아니오. 우리는 진실로 실천력 있는
동지들만을 규합해야 하오. 시국이 평화 시와 달라 상당히
곤란하겠지만, 그래도 동지 획득에 노력해야 하오."

한때 참된 지식인의 필수조건처럼 유행했던 공산주의는
빠르게 쇠퇴하고 있었다. 1936년 12월 '조선사상범 보호관
찰령'이 만들어진 이래 수많은 지식인들이 구속의 위협과 생

계난에 부딪혀 공산주의 사상을 포기한다는 전향 각서를 제출하고 있었다. 1938년에는 '반국가적 사상의 격멸'이라는 목표로 전향자들의 조직인 '시국대응전선사상보국연맹'까지 결성되어 많은 공산주의자들이 이에 반강제적으로 가입하고 있었다.

두 사람이 대화를 나누던 무렵인 1939년 10월 말경 일경에게 요시찰·요주의 인물로 등재된 인원은 7,600명이었는데, 그중 전향자는 3,076명으로 약 40퍼센트를 차지했다. 비전향자는 23퍼센트인 1,765명에 불과했고, 나머지는 심경불명으로 구분되었다.

강제된 전향으로 한 사람의 사상을 근본적으로 바꾸기는 어려웠다. 그러나 일단 전향해 직장을 알선받거나 술집, 양조장 등 자영업을 허가받은 이들은 일본에게 신세를 갚아야 했다. 자의는 아니더라도, 경찰의 요구에 따라 비전향 운동가들을 감시하고 공산주의를 비난하는 강연이나 문필 작업에 동원될 수밖에 없었다. 일부 전향자들은 일본의 정책에 보다 적극적으로 호응해 국방헌금 모금이니 황실군 위문금 거출에 나섰고, 출정 군인 환송회장에까지 참석했다. 사상보국연맹은 1939년 10월 코민테른에 반대하는 결의문을 채택했으며, 형무소 안에서는 전향파와 비전향파가 나뉘어 대립하는 현상까지 벌어졌다.

이런 현실을 잘 알고 있던 박헌영은 전향서를 쓴 사람을 조직에 끌어들여서는 안 된다고 못 박은 것이었다. 박헌영의 대답은 경성콤그룹 지도부를 만족시키기에 충분했다. 이관술은 김삼룡과 상의해 박헌영을 영입하기로 결정했다.

어느 누구보다 풍부한 경력과 이론적 지도력을 가진 박헌영을 영입한다는 것은 곧 그에게 지도권을 넘겨주겠다는 의미였다. 파벌 싸움으로 점철된 공산주의운동사에는 다소 이례적인 일로 보일 수 있었다. 그러나 박헌영을 영입하는 과정에 대한 이야기는 이현상의 경찰 심문 조서에 나오는 것으로, 이현상이 보다 본질적인 내용은 말하지 않았을 가능성이 높다.

즉, 경성콤그룹의 조직적 기초는 이재유의 경성 트로이카에 있다는 것, 이재유는 박헌영으로부터 조선공산당 재건운동의 국내 책임을 맡았던 사람이라는 것, 이관술이 이재유의 뒤를 이어 전국적인 조직을 완성했으니 당연히 박헌영이 지도자라는 사실을 교묘하게 빼놓고 말한 것이다. 코민테른의 1928년 12월 테제에 의한 조선공산당 재건 명령이 이제 구체화되었음을 생략하고, 모든 일이 개별적으로 우연히 이루어진 것처럼 진술한 것이다.

이현상을 만나던 동안에도 박헌영은 시내 황금정 여관에 투숙 중이던 북풍회 출신 해기석을 만나 함께 운동하자고 설득하는 등 본인이 먼저 주도적으로 여러 사람들을 접촉하고 있었다.

잠시 고향에도 다녀왔다. 감옥에 있는 동안 사망한 아버지 박현주의 묘소에 참배하고 홀로 고생하는 어머니를 위로하기 위해서였다. 고향 사람들은 오래전 마을에서 성대하게 결혼식을 올렸던 그 예쁜 신여성 주세죽이 왜 함께 오지 않았는가 궁금해했다. 박헌영은 병들어 죽었노라고 얼버무렸다. 이 때문인지 박씨 문중의 족보에는 주세죽이 1932년 날짜 미상 일에 사망한 것으로 기재되었다. 박헌영과 함께 상하이에서 활동하던 시기로, 있을 수 없는 일이었다.

주세죽이 죽었다고 말한 이유는 실제로 그녀의 행방을 알 수 없었기 때문이다. 소련으로 돌아가 김단야와 살며 아이를 낳았다는 것, 김단야가 일본의 밀정으로 몰려 처형되고 주세죽이 카자흐스탄의 방직공장에서 일하고 있다는 사실을 알 길이 없었다. 모스크바에 남겨두고 온 딸 비비안나를 못 본 지도 벌써 8년째였다. 이제 12살이 되었을 딸이 어디서 어떻게 사는지, 아니 살아 있는지조차 몰랐다.

고향에 머무는 동안 박헌영은 6촌 누이와 친하게 지냈다. 그는 면 서기로 일하는 누이의 남편을 걱정하며, 공출 같은 것 강요하지 말라고, 머지않아 세상이 바뀌어 일본이 망하니 인심을 잃지 말고 잘 지내라고 충고했다. 누이의 끈덕진 호기심에 못 이긴 박헌영은 함흥에서 블라디보스토크로 탈출하던 길에 첫 아이를 낳았다는 이야기며, 나룻배를 타고 두만강을 건너갔다는 이야기를 해주었다.

경성에 돌아온 박헌영은 더욱 활발하게 여러 사람들을 접촉해 나갔다. 11월 중순에는 종로 사간동에 살던 박진홍을 방문했다. 이관술의 학교 제자이자 이재유와 동거하여 아이까지 낳았던 박진홍은 여성 운동가들 중에 단연 돋보이는 투지와 헌신성을 갖춘 노동운동가였다. 두뇌가 뛰어나 동덕여고보 개교 이래 최고의 재원으로 신문에도 실렸던 그녀는 세 번째 옥살이에서 풀려난 지 얼마 안 된 몸으로 또다시 경성 콤그룹에 가담해 활동하고 있었다. 박헌영은 국제 정세가 급박해짐에 따라 조만간 공산주의자에 대한 예방구금령이 발동할 것이니 도피책을 강구하도록 충고하는 등 이후 수차례 만나 국제 정세에 대해 토론했다.

조직의 책임자이던 이관술을 처음 만난 것은 1939년 12월 12일이었다. 서로 얼굴을 몰랐던 두 사람은 영등포 초입의 기차선로 위에 있는 비탈길에서 암호 표지로 서로를 알아보았다. 일본 경찰이 수년째 일급 수배자로 수배해온 이관술은 대범하게도 자전거를 타고 전국을 누비고 있었다. 기관지 『공산주의자』를 배포하기 위해서였다. 엿판과 고물이 실린 짐자전거를 타고 대전, 대구를 지나 마산까지 누벼온 이관술은 누가 보아도 새카만 솥땜장이, 고물장수였다. 박헌영을 처음 만나는 이날도 허름한 솜옷에 짐자전거를 타고 있었다.

이현상을 통해 충분히 의사를 소통해온 두 사람은 첫 만남부터 구체적인 상의에 들어갔다. 박헌영은 이날 처음 조직의 이름을 알게 되었다. 이관술로부터 경성콤그룹이라는 이름을 들은 그는 매우 좋다고 수긍했다. 이관술은 사실상 조직의 지도자로 영입한 박헌영을 위해 자신의 여동생이자 동덕여고보 출신 노동운동가인 이순금과 김삼룡을 최측근으로 배치하고 인천에 아지트를 마련해 주었다.

충주 엄정면에서 주막집 아들로 자라난 김삼룡은 보통학교 내내 전교 1등을 도맡았던 재원이었으나, 돈이 없어 제대로 학교를 다니지 못하고 서울에 올라와 고학당에 다니면서 항일운동을 시작한 인물이었다.[34] 넓적한 얼굴에 두꺼운 입술과 잔주름 진 눈매가 서글서글한 김삼룡은 하룻밤에 하나씩 조직을 만든다는 소리를 들을 정도로 대중적인 흡인력을 갖고 있었다. 나이는 1910년생으로 어린 편이었으나, 이관술이 조직을 재건할 때 가장 먼저 만난 이가 김삼룡인 데서 알 수 있듯이, 남달리 탁월한 대중 조직가였다. 박헌영의 아지트를 인천으로 정한 것도 인천 부두에서 노동운동을 했던 김삼룡의 인맥이 널리 퍼져 있는 곳이었기 때문이다.

사상범은 석방이 되더라도 경찰에 주기적으로 근황을 보고하게 되어 있었다. 잠적하면 곧바로 수배령이 떨어졌다. 이관술을 만난 날부터 또다시 경찰에 쫓기는 몸이 된 박헌영은 인천에서 3주일 남짓 머물다가 조직을 정비하는 동안 잠시 청주 아지트에 내려가 있게 되었다. 청주 시내를 가로지르는 무심천을 등지고 앉은 방 두 칸짜리 아담한 초가집으로, 집안에 우물이 있어서 마을 공동우물을 사용하지 않아도 되니 은둔해 살기에 좋은 조건이었다. 그래도 남자 혼자 살면 바로 경찰의 검색을 받으므로 부인을 가장해 여자까지 미리 데려다 놓았다.

골목마다 밀정을 두고 있는 일경의 시선을 피하기 위해 남녀 운동가들이 부부로 위장해 한방에 사는 경우가 꽤 흔했고, 이때 상대방 남녀를 '아지트키퍼'라 불렀다. 형식상의 부부이므로 성적인 관계는 맺지 않는 게 원칙이지만, 이상을 함께하는 젊은 남녀가 한 이불 속에 지내다 보면 애인 사이가 되는 경우가 종종 있었다. 박진홍이 아이를 낳게 된 것도 이재유의 아지트키퍼였기 때문이다.

무심천 아지트키퍼는 커다란 체구에 살집도 든든한 처녀였는데, 나이는 겨우 18살밖에 되지 않았다. 경성콤그룹의 일원인 정태식의 집안 조카 정순년이었다. 정태식은 삯바느질하는 홀어머니 밑에서 경성제대에 수석으로 입학해 수석으로 졸업한 수재로, 정씨 집안의 신망이 컸다. 박헌영의 아지트키퍼를 구하던 그는 덕유산에서 포수로 근근이 먹고살던 사촌 형을 찾아가 일할 사람이 필요하니 시집가기 전까지 신학문도 배울 겸 자기에게 잠시 보내달라고 했다. 사촌 형은 막내딸 정순년을 박씨 성을 가진 젊은 목수와 결혼시키려고 약혼까지 시켜 놓았지만 정태식의 부탁이라 어쩔 수 없이 보내주었다.

212

정태식은 공부할 욕심으로 따라나선 정순년을 한동안 살림을 돌봐줄 사람이 필요하다며 청주 아지트로 데려갔다. 정태식과 이순금은 며칠 있으면 누군가 귀한 분이 올 텐데 소중하고 훌륭한 분이니 음식과 빨래를 해주고 누가 찾아와도 두 사람의 관계에 대해서 절대 말하지 말라고 교육했다. 이순금은 마을 사람들에게는 중년 사내가 늦바람이 나서 젊은 처녀를 데리고 숨어 사는 것으로 소문을 내 놓았다. 산촌에서 막 올라와 아무것도 모르는 정순년은 오촌 당숙 정태식과 친절한 아줌마 이순금의 말만 믿고 누군가 오기를 기다렸다.

정순년은 여러 사람이 특별히 신경 쓰는 것으로 보아 부유한 중년 남자가 오는가 보다 생각했다. 그런데 며칠 후인 1939년 12월 말이 되어 초가집 사립문을 열고 들어선 이는 예상과는 사뭇 다른 모습이었다. 여자인 자기보다도 작은 키에 까만 얼굴색이 볼품없는 중년 남자였다. 머리칼은 더부룩했고, 수염은 밤송이처럼 얼굴을 덮었다. 초라한 겨울 솜옷은 맵시라곤 없이 궁색해 보였다. 그를 데리고 온 사람은 보통의 키에 단단한 체격을 가졌는데, 뒤통수며 얼굴이 유난히 넓적했다. 박헌영과 김삼룡이었다.

만 40살이 된 박헌영보다 22살이나 적은 정순년은 배운 것도 아는 것도 없는 순박한 시골 처녀였으나, 어려서부터 가난한 집에서 노동에 단련되어 살림도 잘하고 눈치도 빨랐다. 처음 보았을 때만 해도 볼품없는 중년 아저씨로 생각했으나 드나드는 사람들마다 존경심을 표하는 것을 보면서 그녀도 어느덧 존경의 마음을 품게 되었다. 무심천 집에는 연락 담당인 이순금과 정태식, 김삼룡 정도만 드나들었다. 그들은 박헌영을 '이춘' 혹은 '이정' 선생이라고 불렀기 때문에 정순년은 나중까지도 그의 성이 이씨인 줄로 알고 있었다.

박헌영 역시 나이는 어려도 부지런하고 똘똘한 그녀에게 금방 정이 들었다. 40여 일 만에 무심천 생활이 끝나고 경성으로 올라가게 되었을 때, 박헌영은 정순년도 동행하게 했다. 경성에 올라가서는 아예 한방에서 지내며 육체관계까지 맺어 6월에는 아이까지 임신했다. 박헌영의 두 번째 부인이 된 것이다.

정순년은 경성 아지트에서도 박헌영의 옷을 챙기고 음식을 준비하고 청소로 소일했다. 박헌영은 가끔 시간이 나면 그녀를 앉혀 놓고 일본이 왜 나쁜가를 가르쳐주었다. 조선은 머지않아 해방이 될 거라는 것, 아직도 남아 있는 양반이니 상놈이니 하는 차별은 없어져야 한다는 것, 농사짓는 사람들이 자기 농토를 갖고 마음 놓고 농사를 지을 수 있어야 한다는 이야기도 했다. 결혼했느냐는 물음에는 딸 하나 낳고 헤어졌는데 어디 사는지 모르며 아마 죽었을 거라고 말했다. 그러면서 다음부터는 자신의 결혼에 대해서는 묻지 말라고 언짢아했다.

1940년 2월 27일, 박헌영과 이관술은 영등포역에서 다시 만났다. 이관술은 이날도 자전거를 타고 왔는데, 함께 온 김삼룡도 따로 자전거를 타고 있었다. 인천에 마련한 기관지 편집부 아지트로 가는 날이었다. 이관술은 자기가 타고 온 자전거를 박헌영에게 주어 김삼룡과 나란히 인천으로 가게 한 후 자기는 이순금과 함께 기차를 타고 뒤따라가 인천 공설시장 입구에서 두 사람을 다시 만났다.

인천 아지트에 자리 잡은 박헌영은 예정대로 기관지 편집을 시작했다. 이관술이 지도자로 활동해온 지난 1년 동안 경성콤그룹은 예전에 김단야가 작성했던 『메이데이 투쟁서』, 『8·1 캄파 방침서』 등의 소책자를 출판하고 한두 달에 한 번씩 기관지 『공산주의자』를 발행해오고 있었다. 기관지는 호당 20~30부씩 인쇄했는데, 1939년 9·10월 합본호의 경우 '신약성서'라는 표지를 붙이고 정동예배당에서 인쇄한 것처럼 위장하는 등 경찰의 검문에 각별히 조심했다.

기관지 책임을 맡은 박헌영은 제목부터 바꿨다. 『공산주의자』는 1940년 3월호부터 『꼼무니스트』로 바뀌었다. 자신이 1932년 코민테른 동양비서부의 지원으로 상하이에서 만들던 기관지의 이름이기도 하거니와, 반공교육이 극심해 공산주의라는 한글 제목으로 배포하다 보면 발각되기 쉽다는 판단에서였다. 발행 부수는 30부 이내로 유지했다. 『꼼무니스트』라는 제목의 바탕에는 한반도의 윤곽을 그려 넣었다. 이관술과 이재유가 발행했던 『적기』에서 사용했던 것과 같은 문양으로, 조선의 독립을 위한 조선인의 신문임을 암시했다.

인쇄 작업은 이관술이 계속 맡았는데, 그가 함경도로 파견된 후로는 김순룡이 책임졌다. 박헌영은 안정된 인쇄를 위해 김순룡을 통해 인쇄공인 원근택, 박찬승에게 260원의 자금을 제공해 명함 인쇄소를 경영하게 하는 한편, 이들의 사상교육을 위해 막심 고리키의 노동소설 『어머니』를 읽게 하고 기관지 『꼼무니스트』를 놓고 토론하도록 했다.

이관술이 함경도로 내려간 것은 조직 결성 직후 그곳에 파견한 강귀남의 요청 때문이었다. 함경도는 탄광과 제련소 등이 집중된 지역이라 혼자 책임지기에 부담이 되었던 것이다. 박헌영의 지시를 받은 이관술은 1940년 봄에 함경도로 내려갔다.

역시 탁월한 조직력을 보인 인물은 김삼룡이었다. 그는 우선 자신의 친척과 친지들부터 끌어들였다. 이관술로부터 기관지 인쇄를 인수받은 김순룡은 그의 6촌 동생으로, 일본 와세다 대학을 나와 중동고보 교사로 재직하고 있던 중 포섭되었다. 1939년 여름에는 청량리국민학교 신축공사장에서 인부로 일하고 있던 처삼촌 이주상을 찾아가 포섭하고 이관술에게 소개해 자본주의의 모순과 소련의 우월성에 대해서 교육을 받도록 했다. 학교 교육을 거의 받지 못한 이주상은 1940년 1월에는 청량리에 있던 김삼룡의 아지트에서 여성 노동자 이승렬, 임양려와 함께 열흘 동안 합숙하면서 본격적인 이론 지도를 받은 후 조선계기회사에 취업해 노동자들을 조직했다. 이주상은 한국전쟁 당시 조선노동당 충남도당 위원장을 맡게 된다. 제주도 출신으로 와세다 대학 정치경제과를 졸업한 김웅빈도 김삼룡에게 사회주의 이론 교육을 받은 후 태창직물에 들어가 활동했다. 김웅빈은 지식인이면서도 성격이 대단히 괄괄하고 용맹한 인물이었다. 역시 와세다 대학 상과를 다닌 김덕연은 김삼룡으로부터 교육을 받은 후 일본유학생부를 맡는데, 1940년 11월에 체포되어 악명 높은 조선인 고문 경찰 노덕술에게 10개월이나 극심한 고문을 받은 끝에 절명한다.

이현상도 조직가로서 만만치 않은 능력을 갖고 있었다. 그는 초보적인 대중을 포섭하는 일보다는 열성적인 운동가를 전위조직으로 끌어들이는 데 능력을 발휘했다. 이현상은 서대문형무소에서 만난 학교 후배 권우성을 설득해 고향인 경남 산청으로 내려보내 농민운동을 하도록 했다. 박헌영이 직접 권우성을 만나 농민조직에 대해 충고하기도 했다. 이에 고무된 권우성은 경남 창원군 상남면에 적색노조 분회를 만드는 데 성공한다. 이현상은 1940년 5월에는 조선의 문학사를 유물론적으로 해석한 저서들로 유명한 경성제대 교수 김태준을 만나 혁명운동을 함께하기로 약속하고 박헌영에게 소개했다. 두 사람에게 설득당한 김태준은 이현상과 함께 인민전선부를 맡았다. 인민전선부는 이념에 관계없이 항일 민

족해방운동에 동조하는 이들을 하나로 묶는 일을 맡은 부서
였다. 이현상은 이를 위해 3·1운동의 민족대표 중 한 명인
만해 한용운을 만나기도 했다. 33명의 민족대표는 대부분 변
절해 제국주의 침략전쟁을 옹호하고 있었으나, 승려인 한용
운은 끝까지 절개를 지키고 있었다. 이현상의 지도력은 특히
학생들에게 효과적이었다. 보성전문 출신인 이종갑을 통해
경성치의전문, 연희전문, 보성전문, 경성공고 등 여러 학교에
독서회를 만들어 조직에 합류시키는 등 학생 쪽은 이현상이
전담하다시피 했다.

이렇게 다양한 경로를 통해 조직된 운동가들을 바탕으로
서울에는 섬유, 금속, 출판, 전기의 4개 업종에 노동자 조직
이 만들어졌다. 섬유 부문은 김웅빈이 지도하는 태창직물
에 가장 많은 인원이 조직되었는데, 인원이 열 명을 넘어서
자 1940년 11월부터는 경남 하동 출신의 여성 운동가인 조
복애가 몇 명을 따로 가르쳤다. 금속 부문은 경성스프링제작
소, 일흥사 등 4개 공장에 조직을 만들어 이주상, 김재병, 홍
인의, 최병희 등이 이끌었다. 출판 부문은 매일신보사와 대총
인쇄소에 조직을 만들었는데, 김수남, 이복기 등이 이끌었다.
경성전기주식회사는 조중심을 책임자로 여러 조직원이 가담
했다. 이렇게 확보된 노동자를 3~5명 단위로 '공장반'으로
조직하고, '공장반'이 세 개 이상 결성되면 노동조합으로 만
들었다. 이때 만들어진 노동조합은 일반적인 의미의 대중적

인 경제 투쟁 조직이 아닌, 전위적인 인자들만이 결합한 혁명적 지하노조였다. 일경은 이를 두고 적색노조라 불렀다.

엄혹한 감시와 탄압 아래서는 노동조합뿐 아니라 농민조합도 철저한 규율과 비밀을 유지하는 지하 전위조직으로서만 존재할 수 있었다. 권우성이 만들고 이끌던 상남면 농민조합의 경우, 조합원 자격부터 대단히 엄격했다. 농민대중의 전투분자로서 과업을 승인해야 하고, 조합의 결의에 절대 복종해야 하며, 조합의 비밀을 절대 누설하면 안 되었다. 조합에 가입하기 위해서는 기존 조합원 두 명 이상이 보증을 서야만 했다.

전위조직의 규율을 가진 대중조직이라는 이 독특한 양식은 1930년대 초반기의 경험을 교훈 삼아 만든 조직 전술이기도 했다. 박헌영은 당시 노동조합과 농민조합들은 대중적인 일상 활동과 민족해방이라는 정치적 과제를 동시에 담당하려 함으로써 과도한 임무를 이기지 못하고 와해될 수밖에 없었다고 보았다. 더욱이 지금은 전시 체제 아래 일상 활동이 극히 곤란한 시기인 만큼 조합 역시 비밀 전위조직의 형식을 가져야 한다고 보았다.

비밀 소모임의 일차적인 활동은 사회과학 학습이었다. 공장반에 모인 노동자들은 『노동자 프린트』, 『방기는 멈추었다』, 『우리들은 왜 가난한가?』 등 자체 제작한 기본 교재를 통해 노동자의 정치경제적 처지에 대한 계급적 인식부터 교양 받았다. 착취와 수탈의 원리를 통해 계급의식을 향상시키고, 러시아의 사례를 통해 사회주의의 우월성을 교양하는 내용이었다. 학생 등 지식인들에 대해서는 처음부터 각종 혁명이론 원서들을 놓고 수준 높은 토론을 전개했다. 학습 방법은 조직원들의 주거지가 아닌 안전한 아지트에서 2~3인이 합숙하거나 가두 연락 장소 부근에서 일대일로 개인 학습을 했다.

조직원 중에도 중간지도부로 부상한 이들에 대한 교육은 특별히 집중적으로 이루어졌다. 김응빈과 김순룡은 가두 연락 장소 부근에서, 이주상은 인천의 아지트에서 집중적인 교양을 받았다. 이 일은 이관술이 맡아왔는데, 그가 함경도로 떠난 후에는 박헌영이 대신했다. 박헌영은 인천과 서울을 오가며 직접 중간지도자들을 만나 교육하는 데 많은 시간을 보냈다. 장소는 당사자의 집이나 하숙방, 원효로의 효창공원 등이 주로 애용되었다.

한편, 함경도에 내려간 이관술의 활동도 활발했다. 그가 처음 내려갔을 때 장순명 등이 '함북노동조합 조직준비위원회'를 조직하고 기관지 『적기』의 발행을 준비하고 있었다. 이관술은 지방 조직에서 적기라는 명칭을 쓰는 것은 격에 맞지 않다고 보았다. 1940년 6월 28일, 장순명이 기관지의 복사를 요청해오자 이관술은 이렇게 지적했다.

"『적기』는 각국 공산당이 그들의 기관지에 붙이는 제목인

데, 아직 당을 결성하지도 않았는데 그런 이름을 붙이는 것은 뻔뻔스러운 일이니『붉은 길』로 제목을 바꾸도록 합시다."

이관술은 직접『붉은 길』편집을 맡아 15부를 제작·배포하는 한편, 장순명을 강귀남이 고군분투하고 있던 함경남도의 책임자로 보내고, 자신은 함경북도에 남아 '청진 좌익노동조합 조직준비위원회'를 조직했다. 이관술, 김수남, 현홍익, 김형관 등이 이끄는 이 조직은 이듬해인 1941년 봄까지 주을탄광 노동자 방일환, 주송학, 송시택, 허기종, 한명철 등을 조직했다.

이관술은 한때 무장유격대를 모색하기도 했다. 항일유격투쟁이 벌어지고 있던 만주와의 국경이 가까운 데다 다이너마이트를 많이 쓰는 탄광 지역이었기 때문이다. 그러나 무기 구입 등의 현실적 여건이 되지 않아 포기하고 말았다.

비록 실패했지만 이관술의 시도는 박헌영과의 교감 속에 이루어진 것이었다. 무장투쟁의 문제는 박헌영의 뇌리를 떠나지 않고 있던 중대사였다. 이전에도 여러 차례 결정적 시기를 준비해야 한다는 내용의 글을 쓴 적이 있었던 박헌영은 중일전쟁이 갈수록 확대되는 데다 머지않아 태평양전쟁까지 예견되는 상황에 맞춰 부쩍 무장투쟁에 대해 고민하고 있었다.

조선의용군과의 합동 군사 작전도 모색했다. 이를 위해 김형선의 여동생 김명시를 옌안의 김무정에게 보내기도 했다. 체구는 자그마하지만 당찬 김명시는 일본군이 장악한 중국 내륙을 관통해 무사히 옌안에 도착, 1938년 이래 팔로군 포병사령관으로 활약하고 있던 김무정을 만나 그 뜻을 전달할 수 있었다. 하지만 팔로군도 수세에 몰린 상황에서 수천 킬로미터 떨어진 조선으로의 진군은 불가능한 계획이었다. 김명시는 그대로 옌안에 눌러앉아 조선의용군의 일원으로 일본군과의 전투에 참가하다가 그곳에서 해방을 맞는다.

박헌영은 김태준에게 무장유격대 관련 서적을 구입하도록 부탁하기도 했다. 김태준은 경성제대 강사라는 직책을 이용해 총독부의 비밀도서 가운데『항적전술논집』,『항일적 제8로군』등을 빼돌렸다. 중국공산당 지도자 마오쩌둥의 유격전술에 대해 일본인들이 쓴 책들이었다. 이 책을 읽은 박헌영은『꼼무니스트』1940년 7월호와 8월호에 각각「유격전과 그 전술」,「유격전 전술을 실제 전술로」등의 논문을 실었다. 도시 폭동 전술에 관한 내용들이었다.

도시 게릴라전에 대비해 경성전기에 다니고 있던 조중심, 유래초, 주영복, 구연호 등을 통해 경성 지역의 주요 공장과 전화국, 변전소 등의 전기배선도 18장을 확보해 놓기도 했다. 결정적 시기가 되면 일본의 주요 거점을 타격하기 위해서였다.

당장 무장봉기가 실현될 가능성은 거의 없었다. 한때 국민당 장제스 군대에 의해 궤멸 상태에 빠졌던 팔로군은 항일전을 맞아 백만 대군으로 급성장해 중국 전역에서 항전하고 있었으나, 유격전으로 일본군을 괴롭히고 있을 뿐, 일본군을 전면적으로 격퇴할 능력은 없었다.

허형식, 김일성, 최용건 등이 이끄는 만주 일대의 조선인 무장유격대도 1940년이 되면서 관동군의 대토벌전에 밀려 소멸되거나 소련령 하바롭스크로 도피하는 중이었다. 이런 상황에서 조선 국내에서의 무장봉기란 희망사항에 지나지 않았다. 박헌영이 준비하고 있던 것도 언젠가 일본이 급격히 붕괴되는 시기에 맞춘 것일 뿐, 당장의 무장봉기는 아니었다.

1940년 여름 무렵, 박헌영은 경성과 인천에 따로 아지트를 가지고 있었다. 경성 아지트는 정순년이 지키고 있었고, 인천에는 안양의 조선견직물에서 활동했던 여성 노동자 임양려가 하우스키퍼를 맡았다. 정순년과의 관계와 달리, 이번의 아지트키퍼는 본래 의미대로 철저한 위장이었다. 임양려는 박헌영의 아지트키퍼를 맡기 전에는 김삼룡, 이주상과 차례로 부부로 위장해 살며 조직 활동을 해온 바 있었다. 강릉에서 올라와 공장에 다니던 임양려는 동덕여고보 출신 노동운동가인 이종희를 만나 의식화된 맹렬 운동가였다. 박헌영은 8월부터 임양려와 부부로 위장해 인천 동부 경정 5번지에 기거하며 조직을 이끌었다. 이 집에서 박헌영은 주요 지도부들과 만나는 외에도 임양려를 포함해 박애란, 이주선 등 여성 노동자들에게 중일전쟁, 독소전쟁 등의 국제 정세와 소련에서의 노동자들의 생활 조건 등에 관해 교양 학습을 실시했다.

여러 동료들과 집단생활을 하던 이 시기는 박헌영의 생애에 많지 않은 행복한 시간이었을 것이다. 적은 오로지 일본뿐, 항일 앞에 모두가 하나이던 시기였기 때문이다. 박헌영이 기거하는 기관지 편집실 아지트에는 커다란 소주 독이 있었다. 항상 긴장된 생활 속에서도 잠시 여유가 생길 때면 박헌영은 동료들과 소주를 나눠 마시곤 했는데, 다들 취해서 쓰러져도 마지막까지 자세 하나 흐트러짐 없이 꼿꼿이 앉아서 조직의 운영이나 이론 문제에 대해 이야기했다.

박헌영은 요리하기를 좋아했을 뿐 아니라 요리 솜씨가 꽤 좋았다. 밤샘을 한 다음 날이면 다들 숙취에 누워 있는데 혼자 조용히 일어나 밥과 찌개를 해 놓고 후배들을 깨웠다. 늘 빈곤했으므로 고작해야 된장찌개에 보리밥이었으나, 주막에서 자란 박헌영의 솜씨를 빌리면 다른 요리가 되었다. 섬유질이 많아 딱딱한 보리를 맛있게 먹으려면 푹 삶아 바구니에 건져 놓았다가 다시 적당히 물을 붓고 알맞은 온도에서 끓여야 했다. 박헌영은 보리밥 만들기에 능숙했을 뿐 아니라 몇 가지 안 되는 재료를 가지고도 간이 꼭 맞는 구수한 된장국을 기막히게 끓여냈다. 나이로나 경력으로나 비교할 수 없는 선배인 박헌영이 혼자 조용히 밥을 해 놓고 흔들어 깨우던 일은 여러 후배들에게 잊지 못할 감동으로 기억되었다.

가을부터는 학교 쪽 조직도 확산되었다. 김순룡은 9월 들어 경성법학전문학교에 다니고 있던 윤명의, 조재옥, 조희영 등을 조직했다. 이들은 김순룡과 이남래의 면밀한 조사를 거쳐 조직에 가입한 뒤 김삼룡에게 집중적인 교육을 받았다. 교육 후에는 이현상의 지도 아래 들어가서 조재옥은 지식인 상층부와의 연락을 맡고, 윤명의와 이남래는 각각 학생과 회사원 조직을 맡았다.

경성 지역에 어느 정도 노동자 조직이 확보된 1940년 10월 중순, 박헌영은 김삼룡으로 하여금 '경성 좌익노동조합 조직준비위원회'를 만들도록 했다. 이에 따라 금속부는 이주상, 섬유부는 김응빈, 출판부는 이복기가 책임자로 정해졌다. 지도부와의 연락은 이주상이 담당하기로 했다.

한 달에 한 차례씩 기관지 『꼼무니스트』를 편집하는 일도 계속되었다. 이 일은 주로 김태준의 방에서 했다. 김태준과 박헌영은 조직원들이 올려 보낸 보고서나 소련대사관에서 베껴 온 잡지나 신문 등을 토대로 밤새 글을 쓰고 철필을 긁었다.

김태준은 박헌영과 밤새워 일하는 날이면 평소 의문을 품어 온 문제들에 대해 캐묻곤 했다. 민족주의 문제와 국제노선의 의미, 소련에서 벌어진 조선인에 대한 중앙아시아 강제 이주, 소련의 폴란드 합병 문제 등이었다. 소련에서 벌어진 대숙청과 조선인의 중앙아시아로의 강제 이주는 조선의 진보적 지식인들에게는 상당히 예민한 문제였다. 아무리 식민지 치하라 해도 기본적으로는 자유주의를 바탕으로 한 자본주의 체제에서 살아온 그들에게 소련에서 벌어지는 일당독재와 전체주의 파시즘은 이해하기 어려웠을 것이다. 이 문제들에 대한 김태준의 의문은『비판』,『철학』,『신흥』등 진보적 잡지에서 제기하는 의문들이었다. 김태준은 이들 잡지에 글을 써온 이강국, 박치우, 최용달, 신남철 등 공산주의 이론가들의 속마음을 대변하고 있다고 해도 좋았다.

세계의 진보 세력은 이 시기의 투쟁을 파시즘 대 민주주의의 싸움으로 보고 있었다. 이탈리아어로 한 다발, 한 뭉치를 의미하는 단어인 파시즘은 전체주의의 다른 말에 지나지 않았다. 전체주의란 국가와 민족과 개인을 하나의 인간의 몸에 비유해 눈과 팔이 제멋대로 움직이면 전체가 죽으므로 전체를 위해 개인은 희생해야 한다는 집단주의적 사고방식이었다. 박치우는 전체주의란 곧 유기체주의라고 표현하기도 했다. 일부가 전체를 배반하고 떨어져 나가면 전체가 사멸한다는 식의 몰개성적이고 비민주적인 사고방식이라는 비판이었다.

이채롭게도, 이 시기 전체주의자들은 자신의 사상을 당당하게 드러내기를 좋아했다. 독일과 이탈리아, 일본의 극우 민족주의자들은 자신들을 스스로 파시스트라 자부하며, 세상을 망가뜨리려는 민주주의자들과 일대 성전을 벌여야 한다고 공언했다. 그들의 집단주의적 시각으로는 개인의 자유로운 사상과 행동을 토대로 하는 민주주의야말로 최강의 적이었던 것이다. 그들은 전체주의만이 조국과 민족이 살 길이며, 민주주의는 국가를 해치는 나쁜 사상이라고 강변했다. 민주주의 속에서도 특히 개인주의와 자유주의가 제일의 타격 목표였다. 히틀러는 자신은 '국가사회주의자'라고 공언했다.

모순적인 것은 파시즘의 최대 적수인 공산주의자들 역시 전체주의를 찬양한다는 사실이었다. 우익 전체주의에 대해서는 타도를 외치면서 좌익 전체주의에 대해서는 '진보적 민주주의'라고 옹호했다. 심지어 만국의 프롤레타리아트는 하나이니 세계 공산당도 하나라며 각국 공산당과 공산주의자들의 운명을 모스크바에서 좌우하는 모순에 대해서도 어떤 이의도 제기하지 않았다. 박헌영을 포함한 공산주의자들은 우익 파시즘은 맹렬히 공박하면서도 좌익 파시즘에는 면죄부를 주었다. 불합리한 이중 잣대였다.

김태준의 다소 곤욕스러울 수 있는 질문에 대해서도 박헌영은 소련공산당의 공식적인 입장에서 한 치도 벗어나지 않는 교과서적인 답변을 한다. 소련에는 현재 150개의 인종이 있지만 한 민족이 다른 민족을 억압하는 경우는 없으며, 각 민족이 협력해 소련을 형성하고 있다고 말했다. 조선인들을 중앙아시아로 이주시킨 것은 국제적 견지에서 불량분자를 이주시킨 것이며, 폴란드를 합병시킨 것도 제국주의적인 합병은 아니고 공산주의적인 것이라고 했다. 대숙청도 스탈린에 반대하는 반혁명 세력이 소련의 각 정치 경제 기관에 숨어들어 태업, 폭동 등 파괴 공작을 배후조종하기 때문에 어쩔 수 없이 정화하는 것이라고 말했다. 이 모든 것이 혁명을 위해 불가피한 일이라는 입장이었다.[35]

소련공산당에 대한 박헌영의 입장은 언제나 동일했다. 당은 무오류라는 원칙 아래, 소련공산당 혹은 코민테른의 결정이라면 일말의 의심도 표현하지 않고 무조건 복종했다. 벌써 10년 전부터 혁명과 개인, 전체주의와 민주주의의 문제를 고민해온 당대 진보적 지식인들의 고충은 박헌영에게 아무런 영향도 미치지 않는 것처럼 보였다. 공산주의 이론이 아무리 좋은 의도로 출발했다 할지라도 그 실현 과정에서는 무수한 모순에 부딪힐 수 있고, 그 모순을 지적한다고 모두 반공주의자는 아니었다. 오히려 진정으로 진보를 사랑하는 이라면 반드시 이 새로운 이념의 허실을 캐내고, 새로 세워진 권력을 더 철저히 감시해야 할 의무가 있었다. 그러나 박헌영은 죽는 그날까지 어느 누구에게도, 단 한마디라도 소련에서 진행된 공산주의의 실험에 대해 의구심을 표현한 적이 없었다.

사상적으로 박헌영에게 치명적인 결함이 있다면 바로 이 점이랄 수 있었다. 공산주의 내부의 공격과 달리, 그는 일본의 간첩도 미제의 간첩도 아니었으며, 그 어떤 증언이나 기록에도 그가 비겁자로 굴었다는 내용은 없었다. 오히려 우익들의 공격대로 철두철미한 소련파였으며, 그것이 그의 치명적인 결함의 출발이었다. 그는 오로지 소련공산당과 스탈린이 나눠 준 교과서대로 세상을 보려 했다. 식민지 치하 공산주의자들이 모두 그랬던 것도 아니었다. 다른 이들은 행동은 같이 하더라도 여러 가지로 번민하는 흔적을 남겼다. 유독 박헌영은 교조적인 원리주의에서 한 치도 벗어나지 못했다. 이런 모습이 그를 불변의 공산당 지도자로 만든 것은 사실이지만, 결코 위대한 역사적 인물이 될 수 없게 만든 이유도 되었다.

김태준의 의문을 원론적으로 봉쇄해버린 박헌영은 정치운동은 높은 학교 다닌 것과는 아무 상관이 없다고 충고했다. 학교 공부를 많이 해봐야 회의론자나 변절자가 될 뿐이라며, 경성제대 수석 졸업생으로 주목을 받고 있는 정태식을 가까이하지 않는 게 좋겠다는 말까지 했다. 또 11월에 모스크바에 다녀와야 하니 여비를 변통해달라고 의뢰하기도 했다. 김태준은 돈을 구해보겠다고는 했으나, 그 자신도 생계가 어려운 실정이라 실현하지는 못했다.

박헌영은 김태준의 집에서 고향 경남에 내려가 농민운동을 하고 있던 권우성을 만나기도 했다. 10월 26일에 상경한 권우성은 김태준의 집에 머물며 박헌영을 기다렸다가 농민운동에 대한 조언을 구했다. 그가 농민들에게 조합에 대한 교양 학습을 하는 중이라고 말하자 박헌영은 시간이 없으니

가르치려 하지 말고 팸플릿을 나눠 주어 스스로 연구하고 깨
닫게 하라고 말했다. 권우성은 그의 말에 따라 매월 15일 서
울에 올라와 기관지 『꼼무니스트』와 각종 공산주의 이론 팸
플릿들을 받아 갔다.

권우성이 활약한 경남 지방에서는 노동운동 쪽에서도 일
정한 성과를 거두고 있었다. 부산중공업 노동자 이기호, 욱
견직물공장 노동자 조복례 등이 정기적인 학습 모임을 갖고
하부에 노동자 조직을 확보해 나갔다. 조복례는 학교 교육을
받은 적이 없는 여성 노동자로, 태창직물에서 김삼룡의 아내
이옥숙을 만나 조직에 가담, 부산까지 파견되어 내려간 운동
가였다. 조복례는 해방 후 여성으로는 드물게 조복애와 함께
민주주의민족전선(민전)과 남로당 중앙위원으로 활동하게
된다.

박헌영은 1940년 11월 하순에는 김순룡의 방에 며칠간 은
거하며 기관지를 편집했다. 또 코민테른 동양부의 지시로 경
성에 잠입해 경성스프링제작소에서 활동하던 홍인의를 전농
동 집으로 찾아가 만나기도 했다.

경찰도 손 놓고 있지는 않았다. 12월 들어 일제 검거가 시
작되었다. 서대문경찰서에서 주도했다 하여 '서대문 사건'이
라 불리는 대량 검거 사건이었다. 맨 먼저 김삼룡과 이현상
이 체포되어 조직에 치명타를 입혔다.

박헌영은 이순금으로부터 경찰의 검거가 확대되고 있다는

보고를 받자 임양려와 함께 동부 송림정으로 이사했다가 다시 동부 창영정 85번지로 옮기는 등 안전 조치를 취하던 끝에 인천의 아지트 자체를 없애기로 결정했다. 임양려는 안전을 위해 대구로 내려보내기로 했다. 그녀는 인천에서 서돈희라는 가명으로 간호사 일을 하고 있었는데, 혼자 대구에 내려가 김순희라는 가명으로 취업을 하고 있으면 후일 이순금과 함께 내려가겠다고 약속했다.

아지트를 해체하는 날, 세 사람은 비밀문서들을 식기도구 등에 교묘하게 숨겨 인천 공익전당포에 저당 잡혀 놓고, 소형 등사기 등은 가구류에 숨겨 머리에 이거나 등에 지고 흩어졌다. 임양려는 약속대로 대구에서 간호사로 취직해 일하면서 박헌영과 이순금을 기다렸으나 그들은 오지 않았다. 임양려는 1941년 5월 공익전당포에 저당 잡힌 물건의 유출을 막기 위해 이자 2원 50전을 송금하기도 했으나 곧 체포되고 말았다.

1941년 1월 7일에는 이관술과 김태준이 한꺼번에 체포되었다. 이현상과 김삼룡의 공백을 메우기 위해 함경도에서 급히 올라온 이관술이 김태준을 만나다가 잠복에 걸려버린 것이었다. 체포된 이관술의 옷 속에서는 코민테른 중앙위원회 앞으로 보낸 박헌영의 영문 신임장이 나와 경찰의 집중 추궁을 받았다. 가로 6센티미터, 세로 9센티미터 크기의 작은 비단에 영문 타이핑한 것으로 이춘이라는 서명이 되어 있었다.

1940년 10월 초에 박헌영이 원문을 쓰고 김순룡이 타이핑한 것이었다. 이관술을 모스크바로 보내 1932년 코민테른의 지령을 받아 상하이로 출발한 이래 벌어진 일과 경성콤그룹을 통해 조선공산당을 재건하고 있다는 소식을 구두로 보고하려던 것이었다. 신임장을 소지한 이관술은 장순명이 추천한 박중화, 최정호를 통해 소련으로 건너가려 시도했는데, 박중화는 죽고 최정호는 만주에서 돌아오지 않아 지연되던 차에 체포되고 만 것이었다.

이관술까지 체포되자 서울 아지트를 정리할 수밖에 없었다. 정순년은 출산을 얼마 앞두고 있었다. 1941년 1월, 박헌영은 그녀를 청주 무심천 아지트로 내려보내는 한편, 고향의 어머니 이학규에게 연락했다. 헤어질 때, 그는 정순년에게 민들레 문양이 새겨진 쌍가락지를 끼워주며 말했다.

"머지않아 해방이 될 텐데 그때까지는 못 볼 거야. 그러나 해방이 되면 모든 사람이 자네를 받들게 될 걸세."

정순년만이 아니라 경성콤그룹의 모든 동지들에게 하고 싶은 약속이었을 것이다. 해방과 함께 밀려올 더 큰 불행을 알지 못한 채, 조금만 더 버티면 이 지긋지긋한 고생이 끝나고 영광의 시간이 오리라는 희망이었다.

정순년이 무심천 아지트에 내려가 두 달 정도 지내고 있으려니 한 자그마한 체구의 할머니가 아주머니 한 사람을 데리고 찾아왔다. 박헌영의 어머니 이학규였다. 해산에 필요한 미역과 기저귀 같은 물건들을 잔뜩 싸 들고, 밥 해줄 찬모까지 데리고 먼 길을 온 것이었다. 출산을 20일 앞둔 무렵이었다.

이학규는 산모의 건강을 위해 뜨겁게 불을 때주고 맛있는 음식을 해주었다. 잠 안 오는 긴 겨울밤이면 아랫목에 나란히 누워 세상에서 가장 사랑하는 아들에 대한 이야기도 들려주었다. 독립운동을 하면서 감방에 세 번이나 들어가 10년 넘도록 고생했다는 이야기며, 1년 전에 대전형무소에서 6년 감옥 생활을 마치고 나온 이야기, 신양의 박현주 집안에 관한 이야기들이었다.

1941년 3월 21일, 엄마의 체격을 닮아 크고 건강한 남자아이가 태어났다. 엄마를 닮아 눈도 코도 컸다. 유별나게 납작한 뒤통수며 큰 입은 할머니 이학규와도 비슷했다. 첫 손자를 얻은 이학규는 몹시 기뻐하며 작명가에게 맡겨 박병삼이라는 이름을 지어 왔다. 가운데 '병'은 박씨 집안의 돌림자였다. 아명은 세원이라 지어 영해 박씨 족보에는 박세원으로 올렸다.[36]

그러나 아이가 백일도 되지 않은 이해 여름, 정순년의 부모가 들이닥쳤다. 결혼도 하지 않은 몸으로, 어디 숨었는지 알수도 없는 사내의 아이를 낳아 키우고 있는 딸의 모습은 그녀의 아버지를 격분시켰다. 불같은 성격의 산포수인 정순년의 아버지는 갓난아이를 보기 싫다고 이불 위에 던져버리고, 딸만 끌고 가버렸다.

집에 끌려간 정순년은 1년이 넘도록 갇혀 있다가 아버지가 정혼해두었던 목수 박 씨와 억지로 결혼했다. 결혼하기 얼마 전, 이순금이 찾아와 둘이 밤을 이용해 도망치기로 했는데, 눈치를 챈 아버지가 골방에 가두고 밖에서 지키는 바람에 실패하기도 했다. 이순금은 그녀가 결혼한 후에도 한 번 더 찾아왔다. 뒷동산에 나란히 앉은 그녀는 아이는 건강하며 시어머니 이학규는 세상을 떠났고 박헌영은 경찰의 수배를 피해 사라졌다고 알려주었다. 두 여자는 어깨를 부여안고 많이 울었다.[37]

체포된 이들에게 집중적으로 가해진 고문은 박헌영을 찾아내라는 것이었다. 그러나 박헌영의 거처를 알고 있던 이관술, 김삼룡, 이현상, 정태식은 일본 경찰에 의해 '고문 강자'로 불리던 인물들이었다. 그들은 끝까지 박헌영의 행방에 대해 함구했다.

체포를 면한 박헌영은 일단 대구로 도피했으나, 초여름 들어 다시 서울에 잠입, 김재병, 이주상, 김순룡, 홍인의, 김한성, 조재옥, 이종갑 등 체포되지 않은 중간지도자들을 규합해 조직 재건에 들어갔다.

먼저 학생조직이 복구되었다. 보성전문 출신인 이종갑을 중심으로 여러 학교에 조직이 만들어졌다. 경성치의전문의 한관영, 이향규가 들어오고, 보성전문에서도 김상준, 김성강, 전윤모, 황용준 등이 가담했다. 경성공업고등학교의 조혜준,

이화여전의 최금숙, 경성제대의 김하경 등도 새로 가담했다. 이들 학생들은 『볼셰비키의 수기』, 『스탈린의 민족론』, 『공산주의운동의 좌익소아병』 등의 책자로 집중 교육을 받았다.

현장조직도 얼마간 재건되었다. 김삼룡과 김응빈의 체포로 섬유와 출판조직은 마비되었지만, 전기와 금속 부문은 살아남아 이주상과 조중심을 중심으로 활동을 재개했다. 이주상은 용산 길전공작소 노동자들과 경성역 기관구 등의 철도노동자를 조직했다. 여운철은 자신이 근무하던 일흥사에 여러 조직원을 획득했다. 여운철은 조직원 중에 가장 나이가 어린 1917년생으로 충남 논산에서 태어나 1939년 보성전문을 졸업한 후 경춘철도 등에서 공장 생활을 시작한 지식인 노동자였다.[38]

1941년 8월에는 기관지를 재발간하는 데 성공했다. 『선전』으로 제목을 바꾼 기관지는 김재병의 주도로 제작되었다. 그러나 기관지가 재개되자마자 또다시 대대적인 검거가 시작되었다. 종로경찰서에서 주도했다고 하여 '종로서 사건'이라 불리는 2차 검거였다. 9월에 김재병, 여운철 등 수십 명이 구속되면서 조직은 더 이상 유지할 수 없게 되었다. 1차 검거이래 10개월 사이 경성콤그룹 사건으로 연행된 인원은 수백명에 달했고, 그중 홍인의 외 56명이 재판에 넘겨졌다.

치명적인 타격을 입은 박헌영은 이후에도 행상인, 노동자, 한약사로 위장해 1년 이상 활동했으나, 1942년 12월 더 이상 버티지 못하고 서울을 떠났다. 목적지는 머나먼 전라도 광주였다. 광주를 도피처로 택한 것은 아직 그곳에 몇몇 조직원들이 지하조직을 유지하고 있었기 때문이다. 남선전기 광주지점의 윤도형, 조흥은행 광주지점의 고향, 그리고 조주순 등이었다. 광주행에는 이순금과 윤순달이 동행했다.[39]

이순금과 함께 가난한 행상 부부로 변장해 무사히 광주에 도착한 박헌영은 광주 지역 조직원들의 도움을 받아 김성삼이라는 가명으로 종연방직 광주공장의 위생인부로 취직할 수 있었다. 위생인부란 재래식 변소를 청소하고 똥지게를 메는 직업이었다.

얼마간 똥지게를 지고 화장실 청소를 하던 그는 일본의 징용 대상자로 지목되자 백운동 215번지에 있던 광주 연와공장으로 일자리를 옮겼다. 벽돌공장 사람들은 그를 김성삼 또는 김 서방이라 불렀다. 공장주 이득윤은 김 서방의 왜소한 체격을 감안해 벽돌 세는 일을 시켜보았다. 다른 사람이라면 땅바닥에 숫자를 써가며 한참 걸릴 계산을 그는 즉석에서 암산으로 해내는 것이었다. 보통 때는 남들과 다름없이 무식한 일꾼처럼 행동했고 자기의 감정이나 의사를 표시하는 법이 없었지만, 때때로 드러나는 깊은 생각에 잠긴 표정, 조용하고 점잖은 말투와 지그시 상대를 응시하는 눈빛, 수줍은 듯 조심스러운 겸손한 미소는 이 중년 남자의 본질을 숨길 수 없게 했다. 무언가 남다른 사람이라고 짐작한 이득윤은 현장일을 그만두고 사무실에 올라와 장부를 봐달라고 부탁했다. 의외로 김 서방은 일본어를 모른다며 완강히 거절했다. 인부 감독을 맡아달라는 부탁도 끝내 거절하고는 남들이 싫어하는 힘든 삽질이며 벽돌 나르기만 했다.

일당은 2원 70전이었다. 그는 힘든 노동에 점차 익숙해졌다. 평생 중노동으로 단련된 사람이라도 벽돌 나르는 일은 힘든 법인데, 벽돌을 잔뜩 지고 달음질로 뛰어다녀 사람들을 놀라게 하기도 했다. 여러모로 그의 정체를 궁금해하던 주인 이득윤은 결국 보통학교 4학년쯤 공부한 평범하고 성실한 중년 사내로 짐작하고 말았다.[40]

벽돌공장에서 일하는 사이 그의 신변에 또 다른 변화가 생겼다. 어머니 이학규가 사망한 것이다. 새 며느리의 산후 조리를 해주다가 졸지에 손자를 떠맡게 된 이학규는 신양으로 내려가지 않고 경기도 과천에 머물며 아이를 돌보던 중 1943년에 병사하고 말았다. 그녀의 장례를 맞은 신양 집은 조문객으로 발 디딜 틈이 없었다. 박헌영의 어머니였기 때문만이 아니라, 살아생전에 주변의 가난한 사람들을 잘 챙기고 도와준 인덕 때문이었다. 경찰은 그녀의 장례식에 박헌영이 나타나리라 예상하고 잠복근무를 폈으나 그는 끝내 나타나지 않았다. 세 살 난 아들 박병삼은 큰아버지 박지영의 손에 맡겨지게 되었다.

박헌영이 광주에 은거하는 동안 국내 항일운동은 거의 맥이 끊어졌다. 1941년 2월에 개정된 '조선사상범 예방구금령'은 사람들의 의지를 꺾는 결정적인 역할을 하고 있었다. 이 법은 전향할 가망성이 없거나 보호관찰이 불가능하다고 판단되는 사상범을 2년간 예방구금소에 수용할 수 있도록 했는데, 그 횟수를 마음대로 늘릴 수 있어 실제로는 무기한 수감이 가능했다.

1941년 1월에는 전향자 조직인 '시국대응전선사상보국연맹'이 확대 개편되어 '대화숙'이 만들어졌다. 여운형, 김한경, 고경흠, 인정식, 고명자, 황태성, 강영석, 안준, 주련 등 많은 이들이 대화숙에 가입해 각종 집회에서 연설하거나 잡지에 일본의 노선을 찬양하는 글을 실었다.

이들에 비해 이영, 정백, 최익한, 이승엽, 조봉암 등은 전향 성명서를 발표하거나 술집, 광산 브로커 생활을 했지만, 일본에 적극적으로 협조하지는 않았고 나름대로 내밀하게 비밀 조직을 만들려 애쓰고 있었다. 대화숙에 가입한 고경흠, 황태성 등도 나중에 여운형이 주도한 비밀결사인 건국동맹에 가담한다. 여운형 자신도 전향서를 쓰고 대화숙에 가입해 있었으나, 시국 집회에 나가 연설하거나 글을 쓰는 것은 물론, 창씨개명까지 거부한 채 건국동맹과 농민동맹을 만들어 해방에 대비하고 있었다. 하지만 어떤 경우든 끝까지 전향을 거부하고 감방에 가거나, 일본과의 어떤 타협도 거부한 채 수배 상태로 지하에서 해방을 맞은 경성콤그룹의 주력들과는 비교할 수 없었다.

　실형을 선고받은 경성콤그룹 핵심들의 건강은 심각했다. 경성제대 출신 김재병은 고문 후유증을 이기지 못하고 끝내 옥사했으며, 이관술, 이현상, 김응빈, 이주상 등도 심각한 내상을 입었다. 감옥에는 죄수를 치료할 의약품이라곤 없었다. 일본은 병에 걸린 환자를 밖에 내보내 치료하고 돌아오도록 했다. 네 사람도 폐렴, 폐결핵 등의 치료를 위해 3개월 기한으로 병보석을 얻어낼 수 있었다. 일단 집에서 치료를 하던 네 사람은 약속이라도 한 듯 일제히 달아나 대구, 대전, 보령군 등지에서 비밀조직에 종사하며 해방을 맞이한다.

　1941년 12월 7일 진주만 습격으로 미국과의 전쟁을 시작한 일본은 감옥의 죄수까지 돌볼 여력이 없었다. 죄수들의 식사는 나날이 열악해졌다. 나중에는 옥수수밥이나 콩밥조차 없어 삶은 콩깻묵을 먹어야 했는데, 그나마 썩어서 먹고 나면 설사와 복통에 시달려야 했다. 수감 기간이 짧은 일반수들은 배가 고파 견디지 못한 나머지 구두와 옷을 순사에게 벗어 주고 그것을 판 돈으로 밥을 사 먹었다. 굶주린 죄수들은 온종일 음식에 대한 이야기만 떠들어댔다. 배고픔 이외의 어떤 생각도 할 수 없는 그들을 아무도 말릴 수 없었다. 방역조차 제대로 안 돼 여름이면 변소의 구더기가 감방 바닥까지 기어 나와 꾸물거리고, 밤이면 빈대가 뜯어서 잠을 이룰 수가 없었다. 처우가 나빠지면서 불만이 늘자 간수들도 더욱 악랄해져 조금만 어긋나도 사정없이 때리고 기분이 조금만 상해도 밥을 넣는 구멍으로 물을 퍼부었다. 식민지 치하 마지막 수년을 감옥에서 보내다가 해방을 맞은 항일운동가들은 하나같이 뼈만 남은 듯 앙상하게 마른 데다 부황으로 노란 얼굴을 하고 있었다.

수난은 국내 운동가들만의 것이 아니었다. 만주 지역의 항일유격대들도 대대적인 탄압 아래 곤경에 빠져 있었다. 1941년 겨울 일본군의 대공세가 시작되자 만주 지역의 중국공산당 산하 항일연군에 소속되어 있던 조선인 부대들 사이에는 중국공산당 팔로군이 주둔하고 있는 옌안으로 피신할 것인가, 아니면 만주에서 계속 싸울 것인가 논란이 일었다.

결사항쟁을 주장한 이는 조선인 부대의 최고참 지휘자이던 항일연군 제3로군 군장 허형식이었다. 한말의 의병장 허위의 5촌 조카로 누구보다도 용맹한 전사인 그는 옌안에서 팔로군 산하 조선의용군이 일본군과 치열한 전투를 계속하고 있는 상황에서 후방을 교란하는 것이 유격대의 임무인데 상황이 어렵다고 해서 피신하는 것은 비겁한 짓이라고 질타했다.

반면, 또 다른 지휘관인 김일성은 역량도 되지 않으면서 대규모 공세에 맞서는 것은 무모한 소모전이라고 주장했다. 김일성은 본명이 김성주로, 평양 근교 만경대에서 가난한 기독교 집안의 아들로 태어나 중학교 때부터 항일운동에 뛰어든 젊은 지휘관이었다. 19세인 1931년 중국공산당에 입당해 만주 지역에서 항일무장투쟁을 해온 그는 1933년 왕청유격대대의 정치위원이 된 것을 시작으로 1938년 11월부터 항일연군 제1로군 제2방면군 군장으로 임명받아 수십 명의 대원을 이끌고 있었다. 그는 허형식의 반대에도 불구하고 소련령으로의 후퇴를 결정해버렸다. 다른 부대들은 후퇴하더라도 팔로군이 있는 중국 내륙의 옌안으로 갔는데, 김일성은 아예 국경을 넘어 전투가 없는 안전지대로 피신한 것이었다.

끝까지 만주에 남아 싸우던 허형식은 1942년 7월에 전사하고 말았다. 일본은 그의 사살 소식을 대대적으로 보도하고 목을 잘라 경찰서 입구에 매달아 전시했다. 뒤늦게 부하들이 그의 주검을 수습하러 현장에 갔으나 허형식의 몸은 승냥이들에게 뜯겨 다리 일부만 남아 있었다.

한편, 무사히 소련 국경을 넘어간 김일성 일행은 하바롭스크 부근에서 소련 정보기관에 체포되었다. 독일과 싸우고 있던 소련의 입장에서 보아 독일의 동맹국인 일본은 적국이었고, 식민지 조선인들 역시 일본군에 자원입대하는 적국민으로 취급되었다. 소련군은 국경을 넘어오는 조선인들은 일단 일본의 밀정으로 보아 엄중하게 취조했다. 규모를 갖춘 정식 유격대로 넘어왔다면 환영을 받았을지도 모르지만, 개별적인 형태로 국경을 넘어온 김일성은 더욱 의심을 샀다. 김일성은 두 달이나 소련 기관원들에게 극심한 구타와 고문을 당하고서야 풀려날 수 있었다.

소련군은 신원이 확인된 김일성을 비롯한 조선인 월경자들을 소련군 동북방면군 제88정찰여단에 입대시켰다. 제88정찰여단은 장차 일본과의 전쟁에 대비해 군사·정치 전문가를 양성하기 위해 스탈린의 직접 지시로 만들어진 특수부대였다. 1942년 6월 창립 당시 550여 명이던 부대는 점차 인원이 늘어나 80여 명의 조선인과 중국인, 러시아인 등 1,350여 명으로 구성되었다.[41]

김일성은 중국 공산당원으로서 진지첸이라는 중국식 이름으로 조선인 부대 80여 명을 지휘하게 되었다. 대원 중 60명은 조선 출신이고 나머지는 소련 교포들이었는데, 조선 출신은 모두 중국 공산당원으로 중국 이름을 가지고 있었다. 제88정찰여단은 기본적으로 중국인으로 이루어졌고, 언어도 중국어로 통일되어 있었다. 김일성을 비롯한 조선인 대원들은 중국 이름을 썼을 뿐 아니라 중국옷을 입고 중국어를 썼기 때문에 다른 나라 대원들은 세계대전이 끝난 후에도 제88정찰여단에 조선인이 있었다는 사실조차 모르는 이가 많았다.

조선 출신 대원은 김일성을 포함한 몇 명만이 중학교를 다녔을 뿐, 나머지는 보통학교 중퇴가 대부분이었다. 계급도 낮아서 대위인 김일성 아래 두 명의 중위를 제외한 나머지는 하사관 아니면 사병이었다. 소련 교포들은 그래도 고등학교 졸업자가 많았지만, 조선인 중 유일한 대학 출신은 훗날 김일성의 주치의가 되는 이동화 한 사람뿐이었다.

부대원들은 새벽 6시에 기상해 여덟 시간 동안 정치 학습과 군사훈련을 하는 게 기본 일과였다. 체조, 육박전, 실탄사격, 스키 훈련이 계속되었다. 월경해 넘어오는 중국인과 조선인들이 갈수록 늘어나 부대 확장이 결정된 이후에는 훈련보다 훨씬 많은 시간을 작업에 매달려야 했다. 모든 대원들은 벌목과 채석을 해 집을 짓는 일에 대부분의 시간을 보냈다. 식량 문제 해결을 위해 스스로 옥수수, 토마토, 호박 같은 작물을 길러 먹었다. 농사철이면 들판에 불을 놓아 땅을 갈고 씨를 뿌렸으며, 강가에서 물을 길어 마른 땅을 적셨다.

제88정찰여단은 직접 항일전투에 투입된 적이 없었다. 서부전선에서 독일과의 전쟁에 총력을 다하고 있던 소련은 동쪽에서 일본군이 개전하는 것을 꺼렸다. 김일성을 비롯한 조선인 대원들의 꿈은 오로지 일본군과 직접 전투를 하는 것이었지만, 소련은 일본과의 전쟁을 피하기 위해 안간힘을 썼다. 소련군사령부는 최석천이라는 가명으로 불리던 항일연군 제7군 군장 최용건 등 소수 정예를 국경 너머로 보내 일본군의 동향을 탐지하는 정도의 첩보 임무만을 부여했다.

김일성 부대가 첩보 수집 업무 이외에 일본군과의 직접적인 전투에 투입되지 못했다는 사실은 여단장인 중국인 저우바오중의 보고서에 정확히 등장할 뿐 아니라 해방 이듬해 좌

익 언론인 김오성이 쓴 『지도자 군상』 중 '김일성론'에도 그
대로 서술되었다.

"일본이 차츰 패전에로 기울어지고 소련이 정의의 무기를
들어 일본의 공격을 준비하게 될 때에 김일성 장군은 다시
막하 준예(俊銳)들을 만주에 들여보내 관동군 전멸에의 온갖
공작을 진행시켰다. 만주의 온갖 요가(要街)에 군대가 배치되
었고 비행기가 20여 대나 준비되었던 것이니, 이것은 대부분
징병 학병 등 일본 군대 내의 조선인 장병들과 연락해서 이
루어진 계획이었다. 그리하여 이 세기적인 계획을 실현하려
는 직전에 일본의 항복으로서 그만 아깝게도 무효로 돌리고
말게 된 것이다."[42]

이 글은 김일성이 유격대를 이끌고 백두산 일원에서 해방
되는 그날까지 일본군과 전투를 벌였다는 훗날의 북한 기록
과는 전혀 다른 내용을 담고 있다. 이때 연락을 위해 중국에
드나든 이는 최용건으로, 1943년 옌안의 조선의용군을 찾아
간 그는 사령관 김무정의 큰딸에게 '옌안의 고려인'이란 뜻
으로 '연려'라는 이름을 지어주기도 했다.

소련은 독일과의 전쟁이 완승으로 끝난 후인 1945년 8월
9일에야 일본에 선전포고를 했다. 종전을 겨우 6일 앞둔 날
이었다. 게다가 제88정찰여단은 대일전이 시작된 후에도 전
선에 투입되지 않았다. 여단장 저우바오중은 거듭 전투에 참
여시켜달라고 요청했으나 끝내 총 한 방 쏘지 못했다. 소련

입장에서는 수년간 공들여 훈련시킨 이들을 막바지 발악을 하는 일본군 앞에 세우고 싶지 않았던 것이다. 실제로 일본군은 종전이 선언되고도 사흘 후인 8월 18일까지 청진, 나남 등지에서 완강하게 저항해 1만 2,300여 명이 죽었고, 소련군도 1,600여 명이 전사했다.[43]

소련군은 대일전이 끝나 조선이 해방된 후에야 김일성을 지휘자로 한 조선인 부대를 군함 푸가초프호에 태워 원산으로 상륙시켰다. 바로 직전인 1945년 7월에 수립된 소련군의 계획에 따르면, 대대장 김일성을 포함한 80여 명의 조선인 부대원들은 북한의 주요 도시에 주둔한 소련군 위수사령부의 부사령관으로 임명하거나 지방 자위대와 주민 속에 투입하도록 되어 있었다. 원산에 상륙하자마자 북한 전역에 흩어져 소련군 위수사령부의 조선인 책임자로 발령된 이들은 훗날 빨치산파로 불리는 강력한 정치 세력이 된다.

소련의 이 선택은 합리적이지 못한 것이었다. 김일성 등이 소련 땅으로 이동한 뒤에도 중국에서는 조선인들의 항일무장투쟁이 줄기차게 이어지고 있었다. 중국공산당에 소속된 이들은 일부는 만주에서, 대다수는 팔로군의 근거지인 옌안에서 항일전을 계속했다. 박헌영의 지시로 옌안에 갔다가 독립동맹 톈진 책임자로 활동하다 돌아온 김명시는 해방되던 해 12월의 귀국 연설에서 보고한다.

"11월 7일 중국 펑톈에서 열린 러시아혁명 기념식에 6천

명의 조선인 병사들이 소련군과 함께 열병식에 참석했다."

이들 병사의 다수는 해방 후 모집된 의용군이었으나 일부
는 식민지 마지막까지 전투를 벌여온 항일유격대였다.

조선 국내에도 수많은 항일운동가들이 존재했다. 1939년
일본 경찰의 요시찰 대상자가 7,600명이었다. 식민지 치하에
국내에서 공산주의운동에 가담한 숫자는 최소 3만 명으로
추산되었다. 해방 당시 형무소에 수감되어 있던 정치범만도
수천 명이 넘었다. 식민지 치하 공산주의운동가들의 감옥살
이 햇수를 합치면 6만 년이나 된다던 박헌영의 말은 결코 과
장이 아니었다.

중국 내륙과 조선 국내에 이처럼 많은 항일 사회주의자들
이 존재했음에도 80여 명의 김일성 부대원들에게 한반도 공
산주의운동의 미래를 맡긴 것은 소련의 사회주의 패권주의
에 지나지 않았다. 투철한 민족주의적 항일 투지는 있으되
사회주의의 정치 경제에 대한 진지한 고민을 해볼 기회가 없
던, 대개 보통학교 중퇴 수준인 빨치산파들이 주도하는 북한
정권은 처음부터 한계가 있었다.

하지만 아직 불행은 시작되지 않은 시각이었다. 광주에서
평범한 노동자로 땀 흘려 일하는 중에도 공산당 재건을 위한
박헌영의 노력은 계속되었다. 그는 이순금 등을 통해 경성
주재 소련영사관과 비밀전갈을 주고받고 있었다. 소련영사
관 부영사 이바노비치 샤브신이 그 담당이었다.

샤브신은 공식 직책은 외교관이지만 실상은 소련 정보기관에 소속된 중좌로, 1939년부터 서울에 주재하며 한반도 정세를 모스크바에 보고하고 조선의 지식인들에게 사회주의 소련의 우수성을 선전하는 비밀업무를 맡고 있었다. 언론이 완벽하게 통제되고 있는 상황에서 그의 역할은 중요했다. 조선어 신문들은 폐간되었고, 총독부 기관지『매일신보』등은 일본의 승전 소식만을 전달하고 있었다. 중국 내륙과 남양군도에서 일본군이 연전연패하고 있음에도『매일신보』는 조작된 승전보로 도배되고 있었다. 하지만 박헌영은 샤브신을 통해 일본이 궁지에 몰리고 있다는 정확한 정보를 입수할 수 있었다.[44] 일본이 조만간 패망하리라는 확신을 가진 그는『일본필패론』이라는 제목의 소책자를 제작해 윤순달과 이순금을 통해 배포하기도 했다.

패망이 다가오면서 일본의 전향 강요도 막바지로 치닫고 있었다. 전향을 하고 일본에 협력하지 않으면 쌀 배급을 못 받아 당장 굶어야 했다. 시골에 땅이 있어도 쌀이 전량 공출되면서 소작료를 받지 못하고 배급 쌀을 먹어야 하니 처지는 마찬가지였다. 전향을 거부하려면 박헌영이나 이관술처럼 신분을 위장하고 막노동에 종사해야만 했다. 이현상의 경우는 덕유산 자락 산동네에서 남의 집 머슴살이를 했다. 사회주의자는 아니었으나 기개 있는 소설가 이태준도 일본의 친일 강요를 뿌리치기 위해 고향 철원의 작은 마을에 은둔해 해방을 기다렸다.

남아 있는 공산주의자 조직은 극소수에 불과했다. 해방 후 박헌영은 이 시기 국내에는 여섯 개 정도의 소규모 조직이 남아 있었을 뿐이라고 술회한다. 코민테른의 지시를 받은 조선공산당 재건위원회 계열 세 개와 프로핀테른의 지시를 받은 원산 지역 태평양노조 계열의 세 개였다.

조선공산당 재건위원회 계열은 이관술·이현상·이주상·김봉한 등의 대전 조직, 김태준·박진홍·서중석 등의 서울 조직, 그리고 이승엽·정재달이 조직한 화요파 공산주의자 그룹을 뜻했다. 서중석이 이끌던 서울 조직은 1944년 겨울 조선의용군의 국내 진입을 상의하기 위해 김태준과 박진홍을 옌안으로 파견하기도 하고, 인천의 이승엽이 제작해 보내온 기관지 『자유의 길』을 읽고 토론하기도 했다.[45]

좌익 계열의 또 다른 축인 여운형은 1944년 8월 민족주의, 공산주의, 중도파를 망라해 건국동맹을 결성했는데, 이승엽을 중심으로 한 화요파 그룹은 처음부터 이에 가담했다. 대구 출신 이상훈, 정운해, 김관제 등은 경북을 맡았고, 충북 영동 출신인 장준, 황해도의 여권현도 가담했다. 경북 문경 출신인 정재철과 김천 출신 황태성도 각각 강원도와 전라도를 책임졌다. 해방을 몇 달 앞둔 1945년 봄에는 경성제대 그룹인 이강국, 박문규, 최용달도 합류했다.

규모 면에서만 보면 여운형의 건국동맹이야말로 해방을

맞는 국내의 가장 큰 항일조직이라고 할 수 있었다. 이승엽, 정운해, 정재철 등 지방 책임자의 다수가 경성콤그룹 소속이거나, 과거 박헌영과 함께했던 인물이란 점도 의미가 있었다.

그러나 그 어느 쪽도 구체적인 투쟁은 하지 못했다. 옌안의 조선의용군과 공동투쟁에 합의하기도 했으나 실질적으로 이루어진 것은 없었다. 박헌영이 국내 유격대를 만들려다 실패한 것처럼 여운형도 이승엽, 정재달, 조동호 등 여섯 명이 군사위원회를 조직해 각 지구별로 노동자의 군대인 노동군을 만들도록 했으나 구체적으로 진행되지는 못했다.

해방 3개월 전인 1945년 5월, 독일이 무조건 항복을 선언했다는 소식을 들은 박헌영은 공장주의 아내에게 양복을 한 벌 만들어달라고 부탁했다. 그러나 공장주의 아내는 "일꾼이 무슨 출입복인가? 국민복이나 입고 다니면 되지" 하고 업신여기며 상대해주지 않았다.

8월 15일, 거리는 온통 태극기를 든 만세 인파로 넘치고, 모르는 사람들끼리도 서로 끌어안고 감격의 눈물을 흘렸으나 박헌영은 담담했다. 그는 조선의 해방이 "아닌 밤중에 찰시루떡 받듯이 찾아왔다"고 표현하곤 했지만, 이는 대동아공영의 환상에 사로잡혀 있던 친일매국노들과 무지한 일반 민중에 대한 표현이었다. 해방의 시기를 거의 정확히 예측하고 있던 공산주의 지도자들은 기뻐했을지언정 놀라지는 않았다. 대전의 한 고물상에서 넝마주이로 해방을 맞은 이관술은 해방 소식을 듣고도 만세도 부르지 않고 담담하게 자신의 고물들을 챙겨 사람들을 의아하게 했다.

박헌영은 공장주에게 "장래를 위해 서울로 간다"는 간단한 인사말을 남기고 허름한 옷차림 그대로 벽돌공장을 떠났다. 마지막 날까지도 공장주는 물론 누구도 그가 그 유명한 수배자 박헌영이라는 사실을 알지 못했다.

식민지 말기 조선인들의 삶은 참담했다. 봄이 되면 온 들판이 흰옷 입은 사람들로 점점이 뿌려져 있었다. 남녀노소 할 것 없이 쑥과 냉이를 뜯는 사람들이었다. 쑥을 뜯어 비상용으로 남겨둔 쌀이나 보리와 섞어 묽은 죽을 끓여 먹을 수만 있어도 다행이었다. 소나무 속껍질을 벗겨 물에 불린 다음 절구에 찧어 먹는 모습은 전국 어디서나 볼 수 있었다. 다소 양심적인 관리들은 공출 대상이 아닌 쑥이나 호박을 심어 먹으라고 요령을 가르치기까지 했다. 군량도 부족한 일본군은 논에 남은 지푸라기까지 말먹이로 공출해 갔다.

이 와중에도 총독부 관리가 된 조선인들은 먹고사는 데 큰 지장이 없었다. 마을 구장만 해도 이런저런 혜택을 받아 굶주릴 일이 없었다. 보통의 조선인들만 뼈만 앙상하게 말라갔다. 그런데도 배가 고프다고 말해서는 안 되었다. 배고프다는 말만 해도 배부른 사람들을 욕한다고 의심받았다. 가난한 사람을 가난하다 말하고, 부자를 부자라고 말하는 것만으로도 말 많고 불만 많은 빨갱이로 몰렸다. 동전 한 개를 잃어도 두

리번거리며 찾는 것이 인간인데 나라를 통째로 잃고도 나라 이야기만 하면 불온분자로 몰렸다.

이제 그런 시절은 끝난 것일까? 스스로 공산주의자임을 밝혀도 잡아가 고문하고 죽이지 않는 새로운 세상이 열린 것일까? 이제는 더 이상 배를 곯지 않아도 되고, 배가 고프면 고프다고 말해도 좋은 그런 세상이 온 것일까? 내 나라에 남의 군대가 들어와 주인 행세를 하는 시절은 이제 진정 끝난 것일까?

6

애국자와 반역자

朴憲永 評傳

해방 사흘째인 1945년 8월 17일 저녁 8시경, 어둠이 깔린 전남 광주시 대의동 창평상회 앞에는 목탄트럭 한 대가 시커먼 연기를 뿜으며 출발을 서두르고 있었다. 해방과 동시에 발족한 건국준비위원회 전남지부 대표들을 태우고 서울로 올라가는 차량이었다. 열차 운행이 중단되었기 때문에 해방 후 광주에서 서울로 향하는 최초의 차량이기도 했다.

건국위원들은 운전석 옆 상석에 타고, 서로 잘 모르는 남녀 10여 명은 적재함에 앉거나 섰다. 그중 몇 명은 조흥은행 광주지점 직원인 고향이 건국위원들에게 양해를 받아 태워준 사람들이었다. 벽돌공장에서 일하던 차림 그대로 바지를 둘둘 말아 올린 때 묻은 무명 한복에 고무신을 신은 박헌영과 3년간 그의 곁을 지키던 이순금, 윤순달, 조주순이었다. 건국위원들은 초라한 옷차림에 그다지 볼품없는 외모를 가진 이 사내가 박헌영이라고는 상상하지 못했다.

연기를 뿜으며 출발한 목탄트럭은 장성에서 깊은 밤을 보내고 새벽에 다시 출발해 18일 아침 전주역에 닿았다. 건국위원들이 아침을 먹는 사이, 시내에 나갔다 온 박헌영은 줄무늬 감색 양복에 구두 차림이 되어 있었다. 뒤에는 막 전주형무소에서 석방된 두 사람이 따랐다. 경성콤그룹의 핵심이던 김삼룡과 중국공산당에 들어가 활동하다 체포되어 11년이나 감옥살이를 하고 있던 문갑송이었다. 둘 다 시퍼런 죄수복을 그대로 입고 있던 데다 오랜 수감 생활로 햇볕을 못 받은 얼굴이 파리했다.

새로 두 사람을 태우고 출발한 트럭은 공주에서 점심을 먹느라 잠시 쉬었다가 오후 내내 비포장도로를 달려 저녁 무렵에서야 서울로 접어들었다. 3백여 킬로미터를 가는 데 꼬박 하루가 걸린 것이었다. 박헌영 일행은 남대문 앞에서 하차해 고맙다고 인사를 건네고 사라졌다. 건국위원들은 그제야 그들이 박헌영 일행이라는 사실을 알고 깜짝 놀랐다.

박헌영 일행이 서울로 올라오고 있는 사이, 서울 시내에는 그를 찾는 벽보와 전단이 나돌고 있었다. 해방되던 당일 오후부터 "지하에 숨어 있는 박헌영 동지여! 어서 나타나서 있는 곳을 알려라! 그리하여 우리의 나갈 길을 지도하라!"는 내용의 전단이 종로네거리 일대에 뿌려지더니 "박헌영 동무는 빨리 나타나서 우리들의 지도에 당(當)하라"는 커다란 벽보가 붙어 시선을 끌었다. 조악한 글씨에 엉성하게 등사된 전단과 벽보들은 박헌영이 등장하기까지 며칠 동안 시내 중심가에 계속해서 나붙어 있었다. 이 전단과 벽보들은 해방 당일 서울에 올라온 이승엽 등 경성콤그룹 세력이 배포했다는 말도 있고, 여운형의 건국준비위원회에서 만들어 뿌렸다는 말도 있지만, 정확히 확인된 기록은 없다.

하지만 지하 생활에 익숙한 박헌영은 일반 대중 앞에 나서기를 꺼렸다. 아직 서울에 오기 전인 해방 바로 다음 날, 광주극장에서 열린 건국준비위원회 전남지구 결성식에서도 다른 사람들은 너도나도 애국자라고 앞에 나가 열렬한 박수갈채를 받았으나 박헌영은 뒷전에서 말없이 구경만 했다. 누군가 그를 무대 위로 올려 보내 인사를 시키려 했으나 한사코 거부했다.

박헌영이라는 이름은 김구와 이승만만큼 널리 알려지지는 않았어도 신문을 읽는 정도의 지식인이라면 모를 수가 없었다. 감옥에서 처음 만나는 항일운동가끼리는 "박헌영을 아느냐?"는 질문이 서로의 정체를 확인하는 인사말로 통용될 정도였다. "저 사람은 이현상만큼 감옥살이를 오래 한 사람이다"라는 말로 투쟁 의지를 측정하던 것과 같았다.

이제는 공개된 대중정치가로서 군중이 있는 곳이라면 어디든 찾아가 그들의 지지와 애정을 호소해야 했다. 그러나 박헌영은 여전히 자신을 모르는 사람 앞에 노출하기를 한사코 꺼렸다. 서울에 올라온 후에도 그는 좀처럼 대중 앞에 나서려 하지 않았다. 여운형이 해방 당일부터 휘문중학교에 모인 군중 앞에 나가 감격의 연설로 민심을 사로잡은 것과는 대조적이었다. 이는 대중정치가로서 박헌영의 치명적인 결함을 드러낸 것이었다.

서울에 도착한 박헌영의 관심을 끈 것은 이영과 정백이 조선공산당을 결성했다는 소식이었다. 조선에 공산주의운동이 시작되던 그날부터 박헌영 계열과 대립해오던 이영과 정백이 해방되던 당일 한밤중에 급히 공산당을 급조해낸 것이다. 그 의도는 명백했다. 박헌영 쪽이 조선공산당을 결성하기 전에 선수를 친 것이었다. 종로 2가 장안빌딩에 모여 만들었다 하여 장안파 공산당이라 불리게 된 이 당에는 항일운동에서 이탈해 술집이나 광산에서 또는 미곡상으로 살아온 이들이 다수 참여하고 있었다.

보고를 들은 박헌영은 불같이 화를 내며 이영과 정백을 비난했다. 그는 20여 년째 대립해온 이영 일파와의 협상은 불가능하다고 판단했다. 그들과 합의를 보기 위해 시간을 보내기보다는 경성콤그룹을 중심으로 다시 제대로 된 공산당을 만드는 게 낫다는 생각이었다. 불과 수 시간 만에 내려진 결정이었다.

서울에 도착한 당일인 8월 18일 한밤중, 종로구 계동에 있는 홍증식의 집에는 박헌영과 그의 가장 헌신적인 동지들이 하나둘씩 모여들었다. 이관술, 김삼룡, 이현상, 김형선, 이순금, 이주상, 권오직 등 18명이었다. 화요파 출신 중 장안파 공산당에 참가했던 이승엽, 홍증식, 최원택도 합류했다. 박헌영은 이 자리에서 경성콤그룹이 조선공산당의 적통을 이어받은 정통 세력임을 확인하고 경성콤그룹을 조선공산당 재건위원회로 개칭한다고 선언했다. 김형선과 김삼룡은 조직을, 홍증식은 자금을, 권오직과 최원택은 장안파 공산당에 대한 흡수 공작을 맡기로 했다.

이날의 선언은 1930년 모스크바에 머물던 당시 자신과 박애, 최승우의 트로이카가 코민테른으로부터 부여받은 조선공산당 재건의 임무가 아직도 유효하다는 암묵적 동의를 바탕으로 하고 있었다. 사실 코민테른은 제2차 세계대전에 대한 각국 사회주의자들의 이해관계 때문에 1942년에 해산되어 없어진 상태였다. 코민테른의 명령은 이제 의미가 없었다. 하지만 국내 공산주의자들은 박헌영이 코민테른의 명령을 받은 최고지도자라는 오랜 약속에 동의했다. 코민테른 해산 후 세계 공산주의운동의 주도권을 쥔 스탈린이 조선의 공산주의 지도자로 우선 선정한 인물은 김일성이라는 사실이 드러나기 전까지만 유지될 불완전한 합의였다.

공산당 재건에서 결정적인 역할을 할 곳은 서울 주재 소련 영사관이었다. 소련과 연계되어 그들의 승인을 받지 않으면 공산당으로서의 권위를 가질 수가 없었다. 박헌영은 홍증식의 집에서 재건위를 결성한 바로 다음 날 곧장 소련영사관을 찾아갔다. 직접 대면한 적은 없으나 식민지 마지막까지 비밀

연락을 주고받아온 샤브신을 만나기 위해서였다.

박헌영은 러시아어에 능숙한 편이었다. 가끔 어려운 단어를 망설여 선택하는 경우 외에는 자기 생각을 무난히 러시아어로 표현해낼 수 있었다. 샤브신을 만난 그는 조선공산당의 재건은 자신과 자신의 동료들에게 맡겨달라고 요청했다. 샤브신은 그의 세 차례에 걸친 감옥 생활 등 화려한 투쟁 경력과 마르크스 레닌주의의 이론을 치하하며 적극 지원하기로 약속했다.

공식적으로 조선공산당 재건준비위원회가 발족한 것은 8월 20일이었다. 종로구 낙원동 안중빌딩 2층에서 열린 대회에서 박헌영은 다시 한 번 경성콤그룹이 조선공산당의 정식 계승자이며, 이를 토대로 조공 재건위가 결성되었음을 선언했다.

해방 당시 감옥에서 석방된 항일운동가는 최소 수천 명이 넘었다. 이 중 절대 다수가 공산주의 계열이었다. 감옥 밖에 있던 공산주의자들은 그보다 훨씬 많았다. 경성콤그룹이 아무리 전국적으로 활동했다 하더라도 직간접적으로 그에 연관된 운동가는 1천 명 정도로 보아도 무방했다. 이 인원이 수만 명에 이르는 조선 공산주의운동을 총체적으로 대변한다고는 말할 수 없었다. 박헌영의 이날의 선언은 장차 공산주의자 내부에 커다란 분열을 불러일으키는 소재가 되었다.

박헌영이 공산주의운동의 최고지도자라는 사실 자체에 대

한 반발은 아니었다. 1925년 고려공청 책임비서를 맡을 때부터 그의 이름은 널리 알려져 있었다. 코민테른의 명령이 아니더라도, 감옥에서 그를 만난 수많은 운동가들은 그가 누구보다 뛰어난 이론가요, 믿을 수 있는 지도자라는 점에 이의를 달지 않았다. 박헌영의 등장만으로도 장안파 공산당이 붕괴되고 재건파가 순식간에 전국적인 조직망을 갖추게 된 것만으로도 그의 위력은 충분히 입증되었다.

문제는 경성콤그룹이라는 이중 조직의 존재였다. 박헌영으로부터 절대적인 신뢰를 공인받는 이들은 공산당 내부에 독자적이라고 해도 좋을 만큼 강력한 세력을 형성했다. 이들은 식민지시대 마지막까지 한 치도 굴복하지 않고 버텨온 것이 사실이었고, 개인적 욕심이나 권력욕에 취할 사람들도 아니었다. 박헌영이 그랬듯이, 이관술, 이현상, 김삼룡, 이주하 등 경성콤그룹의 핵심들은 자신의 존재를 영웅적으로 부각하는 것은 물론 대중적으로 드러내는 것조차 극히 꺼리며, 아무런 사심도 개인적 시간도 없이 오로지 당 활동에만 모든 것을 바쳤다. 그러나 공산주의운동에 대한 일체의 회의나 비판도 용납하지 않는, 거의 맹목적이라고 할 이 철두철미한 헌신성은 그렇지 못한 대다수를 포용하기에는 너무 엄격했다. 그들은 과거에 조금이라도 일본에 타협한 흔적이 있거나 운동에서 이탈했던 사람들, 혹은 분파적인 태도가 확인된 이들을 가차 없이 배격했다. 나아가 자신들과 함께한 이력이 없는 지방의 운동가들에 대해서는 처음부터 불신과 경계심을 갖고 대했다.

특히 조직 책임자인 김삼룡은 한 번 배신했던 이들을 믿지 않았다. 그는 차라리 운동 경험이 일천하여 좌익 맹동주의에 경도되기 쉬운 젊은 공산주의자들을 파견해 지방 조직을 장악하게 함으로써 거센 반발을 자초했다. 물론 이는 박헌영의 원칙이자, 그가 김삼룡에게 절대 권력을 부여한 결과였다. 합법적 대중정당으로 출발하는 이제는 진보라는 커다란 테두리 안에서 보다 다양하고 복잡한 생각과 경험을 가진 이들을 하나로 끌어모아 화합을 이뤄내 단결시킬 필요가 절실했으나, 박헌영은 그렇게 하지 못함으로써 스스로를 고립시키게 된 것이다.

경성콤그룹의 이 정치적 결함을 비집고 일어선 것은 공산당 입당을 거부하고 독자적으로 혁신 정당을 추진하던 세력들, 공산당에 입당했으나 자신이 원하는 직위를 받지 못한 불평불만자들이었다. 어떤 경우든 대개 전향을 했거나 대화숙에서 활동했던 이들, 아니면 운동에서 이탈한 경력으로 요직에서 배제된 이들이었다. 중앙에서 잘 알지 못해 소외당한 지방 운동가들도 경성콤그룹의 독주에 불만을 털어놓으며 결속되었다.

이들은 점차 당 내부에 반중앙파를 형성해 사면팔방에서 치열한 공격을 시작했다. 그 선두에는 식민지 때부터 박헌영의 화요파와 대립해온 서울파, 엠엘파, 상하이파 등이 있었다. 후미에는 국내 조직 기반이 거의 없었으나 장차 한반도 전체의 공산당 주도권을 장악하려는 야심으로 가득한 북한의 김일성파가 있었다. 철저히 신뢰하는 극소수 동료로 조직을 운영하는 데 익숙한 박헌영의 비대중적 방식은 결국 이들의 협공을 받아 자신의 목을 옥죄는 결과를 낳게 될 것이었다.

조공 재건위 결성식을 기점으로 일어난 또 다른 논란은 '8월 테제'였다. 이날 회의에서 박헌영은 '현 정세와 우리의 임무'라는 선언을 제기해 잠정적인 정치 노선으로 통과시켰다. '8월 테제'라 불리게 된 이 선언은 몇 가지 점에서 정적들을 자극하거나 새로운 정적을 만들 소지가 있었다.

8월 테제에서 박헌영은 먼저 제2차 세계대전의 성격을 국제파시즘과 군벌독재에 맞선 민주세력의 승리요, 민족주의에 대한 국제주의의 승리라고 규정했다. 조선은 일본과의 전쟁에서 떳떳한 역할을 못 했을 뿐 아니라 자신의 의사와 달리 오히려 일본의 제국주의 전쟁에 협조했다는 사실을 반성해야 한다고 지적했다. 조선의 노동자와 농민, 도시 빈민과 지식인들은 진보적 민주주의를 희망하고 있지만, 지주, 자본가, 상인 등 민족 부르주아지는 친일 성향을 벗어나지 못하고 반민주주의 국가 건설을 기대하고 있다고 보았다. 조선의 민족 부르주아지들은 어떤 희생을 치르더라도 자기의 친일적 성향을 숨기려 하고 있으며, 좌파 민족주의자, 민족개량주의자, 계급투쟁을 거부한 사회개량주의자, 일본 제국주의에 봉사한 반역자들인 사회파시스트들까지 민주주의 혹은 공산주의라는 가면을 쓰고 나타나는 현실을 우려했다.

박헌영은 이런 총체적인 상황을 고려해, 조선 혁명의 현 단계는 부르주아민주주의혁명 단계라고 규정하고, 후속 논문들을 통해 자신의 주장을 보다 구체적으로 피력했다. 그 내용은 모스크바 유학 시절이던 1929년 12월 마자르의 주재로 열린 동방노력자공산대학 토론회에서 결론 내린 것과 크게 다르지 않았다.

박헌영은 부르주아민주주의를 세 종류로 나누었다. 첫째는 미국과 영국처럼 자본계급 부르주아가 영도하는 민주주의였다. 둘째는 히틀러의 지배로부터 해방된 동유럽 각국에서 발전되고 있는 인민적 민주주의로서, 국민의 다수를 차지하는 민중들이 영도하는 민주주의였다. 셋째는 소련에서 시행되고 있는 프롤레타리아 민주주의, 즉 사회주의적 민주주의였다. 박헌영은 조선은 이 세 가지 중에서 두 번째 형식인 인민적 민주주의 방향으로 나가야 한다고 보았다. 영미식 자본주의도 아니요, 소련식 사회주의도 아닌, 제3의 형태로 가자는 것이었다. 그는 말했다.

"조선 혁명의 제일 첫 번째 단계는 민족해방과 일반민주주의적인 것이다. 우리는 단계를 뛰어넘는 비약을 허용해서는 안 된다. 조선은 민주주의의 과제들을 해결해야만 하는 부르주아민주주의 단계를 거치고 있다. 따라서 공산당은 조선을 건설하는 데 있어서 민주적 방도를 택해야 한다. 민족의 독립을 달성하고 농민 문제를 해결하며 언론·결사·출판의 자유를 보장하는 인민공화국을 수립하는 것이 지금의 단계다."

사회주의 제도를 운영하는 데 필요한 기본적인 민주주의 훈련과 생산력의 기초가 이루어지지 않은 조선의 현실에서 그의 주장은 대단히 상식적인 내용이었다. 여운형이 이끄는 조선인민당의 이론가 김오성은 남북의 정치지도자들을 그린 책 『지도자 군상』에서 박헌영의 노선에 대한 당시 공산주의자들의 여론을 묘사했다.

"박헌영 씨는 1925년 이래로 조선 혁명의 현 단계를 정당하게도 부르주아민주주의의 혁명이라고 규정해왔거니와, 8·15 이후 일부 성급한 사람들이 오늘의 조선을 사회주의 혁명에로 직진시킬 수 있다는 극좌적 오류를 범하고 있을 때에, 씨는 민주주의혁명이 오늘의 민족적 과제임을 다시 확인하여 오늘의 민주주의 진영의 방향을 정당하게 제시하였다. 공산주의자면 으레 공산주의혁명을 실현하려는 것이라 하야 박 씨를 극렬분자라고 비방함은 조선의 공산주의자 및 박헌영 씨의 정치적 노선을 몰이해하거나, 또는 고의적으로 중상하는 심산에서밖에 아무것도 아닌 것이다. 온갖 봉건적 질곡을 타파하고 자본주의식의 생산의 발전을 통해서만 장래할 사회주의혁명이 가능하다고 보는 것이 씨의 정치적 노선의 기간이 되어 있는 것이다.”

박헌영의 인민적 민주주의는 민족의 완전한 독립과 토지 분배를 통한 농업혁명을 최우선 과제로 설정했다. 일본과 친일매국노들이 소유한 대토지를 몰수해 토지 없는 농민들에게 개인 소유로 분배하되, 일본인 소유의 공장, 운수, 우편, 은행, 지하자원 등 대규모 자본은 압수해 국유화하자는 주장이었다. 언론, 집회, 결사 등 일반적 민주주의와 함께 공산당을 포함한 모든 정치단체의 합법화와 8시간 노동을 포함한 제반 노동 조건의 실현도 요구했다. 이러한 진보적 민주주의에 반대하는 세력과 비타협적인 투쟁을 전개하면서 노동자, 농민, 소부르주아지 등 혁명적 대중의 선두에 서야 한다고 선언했다.

원산 지역 노동운동 출신으로 투쟁의 연륜으로나 이론적으로나 독보적인 권위를 가진 이주하도 이듬해의 신문 기고문을 통해 박헌영 노선의 정당성을 옹호했다.

“무지한 사람들은 공산주의라면 민주주의를 찬성하지 않고 지금 당장 공산주의를 실현하려 한다고 생각하는데 결코 그렇지 않다. 반동분자들은 공산주의냐 민주주의냐로 편을 갈라, 마치 공산주의가 민주주의의 반대 개념인 것처럼 기만적으로 선동하지만, 공산주의자들이야말로 민주주의를 위해 가장 열성적으로 희생해왔다.”[46]

266

이주하는 민주주의란 공산주의와 반대되는 개념이 아니며, 다만 공산주의자들이 말하는 민주주의란 서구식 민주주의와는 달리 다수 인민을 위한 민주주의라고 정의했다. 그 요점은 이러했다.

"서구의 민주주의란 자본계급의 자유를 위한 운동으로 그들에게 착취당하는 근로인민에게는 해당이 없는 민주주의다. 외형적으로는 누구나 자유를 가진 것 같지만 근로인민들은 착취당하고 수탈당할 자유밖에 없는 형식적 민주주의요, 토지와 자본을 가진 인간은 자유와 권리가 보장되지만 이를 소유하지 못했거나 약소한 계급은 자유와 권리가 보장되지 못하는 제한된 민주주의다."

이 기준에 따라, 이주하는 진정한 민주주의란 두 가지가 있다고 구분했다. 하나는 사회주의적 민주주의요, 다른 하나는 인민적 민주주의였다. 전자는 소련처럼 생산이 고도로 발달한 나라에서 무산계급의 영도에 의해 이루어지는 민주주의로서 자본계급의 청산을 주장하고 근로인민의 이익만을 옹호하는 민주주의라고 보았다. 후자는 조선처럼 생산력이 뒤떨어진 나라에서 순수하고 진정한 민주주의 개혁에 의해 추진되는 민주주의로서, 자본가 계급을 포함해 노동자, 농민, 소시민, 지식층 등 일체의 인민이 다 같이 평등한 자유와 권리를 갖는 제도라고 보았다.

박헌영이나 이주하가 주장한 부르주아민주주의 노선, 즉

인민적 민주주의는 그들의 개인적인 생각이 아니라, 봉건제에서 식민지로 넘어간 약소민족들에게 일반적으로 적용되는 법칙이었다. 이재유는 1937년 감옥에서 쓴 최후진술서 형식의 논문 「조선에서의 공산주의운동의 특수성과 그 발전의 능부」에서 조선의 혁명을 '자본성 민주주의혁명' 단계라고 표현했다.[47] 마오쩌둥도 1940년 2월 20일 옌안에서 개최된 헌정촉진회 성립대회에서 중국이 요구하는 민주주의는 구미식 자산계급 민주주의도 아니고 소련식 프롤레타리아 민주정치도 아닌 '신민주주의'라고 천명한 바 있었다.

스탈린 역시 박헌영 노선을 적극 지지했다. 스탈린은 1945년 9월 21일 북한 지역에 민주정당과 사회단체들의 광범한 블록에 기반을 둔 부르주아민주주의 정권을 창설하라고 지시했다. 이 명령에 대한 단독 문건은 남아 있지 않지만, 1945년 12월 25일 소련군 총정치국장 쉬킨이 외무인민부위원 로조프스키에게 보낸 보고서에 그 사본이 포함되어 소련 외무성 고문서보관소에 소장되어 있다.[48] 또한 서울 주재 소련 부영사 샤브신의 아내 샤브시나 쿨리코바의 증언에 따르면, 스탈린은 박헌영의 8월 테제를 읽고 "이 동무의 의견이 옳다!"며 감탄했다고 한다.

박헌영 노선은 아직까지는 미국과의 전면 대결을 피하려는 소련의 평화 정책에 부응한 것이었다. 그런데 공산주의의 기본 노선조차 이해하지 못한 남한의 정적들과 훗날의 북한 재판관들은 박헌영이 미국의 간첩이기 때문에 미국을 위해 자본주의 단계를 내세웠다고 생각했다. 그렇기 때문에 그들은 박헌영이 얼마 안 가 극단적인 반미투쟁을 선동하는 것도 이해할 수 없었다. 그들은 박헌영의 노선 변화만 주시했을 뿐, 소련이 먼저 온건 노선을 버리고 냉전적인 신전술을 택했다는 사실을 모르거나 혹은 짐짓 외면한다. 그들의 기록을 토대로 공부한 훗날의 대다수 역사학자들도 혼돈에 빠져 있기는 마찬가지였다. 부르주아민주주의라는 단어만 보고 그 깊은 내용과 역사를 읽지 않은 그들은 박헌영이 자본주의와 사회주의, 친미와 반미를 오락가락했다고 생각하게 된다. 그들의 무지와 억지에 비하면, 박헌영이 소련의 지시에만 충실했다는 우익의 비판이 차라리 합리적이다.

공산당 내부에서 영미식 자본주의를 실행하자고 주장한 이들이 없지는 않았다. 조선공산당 3차 집행부의 책임비서였던 김철수 같은 사람이었다. 그는 남한이 미군의 지배 아래 있는 이상 가급적 미국과의 충돌을 피하면서 당의 조직과 선전을 공개적으로 하고, 특히 민족주의자들과도 온화하게 공존해야 한다고 주장했다. 해방 전 감옥에서 박헌영에게 전향을 권했다가 면박을 당한 적도 있던 김철수는 여운형이 그랬듯이 민족의 이익 앞에 좌우 세력이 보다 융통성 있게 타협해야 한다고 생각했다.

그러나 김철수는 자신의 말을 공산당이 아니라 남한의 극우파들에게 해야 옳았다. 해방되고 불과 18일 만인 1945년 9월 3일 박헌영으로부터 조선공산당 평안도 책임자로 임명되어 평양에 내려간 현준혁이 한낮에 무참히 암살당한 사건이 일어났다. 그의 공산당 활동에 불만을 품은 극우 청년들의 행위로 추정되었다. 좌익 운동가들에 대한 극우파들의 테러는 벌써 이때부터 남한 전역에서 공공연히 행해지고 있었다. 조선공산당은 테러에 반대하는 공산주의 원론에 따라 물리적 대항을 자제하고 테러 중단을 호소했으나 아무런 소용이 없었다. 미군정기 남한의 극우파들에게 민주주의란 속담 그대로 '돼지 목에 진주 목걸이'와 같은 신세였다.

김철수가 우경화의 오류를 범했다면, 즉각적으로 소련식 사회주의를 실행해야 한다고 주장한 이들도 있었다. 이 급진적 폭력혁명론의 근원지는 다름 아닌 이영의 장안파였다. 항일운동 후반기 내내 패권주의와 기회주의의 표본으로 알려졌던 이들이 도리어 가장 극단적인 좌경화 정책을 내세운 것이다.

발단은 9월 3일부터 시작되었다. 이날 홍증식의 집에서는 이영의 장안파와 박헌영의 재건파가 통합을 위한 합동토론회를 개최했다. 장안파에서는 정백, 이영, 최익한 등이 나왔고, 재건파에서는 박헌영, 이관술, 이현상, 김삼룡, 이주상이 참석했다.

논쟁의 핵심은 혁명 단계에 관한 것이었다. 박헌영은 8월 테제에서 밝힌 대로 조선 혁명의 현 단계를 부르주아민주주의혁명으로 규정하되, 낡은 형식의 자본주의혁명도 사회주의혁명도 아닌 새로운 형식의 인민적 민주주의혁명이 되어야 한다고 설명했다.

이에 정백, 최익한, 이청원 등은 현 단계 조선에 필요한 것은 프롤레타리아 혁명, 즉 사회주의혁명이라고 강력하게 주장했다. 그들은 부르주아민주주의혁명을 주장하는 박헌영 세력을 기회주의라 비판하며, 공산당은 지하에 잠복한 상태에서 즉각적인 사회주의혁명을 지도해야 한다고 주장했다.

재건파들은 전향자 아니면 유휴분자들의 모임인 장안파의 노회한 인물들이 자기들보다도 더 극단적인 과격 노선을 내세우는 데 어이없어 했다. 그들은 장안파가 자신들의 기회주의적인 본질을 감추기 위해 극렬한 극좌투쟁을 주장하는 것으로 볼 수밖에 없었다. 토론은 점점 거칠어져 나중에는 욕설까지 오가는 험악한 분위기가 되었다. 양대 파벌의 결합은 결렬되었다.

당장 장안파보다 더 급한 문제는 인천 상륙을 사흘 앞둔 미군을 어떻게 상대해야 할 것인가였다. 미국은 공식적으로는 일본과 피 흘려 싸운 해방군이었으나, 실제로는 대표적인 제국주의 국가로 인식되고 있었다. 박헌영은 직접 그런 내용을 글로 쓰기도 했다. 그를 비롯한 정통 공산주의자들은 미국이 태평양 연안의 모든 나라를 식민지화해 태평양을 자기

나라의 호수로 만들려 한다고 의심했다. 반파시즘의 동반자이자 제국주의 침략국이라는 성격을 동시에 가진 미국의 지배 아래 들어가야 하는 남한 공산주의자들은 긴장될 수밖에 없었다. 어떤 형태로든 대처해야만 했다.

9월 4일, 변호사 허헌이 입원한 경성의전병원에 병문안을 갔던 박헌영과 여운형, 정백 사이에서는 미군이 들어오기 전에 조선인을 대변하는 정부를 만들어 놓자는 의견이 제기되었다. 건국준비위원회가 전국에 만들어져 치안을 담당하고 있었으나 해방 직전 조선총독부와 여운형 사이에 맺어진 밀약에 따른 조직이라는 한계가 있었다. 극우 민족주의 세력으로 이루어진 충칭 임시정부가 그대로 조선의 임시정부로 고착되는 것을 막아야 한다는 뜻도 공유했다. 서로 경향이나 조직적 배경이 다른 이들 네 사람은 한반도에 상륙하는 미군에게 조선인들이 만든 정부가 있다는 것을 보여줄 필요가 있다는 대원칙에 합의하고 긴급히 인민공화국을 만들기로 했다.

불과 이틀 후인 9월 6일, 바로 미군이 인천에 상륙하던 날이었다. 하오 4시, 오늘의 경기여고인 경성여자중학교 강당에서 전국인민대표자회의가 개최되었다. 김삼룡과 김응빈이 철도 노동자 8백여 명을 동원하는 등 강당 안팎에는 헤아릴 수 없이 많은 사람이 모여들어 비집고 들어가기도 힘들었다.

박헌영은 이날 해방 후 처음으로 군중 앞에 모습을 드러냈다. 일본군이 버리고 간 허름한 누런 군복을 입은 그는 마치 공장에서 일하다 말고 급히 튀어나온 듯한 모습이었다. 여운형이 맨 뒤에서 듣고 있는 가운데 박헌영은 한 시간가량 연설했다. 신문기자 시절 지방 순회 연설이 그랬듯이 차근차근하고도 알아듣기 쉬운 연설로, 진정한 민주주의를 이루기 위해 인민이 주인 되는 인민공화국을 수립해야 한다는 내용이었다.

인민 대표자들은 박헌영의 발제에 따라 그 자리에서 조선인민공화국을 결성하기로 했다. 이를 추진할 중앙인민위원으로는 이승만, 여운형, 허헌, 김규식, 이관술, 김구, 김성수, 김원봉, 이용설, 홍남표, 김병로, 신익희, 김일성, 김무정 등 55명이 선출되었다. 1주일 후인 9월 14일에는 내각까지 발표했는데, 주석 이승만, 부주석 여운형, 내무부장 김구, 국무총리 허헌, 외교부장 김규식, 군사부장 김원봉, 선전부장 이관술, 노동부장 이주상, 서기장 이강국, 체신부장 신익희 등이 내정되었다. 좌우익이 열거되어 있었으나 절대 다수가 좌익들로 이루어진 것이 사실이었다.

급조된 조선인민공화국은 문제점투성이였다. 우익의 이승만, 김구는 물론 김일성, 김무정 등 외국에 있던 인사들이 거의 돌아오지 못한 상태로 만들어졌기 때문에 당연히 본인의 허락을 받지 않았다. 송진우, 안재홍 등 국내에 있던 민족주의자들과도 거의 상의가 없었다. 심지어는 북한에 들어온 소련군정과도 충분한 상의가 없는 상태여서 소련군정을 의아하게 만들기도 했다. 소련영사관으로부터 보고를 받은 소련군정은 이내 인민공화국을 인정했지만, 인민공화국은 박헌영이 사전에 소련 측과 상의하지 않고 벌인 거의 유일한 큰 사건이 되었다.

우익 민족주의 인사들은 상징적인 우익 인사 몇 명만 형식적으로 이름을 올렸을 뿐, 부서 책임자들이 좌익 일색인 인민공화국에 자신의 이름이 올라간 것을 결코 영광으로 생각하지 않았다. 그들은 인민공화국에 대한 대중적 지지를 의식해 겉으로는 점잖게 자신에게 주어진 직책을 거절했으나, 내부적으로는 극심한 불쾌감을 숨기지 않았다. 9월 3일 현준혁의 암살에 이어 9월 8일에는 우익 청년 다섯 명이 여운형을 집단 구타하는 사건이 일어나는 등 극우 테러는 벌써부터 남한의 정가를 공포로 몰아넣고 있었다.

좌익 측도 불만은 마찬가지였다. 반평생을 미국에서 편히 살면서 극우 반공주의에 절어 있는 친미파 이승만을 주석으로 추대한 것은 1920년대 중반 이후 항일투쟁을 주도해온 공산주의자들에 대한 모욕으로 받아들여졌다. 임시정부 초대 대통령직에서 탄핵된 이승만은 하와이에 건너가서도 항일무장투쟁은 외면한 채 조선 이주민들의 피땀 어린 돈을 긁어모아 미국 관리들에게 청원하는 데만 매달려 교민들로부터 외면을 받은 인물이었다. 좌익들은 이승만을 주석으로 내정한 사실에 불만을 터뜨렸다.

박헌영이 여운형과 정백의 의견을 수긍해 이승만을 주석으로 지목한 것은 이승만이 지식인 계층과 도시 중간층 전체에 상당한 지지를 얻고 있었기 때문이다. 다양한 정치적 조류를 모아 만든 인민공화국의 대표가 되기에는 가장 유명한 인물이기도 했다. 그는 당장 이승만의 본질을 폭로하기보다는 양보를 하고 그가 스스로 정체를 드러내도록 하는 것이 더 올바르다고 주장했다. 그는 샤브신에게 이승만이 아주 빠른 시일 내에 자신의 정체를 드러내리라고 말했다. 예상대로 이승만은 주석 취임을 거부했다.

후일, 북한의 재판정은 박헌영이 이승만을 주석으로 내세운 것은 친미 정권을 수립하려는 목적이었다고 주장한다. 그 말대로 만일 박헌영이 미국의 간첩으로서 그들을 위해 이승만을 주석으로 추천했다면 미국은 인민공화국을 승인하고 이승만은 주석 취임을 허락했어야 옳았다. 내각의 핵심 부서들도 우익들로 채워야 옳았다. 그러나 이승만은 즉각 주석 취임을 거부했고, 미군정 역시 10월 10일자로 인민공화국을 "흥행의 가치조차 의심할 만한 괴뢰극"이라고 극렬히 비난했다.

인민공화국 수립과 함께 조선공산당 재창당 작업도 서둘러 진행되었다. 미군이 서울에 들어온 9월 8일, 박헌영은 장안파가 개최한 조선공산당 열성자대회에 재건준비위원회 대표 자격으로 참가했다. 본래 장안파들이 자신들의 공산당을 인정받기 위해 60여 명의 지도급 인사들을 불러 모은 자리였다.

박헌영은 재건파를 대표한 연설에서 과거에 파벌의 두령 노릇을 했거나 운동을 휴식한 분자는 아무리 명성이 높다 해도 중앙위원회에 들어와서는 안 된다고 역설했다. 이영, 정백, 최익한 등은 이에 반발했으나, 참석자의 절대 다수는 박헌영 노선에 찬성했다. 참석자들은 박헌영에게 조선공산당 중앙을 선출하기 위한 각 공산주의 그룹 간의 연락 업무를 위임했다. 사실상 공산당 중앙위원회를 구성할 수 있는 전권을 위임받은 것이다.

공산당 재건의 주도권을 장악한 박헌영이 중앙위원들을 선출하는 데는 사흘밖에 걸리지 않았다. 9월 11일 발표된 28명의 중앙위원은 기본적으로 국내외 공산주의 지도자들을 포괄하려 애썼다. 중앙위원으로는 박헌영, 김일성, 이주하, 박창빈, 이승엽, 강진, 최용건, 홍남표, 김삼룡, 이현상, 이주상, 이순금, 김무정, 서중석, 이인동, 조복례, 권오직, 박광희, 김점권, 허성택, 김용범, 홍덕유, 주자복, 문갑송, 강문석, 최창익, 김근, 오기섭이 선출되었다. 이관술, 서중석, 김형선, 최원택은 중앙검열위원으로 지명되었다. 이들 중 경성콤그룹 출신 혹은 박헌영과 밀접하게 활동해온 국내파들은 절반 정도로 다수를 차지한 반면, 오랫동안 반목해온 엠엘파나 서울파

계열은 몇 명 되지 않았다.

주류에서 밀려난 이영 일파는 박헌영과 경성콤그룹에 대해 더욱 맹렬한 비난을 퍼부었다. 그들의 각종 유인물은 박헌영과 조선공산당을 공격하고 음해하는 내용으로 가득했다. "박헌영의 종파 활동을 프롤레타리아 앞에서 폭로하자"는 유인물에는 박헌영을 간악한 종파분자로, 그의 동료들을 사회개혁주의자, 종파주의자, 인민대중의 기만자로 묘사했다. 유인물의 하나는 "종파 악당들아! 너희들은 자신은 속일 수 있어도 절대로 현명한 인민을 속일 수는 없다는 것을 알아야 한다"는 극단적인 비방으로 끝났다. 이제 '현명한 인민'의 판단만이 남았다.

해방 직후 수 주일 동안, 소련은 자신이 점령한 북한 지역에서는 공산주의운동의 현실을 쉽게 파악하고 대처할 수 있었으나 남한의 문제에는 다소 혼란을 겪었다. 이영과 박헌영이 각기 공산당 중앙을 자처하고 나서자 누구 편을 들어야 할지 당혹스러웠던 것이다. 서울의 샤브신은 박헌영에 대한 확고한 믿음을 갖고 있었으나 이는 외무성의 의견일 뿐, 북한에 진주한 소련군 제25군 정치장교들과는 아직 긴밀한 정보 교환이 이루어지지 않고 있었다.

문제를 해결해준 것은 다름 아닌 장안파 자신이었다. 북한의 소련군정이 이영 일파의 문제점을 파악하는 데는 그리 오랜 시간이 필요하지 않았다. 소련군정은 보고서에서, 북한 지역에 있는 이영의 동조자들은 공장과 기업소를 점령하고 노동자들에 대한 통제를 실시하며 인민위원회를 공산주의자들만으로 구성하는 등 극좌적인 행동을 하고 있으며, 이는 대단히 우려할 만한 행위라고 지적했다. 소련군정 관리들은 이영 일파가 소련에 수립된 것과 똑같은 정권과 질서를 조선에 실시하려 들며, 일부 지방에서는 무장대를 조직해 공산주의를 반대하는 이들을 체포해 처벌하여 민심을 이반시킨다고 우려했다.[49]

박헌영은 9월 20일에 발표한 성명서에서 그들의 좌경 기회주의를 공박했다. 조선공산당 중앙위원회 명의로 발표된 성명에서 그는 공산주의 내부의 극좌분자들과 투쟁해야 한다는 점을 매우 심각하게 지적했다. 인민과 분리되어 일체의 준비 없이 폭동을 일으키려는 극좌분자들은 결코 옳지 못하며, 폭동을 일으키기 위해서는 인민을 조직하며 옳은 전략을 세우고 그에 대해 인민들을 준비시켜야 한다고 못 박았다.

9월 말, 몇몇 장안파 인사들이 평양에 올라왔고, 10월 초에는 이영이 직접 자신들의 주장을 담은 대량의 선전물을 들고 평양을 방문했다. 그는 소련군 당국과 김일성을 차례로 만나 자신의 주장을 마음껏 펼쳐 보였다. 이는 치명적인 실수였다. 이영은 제2차 세계대전은 사회주의와 자본주의의 전쟁이었으며, 남한의 즉각적인 사회주의혁명을 위해 조선공산당은 지하에 잠적해 무장봉기를 준비해야 한다고 주장했다.

이영의 주장은 3년이 지난 후에는 불가피한 현실이 되어 버리지만, 해방 직후의 남한에 적용할 내용은 아니었다. 이영의 놀라운 무지를 확인한 소련군정 정치장교들은 그가 당면한 공산주의운동에 대해 거의 아무런 현실적 계획도 갖지 못한 채 오직 당권을 차지하기 위해 소련에 아부하고 있을 뿐이라는 사실을 알아차리고 말았다. 그들은 이영 일파가 공산당에 관한 혼돈된 개념을 갖고 있고, 조선의 복잡한 정세 및 공산당의 과업을 이해하지 못하고 있다고 결론 내렸다.

　소련군정은 이영 일파에 대해 "그들은 평당원 및 노동계급의 지지를 받지 못하고, 소련의 생활을 지나치게 장밋빛으로 그리면서 소련의 현실을 왜곡하고 있다"고 보고하면서, 그들의 이론적 오류와 파벌주의를 엄중히 지적했다.

　"이영은 이처럼 '현명한 인민'에게 호소했지만, 광범한 인민대중의 지지를 받지 못했다. 그들의 모험주의적인 강령과 활동, 그리고 박헌영을 수반으로 하는 조선공산당 중앙위원회 주위에 뭉친 조선의 애국자들에 대한 악랄한 비방 중상은 조선 공산주의자들과 자각적인 비당원, 노동자, 농민, 인텔리를 멀어지게 했다. 이영 그룹은 대중 속에서 점점 더 영향력을 잃게 됐다."

　반면, 박헌영의 역할에 대해서는 매우 긍정적으로 평가했다.

　"이와 반대로 박헌영 지지자들은 인민대중 속에서 신망과 정치적 영향력을 강화했다. 박헌영이 지도하는 중앙위원회는 지방자치단체 창설을 위해 각 도에 전권 대표를 파견했으며, 새로 조직된 노동자, 사무원노조, 농민동맹, 청년동맹에 공산당원들을 보냈다. 1945년 8월과 9월에 남조선 각 도에는 도당위원회가 창설되었다. 도시와 기업소들에 공산당 세포가 조직되었다. 1945년 10월 박헌영을 수반으로 하는 중앙위원회에 소속된 남조선공산당 단체의 구성원은 약 3천 명이나 되었다. 서울에서 조선공산당 중앙위원회 기관지 『해방』과 『공산당원』이라는 잡지가 발간되기 시작했다. 박헌영은 북조선 도당단체들과 연계를 맺었다. 이 도당단체들은 박헌영이 지도하는 공산당 중앙위원회에 복종할 것이며, 이영 중앙위원회를 인정하지 않는다고 선언했다."

이때부터 북한의 주요 행사장에는 "위대한 지도자 박헌영 동지 만세!"와 같은 구호들이 나붙었다. 소련군정 관리들은 그가 김일성과 나란히, 또는 김일성보다 더 상급의 지도자로 숭배되는 것을 용인했다. 이 현상은 김일성이 북한의 지도자로 자리 잡기까지 얼마간 지속된다.

토지제도를 비롯한 제반 문제에 대한 박헌영의 전략은 10월이 되면서 보다 명확해졌다. 그는 10월 10일 안국동에서 열린 공산당의 첫 공식 기자회견에서 일본인과 민족반역자의 대토지는 물론 일반 지주의 토지도 본인이 직접 경작할 수 있는 이외의 땅은 몰수해 국유화하여 농민들에게 분배하는 게 원칙이라고 말했다. 그는 남북한 2천만 인구 중 1,700

만이 농민이며, 그중 100정보 이상의 토지를 가진 대지주는 1천 명이라 계산했다. 1천 명 중 일본인이 6백 명이고 조선인이 4백 명으로, 대지주의 토지를 몰수한다고 해도 반발할 사람은 불과 4백 명밖에 안 된다고 낙관적으로 보았다. 하지만 토지 몰수는 어디까지나 장기적인 원칙으로 향후 공산당의 투쟁의 결과에 의해 좌우될 것이며, 당장은 일반 지주를 인정하여 소작료를 30퍼센트로 제한해야 한다고 말했다. 부르주아민주주의의 원칙을 고수한 것이다.[50]

이는 모든 토지를 즉시 무상분배하고 소작료를 없애라는 장안파의 주장보다 온건한 내용이었다. 장안파는 토지 문제를 들어 조선공산당 중앙을 기회주의니 파벌주의니 하며 비난을 계속했다. 그러나 박헌영은 대수롭지 않은 문제로 보았다. 이영 일파와의 갈등은 이미 1920년대부터 계속된 것으로, 항상 박헌영 쪽의 우세가 유지되어 왔었다. 이날 기자회견에서도 그는 장안파는 이미 사라져버렸다고 말했다.

"항간에는 재건파니 장안파니 하여 마치 공산당이 내부적으로 대립하고 있는 듯이 말하고 있지만, 소위 장안파의 대부분은 재건파에 합류되었으며, 몇 개 분자가 남아 있다 하더라도 그들과는 도저히 타협할 수가 없습니다. 왜냐하면 현하 조선 민족해방 과정에서 그들은 조선의 민족해방이라는 역사적 현실을 무시하고, 조선은 민족해방과 자본주의적 계단까지 통과했다고 주장하기 때문입니다."

박헌영의 말대로, 남한에 돌아온 이영 일파는 자신들의 중앙위원회를 해산하고 조선공산당에 흡수될 수밖에 없었다. 해방과 함께 벌어진 첫 번째 정쟁은 박헌영의 완벽한 승리로 끝났다. 그러나 박헌영의 진정한 정적은 이영 일파가 아니었다. 이승만과 한민당으로 대표되는 극우 세력과 그 강력한 후원자인 미군정, 그리고 김구와 임시정부로 대변되는 우익 민족주의 세력이었다.

해방 몇 달 만에 미군정청에 등록한 정당과 단체는 250개에 이르렀다. 한민당은 우익 정당 중 가장 세력이 큰 정당이었다. 1945년 9월 16일 종로구 경운동 천도교 대강당에서 열린 한민당 창당발기대회에는 김성수, 송진우, 장택상, 조병옥, 윤보선 등 부유층 출신의 보수적인 민족주의 계열 인사 1,600여 명이 참가해 대성황을 이루었다. 민족주의든 친일파든 친자본주의 성향 보수 세력의 주력이 결집한 한민당에는 친일 행각을 벌여온 대지주와 대자본가들이 대거 동참해 풍부한 자금원이 되어주었다.

한민당에게는 애국자와 반역자의 경계 같은 것은 없었다. 식민지 치하에서도 잘 먹고 잘 살았던 그들이었다. 일본인을 물리치고 자신들이 민중을 지배하면 더 좋았겠지만, 일본인 밑에서도 별다른 고통 없이 잘 지내왔던 사람들이었다. 해방된 조국에서 그들의 관심거리가 있다면 자신들의 기득권을 그대로 유지하는 것뿐이었다. 따라서 그들의 시각에는 자신의 이권을 침해하려는 자와 이를 지켜주는 자만이 있었다.

한민당을 정점으로 한 기득권 세력은 『동아일보』, 『조선일보』 등 자신들이 소유한 보수 언론을 동원해 좌익을 공격하는 한편, 인민위원회에게 토지를 빼앗기고 증오심을 안고 내려온 북한 출신 청년들에게 생활비와 활동 자금을 대주며 좌익에 대한 물리적 탄압을 부추겼다. 대학가에는 많은 월남 청년들이 그들로부터 장학금을 받아 공부하면서 강력한 폭력 집단을 형성해 나갔다. 세계사에 유래가 드문 대학생 깡패들의 등장이었다.

노골적으로 친일 행위를 하지 않았더라도 일본인들 밑에서도 호의호식함으로써 친일파와 다름없이 살아온 부자들을 기반으로 한 한민당은 다수 민중들로부터 배척받을 만했다. 그들로부터 막대한 금전 지원을 받고 있는 이승만은 돈줄을 보호하기 위해 입만 벌리면 "뭉치면 살고 흩어지면 죽는다"고 외쳐댔다. 명분이나마 항일투쟁 40년의 경륜을 가진 이승만이 친일 행위로 미움을 받던 부자들을 적극적으로 끌어안은 것은 궁극적인 이념이 같았기 때문이지만, 우선은 돈 때문이었다. 그는 식민지 시절 세계여행을 하다가 하와이를 방문한 허헌과 허정숙 부녀에게 시종 돈이 없다고 죽는소리를 해 남은 여비를 몽땅 털어간 일이 있었다. 부잣집 딸을 아내로 둔 이강국이 방문했을 때도 마찬가지였다. 해방 후 이승만을 찾아간 이동하, 김창숙 등 민족주의 항일지사들은 "돈이 있느냐? 돈도 없이 무슨 정치를 하려 하느냐?"는 충고 아닌 핀잔을 듣고 크게 분개하기도 했다.

박헌영은 10월 30일, 이승만의 조건 없는 통일주의를 비판했다.

"일본 제국주의의 잔존 세력이 아직도 지배적인 현재, 덮어놓고 통일, 그저 합하고 볼 일이라고 주장함은 그 주관적 의도의 여하를 불구하고 친일파, 주구들에게 다시 지배권을 맡기자는 것이나 마찬가지다. 일본 제국주의의 잔존 세력은 지금 더욱더 서울로 집중되고 있을 뿐 아니라, 그들은 경제적·문화적으로 유리했던 관계를 이용하여 다시 파렴치하게 날뛰고 있는 것이다. 그러므로 우리의 투쟁 목표는 의연히 이 잔존 세력의 완전 구축에 있다."

일제 말기까지도 수십만에 불과하던 서울 인구는 해방 후 급격히 늘어나고 있었다. 그 대다수는 지방에서 쫓겨 올라온 친일 경찰이나 일본군 출신들, 미군정과 거래하려는 상인들, 광산이나 어장을 소유한 친일파 부자들, 온갖 정당과 사회단체 관련자들이었다. 이런 현상에 대해 한 지식인은 말한다.

"서울은 친일반역자들의 피난처요, 안주지 낙원이다. 군정과 인민을 이간질함으로써만 이익을 볼 수 있는 매족적 이권업자들의 소굴이요, 정권을 광산이나 어장과 혼동하는 버릇을 아직도 버리지 못한 정치 브로커들의 담합처다."

더욱이 그들은 하나같이 자기야말로 애국자라고 강변하고

있었다. 그 많던 친일매국노들은 다 사라지고, 해방된 남한에 남은 것은 애국자들밖에 없었다. 부자들은 너도나도 비밀리에 독립운동 자금을 댔다고 주장했고, 친일 경찰도 자신이 사실은 임시정부의 비밀요원이었다고 주장했다. 이 황당한 주장들은 풍부한 정치 자금과 언론·교육·문화계의 인맥을 통해 사실로 둔갑해 나갔다. 또 이에 반발하는 좌익들을 혐오하도록 반공 보수적인 여론을 조성해 나갔다.

그러나 적어도 해방되던 해 겨울까지는 그들을 바라보는 민중들의 시선은 차가웠다. 인쇄노조를 비롯한 기층노동자들은 우익의 얼굴을 빌려 돌아온 친일 세력들을 경멸했기 때문에 한민당 등은 돈이 있어도 전단이나 현수막 한 장 만들기가 어려웠다.

항일투쟁의 공과와 정통성을 놓고 공산당과 경쟁이 될 만한 단체는 임시정부 출신들이었다. 임시정부는 초창기의 명예를 잃은 채, 공산주의자나 무정부주의자들은 물론, 투쟁적인 민족주의자들까지도 '100여 명 늙은이들의 유랑집단'이라 비웃는 지경이 되어 있었다. 중국 내륙과 국내에서 수많은 공산주의자들이 항일투쟁을 벌일 때 거의 아무런 활동도 하지 못했던 임시정부에 대한 이런 평가는 억울하다고만 할 수는 없었다. 그러나 일반 민중들에게 임시정부는 여전히 구국의 상징이었다. 공산당으로서는 이들과의 경쟁에 신경을 쓸 수밖에 없었다.

보수 반공 일색으로 이루어진 충칭 임시정부의 마지막 내각 요인들인 김구, 김규식, 이시영, 유동열 등이 귀국한 것은 1945년이 저물어가던 11월 23일이었다. 박헌영은 12월 12일자로 발표된 '망명정부에 대하여'라는 제목의 성명에서 임시정부를 '망국 정부'라 지칭하고 임시정부 요인들을 '망국 인사'라 비웃으며 그들의 권력욕과 패권주의를 비난했다.

　"그들은 망명 정객으로서 국내에 들어와서 벌써 여러 날이 지났음에도 불구하고 마땅히 할 일을 아니하고 쓸데없는 일에만 몰두하고 있다. 망명정부가 일종의 임시정부인 것처럼 선전운동에 전력을 경주하고 있는 것은 통일을 위한 노력이 아니라 도리어 분열을 조장하는 행동이라 아니할 수 없다. …… 그분들은 좀 왕가(王家)적이고 전제군주적인 생활 분위기에서 이탈하고 나와서 조선의 인민 근로대중과 친히 접촉하여 조선인의 새로운 공기를 호흡할 필요가 있다. 과거 수십 년간 망명 생활 중에 조선과 분리된 생활을 계속하던 분들이 또다시 국내에 와서도 그러한 비민중적 생활의 노예가 되고서 장래 조선의 지배자를 꿈꾸고 있는 현상은 그대로 두고 차마 못 볼 기현상이 아닐 수 없다. 그분들은 반일투사인 것이 분명하니 곧 나와서 조선 민중과 접촉하되 평민의 한 사람으로서 허명무실한 관직을 잠시 맡겨두고서 움직임이 어떠할는지?"

　박헌영은 개인적으로는 임시정부 인사들을 애국자라고 존

중하여 소련영사관 도서관장이던 샤브시나 쿨리코바와의 대화에서 "그들은 애국자였고 나라의 독립을 위해 노력했다. 그들에게서 이것을 빼앗아 갈 수는 없다"고 말한 적도 있었다. 그러나 개인적인 존경심과 정치적 경쟁을 혼동할 수는 없었다.

임시정부 요인들의 불행은 공산당으로부터 비롯된 것은 아니었다. 공산당의 비판이 아니더라도, 미군정은 김구와 임시정부에 대해 호감을 갖고 있지 않았다. 한민당 역시 자신들의 강력한 경쟁 상대일 수밖에 없는 임시정부 세력을 극도로 경계했다. 이승만과 한민당은 김구 세력을 테러주의자 내지 국수주의자로 몰아세우며 미워했다. 식민지 치하에서 '타협하는 민족주의 세력'이라 불리던 한민당 계열과 '투쟁하는 민족주의 세력'이라 불리던 임시정부 세력의 차이가 해방 후에도 그대로 재현된 것이다.

미국이 김구를 테러리스트로 보고 일찌감치 조선의 지도자감에서 배제한 것은 사실이었다. 실제로 김구는 청년 시절 일본인을 때려죽인 죄로 옥살이를 하며 독립운동을 시작했고, 상하이 임시정부의 최고의 치적으로 알려진 윤봉길·이봉창의 의거도 정당성 여부와 상관없이 테러 방식의 투쟁임은 사실이었다. 그러나 사실 이보다 더 심각한 테러들은 임시정부 시절 김구에 의해 직접 저질러지곤 했다. 3년간 김구의 수행비서였던 여성 이화림은 김구가 일본 경찰의 밀정으로 의심되는 자를 직접 목 졸라 죽여 거주지의 마루 밑에 흙을 파고 묻어버리는 것을 돕기도 했다고 증언한다. 김구가 직접 여러 공산주의자들을 죽였다는 소문도 공공연했다. 김구는 귀국해 경교장에 살 때도 마치 황제처럼 금색 도배지로 방을 바르고, 외출할 때면 황제가 하듯이 두 팔을 벌리고 서서 비서들이 옷과 신발에 단장까지 챙겨줄 때까지 기다리던 사람이었다. 박헌영이 '왕가적'이라고 지칭한 지도자가 바로 김구였다. 미국 입장에서는 오로지 '조선의 독립'이라는 구호뿐, 미래의 국가상에 대한 아무런 계획도 없는 극우 민족주의자 김구보다는 미국식 민주주의를 신념으로 삼고 있던 노련한 정치가 이승만을 선호할 수밖에 없었다. 미국이 이승만에 앞서 김규식을 지도자감으로 주목했다는 말도 있지만, 김규식은 정치적 야망이 없는 사람이었다.

이승만과 김구를 경쟁 상대로 삼기는 했으나, 공산당의 진정한 적은 명백히 미국이었다. 박헌영은 이를 잘 알고 있었다. 미국에 대한 박헌영의 생각은 식민지 때나 해방 이후나 바뀐 적이 없었다.

박헌영은 해방 전 광주에 있을 때도 소련영사관과 교류하면서 조직원을 위한 소책자에 미국의 제국주의 성격에 대해 경계하는 글을 쓴 적이 있었다. 해방 2개월 후인 1945년 10월 10일의 기자회견에서도 그는 미군정에 대해 감사와 우려를 함께 표했다. 연합군의 귀중한 희생에 감사를 표하지만,

조선 주둔 연합군은 남북을 막론하고 빠른 기간 내에 그 임무를 수행하고 조선인에게 정권을 양도하고 물러나야 한다는 내용이었다. 미군을 점령군이 아닌 해방군으로 간주하고 환영하되, 조속한 철수를 요구하는 이중 정책이었다. 박헌영이 미국을 무비판적으로 환영했다가 뒤늦게 극단적으로 대립해 운동에 혼선을 가져왔다는 비난은 근거가 없었다. 제2차 세계대전 중 반파시즘 전선의 동맹자였다는 점에서 환영했던 것뿐이며, 얼마 못 가 미국이 자본주의 제국의 본성을 드러내자 온힘을 다해 싸운다. 박헌영만이 아니었다. 아무리 초보적인 운동가라도, 사회주의 이론을 조금이라도 배웠다면 자본주의 종주국인 미국에 대해 오해할 일은 없었다. 박헌영이 미국을 오해했다느니, 환영했다느니 하는 말은 고의적인 무고가 아니라면 사회주의운동에 무지한 이들의 오해일 뿐이다.

미국 역시 자신의 적이 소련과 공산주의자들이라는 점을 오래전부터 너무나 잘 알고 있었다. 비록 독일, 일본과 싸우기도 했지만 이념 전쟁은 아니었기에 전쟁이 끝나자마자 가장 가까운 동맹이 되었다. 러시아혁명 이래 30년간 세 나라의 공동의 적은 소련이었고 공산주의자들이었다.

미군정은 조선 땅을 밟은 그날부터 공산주의자들을 적대시했다. 공산주의자에 대한 미국 정부의 입장은 명확했다. 미국은 공산주의자뿐 아니라 조선인 전체에 대해서도 불신했다. 맥아더와 그 막료들이 거듭 천명했듯이, 미군은 식민지 조선을 해방시키러 온 해방군이 아니었다. 일본군을 무장 해제하기 위해 일본 영토인 한반도에 진입한 점령군이었다. 조선인은 일본군에 협력해 미군과 싸운 적국에 불과했다. 불과 며칠 전까지도 영국 제국주의니 미 제국주의를 박멸하라고 악을 쓰던 조선의 친일지식인, 부유층들은 미국과 일본이 원래의 친구 관계로 돌아가자 곧바로 미국의 충성스러운 지지자가 되었다. 미군정이 경계해야 할 것은 일본이나 친일파가 아니라, 조선공산당과 인민공화국이었다.

40년간 세계지도에서 사라졌던 나라 조선의 반쪽인 남한은 제2차 세계대전이 끝나고 연합국이 점령한 나라들 중 가장 부당한 대우를 받았다. 전범국인 일본과 오스트리아에는 미군정이 세워지지 않았다. 그 나라의 정부가 그대로 존립한 가운데 미군은 이를 간접적으로 통제하는 역할을 했다. 북한에 진주한 소련군도 자신이 점령군이 아니라 해방군임을 명확히 밝혔다. 반면, 한반도 남부에 진주한 미국은 처음부터 점령군임을 선포하고 미군 정부인 미군정을 세웠으며, 일체의 조선인의 자치정부를 인정하지 않았다. 전시계엄령 아래 포고령 형태로 실시된 그들의 정책은 일본 이상으로 강압적이었다.

물론 인민공화국이 공산주의자들에 의해 주도된다는 사실 때문이었지만, 설사 우익 민족주의자들이 건국을 시도했어도 마찬가지였을 것이다. 미국 대통령과 각료들이 조선인은 구제할 의미가 없는 야만족이라는 멸시와 편견을 가지고 있었기 때문이다.

혼란했던 조선 말기 한반도를 방문했던 미국인들은 부패하고 무능한 왕조의 관리들과 무지하고 게으른 농민들에 대한 혐오감을 여러 글로 남겼다. 이를 읽은 미 대통령 프랭클린 루스벨트는 일본인들을 뛰어난 문화인으로 극찬한 반면, 조선인은 제 나라를 지키기 위해 총 한 발 쏠 수 없는 사람들이라고 공언했을 정도였다. 미국 정부 각료들에게 남한이란 공산주의의 위협으로부터 일본을 지키는 방어선에 불과했다.

특히 태평양지구 미군 사령관 맥아더에게 조선이 단일한 민족이 살아가는 유구한 역사를 가진 독립국이라는 의식 따위는 없었다. 맥아더는 세계대전 종료 직전, 소련군의 남하를 막기 위해 황급히 삼팔선을 그어 한반도를 남과 북으로 갈라 놓은 당사자였지만, 남한 민중만이라도 공산주의로부터 구해야겠다는 동정심 따위는 갖고 있지 않았다. 그에게 조선은 일본을 공산주의로부터 지키기 위한 방어선일 뿐이었으며, 장차 중국과 소련을 겨냥한 군사기지로 탐이 났을 뿐이었다.

맥아더의 지휘를 받는 남한 미군정의 첫 번째 잘못은 인민공화국을 부인한 것이었다. 9월 6일 인천에 상륙한 미군들은 맥아더가 지시한 육군민정지침서 이외에 어떤 지침도 갖고 있지 않았다. 거기에는 어떠한 조직된 정치집단도, 비록 정서

상 건전할지라도, 미군정의 정책을 결정하는 데 참여시켜서는 안 된다고 명시되어 있었다. 사관학교에서 철저한 반공교육을 받고 배치된 미군 장교들은 그 정치집단이란 것이 공산주의자들, 즉 좌익을 지칭한다는 것을 본능적으로 인지하고 있었다.

서울에 들어온 주한 미군 사령관 하지는 인민공화국의 정체에 대해 영어를 할 줄 아는 한국인에게 문의했다. 기독교 신자인 그는 인민공화국이 공산주의자 여운형에 의해 조직되었으므로 없애야 한다고 충고했다. 하지는 이 반공주의 기독교인을 미군정 고문으로 삼았다. 하지가 유임시킨 일본인 고관들 역시 인민위원회와 조선공산당을 이끄는 자들은 식민지 때 불법적인 사상이나 변칙적인 성향 때문에 감옥살이를 했던 자들이며, 이들이 권력을 행사하여 온건한 민중과 지식인, 부유층이 불안해하고 있으니 미군정이 그들을 약화해야 한다고 충고했다. 미군은 자신들의 이념과 꼭 들어맞는 그들의 의견을 채택했다. 미군은 인민위원회와 공산당이 미국에 적대적인 정책을 펴기 이전부터, 그들이 가진 대중적 지지를 부인했을 뿐 아니라, 두려워하고 경원했던 것이다.

여운형이 대중적 정치가라면 박헌영은 전위조직의 지도자라 할 수 있었다. 인민공화국은 무산되었으나 두 사람의 정치 역량이 합쳐진 인민위원회의 위력은 컸다. 10월 하순까지 전국 7개 도 12개 시와 131개의 군 단위에 인민위원회가 결성되었다. 인민위원회는 조속히 조선인들이 정권을 인수하고 미군정을 철폐할 것, 모든 일본인 재산을 몰수할 것, 소출의 3할만 지주에게 주는 소작료 3.7제를 실시할 것 등 조선공산당의 요구를 그대로 내세웠다.

요구는 받아들여지지 않았다. 미군정은 인민위원회를 외면하고 일본인의 지배를 존속시켰다. 공산주의자들은 미군에 총을 겨누기는커녕 환영의 깃발을 흔들었지만, 결코 화해할 수 없는 적이었다. 반면에 일본인들은 총을 놓는 순간 미국인의 더없이 가까운 친구로 돌아갔다. 조선총독 아베 노부유키와 정무총감 엔도 류사쿠는 9월 12일까지 그대로 근무했으며, 다수의 고위 관리들은 10월까지도 관직을 유지했다. 7만 2천여 미군들은 일체 외부 출입이 금지되고 조선인과의 어떤 접촉도 금지된 가운데, 일본 헌병들이 계속해서 주요 기관들을 지켰다. 미군정에 출입할 수 있던 조선인은 영어에 능숙한, 결과적으로 친일 활동에 앞장서온 소수 기득권 세력들이었다. 그 다수는 기독교인들이었다. 미군정의 정책은 자연히 그들의 뜻대로 돌아갔다.

미군정은 인민위원회에 대한 규제를 강행했다. 경남 지방의 경우, 10월 5일 결성된 도인민위원회가 20개 군의 행정 기관을 접수했으나, 곧 미군정의 탄압이 시작되어 50여 명이 검거되었다. 같은 시기 양산과 김해의 인민위원회가 해산당했다. 경남 통영과 전북 남원에서는 미군에게 항의하던 중

한 명이 총에 맞아 사망하기도 했다.

미군정은 1945년 연말에야 모든 행정직을 조선인들로 교체했지만, 그 자리에 들어온 것은 친일파와 민족반역자들이었다. 서둘러 일본인을 귀국시키면서 하급 기술자들까지 모조리 철수시키는 바람에 주요 공장들은 가동시킬 인력을 잃고 마비 상태에 빠지기도 했다. 그 자리를 꿰차고 앉은 친일파들은 일본인에게서 압류한 적산가옥이며 공장, 기계 설비를 챙기기에 바빴다. 남의 민족에게 빌붙어 제 민족을 탄압하고 착취해온 그들에게 어느 날 갑자기 숭고한 애국심을 기대하는 것은 무리였다.

미군정의 탄압에도 불구하고, 인민위원회는 전국에서 상당한 신망을 얻었다. 우익의 외면을 받은 중앙인민위원회와 달리 지방의 인민위원회는 좌익들만이 아니라 지역에서 양심가로 명망 높은 우익들도 대거 참가했다. 중국, 소련, 일본 등지에 나갔다가 돌아오는 귀환민들의 행렬은 해방 후 수개월이 지나도록 계속되고 있었다. 인민위원회는 이들을 맞이해 먹을 것과 잠자리를 제공해주고 아직 철수하지 않은 일본 군경을 견제하는 등 1945년 말까지 실질적인 국가기관처럼 활동했다. 때문에 해외에서 돌아온 이들은 인민위원회를 공식적인 정부기관으로 착각해 벌써 새 나라가 세워진 줄 알기도 했다.

미군정과 인민위원회는 근본적으로 화해할 수 없는 관계

이기도 했다.

1945년 11월 20일부터 3일간 서울 천도교 대강당에서 열린 전국인민위원회 대표자대회에서 참석자들은 선언했다.

"사회주의 소비에트공화국 외에는 완전한 민주주의 국가가 없다. 다른 나라들은 대재벌이 지배하는 민주주의다."

재정부장 정태식은 보고에서 '일본과 민족반역자 소유이던 광산, 공장, 철도, 항만, 선박 등 일체의 시설을 무상몰수하여 국유화한다', '민족적 상공업은 국가의 지도 아래 자유 경영을 허락하며 적극적으로 이를 장려한다', '각종 산업을 발달시켜 생활필수품의 확보와 실업 방지 및 산업 증진을 기한다', '공업 건설의 목표를 조선의 자급자족으로 두고, 자유무역에 대한 과대한 의존을 삼가고, 특히 생산수단을 생산하는 중공업 건설에 중점을 둔다'고 천명했다.

이러한 목표들은 사회주의 경제제도에 훨씬 못 미치는 국가독점자본주의 수준에 불과했다. 그러나 철도와 전기까지 민영화한 미국으로서는 주요 산업의 국유화, 계획경제의 실시 같은 조항에 질겁할 수밖에 없었다. 그들의 기준에 인민위원회는 명백히 공산주의자들에 의해 조종되는 단체였다. 이 말은 사실이기도 했다. 1945년 말 조선공산당의 당원 숫자는 1만 5천 명에 불과했지만, 식민지 때부터 항일운동과 사회운동을 해온 이들의 영향력은 매우 커서 전국 각지에서 인민위원회를 이끄는 결정적인 역할을 하고 있었다.

거듭된 대립 끝에 미군정은 1945년 12월 12일자로 인민공화국을 불법화해버렸다. 이는 북한에서 인민위원회가 널리 활성화된 것과 대조적이었고, 미국에 대한 반발에 불을 붙이는 계기가 되었다.

해방되고 수개월 사이에 남한에서 벌어진 이 복잡한 일들은 장차 일어날 모든 격변의 단초들을 제공하고 있었다. 그러나 아직까지 남한의 공산주의자들은 자신들이 장차 얼마나 심각한 곤경에 빠지게 될 것인가를 알지 못했다. 머지않아 이 다소간의 혼란들이 정리되고 진보 세력이 주도하는 통일된 독립국가를 세울 수 있으리라 믿고 있었다.

7
소련영사관
정원에서

朴憲永 評傳

1945년 11월 23일, 조선공산당은 서울에서 가장 좋은 빌딩으로 불리던 소공동 근택빌딩에 간판을 내걸었다. 1층은 인쇄소, 2층은 중앙당 사무실, 3층은 『해방일보』 사무실로 사용했고, 4층은 잡지 『동무사』에 월세를 받고 임대했다. 이제 본격적으로 공개적인 대중정치의 시대가 열린 것이다. 그러나 박헌영은 여전히 공산당 사무실에 나오는 날이 드물었다. 어쩌다가 한 번씩 남조선민주여성동맹(여맹) 부위원장 정칠성의 아들인 이동수가 운전하는 유선형의 검정색 승용차를 타고 나타났는데, 중앙당 사무실보다는 『해방일보』 사장실에서 권오직, 정태식, 조두원 등과 담소를 나누다 돌아가는 경우가 많았다. 당의 주요 활동은 비밀리에 이루어지고 있어 공개된 당사에서는 할 일이 별로 없던 탓이었다.

공산당의 주요 사안은 소련영사관에서 결정되고 있었다. 박헌영은 공산당사보다 소련영사관에서 더 많은 시간을 보냈다. 거의 매일이다시피 소련영사관에 들어가 부영사 샤브신과 대담하고 그곳에서 잠을 자는 경우도 많았다. 중요한 논의가 끝난 후에는 샤브신의 아내이자 도서관장인 샤브시나 쿨리코바와 장시간 환담하기도 했다. 소련정보국 중좌 샤브신이 소련공산당과의 소통 창구였다면, 역사학자이기도 한 샤브시나는 조선의 역사와 문화, 그리고 혁명운동에 대해 특별한 관심을 가지고 박헌영과 개인적으로 이야기를 나누고 싶어 했다.

덕수궁과 붙어 있는 소련영사관 안에는 나무 그늘이 시원한 꽤 큰 정원이 있었다. 해방이 되자 이 정원에는 매일 아침부터 저녁 늦게까지 사람들이 무리 지어 몰려왔다. 사람들은 소비에트 만세를 외치기도 하고, 서로 앞에 나가 정치 연설을 하기도 했다. 연설자 중에는 유명인사도 여럿 있었는데, 일부는 나중에 우익으로 돌아서기도 했다. 소련영사관 정원 이야말로 다양한 계층의 사람들이 각양각색의 정치적 의견을 피력하는 공개 광장이었다. 박헌영과 샤브시나도 가끔 이곳에서 바람을 쐬며 이야기를 나누었다. 샤브시나는 항상 수첩을 펼쳐 놓고 그가 하는 말들을 꼼꼼히 기록했다.

학자적 호기심뿐 아니라 인간적 관심을 갖고 박헌영을 만난 샤브시나는 그의 인상을 매우 호의적으로 보았다. 지성적인 인상에 다소 멋쩍어하는 미소, 눈에 띄지 않을 만큼 조심스럽게 주위를 살피는 습관, 침착하고 과묵함과 더불어 각별히 무게가 느껴지는 조선 혁명가의 풍모는 그녀에게 퍽 인상적이었다. 박헌영은 놀랄 만한 재치와 함께, 상대를 당황하게 하거나 모욕감을 느끼지 않도록 말 한마디도 세심하게 배려하는 사람이었다. 샤브시나가 조선의 역사와 문화에 대해 정확하게 알지 못해 때로 엉뚱한 질문을 하면 그는 놀라움을 표시하면서도 가능한 한 겸손하게 조국의 역사와 문화에 대해 이해하기 쉽도록 자상하게 설명해주었다.

해방되기 여러 해 전부터 조선에 와 있던 샤브시나는 해방 첫날 서대문형무소에서 정치범들이 석방되는 광경을 지켜보고 큰 충격을 받았다. 풀려나는 독립운동가들의 몰골은 안타까웠다. 해골처럼 메마른 많은 사람들은 혼자서는 거동조차 할 수 없어 등에 업혀 나오거나 부축을 해야만 했다. 고문으로 하반신이 마비되어 업혀 나오는 이도 있었다. 샤브시나가 자신이 본 참상을 말하며 박헌영에게 감옥의 수형자들이 처한 현실에 대해 말해달라고 하자 박헌영은 짧게 대답했다.

"감옥이란 게 다 그런 곳이죠. 일본 감옥이라면 더했겠죠."

조선공산당 101인 재판과 정신병 소동에 대한 질문에도 간단히 대답했다.

"나는 몹시 쇠약해지고 심하게 앓아 급격한 정신적 동요 상태에 빠졌습니다. 이런 이유로 1928년 7월에 석방되었죠."[51]

1925년 국내 신문들에 연재되었던 소련과 레닌에 관한 특집기사에 당시 『동아일보』 기자이던 박헌영이 관련되지 않았는가 하는 물음에도 역시 겸손하게 빙긋이 웃으며 한마디만 했다.

"우리는 여러 시기에 걸쳐 여러 주제를 가지고 써야 했죠."

나중에 북한에서도 생활하는 샤브시나는 박헌영과 김일성의 성격을 흥미롭게 비교할 수 있었다. 박헌영이 답답하리만큼 겸손한 데 비해 김일성은 누구에게든 쾌활하게 자신의 이력을 자랑하는 사람이었다. 샤브시나는 온건하고 지적인 박헌영에게 애정이 갔지만, 권력은 박헌영 같은 사람들을 위해 존재하는 훈장이 아니었다. 권력은 적당히 타락하고 적당히 비열한 자들이 차지할 수 있는 욕망이었다.

김일성을 만난 이들은 누구나 샤브시나와 비슷한 생각을 갖기 마련이었다. 박헌영만큼이나 실력 있는 술꾼인 김일성은 술이 거나해지면 손가락으로 술을 찍어 식탁에 그림까지 그려가며 자신의 무용담을 자랑하곤 했다. 대규모 전투의 실전 경험이 풍부한 조선의용군 출신들에게는 하찮은 소규모 전투에 불과했으나, 김일성은 자신의 활약을 과시하는 데 거리낌이 없었다.[52]

이 무렵 김일성을 취재하기 위해 소련에서 파견된 작가들은 그의 말을 그대로 옮겨 "김일성 장군이 항일유격대를 10년 동안 영도했으며, 초창기 30명이던 대오를 10만의 유격대군으로 발전시켰다"고 기사화하기도 했다. 김일성이 지휘한 최대 숫자는 제88정찰여단의 조선인 80명에 불과했으니 터무니없는 과장이었다.[53]

박헌영에 대해서도 공산당사와 공장 등에 '박헌영 만세' 같은 표어가 나붙고 구호가 외쳐지기는 했으나 김일성의 영웅화 작업과는 정도가 달랐다. 박헌영은 자신을 '각하'라 부르면 눈살을 찌푸리며 야단쳤고, 선생님이라는 호칭도 어색해 '박 선생' 혹은 '박 동지'라 부르도록 했다. 지하생활 시절, 공장의 똥지게를 나르고 벽돌을 찍으며 살았던 그는 공명심을 드러내는 사람이 아니었다.

해방 직후 박헌영과 이관술이 다른 조선인 서민들과 마찬가지로 계급장을 뗀 누런 일본군 작업복을 입고 다녔다는 이야기는 널리 알려져 있었다. 얼마 후 어쩔 수 없이 맞춰 입은 단벌 양복은 남한 최대 정당을 이끄는 당수의 옷이라기에는 격이 매우 떨어지는 싸구려 옷감에다 그나마 몸에 잘 맞지 않았다. 그들은 자신의 정체를 숨기고 대중 속에 섞여 있는 것에 너무 익숙해져 있었다.

직위에 연연하는 모습도 보이지 않았다. 만주도 아닌 조선 국내의 공산주의 조직의 책임자란 고문과 죽음을 의미할 뿐이었다. 애초부터 자기 이상의 실현과 희생정신으로 항일운동을 시작했던 그는 해방 후에는 당당한 합법 정당이자 최대 정당인 조선공산당의 수장이 되었어도 권력에 연연하지 않았다. 해방 이듬해인 1946년 2월에 있던 지방당 간부들과의 연석회의에서는 자신은 무능하다고 생각하며 전당대회만 성공시킨 후 자리에서 물러나겠다고 두 번이나 공식적으로 언급했다. 이 무렵 미국 UP통신과의 대담에서는 언제든지 김일성을 국가수반으로 지지할 의사가 있음을 밝히기도 했다. 북한은 벌써 김일성에 대한 대대적인 우상화 작업을 벌이고 있었고, 김일성은 독자적으로 북조선분국을 운영해 박헌영의 지위를 심각하게 침식하고 있었으나 그는 별로 개의치 않고 말했다.

"김일성 씨는 전시에 항일 빨치산 지도자였던 민족 영웅입니다. 그는 북조선 인민들이 지지할 뿐 아니라, 남조선 인민들도 민족 영웅으로 여기고 있습니다. 북조선의 여러 당에서 그를 대통령으로 내세우면 남조선 인민들도 이를 지지할 것입니다. 우리 당에서는 인민과 함께 지지합니다."

자서전을 써볼 의향이 없느냐는 샤브시나의 질문에도 그는 겸손히 대답했다.

"나 자신에 대해서가 아니라 동지들에 대해서는 쓸 생각이 있습니다. 언젠가는 쓰려고 합니다. 그리고 공적에 대해서만이 아니라 우리의 과오에 대해서도 쓸 것입니다. 과오가 적지 않았으니까요."

샤브시나가 가족에 대해 묻자 박헌영은 조카 박병석에 대해 무척 자랑스럽게 이야기했다. 이복형 박지영의 아들인 박병석은 서울에서 노동조합운동에 열성적으로 참가하고 있었다. 박헌영 자신에게 자식이 있느냐는 질문에는 자못 흥분하며 답했다.

"모스크바에 딸애가 하나 있지만 지금 어디 있는지 모릅니다. 모스크바에 살았는데……."

첫 부인 주세죽이나 딸 비비안나에 대한 이야기는 박헌영의 감수성을 자극하는 주제의 하나였다. 특히 딸 이야기만 나오면 그는 얼굴이 붉어졌다. 샤브신은 자신의 정보망을 통해 주세죽과 비비안나가 어떻게 살고 있는지 확인해주었다.

미군 정보기관과 산하 조선인 경찰들은 박헌영이 소련영사관 측과 언제 어디서 만나 무슨 이야기를 나누는가 정보를 수집하는 데 총력을 기울였다. 감시가 강화되면서 샤브신은 시내에서 만난 박헌영을 승용차 뒷좌석에 태운 후 모포를 뒤집어씌운 채 영사관 밀실로 데려가 밀담을 나누어야 했다.

해방이 되고 공산당이 합법화되었으나 근본적으로 변한 것은 없었다. 공산주의자의 입장에서는 일본보다 더 강하고 보다 부유하고 치밀한 자본주의 제국의 손아귀에 놓였을 뿐이었다. 일본은 조선에서 수탈을 해 갔지만, 미국은 먹을 것과 무기를 뿌려가며 지지자를 확보했다. 남한의 공산주의자들은 식민지시대보다 더 어려운 과제를 떠안게 되었다.

남한의 공산주의자들의 불행한 처지와 달리, 북한의 공산주의자들은 사회주의를 이식시키려는 소련군의 지원에 따라 자신들이 원하는 대로 새로운 나라를 만들 수 있었다. 소련이 동유럽과 북한에 사회주의 정권을 탄생시키기 위해 기울인 노력은 자국의 이익을 위해 타민족을 침략했던 자본제국의 야욕과는 분명 다른 차원의 것이었다. 세계의 피지배계급을 해방시키겠다는 순순한 이념적 목표를 위한 지원이란 점은 의심할 필요가 없었다. 결과적으로는 스탈린주의의 결함을 그대로 이식시킴으로써 커다란 폐해를 가져오게 되지만, 자본제국의 침략과는 질적으로 다른, 사심 없는 지원이었던 것만은 사실이었다.

북한은 그 '사심 없는 지원'의 가장 큰 혜택을 받았다. 그리하여 가장 큰 피해자가 되었다. 지도자 선정 과정부터 그랬다. 레닌 이전의 공산주의자들이라면 당연히 당원들의 민주적인 투표를 통해 지도자를 선정하려 했을 것이지만, 스탈린에게 선거란 당 중앙, 곧 자신의 결정을 통과시키는 요식행위에 불과했다. 다른 여러 신생 사회주의 국가에서 그러했듯이 스탈린은 북한에서도 자기 마음에 맞는 지도자를 정해주고 싶어 했고 그것을 아무렇지도 않게 생각했다.

스탈린은 해방 2주일 만인 1945년 8월 말, 극동군 총사령부에 "북조선에 인민위원회를 조직하고 지도할 지도자를 찾아보라"는 지시를 내렸다. 소련군 제25사령부는 "공산당원이 지도자가 되어야 순리지만 북조선에 돌아와보니 조선공산당 지도자 박헌영은 서울에 있고 북조선에는 믿을 만한 공산당원이 없다"고 보고했다. 이들의 보고는 하바롭스크에 주둔하고 있는 자신의 예하 부대, 곧 김일성 부대에게 북한의 행정을 맡기려는 요식행위에 불과했다. 같은 시각, 하바롭스크에 있는 국가공안부(KGB)는 김일성이 가장 적합한 인물이라는 보고서를 올렸다.

두 보고서에 따라 스탈린은 1945년 9월 초순 김일성을 모스크바로 불렀다. 김일성은 하바롭스크 군용비행장에서 소련 군용기를 타고 모스크바에 도착, 스탈린과 네 시간 동안 대좌했다. 여러 가지 질문을 통해 스탈린주의에 걸맞은 인물인가를 확인한 스탈린은 즉석에서 결정했다.

"이 사람이 좋다. 앞으로 열심히 해서 북조선을 잘 이끌어가라. 소련군은 이 사람에게 적극 협력하라."[54]

이는 김일성을 지도자로 승인한 최종 낙점일 뿐, 김일성 등 소련군 출신들로 하여금 북한의 권력을 장악하게 하려는 스탈린의 명령은 이미 시행되고 있었다. 이때 문제가 된 것은 대원들의 직급이 거의 사병이라는 점이었다. 소련군 극동전선 총사령부는 그들이 자신들에게 주어진 임무를 원활히 수행할 수 있도록 8월 29일자로 17명을 장교로 진급시켰다. 하사관이던 강상호, 김일, 임춘추, 오진우, 박성철 등이 하루아침에 장교로 임명되었다.

총사령부는 또한 9월 2일자 명령서를 통해 평양에 네 명등 북한 20여 개 주요 도시에 이들을 배치하도록 결정했다. 9월 18일, 김일성과 부대원들이 소련 군함 푸가초프호를 타고 원산항으로 들어왔을 때 그들이 갈 곳은 정해져 있었다. 김일성은 평양시 위수사령부 부사령관, 김책은 함흥시 부사령관, 강건은 청진시 부사령관을 맡는 식이었다. 제88정찰여단장 저우바오중은 중국으로 돌아가 창춘시 부사령관을 맡는 등 부대의 다른 중국인들도 일본군이 철수한 만주 일원의 주요 도시 위수사령부 부사령관이 되었다. 사령관들은 다 소련인들이었다.

김일성을 비롯한 빨치산들은 사회주의 이론에 무지한 데다 조직운동을 경험해보지도 못했으며 체포와 고문 등의 잔학한 탄압을 겪어보지 못한 30세 전후의 젊은이들이었다. 일본에 저항해 총을 들고 싸웠다지만 대부분의 시간은 관동군에 쫓겨 이리저리 도피하는 데 보냈고, 어쩌다 벌어지는 전투란 것도 규모나 강도 면에서 중국 옌안의 조선의용군과도 비교할 수 없이 미약했던 게 사실이었다.

이 점을 잘 알고 있는 소련공산당은 이들의 결함을 메우기 위해 해방 직후부터 1948년까지 다섯 차례에 걸쳐 소련에 거주하던 조선인 전문가들을 북한으로 파견했다. 총 428명에 이르는 이들 소련 교포 2·3세들은 당, 인민위원회, 군을 비롯해 언론과 학교까지 모든 권력기구에 들어가 사회주의 사상을 교육하고 김일성의 권력 장악을 지원하는 일을 맡았다.

소련 교포 고문들은 입북할 때 "김일성이 장차 북한의 지도자가 될 인물이니 소련에서 나온 사람들은 모두 그를 도와 협력하고 대민 접촉 때도 김일성을 부각하라"는 지시를 받았다. 어려서부터 스탈린 우상화에 익숙한 이들은 김일성을 각별히 예우하면서 '민족의 영웅 김일성 장군' 캠페인을 벌이는 한편, 그에게 당권과 행정권을 집중시켜 북한 지도자로 자리 잡는 데 결정적인 역할을 했다.

만주에서의 항일유격전과 소련에서의 첩보 훈련을 통해 단련된 34살 청년 김일성의 패기와 정치 수완도 소련의 기획을 한결 수월하게 해주었다.

김일성이 원산항에 입항한 직후, 소련군 제25군 정치사령관 레베데프는 그를 곧장 평양으로 소환해 면담했다. 김일성은 여전히 소련 군복에 대위 계급장을 달고 있었는데, 유전적으로 뚱뚱한 체구였으나 제88정찰여단에서 고생한 탓에 늘씬하게 말라 있었다. 레베데프가 보기에 김일성은 상당히 유능하고 박력 있는 지휘관처럼 보였으며, 매우 쾌활한 얼굴이어서 인상적이었다. 떡 벌어진 어깨에 명랑하면서도 밝은 모습은 누구에게나 호감을 살 만했다.

김일성은 먼저 레베데프에게 북조선에서 공산당을 조직하고 싶으니 도와달라고 요청했다. 아직까지 남북이 분단된다는 조건은 존재하지 않을 때였다. 레베데프는 서울에 이미 조선공산당이 조직되었으며 박헌영이 그 지도자이니 북한의 문제는 모스크바의 소련공산당과 상의해보자고 대답했다.

김일성은 제88정찰여단도 일본과의 해방전쟁에 참여한 것으로 발표해달라고도 요청했다. 그는 여단장 저우바오중이 여러 차례 전투에 참가시켜달라고 요구했으나 번번이 좌절되었던 사실을 상기시키며 불만을 토로했다. 레베데프는 이 문제만큼은 펄쩍 뛰었다.

"무슨 소리인가? 조선을 해방시킨 것은 제25군과 태평양 함대뿐이다. 제88정찰여단 빨치산부대의 단 한 명도 대일전에 참전하지 않았고 총 한 번 쏘지 않았다. 절대로 역사를 바꿀 수는 없다!"

대위에 불과한 김일성의 고위 상관인 레베데프는 김일성의 역사 왜곡 요구를 거부하며 호되게 질타했다. 또 인민들에게 거부감을 줄 수 있으니 즉시 소련군 계급장을 떼라고 지시했다.[55]

나중에 북한에서 펴낸 『조선전사』에는 김일성 부대가 "난공불락의 요새라고 했던 웅산만 고개의 방어시설들을 돌파하고 웅기, 나진, 남양 등을 해방하고 도처에서 정예를 자랑하던 일본의 조선주둔군을 격멸, 소탕하면서 진격해 드디어 일본을 패망시키고 조국을 반세기에 미치는 오랜 일본 식민지 통치의 굴레에서 해방시켰다"고 기록되었다. 매우 구체적인 이 전공 기록은 소련군 제25군 사령관 치스차코프의 회고록 『제25군의 전투 행로』를 그대로 베끼되 '소련군 제25군'을 '조선인민혁명군'으로, '조선'을 '조국'으로 단어만 바꿔치기한 데 불과했다.

이런 몇 가지 점 외에는 김일성은 대체로 레베데프의 마음에 들었다. 처음 평양에 들어온 김일성은 일개 대위로서 특별히 뛰어난 군인도, 탁월한 혁명가도 아닌 활달하고 씩씩한 청년에 불과했다. 특히 국내 기반이 일천해 정치 활동을 하는 데 어려움이 많았다. 그러나 그는 빠른 시일 내에 자신의 위상을 구축해 나갔다. 비록 소련군의 적극적인 지원이 있었다지만, 김일성 자신이 정치적으로 비범했던 것은 부인할 수 없는 사실이었다.

박헌영은 달랐다. 레베데프는 입북 후 몇 차례 박헌영과 밀실회담을 하면서 은근히 거부감을 품게 되었다. 박헌영은 이론에 밝은 공산주의자임에는 틀림없었다. 그러나 항상 원칙과 이론에 근거한 주장만을 내세우는 고집 센 혁명가였다. 때로는 소련의 고위 장성들에게도 자신의 주장을 굽히지 않았다. 단순무지한 군인들은 말 많고 고집스러운 박헌영이 마음에 들지 않았다. 스탈린에게 보내는 보고서에도 이러한 심경이 드러날 수밖에 없었다.

김일성을 면담한 레베데프는 김일성의 통역이자 비서인 문일의 요청에 따라 김일성에게 승용차를 제공하고 주택과 경호원을 배치해주었다. 또한 "김일성이 평양에 가면 은밀하게 지방을 순찰하게 하는 등 정치지도자 훈련을 시키라"는 특명을 받고 파견되어 온 강미하일 등 소련군 정치장교들을 최측근에 배치했다. 소련군 정치장교들은 김일성을 민족의 영웅으로 부상시키고, 여성동맹, 민주청년동맹 등 사회단체들을 조직해 일사불란하게 새로운 체제를 만들어 나갔다.

김일성 영웅 만들기의 첫 무대는 10월 13일 평양 공설운동장에서 열린 군중집회였다. 소련군 환영대회 겸 김일성 장군 환영대회였다. 김일성을 대중 앞에 소개하기 위해 소련군 사령부는 김일성이 읽을 연설 원고를 작성해주고, 군복 대신 신사복으로 나가도록 지시했다. 이때 김일성이 입은 양복과 구두는 소련 교포 강미하일 소좌의 것이었다. 소련군 사령부는 그의 본명이 김성주임을 잘 알고 있었지만 항일 빨치산 투쟁의 상징인 김일성이라는 이름을 그대로 사용하게 했다.

하지만 5만이 넘는 대군중이 모인 대회에 34살의 젊은이가 김일성 장군이라고 등장하자 군중 속에서 가짜라고 외치는 소동이 벌어졌다. 일부는 젊은 사람이 하는 어설픈 연설은 들으나 마나라고 불평하며 식장을 빠져나가려다가 소련군에게 제지당하기도 했다. 김일성이 가짜라는 소문은 삽시간에 퍼져 나갔고, 남한에도 알려졌다.

가짜 소동은 강미하일 소좌와 메크레르 중좌 등 소련군 정치장교들이 김일성을 데리고 그의 출생지 만경대를 찾아가 가족과 친지들을 공개하고 이를 신문과 방송을 통해 대대적으로 보도하면서 차츰 가라앉았다. 북한의 보통학교 교과서 첫 단원에 김성주가 김일성으로 이름을 바꾸게 된 과정을 실기도 했다. 소련군 점령하의 북한에서는 더 이상 가짜란 말이 나오지 않게 되었다.

남한에서는 김일성이 가짜라는 이야기가 두고두고 제기되

었다. 가짜론은 우익에 의해 체계적으로 퍼뜨려진 것이 아니라, 그가 평양에 등장한 이래 북한 주민들 내부와 남로당, 우익 진영 등에서 거의 동시에 시작되었다. 만일 우익이 김일성을 비난하고자 했다면, 박헌영이나 여운형에 대해 그랬던 것처럼, 굳이 가짜론을 만들 필요도 없이 공산주의자라는 이유만으로도 충분히 목적을 달성할 수 있었을 것이었다. 가짜론이 나온 데는 그만한 이유가 있었다.

남한 우익들은 김일성 장군의 명성이 김성주가 아직 20살도 되기 전인 1920년대 후반부터 널리 알려졌음을 지적했다. 본래 김일성은 일본 육사 출신 김경천이 처음 사용한 가명이었다는 주장이었다. 이후 여러 사람이 김일성이라는 가명을 쓰게 되었는데, 1937년 6월의 보천보전투를 지휘한 것도 오늘의 김일성이 아닌 김석천이라는 주장까지 나왔다.

그러나 김일성이라는 이름 자체가 처음부터 가명이었던 이상 가짜 논쟁은 무의미한 일이었다. 본명이 김일성인 빨치산이 존재하지 않았는데 누가 그 이름을 쓰든 상관없는 일이었다. 본명이 김성주인 오늘의 김일성이 어린 나이부터 항일운동을 해왔고 항일 빨치산 지도자의 한 사람으로 상당한 능력을 발휘한 것은 분명한 사실이었으며, 1930년대 후반부터 김일성으로 자처하며 활약한 것은 더욱 확실했다.

무엇보다도 스탈린이 그를 선택한 이상, 그가 과거에 어떤 인물이었는가는 부차적인 문제였다. 만일 식민지 말기에 박헌영이 소련군에 편성되었다면 그가 지도자로 지목되었을지도 몰랐다. 박헌영이란 존재는 1920년대 후반부터 소련에까지 알려져 있었다. 소련에 유학을 했던 그에게는 '조선의 레닌'이라는 별명까지 붙어 있었다. 김일성이나 소련군정도 일정하게 박헌영의 존재를 의식하고 있었다. 김일성 환영대회장에서는 "스탈린 만세!"와 함께 "박헌영 만세!"가 연호되기도 했다. 구호까지 소련군정이 통제하는 상황에서 "박헌영 만세!"가 외쳐진 것은 의미 있는 일이었다. 북한 지역의 지도자로 김일성을 지목한 것은 사실이지만, 아직까지 한반도 전체의 지도권은 박헌영이 쥐고 있음을 의식했기 때문이다. 하지만 박헌영의 우세적 지위를 유지시키라는 명령 같은 것은 소련군에 내려와 있지 않았다. 박헌영에 대한 소련군의 정책은 이중적일 수밖에 없었다. 박헌영이 조선공산당의 최고지도자임은 분명하지만 그는 남한에 있는 사람이었다. 자신들이 주둔한 북한의 일은 김일성과 협의해 나간다는 방침이었다. 서울의 조선공산당 중앙과 북한의 김일성 세력은 처음부터 알력이 생길 수밖에 없는 관계가 되었다.

두 세력의 미묘한 관계는 무척 빠르게 드러났다. 김일성 환영대회가 열리기도 전인 1945년 10월 6일, 북한 지역의 조선공산당 지도자 장순명과 주영하가 삼팔선을 넘어 박헌영을 만나러 왔다. 김일성이 조선공산당 북조선분국을 결성하려 하니 이를 승인해달라는 요청을 하기 위해서였다. 귀국한

지 2주일밖에 안 된 김일성이 서울 중앙당을 부인하고 독자적인 지도부를 구성하겠다고 요구해온 것이다.

경성콤그룹의 일원이던 장순명과 역시 정통 국내파 공산주의자인 주영하가 남하하게 되기까지는 북한 내부의 갈등이 있었다. 김일성이 북부5도당을 지도할 수 있는 중앙지도부를 구성해야 한다고 제기하자 이주하, 오기섭, 김재갑, 정달헌 등 국내파들이 서울에 엄연히 당 중앙이 있는데 이북에 당 중앙을 별도로 만드는 것은 분파 행동이라며 반대했다. 좀처럼 결론이 나질 않자 김일성은 장순명과 주영하를 대표로 서울에 보내 박헌영에게 뜻을 전한 것이었다. 물론 그 이면에는 소련군정의 지시가 있었다.

박헌영은 김일성을 직접 만나기 전에는 입장을 밝힐 수 없다는 자세를 취했다. 두 밀사는 박헌영의 뜻을 소련영사관을 통해 전문으로 평양으로 보냈고, 김일성은 개성 북방의 소련군 삼팔선 경비사령부 막사에서 만나자고 답신을 보내왔다.

1945년 10월 8일, 김일성과 박헌영의 사상 첫 만남이 이루어졌다. 참석자는 박헌영과 김일성, 그리고 양쪽의 직계 참모 일곱 명과 소련군 사령부 민정사령관 로마넨코였다.

회의는 처음부터 난항에 빠졌다. 박헌영은 일국일당의 원칙에 따라 서울의 중앙당을 고수하려 한 반면, 김일성은 남북이 분단되어 있는 상황을 반영해 따로 공산당을 운영해야 한다고 주장했다. 김일성의 논지는 소련군정의 뜻이기도 했다. 레베데프 등 소련군정 간부들은 처음부터 북한에 별도의 공산당이 필요하다고 생각하고 있었다. 회의를 주재한 민정사령관 로마넨코는 당 중앙을 해방지구인 북쪽에 두고 박헌영이 북쪽에 올라와 활동하라고 거꾸로 권유하기까지 했다.

이에 박헌영은 소련이 각 지역에 공산당 지도국을 두고 있음을 예로 들며, 서울의 중앙당에 북부지도국을 두고 김일성이 서울에 내려와 이를 맡는 게 어떠냐고 역제안했다. 김일성은 허허 웃으면서 소련은 땅이 넓고 다민족 국가이기 때문에 중앙위원회 속에 지역지도국을 두지만 조선은 그럴 여건이 아니라고 넌지시 발을 뺐다.

장시간 논쟁이 계속되자 박헌영은 동석한 로마넨코에게 견해를 물었다. 로마넨코는 자신도 김일성과 같은 생각이라고 답변했다. 박헌영은 그제야 그러면 중앙당에 속하되 북부지역 공산당 조직을 지도할 수 있는 중간기구로서 북조선분국을 설치하자고 물러섰다.

소련군정과 김일성이 박헌영에게 의견을 물은 것은 절차상 의례였을 뿐임이 곧 드러났다. 북조선분국이 창설된 것은 불과 이틀 후인 10월 10일이었다. 69명의 북한 지역 공산주의 지도자들이 모인 이 자리는 본래 '조선공산당 서북5도당 책임자 및 열성자대회'였으나 북한은 모든 문서에서 북조선분국이란 단어 대신 북조선공산당이라 명기하기 시작했다. 대회는 북조선공산당 중앙위원회 조직국 선거, 일본인과 민족반역자 소유의 토지 몰수 문제 처리 등 4개 항을 심의했는데, 이 조항들은 모두 소련군정 정치사령부가 제안한 내용을 추인하는 것에 불과했다.

박헌영은 10월 23일자로 북조선분국 설립 승인서에 서명해야 했다. 하지만 불편한 심기를 감출 수는 없었다. 그는 이 문제에 대해 따지는 편지를 작성해 스탈린에게 보냈다. 전 소련공산당 중앙위원회 국제부 부부장 코바렌코의 증언이다.

"조선공산당이 엄연히 서울에 중앙을 갖추고 있는데도 북조선 5개 지구당 책임자대회 때 소련군정이 조선공산당 북조선 조직국을 조직하는 등 김일성에게만 일방적으로 협력하고 있다."

김일성의 잘못을 지적했다기보다는 소련군정의 잘못을 지적하는 내용이었다. 이 편지는 하바롭스크 KGB지국을 통해 모스크바로 전달되었다. KGB가 이 일에 적극적으로 나선 것은 박헌영이 자신의 경쟁 상대인 소련군의 오류를 지적했기 때문이다. 그러나 군부를 선호해온 스탈린은 박헌영의 지적을 무시했다. 소련군정 장교들 역시 자신들의 오류를 지적하고 나선 박헌영을 좋지 않게 보는 계기로 삼았을 뿐이었다.

소련군정의 입장에서는 공산주의자들 내부의 갈등 해소보다는 북한에 하루빨리 안정된 정권을 세우는 일이 시급했다. 소련군정 정치사령부가 준비하여 조선공산당 이북5도 열성자대회 때 통과시킨 북한의 개혁안은 획기적인 내용을 담고 있었다.

가장 중요한 것은 토지 문제로, 일본인과 민족반역자들의 토지를 몰수해 농민들에게 나눠 주되 수확의 30퍼센트는 지역 인민위원회에 세금으로 납부하도록 한다는 것이 골자였다. 소작제도 인정하되 임대료는 30퍼센트 이하로 하고 세금도 지주가 부담하기로 했다. 부르주아민주주의 단계라는 점을 고려한 것이다.

산업과 상업에 대해서도 부르주아민주주의 단계에 맞도록 설정했다. 일본과 민족반역자가 소유했던 산업시설과 생산수단은 모두 몰수해 노동자동맹이나 인민위원회에서 운영하도록 하되, 조선인 개인 자본가 수중에 있는 공장들은 그 소유자로 하여금 경영하도록 했다. 자본주의처럼 주식회사 창설도 허용했다.

아직까지는 김일성이 절대 권력을 잡기 전이었다. 토론은 비교적 활기차게 진행되었다. 이주하, 김재갑, 정달헌 등 국내파들은 새 조국 건설 과정에서 일본에 협조했던 자본가, 지주를 제외하고 '인민전선'을 만들어야 한다고 주장했으나, 김일성은 민족반역자를 제외한 모든 계급·계층을 참여시키자는 '민족통일전선'을 주장해 양쪽 지지자들 사이에 언쟁이 벌어지기도 했다.

사흘째 회의에서는 함경남도와 강원도에서 온 일부 대표들이 "우리의 지도자 오기섭 동지, 주영하 동지, 이주하 동지

만세!"라고 외쳤다가 질책을 받는 일도 일어났다. 이영 일파를 규탄하고 박헌영의 정치 노선을 지지·찬성하는 데는 합의를 보았다. 회의 끝에는 박헌영을 찬양하는 축전까지 채택했다. '조선 무산계급의 영도자인 박헌영 동지에게 심심한 감사를 드린다'는 내용이었다.

열성자대회는 17명의 중앙위원과 함께 제1책임비서로 김용범을 선출했다. 김용범은 식민지시대 북부조선에서 이름난 여성 공산주의운동가였던 박정애의 남편이었다. 김일성이 제1비서를 맡겠다고 자처했으나 소련군정은 아직 그가 정치 훈련이 되지 않아 불안하다고 보고 자신들이 믿는 소련통인 박정애의 남편을 임시로 앉히기로 결정한 것이다.

소련군정 장교들은 빨치산 훈련밖에 받지 못한 김일성이 레닌의 사상에 대한 이해조차 부족해 정당을 이끌 만한 준비가 덜 되었다는 보고까지 했다. 각 지역에 내려보낸 제88정찰여단 대원들 역시 정치 지도력이 떨어져 현지 장교들과 호흡이 맞지 않는다는 이유로 평양으로 철수시키고 있었다. 김일성과 그 대원들은 젊고 의욕만 앞섰을 뿐, 정치적으로나 이론적으로나 능력이 부족한 상태라는 것이 소련군 정치장교들의 일반적인 시각이었다. 그렇지만 언제든 스탈린의 지시가 우선이었다. 김일성이 김용범을 제치고 제1비서로 올라선 것은 불과 두 달 후인 1945년 12월이었다.[56]

스탈린은 1945년 9월 21일 날짜로 민주정당, 사회단체들의 광범한 블록에 기초를 둔 부르주아민주주의 정권을 창설하라고 공식적으로 지시했다. 이를 수행하기 위해서는 민족주의자가 필요했다. 그런데 민족주의 지도자들은 대부분 소련과 공산주의가 싫다며 서울로 내려가버리고 없었다. 소련군정의 눈에 띈 것은 조만식이었다. 조만식 역시 "나는 노린내 나는 소련군이 싫다"고 공언할 정도로 배타적인 민족주의자였다. 소련군정은 직접 나서지 못하고 김일성과 최용건으로 하여금 조만식을 만나 정당을 만들라고 권유했다.

김일성은 조만식을 설득하기 위해 처음 만났을 때 선생님이라 깍듯이 부르며 큰절을 올리기도 하고, 여자 접대원이 딸린 고급 요정으로 초대해 성대히 대접하기도 했다. 그러나 조만식은 술과 노래도 모르는 철두철미한 우국지사였다. 조만식은 남북이 분단된 상태에서 북한에만 정당을 만들자는 설득을 탐탁해하지 않았다. 김일성은 조만식을 만날 때마다 선생님이라 불렀지만 돌아와서는 "조만식을 초기에 죽여 없애자"고 떠들어대 소련군 장교들을 놀라게 했다. 그래도 수완 좋은 그는 끝내 조만식을 설득하는 데 성공했다. 창당만 하면 자기도 입당해 함께 일하겠다는 제의까지 한 결과였다.[5]

조만식은 광주학생시위를 기념하는 뜻에서 1945년 11월 3일 조선민주당을 창당했다. 김일성은 자기 대신 최용건 등을 입당시키는 한편, 33명의 중앙위원 중 9명을 공산당 출신들로 배치했다. 조만식과의 약속을 일정 부분 지키는 동시에 민족주의 정당의 활동을 통제하기 위해서였다.

소련군정은 옌안에서 돌아온 조선의용군 출신들에게도 북조선공산당에 들어올 필요 없이 별도로 당을 창당하도록 했다. 표면적으로는 부르주아민주주의에 필수적인 다당제를 갖추기 위해서였다. 그러나 중국공산당 지도부와 밀접한 이들을 공산당에 입당시키지 않고 제3의 소규모 정당인 신민당으로 몰아버린 것은 중국의 영향력을 배제하기 위한 의도인 동시에 김일성의 경쟁 상대를 줄이기 위해서라는 의심을 받았다. 조선의용군 출신들은 제2차 세계대전 마지막 날까지 대일전을 벌인 공로와 전투력에도 불구하고 김두봉, 김무정 등 몇몇 상징적인 인물 외에는 대부분 낮은 직책에 배치되었던 것이 사실이었다. 그래도 남한의 미군정이 보여준 적개심에 비하면 소련군정의 대우는 한결 나은 편이었다. 옌안파 지도자 최창익, 한빈 등은 남한에 내려갔다가 크게 실망해 북한에 돌아오기도 했다.

부르주아민주주의의 분위기를 조성하기 위해서는 소련군에 대한 좋지 않은 인식을 씻어내는 일도 필수였다. 입북 초기, 소련 군인들이 북한 주민들의 시계, 금반지 같은 귀금속을 강탈하고 부녀자를 강간하여 큰 사회문제가 되었다.

남한의 미군도 범죄가 없던 것은 아니었다. 물자가 풍부한 미군들은 소련군처럼 저급한 경제 범죄를 저지르지는 않았으나, 통역관이 앙심을 품고 자신의 적에게 "저 사람은 코뮤

니스트다"라고 지적하면 그 자리에서 쏴 죽이기도 했다. 미숙한 통역들이 영어 대답에서 예스와 노우를 구별 못 해 엉뚱한 사람이 처형되는 일도 있었다. 미군 물건을 훔치려는 조선인 꼬마들에게 마구 총질을 해 불구로 만드는 일이며, 조선인 여성들을 성희롱하거나 강간하는 사건도 종종 일어났다.

그렇다고 해서 소련군 범죄가 합리화되는 건 아니었다. 스탈린은 1946년 1월 비밀지령을 내려 조선인을 괴롭히는 군인들을 즉결처형하도록 했다. 이에 따라 원산과 함흥에서만 30여 명의 소련군이 처형되었다. 또 일본 시설이라 하여 소련으로 뜯어 갔던 흥남비료공장을 그대로 다시 가져와 설치해 놓기도 했다. 소련군에 대한 인식은 한결 좋아졌다.

반면, 남한의 미군정은 날이 갈수록 심한 반발에 부딪히고 있었다. 이는 명백히 미 국무성과 미군정의 잘못이었다. 한반도에 대한 전략 부재와 조선인에 대한 편견, 친일매국노의 재기용, 토지 문제 외면, 쌀 수급 등 경제 정책의 완전한 실패 등등 헤아릴 수 없는 실정들이 남한 민중들의 분노를 축적시켰다. 미군정과 우익은 이로 인해 벌어진 혼란을 공산주의자들의 선동 때문이라고 몰아세워 저항을 억누르는 데 급급했고. 이는 더욱 거대한 항쟁을 폭발시켰다. 해방 후 수년간 남한에서 일어난 엄청난 인명 피해와 민중의 고난의 절대적인 책임은 명백히 미국과 미군정, 그리고 이에 편승한 우익과 친일매국노들에게 있었다.

8 미국무성의 음모

朴憲永 評傳

소련이 북한 지도자로 김일성을 선정한 것처럼, 미국은 이승만을 남한의 지도자로 지목했다. 이승만은 임시정부 시절 미국에 위임통치를 청원한 전력이 아니더라도, 이후 20여 년 동안 미국에 살면서 철두철미한 반공주의자요 자본주의자로서 미국의 조야 정치인들과 널리 인맥을 쌓고 있었다. 스탈린의 지시에 따라 일사불란하게 움직이는 소련군정과 달리, 미국의 이승만 선택에는 다소 시간이 필요했고, 상황에 따라 변동될 소지가 있었으나, 이후 진행은 본래 기획에서 크게 벗어나지 않았다.

김일성이 소련군 함정을 타고 입북했듯이, 하와이에 있던 이승만은 미군이 제공한 군용 비행기를 타고 귀환 길에 올랐다. 그는 먼저 일본 도쿄에 도착해 맥아더의 환대를 받았다. 미군 사령관 하지는 이승만을 영접하기 위해 직접 도쿄까지 날아갔다. 하지는 10월 16일 이승만이 맥아더의 전용 비행기를 타고 서울에 도착하자 조선호텔의 최고급 객실을 내주고 미군 경호원을 붙여주었을 뿐 아니라, 기자회견까지 주선

해주었다. 소련군이 했던 그대로, 10월 20일의 미군 환영대회에서는 이승만을 5천 군중에게 직접 소개해 장차 당신들의 대통령감이라는 암시를 주었다. 하지는 공개 석상에서 이승만이 등장하면 벌떡 일어나 자리를 양보하는 등 각별한 예우까지 갖추었다.

이승만에 대한 미국과 하지의 대우는 파격적인 것이었다. 김구를 위시한 충칭 임시정부 인사들은 충칭에 주둔하고 있던 미군 장군 웨드마이어에게 정부 자격으로 귀환하는 것이 아니라 개인적인 귀국이라는 각서를 써준 후인 11월 23일에야 미군 비행기를 얻어 탈 수 있었다. 미군정은 사전에 그들이 귀국한다는 소식도 발표하지 않았고, 국내 기자들에게는 기자회견조차 불허해 외국 기자들만 참석했다.

중도파라 할 수 있는 여운형에 대한 태도도 심하게 모욕적이었다. 하지는 서울에 들어온 지 한 달 만인 10월 5일이 되어서야 건국준비위원회와 인민공화국의 수장인 여운형과 면담하는데, 자리에 앉자마자 "왜 한 달이 되도록 자기를 찾아오지 않았느냐?"고 힐난했다. 또 건국준비위원회를 가리켜 "일본인들에게 돈을 얼마나 받았기에 행정권을 인수했느냐?", "당신이 갱단 두목인 줄 알았다"며 면박을 주었다. 그가 들은 여운형에 대한 정보는 모두가 기독교 계통의 친일인사들이 제공한 것들이었다.

조선공산당에 대한 태도는 말할 나위가 없었다. 하지는 10

월 27일 자신의 숙소인 반도호텔에서 이루어진 박헌영과의 첫 면담에서부터 고압적인 자세로 따지고 들었다.

"남한 전역에서 미군정에 반대하는 삐라와 현수막이 걸리고, 다음 주인 11월 1일부터 7일까지 러시아 10월 혁명 기념 파업을 하리라는 정보가 들어왔다. 이것이 공산당 활동의 결과가 아닌가? 아니라 할지라도 이 모든 것에 대한 책임이 지도자인 박헌영에게 있는 것 아닌가?"[58]

박헌영은 공산당은 아직 전 인민을 지도할 만한 역량을 갖고 있지 못하며, 개인적인 복수심에 사로잡혀 테러를 가하는 사람들의 자연발생적인 행동을 통제할 수도, 책임을 질 수도 없다고 답했다. 그는 공산당은 진보적인 민주국가의 수립을 목표로 하기 때문에 폭력이나 습격 등을 할 수 없다며, 오히려 당 외부의 좌익적 경향에 반대하는 투쟁을 전개하고 있다고 대답했다. 실제로 이관술 같은 경우도 고향 울산에 간 길에 현지 당원, 청년들에게 부잣집이나 우익 인사들의 집을 공격하는 좌익 맹동적인 행동을 하지 말라고 연설했다는 증언도 있다.

하지는 그러면 인민공화국과 조선공산당은 무슨 관계냐고 따져 물었다. 인공의 지시로 일본인과 친일파에 대한 테러가 발생하고 있기 때문에 인공은 조선에 이익보다는 해악을 더 많이 가져다주고 있다는 말도 덧붙였다.

박헌영은 조공과 인공은 아무런 관계도 아니라는 점부터

밝힌 후, 인공은 장차 수립될 정부를 준비하기 위한 학교와 같은 곳으로, 자신은 인공 결성이 올바르고도 필요한 일이라 본다고 말했다. 나아가 미군정이 한국의 모든 계층의 의견을 광범위하게 고려하지 않고 일부 사람들과만 관계를 맺는 것은 잘못이라고 지적했다. 공산당은 폭력 사태를 중지시키기 위해 필요한 노력을 기울일 것이며, 만일 공산당원들이 그러한 폭력 행위를 저지른다면 그들은 마땅히 처벌을 받아야 할 것이라고도 했다. 그러나 임금 인상과 기업주의 악랄한 착취에 대한 항의와 같이 근로대중들이 자신들의 요구를 표현하기 위한 집회나 시위는 허용해달라고 요구했다. 그는 말했다.

"그들은 미군 헌병들의 폭력적인 조치들을 이전에 일본 제국주의자들이 실시한 폭력과 동일한 것으로 간주하고 있다. 일부 사람들은 심지어 미군정청과 일본 제국주의 간에는 아무런 차이가 없다고까지 생각하고 있다."

박헌영의 직설적인 지적에 하지는 발끈했다.

"자유를 누리는 것과 자유를 악용하는 것은 전적으로 다른 일이며, 대중들이 자신에게 부여된 권리를 악용하는 것은 허용될 수 없다는 것을 알아야 한다."

박헌영도 지지 않고 구체적인 사례까지 적시했다.

"10월 18일 당신들이 시위를 금지한 것은 올바른 행동이었는가? 더구나 처음에는 시위를 허가했다가 나중에 이를 번복한 것이 과연 올바른 행동이었는가?"

대답이 궁색해진 하지는 집회 금지 조치는 자신도 모르는 사이에 헌병대 측에서 내린 것이지만, 시위대가 미군을 습격하려 한다는 정보 때문이었으며, 자신이 사전에 알았더라도 똑같이 금지 조치를 내렸을 것이라고 말했다.

한동안 날카로운 공방을 벌이던 하지는 장황하게 자신과 미군정의 입장에 대해 설명하고, 당장 한국에서 일본인 기술자나 친일파 출신들을 철수시키면 조선은 철로에서 침목을 드러내고 기관차를 침몰시키는 것과 마찬가지라고 설득했다. 박헌영도 다소 누그러져서 말했다.

"우리 당의 정치 노선은 일본 제국주의의 잔재를 철저히 청산하는 것, 친일파와 민족반역자들을 철저히 배제한 상태에서 통일된 민족국가를 수립하는 것, 이러한 기초 위에서 진보적인 민주주의 국가를 건설하는 것이다. 민주주의를 지향하는 우리의 궁극적인 투쟁 목표는 전 세계에서 완전한 평화를 이룩하는 것이며, 이것은 미국과 연합국의 여타 국가들의 이해와도 일치한다."

미군정과 공산당의 대립은 불가피했다. 그것은 미군정이 보다 조선인의 입장에 선 정책으로 선회하지 않는 한 해결될 수 없는 갈등이었다. 박헌영은 조선에 주둔한 미군이 미국 내의 민주주의 세력의 이익을 대표하는 것이 아니라 금융자본가의 이익을 대표하고 있다고 보았다. 당사자들이 아무리 부인한다 해도 그것은 사실이었다. 미군정과 이해가 일치하는 것은 조선인 부유층이었고, 그들의 절대 다수는 친일행위자들이었다. 미군정은 그들이 일본인 밑에서 축적해온 자본과 권력을 그대로 보장해줌으로써 자본주의의 맹아를 싹 틔우는 한편, 자신들의 대리자인 이승만으로 하여금 농사를 짓게 하려고 했다. 이승만은 오랜 해외 체류로 조직 기반이 없던 데다 정치는 곧 돈이라는 사실을 잘 알고 있었다. 이승만은 그들을 적극적으로 끌어들임으로써 빠른 시간에 막강한 조직과 돈을 축적할 수 있었다. 정치적으로 고립되어 있던 친일매국노들에게 이승만의 출현은 구세주처럼 반가운 것이었다.

친일파 처리는 박헌영을 비롯한 공산주의자들과 그 반대자를 가르는 결정적인 문제로 부각되었다. 박헌영은 1945년 10월 29일 이승만을 처음 만난 자리에서 친일파와 민족반역자를 제거하고 민족통일전선을 수립해야 하며, 그들이 다시는 정치 무대에 서지 못하도록 해야 한다고 말했다. 이승만은 먼저 독립을 달성한 다음 자신의 정부의 힘으로 이 문제를 해결해야 한다고 대꾸했다. 하지만 첫 정부를 친일반역자들이 세운다면 그들이 자기들 자신을 제거할 리는 만무했다.

이승만은 인민공화국의 해산도 요구했다. 미군정은 비합법적으로 조직된 인민공화국을 강제로 해산하겠다고 했으나, 자신이 대신 나서서 스스로 정부를 해산하도록 설득했노라며 짐짓 아량을 베푸는 모습을 보였다. 이승만은 아무 나라도 인정하지 않는 공화국이 무슨 소용이냐고도 했다.

박헌영은 한국인이 자신의 정부를 수립하는 것이 왜 문제가 되는지, 미군정하에서는 한국인들이 정부를 수립할 수 없다는 국제 협약이 어떻게 존재할 수 있는지 반문했다. 또한 대체 어떤 이유로 인민공화국의 존재가 이승만의 정치 활동에 방해가 되는지 이해할 수가 없다고 따지고 들었다. 박헌영의 논리적인 추궁에 이승만은 버럭 신경질을 내며 그렇다면 해산을 시키든 말든 마음대로 하라고 말했다.

처음부터 예고되었던 대립이었다. 이승만으로 상징되는 우익과 박헌영으로 상징되는 좌익의 대립이 평화적으로 해결되려면 이를 완충하는 합법적 장치와 함께 충분한 민주주의 훈련이 필요했다. 그러나 민주주의의 경험이 없는 이들은 처음부터 끝까지 극단적인 대립으로 일관했다. 두 세력은 독립국가 건설을 촉진하기 위해 공동 논의체를 갖기로 했다. 이를 위해 독립촉성중앙협의회라는 명칭의 협의체도 만들었다. 그러나 명백히 다른 계급적 이해관계가 존재하는 자본주의하에서, 더구나 미국과 소련이 이념의 잣대를 들고 지켜보고 있는 가운데 민족의 이름 아래 대동단결하자는 구호는 서로에게 분열의 책임을 떠넘기기 위한 정치적 수사에 지나지 않았다. 친일파 처리 문제, 토지 문제 등 도저히 화해할 수 없는 쟁점들로 가득한 좌우의 합작이 그리 쉽게 이루어질 리가 없었다. 좌우 양측은 조선의 분단을 가져온 것이 열강들이라는 문구의 삽입 여부, 친일파 배격의 원칙을 어떻게 관철할 것인가 등의 문제로 사사건건 부딪혔고, 결국 이승만의 대(對)공산당 선전포고와 더불어 파기되었다.

이승만은 12월 20일 '공산당에 대한 나의 입장'이라는 성명서를 발표했다. 라디오를 통해 방송된 이승만의 성명은 극우파들의 사고 체계를 상징적으로 보여주었다. 그는 온 세계를 파괴하는 자도 공산주의자요, 조선을 파괴하는 자도 공산주의자라고 단언하고, 공산주의자들은 친형제나 친아들이라도 원수로 대해야 한다고 충고했다. 공산주의자는 제 아버지도 죽이는 자들이며, 어린애라도 공산주의에 물들면 제거해야 한다는 것의 그의 지론이었다.

이에 대한 박헌영의 개인 성명은 너무나 점잖고 현학적이었다.

"이리하여 박사는 민족반역자 및 친일파들의 주구가 되는 동시에 드디어 이들의 최고 수령의 영예로운 자리를 차지하게 되었다. …… 만약 반성치 아니하는 경우에는 우리는 그대와 공동한 일체의 정치 행동을 거부하며, 따라서 그대의 지휘하에 있는 반동단체 '중협'과 하등의 상관이 없는 것을 선언하는 바다."

공산당은 기관지인 『해방일보』 12월 23일자에 '노 파시스트 이 박사를 폭로함'이란 제목으로 이승만의 허영심을 보다 적나라하게 비난했다.

"해외 생활 40년 동안 수없는 독립운동 자금을 사비로 횡령하여 호화로운 생활을 하고 후안무치하게 조선에 돌아온 것은 그사이 미국에서 목도한 동포들의 폭로에 의해 명확한 바이어니와 조선에 돌아와서 조선호텔 뽀이에게 팁으로 일시에 만 원을 지불한 사실은 그 일례다. 돈암장에서 수많은 호위병을 거느리고 봉건무후의 생활에도 비견할 수 있는 호화 사치의 생활을 취하기 위하여 군정청에 아첨하여 이권으로써 간상배 같은 행동으로써 민족의 자금을 강제 징수하여 이 자금을 낭비하는 죄상 등은 실로 낱낱이 들어 거론하기 곤란하다."

박헌영과 하지의 첫 만남은 형식적이나마 좋은 말로 마무리되었으나, 11월 13일의 군정청장 아놀드 소장과의 첫 만남은 다시 첨예한 대립으로 시작되었다. 일주일 전인 11월 5일에 결성된 조선노동조합전국평의회(전평)의 활동과 관련된 문제 때문이었다.

식민지 치하 조선의 산업은 주로 만주나 북한 지역에서 생산된 원료를 가공해 일본으로 보내는 중간 역할을 한 데다 대부분 일본인이 운영하고 있었다. 해방과 함께 만주, 일본과 단절되고 남북까지 갈리면서 남한의 공장들은 대다수가 심각한 경영난에 빠졌다. 공산당은 중단된 공장을 노동자들이 자주적으로 운영하도록 하기 위해 공장위원회를 만들라는 지침을 내렸다. 이에 따라 공장마다 공산당원이 배치되어 노동자를 조직하고 공장을 재가동하는 자주관리운동이 활발히 벌어졌다. 11월 5일에 결성한 전평의 일차적인 과제도 공장 자주관리에 두었다. 문은종 등 전평의 일부 간부들은 우선 산업의 복구와 건설이 시급하므로 자본과 협력해야 한다는 의견을 내놓기도 했다. 박헌영은 노동조합이 직접 회사를 운영할 경우 자본가와의 차별성을 잃고 체제 흡수적이 되는 것을 우려하여 노동조합과 공장위원회는 서로 섞이면 안 되며, 공장위원회에는 기술자, 전문 관리직들이 들어가도 좋다고 충고하기도 했다. 그러나 이런 여러 가지 의견들이 채 정리되고 공식화되기도 전에 많은 공장들이 원료와 기술의 부족으로 문을 닫거나 미군정에 의해 조선인 자본가들에게 불하되어 버렸고, 노동자들은 곳곳에서 파업 농성으로 이에 맞섰다.

아놀드는 마주 앉자마자 노동자들의 파업 행위를 비난했다. 남한의 생산 활동을 신속히 재개해야 하는데 노동자들의 파업으로 생산 활동이 중지되고 있다는 비난이었다. 박헌영은 전평에서 곧 생산 복구 문제를 논의할 것이며, 이 문제는 곧 해결될 것이라고 대답했다. 아놀드는 그 말을 믿지 않았다. 그는 공산당이 미군정청에 협조하지 않는다며 불만을 털어놓았다.

"군정청은 미국 정부가 아니며 미군에 의해 대행되고 있는 한국 정부다. 군정청은 남한에 있는 유일한 정부로서 다른 정부는 있을 수 없다. 한국의 독립에 관한 문제는 모스크바 3국 외상회의에서 결정될 것이다. 그전까지는 군정청이 유일한 정부다. 그런데도 당신들은 군정청에 반대하고 있다."

박헌영은 공산당은 결코 군정청을 반대하지 않으며 단지 잘못을 지적할 뿐이라 말하고, 수십 명의 독립운동가를 체포해 탄압했던 김정기 같은 자가 미군정 경찰 간부로 일하고 있다는 사실을 지적했다.

"민중은 이러한 친일분자나 매국노들을 잘 알고 있다. 민중은 그러한 사람들에게 복종하지 않을 것이고, 그들의 지시에 순종하지 않을 것이다. 결과적으로 주민들은 군정청과 대립하게 될 것이다. 그렇기 때문에 군정청에 반대하고 있다고 우리만을 매도할 것이 아니라 하루빨리 그들을 군정청에서 몰아내야 한다."

박헌영은 군정청의 친일파 고용을 비판하던 서울시인민위원회 위원장 최원택과 수원시 인민위원회 위원장 박승구가 체포된 것을 지적하며, 군정청에 고용된 이들을 비판하는 이들을 탄압하는 것은 명백히 민주주의 원칙에 어긋나는 일이라고 지적했다.

"군정청이 민주주의 원칙에서 벗어나 공산당을 탄압하지 않기를 부탁한다. 우리는 군정청과의 협력 관계를 발전시키기 위해서라도 군정청이 범하는 잘못을 지적할 것이다."

"실제로 공산당은 다른 어떤 정당보다도 군정청을 가장 많이 비판하는 정당이다."

아놀드의 말에 박헌영은 조금도 양보하지 않고 말했다.

"만일 잘못된 점이 있다면 앞으로도 계속 비판할 것이다."

면담은 군정청장 아놀드가 비판이 있으면 신문에 알리기 전에 자신에게 직접 말해달라고 부탁하는 것으로 끝났다. 시종 서로에 대한 적대감을 드러낸 면담은 그대로 속기록에 남았다.

이틀 후에는 미군 사령관 하지가 재차 면담을 요청했다. 이 자리에서 하지는 미군정의 시책들을 설명하고, 인민위원회의 정부적인 성격을 없애고 하나의 정당으로 잔류시켜 달라고 제안했다. 박헌영은 미국이 한국의 독립을 위해 군대를 파견했음을 잘 알고 있다고 전제하고, 그러나 개별 사안에 대해 미군정이 한국의 현실을 제대로 이해하지 못하는 것을 지적하지 않을 수 없다고 일침을 놓았다. 나아가 미군정이 특정 정당이나 정파만을 일방적으로 지지하지 말고 모든 정당들을 공평하게 해줄 것을 요망했다. 인민위원회의 해산을 거부한 것이었다. 미군정은 최종 제안이 거부된 이날을 고비로 인민위원회를 강제 해산하기로 결정한다.

열세에 몰렸던 우익이 정국의 주도권을 쥘 수 있는 사건은 해방되던 해 연말에 시작되었다. 나라가 안정될 때까지 몇 개 강대국이 공동으로 한국을 관리하자는, 이른바 신탁통치와 관련된 소동이었다.

신탁통치안이 이때 갑자기 거론된 것은 아니었다. 해방되기 전부터 미국 정부는 한반도를 신탁통치하자는 안을 내놓고 있었고, 이는 해외의 독립운동가들에게 잘 알려져 있었다. 식민지 말기 충칭에 있던 임시정부 요인들은 신탁통치안의 다른 표현인 '국제공동관리론'이 제기될 때마다 격렬히 반대 입장을 밝힌 바 있었다.

해방 후에도 신탁통치 문제를 먼저 거론한 것은 미국이었다. 1945년 10월, 미국은 최소 20년 이상 여러 강대국이 한반도를 공동 관리하자고 제안했다. 이는 10월 25일 미 국무성 극동국장 빈센트가 조선에 신탁통치를 실시할 예정이라고 발표함으로써 드러났다.

이에 좌우익 할 것 없이 맹렬히 반대 의사를 밝혔다. 11월 들어 우익들은 신탁은 곧 식민지라며 결사반대를 주장했고, 김삼룡도 조선공산당을 대표해 반대 성명을 발표했다. 김삼룡은 "탁치는 우리에게 자주독립의 역량이 없다는 것을 세계에 공표하는 것으로 국민 전체에 대한 모욕이다. 단연 취소하는 것이 민족의 염원"이라고 맹공했다.

그러나 미국은 고집을 꺾지 않았다. 전후 문제의 처리를 위해 모스크바에서 열린 미·영·소 3개국 외무장관 회의에서 거듭 조선에 대한 신탁통치를 주장한 끝에 12월 28일자로 합의를 이끌어냈다. 신탁통치를 탐탁지 않게 생각하던 스탈린이 25년을 5년으로 줄이는 것으로 합의해준 결과였다.

이날 정오, 3개국 외무장관은 미·영·소·중 4개 강대국의 관리 아래 남북한이 통일된 임시정부를 수립하고, 임시정부가 요청할 경우 4개국이 5년간 조선을 신탁통치할 수 있다는 내용이 담긴 3상 협상안을 발표했다. 일단 삼팔선을 없애고 한반도에 단일한 임시정부를 세운 후 혼란이 일어날 경우에는 여러 나라가 감시하겠다는 이 결정은 현실적으로 미국과 소련이라는 양 강대국에 의해 분할되어버린 한반도가 큰 혼란 없이 통일될 수 있는 방법이라고 볼 수 있었다.

그러나 일본인 치하에서 40년간 신음해온 조선인들에게는 4개국이 공동으로 통치하겠다는 부분만 귀에 들어왔다. 남한의 민심은 폭발했다. 서울 시내 환락가는 일제히 문을 닫았으며, 영화를 보던 이들은 지배인이 전하는 소식에 흥분해 자리를 털고 일어났다. 다음 날 극장과 술집은 물론 법원까지 모조리 문을 닫아버리고 거리는 반탁 시위의 물결로 넘쳤다.

좌익은 이번에도 우익보다 더 빠르고 강력하게 신탁통치를 반대하고 나섰다. 박헌영은 즉각 선전부장 정태식의 명의로 5년은커녕 5개월의 통치도 반대한다는 내용의 성명서를 발표하도록 했다. 인민위원회와 문학가동맹, 전평 등 주요 좌익단체들도 즉각적인 반대 성명을 냈다.

의외의 반전은 소련에서 시작되었다. 남한의 공산당이 반탁운동에 나섰다는 보고를 받은 소련은 즉각 이를 시정하라는 훈령을 보내왔다. 소련 부영사 샤브신은 서둘러 박헌영을 소련영사관으로 불러 소련의 결정이니 따르라고 촉구했다. 박헌영이 이를 수용하지 않으려 하자 평양의 소련군 사령부는 그날로 박헌영을 평양까지 호출했다.[59]

12월 28일, 박헌영은 경성제대 교수 김태준, 숭실전문 교수 박치우, 보성전문 교수 최용달, 인민공화국 교통국장이던 이순근 등과 함께 삼팔선을 넘어 평양으로 향했다. 김일성은 주영하, 김용범, 박정애, 허가이 등 조선공산당 북조선분국 간부들과 함께 평양 교외까지 나와 당 중앙을 영접했다.

북한을 첫 방문한 박헌영이 남한 최고의 지식인이자 항일 투쟁의 전력도 화려한 인물들을 대동한 것은 의도적인 것은 아니었다. 왜냐하면 서울의 조선공산당 중앙당에는 공산주의운동에서 말하는 기본 계급인 저학력 노동자 출신이나 10년 이하 감옥살이를 한 이들은 찾기가 어려웠기 때문이다. 이 무렵 공산당원의 80퍼센트가 양반 출신 지식인이라는 말은 과장이 아니었다. 반면, 김일성이 대동하고 나온 사람 중 남한 대표들과 격이 맞는 인물은 경성제대 출신 주영하뿐이었는데, 국내파인 그는 내면적으로는 오히려 박헌영과 가까운 인물이었다. 김용범은 농업노동자였고, 허가이는 소련에서 트랙터 운전을 하던 인물이었다. 김일성을 포함한 다른 이들의 학력은 더 낮았다. 이는 의도하지 않았을지라도 의미심장한 일이었다. 북한이 해방되자마자 어려운 한자를 폐기하고 한글을 전용하게 한 반면, 대개 고급 지식인으로 이루어진 남한의 빨치산들은 한국전쟁 중에도 온통 한문으로 된 보고서를 주고받는 게 보통이었다. 계급과 학벌에 의한 이 신분적 이질감은 북한 출신들이 남한 출신을 이론밖에 모르는 지식인들이라며 경원시하고 경계하는 원인 중 하나가 되었다.

첫 번째 방문이다 보니 당 중앙 박헌영에 대한 예우 문제가 불거지기도 했다. 박헌영을 영접하러 온 김일성은 인사를 마친 후 자기의 승용차를 타고 가버렸는데, 박헌영을 위한 승용차는 준비되어 있지 않아 소련군 지프를 타고 시내로 들어가야 했다. 이에 솔직담백한 성격인 최용달이 총비서에 대한 예우가 이게 뭐냐고 따졌다. 또 분국 협의회 때도 박헌영의 자리는 상석이 아니고 방청석에 마련되어 있었다. 이번에는 김태준이 조선공산당 총비서에 대한 예우가 아니라고 따졌다.

반면, 박헌영은 자신을 맞이하러 온 북조선분국의 지도자들을 동지라 부르지 않고 동무라고 불러 불만을 사기도 했다. 사실 인간 평등을 지향하는 사회주의에서 동무와 동지를 차별하는 것은 부당했다. 남한의 포스터나 구호에도 박헌영을 동무라 호칭하는 게 보통이었다. 하지만 스탈린주의에 익숙한 소련파들은 보다 격이 높은 명칭인 동지로 불리기를 원했고, 박헌영이 자신들을 무시했다고 생각했다.

그러나 의전상의 문제들은 사소한 실수에 불과했다. 김일성은 박헌영을 호텔이 아닌 자신의 집에서 묵도록 했다. 김일성의 처 김정숙은 박헌영이 들어오자 재래식으로 큰절을 올려 박헌영을 당황하게 만들기까지 했다. 김정숙은 잘생긴 남편 김일성에 비해 왜소한 체구에 짧은 목과 옹졸하게 생긴 얼굴이 촌스러운 여성이었지만, 마음씨가 곱고 순박해 모두의 사랑을 받았다. 김정숙은 박헌영을 위해 회령 지방의 전통음식인 회령식해를 만들어 대접했다. 박헌영은 남한에 내려와서도 회령식해를 참으로 맛있게 먹었다고 술회했다.

첫 방문에서 일어난 의전 문제는 다음번에는 대부분 고쳐졌다. 김일성은 이후 박헌영이 삼팔선을 넘어 평양에 올 때마다 총비서직에 걸맞은 예우를 하도록 했고, 박헌영도 북쪽의 지도자들을 동지라고 호칭하여 기분 상하는 일이 없도록 했다. 삼팔선 이북이던 강원도 양양 출신으로 박헌영을 수행하며 예우 문제를 따졌던 최용달은 자신의 지역이기도 한 북한에 그대로 눌러앉아 북조선임시인민위원회 사법국장이 되었다. 와세다 대학 정치경제학과 출신으로 이관술과 오랫동안 활동해온 이순근도 함께 북한에 남았다. 박헌영이 법학 전문가인 최용달과 이순근을 북한에 남긴 것은 전문 인력이 부족한 김일성을 도와 헌법을 비롯한 각종 법률을 기초하도록 하기 위해서였다.

평양에서도 신탁통치 문제는 좌우익을 가르는 중대 사안이었다. 소련군정은 신탁통치가 아니라 후견이라며 설득했으나, 조만식 등 민족주의자들은 그 말이 그 말이라며 적극적으로 반대하고 있었다. 소련군정은 조만식이 입장을 바꾸기만 하면 그를 대통령으로 옹립하고 김일성에게는 군부만 맡기겠다는 파격적인 제안까지 했으나 완강히 거절당했다. 끝내 고집을 꺾지 않은 조만식은 평양 고려호텔에 연금되었다. 북한은 내외 방문객들에게 조만식이 고급 호텔에서 좋은 대접을 받고 있다고 선전했지만, 명백히 연금이었다. 조만식이 물러난 조선민주당 위원장에는 빨치산파 최용건이, 부위원장에는 홍기주가 선출되었다. 공산주의자들이 주도권을 쥠으로써 반탁운동의 중심이던 조선민주당은 찬탁으로 돌아섰다.

12월 29일부터 이틀간 박헌영은 북조선분국 간부들 및 소련군정 간부들과 잇달아 회동했는데, 매번 서울의 조선공산당 중앙당이 왜 반탁운동을 하게 되었는가를 해명해야만 했다. 소련군정 민정사령관 로마넨코는 미국이 신탁통치를 주장해 하는 수 없이 절충안으로 5년간 후견제를 실시하기로 했다며, 후견제는 신탁통치와는 다르다고 설명했다. 남북한에서 공산당에 대한 지지도는 다른 어느 정당보다 높으므로 통일임시정부만 수립되면 공산당이 집권할 가능성이 높다는 것이 소련의 전략이었다. 박헌영은 3상 협상안 지지라는 결론을 얻어, 해가 바뀐 1946년 1월 2일 새벽 삼팔선을 넘어 서울로 돌아왔다. 그는 곧바로 소련영사관에 들어가 1월 내내 그곳에 거주하면서 신탁통치 문제의 반전을 지휘했다.

박헌영이 자리를 비운 며칠 사이 남한의 조선공산당은 반탁운동에 바빴다. 12월 30일에는 안국동에 있던 서울시 인민위원회 사무실에서 이현상의 사회로 '반파쇼 공동투쟁위원회'를 발족하고 신탁통치안 철폐 요구 성명서까지 발표했다. 조선공산당 서울시위원회는 다음 날인 12월 31일, 신탁통치는 우리 민족의 치욕이며 민족반역자와 친일파들의 책동에 의한 것이므로 즉각 반대투쟁에 돌입해야 한다고 성명했다.

이런 상황에서 발표된 1946년 1월 2일 오후의 조선공산당의 새로운 성명은 많은 사람들을 어리둥절하게 했다. 3상 협상안이야말로 조선을 위한 정당한 결정이므로 그 본질적 진보성을 널리 알려 나가야 한다는 내용이었다. 신탁통치에 찬성한다는 것인지 반대한다는 것인지 정확한 문구는 들어 있지 않은 애매모호한 주장이었다.

논리적으로는 크게 어긋나지 않는 말이었다. 3상 협상안은 무조건 신탁통치를 하겠다는 것이 아니라 임시정부를 수립하겠다는 결정이므로, 이 안에 대한 지지만으로 신탁통치를 찬성한다고 할 수는 없었다. 그러나 한 치도 물러나지 않으려는 미국과 소련의 태도로 보아 4개국이 임시정부를 신탁통치하리라는 것은 분명했다. 공산당은 신탁통치에 찬성한다는 말은 하지 않았으나 그렇다고 신탁통치에 반대한다는 말도 할 수가 없었다.

공산당의 태도 변화는 우익의 반탁운동에 기름을 부은 격이 되었다. 우익 정당과 우익청년단들은 공산당이 찬탁으로 돌아섰다고 간주하고 대대적인 공격을 시작했다. 사방에서 좌익에 대한 테러가 벌어졌다.

반탁운동의 선봉에 섰던 공산주의자들은 극심한 혼란에 빠졌다. 공산당 집회장에서 찬탁 당원과 반탁 당원들 사이에 승강이까지 벌어졌다. 공산당은 가동할 수 있는 모든 언론과 단체를 동원해 3상 협상안을 받아들여 통일임시정부를 수립하는 것만이 민족해방과 통일의 지름길이라고 설득해 나갔다. 하지만 소련의 사주를 받는 공산당이 조선을 또다시 강대국들의 식민지로 전락시키고 나아가 소련의 연방으로 흡수시키려 한다는 우익들의 선동이 훨씬 효과적이었다.

반탁운동은 열세였던 우익의 지지도를 급속히 확대했다. 그들은 신탁통치 문제의 가장 큰 수혜자가 되었다. 좌익 내부에서는 3상 회담이 모스크바가 아닌 워싱턴에서만 이루어졌어도 이런 사태가 벌어지지는 않았을 거라는 한탄까지 나올 정도였다. 게다가 미군정은 반탁 여론이 거세지자 슬그머니 이에 편승했다. 미군 사령관 하지는 이승만, 김구는 물론 북한의 조만식에게까지 은근히 자신은 반탁에 동의한다는 뜻을 피력했고, 본국에도 반탁운동이 반공반소의 결정적인 계기가 되고 있다고 보고해 전략을 바꾸도록 제안했다.

미군정의 초기 정책에 혼선이 많았다는 점은 부인할 수 없는 사실이었다. 맥아더가 내린 몇 가지 기본 훈령만 갖고 들어왔던 미군은 신탁통치 문제가 한창 시끄럽던 이 무렵이 되어서야 본국으로부터 체계적인 훈령을 받아 한반도 정책을 수행해 나가기 시작했다. 본질적인 차이가 생긴 것은 아니었다. 단순무지한 반공 군인인 하지의 직관적인 반공 정책이 국무성의 보다 치밀한 반공 전략으로 심화된 데 불과했다. 그 첫 작업은 신탁통치 문제의 역이용이었다.

미국은 자신이 제안했던 신탁통치에서 갑자기 발을 빼버렸다. 한국인들의 반발 때문만이 아니라, 신탁통치가 결코 자신들에게 유리하지 않다는 새로운 판단 때문이었다. 이 무렵의 미군정 비밀보고서는 토지 개혁으로 고무된 북한 주민들의 거의 100퍼센트가 공산주의에 찬성하고 있기 때문에 임시정부 선거에서 남한 주민 25퍼센트만 공산주의에 가세해도 한반도는 공산화가 되리라고 보았다. 하지는 참모들 앞에서 "만약 한국인들에게 독립을 주면 2년 내에 소련에 먹히고 말 것이다"라고 공언하기도 했다. 임시정부든 신탁통치든 소련에게 남한 진입을 허용하는 순간 한반도 전체가 공산화될 것이라는 우려는 지나친 기우가 아니었다. 한반도를 중국과 소련에 대항하는 전략 거점으로 남길 수 있는 가장 확실한 방법은 남한만이라도 미국이 단독으로 관리하는 것이었다. 한반도뿐 아니라 독일과 베트남에서도 택한 절반의 선택이었다.

이 새로운 계산법에 따라 상황은 역전되었다. 미국과 우익은 반탁, 소련과 좌익은 찬탁이라는 등식이 만들어졌다. 신탁통치 문제는 우익으로 하여금 좌익을 공격해 대중적 지지를 빼앗는 최대 호재가 되었다.

박헌영은 1월 11일 다시 하지를 면담했다. 만남을 회피하는 하지에게 다섯 번이나 전화를 한 끝에 겨우 얻어낸 기회였다. 그는 12일로 예정된 반탁 집회를 금지해야 한다고 주장하고 집회를 금지하지 않으면 무질서가 일어날 것이라고 강변했다. 하지는 공산주의자들만 반대하지 않으면 무질서는 일어나지 않을 것이라고 응수했다. 박헌영은 이 집회가 미·영·소 3상 회담의 결정을 반대하는 것이므로 연합군의 감정을 상하게 할까 우려된다고 말했다. 하지는 연합군 반대를 목적으로 한 것이 아니기 때문에 상관없다며 교묘하게 피해 갔다. 다시 박헌영이 "확신하건대 이 집회는 군정에 반대하는 운동이다"라고 지적하자 하지는 군정과 무관한 일이라고 부인했다. 미군정을 비판하는 내용이 들어간 집회나 파업에 대해서는 그토록 민감하던 하지와 미군정이 우익의 반탁 시위에는 더없이 너그러웠다. 신탁통치에 대한 전략이 확실히 바뀌었음을 의미했다.

미군정은 반탁운동을 이용해 남한에서 반공 분위기를 고양하기 위한 정치 공작에 들어갔다. 1월 16일부터 시작된 박헌영의 신탁통치 기자회견 왜곡 사건은 그 서곡이었다.

박헌영은 안팎의 관심이 쏠리고 있던 신탁통치 문제에 대해 설명하기 위해 1946년 1월 5일 내외신 기자회견을 열었다. 회견장에는 조선인 기자 12명과 외국인 기자 7명, 그리고 미군정 장교들이 참석했는데, 박헌영은 외국 기자들에게는 직접 영어로 질문을 받고 대답했다. 회견은 조선공산당의 모스크바 3상 회담의 결정에 대한 입장을 묻는 질문부터 시작되었다. 박헌영은 옳은 결정이며 절대적으로 지지한다고 밝혔다. 이에 기자 하나가 질문했다.

"조선을 소비에트화하려는 것 아닙니까?"

"조선의 현 단계는 소비에트화할 단계에 있지 않고 민주주의 변혁 과정에 있습니다. 이 과정은 모든 봉건적인 잔재를 급속히 근절시키는 데 있습니다."

신탁통치 반대운동에 대해서도 말했다.

"김구 씨의 반탁운동은 정치적인 면에서 실로 큰 과오를 범한 것입니다. 그는 신탁의 본질적 의의를 설명하지 않고 일본 위임통치와 혼동해 민중에게 의혹을 던져주며 반미·반영·반소적인 방향으로 이끌어 민중을 극도로 혼란시키고 있습니다. 서울에서 김구 씨와 이승만 씨가 테러단체에 무기와 금전을 주는 방식으로 배후에서 조종해 각처에서 불상사가 발생하고 있습니다. 테러단체들은 김구 각하나 이승만 박사의 명령이라고 하면서 돈암장에 지하 유치장까지 차린 실정입니다."

기자회견이 끝날 무렵 미국인 통신원 리처드 존스턴이 박헌영을 붙잡고 추가 질문을 했다.

"조선의 소비에트화나 사회주의 국가 건설의 여부는 어떻게 됩니까?"

"오늘 조선의 발전 단계에서 사회주의 건설이나 소비에트화는 전혀 문제가 되지 않습니다."

현 단계는 부르주아민주주의 단계이므로 사회주의는 나중의 이야기라는 뜻이었다. 그래도 존스턴은 질문을 멈추지 않았다.

"조선을 소련의 일국 신탁제로 하려는 것 아닙니까?"

"연합국의 결정이 있기 전에는 말할 수 없는 문제입니다."

박헌영은 원칙대로 답변했으나 존스턴은 집요하게 물고 늘어졌다.

"조선이 소비에트국이 되면 소련에 편입됩니까?"

"소비에트 조선이 언제 될지 모르지만, 가령 된다 해도 소비에트 조선은 언제나 독립국이오."

박헌영의 대답은 명확했다. 그러나 존스턴은 박헌영의 말을 교묘히 짜깁기하여 "박헌영은 소련의 신탁통치를 반대하지 않는다. 또 조선이 몇십 년 후에는 소련에 편입된다는 의견을 피력했다"는 내용의 허위 기사를 작성했다. 수많은 성명을 발표해온 노련한 이론가인 박헌영이 남한 민중들의 감정을 무시한 채 "소련이 혼자서 조선을 신탁통치해야 하며, 조선은 최종적으로 소련에 편입되어야 한다"는 황당한 발언을 한다는 것은 상식적으로도 있을 수 없는 일이었다. 존스턴은 자신의 기사를 미국에 송고하려 했으나 내용을 믿을 수 없다며 송신이 불허되었다. 기자회견에 참석했던 국내 기자들은 1월 6·7일자 신문에 박헌영과의 대담 내용을 보도했으나 어디에도 박헌영이 그런 말을 했다는 내용은 들어 있지 않았다.

그런데 1월 6일, 주한미군사령부 정례 참모회의에서 하지는 정보부장 니스트에게 존스턴의 메모가 매우 흥미롭다고 지적해 주의를 환기시켰다. 존스턴은 신문기자를 몹시 싫어하던 하지 중장이 유일하게 선호했던 인물이었다.

이틀 후인 1월 8일, 하지는 관련 장교들을 불러 다시 이 문제를 꺼냈다. 이에 군사관 알버트 킵은 기자회견에 참석했던 미군 장교에게 들은 증언을 토대로, 존스턴이 박헌영의 발언을 완전히 왜곡해 써 놓았다고 보고했다. 공보부의 뉴먼 대령도 상식적으로 이해할 수 없는 존스턴의 기사를 의심하여 저명한 신문기자 에드거 스노에게 확인해보았는데, 에드거 스노는 자신은 기자회견에 참석하지는 않았으나 박헌영이 그런 말을 했을 리가 없다고 단호히 대답했노라고 보고했다. 그러나 하지는 고집을 꺾지 않았다. 남한 언론이 이 내용을 실제보다 상당히 밋밋하게 다루었다며 제대로 다시 다루

어야 한다고 주장했다. 존스턴의 기사를 공표하라는 압력이었다.[60]

1주일이 지난 1월 15일, 돌연 존스턴의 기사 내용이 샌프란시스코 방송에서 방송되었다. 또 다음 날인 1월 16일『동아일보』와『대동신문』등 우익 신문은 일제히 샌프란시스코 방송의 보도 내용을 싣고 박헌영을 격렬하게 비난하기 시작했다. 미군정이 우익 신문들에 미리 누출한 것이 분명했다.

공산당이 조선을 소련의 속국으로 만들려 한다는 소문이 나면서 박헌영에 대한 여론은 급속도로 악화되었다. 엉뚱한 사태에 놀란 박헌영과 조선공산당은 1월 17일 즉각 존스턴에게 항의하는 성명서를 내고 이튿날에는 박헌영이 직접 존스턴을 만나 항의했으나 존스턴은 자기가 틀리지 않았다며 정정 보도를 거절했다. 19일에는 기자회견에 참석했던 한국인 기자 12명 전원이 회견 내용의 왜곡을 비난하는 공동성명까지 발표했으나 존스턴의 태도는 바뀌지 않았다. 하지는 존스턴의 기사가 옳다고 주장해 그를 부추겼다.

이 모든 정황은 하지와 미군정 정보당국이 박헌영의 기자회견 내용을 고의로 왜곡해 보도함으로써 박헌영과 소련에 대한 조선인들의 분노를 일으켰음을 보여주었다. 1월 26일에는 미군정 장교 버치 중위가 "존스턴의 보도가 거짓이었다는 내용의 정정 기사를 써도 좋겠느냐?"고 공보국장 뉴먼 대령에게 문의했으나 뉴먼은 "그냥 내버려두라"고 지시한 일도 있었다.

박헌영은 우익의 공적 1호가 되었다. 우익단체와 언론은 연일 그를 '찬탁의 수괴', '소련의 괴뢰'로 공격했고 규탄 결의문을 발표했다. 한민당 소속인 양근환이 주도하는 혁신정탐사라는 단체는 박헌영을 민족의 독립을 방해하는 민족반역자로 규정하여 살해하겠다는 협박장을 누차 보내왔으며, 해주애국청년단이니 이하응, 최대열 등의 가명으로 된 살해 협박장도 잇달아 날아들었다. 이 편지들은 미군정 경찰의 우편 검열에 걸리거나 신고되었으나, 협박범에 대한 어떤 조치도 취해지지 않았다. 박헌영은 하지에게 도움을 요청하는 편지를 보내기도 했다. 무장테러에 대비해 순전히 자체 방어용으로 공산당에 경비원 50명을 배정할 것, 권총과 장총 50정과 탄약 5백 발, 기관총 1정과 탄약 1백 발을 지급해 달라는 내용이었다. 미군정은 즉답을 피한 채 경무국에 위임해버렸다.

박헌영의 안전은 미군정의 관심 밖이었다. 미군정은 극비 정보망을 동원해 박헌영의 행적을 추적하는 일에만 몰두하고 있었다. 이 시기 박헌영의 행적은 미군정의 비밀보고문으로 파악할 수 있을 정도로 추적되고 있었다. 1월 마지막 주까지 소련영사관에서 기거하던 그는 여운형의 친척인 백낙승의 집으로 거처를 옮겼는데, 미군 보고서는 이후에도 박헌영이 빈번히 영사관을 드나들고 있다고 기록한다.

그래도 협박보다는 훨씬 많은 격려와 찬양의 편지를 받고 있었다. 전국부녀총동맹, 조선공산당 성천군당, 시흥군 농민조합, 영등포해방청년동맹, 재일공산주의자 일동, 조선출판노조 등 헤아릴 수 없이 많은 단체들이 박헌영을 칭송하는 성명서를 발표하고,『해방일보』와『신천지』,『인민』같은 여러 잡지에 찬양의 시와 찬양문을 실었다. 찬양문들은 박헌영을 동지나 동무 혹은 선생이라 부르고 있었다. 그가 한반도 유일의 공산당 지도자였음에도 '위대한 지도자'나 '위대한 영도자'라는 표현은 북조선분국의 김일성에게만 사용되고 있었다.

공산당 창당 직후에는 박헌영에게도 개인 우상화의 징조들이 없지 않았다. 공산당 당사 내부에는 "박헌영 선생은 어두운 밤의 등불"이니, "박헌영 만세!" 같은 표어들이 붙어 있었다. 집회장에서 "박헌영 만세!"가 불리는 일은 흔했고, 전평에 소속된 공장 벽에도 박헌영이나 조선공산당을 찬양하는 포스터들이 흔히 붙어 있었다. 그러나 인간의 역사를 자유와 평등을 위한 투쟁으로 보는 역사적 유물론을 배운 공산주의자라면 어느 특정 개인에 대한 숭배를 용납하지 않는 게 당연했다. 봉건제를 타도한 자본주의까지 넘어 새로운 세상을 만들겠다는 이들이 봉건적인 지도자 신격화에 반발하지 않으면 이상한 일이었다.

식민지시대부터 사회주의운동을 해온 대부분의 운동가들

은 박헌영에 대한 최소한의 찬양에도 반발했다. 예컨대, 조선 의용군의 일원으로 전투 중 부상당해 외다리가 된 후 항일무 장투쟁을 소재로 한 소설들을 써서 유명해진 김학철의 경우, 일본의 감옥에서 해방을 맞아 서울로 돌아오기 전까지 박헌 영에 대해 커다란 존경심을 가지고 있었다. 그러나 조선공산 당사에 걸린 '박헌영 만세' 구호들을 보고 일시에 존경심을 잃어버린다. 그는 YMCA 회관에서 열린 공산당 집회에서 박 헌영이 스탈린 덕분에 조선이 해방되었다고 연설하자 벌떡 일어나 항의하고 퇴장해버리기도 했다. 군대 내의 상하 계급 조차 타파하기 위해 계급장 없는 군복을 입고 싸웠던 팔로군 출신인 김학철 같은 이들의 반감은 당연한 것이었다.[61]

이 무렵, 사소하지만 훗날 중요성을 띠게 되는 일도 있었 다. 재미교포 현앨리스와의 관계였다. 그녀는 상하이 임시정 부 결성 당시 외무부 차장을 맡았던 현순의 딸로, 박헌영은 상하이에서 활동할 때 어린 소녀였던 그녀를 본 적이 있었 다. 현앨리스는 목사인 아버지 현순을 따라 미국으로 건너가 그곳에서 대학을 졸업하고 노동운동을 하면서 미국공산당에 가입, 해방 후에는 미군정 산하 민간 통신검열단에서 근무하 고 있었다. 어려서부터 박헌영을 존경하던 현앨리스는 가끔 공산당 사무실을 방문했고, 상하이에서 서로 알고 지냈던 여 운형의 집에 함께 찾아가 담소하기도 했다. 조선공산당 사무 실에는 그녀 말고도 미군 사병 제플린, 노만, 클론스키 등이 출입했으며, 그 자리에 현앨리스가 통역 역할로 동석하기도 했다. 이들 사병들도 미국 공산당원들로, 남한 공산당 지도자를 만나고자 찾아온 것이었다. 박헌영은 이들이 제대할 때 작은 선물을 해주기도 했다.[62]

이 모든 정황을 감시하고 있던 미군정은 현앨리스가 박헌영과 접촉하는 한편 미군정 업무를 방해한다는 의심을 품었다. 실제로 현앨리스가 근무하는 동안 민간 통신검열단의 검열 실적이 현저하게 저하되기도 했다. 그러나 몇 년 후 그녀는 거꾸로 미국의 간첩이라는 혐의로 북한 당국에 의해 구금되어 박헌영의 인생을 뒤바꿔 놓는 계기의 하나가 된다.

1946년 2월 15일, 남한 진보 세력의 총결집체인 민주주의 민족전선이 결성되었다. 박헌영의 조선공산당은 물론, 중도 좌익을 표방하고 있던 여운형 세력과 성주식, 김성숙, 장건상 등 임시정부 출신 민족주의자들, 의열단의 김원봉 등 서로 다른 노선을 걸어왔던 진보 계열의 29개 정당 및 사회단체가 결집한 대규모 조직이었다. 우익은 좌익들이 단체 명칭만 새로 만든 것으로 간주했지만, 진보 세력 내부에서 보면 상당한 의미가 있었다. 종로 YMCA 강당에서 열린 결성식에서 박헌영은 여운형, 허헌, 김원봉, 백남운과 함께 5인의 의장단에 선출되었다.

민전 결성식의 사회는 이태준이 보았으며, 사무국장으로는 이강국이 선출되었다. 경기도 양주의 지주 집 아들인 이강국은 경성제대 법문학부에 재학할 때부터 일본인 좌익 교수 미야케 시카노스케와 함께 공산주의운동을 시작, 독일에 유학하는 동안 독일공산당에 가입해 이론을 배운 정통 이론가였다. 미야케 사건으로 구속되었다가 집행유예로 석방된 후에는 처남의 주선으로 잠시 증권회사에 다닌 적도 있었지만, 1936년부터 최용달과 함께 원산에 내려가 이주하와 함께 『노동자신문』을 제38호까지 발행하는 등 3년 가까이 열정적으로 활동한다. 다시 체포되자 전향서를 쓰고 1942년 보석으로 석방되지만, 나오자마자 다시 활동을 재개했다가 또 체포되어 집행유예 5년을 선고받는 등 식민지 마지막까지 활동했다.

이강국의 행로는 여러 면에서 이승엽과 비슷했다. 경기도 부천군에 속하던 영흥도에서 뱃사공의 아들로 태어난 이승엽은 인천공립상업학교 재학 중 3·1운동으로 퇴학당한 이래 고려공청, 조선공산당에 가입해 수차례의 감옥살이를 해온 인물로, 1940년 체포되자 사상 전향을 하고 석방되어 미곡상조합 사무원이 되고, 후에 인천식량배급조합 이사를 지냈다. 그러나 이 기간에도 경성콤그룹에 가담해 활동하고 콤그룹이 붕괴된 후에는 조동호, 정재달 등과 화요파 공산주의자 그룹을 결성해 기관지 『자유와 독립』을 널리 배포하는 등 내밀한 조직 활동을 계속해왔다.

이강국과 이승엽은 대중정치가로서 자질을 갖추었다는 점

에서도 비슷했다. 이강국은 약간은 비대해 보이는 큰 체격에 잘생긴 얼굴을 가졌고, 이승엽은 마르고 까무잡잡한 피부에 예리한 눈을 가졌는데, 둘 다 대중연설을 잘했을 뿐 아니라 정치적 반대자들과의 대화를 수월하게 풀어 나가는 융통성도 좋았다. 이관술, 이현상, 이주하, 김삼룡으로 이어지는 노동운동 출신들이 비밀스러운 전위 활동으로 단련되어 대중 선동이나 기성의 정치 활동에는 적합하지 않았던 반면, 두 사람은 어디에나 쓸모가 많았다.

박헌영은 이 두 사람에게 보다 높은 직책을 맡겨 대외 활동에 나서게 했다. 대신 경성콤그룹 시절부터 수행비서 겸 비밀연락원으로 활동해온 김제술을 통해 두 사람을 통제했다. 김제술은 직위도 따로 없이 이현상, 이주하, 김삼룡과 깊은 대화를 나눌 수 있었고, 이강국과 이승엽도 그를 통해 박헌영의 지시를 받았다. 김제술이 공식적인 자리에 모습을 드러낸 것은 1946년 2월 19일에 열린 '중앙 및 지방 동지 연석간담회'에서 서기를 맡아 회의록을 기록한 게 전부였지만, 당의 고급 간부들은 그가 박헌영의 특별 연락책이란 것을 잘 알고 있었다.[63]

민전 결성 직후인 2월 19일부터 이틀간 공산당 본부에서 열린 '중앙 및 지방 동지 연석간담회'는 박헌영의 당 중앙에 반발해온 이정윤, 윤일, 한종식 등 소수파의 요구에 의해 개최된 비상회의였다. 중앙위원회에서 16명, 서울 및 각 도에서 38명의 간부들이 참석한 이 회의의 목적은 오로지 박헌영과 중앙파를 궁지에 몰아넣기 위한 것이었다.

황태성의 사회로 진행된 간담회에서 반중앙파들은 경성콤그룹 출신들이 자기들만 불굴의 혁명가라 자처하고 그 외 그룹들의 운동 경력을 무시하고 있다는 것, 중앙당에서 지방으로 파견한 조직 담당자들이 지방의 정통 운동가들을 배제하고 독단적으로 새로이 자기들의 조직을 만들고 있다는 것 등을 비난하며 이러한 종파주의를 맨 앞에서 지휘하고 있는 김삼룡, 이주하, 김용빈, 이주상 등을 퇴진시키라고 요구했다. 혁명 단계 설정 문제, 우익과의 통일전선 문제 등에 대한 박헌영의 오류가 당을 망치고 있다는 비판도 제기되었다. 결론적으로, 전당대회를 열어 현 중앙을 타도하자는 것이 그들의 목적이었다.

이주하, 권오직, 이승엽 등 중앙파들은 그들이야말로 고질적인 파벌주의자들이라고 역공하며 논쟁을 불사했다. 사회자 황태성은 중립적이고 객관적으로 양측의 이야기를 중재하려 애썼으나, 반중앙파들의 끈질긴 공격과 이에 맞선 중앙파들의 방어는 하루 종일 계속되었다. 반중앙파들은 이날의 회의에 앞서 벌써 두세 달 전부터 10여 종의 유인물을 남한 전체 지구당은 물론 평양의 북조선분국에까지 전달해 놓고 있었다. 하나같이 박헌영의 중앙당이 종파주의이며 무정견하고 무능하다는 비판이었다.

세계 공산당의 역사로 보아 당 중앙에 대해 이처럼 자유롭고도 무자비한 비판이 제기되고 또 이를 정중하게 수용하는 광경은 이례적이라 할 수 있었다. 남한에서 열린 처음이자 마지막인 이 간담회야말로 식민지시대부터 공산주의운동을 해온 국내파들의 자유롭고도 민주적인 분위기가 그대로 투영된 유일한 회의라 할 만했다.

박헌영은 흔들림 없는 정중한 태도로 자신에 대한 지나친 칭송이 있다면 잘못이라는 것, 공산당 내부에 경성콤그룹이 별도로 활동하고 있다면 철저히 조사해 처벌하겠다는 것, 우익의 대대적인 공격으로 당장의 전당대회 소집이 어려운 상태이므로 차후 전당대회가 소집될 때까지 반중앙파들을 중용하겠다는 것 등을 약속했다. 조선공산당의 역사와 자신의 역할에 대한 그의 발언은 솔직하고도 겸허했다.

"우리가 누구든지 실천을 잘못하면 비판해야 합니다. 객관적으로 비판해야 합니다. 8·15 이전까지의 당사는 크게 평가할 수 없습니다. 1930년까지는 파쟁이라고 국제당에서 규정했습니다. 1930년 이후 15년간 당 재건을 못한 것은, 즉 노선과 오르그와 기타 원조가 있음에도 불구하고 당을 세우지 못한 것은 우리에게 다 책임이 있습니다. 당사에 대해서는 얼마든지 비판할 수 있고, 또한 좋은 것입니다. 양심적이고 혁명적인 동지들이 몇 개인은 있었습니다. 화요, 서울, 엠엘 등 각 파에도 있습니다. 이런 영웅을 찾아내야겠습니다.

지방에도 혁명적으로 일한 동지가 있다면 얼마든지 추천해야 합니다. 실천에 있어서 내가 인사 문제를 편협하게 한 과오는 있습니다. 그러나 그것을 곧 고쳐 나가면 좋지 않겠습니까? 이러한 데서 우리 당은 발전할 것입니다. 지금 당수 문제가 해결된 것이 아니고, 모든 부서가 짜인 것도 아닙니다. 내가 전통과 역사를 고집하여 지도한다는 것도 아닙니다. 내가 대회에서 비판을 받고 물러 있으라면 조금도 불만이 있을 수 없는 것입니다. 조선 민족 근로대중이 추대하는 사람이 지도해야 합니다. 박헌영 만세를 군중이 부르는 것은 옳으나 어느 회합에서 부르는 것은 옳지 않습니다."

박헌영의 호소에도 불구하고 반중앙파는 끈질기게 같은 요구를 되풀이했다. 박헌영은 시종 부드럽고 온건하게 대처한 끝에 이틀간의 회의가 마무리될 무렵 자신의 심정을 밝혔다.

"동무들의 주장이 다 관철되어야 만족한다면 그건 어렵고, 그 정신을 참조하여 해결하는 데 노력하겠습니다. 현 중앙의 위신도 높이고 능률 없는 동무는 적당히 할 것입니다. 전당대회 후 다른 책임이 나온다 해도 부족한 점을 보충해 나가야 당이 발전하는 것입니다. 전체로 당의 입장에서 중앙이 잘못이 있으면 건의할 일이지, 잘못을 두었다가 비판만 하는 것은 옳지 못합니다. 대회 후에는 나는 책임을 벗으려고 작정하고 있습니다. 사실 나는 무능하다고 생각합니다. 그렇지만 모든 것을 감정으로 나가면 옳게 해결되지 않습니다."

전당대회까지 책임을 다하고 물러나겠다는 선언이었다. 임기응변으로 나온 말은 아니었다. 그는 첫날에도 그런 뜻을 밝혔다. 자기 자신과의 투쟁만으로 버틸 수 있었던 지하운동 시절에는 힘들고 고통스러워도 자부심과 긍지가 넘쳤다. 그러나 대중정치가로 나선 해방 이후의 삶은 벌써부터 그에게 극심한 피로를 가져오고 있었다. 식민지시대에는 일본인하고만 싸웠으나 이제는 우익 민족주의 세력과 미군정, 공산주의 내부의 적들까지 온갖 정치적 반대자들의 공격 목표가 되었다. 김일성과 달리, 자신을 지지하는 사람들에게 합당한 보답을 해줄 수 있는 처지도 못 되었다. 그들에게 해줄 수 있는 것이라곤 여전히 더욱 희생하라는 말뿐이었다.

일반적으로는 권좌를 놓고 물러나는 것이 비판자들을 위해 권력가가 택할 수 있는 최선의 해결책이었다. 그러나 혁명가가 직책을 벗으려는 것은 무책임한 도피로 비난받을 뿐이었다. 초창기 공산주의운동의 동지이자 정적이던 조봉암 등은 박헌영의 퇴진 선언을 무책임한 직무 포기라며 비판했다. 이런 비판까지 무릅쓰며 당직에서 물러나겠다고 거듭 천명한 것은 해방 6개월간 조선공산당 책임자로서 그에게 씌워진 책무와 고난이 얼마나 무거웠던가를 보여주고 있었다. 작지만 단단한 체격과 체력을 자랑하던 박헌영은 결국 쓰러져 낙원동 이병남병원에 입원까지 했다.

결과적으로, 전당대회는 끝내 열리지 못했고, 박헌영의 퇴진도 이루어지지 않았다. 비주류들의 공격 초점이던 김삼룡, 이주하, 이현상도 물러나지 않았다. 표면적인 이유는 간담회가 열린 지 두세 달 후부터 정판사 사건이 터지고 공산당 지도부 수배령이 떨어지는 등 정세가 극히 악화되어 전당대회 개최와 지도부 교체가 불가능하다는 것이었다. 그러나 얼마 후 조선공산당이 해체되고 남로당이 창당된 후에도 박헌영은 이들 몇 사람에게 전적으로 당을 맡겼다. 이들에 대한 박헌영의 애착은 비난받아 마땅할 만큼 컸다.

편협성을 곧 종파주의라고 말하기는 어려웠다. 박헌영은 물론 그와 정치적 운명을 함께한 이들은 하나같이 개인적 권력 욕구나 소영웅심과는 거리가 먼 인물들이었다. 그들은 반중앙파의 요구대로 전당대회를 연다 해도 자신들이 다수를 차지하리라는 점을 잘 알고 있었다. 실제로 얼마 후인 1946년 8월 남로당 창당 문제로 벌어진 논란 때문에 전국의 세포회의에서 당 지도부에 대한 지지 투표를 했을 때 경남 일부와 서울의 동대문구를 제외하고는 전국에서 압도적으로 승리했다. 그럼에도 대회를 거부한 이유는 미군정의 감시가 극심한 가운데 전당대회를 여는 것은 자살 행위라는 우려 때문이었다. 또 지금도 다수의 결정을 거부하는 반중앙파들이 전당대회에서 소수가 되었다고 반당 행위를 중지할 리가 없다는 판단이었다. 그들의 추후 행적을 보면 충분히 그런 사태가 벌어질 만했다. 얼마 지나지 않아 식민지 때보다 더 상황이 악화되어 공산주의운동이 곧 죽음을 의미하게 되었을 때, 반중앙파의 대부분은 재빨리 안전한 북한으로 피신하거나 전향해 반공 대열에 선다. 경성콤그룹 출신들만이 끝까지 남한에 남아 저항하다가 숨지는 것이다.

공산당이 이렇듯 내우외환에 시달리기 시작한 무렵인 1946년 3월 20일, 모스크바 3상 협정에 따라 서울에서 제1차 미소공동위원회가 개최되었다. 임시정부 수립이 회담의 가장 중요한 의제였지만, 세간의 관심은 온통 신탁통치 문제에 쏠려 있었다. 조선공산당은 미소공위가 임시정부를 수립해 남북통일을 가져오리라 보고 열렬히 환영한 반면, 우익들은 미소공위가 신탁통치를 가져오리라 보고 이를 무산시키기 위해 총출동했다. 미소공위를 위해 서울에 들어온 소련 대표들은 몰려든 우익 청년들에게 봉변을 당해야 했다. 공산당 및 민전 사무실, 좌익단체 사무실들은 우익청년단의 돌세례와 몽둥이 기습을 받아 유리창과 기물이 파괴되기 일쑤였다.

남북한을 합쳤을 때 공산당 지지도가 훨씬 높다고 자신하고 있던 소련은 통일임시정부 수립에 열을 올리고, 이에 대비해 내각까지 짜 놓고 있었다. 소련군 사령관 슈티코프가 작성한 '남북 임시정부 내각안'이라는 제목의 명단은 수십 년간 소련 대외정책고문서보관소에 보관되어 있다가 1990년대에 공개되는데, 소련군정이 본 통일 한국의 내각 구성은 여러모로 의미가 있었다.

슈티코프는 수상에는 여운형, 부수상에는 박헌영과 김규식, 외무상에는 허헌, 내무상에는 김일성을 배치했다. 그 밖에 김무정, 김두봉, 오기섭, 홍남표, 최창익 등 사회주의자들을 주요 장관으로 배치하고, 6개 장관 자리는 미국 측에서 추천한 인물을 받아들이기로 해 놓았다. 대신 이승엽, 박문규, 안기성 등을 차관으로 배치해 견제하도록 했다.[64]

일방적인 구상으로 끝나기는 했으나 소련이 여운형을 임시정부 대표로 내세운 것은 그의 중도좌파적인 성향이 부르주아민주주의 정부에 적합하다고 판단했기 때문이다. 대신 부수상 박헌영으로 하여금 사회주의 정책을 관철시키려는 계획이었다. 반탁운동의 선봉인 김구와 이승만을 제외하고 신탁통치를 해서라도 통일정부를 세워야 한다고 주장한 김규식을 부수상으로 선택한 것도 의도적이었다. 실제로 남한의 좌익들도 자신들과 교류할 만한 온건하고 합리적인 보수 세력으로 김규식과 송진우를 꼽고 있었다. 극우파인 이승만이나 김구는 배제되었다. 그런데 송진우는 신탁통치를 찬성한다는 의도를 밝히자마자 김구의 추종자들에게 암살당했기 때문에 김규식이 부수상으로 지명된 것이었다. 김일성을 내무상 정도로 배치한 것도 그의 나이나 능력을 감안한 판단이었다. 김일성은 북한 지역의 지도자로는 확정적이었으나 한반도 전체의 지도자감으로 보지는 않았던 것이다.

공산주의의 우세가 객관적으로도 확실한 만큼, 미국과 우익들은 임시정부에 부정적이었다. 아직 미소공위가 결렬되지도 않고 있던 1946년 4월 6일, 미국의 샌프란시스코 방송은 미군정이 남한에 단독정부를 모색하는 중이라고 보도했다. 군정장관 러치는 이를 부인했으나, 미국의 의도를 파악하고 있던 이승만은 이틀 후인 4월 8일 기자회견에서 남한만의 단독정부를 수용할 수 있다고 밝혔다. 이승만은 단독정부 수립과 초대 대통령 자리를 차지하기 위해 지지 기반을 다지는 데도 게을리하지 않았다. 그는 기자회견에서 금권과 언론을 장악하고 있는 친일 보수 세력에 대한 지지를 다시 한 번 확인했다.

"왜적 침략의 기간이 장기하기 때문에 누가 친일파인지, 누가 친일파가 아닌지 알 수 없다. 삼천만이 다 친일파일 것이다. 옥중에 있는 자, 해외에 있는 자 외에는 친일파를 면할 수 없는 것이다. 징벌을 요구하는 자는 사사로이 감정으로 친일파 징벌을 요구한다. 친일파를 공격해서 자기만이 애국자인 듯하는 자는 공산극렬분자다."

반일 분위기도 의식해 지금 친일파를 가르면 국내 혼란만 일어나니까 정부를 수립한 후 법적으로 친일파를 처벌하자는 말도 곁들였다.

삼천만이 다 친일파이며 친일파 척결을 사사로운 감정이라고 규정한 이승만의 망언은 격렬한 반발을 일으켰다. 공산당은 즉각 이승만의 폭언을 규탄했고, 박헌영은 4월 12일자 『해방일보』를 통해 친일파를 가리키는 것이 그들을 즉시 처벌하자는 것이 아니라 권력기관을 장악하지 못하도록 막자는 것이라는 점을 거듭 강조했다. 친일파란 의식적으로 일본을 지지하고 일본에 적극적으로 협력하고 일본 통치를 정치적·경제적·정신적으로 도와준 자를 의미한다고 원론적인 해석까지 해주어야만 했다. 한일합병조약을 체결하고 실행한 자, 왕, 귀족, 중추원 의원, 조선총독부 고급 관리, 고등경찰과 헌병대 군사 스파이, 정치 방면에 있어 황민화 운동 지지자 등이라고 구체적인 사례를 제시하기까지 했다. 친일파들이 아니면 국가와 공장을 운영할 능력을 가진 사람이 없다는 주장에 대해서도, 해방 직후부터 친일파 고위직들을 일체 배제하고도 빠른 시간 안에 국가 체제를 가동한 북한의 예를 들어 반박했다.

공산당은 미소공위의 성공에 희망을 걸었다. 공산당은 상대가 어떤 노선을 걷든 상관없이 단독정부를 배제하고 통일된 임시정부를 수립하겠다면 동맹을 맺을 용의가 있었다. 미소공위는 4월 18일 반탁운동을 하는 정당과 단체는 자문 상대에서 제외하겠다는 내용의 5호 공동성명을 발표했다. 조선공산당은 크게 환영하는 성명을 발표했다.

이날 신문기자들이 5호 공동성명에 대한 민전의 반응을 취재하러 갔을 때 여운형과 이강국 등 주요 간부들은 모두

춤이라도 출 듯 좋아서 환호했다. 그런데 침착한 박헌영은 얼굴색조차 변하지 않고 10여 분 동안이나 공동성명 문안을 읽고 또 읽어보더니 나직한 소리로 "당연한 조치다"라고 한 마디만 했다. 몇 줄 되지도 않는 성명서를 그토록 천천히 거듭해서 읽고 무표정하게 단 한마디 대답을 할 정도로 그는 신중한 성격이었다.

상황이 호전된다고 믿어지던 이 무렵, 박헌영은 모스크바의 외동딸 비비안나에게 편지를 보냈다. 4월 29일 작성한 편지에 동봉한 사진에서 박헌영은 꽃병이 놓인 책상 앞에 양복을 단정히 입고 앉아 안경 쓴 눈으로 정면을 응시하고 있었다. 하바롭스크 KGB를 거쳐 모스크바로 전해진 편지에는 소련공산당 중앙위원회 서기국의 주소가 적혀 있었는데, 겉봉에는 비밀이라는 붉은 도장이 찍혀 있었다. 긴 편지글에는 하나뿐인 딸에 대한 그리움과 사랑이 절절히 묻어났다.

"사랑하는 내 딸. 조선에서 네게 안부를 전한다. 내 딸이 살아서 성년이 되었다는 것이 믿기지 않는구나. 내가 세 살배기인 너를 보육원에 남겨두고 떠난 지 벌써 15년이 흘렀구나. 너에 관한 유일한 기억은 지금도 보관하고 있는 너의 사진이 하나 있을 뿐이다. 너는 아버지가 왜 너와 이별할 수밖에 없었는지 알아야 한다. 당시 아버지 앞에는 어렵고도 위험한 길이 놓여 있었다. 나는 너와 함께 갈 수 없었단다. 딸을 데리고 가지 못한 아버지에게 화내지 말기 바란다. 소련 정부는 너를 잘 보살펴주었으며, 우리는 이 정부에 끝없는 은혜를 지고 있다. 네가 이고르 모이세예프 무용연구소의 발레학교에서 9학년에 다닌다는 것을 알았을 때 나는 얼마나 행복했는지 모른다. 오직 소비에트의 보호하에서만 모든 아이들은 삶의 훌륭한 길이 열린단다. 네가 훌륭한 사람으로 성장하고, 재능이 열리기를 바란다."[65]

비비안나는 스타소바 육아원에 거주하면서 중학교까지 다녔는데, 유별나게 춤추고 노래하는 것을 좋아해 중학교 7학년을 마친 1943년 모스크바의 모이세예프 발레학교에 진학해 있었다.

"귀여운 딸아! 우리가 헤어지고 난 후 모든 기간을 아버지는 지하와 감옥에서 보냈다. 나는 벌써 46살이고, 물론 지난 세월은 내 얼굴에 주름을 남겨 놓았다. 하지만 난 아직 건강하고 스스로 건장하다고 느끼고 있다. 내가 일하고 있는 곳을 알고 있니? 언제고 와서 아버지가 있는 서울이 어떤지 보려무나. 지금 서울에서는 조선 임시민주정부의 수립을 원조할 소미공동위원회가 열리고 있단다. 우리는 거기서 좌파 민주 세력의 승리를 거두기 위해 투쟁하고 있다. 나의 비보치카! 너의 엄마 코레예바가 어디 계시는지 아니? 엄마는 아팠는데, 상태가 어떠신지 모르겠구나. 조선에 오고자 한다면 편지를 띄우거라. 네가 나의 유일한 혈육임을 잊지 말거라. 너와의 만남은 영원히 나를 기쁘게 할 것이다. 어떻게 사는지 편지로 상세히 써서 보내거라. 뭔가 어려움이 있다면 서둘러 편지할 필요는 없다. 편지에 너의 사진도 보내다오."

조선공산당 지도자가 되었음에도 불구하고 박헌영은 법적인 아내 주세죽에 대한 정보를 얻지 못하고 있던 것이다. 옌안에서 돌아온 김명시가 작년 12월 전국부녀총동맹 결성식에서 주세죽이 모스크바에서 활동하고 있다고 보고한 것이 그가 들은 전부였다. 물론 이는 잘못된 보고였다. 주세죽은 여전히 남부 소련의 황량한 공화국 카자흐스탄 크질오르다 에서 사회적 위험분자로 낙인찍힌 채 유형 생활을 하고 있었다.

주세죽은 모스크바에 오면 아는 조선인 집에서 숙박했는데, 아름다운 용모와 다정다감한 성품과 타고난 문화적 소양은 사람들의 호감을 샀다. 하지만 그녀는 사랑하는 딸과 함께 살 수 없어 고통스러워하는 엄마의 슬픔을 그대로 드러내곤 했다. 그녀는 비비안나가 한동안 자신을 친엄마처럼 대해주지 않는 데 고통받았다.

갓난아이 때부터 육아원에서 성장한 비비안나는 가족이 무엇이며 엄마 아빠가 무엇인지 거의 몰랐다. 그녀에게는 학교 기숙사 사감과 동기생들이 혈연이었다. 비비안나는 중국 아이들과 함께 다른 육아원으로 옮겨지자 하루 종일 울어대 본래의 육아원으로 돌아온 적도 있었다. 주세죽이 며칠간 모스크바에 머물게 되었을 때 육아원에 특별히 부탁해 밖에서 둘이 잘 수 있게 되었으나, 비비안나는 일행과 떨어지는 게 싫어서 짝을 데리고 왔다. 그러고도 딸과 단둘이 있고 싶은 엄마의 마음을 모르는 채 어서 빨리 육아원에 돌아가고 싶어 안달이었다. 주세죽은 마음이 몹시 상해 육아원 교사들에게 딸이 자기와 단둘이 있기를 싫어한다고 하소연했다.

육아원에는 레오노르라는 스페인 여성이 교사로 일하고 있었는데, 비비안나와 절친했다. 주세죽은 그녀에게 자신이 얼마나 딸을 사랑하는지 비비안나에게 이야기해달라고 부탁하곤 했다. 고된 노동과 좌절감에 시달리는 데다 심장병까지 앓던 주세죽은 이따금 과민하고 신경질적으로 변하곤 했다. 때로는 다정다감한 둥그런 눈매에 깊은 슬픔의 빛을 띠기도 했다. 그녀는 매우 조용하게 이야기했고 음성을 높이지 않았으나, 때때로 마음 놓고 큰 소리로 깔깔거리며 웃기도 했다. 그녀는 레오노르에게 자신의 남편 박헌영은 조선의 자유를 위해 투쟁하는 지혜롭고도 투철한 투사라고 자랑스럽게 말했다. 또 그가 얼마나 모진 고생을 해왔는지에 대해서도 말해주었다.[66]

우연하게도, 박헌영의 편지가 모스크바에 도착할 무렵인 5월 5일, 주세죽은 스탈린에게 조선으로의 귀환을 허용해달라고 청원했다. 모든 정보로부터 차단되어 있던 그녀는 1946년 1월 소련공산당 기관지 『프라우다』에 실린 박헌영 관련 기사를 보고서야 그가 조선공산당 당수가 되어 있음을 알았고, 뒤늦게 스탈린에게 눈물로 호소한 것이었다.

"친애하는 스탈린 동지! 제 남편 박헌영을 통해 저에 대해 확인하셔서 제가 조선에서 다시 혁명 활동에 종사하게끔 저를 조선으로 파견해주실 것을 간청하는 바입니다. 저는 진정 충실하게 일할 것이며, 제 남편을 이전과 같이 보필할 것입니다. 제 요청을 받아들여주시기를 간곡히 바랍니다. 만일 제가 조선으로 가는 것이 불가능하다면, 제가 모스크바에 살며 제 딸을 양육할 수 있도록 허락해주시기를 빕니다. 제 딸 박비비안나는 지금 제136학교에서 9학년 과정을 밟고 있습니다. 다시 한 번 제 요청을 거절하지 마시기를 간절히 빕니다."[67]

조선으로 돌아오고자 하는 주세죽의 애절한 청원은 기각되었다. 다만 소련 정부는 청원이 접수되고 두 달이 지난 1946년 7월 10일부터 그녀를 유형 생활에서 풀어 크질오르다의 한 방직공장에서 직공으로 일할 수 있게 해주었다. 박헌영이 모스크바를 방문해 스탈린을 만나고 돌아간 바로 다음 날이었다. 박헌영은 모스크바에 가서야 그녀의 처지에 대해 알게 되었고, 소련 당국에 '사회적 위험분자'에게 베풀 수 있는 최대한의 배려를 요청했던 것이다. 주세죽은 나중에 비비안나로부터 박헌영이 모스크바에 왔다는 말을 들었지만 특별한 반응을 보이지 않았다. 그녀 역시 이미 그의 방소 사실을 알고 있었던 것이다.

이후 주세죽은 조선으로의 귀국은 포기한 채 딸이 있는 모스크바로 보내달라고 누차 청원했으나 모두 거절당했다. 심장과 폐가 나빴던 그녀는 사망하기까지 10년간 크질오르다에서 모스크바까지 먼 길을 오직 딸을 보기 위해 기차를 타고 왕래하곤 했다. 비비안나는 여전히 기숙사에 살고 있었기 때문에 모스크바에 와도 숙소조차 마땅치 않아 곧 돌아가야만 했다. 다만 병세가 심각해진 마지막 2~3년은 많은 시간을 모스크바에서 보낼 수 있었다. 박헌영의 조카 박병석 내외가 모스크바에 유학을 와 있는 동안 그들의 집에서 함께 지낼 수 있었기 때문이다. 박헌영은 위험분자라는 낙인을 지워줄 수는 없었으나 조카 내외에게 병든 그녀를 돌봐달라고 부탁했던 것이다.

미소공위는 결국 50일 만에 휴회되고 말았다. 이를 계기로 미국과 우익은 남한만의 단독정부 수립을 합리화하는 데 나섰다. 자신의 입지를 강화하기 위해 전국을 순회하던 이승만은 1946년 6월 3일 전북 정읍을 방문한 자리에서 또다시 남한만이라도 '자율정부'를 수립해야 한다고 발언했다.

좌익은 자율정부란 단독정부를 의미한다고 보았다. 좌익은 남북 분단을 고착화하려는 반민족적 계략이라고 이승만을 맹비난하며 늙은 파시스트의 망언이라 규탄했다. 김구의 한독당도 단독정부 수립에 반대한다는 뜻을 명확히 했다. 반면, 친일 보수 세력의 집결지이자 미군정의 사실상 유일한 정치 동반자인 한민당은 이승만이 무슨 역적질이나 한 것처럼 비난하는 것은 이해할 수 없다고 옹호하여 그들이 누구와 동맹하고 있는가를 보여주었다.

6월 24일에는 소련영사관이 서울에서 철수할 뜻을 밝혔다. 식민지 치하에서도 존속했던 소련영사관이 철수하게 된 것은 미군정의 강력한 요구 때문이었다. 미군정은 서울 주재 소련영사관이 남한 공산주의운동의 중심이라고 주장하며, 그렇다면 평양에도 미국영사관을 세우도록 승인해야 할 것이라고 항의했던 것이다. 미소공위의 폐기와 소련영사관 철수는 20세기 동서냉전의 시작을 알리는 서곡이었다.

공산당에 대한 미군정의 정치 공작도 더 활발해졌다. 원로 공산주의자인 조봉암이 이끄는 인천 민전 사무실이 미군정 보대 CIC에게 압수수색 당한 것은 1946년 3월이었다. 미군 정보대의 압수 품목에는 조봉암이 박헌영에게 보내는 개인 서신이 들어 있었다.

경기도 강화도 출신으로 박헌영보다 한 살 많은 조봉암은 동양 공산주의 역사의 산증인이었다. 살아생전의 레닌은 조선의 조봉암과 중국의 천두슈, 일본의 사노 마나부를 동양 공산주의운동의 선구자로 선정해 지원을 아끼지 않았다. 그런데 레닌이 죽은 후 집권한 스탈린의 노선은 조봉암을 크게 실망시켰다. 조봉암은 여전히 사회주의의 기본 이념에는 찬성했으나 스탈린 노선은 부정했다. 조봉암은 박헌영이 모든 중요 사안을 스탈린과 상의하고 있다는 사실을 잘 알고 있었고, 이를 매우 비판적으로 보았다.

압수된 편지의 주된 내용은 박헌영의 정치적 오류에 대한 것이었다. 모스크바 3상 회담을 지지한 박헌영의 결단을 절대 지지하지만, 그 실천 과정에서 기술적으로 졸렬했던 까닭에 조직대중을 이해시키는 데 너무 많은 시간을 소비하고 미조직 대중을 우익에 빼앗겼다고 질책했다. 적들은 속임수로 군중을 휘어잡았는데, 우리는 옳은 것을 세우고 도리어 군중을 빼앗겼다는 자탄이었다. 반중앙파들을 달래느라 직책을 나눠 준 데 대해서도, 말썽만 부리면 한자리 주는 무기력한 태도라고 지적했다. 2월의 중앙 및 지방 동지 연석간담회에서 박헌영이 대회를 마친 뒤 물러나겠다고 한 발언에 대해서도 무책임과 무기력이라고 비판하며, 박헌영은 당의 대선배로서 대다수 공산주의자들의 희망이니 꿋꿋이 버티는 게 올바른 자세라고 충고했다. 한편으로는 김일성과 김무정의 영웅주의에 대해 최대의 경계를 해야 할 것이라고 충고하고, 두 그룹의 확대 기도를 완전히 봉쇄하지 않으면 그만큼 당의 약체화를 초래할 것이라고 경고했다.

편지 내용은 오랜 동지인 조봉암으로서 충분히 할 수 있는 말들을 적어 놓은 데 불과했다. 김일성과 김무정의 실제 특징인 소영웅주의적 패권주의를 경고해주고, 당의 대선배로서 꿋꿋이 버티라는 충고에는 나름대로 깊은 애정이 담겨 있었다. 그러나 그것이 공개될 때는 공산당에게 큰 타격이 될 수 있었다. 조봉암이 개인 서신이니 돌려달라고 요구하자 미군정보대는 이 편지를 간직하고 있다가 5월 7일이 되어서야 돌연 우익 신문들에 공개, 일제히 기사화하도록 했다. 미소공위가 휴회한 직후였다.

공산당은 발칵 뒤집혔다. 당황한 조봉암은 편지가 유출된 경위에 대해 해명하며 김일성과 김무정에 대한 평가 등 일부 내용은 편지의 원문과도 다르다고 주장했다. 그러나 이미 엎질러진 물이었다. 좌익과 진보 진영으로부터 심한 비난을 받던 조봉암은 미군정보대에 연행되었다가 열흘 만에 석방된 직후인 6월 23일, 인천 공설운동장에서 열린 인천 시민대회에 등장해 조선공산당을 비난하는 성명을 발표했다. 그리고 다시 두 달 후에는 공산당과의 모든 관계를 청산하며 계급독재를 반대한다는 성명을 발표했다. 5개 항의 성명서 중 3개 항은 노동계급과 공산당의 독재를 반대한다는 내용이고, 다른 두 조항은 '인민위원회와 민전 등으로 정권을 취하려는 정책을 반대한다', '소련에만 의존해 미국을 반대하는 태도는 원치 않는다'는 내용이었다.

조봉암의 선언은 일당독재와 스탈린주의에 대한 그의 오랜 불신을 표출한 것이라 할 수 있었다. 편지의 공개 과정과 이후 수사 과정에서 조봉암이 미군정과 어떤 타협을 했는가는 차후 문제였다. 어떤 비밀스러운 거래가 오갔든, 이 선언은 조봉암 개인의 사회민주주의자로의 공식적인 전환일 뿐 아니라, 조선 공산주의운동에 공식적으로 사회민주주의가 등장한 사건이었다. 어찌 되었든, 조봉암과 박헌영은 다시는 만날 수 없는 관계가 되어버렸다.

미군정에 의한 또 다른 치명적인 정치 공작은 '정판사 위조지폐 사건'이었다. 조봉암의 편지가 언론에 공개된 바로 다음 날인 1946년 5월 8일, 미군정보대는 돌연 조선공산당사를 습격해 조선공산당 간부이자 조선정판사 사장인 박낙종과 인쇄소 직원 등 14명을 연행했다. 이들이 대량의 위조지폐를 찍었다는 혐의였다. 조선공산당 위조지폐 사건의 시작이었다.

일본인 건물이던 근택빌딩 1층에는 식민지 시절 조선은행권을 인쇄하던 근택인쇄소가 입주해 있었다. 적산관리법에 따라 미군정으로부터 건물과 함께 인쇄소까지 불하받은 공산당은 인쇄소 이름을 조선정판사로 고치고 기관지 『해방일보』를 인쇄했다. 이때 인쇄소 직원들은 모두 식민지 때부터 일해온 이들을 그대로 재고용했다. 조선공산당 중앙당은 불하를 받고도 여러 달이 지난 1946년 1월부터 비어 있던 2층에 입주해 업무를 시작했다.

문제는 지폐 인쇄에 종사해오던 직원 김창선으로부터 시작되었다. 공산당과는 아무 상관이 없는 인물인 김창선은 1945년 9월 일본 기술자들이 철수할 때 100원 권 징크판 2개 조를 빼돌렸다. 징크판은 지폐 원판을 이용해 아연판을 눌러 놓은 인쇄용 원판으로, 흑색, 청색, 적색의 세 가지 색상으로 구성되므로 모두 6장을 빼돌린 것이었다. 김창선은 빼돌린 징크판의 일부를 10월 중순 양승구라는 인물에게 팔았다. 아직 공산당은 근택빌딩에 입주하기도 전이었다.

양승구는 극우단체인 독립촉성중앙협의회(독촉) 뚝섬위원회 조직부장인 이원재의 이모부였다. 이원재와 양승구는 여러 대의 소형 인쇄기를 구입해 자신의 독촉 사무실에서 지폐를 인쇄하려 시도했으나 장비와 기술이 부족해 거듭 실패했다. 이에 징크판을 다른 사람에게 팔아보려고 상대를 물색하던 중 중부경찰서에 적발되고 말았다.

이때가 벌써 1946년 5월로, 그사이 공산당은 근택빌딩에 입주했고, 인쇄소 직원들도 일정한 교육을 받은 후 공산당에 가입해 있었다. 관련자들을 체포한 경찰은 독촉 관계자들이 위조지폐를 만들려 했다는 사실보다 징크판이 조선정판사 기술과장인 김창선에게서 나왔다는 점에 주목했다. 보고를 받은 미군정은 정판사 직원 전체를 연행하도록 지시했다.

이 무렵 남한에는 여러 건의 위조지폐 사건이 일어나고 있었다. 공산당은 처음 정판사 직원들이 체포되었을 때만 해도 김창선 개인의 부정이라 생각했다. 그런데 1주일 후의 경찰 발표는 크게 당혹스러운 것이었다.

"1945년 10월 중순 근택빌딩 2층 조선공산당 사무실에서 이관술과 권오직이 김창선에게 위조지폐를 인쇄하라고 지시했다. 이후 김창선은 여섯 차례에 걸쳐 9백만 원을 인쇄해 이관술에게 제공했는데, 아무 보답이 없자 분하게 여기고 징크판을 다른 사람에게 팔았다가 발각되었다."

이관술을 엮어 넣은 것은 공산당 총무부장 겸 재정부장이라는 명분이었지만, 이관술은 사람들 사이에 부당수로 불릴 정도로 중요한 위치에 있었다. 박헌영에게는 이인자를 잃은 타격이 되었다.

경찰이 위조지폐를 처음 인쇄하기 시작했다는 1945년 10월 중순이면 아직 공산당은 입주도 하지 않아 근택빌딩 2층은 비어 있었고 이관술은 그곳에 갈 일도 없었다. 해방된 지불과 2개월밖에 안 된 그 시기에는 공산당의 위세가 대단해서 화신백화점 박흥식 등 여러 재벌들이 돈 보따리를 싸 들고 이관술을 찾아올 때였다. 북한에서 못 쓰게 된 일본 화폐가 남한 공산당에 대량으로 유입되던 시기이기도 했다. 막 합법화되어 최대 정당으로 발돋움하던 이 시기에 얼마 되지 않는 돈을 마련하기 위해 위조지폐를 찍었다는 것은 비상식적인 주장이었다.

연행된 14명의 정판사 직원들은 처음에는 위조지폐를 찍은 일이 절대 없다고 부인했으나, 수사 며칠 만에 김창선의 진술을 그대로 베껴내기 시작했다. 공산당사에서 일하다 보니 생계를 위해 공산당에 가입하기는 했지만, 불과 몇 달 전까지도 식민지 치하에서 안정된 직장인이었던 인쇄공들이 그 과정에서 겪어야 했을 고초는 충분히 짐작되었다.

남한 경찰의 잔혹성은 일본의 그것과도 비교할 수 없이 악랄했다. 그들은 식민지 때는 단순히 먹고살기 위해 일본인들 밑에서 고문을 맡았으나 해방과 더불어 경찰 고위직으로 승진한 이제는 자신의 직위와 생명을 걸고 반대 세력을 탄압하기 시작한 것이다. 특히 공산당을 없애지 않으면 북한처럼 숙청된다는 절박감이 그들을 더욱 악독하게 만들었다. 식민지 시절 사용되었던 모든 악랄한 고문 수단이 총동원되었고, 남녀 구별 없이 홀랑 벗겨 매달아 놓고 매질하는 것이 보통이었다.

공산당은 즉각 가혹한 고문으로 조작된 누명이라는 성명을 내고 전면적인 항의투쟁에 들어갔다. 미군정은 이 사건이 조선공산당과는 관계가 없는 경제 사건이라 발표하고, 한국인 경찰의 조작일 경우는 엄단하겠다고 엄포를 놓기도 했다. 그러나 실제로는 처음부터 미군정의 공작에 의해 시작된 사건이라는 의혹을 벗어날 수 없었다. 사건을 지휘한 경찰청장 장택상도 기자들과의 대담에서 위폐 사건에 대해 자신은 결정권이 없으며 위에서 시키는 대로 할 뿐이라고 실토했다. 간접적으로 이 사건이 조작되었음을 시인한 셈이었다.

우익단체들은 공산당이 위조지폐를 찍었다고 확신하거나, 그렇게 몰아갔다. 5월 12일, 서울운동장에서 독립전취 국민대회를 마친 우익 청년들이 수십 대의 트럭에 나눠 타고 시내를 질주하면서 민전 산하 각 단체와 언론기관을 습격하는 무법천지의 사태가 벌어졌다. 자유신문사에 침입해 기계, 의류, 종이 등을 강탈해 가고 가옥을 파손하고 경성자동차서비스회사에 침입해 도끼로 사람을 상해하는 등 서울 시내는 온통 공포의 도가니가 되었다. 우익 폭도들의 테러가 계속되는데도 경찰은 수수방관하기만 했다. 우익청년단들은 '공산당이 방화하니 불조심'이니 '경제 혼란을 일으키려고 지폐 위조' 등의 내용이 담긴 유인물을 뿌리고 포스터를 붙이고 다녔다.

이들 폭력단들은 명백히 미군정과 경찰의 비호를 받고 있었다. 1946년 들어 결성된 조선민족청년단(족청)은 처음부터 미군정에 의해 조직된 단체였다. 족청의 대표는 일본 육사 출신으로 일본군을 탈영해 광복군 제2지대장을 역임했던 이범석이었다. 그는 제2차 세계대전 말기 중국에서 미군 정보기관이 훈련한 조선인 중 한 명으로 철두철미한 극우파였다. 결국 총 한 방 못 쏘고 해방을 맞아 귀국한 이범석에게 미군정은 비밀리에 500만 달러의 활동비와 미군용 무기, 차량 등을 제공해 우익청년단을 양성하도록 했다. 또 미군 중령을 훈련 책임자로 보내 고도의 군사훈련을 실시했다. 미군정이 족청을 결성하고 지원한 목적은 남한 지역에서 공산주의 세력을 몰아내는 전위대 역할을 맡기기 위해서였다. 또 장차 반공 국군의 토대로 삼기 위해서였다. 족청의 수원 훈련소장안호상은 히틀러 시대 독일에 유학하면서 파시즘에 깊이 경도되어 히틀러를 공개적으로 예찬해온 인물이었다.

족청은 1946년 한 해만도 7만 명에 이르는 단원을 배출했다. 이들은 전국 각지에서 좌익 운동가들에게 무법적인 테러와 고문을 가하는 전위대가 되었다. 이들은 권력을 좇아 경쟁하는 폭력집단의 전형적인 모습을 갖추고 있었다. 경찰은 족청이 좌익 인사들에게 저지르는 폭력을 비호했으며, 미군정은 경찰 간부나 국군 장교 같은 보다 강력한 합법적 권력을 부여했다. 족청 출신들은 국군 장성과 장교, 경찰 간부에 대거 진출했고, 나중에 국회의원에도 다수 진출했다.

미군정은 이들 경찰과 청년단에게 치안 유지를 맡겼을 뿐 아니라 양곡 강제 징수권까지 부여해 민중들의 격분을 샀다. 경찰은 양곡의 강제 공출에 막대한 결정권을 갖고 있었다. 농가당 공출량을 배정하고 도시민에 대한 배급량도 결정했다. 모든 물가가 폭등하는 상황에서 경찰에게 주어진 이 막강한 권한은 부패와 비리의 원천이 되었고, 민중들의 분노에 불을 붙였다. 극우 폭력집단에서 배출된 경찰관들은 자기와 밀접한 이들의 공출량은 적게 하고, 영세 농민에게는 과대하게 할당해 불만을 샀다. 농민들이 이에 항의하면 갖가지 이름의 우익청년단을 동원해 강제 공출에 들어갔다. 저항하는 농민은 공산주의자로 몰아 구타하고 협박했다. 견디다 못한 일부 농민들은 산으로 도망쳐 야산대가 되어 경찰과 행정관소를 공격하는 판이었다.

박헌영은 정판사 위조지폐 사건을 조선판 히틀러 테러라고 비난했다. "히틀러 도당이 독일 국회의사당에 불을 놓고 공산당이 했다고 선전하던 방법을 조선의 작은 히틀러 무리들이 쓰고 있다"고 비난했다. 그는 『조선인민보』에서 호소했다. "공산당은 방화라든가 지폐 위조 같은 것은 절대로 하지 않으며 할 수도 없습니다. 이것은 세계의 상식입니다. 왜냐하면 공산당은 인민대중을 떠나서는 존재할 수 없으며, 따라서 인민대중에 해가 되는 일은 절대로 하지 않으며, 또 할 수 없는 정당이기 때문입니다."

이주하 등 공산당 필진들도 거듭 억울한 누명임을 주장하는 글을 발표했다. 그러나 아무 소용이 없었다. 5월 18일, 미군 대위의 인솔 아래 수백 명의 미군 장교와 헌병들이 근택빌딩을 포위하고 공산당 중앙당 사무실과 『해방일보』를 샅샅이 수색해 공산당 관련 서류 일체를 압수해 갔다. 미군정 적산관리과는 조선공산당으로부터 근택빌딩을 회수, 공산당은 5월 30일 사무실을 남대문 앞 일화빌딩으로 옮겨야 했다.

경찰에 의해 위폐 사건의 주범으로 지목되어 전국에 수배되었던 이관술은 두 달 만인 7월 6일 충신동 자신의 집에서 체포되었다. 그는 체포되기 전에도 자신이 운영하던 책방인 해방서점에 주기적으로 나타나 장부를 점검했고, 체포되던 날도 낮에 서점에서 몇 권의 책을 들고 집에 돌아갔다. 온 나라를 떠들썩하게 한 사건의 주범이 이처럼 반공개적으로 돌아다녔던 것은 자신에게 혐의가 없으므로 체포되더라도 누명을 벗을 수 있다는 자신감의 표현이었다. 실제로 체포된 그는 한 달이나 계속된 잔혹한 고문에도 끝까지 자신의 무죄를 주장했고, 재판정에서 이를 폭로했다. 물론 아무런 소용이 없는 항변이었다.

남한의 미군정과 우익은 좌익 운동을 근본적으로 막을 수는 없었으나 자신들의 사법권 안에 들어온 진실을 은폐하고 왜곡하는 데는 힘이 넘쳤다. 대개 친일파 출신인 재판부는 고문에 의해 조작된 누명이라는 공산당의 주장을 무시하는 데만 완고했다. '사도법관'이라는 칭송을 듣던 양심적인 검사 김홍섭은 재판 도중 사표를 제출했고, 미군정 법무관 중 일부는 이 사건이 근거가 부족하다는 의견서를 제출했으나 무시되었다.[68]

『조선일보』, 『동아일보』 등 보수 언론은 검사의 논고를 마치 재판의 결과인 양 상세히 보도하는 반면, 좌익의 주장은 일체 무시해버리거나 반박 기사를 내보냈다. 공산당이 위조지폐를 만들었다는 소문은 점차 기정사실화되었다.

미군정의 집중적인 정치 공작은 확실히 효과를 거두고 있었다. 이 무렵 조선여론협회가 서울 시민 6,671명을 대상으로 여론조사를 한 결과, 대통령에 적합한 인물로 이승만이 29퍼센트로 압도적인 지지를 얻었고, 김구, 김규식, 여운형이 10퍼센트 선을 유지한 반면, 박헌영은 1퍼센트밖에 얻지 못했다.

나날이 상황이 악화되는 가운데서도 박헌영은 어떻게든 희망을 놓지 않으려 애썼다. 이관술이 체포되기 열흘 전인 1946년 6월 27일, 박헌영은 전평 위원장인 허성택, 조선청년총동맹 위원장 이호제, 이론가 박치우 등과 함께 삼팔선을 넘어 북한을 방문했다. 이제는 미소 양측에 의해 삼팔선 내왕이 금지되어 월경하다 발각되면 그 자리에서 사살되던 시기였다. 북한에서는 개성 인근의 금촌까지 사람을 보내 맞이했고, 김일성, 김책, 허가이, 최창익, 김두봉 등 북한 최고위 인사들이 평양 교외까지 영접을 나왔다.

외견상으로는 작년보다 한결 정중한 예우였다. 그러나 보이지 않는 갈등은 점차 심해지고 있었다. 짧은 시간에 북한의 정치권력을 장악한 김일성은 자신감에 넘치다 못해 공공연히 무력으로 남한을 통일해야 한다는 발언을 하고 있었다. 박헌영은 김일성의 좌익 모험주의적인 경향을 경계하여 한 달 전인 5월 하순, 이를 비판하는 편지를 스탈린에게 보낸 상태였다. 지난해 북조선분국 문제로 편지를 보낸 데 이어 두 번째였다. 지난번처럼 하바롭스크 KGB지국을 통해 스탈린에게 전달된 편지 내용은 다음과 같이 요약되었다.

"조선에 민주기지를 건설하기 위해서는 부르주아민주주의혁명을 선행해야 합니다. 그러나 북조선의 김일성은 무력통일을 위해 무장력을 갖춰야 된다는 등 너무 독단적으로 혁명을 추진하고 있습니다. 남조선에서는 미군정이라는 어려운 여건에서 활동하기 때문에 독단적으로 혁명을 추진할 수는 없습니다. 이승만도 귀국했지만 인민들의 지지가 완전하지 못한 것처럼, 남조선 정세가 날로 복잡해지고 있는 가운데 공산당은 평화적인 방법으로 남한에서 활동해 인민들을 끌어들여야 성공할 수 있습니다."

스탈린도 이번에는 박헌영의 의견을 존중했다. 전쟁을 통한 통일은 스탈린이 바라던 바가 아니었기 때문이다. 독일과의 전쟁에 막대한 희생을 치른 스탈린은 가급적 전쟁을 피하려 했다. 스탈린은 박헌영의 의견이 설득력이 있다고 생각된다며 KGB에 해결책을 지시했고, KGB는 즉각 이 의견을 김일성에게 전달했다고 전 소련공산당 중앙위원회 국제부 부부장 코바렌코는 증언했다.

서로 공개적으로 드러내지는 않았으나, 박헌영이 또다시 김일성의 오류를 지적하는 서신을 보낸 상황에서 열린 남북의 공산당 지도자회의는 사뭇 논쟁적이었다. 정책협의회라는 제목으로 6월 29일부터 시작된 회의는 꽤 자유로운 분위기에서 진행되었다. 참석자들은 자신의 의견을 두려움 없이 발언할 수 있었으며, 의장에게 일일이 발언권을 얻지 않고도 보통의 좌담처럼 자유롭게 토론했다. 그러나 이는 실권자 김일성에 대해서가 아니라 공산당 중앙이라는 명분뿐 언제 미군정에 체포될지 모르는, 아무런 실권도 없는 박헌영에 대한 비판이기에 가능한 자유였다.

먼저 박헌영이 남한의 정세를 설명하자 남한의 반탁운동이 기세를 올리는 것은 공산당이 3상 협상안을 제대로 선전하지 못한 탓이 아니냐는 비판이 쏟아져 나왔다. 신탁을 먼저 제기한 것이 미국이라는 내용의 소련 타스통신 기사를 잘 활용해서 상황을 반전시키지 못했다는 점도 지적되었다.

회의 벽두부터 갑작스럽게 쏟아지는 비판에 박헌영은 꼼짝 않고 앉아 아무 대꾸도 하지 않았다. 입이 무겁고 신중하기로 이름난 박치우가 참다못해 일어나 남한의 형편이 북한 같지 않다고 항의해야만 했다.

박헌영은 정판사 사건은 미군정과 경찰의 조작이라고 설명했으나, 북조선분국 간부들은 총독부 화폐를 찍은 건물을 인수하면서 왜 기계를 치우지 않았는가를 지적했다. 『해방일보』를 인쇄하기 위해 일부러 인쇄소를 접수한 박헌영으로서는 억울한 지적이었다. 심지어 소련파들은 남한 지도부가 정말로 위폐를 찍었을지도 모른다고 의심까지 했으나, 공산당 전체가 비난받을 수 있는 사안이라 노골적으로 드러내지 못하는 판이었다.

좌우합작 문제도 주요 논제였다. 건국준비위원회, 인민공화국, 민주주의민족전선 등 그동안 남한에서는 여러 차례 좌우합작이 시도되었다가 실패했고, 앞으로도 성공할 가능성이 없었다. 좌익이 아무리 높은 자리를 배정한다 해도 우익이 거절할 것이기 때문이었다. 그런데 여운형은 이 무렵 또다시 좌우합작을 시도하고 있었다. 한때 공산주의운동을 했던 온건하고 합리적인 민족주의자 김규식과 뜻을 모아 새 나라의 기본법을 만들 입법기관을 구성하자는 것이었다. 김일성을 비롯한 북조선분국 간부들은 왜 박헌영은 여운형과 함께 좌우합작에 나서지 않는가 하고 비판했다.

여운형이 박헌영에게 특별한 사람임은 부인할 수 없었다. 여운형은 1920년 상하이 시절 그를 고려공산당에 받아주고 공산주의 이론을 가르쳐 주었으며 주세죽과의 결혼식 주례까지 서준 사람이었다. 박헌영은 이 무렵 여운형의 환갑을 맞아 경륜과 인격을 칭송하는 긴 편지를 보냈을 뿐 아니라 양평의 여운형 집에서 열린 회갑잔치에도 직접 참석해 축하했다. 그러나 개인적 존경과 정치적인 입장이 같을 수는 없었다. 박헌영이 보기에 여운형은 정치적으로 믿을 수 없는 사람이었다. 여운형은 식민지 시절 상하이에서 귀국한 이후로는 저명한 사회인사가 되어 일본인 고관들과도 잘 지냈고, 『조선중앙일보』 사장도 역임하는 등 처신이 애매모호한 명망가였다. 공산당 비밀보고서는 여운형이 태평양전쟁이 일어난 후 공개적으로 도쿄의 대화숙에 가 있었고, 학도지원병 권고문을 발표했음을 지적했다. 총독부와 밀접한 관계를 이용해 감옥에 있는 사회주의자의 석방운동을 했는데, 그 방법이란 것이 수감자를 설득해 전향서를 받는 것으로, 경성콤 그룹의 김태준도 여운형의 주선으로 전향서를 쓰고 가출옥한다. 공산당 핵심들은 모든 사람과 두루두루 친하게 지내는 여운형의 처신을 못마땅해했다. 김규식과의 입법기관 구성운동도 남한만의 단독정부를 수립하려는 미군정의 계략에 이용당할 뿐이라고 보았다. 박헌영은 여운형을 교묘한 책략가라거나 악당이라고 보지는 않았으나, 대중 선동을 좋아하는 야심가요, 줏대 없는 영웅주의자 정도로 생각하고 그를 깊이 신뢰하지 않았다.

김일성의 의견은 달랐다. 그는 박헌영이 지나치게 원칙만 고수해 공산당을 고립시키고 있다고 보았다. 그는 남쪽의 공산당이 중도 세력 및 반이승만 계열의 민족주의자들을 포용하는 데 보다 적극적이어야 하고, 여운형의 합작운동은 당연히 함께해야 한다고 보았다. 김일성은 극비리에 성시백 등 정치공작조를 남하시켜 박헌영 계열에서 소외된 좌익 정치가들이나 민족주의 세력을 포섭하는 작업을 해오고 있었다. 이들 중에는 식민지 말기 전향을 했거나 친일 행위를 했던 이들이 많았다. 정치적 입지를 상실했거나 궁지에 몰려 있던 그들은 과거를 묻지 않고 손을 잡아주는 김일성에게 철저한 복종을 맹세했다. 이들은 김일성에 의해 임명된 신진 관료들과 함께 김일성을 수호하고 여타 세력을 배척하는 충성스러운 집단이 되었다. 얼마 후 좌익이 궁지에 몰리자 대부분 다시 우익 편에 서지만, 일부는 월북해 끝까지 살아남는다. 박헌영은 김일성이 이 비밀공작을 위해 북한에서는 휴지가 되어버린 막대한 일본 화폐를 몰래 내려보내고 있다는 정보를 알고 있었다.[69]

김일성의 지적은 원칙적으로는 옳았다. 그러나 좌익과 우익이 이미 돌이킬 수 없는 적대 상태로 치닫고 있는 데다 좌익을 고사시키기 위한 미군정의 정치 공작이 본격화된 상황에서 좌익은 어떤 전략을 짜더라도 운신의 폭이 없었다. 얼핏 보기에는 박헌영의 원리주의가 우익과의 합작을 방해하는 듯 보였지만 내막은 그렇지 않았다. 좌익은 줄기차게 통일전선을 시도했으나 우익은 자신의 돈과 땅을 빼앗아가려는 공산당을 벌레보다도 혐오했고, 좌익과 같은 하늘 아래 사는 자체를 용납하지 않았다. 이는 이미 식민지 치하에서 시작된 본능적인 증오였다. 우익들의 테러가 좌우 대립이 본격화되기도 전인 해방 직후 9월부터 시작된 사실이 그 증거였다. 식민지 치하에서 유창한 일본말로 조선인들을 징벌하던 판사와 검사들은 극우 테러범들은 애국자로 관대하게 대우한 반면, 좌익사범들은 자유와 민주주의를 짓밟을 범죄자로 단죄하고 있었다.

훗날의 역사학자들도 박헌영이 우익 민족주의자들을 포용하지 못해 집권에 실패했다고 너무 쉽게 단정하지만, 일면적 시각이었다. 박헌영보다 훨씬 유연하게 우익과 접촉하려 애썼던 여운형, 조봉암, 백남운 등도 모두 정치 세력화에 실패했을 뿐 아니라, 송진우, 김구, 김규식, 이시영 등 양심적인 우익 지도자들조차도 결국에는 모조리 실패했다는 사실을 외면한 아전인수식 비판이었다.

미국과 손잡은 이승만과 한민당의 테러 탄압 아래 남한에서 살아남을 수 있는 정치 세력은 거의 없었다. 가능한 것은 투쟁뿐이었다. 조선공산당과 그 후신인 남로당이 우익과 타협하지 못해 정치 주도권을 잃었다는 비판은 순박하거나 아니면 고의적인 왜곡이었다. 오히려 그들의 가치는 타협이 불가능한 미군정과 이승만 정권에 유일하게 맞선 세력이라는 점에 있었다. 남로당마저 붕괴된 후 이승만과 경쟁하는 세력은 이 추악하고 잔인한 정치적 대학살의 시기에 이승만과 손을 잡고 피를 뿌렸던 바로 한민당이었다. 한국전쟁이 발발할 무렵 토지 개혁으로 땅을 빼앗긴 그들은 민주당으로 변신해 이승만 독재와 싸운다. 그리고 수십 년 이상 남한의 민주주의운동을 지배하게 된다.

남북 공산당 지도자회의를 마친 박헌영은 1946년 7월 1일 김일성과 함께 모스크바로 떠났다. 명목상으로는 비밀리에 열린 국제공산주의 지도자회의에 참석하기 위해서였다. 코민테른이 해산된 가운데 세계대전 후에 세워진 여러 사회주의 국가 지도자들이 공동보조를 맞추기 위해 모인 자리였다. 소련공산당과 스탈린의 지도권을 재확인하는 자리라 할 수 있었다.

소련공산당은 조선의 공산당 지도자들을 위해 스탈린과의 별도 회견도 주선해주었다. 크렘린 궁에 마련된 회견장에는 한반도의 공산주의운동을 이끄는 핵심 권력자들이 두루 호출되었다. 박헌영, 김일성, 허가이 외에 북한의 소련군정 사령관 슈티코프 상장과 로마넨코 소장, 그리고 서울 주재 소련영사관 부영사 샤브신 등이었다.

이날의 좌석 배치는 장차 북한의 권력 서열을 가름하는 중요한 단서가 되었다. 통상적으로 최고의 손님을 오른편에 앉히는 것이 국제 관례였다. 의전에 까다로운 크렘린 궁도 스탈린의 오른편 좌석이 상석이었다. 스탈린은 오른편에 김일성을 앉히고, 왼편에 박헌영을 앉혔다. 동석한 소련군정 사령관 슈티코프와 샤브신은 좌석 배치만으로도 스탈린의 의중을 확인할 수 있었다. 소련군정이 미소공위 개최를 맞아 작성했던 임시정부 내각에서 박헌영이 부수상을 차지하고 김일성은 내무상에 국한되었던 것과는 달랐다. 남북이 통일될 경우는 박헌영이 보다 지도적인 위치에 놓이지만 분단된 북한에서는 김일성이 확고한 직위를 유지한다는 의미로 해석해도 무방했다.

분단으로 치닫는 상황에서 박헌영은 어디까지나 남한 지역을 책임진 '혁명가'였다. 실제로 스탈린은 김일성에게는 "소련군정의 협력을 받아 북조선의 소비에트화 정책을 조기에 실현하도록 투쟁하라"고 지시한 반면, 박헌영에게는 "어려운 여건 속에서 분투하는 그대의 혁명투쟁을 높이 평가한다"며 격려했다. 동석했던 이들은 이번 면담이 김일성을 북한의 지도자로 최종 인가하는 자리라고 인식했다.[70]

샤브시나는 이 자리에 참석했던 남편 샤브신의 말을 토대로 훗날 증언한다.

"박헌영은 스탈린 면접에서 지도자로 지명받지 못했지만, 유력한 차기 대권 후보라는 주위의 위로를 받고 실망하지 않은 채 불평 없이 충실하게 소련의 지시에 복종한 공산주의자였습니다."

스탈린은 이번 만남에서 또 다른 중대한 문제도 제기했다. 조선의 공산주의자들이 굳이 공산당이라는 이름을 고수할 필요가 있는가 하는 의문이었다. 부르주아민주주의 단계에 맞게 사회당 혹은 노동당이라는 명칭을 사용할 수 있지 않느냐는 것이었다. 식민지 시절부터 공산당이라는 명칭에 익숙했던 박헌영이나 김일성은 즉답을 할 수가 없었다. 가능한 일이기는 하지만 인민들과 상의를 해봐야 한다고 대답했다. 그러자 스탈린은 오히려 놀라며 반문했다.

"인민이라니? 인민이야 땅 가는 사람들이잖소? 결정은 우리가 해야지."

독재자 스탈린다운 표현이었다. 자기들 생각만이 옳고, 이에 동조하지 않는 사람은 모두 틀렸으며, 종국에는 세상 사람들 모두를 자신들의 생각으로 바꿔야 한다는 오만한 신념처럼 무서운 것은 없다. 소련은 이 무서운 신념 위에 만들어진 이상주의 국가였고, 스탈린은 이상주의의 화신이었다. 그는 김일성과 달리 자신의 동상을 만들게 하지도 않았고, 전쟁을 일으키는 것에도 반대했다. 그러나 거의 모든 혁명 동지를 반혁명분자라며 죽여버리고, 시인과 소설가들의 작품들까지 직접 읽어보고 계급성이 없다며 시베리아 유형을 명령하는 사람이었다. 오로지 자기만이 옳다는 이 오만함 앞에 하찮은 인민들이 눈에 보일 리 없었다. 수많은 운동가들이 목숨을 바쳐 지켜온 조선공산당의 명칭 역시 자기 마음대로 바꿀 수 있었다. 스탈린의 그날 한마디에 조선공산당의 해체는 결정되고, 노동당 결성이 준비되었다.

　모스크바에 머무는 동안, 박헌영은 그리워하던 딸 비비안나를 만날 수 있었다. 부녀는 모스크바 근교의 별장에서 사흘간 함께 지냈다. 박헌영은 편지에서 그렸듯이 만 세 살 때 헤어진 딸에게 몹시 애틋한 감정을 갖고 있었다. 반면, 줄곧 홀로 자라온 18세의 소녀 비비안나는 그가 자신의 아버지라는 사실을 당장 느낄 수는 없었다. 그녀는 더구나 조선어를 전혀 할 줄 몰랐다. 그녀가 애정 표현에 어색해하자 박헌영의 러시아 동료 중 한 사람이 "아버지 양복 단추가 떨어졌으니 단추를 달아드려라"라고 조언하기도 했다.

　아버지가 다녀간 후, 비비안나는 학교에서 전보다 좋은 대우를 받을 수 있었다. 박헌영은 딸에게 금반지 하나와 작은 다이아몬드가 박힌 반지를 주고 갔다. 늘 배가 고팠던 비비안나는 금반지는 팔아서 빵을 사 먹었으나, 다이아몬드 반지는 평생 간직했다.

모스크바에서 돌아온 박헌영 앞에는 골치 아픈 문제들이 산적해 있었다. 김일성은 스탈린의 제안을 명분 삼아 남북에 별도의 노동당을 만들자고 제안했다. 박헌영의 영향력에서 벗어나 독자적인 지도권을 확립하려는 의도였다. 소련군정도 이에 동의하고 나섰다. 일국일당의 원칙을 고수하는 소련이 남과 북에 각각 노동당을 만들라고 승인한 것은 곧 분단을 고착화하겠다는 의도이기도 했다. 하지만 박헌영은 그들의 결정에 반박할 힘이 없었다. 7월 하순 다시 평양을 방문해 남북 노동당의 결성에 합의했다.

노동당은 단순히 공산당을 명칭만 바꾸려는 게 아니라 중도좌파를 포함한 좌익 세력 전체를 연합하려는 계획이었다. 북한에는 김두봉이 이끌던 옌안파의 신민당과 김일성의 북조선분국이 합당키로 했다. 청우당, 조선민주당 등은 합당 대상에서 제외되어 우익 정당으로 남았으나 다당제 명분을 위한 형식에 불과했다.

남한의 사정은 보다 복잡했다. 남한에는 여운형의 인민당, 백남운의 신민당 등 좌익 정당이 열 개에 이르렀다. 북한의 중간파 정당들이 소련군정의 지휘 아래 반강제적으로 만들어진 것과 달리, 남한의 좌익 정당들은 명백히 공산당과 노선 혹은 인적인 불만을 갖고 갈라선 당들이었다. 합당 문제에 대해서도 제각기 자유로운 결정권을 갖고 있어 쉽사리 통합될 수가 없었다.

노동당 결성보다 더 급한 것은 공산당을 위조지폐의 오명으로부터 건지는 일이었다. 당의 이인자이던 최측근 이관술의 구속은 심대한 타격이었다. 박헌영은 재정과 출판 업무를 경남의 대지주 출신인 성유경에게 넘기는 한편, 구속자들을 석방시키기 위해 당력을 기울였다. 7월 29일에 열린 첫 재판에는 5천 명이 넘는 당원들이 법원에 몰려가 항의시위를 하던 끝에 중학생 하나가 총에 맞아 죽고 50여 명이 구속당하는 사태까지 벌어졌다.

미군정에 대한 비판은 점차 수위가 높아졌다. 박헌영은 8월 3일자로 미군 사령관 하지 중장에게 미군정의 실책을 비난하고 정권을 인민위원회에 넘겨줄 것을 요구하는 서한을 보냈다. 또 이를 『조선인민보』에 게재했다. 박헌영은 이 공개서한에서 미군정하의 남한 민중의 삶이 일제 때보다도 더 악화되었다고 맹공을 퍼부었다.

"장군의 군정이 1년 가까이 경과된 오늘날, 우리 남조선의 현실은 어떠한 상황에 이르렀습니까? 모든 산업은 파멸의 일로를 걷고 있으며, 농업 생산은 저하되어 가며, 1945년도는 비상한 풍작임에도 불구하고 남조선 각지는 기아자가 속출하여 일반 시민은 식량난으로 인해 하루 한 끼도 먹기 곤란한 조선사상 초유의 곤경에 빠져 있지 않습니까? 테러와 파괴는 백야에 횡행하여 전북 삼례군 와리 같은 곳은 한 개의 촌락이 전부 경찰과 독립촉성국민회의 합작 테러로 인하여 전멸 상태에 들어가고, 경향 각지의 경찰서와 감옥에는 태평양전쟁 시대에 일본을 반대하고 장군의 군대의 승리를 위해 투쟁하던 반일 투사들이 수백, 수천으로 채워졌습니다. 장군이 지배하는 군정기관이나 문화·교육기관 같은 곳까지 조금이라도 민주 색채를 가진 자면 모조리 축출의 운명을 만나게 되고, 모략, 중상 등 극도로 부패한 도덕이 인민의 눈살을 찌푸리게 합니다. 인플레는 한량없이 올라가고 물가는 나날이 증가되어도 인민의 수중에는 이 화폐가 쥐어지지 않을 뿐 아니라 쥐어질 기회까지 전연 소실되고 있습니다. 이 수많은 화폐는 소수 모리배와 반동 거두들의 수중에 집중되어 인민의 구매력은 극도로 저하됩니다."

그는 이 모든 문제의 근원이 미군정의 실정에 있다고 질타했다. 군정기관에서 정치적 세력을 장악하고 운용하는 자가 친일파, 민족반역자, 반동적 파쇼분자인 까닭이라는 지적이었다. 유일한 해결책은 즉시 인민위원회에 권력을 넘겨 친일파, 민족반역자 모리배들을 정권에서 몰아내는 길이라고 주장했다. 인민의 진정한 대표들인, 수십 년간 일본과 투쟁한 애국자들에게 정권을 넘겨야 한다는 주장이었다.

8월 7일의 기자회견에서는 조선인과 미국과의 친선을 위해 맥아더와 하지는 미군정을 폐지하는 영단을 내려야 할 것이라고 촉구함으로써 미군정 폐지를 공개적으로 요구했다. 8·15기념사에서는 더욱 강도 높게 미국을 비난했다.

"미국은 조선 독립과 민주개혁을 국제회의에 존엄히 약속한 이상, 그것을 말로만이 아니라 실지로 실행해야 한다. 이것을 요구함은 우리 조선인으로서 정정당당한 것이 아닌가? 어째서 뉘라서 우리의 민주개혁(토지 개혁, 8시간 노동제, 사회보험제, 여성법령, 산업 국유화, 정권을 인민위원회에 넘기자)을 반대할 권리와 이유가 있는가? 뉘라서 우리 독립을 필리핀식 독립으로 제국주의 식민지화할 수 있겠는가? 우리가 요구하는 민주개혁과 독립은 가장 정당한 것이며, 어떠한 외국이라도 이것을 반대 방해한다면 우리 민족은 단연한 태도로 결사적 투쟁을 수행할 의무가 있는 것임을 강조한다."

해방 1주년을 기념하는 이날의 8·15 행사는 두 군데서 이루어졌다. 좌익 측은 서울운동장에서, 우익 측은 군정청 광장에서 개최했다.

군정청 광장에서 열린 우익의 기념식은 치장은 요란했으나 실제 인원은 얼마 되지 않았다. 미군이 앞장서 걸어 나가는 뒤로 수백 대나 되는 고급 자동차와 트럭이 뒤따랐는데, 군정청 관료들과 한민당 간부들이 타고 있었다. 잘 차린 양복과 양장 옷을 입고 제각기 부채질을 하며 좌석에 앉은 뒤로는 미군정청 상급 관리며 은행이나 회사 사원들, 새로 만든 제복을 입고 나온 건청 등 청년단체원들, 집단 동원된 여학생과 초등학생들이 걸어갔다. 그 숫자는 2만여 명 정도였다.

좌익 측은 전국 지구당에 조직 총동원령을 내려 서울운동장과 주변이 빽빽이 들어찰 정도로 많은 인원이 모였다. 행사는 1894년 농민봉기에 참가했던 늙은 투사 오지영이 연단에 나왔을 때 절정을 이루었다. 오지영은 말했다.

"우리가 갑오년에 일어날 때에 구호로 12조목을 창설했는데, 그 첫 조항은 인민이 토지를 균등히 가져야 한다는 것이었습니다."

공산당의 토지 정책에 찬동하는 오지영의 연설은 열렬한 환호를 받았다.

집회를 마친 군중은 시가행진에 들어갔다. 한 줄에 8~10명씩 늘어선 시위 행렬은 운동장에서 남산까지 이어져 신문들은 30만 대중이 집결했다고 보도했다. 전남 광주 일대와 전북 김제 등지에서는 군정 경찰이 좌익의 가두행진을 막는 과정에서 물리적 충돌이 발생해 사상자가 나오기도 했다. 조선공산당은 8·15시위를 기점으로 민주제도의 즉각적인 실시와 인민위원회로 정권을 넘길 것을 요구하는 전면 투쟁에 들어갔다. 이른바 신전술이었다.

박헌영이 신전술을 채택한 것은 미군정 아래 남한 땅에서 공산주의가 평화적으로 뿌리를 내리기란 불가능하다는 판단에 따른 것이었다. 훗날 북한 법정은 신전술이 고의적으로 남한의 혁명 역량을 소멸시키기 위해 만든 것이라고 주장한다. 북한의 주장을 믿지 않는 역사학자들조차도 신전술은 박헌영이 좌익 모험주의에 빠져 돌출적으로 채택한 전술로서 막대한 피해를 가져왔을 뿐이라고 평가한다. 하지만 두 견해 모두 틀렸다. 당시 한반도 공산주의운동의 구조로 보았을 때 이런 중대한 사안을 박헌영이 마음대로 결정할 수는 없었다. 미국에 대한 전면 투쟁은 소련과의 긴밀한 교감 속에 이루어진 것으로, 한반도뿐 아니라 독일, 베트남, 동유럽 각국에서 벌어진 동서냉전의 산물이었다.

먼저 신전술을 택한 것은 다름 아닌 스탈린이었다. 스탈린은 종전 1년 만에 미국을 당면한 적으로 규정한다. 7월 초에 열린 국제공산주의 지도자회의야말로 이를 공표하는 자리였다. 곧바로 무력충돌에 들어가자는 의미는 아니었다. 스탈린은 총을 쏘는 뜨거운 전쟁이 아니라 눈에 보이지 않는 전쟁, 즉 냉전을 택했다. 미국 역시 정치, 사회, 문화, 예술 전반에 걸쳐 공산주의자들에 대한 마녀사냥에 돌입했다. 향후 반세기나 계속될 동서냉전의 시작이었다. 박헌영의 신전술은 결코 그 개인의 창작품이 아니었던 것이다.

스탈린의 신전술에 따라 소련공산당은 미소공위가 결렬된 7월 26일자로 중앙위원회를 열어 북한에 단독정부를 수립하기로 의결했다. '조선에서의 소미공동위원회 사업에 대하여'

라는 제목으로 의결된 결의였다.[71]

스탈린은 9월에 들어서면서 경제, 산업, 기술, 방송, 교육, 군사, 의료 등 전 분야에 걸쳐 단독정부 수립을 위한 구체적인 준비 작업에 들어가도록 지시했다. 분단을 고착화한 최초의 책임이 이승만과 미군정에 있던 것은 분명했다. 모스크바 3상 협정에서 제시된 통일정부 수립을 거부하고 단독정부를 추진한 것이 이승만과 미국이란 사실은 숨길 수 없는 역사적 진실이었다. 그러나 이 측면만을 강조해 분단의 모든 책임이 남한 측에 있다고 주장하는 것 역시 역사 왜곡이었다. 서로 상대방이 분단하려 했기 때문에 자신도 어쩔 수 없이 단독정부를 수립했다고 변명했으나 논리적으로 맞지 않았다. 남한이든 북한이든, 진정으로 통일을 원했다면 스스로 삼팔선을 해제하고 자기 쪽의 행정기구를 해산하면 그만이었다. 그러나 어느 쪽도 그렇게 하려 들지 않았다. 제각기 지켜야 할 것이 있었기 때문이다. 사회주의냐, 자본주의냐의 선택이었다.

이념 수호의 측면에서 더 절박한 쪽은 공산주의였다. 해방 당시만 해도 압도적이던 사회주의에 대한 지지도는 남과 북 모두에서 빠르게 하강하고 있었다. 형식적으로는 인민민주주의라지만 사실상 소련을 그대로 답습한 북한 체제에 대한 북한 주민들의 반발은 점점 깊어졌다. 남한 주민들도 미군정의 실정에 불만이 많았지만, 배가 고픈 것뿐, 북한식 체제가 되기를 원하는 건 아니었다. 인구도 남한이 훨씬 많아서 1인

1표의 공정한 투표를 통해 공산당이 통일정부와 국회를 장악할 가능성은 점점 희박해지고 있었다. 김일성과 스탈린이 겉으로는 강력히 통일을 주장하면서도 실제로는 남한보다 더 빨리 단독정부를 준비한 것은 불가피한 일이었다.

이제부터의 승패는 어느 쪽이 더 많은 정당성을 확보하느냐로 결정될 것이었다. 먹고사는 문제뿐 아니라 자유, 평등, 인권 등 모든 측면이 측정 대상이 될 것이었다. 과연 어느 쪽이 목숨 바쳐 지켜야 할 가치를 더 많이 확보하느냐 하는 필사적인 이념 경쟁이었다. 한반도는 사회주의 체제와 자본주의 체제의 작은 실험장이 되었다. 남과 북의 좌우 정치지도자들은 제각기 정치적 생존을 건 경쟁에 들어갔다.

9 역사의 조연들

朴
憲
永　評
傳

북조선노동당의 결성은 순조롭게 진행되었다. 1946년 8월 28일에 열린 창당대회 주석단에는 소련군정에서 정치사령관 레베데프와 정치고문 발라사노프가 나오고, 신민당의 김두봉과 공산당의 김일성, 여성동맹 위원장 박정애 등이 자리 잡았다. 주석단 뒤 벽에는 스탈린의 대형 초상화와 같은 크기의 김일성 초상화가 걸렸다. 김일성은 열렬한 환호를 받으며 총비서로 취임했다.

반면, 남조선노동당의 창당은 힘겹게 진행되었다. 남한의 좌익 계열 지도자들은 실질적으로 얻을 것도 없는 허구의 권력을 차지하기 위해 이리저리 이합집산을 거듭하다가 종래에는 뿔뿔이 흩어져 역사의 조연으로 나락하는 과정을 밟기 시작했다.

남한에서 먼저 좌익계 3당을 합당하자고 공개 제안한 이는 여운형이었다. 북한에 올라가 김일성을 만나고 온 여운형이 1946년 8월 3일자로 조선공산당과 신민당 앞으로 3당 합당을 제의하는 서신을 보내온 것이다.

이 문제를 상의하기 위해 다음 날인 8월 4일에 긴급히 열린 조선공산당 중앙위원회는 두 파로 분열되었다. 강진, 서중석, 문갑송, 김근, 이정윤, 김철수 등 여섯 명이 조속히 전당대회를 열어 박헌영을 중심으로 한 당 중앙을 타도하고 새로운 중앙을 선출해 이들에게 합당 문제를 맡기자고 주장한 것이다. 이른바 대회파였다. 이들은 구체적으로 이주하, 김삼룡, 이현상을 제외하고 합당 교섭 및 준비위원회를 만들 것, 당에서 파벌주의와 관료주의, 트로츠키주의를 완전히 청산할 것을 요구했다.

반중앙파들이 이처럼 완강하게 중앙 타도를 들고 나온 이면에는 김일성과의 교감도 작용했다. 김일성은 공식적으로는 거듭 박헌영에 대한 지지를 표명했지만, 박헌영 계열과 대치하거나 그에게 소외된 이들에 대한 물질적·조직적 지원을 계속해오고 있었다. 그들은 자신들이 '권위 있는 선'을 통해 김일성의 지원을 받는다는 사실을 공공연히 자랑하고 다녔기 때문에 군이 비밀이랄 것도 없었다. 김일성은 박헌영을 돕는 것뿐이라고 자신의 이중 행위를 합리화했다. 대회파의 공세를 견디다 못한 박헌영은 솔직하게 말하기까지 했다.

"동무들에게 시간과 여유를 줄 터이니 권위 있는 쪽에 가서 그 동무들의 의견을 충분히 이야기하야 그 심판, 비판을 받아서 만일 그때에도 동무들의 주장이 옳다고 판단하면 나는 무조건 하고 동무들의 주장에 따를 것이오. 동무들의 주장이 옳지 못하다고 판단될 때는 나의 주장에 따라주시오."[72]

강진 등은 이 간곡한 부탁조차 단호히 거절했다. 그들은 당 중앙을 비난하는 유인물을 만들어 공산당 내부는 물론 『대동신문』 같은 우익 신문들에게도 나눠 주고, 일부는 가두에서 배포하기까지 했다. 김일성과 직통하고 있던 그들의 행위는 김일성의 위신에도 손상을 입혔다. 김일성은 공식적으로는 서울의 공산당 중앙을 지지하는 발언을 하면서 이면으로는 박헌영 계열을 약화하려 하고 있다는 의심을 받아야만 했다.

논란은 결국 투표로 해결되었다. 대회파는 공산당 최하부 회의 단위인 세포회의에서 대표를 뽑고, 이들이 다시 지역구 회의를 열어 대의원을 뽑고, 이들 대의원으로 하여금 전당대회를 열자고 제안했다. 중앙위원회는 복잡하고 시간이 많이 걸리는 절차를 생략하고 세포회의의 결정을 따르자고 역제안했다. 간접투표 대신 직접투표를 선택한 것이었다. 이에 따라 전국에서 긴급 세포회의가 열려 당 중앙을 지지할 것인지, 아니면 대회파의 요구대로 당 중앙을 숙청하고 전당대회를 열 것인지에 대한 찬반투표에 들어갔다.

긴급히 진행된 투표는 중앙파의 완벽한 승리로 끝났다. 대회파가 승리한 곳은 서울의 동대문구역당부와 경남의 몇몇 군당에 불과했다. 중앙위원회는 이를 토대로 대회파의 의견을 부결시켰다. 이주하 이하 중앙당 간부들은 유임되고, 3당 합당은 예정대로 추진하기로 했다. 또한 책임비서 박헌영에게 합당을 신속히 실현시킬 것과 이를 위해 합당 준비위원 아홉 명을 선임할 권리를 일임하기로 결정했다. 이날의 회의 내용은 일반 당원들을 위해 『해방일보』에 전면 공개되었다.

투표 결과에 따라, 박헌영은 이날 오후 조선인민당 위원장 여운형에게 인민당, 공산당, 신민당의 3당 합당 제안을 수락한다는 내용의 서신을 보냈다. 북한에서는 이미 신민당과 공산당이 합당하여 급속히 민주개혁이 이루어지고 있으므로 남한에도 조속히 민주개혁과 완전 자주독립을 위한 투쟁을 전개하기 위해 3당 합당이 필요하다는 내용이었다.

그러나 대회파는 중앙위원회의 결의조차 거부했다. 그들은 8월 5일자로 '합당 문제에 대하여 당내 동지 제군에게 고함'이라는 문건을 발표, 전국에 배포했다. 무능하고 종파적인 박헌영의 당 중앙을 타도하고 전당대회를 열어 새로운 중앙을 선출하고 이들에 의해 3당 합당을 추진해야 한다는, 처음의 요구와 똑같은 내용이었다. 3만 당원들의 직접투표에 의한 결정을 전면 부인한 것이다.

이틀 후인 8월 7일, 공산당 중앙위원회는 대회파 간부 여섯 명의 규율 위반을 처벌하기 위해 긴급회의를 개최했다. 대회파 중 이정윤과 문갑송만이 출석한 이날 회의에서 이정윤은 끝까지 자신의 의견을 굽히지 않았다. 그는 자기들의 주장과 태도는 정당하므로 당 중앙과 끝까지 싸우겠다고 주장했다. 반면 문갑송은 어느 정도 자기반성의 태도를 보였다.

중앙위원 다수는 이정윤에게는 출당 처분을, 문갑송과 출석하지 않은 네 명에 대해서는 정권 처분을 내렸다. 해방 직후부터 계속된 반중앙파의 해당 행위에 대한 징계가 처음으로 이루어진 것이다. 그러나 남한은 자유주의 구역이었다. 그들은 당의 공식 처분 역시 승복하지 않았다. 그들은 자신들에 대한 징계 자체를 무효라고 주장하며 자유롭게 중앙당에 대한 공격을 계속했다.

인민당과 신민당의 지도자들도 만만치 않았다. 그들은 공산당에게 당의 주도권을 넘겨줄 수는 없다고 버텼다. 처음 시비가 된 것은 부위원장 임명이었다. 두 당은 남로당 당수를 여운형으로 하고 백남운과 박헌영을 부위원장으로 하자고 제안했다. 공산당은 지도부가 이렇게 구성된다면 당이 사민주의적 경향을 띠게 되리라 우려했다. 공산당의 시각으로는 여운형은 이미 사회주의를 포기한 중도개량주의자였고, 백남운도 식민지시대부터 사회민주주의자라 의심받고 있었다. 식민지 치하에서 백남운이 쓴 『조선사회경제사』에 대해 이재유 등 정통파들은 사민주의적이고 민족개량주의적이라고 비판한 적이 있었다. 공산당은 이념적 균형을 잡기 위해서는 부위원장에 이주하를 추가해야 한다고 역제안했다.

사실 인민당과 신민당에는 다수의 공산당원들이 가입되어 있었다. 공산당에서 비밀리에, 혹은 공공연히 파견한 프락치들이었다. 공산당은 이들 두 당뿐 아니라 한독당, 민주독립당, 민족자주연맹, 사회민주당 등 좌우의 주요 정당과 단체에도 다수의 프락치를 침투시키고 있었다. 프락치라는 말은 나중에는 첩자나 정보원을 뜻하는 나쁜 용어가 되었지만, 공산주의운동에서는 대중조직에서 비밀리에 활동하는 당원을 의미하는 긍정적인 뜻이었다. 공산당은 노동조합, 사회단체, 정당, 군대 등 모든 대중조직에 프락치를 들여보내 소모임을 만들게 하고, 이를 통해 당 노선을 관철시키는 것을 정당한 정치 활동으로 보았다.

프락치 작업은 김형선이 총괄했다. 그는 명동의 대한중석 앞에 있던 청사진 점포를 거점으로 프락치 작업을 지휘했다. 프락치들은 각 당의 주요 정책과 인사들의 동향을 탐지해 김형선을 통해 박헌영에게 보고할 뿐 아니라, 공산당의 주장에 동조하기 쉬운 소장파나 혁신파를 포섭하거나 상층부에 진출하도록 조율하는 역할을 했다.

공산당은 인민당과 신민당에 숨어 있는 프락치들을 통해 여운형과 백남운을 무력화하기에 충분한 힘을 갖고 있었다. 박헌영은 부위원장에서 이주하를 제외하자는 두 사람의 주장을 받아들였다. 그러나 여운형과 백남운은 마음을 돌리지 않았다. 당원들을 모두 자신의 지지자로만 알았던 그들은 자신이 처한 정황을 깨닫고 차츰 발을 빼기 시작했다.

일찌감치 합당을 완료한 북한은 남쪽의 합당 문제에 관심을 기울였다. 남쪽에서 합당 사업이 제대로 진행되지 않는다고 판단한 김일성은 자신의 비서이자 북조선임시인민위원회 서기장이던 한병옥, 중국에서 중국공산당 프락치로 활동했던 성시백과 최상열 등을 남한으로 내려보내 합당을 추진시켰다. 이들은 주로 백남운과 여운형을 만났는데, 두 사람은 김일성의 말도 듣지 않았다. 두 사람은 사회노동당 결성으로 치달았다.

이에 박헌영은 인민당 내의 공산당 프락치들을 동원해 여운형에게 합당을 종용했는데, 이는 더 큰 부작용을 불러일으켰다. 여운형과 지도부는 이를 핑계로 더욱 크게 반발하고 나섰을 뿐이었다. 실권을 잃은 이들은 이여성을 중심으로 '인민당 정치국'을 따로 만들어 인민당의 독자성을 유지하던 끝에 근로인민당이란 이름의 새 당을 창당했다. 여운형은 근로인민당 당수로 선출되었다.

신민당도 같은 길을 걸었다. '3당 합당 준비위'는 여러 차례 회의를 거친 뒤 합당을 결정하고 9월 2일 강령 초안을 통과시켰으나, 백남운은 자신이 참석하지 않은 회의는 무효라고 주장했다. 이에 백남운을 참석시킨 가운데 9월 4일 다시 연석회의를 열어 남조선노동당으로 당명을 확정하고 선언과 강령 초안을 통과시켰다. 그러나 박헌영의 양보와 김일성의 압력도 백남운을 설득하지는 못했다. 백남운은 다음 날인 9월 5일, 우익의 테러로 서울대부속병원에 입원한 여운형의 병실을 방문한 자리에서, 공산당이 추진하는 남로당에 반대하여 새로운 당을 만들겠다고 선언했다. 공산당 내 대회파와 결합한 이들은 공산당과 달리 미군정이 제안한 입법기관 선거에 찬성하고, 우익 민족주의자 등 중도 세력을 폭넓게 포섭하겠다는 구상이었다.

이에 신민당 내부의 신진 세력들이 크게 반발하고 나섰다. 공산당 프락치들이 선동하지 않더라도 신민당원 대다수는 3당 합당을 요구하고 있었다. 결국 백남운은 신민당 내부의 신진 세력들에게 배척을 받아 실세를 잃게 되었다. 백남운이 떨어져 나간 신민당은 변호사 허헌이 당수를 맡게 되었다. 백남운은 독자적으로 사회노동당이라는 이름의 신당을 만들고 당수에 취임했다.

좌익계 세 개 정당을 하나로 묶으려던 계획은 백남운이 사회노동당을 만들고 여운형이 근로인민당을 만듦으로서 결과적으로 다섯 개로 늘어난 셈이었다. 기존의 민주당 등을 합치면 좌익 정당은 열 개에 이르게 되었다. 좌익을 통합하려던 남로당은 사실상 조선공산당에서 이름만 바꾼 수준으로 축소될 수밖에 없었다.

미군정과 우익은 이들 좌익 내부의 파벌 투쟁을 좋은 선전거리로 이용하는 한편, 남로당 결성은 소련의 지시에 의한 꼭두각시 행위라고 비난했다. 좌익과 우익 양쪽 모두로부터 앞뒤가 맞지 않는 모순된 비난들이 박헌영에게 쏟아졌다. 어떤 사람들은 그가 좌익 정당들을 통합하려는 것을 비난했고,

다른 사람들은 그가 우익 및 중도 민족주의자들과의 규합을 결렬시키려 하고 있다고 비난했다. 어떤 이들은 그가 즉각적인 사회주의혁명을 주장하고 있다고 비난하는 반면, 다른 사람들은 그가 미군정청과 유착했으며, 제국주의에 항복했다고 주장했다. 정치라는 것이 결코 인간의 이성적인 행위가 아니라는 사실을 현실이 잘 보여주고 있었다.

이 무렵, 소련영사관 부영사 샤브신이 이런 상반된 비난들에 대해 어떻게 생각하느냐고 묻자 박헌영은 말했다.

"원인은 원칙 없는 파벌 투쟁에 있습니다. 1920년대 조선 공산주의운동을 생각나게 하는군요. 제정신으로는 되풀이해서 이야기하고 싶지도 않은 일들이 많았지요. 우리가 조선을 소련에 병합시키고 조선 사람을 러시아의 노예로 만들려고 한다는 이야기까지 있었지요."

미군정의 공격은 갈수록 심해졌다. 미군정은 1946년 9월 6일 『조선인민보』, 『현대일보』, 『중앙신문』 등 좌익에 우호적이던 3대 신문을 강제로 폐쇄하고, 10여 명의 신문사 간부들을 체포했다. 막대한 자본력을 가진 『조선일보』, 『동아일보』 등 우익 신문들은 연일 공산당이 위조지폐를 찍었다는 확정되지 않은 검사 논고를 사실인 양 그대로 게재해 반공 여론을 형성해 나갈 수 있었다.

이날 밤, 박헌영, 이주하, 이강국 등 공산당 지도자들에 대한 체포령도 발령되었다. 공산당 지도부가 이미 비밀 아지트를 이동해가며 활동하고 있어 아무도 체포할 수 없자 경찰은 이튿날 새벽부터 시내의 모든 교통기관을 검문검색하고 통행인을 검문했다. 경찰서에 일반인의 출입이 엄금되었고, 시내에 깔린 6천여 경찰은 지나가는 전차와 택시는 물론 트럭과 인력거까지 정지시켜 검문했다. 경찰은 9월 8일 이주하를 체포하는 데 성공했으나 박헌영과 이강국은 잡지 못했다. 이주하는 체포와 함께 단식투쟁에 들어갔다.

공산당 지도자들에 대한 수배 사유에 대해 실무 책임자인 경기도 경찰부장 장택상은 자기도 전혀 모르는 일이며 상부에서 시키는 대로 할 뿐이라고 대답했다. 정판사 사건 때와 똑같은 반응이었다. 미군정청 공보부도 이번 수배는 미군정청이 아니라 미군 사령관 하지의 직접 명령으로 집행되는 것이며, 죄명은 맥아더 원수의 포고령 제2호 위반이라고 밝혔다.

남로당 창당이 지지부진해진 상황에서 미군정의 폭압에 맞설 수 있는 전국적인 진보단체는 민주주의민족전선, 즉 민전이었다. 민전 의장단은 박헌영, 여운형, 허헌, 김원봉, 백남운의 5인으로 이루어져 있었는데, 박헌영이 빠진 가운데 9월 11일부터 이틀간 다섯 차례 이상 긴급회의를 열어 공산당 지도부 수배령에 대해 대책을 논의했다.

의장단은 미군정을 규탄하고, 좌우합작은 부일반역자 제외 등의 5원칙에 의거해야 응할 것이며, 입법기관 설립에는 절대 반대한다는 것을 재의결했다. 부일반역자라는 용어를 사용하게 된 것은 친일파의 범주가 너무 넓다는 지적에 따라 직접 일본에 충성을 바치고 조국을 배반한 자들만을 지칭하기 위해서였다. 의장단의 성명은 공산당을 옹호하고 있었으나 실질적인 힘을 발휘하지는 못했다. 형식적으로는 민전으로 통합되어 있었지만 내부적으로는 이미 균열이 심각했기 때문이다.

특히 여운형은 흔들리는 배처럼 방황하고 있었다. 그는 9월 26일 북한을 재방문해 5일간 머물며 김일성, 김두봉과 요담하고 돌아온 후 미군정 정보 담당 장교들을 만나 기탄없이 자신의 심정을 털어놓았는데, 마치 친구를 대하듯 허물없었다. 모든 사람들이 그를 이용하거나 혹은 경원시하고 있었음에도 여운형은 그 모든 사람이 자기를 좋아하며 자기를 친구라고 생각한다는 착각에 빠져 있었다. 심지어 모든 대화가 기록되어 미 국무성에 보고된다는 사실조차 모르는 듯했다.

여운형은 미군정 장교들에게 김일성은 자신의 좌우합작 구상에 찬성하는 반면 박헌영은 반대한다고 말했다. 박헌영과 이강국은 철저한 소련파 공산주의자지만 북한의 김일성과 김두봉은 소련의 지배를 받지 않는 한국 정부를 원한다고 말했다. 박헌영은 미국을 불신하기 위해 열정적으로 애쓰고 있는 반면, 김일성과 김두봉은 미국에 호감을 갖고 있다고도 했다. "김일성은 소련이 북한의 지도자로 지지하기 이전에는 정치적으로 아무것도 아니었다"는 말도 했다.

여운형의 측근 황진남은 미군정 관리들에게 더욱 흥미로운 보고를 했다. 박헌영이 북한에 9월 총파업을 지원해달라고 요청했는데, 북한에 올라간 여운형이 이를 반대해 지원을 중단시켰다는 내용이었다. 그러나 미군 정보관리들은 자신이 총파업 지원을 막았다는 것은 여운형의 착각일 뿐, 북한이 공개적으로 재정과 인력을 지원했음을 알고 있었다.[73]

미군의 기밀보고서에 따르면, 여운형은 좌우의 정치 세력뿐 아니라 미군정과 북한에까지 두루 양다리를 걸치고 있었다. 미군정 관리들에게는 자신이 미군정을 지지하기 때문에 좌익으로부터 배척당하지만 언제나 변함없이 미국을 지원하고 좌우합작을 시도할 것이라고 말했다. 반면, 좌익에 가서는 "자신은 좌익의 편에 서고 싶은데 좌익들은 자기를 배척한다. 자기를 믿어주는 것은 미군정뿐"이라고 하소연했다. 심지어 두 달 전인 7월에는 미군 장교에게 "박헌영이 좌우합작을 반대하니 혐의를 꾸며서 박헌영을 제거해달라"고 요청한적도 있었다. 이에 미군 정보장교가 오히려 정치적으로 해결하라고 충고했을 정도였다. 미군 정보당국은 모든 세력과 줄을 대고 그들의 편에 서는 것처럼 처신하는 여운형의 행위를 종합해 '정치적 기회주의자'라고 단정 지었다.

보다 철저한 공산주의자인 박헌영에게 잘못이 있다면 이렇게 불철저한 여운형과 식민지 때부터 개량적인 운동가로 활동해온 백남운, 나아가 반중앙파들을 하나로 묶어내지 못한 데 있었다. 하지만 이 일은 김일성을 포함한 그 누구도 해낼 수 없던, 서로의 정치사상과 관련된 본질적인 문제였다. 끝없이 동요하는 그들을 설득하는 정치 활동에 시간을 소모하기보다는 분노가 턱까지 차올라 폭발하기 직전인 민중들의 생존권 투쟁을 이끄는 게 더 급했다.

박헌영은 수도권 경찰이 총동원되어 자신을 찾고 있던 시기에도 1개월여 동안 서울에 숨어 있었다. 그를 숨겨주고 연락을 맡은 인물은 김소산이라는 예명으로 불리던 명월관 기생 김정진이었다. 김제술의 여동생인 그녀는 한국전쟁 전에 북한의 간첩으로 체포되어 사형당한다.

공산당은 9월 총파업으로 본격적인 대미항쟁에 돌입했다. 훗날 정적들은 "본래는 총파업을 10월에 시작하기로 했는데, 반중앙파들의 전당대회 요구를 묵살하기 위해 9월로 앞당겼다"고 비판했지만, 실제로 앞당긴 기간은 1주일에 불과했다.

파업은 9월 23일 부산 지역 7천여 철도 노동자들로부터 시작되었다. 철도파업은 순식간에 전국으로 번져 4만여 철도 노동자가 참가했고, 금속, 화학 등 전 산업 분야에서도 15만 노동자가 파업을 벌였다. 9월 27일에는 서울의 중학교와 전문학교 학생 1만 5천 명이 학원의 자유, 식민지 노예교육의 철폐를 요구하며 거리로 나섰다. 국방경비대와 해상경비대 일부도 파업에 동참했을 뿐 아니라 서울에서는 주한 미군

내의 미국 공산당원 수십 명이 조선에서 미군을 철퇴하라며 시위를 벌인 이색적인 사건도 벌어졌다.

총파업은 박헌영이 독단적으로 이끌어간 것은 아니었다. 9월 27일의 북로당 중앙상무위원회 제6차 회의는 남한의 노동자 파업을 적극적으로 지지하면서 그 정당성을 강력히 옹호하는 선언문을 채택했다. 선언문에는 북로당 전 당원을 총동원해 남조선 노동자의 영웅적 총궐기에 적극적으로 정신적·물질적인 원조를 제공하겠다고 밝혔다. 전 당원들이 노동 시간을 한 시간씩 연장해 그 소득액을 남조선 노동자들에게 위문금으로 보낸다는 구체적인 결의안까지 도출되었다.

미군정 경찰은 9월 30일 총파업의 거점인 서울철도 파업단에 탱크와 기관총으로 무장한 경관 2천여 명을 투입했다. 대한노총, 대한민청, 독촉 등 우익청년단 1천여 명도 가세했다. 이들 각목부대들은 실탄 사격까지 하며 파업 노동자들을 진압해 세 명의 노동자가 살해되고 부상자 수백 명에 총 1,700여 명이 연행, 투옥되었다.

공산당의 지령은 총파업에 국한되어 있었다. 미국과의 항쟁을 결의했지만 아직까지 공산주의운동의 기본 수단인 노동계급의 파업을 설정했을 뿐 무력투쟁은 상정되어 있지 않았다. 명월관에 숨어서 총파업을 지도하던 박헌영은 파업이 가라앉던 이 무렵 북한을 향해 출발했다.

나중에 박헌영의 월북 사실을 알게 된 남로당원들 중에는 그가 10월 항쟁을 터뜨려 놓고 무책임하게 달아났다고 불만을 터뜨리는 이들도 있었다. 그러나 그가 출발한 시기는 항쟁이 일어나기 직전이었고, 더구나 이번 월북은 소련군정과 김일성의 강력한 권유에 의한 것이었다. 남한의 공산당 조직을 책임지고 있는 박헌영이 체포될 경우 막대한 피해가 예상되었기 때문이다. 전 북조선노동당 고위 간부였던 박병엽의 증언에 따르면, 소련군정은 거듭 박헌영의 월북을 종용했고, 김일성은 성시백과 한은필을 보내 설득하고 경호원까지 보냈다. 박헌영은 남한에서의 활동에 미련을 버리지 못한 채한 달이나 요구를 거절하다가 어쩔 수 없이 그 뜻에 따랐다.[74]

남북관계의 경색과 함께 삼팔선 왕래는 엄격히 차단되고 있었다. 박헌영은 9월 29일, 시신으로 가장해 관 속에 누운 채 검은 기와지붕 모양의 장식이 기괴한 영구차에 실려 서울을 떠났다. 영구차로 강원도 홍천의 삼팔선 근방까지 간 다음, 산을 타고 넘어 북한 땅 철원으로 건너갔다. 기생 출신 여성 운동가로 유명한 정칠성의 아들 이동수 등 다섯 명의 남녀 공산당원들이 그를 호위했는데, 삼엄한 경계를 피하느라시간이 많이 걸렸다. 평양에서 영접을 위해 내려간 일행들과 평강에서 만난 박헌영은 10월 6일에서야 평양에 도착했다.[75]

박헌영이 삼팔선을 넘는 동안, 미군정과 우익청년단의 진압으로 마무리되어 가던 총파업은 의외의 사태를 맞았다. 대구 지역 노동자들의 파업시위에 경찰이 발포하자 즉흥적인 폭동으로 발전해버린 것이다. '대구 폭동' 또는 '10월 항쟁'이라 불리는 대규모 무장폭동의 시작이었다.

남한 민중은 굶주리고 있었다. 미군정의 쌀 배급 정책 실패 때문이었다. 콜레라가 창궐한 대구의 굶주림은 더 심했다. 대구, 경북 일대에 2천여 명의 콜레라 환자가 발생하자 치료를 위한 조치들은 제대로 하지 않은 채 전염을 막는다며 대구를 봉쇄해버린 탓이었다. 차량은 물론 사람조차 시 경계를 넘을 수 없게 되면서 농작물과 생필품 공급이 끊어지고 말았다. 무엇보다도 쌀이 부족했다. 돈이 있어도 쌀을 구할 수 없어 콜레라를 치료하는 의사들조차도 콩나물과 쌀로 죽을 끓여 먹을 지경이었다. 굶주림은 극에 달해 사정이 좋다는 전매청 담배공장 노동자들조차 궐련을 붙이라고 풀을 주면 배가 고파 먹어버릴 지경이었다. 먹지 못하게 하려고 풀에 파란 색소를 타도 먹어버려 담배공장 아가씨는 파란 똥을 눈다는 농담이 돌 정도였다.

식민지 시절 공산주의운동의 주요 거점이던 대구 경북에는 정재달, 이병기, 황태성, 정운해, 김관제 등 40대의 노련한 지도자들이 포진해 있었다. 이들은 대개 박헌영의 중앙당과 유대가 깊어 대회파니 사로파니 하는 분파들은 이 지역에서 거의 힘을 얻지 못했다. 따라서 9월 총파업 지시도 어느 지역보다 충실히 수행되었다.

대구의 전평 지도부는 9월 23일부터 총파업에 돌입, 10월

1일까지 파업과 시위가 계속되었다. 그런데 이날 저녁, 시위 중이던 대팔연탄 노동자 황말용과 철도 노동자 김종태가 경찰의 총에 맞아 사망하는 사건이 일어났다. 다음 날 아침, 소식을 들은 노동자들이 시내에 집결하기 시작했고, 굶주린 일반 시민들과 학생들도 합세했다.

1만여 명의 군중에 포위된 대구경찰서장은 스스로 무장해제를 선언하고 유치장 열쇠를 건네 수감되어 있던 정치범들을 석방하게 했다. 공산당 지도부의 통제를 받는 노동자들은 질서 있게 경찰권을 인수하려 했다. 그런데 이때 거리 한쪽에서 흥분한 군중들이 경찰에 투석을 시작했고, 궁지에 몰린 경찰관들도 자위권을 발동해 순식간에 17명의 시위대를 사살하는 사태가 벌어졌다.

분노한 군중들은 폭도로 변했다. 군중들은 사람들 사이에서 동향을 살피던 정사복 경찰관들을 구타하거나 경찰 무기고를 털어 총기로 무장했다. 평화시위가 폭동으로 돌변하자 일부 젊은 공산당원들은 즉시 시위의 선봉에 섰으나, 고참당원들은 어떻게 수습을 해야 할지 몰라 뒷전에서 이리 뛰고 저리 뛰어다니기만 했다.

총성과 화염이 뒤덮은 극도의 혼란 속에서도 시민들은 민중봉기 고유의 미덕을 보여주었다. 부잣집과 친일파들의 가옥을 털어 옥양목이며 설탕, 밀가루, 쌀 같은 것들을 약탈했지만, 각자 갖고 달아난 것이 아니라 길바닥에 쌓아 놓고 필요한 사람에게 나눠 주었다. 일반 상점이나 은행 같은 곳은 거의 피해를 입지 않았다. 경찰관을 집단 폭행하거나 죽인 것은 그들의 대부분이 식민지 때부터 조선인들을 괴롭혀온 친일 경찰이었기 때문이다. 해방된 후 생계를 위해 경찰에 취업한 억울한 경우도 있었지만, 대도시라서 개개인의 이력을 확인할 수는 없었다. 폭동 당시 한 경찰관 집을 습격한 군중들은 며칠 동안 밥을 못 해 먹어 녹이 벌건 가마솥을 보고는 다른 데서 가져온 쌀을 놓아두고 나오기도 했다.[76]

미군정은 10월 1일 군중이 모일 때부터 탱크와 장갑차를 시내로 진입시켜 무력진압을 준비하고 있었다. 폭동이 일어나자 미군 탱크와 장갑차는 그대로 시민들을 밀어붙여 거리를 봉쇄했다. 또 대구 시민들에게 동정적이던 지역 출신 경찰들을 철수시키고 충청도에서 경찰관을 차출해 시내로 진입시켰다. 충청도 경찰관들은 시위대를 향해 조준사격을 가해 많은 군중이 살상당했다. 비조직적으로 터져 일어났던 시위는 이내 가라앉았다.

대구의 폭동은 쉽게 진압되었으나 무장시위는 경상도 전역으로 번져 나갔다. 일일이 헤아릴 필요도 없이 거의 모든 중소도시가 폭동에 휩싸이더니 10월 중순에는 경기도와 강원도까지 확대되었다. 민중들의 원한을 사온 경찰관서와 우익청년단 건물들은 불타거나 파괴되었다. 친일 경찰관이나 한민당 간부, 우익청년단원들은 걸리는 대로 집단 구타를 당했다.

경찰도 무자비한 보복을 가했다. 영천에서는 체포한 시위대를 생매장하는 사건이 일어났고, 경로당 같은 곳에 모이라 해놓고 수류탄을 던져 집단으로 폭사시키는 사건도 벌어졌다.

무장폭동은 11월 중순까지 남한의 거의 모든 주요 도시를 흔들어 놓았다. 박헌영은 이 사건을 '10월 인민항쟁'으로 부르며 '갑오년 농민봉기' 및 '3·1운동'과 함께 조선의 3대 인민항쟁이라 평가했다. 공산당은 공식적으로 시위를 선동한 적이 없지만, 지역의 공산당원들은 읍면마다 자생적으로 터진 폭동의 선두에 서서 싸우다가 죽거나 감옥으로 끌려갔다.

폭동이 일어나자 우익들은 일제히 격렬한 비판을 퍼부었다. 김규식까지 "국제적으로 조선 민족의 위신을 떨어뜨려 독립을 방해하는 결과를 가져올 뿐"이라며 자제를 촉구했다. 한민당은 이번 파업투쟁은 박헌영 일파의 모략 선동에 기인한 것이라고 맹비난했다.

좌익 내부에서도 비판이 쏟아져 나왔다. 공산당을 제외한 좌익 계열 9개 정당 대표들은 긴급회동을 갖고 이번 싸움이 박헌영의 공산당이 벌인 모험주의라며 격렬히 비난했다. 사회노동당 등 좌우합작파들은 미군정의 정책이 옳지 못한 데 인민항쟁의 원인이 있지만, 그렇다고 해서 폭력으로 혼란을 일으키는 것은 옳지 않다는 양비론을 내세웠다. 이여성과 백남운도 인민항쟁은 잘못된 일이라고 비난했으며, 정백은 공산당 중앙파가 중국의 초기 혁명가 리리싼의 모험주의 노선

을 택했다며 비난했다. 강진은 10월 28일자로 인민항쟁을
비판하는 서한까지 발표했다.

 "현하 남조선 정세에 있어 군중투쟁을 폭동으로 오도하거
나 혹은 지도부대로서 테러를 감행한 것은 우리 진영의 파괴
를 유도하고 전위를 대중으로부터 고립하게 하고 국제 문제
를 험악하게 하는 크나큰 죄악이라고 단언합니다. 반동분자
몇 사람의 살해와 반동기관 몇 개의 파괴로써 지도자와 민중
에 대한 수백 수천의 대학살과 수천수만의 투옥이 자행되고
지방에 따라서는 우리 진영이 완전히 파괴되고 있습니다. 공
명을 좋아하는 영웅주의자들의 해독이 얼마나 큰 것인가를
여실히 나타내고 있습니다."

 강진은 군중이 격앙되어 폭력을 사용하려 할 때 온건한 투
쟁으로 인도하는 것이 참다운 지도자라는 말도 했다. 좌익
정당이라고 자처하는 9정당 연석회의는 이번 봉기를 잔혹한
유혈참극의 방향으로 선동한 자가 있다면 전 민족적 책벌이
있어야 한다고 선포했다.

 무모한 무장폭동의 역효과에 대한 이들의 지적은 분명 옳
았다. 그러나 이번 싸움이 공산당의 선동이 아니라 광범위한
대중의 불만이 집약되고 폭발한 것이라는 점을 간과한 채 스
스로 투쟁을 지도할 책임을 회피하고 모든 책임을 공산당 중
앙에 떠밀려는 태도는 기회주의적이었다.

 조선뿐 아니라 세계사에 무수히 일어난 대부분의 민중폭

동은 자신들이 승리해 정권을 탈취한다는 보장 같은 것 없이도 오직 생존권을 위해 혹은 비인간적인 현실에 저항해 생명을 걸고 일어난다. 10월 항쟁의 근본 원인도 미군정의 식량 정책 실패와 가혹한 하곡 수매, 미군정 경찰과 청년단의 좌익 사냥, 친일파와 민족반역자들의 권력 복귀로 민주 독립이 위태롭게 된 데 대한 분노에 있었다. 공산당원들이 투쟁에 앞장선 것은 사실이지만, 폭발한 민심을 뒷수습하는 역할에 불과했다. 10월 항쟁에 대한 이들 9개 정당의 태도는 그동안 왜 박헌영이 그들을 배척했는가를 역설적으로 보여주었다.

부일반역자를 새 나라 정치권에서 배제하자는 공산당의 요구도 좌익적이라고만 할 수는 없었다. 박헌영의 정적들은 김일성이 좌우합작을 주창한 반면 박헌영이 교조적으로 반대했다고 주장하지만, 이는 사실과 달랐다.

1946년 10월 6일, 미소공동위원회 미군정 측 대표 번스가 북한을 방문해 김일성과 회담했다. 번스는 북한의 제 정당들은 통일전선을 이루고 있는 데 비해 남한의 제 정당들은 분열되어 있다고 지적하고, 특히 박헌영이 좌우합작을 방해하고 있다고 비판했다. 이에 김일성은 자신은 박헌영과 입장이 조금도 다르지 않음을 드러냈다.

"조선 인민과 오랫동안 이탈되었고 조선을 후퇴시키려는 이승만, 김구 같은 반민주주의 분자들과 어떻게 합작을 할 수 있겠는가? 합작은 자기 조국의 애국자들 사이에서만 가능하다. 김구나 이승만 같은 분자들과는 절대 합작할 수 없다."

번스는 이에 동조하며 김규식을 추천했다.

"김구와 이승만은 진실로 나쁜 사람이다. 당신은 김규식에 대해 어떻게 생각하는가? 나는 김규식이 참 좋은 사람이며 인민들 속에서 영향력이 있는 사람이라고 생각한다. 그는 친일파들과도 투쟁하고 있다."

"나는 김규식을 전혀 모른다. 좌우를 합작하겠다는 마당에 무엇 때문에 박헌영 같은 애국자를 체포하려고 하는가? 그는 어느 누구보다 헌신적으로 국내에서 일본 제국주의자들과 투쟁했고 애국자 중에서도 가장 저명한 인사다. 북조선 인민들은 이에 대한 미국의 해명을 요구한다."

"박헌영은 여러 출판물에서 잘못된 의견을 많이 발표했고, 미국인에 대해서도 여러 거짓된 글을 썼다."

"우리는 박헌영이 남조선공산당 지도자로서 미군정의 잘못된 행동에 대해 지적할 수 있는 권리가 있다고 생각한다."

"박헌영은 농민들에게 쌀을 공매하지 말라고 지령했다."

"나는 그것을 믿을 수 없다. 농민, 노동자, 학생들이 학살당하는 것에 대해 묵과할 수 없다는 박헌영의 생각이 옳다고 본다. 남조선에서 올바른 정책이 실현되었다면 박헌영은 진짜 애국자로서 이를 반대하지 않았을 것이다."

박헌영의 모험주의적인 행동을 말려달라는 번스의 주문에 김일성은 거듭 박헌영을 옹호하고 미군정의 실책을 지적했다. 이는 9월 총파업이나 10월 항쟁이 박헌영 개인의 모험주의적 결단에 의해 일어난 것이 아니란 점을 김일성이야말로 잘 알고 있었기 때문이다.

이번 싸움으로 공산당 조직이 크게 피해를 입은 것은 사실이지만, 상대적으로 공산당 지지자도 늘었다. 좌익 9개 정당의 냉철한 반대 성명보다는, 목숨을 아까워하지 않고 투쟁에 앞장선 젊은 공산당원들의 헌신성에 감동한 이들도 있던 것이다. 11월에 남로당이 결성되어 당원 5배가 운동을 벌이자 순식간에 20만 당원으로 불어난 것도 민중의 마음의 표현이었다. 이 점은 당시 남로당 하급 간부였던 이일재, 이수갑 등 생존자들의 증언이 일치한다.

남로당 가입자가 늘었다는 것이 남한 주민들 다수가 공산주의를 지지한다는 뜻은 아니었지만, 우익에 대한 불만이 많다는 증거는 되었다. 여전히 시사만화에서 조롱과 비판의 대상이 되고 있던 것은 한민당이었다. 민중은 친일파일 수밖에 없던 부자와 지주들이 만든 한민당에 마음을 주지 않았다. 남한의 진보 세력이 결정적으로 타격을 입은 것은 10월 항쟁 때문이 아니라, 남북의 단독정부 수립을 앞둔 1948년 2월의 총력투쟁과 이에 대한 우익과 미군정의 폭압 때문이었다.

소련공산당의 시각도 대등했다. 박헌영이 그랬던 것처럼, 소련 영사 샤브신은 1948년에 발행된 『빨치산 수첩』에서 10월 항쟁을 갑오년 농민봉기와 3·1운동을 잇는 역사적인 사건으로 규정했다. 나아가 러시아 10월 혁명에 비유하는 글까지 기고했다. 『빨치산 수첩』은 남로당 지하당원과 빨치산들에게 비밀리에 배포한 소책자로, 겉표지에는 '동서의학연구소' 발행 『동의보감』이라 찍혀 있었다. 이 소책자에는 주로 박헌영과 김삼룡, 이승엽 등이 지하당원과 빨치산에게 보내는 보고나 편지 등이 실려 있었다.

남한의 우익들이 자기가 좌익사범들을 얼마나 참혹하게 학살했는가를 평생의 자랑으로 삼는 것과 달리, 공산주의자들은 평화주의자란 말을 애호하며 폭력주의자로 몰리는 것을 제일의 불명예로 알았다. 진정한 공산주의자라면 누구나 전쟁과 폭력을 반대하고 단 한 명의 인명이라도 구하려 애써야 옳았다.

총파업으로부터 야기되었든, 굶주림에 지친 대구 시민들이 자발적으로 일으켰든, 10월 항쟁은 사회주의자들로 하여금 평화와 무력의 경계선을 넘게 했다. 이 물리적 충돌은 운동가 개개인의 성향을 뛰어넘는 거대한 흐름이었다. 20세기를 휩쓴 공산주의와 자본주의의 대립이었고, 미국과 소련의 대결이었다. 김일성과 박헌영이 이 시기 한국인들에게 미친 영향은 지대하지만, 아무리 그 역할이 크다 해도 그들은 한낱 조연에 불과했다. 더구나 그들 주변에서 이합집산을 거듭한 여운형, 백남운 등 수많은 진보 세력들은 역사에 어떤 영향도 미칠 수 없던 단역에 불과했다.

10

위대한 수령의 나라

朴 憲 永 評 傳

　　　　　　　　　　1946년 10월 6일 평양에 도착한 박헌영은 미리 준비된 소박한 사택에 입주할 수 있었다. 소련제 검정색 승용차도 지급되었다. 사택에서 조금 떨어진 곳에는 빨간 벽돌로 지어진 조그만 양옥집이 사무실로 제공되어 대남 사업의 본부가 되었다. 소련군정이 박헌영의 월북을 종용하면서 미리 준비해 놓은 시설들이었다. 박헌영은 다른 남한 출신들과 마찬가지로 선생이라는 소박한 호칭으로 불리며 자신의 업무를 시작했다.

　평양은 김일성의 도시가 되어 있었다. 평양의 공산주의자들은 일종의 질병과도 같은 기이한 열병에 감염되어 있었다. 김일성을 영웅으로 만들기 위한 국가적 차원의 대규모 문화사업이었다. 방송과 신문은 물론, 문학과 역사학, 연극과 영화 등 모든 분야에서 온갖 형태의 김일성 전설이 창조되고 확대 재생산되었다. 평양에 세워진 북한 최초의 국립대학까지도 김일성종합대학교로 명명되었다. 공산주의자들은 물론이요, 일반 민중들까지도 한시도 김일성이라는 신성불가침의 존재를 벗어날 수 없는 새로운 세상이 창조되고 있었다.

평양 시내는 물론 북한 어느 곳에 가도 김일성의 대형 초
상화와 김일성을 찬양하는 구호들을 만날 수 있었다. 인민위
원회나 북로당의 모든 집회장에는 "우리 민족의 위대한 영도
자 김일성 장군 만세!", "위대한 수령 김일성 동지 만세!" 같
은 구호들이 적힌 현수막이 내걸렸고, 김일성의 대형 초상화
가 스탈린의 얼굴 옆에 나란히 걸렸다. 때로는 김일성의 거
대한 전신 그림만이 행인들을 위압적으로 내려다보고 있기
도 했다. 식민지 치하에서 이름을 날리던 화가들은 모두 김
일성의 초상화를 그리는 작업에 동원되어 손에서 페인트가
지워질 날이 없었다.

수많은 항일운동가 중 한 명일 뿐이며, 소련 군함을 타고
원산에 입항할 당시만 해도 크게 남다를 것이 없던 김일성이
불과 1년여 만에 견고한 권력의 성을 쌓은 데는 인간 사회의
보편적인 원리 중 하나가 작용하고 있었다. 생존권을 쥔 자가
정의도 쥔다는 법칙이었다. 어떤 사람이 아무리 개인적으로
활달하고 매력적인 성품을 가졌다 해도 나눠 줄 것이 없으면
그저 좋은 친구에 불과한 법이다. 대위 김일성을 수령 김일성
으로 만든 힘의 원천은 새 나라를 건설하는 데 필요한 수만
개의 직책과 금전 자원을 배분하는 막강한 권력에 있었다.

해방 초기, 위수부사령관으로 각지에 파견된 제88정찰여
단 출신들은 각 지역의 지도자를 선발해 평양의 김일성에게

추천했고, 김일성은 직접 이들을 만나 격려하고 직책을 나눠 주었다. 최하층 노동자나 농민에 불과했던 이들이 하루아침에 관리가 되는 순간부터 김일성은 평생의 은인이 되었다. 충성심에 넘치는 그들은 자발적으로 김일성 신화를 창조하고 김일성에 불리한 역사적·현실적 제약들을 제거해 나갔다. 집단최면의 시작이었다.

박헌영의 처지는 달랐다. 그가 자신의 추종자에게 나눠 줄 수 있는 것은 보다 열심히 투쟁하라는 격려뿐이었다. 미국이 지배하는 남한에서 공산당 간부가 된다는 것은 고난의 멍에를 나누어서 지는 것에 불과했다. 해방 직후 공산당 간부 자리를 차지하려고 경성콤그룹의 독재를 비난해댔던 이들은 상황이 어려워지자 곧바로 월북하거나 운동을 포기했다. 남한에 남은 이들에게 당원증은 어디서도 함부로 꺼내서는 안 되는 죽음의 표지에 불과했다. 오로지 투쟁을 선동하는 것밖에 할 일이 없는 박헌영의 처지는 폐쇄적이고 원칙주의적인 성향을 더욱 강화했다.

해방된 지 1년도 안 되어 북한 전역이 소련보다도 심한 개인 우상화 지역으로 변한 것은 그만큼 김일성 정권의 기초가 약하다는 의미이기도 했다. 두말할 것 없이 압도적인 지지를 받던 남한의 이승만이나 김구와 달리 그에게는 강력한 선전선동과 여론 조작이 필요했다. 형식적으로는 부르주아민주주의였으나 내용적으로는 소련식 사회주의로의 급속한 이행을 준비하는 과정에서 주민들의 불만은 피할 수 없었다.

식민지시대조차 사적 소유권, 거주 이전의 자유, 직업 선택의 자유, 여행의 자유 같은 기본권을 경험했던 주민들은 봉건왕조시대와 다름없는 여러 가지 제한이 시작되자 크게 당황하고 두려워했다. 불만 많은 지주와 지식인들은 남한으로 달아나버렸지만, 이기적인 욕구를 억제당한 주민들의 보이지 않는 저항도 무시할 수 없었다.

소련군정은 북한 인민들에게 "사회주의만이 조선을 통일시키고 독립시킬 수 있다"거나 "위대한 수령 김일성 동지만이 올바르게 항일운동을 해왔다"는 교리들을 창조해 하급 관리들로 하여금 바닥 민심을 잡도록 지시했지만, 이에 대한 의문과 이견을 해소시킬 토론은 감당할 수 없었다. 인민들의 반발심이 마비될 때까지 하루에도 수차례씩 끝없이 일방적인 세뇌교육을 반복할 수밖에 없었다. 고통스러운 식민지시대를 겪었던 대다수 인민들은 이 고강도의 통제에 그런대로 잘 적응해 나갔다. 얼마 후 전쟁이 일어나 달아날 기회가 생기기 전까지 인민들은 너무나 조용히 순종하며 살았다.

동양 최초의 사회주의 실험이 별다른 혼란 없이 순조롭게 이루어진 밑바탕에는 지도자로 선택된 김일성의 정치적 자질도 작용하고 있었다. 그는 대중정치가에게 필요한 여러 조건을 고루 갖추고 있었다. 쾌활하고 대범한 성격에 밉지 않은 수준의 적당한 자화자찬과 정치적 반대자에 대한 천연덕스러우리 만큼 친밀한 태도 같은 특징들은 상대방을 편하게 해주는 매력적인 덕목들이었다. 권력을 쥔 자가 나눠 줄 수 있는 아량을 최대한 활용해 충성스러운 지지자들을 양성하는 한편으로, 내밀한 공포감을 불러일으켜 반발을 억제하는 능력까지 갖추고 있었다. 자신에 대한 우상화를 즐겼던 그는 거의 창작된 빨치산 전설이 사회 밑뿌리까지 스며들도록 독려했다. 최고의 문인들이 동원된 김일성 전기들은 증보판이 거듭될수록 완벽한 예술 작품이 되었다. 수백 명의 전문가들에 의해 창조되고 매만져진 김일성 전기들은 그를 완벽한 인격과 사상을 갖춘 위인으로 탈바꿈시켰다. 도저히 거짓말이라고 의심하기 어려운 구체적인 정황과 심리 묘사가 들어간 전기와 자서전들은 순수한 마음을 가진 사람이라면 누구라도 감동시킬 만했다.

현실의 정치가에게 필요한 양면성을 김일성만큼 잘 보여주는 이도 드물었다. 남한에서 박헌영 만세가 불리는 것을 보고 분개해 월북했던 소설가 김학철은 한국전쟁이 일어나기 직전 강원도 고성에 있는 외금강휴양소 소장을 맡고 있었다. 김일성이 놀러 왔을 때 근처 교회당 목사가 일요일마다 기독교 사상을 설교해 골치 아프다고 한담 삼아 말했다. 그러자 김일성은 투박한 평안도 사투리로 아무 거리낌 없이 내뱉는 것이었다.

"그게 뭐 어려울 것 하나도 없디요. 믿을 만한 민청원 몇을 조직해가지고 뒤를 밟다가 컴컴한 골목에서 한 번 즉살하게 패주라우요. 버릇이 뚝 떨어지게시리.”

‘자존심 있는’ 공산주의자였던 김학철은 아무리 미운 놈이라도 컴컴한 뒷골목에서 떼거지로 몰려가 두들기는 ‘너절한 짓’은 할 수 없었다. 김학철은 그래서 정치가가 될 수 없었고, 김일성의 벗이 될 수도 없었다.[7]

북한의 실상에도 실망한 김학철은 혁명전쟁이 계속되고 있던 중국으로 돌아가게 된다. 그러나 혁명의 열기가 가라앉은 중국에서도 마오쩌둥의 우상화가 시작되었고, 김학철은 이에 반발하는 글을 썼다가 24년간 반혁명분자로 박대받고 그중 10년은 참담한 감옥살이를 하게 된다.

하지만 김학철 같은 인물은 그리 많지 않았다. 당성이니 자아비판이니 하는 심리적 압박이 일상화되면서 언제 어떻게 비판당하고 숙청당하게 될지 모르게 된 공산주의자들은 식민지시대와 남한에서의 불굴의 패기를 잃어버리고 점차 의기소침해져 스스로 전체주의의 부속물이 되어갔다. 극소수를 제외한 대다수 공산주의자들의 비겁함은 그들이 당한 불행을 동정하는 것조차 어렵게 만들었다.

박헌영도 예외는 아니었다. 그는 대개 옳은 소리를 하면서도 막상 당에서 결정한 잘못된 정책을 가장 앞장서 수행해 오명을 뒤집어쓴 트로츠키와 같은 처지를 벗어날 수 없었다. 이인자들의 정해진 운명이었다.

억압과 선동만으로 민중을 설득할 수는 없었다. 북한을 안정시키는 밑바탕이 된 것은 여러 가지 개혁 정책이었다. 비록 방법에 무리가 따르기는 했어도 소련공산당이나 북로당은 원칙적으로 민중의 이익을 위한 정책을 펴는 무산계급의 정당이었다. 지배계급의 이익을 대변하는 남한의 우익 정당들과는 근본이 달랐다.

사회주의 정책의 최대 성과는 토지 개혁이었다. 일본인과 대지주들에게 속해 있던 1,300만 정보의 농토를 농민들에게 무상으로 분배해보니 혜택을 본 농민은 전체의 72퍼센트나 되었다. 자본의 국유화도 일정하게 성공을 거두어 친일파와 일본인이 소유하고 있던 공장과 운수업, 교통기관들이 모두 국가 소유로 바뀌었다. 성인 노동자는 하루 여덟 시간, 소년은 여섯 시간 노동하며 노동보험을 제공해준다는 등의 내용이 포함된 노동법도 공포되었다. 민중의 생활에 직접 영향을 미치는 파격적인 개혁은 대다수 민중에게 크게 환영을 받았다.

박헌영도 북한의 토지 개혁에 깊이 감동했다. 그는 북한의 토지 개혁이 농민만의 이익이 아니라 민주주의 건설의 토대가 되리라 찬양했다. 지주와 소작인으로 이루어진 봉건적 소유제도는 민주주의 발전에 가장 큰 장애이며 서구의 선진 민주국가에서는 벌써 대부분 청산되었다고 보았다. 그는 토지의 무상분배에 자극받은 북한 농민들이 정열적으로 농사에 힘써 올해는 작년과 비교할 수 없이 많은 수확이 나오리라 전망했다. 나아가 대지주의 토지를 빼앗아 농민들에게 나눠 주는 민주주의적 토지 개혁을 사유재산 부인이니 공산화라고 보는 시각을 무지한 오해라고 비판했다. 이런 주장에 기초한 그의 글은 다분히 낭만적으로 미래를 묘사했다.

"몇 사람 안 되는 소수의 지주들은 각기 그 소유한 땅이 너무 많은 탓으로 놀고 앉아서 기생적·비국민적 안일한 생활을 하고 있는 것 아닙니까? 그들의 너무 많아 걱정인 땅을 없어서 굶주리고 헐벗은 농민들에게 준다면 이들 착하고 순진한 농민들은 얼싸 좋다고 밤낮을 가리지 않고 땅에 눌어붙어서 부지런히 농사를 지을 것이니 그 결과는 어떻겠습니까? 또한 민주주의 민족적 입장에서 보면 지주들도 너무 많은 땅을 내놓고 제가 제 손으로 지어 먹을 만치만 가짐으로써 놀고먹는 국민이 없어지고 국민 모두의 노동 원칙이 실행되니 국가 건설에 가장 유익한 일이요, 그 자신도 동족을 착취해 먹는 악독한 버릇을 내버리니 양심의 가책을 받지 않고 참 인간이 되는 셈입니다. 굶주리고 배고파 죽을 지경인 우리 동포의 절대다수가 생활 안정을 얻고 그들이 모다 부지런히 일하게 되고 농산물이 더욱 늘어가니 나라는 부유해지고 백성들은 노래를 부르고 배를 두드리며 살 수 있는 그야말로 진정한 민주주의 사회가 실현되는 것이 아닙니까? 예전의 요순시절이 다시 온 것이 아니겠습니까? 이것은 요순시대라도 근대적인 특징이 있는 인민적 민주주의 사회입니다."

민중의 자발적인 의지로 요순시대를 재현하게 되리라는 꿈은 얼마 지나지 않아 주관적인 환상에 지나지 않았음이 드러나지만, 아직까지는 대다수 공산주의자들에게 생명을 바쳐 투쟁해도 좋을 유혹이었다.

북한을 이상적으로 보는 만큼 남한의 현실에 대한 분노도 깊었다. 남한의 현실에 대한 치 떨리는 분노는 북한의 현실에 대한 의구심을 제하기에 충분했다. 박헌영을 비롯한 대다수 공산주의자들은 남한이 미국의 식민지가 되고 있다고 확신했다. 무력에 의한 점령 대신 경제 침략을 강화하는 신식민지 정책을 펴기도 전이어서 무력 점령의 욕구가 그대로 표출될 때였다. 공산당은 미군의 장기 주둔을 위한 군사기지 건설과 비행장 건설에 대해 대단히 민감하게 반응하고 있었다. 박헌영은 월북하기 전 8월, 경복궁 안에 미군 막사를 지으려는 데 대해 직접 비난 성명을 발표하기도 했다.

박헌영은 월북 4일 만인 10월 10일에 발표한 논문 「남조선의 정세」에서 미국의 식민지가 되고 있는 첫 번째 증거로 일본의 기업소와 운수기관 등을 차지해 국내 자본가들에게 넘기는 역할을 하고 있던 신한공사를 꼽았다.

논문은 또한 산업의 후퇴도 미군정의 잘못으로 보았다. 남한의 방적공장과 탄광, 금광, 기계수선공장들이 가동을 멈춘 것은 미군정으로부터 공장을 접수한 모리배들이 원료를 소진하고 나서는 원료가 없다는 핑계로 공장 문을 닫기 때문이라고 주장했다. 공장을 가동하는 것보다 미국 상품을 사다 팔아 이익을 남기는 것이 유리하기 때문이라는 것이었다.

미국인들이 오만한 태도로 조선인을 열등 민족으로 취급하는 것에도 분개했다. 미군정청에는 한국인과 미국인의 화장실이 다르며, 미국인 주택을 경비하는 조선인 순사가 조금만 실수해도 구타하고 면직시킨다는 것, 미군은 소매치기 등 조선인 잡범을 발견하면 그 자리에서 총으로 쏘아 죽이는 일을 즐기고 있으며, 젊은 여성들을 추행하거나 강간하는 사례가 잇따르고 있다고 분개했다.

미군의 언론 통제에 대해서도 지적했다. 방송 원고에서 친일파라거나 민족반역자 배격 같은 문구가 나오면 방송을 불허하며, 공산당에 우호적인 『해방일보』, 『조선인민보』, 『현대일보』, 『중앙신문』 등을 모조리 폐쇄한 반면, 우익 신문들에게는 무제한적인 언론의 자유를 주어 전혀 사실에 근거하지 않은 비방과 악선전을 하도록 조장한다고 비난했다.

몸은 월북했으나 정적들과의 싸움도 계속되었다. 백남운에 의해 추진되고 있던 사회노동당 결성과 여운형에 의해 진행되는 좌우합작을 저지하는 일이 당면한 과제였다. 사회노동당에 대한 공산당 중앙의 입장은 완강했다. 특히 그들이 9월 총파업과 10월 항쟁에 불참했을 뿐 아니라 오히려 비판하고 나선 것을 두고 '적의 스파이', '분열주의자', '적의 주구'라고 비난했다. 감옥에 있던 이주하는 혁명이 성공한 후에 인민재판에 부쳐 교수형에 처하겠다고 흥분했다.

박헌영은 10월 18일 조선공산당 서기국의 성명을 통해 사회노동당 결성 준비를 비난했다. 그리고 이 문제를 해결하기 위해 위험하다는 만류를 뿌리치고 10월 하순에 다시 삼팔선을 넘어 남한 땅 개성에서 1주일 정도 머물며 김삼룡, 이승엽 등과 회견했다. 박헌영이 개성에 잠입할 때, 김일성은 그의 안전을 위해 별도의 경호원까지 붙여주었다.

신전술과 3당 합당에 관한 한 김일성과 박헌영 사이에는 어떤 문제도 없었다. 김일성은 모든 문제에서 박헌영을 지지했다. 10월 15일에 있었던 북로당 지도부와의 회견 자리에서 박헌영이 10월 항쟁에 대해 긍정적으로 보고하자 최창익, 박일우, 주영하, 김책 등 북로당 핵심 간부들은 다분히 비판적인 태도를 취했다. 그러나 김일성은 박헌영을 지지했다. 여운형과 백남운이 3당 합당에 반대하는 것에 대해서도 박헌영의 편에 서서 거꾸로 백남운을 비판했다. 11월 16일에는 백남운의 사회노동당을 해체하라는 결의문까지 채택하도록 했다. 신전술이 소련의 결정이라는 점을 김일성도 잘 알았던 것이다. 결의문은 명백히 박헌영을 지지했다.

"박헌영 동지를 중심으로 한 남조선노동당의 정치 노선이 가장 정당한 노선임을 시인하며 이를 절대 지지한다. 당내의 우경 기회주의자들이 사회노동당을 결성한 것은 적의 반동

정책에 보조를 맞추는 중대한 범죄 행위이다. 북조선노동당은 강진, 백남운 등의 분자들이 좌익 정당의 분열을 조장하여 민족반역자 진영을 돕는 행동을 한 것을 지적한다. 박헌영 동지를 영수로 한 남조선공산당과 좌익 정당들이 남조선노동당을 결성하려고 하는 사업을 전면적으로 지지하고, 사회노동당은 우리와는 아무런 공동투쟁이 없을 것임을 인정한다."

북로당까지 나서자 사회노동당 추진 세력은 분열되어 대다수가 남로당파로 들어왔다. 그럼에도 여운형과 백남운이 독자적인 행보를 계속하는 가운데, 1946년 11월 23일 남로당 결성대회가 열렸다. 공산당, 인민당, 신민당의 3당이 합당한 형식이었다. 서울 종로구 관훈동 시천교당에서 오후 2시에 시작되어 다음 날까지 이틀간 속개된 대회에는 미군정 관리들을 포함한 다수의 축하객들과 558명의 대의원들이 참석했다. 박헌영과 여운형은 참석하지 못했다.

이날 대회 도중 한 대의원이 단상으로 뛰어나와 미군정의 공산당 탄압을 비난하며 "박헌영 선생은 어디 계시는가! 박헌영 선생을 모셔 와라!"고 부르짖어 장내를 숙연하게 했다. 다른 대의원 하나는 여운형이 함께하지 못한 데 대해 유감을 표시하며 그를 대회에 초대해 되도록 함께 가자고 제안했다. 집행부는 여운형을 초대하자는 제안에 긴급 동의, 여운형 측에 참석해달라고 요청했다.

여운형은 다음 날 속개된 대회에 축하객으로 등장했다. 애초에 남로당을 발의했던 그가 손님으로 나타난 것이었다. 좌우 이념의 화합이라는 불가능한 이상을 위해 어느 세력과도 손을 잡을 수 있던, 그렇기 때문에 모든 세력으로부터 배척받은 이 흔들리는 거인은 말했다.

"여러분과 같은 배를 타고 출발하지 못해 유감이지만, 뒤에 남은 사람들을 모아서 곧 뒤따라갈 것입니다."

여운형은 그러나 열흘 후 정계 은퇴를 선언했고, 8개월 후 겨우 19살짜리 우익 청년 한지근의 총탄에 맞아 사망하고 만다.

살아생전의 여운형은 좌익은 자기를 믿지 않는 반면 미국인들은 자신을 신임한다고 한탄하곤 했다. 이는 오해였다. 미국인들 역시 한시도 그를 신뢰한 적이 없었다. 여운형에 대한 미군정 비밀보고서들은 불신과 조소로 가득 차 있었다. 민주주의가 정착되지 않은 시대 상황에서 좌우 양쪽의 장점을 살려 통일국가를 만들어보려던 그의 순수한 마음은 좌우 양쪽으로부터 압살될 수밖에 없었다.

여운형이나 조봉암처럼 좌파와 우파 모두로부터 이용당하는 동시에 배척받은 냉전시대 정치가들은 다른 나라에도 있었다. 독일 사회민주당 당수인 쿠르트 슈마허, 프랑스의 앙드레 레옹 블룸, 영국의 클레멘트 애틀리와 어니스트 베빈, 이탈리아의 주세페 사라가트 등도 자본주의의 모순을 극복하기 위해 사회주의 제도를 도입하되 스탈린식 방법에는 동조하지 않은 사람들이었다. 공교롭게도 여운형이 사망한 직후에 결성된 국제공산주의자 기구인 코민포름은 이들을 주적 제1호로 거명하며 공격했다. 물론, 자본주의 진영은 벌써 오래전부터 이들을 사회주의자로 몰아 배척하고 있었다. 냉전시대의 또 다른 모습이었다.

남로당은 중도 좌파까지 통합한다는 의미를 살리기 위해 일반인들에게 널리 신임을 받고 있던 양심적 민주주의자 허헌을 위원장에 앉혀 놓았으나 실질적으로는 공산주의자들이 전권을 행사했다. 조직부장 김삼룡, 선전부장 강문석, 간부부장 이현상, 총무부장 김계림, 문화부장 김태준, 부녀부장 김상혁 등 다수가 경성콤그룹 출신들이었다. 박헌영은 인민당 출신 이기석과 함께 부위원장을 맡았으나 그가 실질적인 지도자라는 것은 누구도 부인할 수 없는 사실이었다.

이틀 연속으로 열린 남로당 창당대회는 11월 25일 새벽 0시 30분경 만세 삼창으로 끝났다. 그런데 참석자들이 모두 빠져나가고 기자 10여 명이 남아 기사 정리를 하고 있을 때 돌연 들창으로 수류탄 한 개가 날아들었다. 수류탄은 엄청난 굉음과 함께 신문기자석에서 폭발했다. 사망자는 없었으나 두 명의 기자가 손가락이 잘리는 등의 부상을 당했다.

이미 일상화되어 버린 우익의 살인 테러에 비하면 이 정도 사건은 특별한 일도 아니었다. 우익청년단인 대한민주청년동맹의 김두한은 자신이 이 일을 지시했으며, 겁만 주려고 회의가 끝난 뒤 폭탄을 던졌다고 공개적으로 밝혔다. 김두한은 자신이 철도파업 때는 노동자 수십 명을 살해해 암매장했다고 자랑하기도 했다. 그러나 1946년 9월의 철도파업 당시 우익의 총에 맞아 사망한 노동자는 세 명뿐으로, 이 현장에서만 수십 명을 죽였다는 그의 주장은 과장이었다. 더 많은 '빨갱이'를 죽이는 것이 명예가 되는 세상이 되어버린 것이었다.

보수 우익 사상은 이미 확보한 금권을 지키기 위한 폭력에서 탄생하기 마련이었다. 이에 저항하는 좌익의 폭력이 아무리 드세다 해도 우익이 확보한 막강한 물리력에 비하면 자신을 학대하는 수준에 지나지 않았다. 우익은 자신들이 소유한 금권의 크기와 폭력의 크기가 비례한다고 믿었고, 이를 과시하고 싶어 했다. 공산주의자들을 잡아 죽이는 일은 그들에게 해충을 잡듯 떳떳하고 자랑스러운 행위로 인식되었다. 그들은 자신의 살인 범죄를 숨기기는커녕 자랑하고 다녔다.

식민지시대 서울에서 깡패 두목 노릇을 하던 김두한은 자신을 독립군 지도자 김좌진이 기생으로부터 낳은 아들이라고 떠들고 다닌 희대의 거짓말쟁이이기도 했다. 김두한은 여운형 암살 당시 또 다른 살인죄로 감옥에 있었음에도 자기가 여운형을 살해하라고 지시했다고 주장하기도 했다. 그럼에도 미군정은 김두한의 수많은 살인을 모두 면죄해준다. 나중에 국회의원까지 진출한 그가 이승만에 반대해 국회에서 똥물을 뿌린 것은 애교에 불과했다.

남로당이 결성되자 소련은 박헌영에게 상당한 자금을 지원했다. 소련군정은 12월 6일과 7일 각각 일본 화폐 39만 엔과 소련 화폐 122만 루블을 지급했다. 박헌영은 이 자금을 토대로 1947년 1월, 삼팔선 인근인 황해도 해주에 남로당 연락사무소를 설치했다. 사무소에는 박승원, 이원조, 임화, 김태준, 박치우, 문용식 등 10월 폭동으로 지명 수배되어 활동이 어려워진 10여 명이 실무자로 배치되었다. 해주 사무소는 대남 선전 사업을 위해 북로당 소유이던 제일출판사를 인수해 삼일출판사로 이름을 바꾸고, 재정 자립을 위해 광산과 기업소도 부속시켰다. 경기도 연천과 강원도 양양에도 남북무역 창구인 상사를 만들어 무역 교류의 명목으로 대남 사업을 벌일 수 있게 했다.

아직까지도 박헌영의 월북 사실은 극비에 속했다. 그가 월북한 사실이 알려지면 남한에 남은 공산주의자들의 사기가 크게 떨어지리라는 우려 때문이었다. 박헌영이 남한에 있다고 믿고 있던 남한 경찰은 박헌영을 잡기 위해 정보망을 총동원하는 한편, 1947년 2월에는 황금 120돈을 포상금으로 내걸기까지 했다.

꽉 막힌 정국을 풀어보기 위해 박헌영은 지금까지의 거부 원칙을 바꾸어 남한의 입법의원에 좌익을 참가시키는 방안도 고려했다. 그는 소련군 민정사령관 로마넨코 소장과 만나 입법의원의 50퍼센트를 좌익에게 배당하고 도지사를 직접 선거로 선출한다는 조건이라면 미군정과 협상을 해보겠다는 의사를 표명했다.

소련 외상 몰로토프는 박헌영의 제안을 포함한 여러 안건을 협의하기 위해 4월 19일 미 국무장관 조지 마셜에게 미소 공위를 재개하자고 제안서를 보냈다. 공식적인 의제는 임시정부 수립이었다.

남로당은 미소공위의 재개를 적극 지지하는 성명을 낸 반면, 이승만 등 보수 우익들은 이번에도 절대 반대하는 성명을 발표한 가운데, 1947년 5월 21일 미소공위가 재개되었다. 미국 대표 브라운과 소련 대표 슈티코프는 임시정부 수립에 대해 미소 양국이 일방적으로 결정할 것이 아니라, 남북한의 제 정당 및 사회단체들과 협의하기로 했다. 그러자 우익들은 갑자기 태도를 바꾸어 미소공위의 협의단체에 떼지어 가담하기 시작했다. 6월 22일에 마감된 신청에는 남한에서만 425개 단체가 신청했다. 이 가운데 지금까지 미소공위를 반대했던 단체가 170개에 이르렀다.

남로당은 미소공위의 협의 대상에서 한민당과 한독당 등 반탁운동을 주도해온 24개 단체를 제외하라는 요구를 발표했다. 한민당은 친일파, 민족반역자로 구성된 집단이며, 한독당 역시 바로 어제까지도 3상 협상을 반대한 정당이라는 이유에서였다. 반탁운동에 앞장서온 이들 극우 폭력단체들이 미소공위에 들어온 것은 미소공위를 내부에서 파탄 내려는 음모라고 보았다. 이 문제는 미소공위의 가장 큰 쟁점으로 떠올랐다.

극우파들을 배제하라는 요구는 남로당의 독자적인 결정은 아니었다. 소련도 모스크바 3상 결정에 반대하는 정당과 사회단체는 협의 대상에서 제외해야 한다고 강력히 주장했다. 임시정부 수립에 반대하는 이들과 임시정부를 논의한다는 것은 맞지 않다는 논리였다.

객관적으로 보면 이 요구는 트집을 잡기 위한 억지일 수 있었다. 남한에서 반탁운동에 가담하지 않은 단체나 정당은 거의 존재하지 않았기 때문이다. 미소공위를 재개하고 싶으면 남한의 우익들을 상대해야만 했다. 그러나 소련과 남로당은 이를 거부하고, 비교적 자신의 마음에 맞는 세력과만 대화를 하겠다고 나선 것이다.

이미 북한에 독자적인 국가를 건설키로 결정한 소련이 미소 회담을 추진한 이유는 한반도 전체를 차지할 수 있다면 더욱 좋기 때문일 뿐, 혁명의 전진 기지로 설정한 북한마저 미국에 빼앗길 생각은 추호도 없었다. 남한만의 단독정부를 준비하고 있던 미국 역시 분단의 책임을 뒤집어쓰지 않으려고 협상에 응했을 뿐, 소련의 계획에 말려 들어갈 생각은 추호도 없었다.

사실상 미국과 소련이 처음부터 서로 트집 잡기로 분단의 책임을 떠밀려고 개최한 위원회일 뿐이었다. 이런 내막을 알 수 없던 남한 내 좌익들은 고무되었다. 좌익들의 대중 활동은 급속히 활성화되었다.

특히 박헌영에 대한 수배령을 해제하라는 요구가 높아졌다. 전평과 민주여성동맹 등 여러 단체들의 성명서와 함께 임화, 오장환, 이수영, 한진식, 김광현 등이 잇달아 박헌영의 안전을 비는 시를 발표했다. 1947년 6월 19일에 창간된 남로당 기관지 『노력인민』에는 박헌영의 글이 연재되었고, 남로당 중앙위원회는 수배 중인 그를 미소공위의 협의에 참가할 당대표로 선임했다.

미소공위는 20만 명에 이르는 남로당원들에게 마지막 희망이었다. 미국이 지배하는 남한에서 식민지 시절보다 더 참담한 곤욕을 치르고 있는 그들에게는 미소의 합의에 의한 평화적인 남북통일만이 유일한 활로였다. 평화통일에 대한 그들의 간절함은 안전지대에서 자신들 하고 싶은 대로 새 나라 만들기에 열중하고 있는 북로당원들의 통일 의지와는 비교할 수 없이 컸다. 때문에 미소공위가 열리는 기간을 전후해 남로당은 최대한 합법적이고 평화적인 방식으로 대중을 설득하기 위해 노력했다.

이 분위기에 내부에서 찬물을 끼얹은 것은 백남운의 사회노동당에서 탈당해 뒤늦게 남로당에 합류한 이른바 사로계들이었다. 이영, 이정윤, 서중석, 한인식 등이 이끄는 사로계는 남로당에 들어온 후에도 여전히 자기들의 조직을 유지하며 북로당과 내밀하게 연결되어 활동했다. 그들은 주로 성시백과 연결되어 미군정청과 사회단체에 대한 프락치 공작, 정보 수집 활동을 맡았는데, 북로당은 1947년 초 남조선특별조직위원회를 조직해 사로계인 강진을 '인민해방군' 총책으로 삼아 무장투쟁 조직과 국군에의 침투를 후원하고 있었다. 자신들이 평화통일 노선만을 고집해왔다는 북한의 공식 주장과 달리, 북로당은 여러 차례 극좌 모험주의를 선택하는데, 인민해방군 사건도 그중 하나였다.

사로계의 계획적인 무력도발은 심각한 부작용을 일으켰다. 사로계인 박용선이 위원장을 맡고 있던 경남도당의 경우, 도당 간부 한인식이 비밀리에 인민해방군을 조직해 금정산에서 훈련을 한 후 1947년 6월 14일 부산서부경찰서장을 친일 반동이라고 살해했다. 이들은 6월 21일에는 독촉 간부를 살해하고, 10월에는 북부산경찰서의 경위를 살해하는 등 테러 활동을 계속했다. 한인식이 조직했던 인민해방군은 강진, 문갑송의 인민해방군과 연결된 모험적인 테러 조직이었다. 남로당 중앙이 합법 투쟁 시기임을 공약한 상황에서 벌어진 이 사건으로 미군정의 탄압의 빌미가 되어 수많은 사람이 고초를 겪고 도당도 심각하게 파괴되고 말았다. 사건의 주도 인물은 영도에 있는 조선중공업노조 출신인 장세무로, 조선

중공업은 사로계의 근거지나 마찬가지였다.[78]

최소한 이 시기에 일어난 좌경적 투쟁은 남로당 중앙이 아닌 북로당이 지휘하는 사로계들이 벌인 사건임에 틀림없었다. 남로당 중앙위원회는 사로계를 고의적으로 혁명 역량을 파괴하려는 미군정의 앞잡이라고 비판하기까지 했다. 사로계가 북로당의 지시와 지원을 받는다는 것은 공공연한 사실이었다. 부산 지역에서 활동하던 남로당원 신영갑 등의 증언에 따르면, 당원들 사이에 "이북에서는 사로계를 차별하지 않고 환영한다"는 말이 나돌 정도였다. 남로당 중앙은 그들의 행위를 김일성과 연관시켜 생각할 수밖에 없었다. 경남 여성동맹 위원장 권은해는 남로당원들 사이에 "박헌영에게 조금 결함이 있다 하더라도 일치단결해 나아가고 공과는 통일이 된 다음에 따지자"는 말이 돌았다고 증언한다. 사로계는 남로당 지도부와 일반 당원들의 협공을 받아 점차 발판을 잃어갔다.[79]

남로당원들의 염원에도 불구하고 미소공위는 좀처럼 합의 사항을 도출해내지 못했다. 미소공위는 432개의 정당 및 사회단체에 임시정부 수립에 대한 자문서를 배포했는데, 답신의 내용은 좌익과 우익이 크게 달랐다. 우익은 삼권분립의 민주공화제를 원한 반면, 좌익은 인민위원회 제도를 주장했다. 이승만과 김구 등 보수 진영의 대표들은 답신서의 제출도 거부한 가운데, 이례적으로 한민당만이 답신서를 제출했다. 반탁단체들을 협상단체에서 제외하느냐 하는 것도 계속 문제가 되었다.

이미 냉전시대에 들어간 미국과 소련은 어떤 문제든 서로 한 치도 양보하지 않았다. 사실상 타결 의지라곤 없이 결렬의 명분을 찾기 위한 수순에 불과했던 미소공위가 아무 성과 없이 마비되는 것은 당연한 일이었다.

다급해진 남로당은 1947년 7월 29일 남산공원에서 미소 공위의 성공을 촉진하는 군중대회를 열었다. 20만 인파가 운집한 이날 대회는 미소공위의 미국 대표 브라운과 소련 대표 슈티코프를 초청해 민중의 의사를 전달할 정도로 공개 합법적인 대회였다.

그런데 미군정 경찰은 열흘 후인 8월 11일, 갑자기 일화빌딩 남로당사를 전면 압수수색하더니 다음 날부터 이틀간 서울 시내에서만 1,300명에 이르는 남로당 간부들을 체포했다. 8월 15일을 기해 남로당이 전국적인 폭동을 일으키려 한다는 이유에서였다.

이는 여러 정황으로 보아 도저히 믿기 어려운 혐의였다. 나중에는 무장투쟁을 선택한 것이 사실이지만, 미소공동회의에 절대적인 희망을 걸고 있던 이 시기에 폭동을 시도했다는 것은 상식 이하의 주장이었다. 미군정 경찰은 전향해 경찰관이 된 몇몇 남로당 간부들의 제보에 따른 것이라고 주장했으나, 전향자의 제보라는 자체가 신뢰성을 떨어뜨렸다.

연행된 남로당원들은 알지도 못했던 폭동 계획을 시인하기까지 모진 고초를 당해야 했다. 지방에서도 무수한 남로당 간부와 당원들이 경찰과 우익청년단에 끌려가 가혹한 고문과 구타를 당했다. 무엇이든 조작해낼 수 있는 기술을 터득한 일경 출신 수사관들에 의해, 남로당이 폭동을 일으키려 했다는 가설은 현실로 둔갑했다. 경찰은 그럴듯한 폭동 계획안을 발표했고, 우익은 이를 기회로 또다시 공산주의자들을 맹공격했다. 남로당 기관지 『노력인민』의 발행 허가는 취소되었다.

남로당을 무력화한 미국은 8월 29일, 유엔의 감시 아래 남북한의 인구 비례에 의한 임시 입법의원 선거를 하자고 제안했다. 새로 선출된 입법의원의 의결에 따라 남북한이 통일된 임시정부를 수립하자는 것이었다.

소련은 이를 즉각 거부했다. 좌익이 탄압받는 상황에서 입법의원 선거를 할 경우 금권을 갖춘 우익들이 대거 당선되리라는 주장이었다. 이는 1인 1표 선거제도의 허점을 정확히 지적한 말이지만, 동시에 민중의 판단력을 믿지 못하겠다는 오만함에서 나온 발언이었다. 이는 해방 직후 압도적이던 사회주의 지지율이 급감하고 있다는 것, 국가적 통제가 가능한 북한의 인구가 남한보다 훨씬 적다는 점이 고려된 또 다른 핑곗거리에 불과했다.

미국 역시 기다렸다는 듯이 한반도 문제를 유엔에 상정했다. 세계 전체로 보아 공산주의 국가의 숫자는 열 손가락 안에 들었다. 유엔의 대다수는 자본주의 국가였다. 미국의 영향력은 압도적이었다. 9월 23일에 열린 유엔총회는 한국 문제를 유엔이 관리하자는 미국의 제안을 41 대 6이라는 압도적 표차로 통과시켰다.

이에 소련은 더 이상 미소 양국이 한반도 문제에 개입하지 말고 양쪽 다 물러나자는 새로운 주장을 내놓았다. 남한과 북한에서 미소 양군이 동시에 철수하자는 제안이었다. 이번에는 미국이 이를 거부했다. 미군 사령관 하지는 미군이 철수하면 남한은 이내 공산화되리라고 공개적으로 언명했다. 선거로는 좌익을 이길 수 있지만, 좌익이 자유로이 군중 속에 섞여 선동하도록 방치한다면 남한 민중의 광범위한 불만은 사회주의혁명으로 점화되리라는 미 국무성의 판단이었다.

이렇듯, 미국과 소련은 자기들에게 불리하다고 생각되는 조건이라면 여지없이 거부해버렸다. 이 결정 과정에는 김일성이나 박헌영도, 이승만이나 김구도 거의 개입할 여지가 없었다. 두 나라가 원한 것은 물론 한반도 전체에 대한 독점권이었지만, 원활하지 않을 경우에는 남북을 분할해 절반만 차지해도 상관이 없었다. 직접 지배를 못 하더라도 자신들의 이념 체제를 충실히 수행할 대리 정권을 만들어 놓는 것만으로도 만족할 수 있었다. 어떤 경우든 조선 민중의 의사는 고려 대상이 아니었다. 조선 민중이 겪어야 하는 분단의 고통

따위는 그들의 관심 밖이었다.

8·15폭동설의 수사 결과는 10월 13일에 발표되었다. 미군정 재판소는 22명의 공산주의자를 기소하고, 박헌영을 포함한 98명을 기소중지 처분했다. 수배자 중 다수는 북한에 넘어가 있었으나, 김삼룡, 이현상, 이주하 등은 남한에 잠적해 활동을 계속했다. 우익청년단과 경찰의 테러 공격에 시달려 공개적인 사무실을 운영하는 것이 불가능한 실정이었다. 남로당은 사실상 불법화되었다. 도당과 군당 등 지구당들은 대부분 지하로 잠적했다.

소련은 10월 21일자로 소련 측 대표단을 서울에서 소환해 버렸다. 이로써 임시정부 수립을 통한 남북의 평화적 통일은 무산되었다. 이제 미국은 마음 놓고 단독선거 일정을 추진할 수 있었다. 남로당은 물론 김구, 김규식 등 민족주의 항일운동 세력들도 일제히 이를 반대하고 나섰으나, 언론과 금권을 장악한 이승만과 한민당이 앞장서는 대세를 바꾸기에는 역부족이었다.

지하에 잠적한 남로당은 1947년 연말을 고비로 미국에 대한 완전한 적대 정책을 선포했다. 미국을 조선의 민주주의 발전을 가로막는 조선 인민의 적이라 규정하고, 파업이나 평화시위를 넘어서는 전면적 항쟁을 선언한 것이었다.

북한은 유엔에서 파견한 한국임시위원단의 입북도 저지했다. 한국임시위원단이 남과 북에서 인구 비례에 의한 동시 선거를 실시할 경우, 북한 정권에게 압도적으로 불리했기 때문이다. 유엔이 미국의 거수기이므로 유엔의 결정을 거부한다는 명분이었지만, 선거를 통해 이길 수 있다면 미국보다 더한 제국의 권유라도 받아들였을 것이다.

박헌영도 한국임시위원단의 방한을 비난하는 성명을 발표했다.

"남조선에서 인민과 민주 진영은 언론·출판·집회·결사의 자유 등 민주주의의 초보적 권리까지 박탈되어 있습니다. 그뿐 아니라 테러, 폭압, 고문, 학살, 파괴, 강탈 등이 백주에 미군 및 경찰의 비호하에 자행되고 있습니다. 1947년 8월 15일을 전후한 통계만 보더라도, 드러난 숫자가 피검자 1만 3,769명, 사망자 28명, 중상자 2,109명, 경상자 5,102명, 재산 피해자 320명에 달하고 있습니다. 이는 모두 미군정과 그 비호하의 이승만, 김구, 김규식, 김성수 등 매국도당의 야만적 발악에서 나온 것입니다."

경제 문제에 대해서도 미국의 정책을 신랄하게 비판했다.

"현재 남조선의 산업은 1943년에 비하여 27퍼센트가 운영되고 있으며, 공업 취업 노동자는 5만 혹은 6만이라고 신문이 보도하고 있습니다. 이것은 미군정의 의식적인 산업 파괴 정책과 상품 시장화를 촉진하는 무역 장려 정책에 기인한 것입니다. 작년도 민간물자 입초가 16억 원이나 되니 강제 차관을 가산하면 실로 통탄할 수밖에 없습니다. 지폐는 방대한 비생산적인 미군정의 적자 예산으로 남발되고, 물가는 폭등하고 있으며, 노동자는 공장에서 구축되고, 실업자와 전재민은 가두에 범람하고, 농민은 생산품의 거의 전부를 직접 간접으로 약탈당하고 있습니다."

전면 대결의 선언은 무장충돌로 이어졌다. 이미 미군정은 이범석의 족청 등을 통해 10만 명이 넘는 무장 세력을 양성해 군대와 경찰, 우익청년단에 투입하고 있었다. 소련군정도 무장 세력 양성에 들어갔다.

1947년 12월, 이그나치프 대좌 등은 "남한에서 좌익이 불법화되어 혁명 간부를 양성하기 어려우니 북쪽 지역에 혁명 간부를 양성할 학교를 세울 필요가 있다"고 보고했다. 소련 공산당은 이를 승인한 후 스탈린의 재가를 받아냈다.

소련군정의 지시를 받은 북로당 정치위원회는 해주 인근 야산지대에 훈련소를 세우고 소련 교포 박병률을 원장에 임명했다. 이름은 강동정치학원으로 정해졌다. 1948년 1월 1일 개원한 이 학원은 한국전쟁이 발발하는 1950년 6월 25일까지 2년 6개월 동안 4천여 명의 무장유격대를 양성해 남한에 파견했다. 학과는 3개월의 단기반과 1년의 장기반으로 나뉘었는데, 학생 수는 적을 때는 5백 명에서 많을 때는 1,200명까지 되었다. 강동정치학원에서 배출된 유격대원 중 30퍼센트는 여성으로, 남성들처럼 산악 유격대로 들어가거나 도시에 숨어들어 남로당과의 연락을 맡았다. 남로당원들에게 강동정치학원은 여관의 역할까지 했다. 대개 맨몸으로 월북한 이들은 학원을 숙소로 삼아 쉬면서 치료도 하고, 혁명 이론을 배우고 군사훈련을 했다.

강동정치학원은 '박헌영 학교'라 불릴 정도로 박헌영의 관심 아래 있었다. 원장은 박병률이지만 사실상의 실권자인 정치 담당 부원장 박치우야말로 박헌영의 사람이었다. 박헌영은 비서인 조두원, 얼마 후 북한 정부의 사법상이 되는 이승엽 등과 함께 매주 한 번꼴로 이곳을 방문했다. 대개 토요일에 방문해 하룻밤을 자면서 남한 출신들을 두루 만나 이야기를 나누었다. 학원장 박병률은 박헌영과 인간적으로도 친근한 관계가 되어 평양에 가면 남산에 있는 박헌영의 집에서 묵을 정도가 되었다. 남한에서 박헌영의 비서로 일했던 윤옥도 월북해 이곳에서 훈련받고 있었다. 조두원의 처제이기도 한 윤옥은 얼마 후 박헌영과 결혼하게 된다.

이런 정황 때문에 사람들은 박헌영이 강동정치학원을 세운 것으로 생각했으나, 그에게는 이만한 시설을 할 권한은 물론, 군대를 양성할 법적 자격이 없었다. 명백히 소련군정의 지시에 의해 북로당이 만든 시설이었다.

강동정치학원에서 단기 훈련을 받고 소총 한 자루씩을 들고 남쪽으로 내려가 이름 모를 산중에서 죽어간 이들의 대부분은 식민지 치하 최고 학부를 나온 당대의 지식인들이었다. 온몸을 던져 항일투쟁을 해온 그들의 애국정신과 인문사회학적 지식은 장차 만들어질 새로운 나라를 위해 쓰이지 못한 채 처참하게 소멸되었다. 당사자들은 조국 해방과 남북통일이라는 영광스러운 임무를 수행한다고 믿었고, 분명 통일을 위한 희생이라는 측면도 있었지만, 결코 '불가피한' 희생이라곤 할 수 없었다.

오히려 북한 정권이 남한 출신들을 부담스러워하여 고의로 방출했다는 의혹이 컸다. 김일성은 해방 1년여 만에 벌써 북한 정부에 필요한 모든 직책을 자신의 직권으로 배치한 상태였다. 이후에 계속 올라오는 남한 출신들을 위해 자리를 만드는 데는 한계가 있었다. 기본적으로 자유주의적인 성향을 가진 지식인이 대다수인 남한 출신들을 고위 관료에 앉히는 것도 마땅치는 않았을 것이다. 단정 반대 총력투쟁이 시작된 후로 쫓겨 올라온 월북자만도 1만 명으로 추산되었다. 중상위 직급의 적체 현상은 심각한 문제였다. 전투력이 부족한 지식인들을 무장시켜 남파함으로써 떼죽음을 당하게 만든 것은 통일전쟁이란 명분 뒤에 또 다른 의도가 있지 않은가 의심받을 만했다. 설사 고의가 아니었을지라도 결과는 마찬가지였다.

대남 침투와 마찬가지로 독재 권력의 모든 정책은 이중성을 띠기 마련이었다. 남한의 단독정부 기도를 맹렬히 비난하면서도 소련은 북한에 독자적인 정부를 세우기 위한 작업을 착착 진행하고 있었다. 이미 1946년 여름부터 시작된 작업이었다. 소련군정 정치장교들은 1947년 말부터 국호를 '조선민주주의인민공화국'으로 정하고, 동유럽 사회주의 국가들의 헌법을 참고해 헌법 초안을 만들었다. 1948년 2월 7일이 헌법 초안을 주민들에게 공개하는 한편, 소련공산당 중앙위원회에 보고했다.

남북통일의 가능성에 대비해 임시헌법이라는 단서가 붙은이 초안을 검토한 소련공산당 중앙위원회는 1948년 4월 11개 항의 자세한 지적을 첨부해 돌려보냈다. 지적은 주로 급진 좌익적인 부분에 집중되었다.

헌법에서는 토지에 대한 사적 소유를 인정하는데 현행 토지개혁법에는 토지의 매매, 임대, 저당이 금지되고 있어 모순된다는 점, 토지의 개인 소유를 인정한다면서 동시에 국가적·협동적 소유를 허가한다는 것은 민주 건설 단계에 맞지 않는다는 점, 교회가 종교를 정치적 목적에 악용하는 것을 금지하고 있는데 이는 통일전선의 단계에 맞지 않으므로 종교인들의 정당을 인정해야 한다는 점, 모든 공민은 일할 의무가 있다는 조항은 일하고 싶어도 일할 곳이 없는 현실에 비추어 맞지 않는다는 점 등이 지적되었다. 이에 따라 토지 문제와 종교 문제, 노동의 의무 등 여러 조항들이 수정되었다.[80]

남한을 교란하는 작업도 계속되었다. 북한의 헌법 초안이공개된 날이기도 한 1948년 2월 7일, 남로당의 지시 아래 남한 전역에서 또다시 격렬한 총파업이 벌어졌다. 24시간의 시한을 둔 이번 총파업의 정치적 목표는 명확했다. 유엔 한국위원단이 주도하는 남한만의 단독 총선거 반대였다. 미국의 절대적인 영향 아래 있는 유엔 한국위원단이 관리하는 선거는 원천적으로 무효라는 주장이었다. 박헌영은 남북 분단을 고착화하려는 단독선거를 취소하고 미국과 소련이 한반도에서 동시에 물러나 한국인의 문제는 한국인의 의지로 해결해야 한다고 주장했다.

남로당은 이번 지시에서 폭력적 수단의 사용을 허가했다. 2·7구국투쟁이라 명명된 총파업은 이전의 총파업에 비해 규모도 작고 기간도 단 하루에 그쳤으나 그 양상은 훨씬 격렬했다. 폭력투쟁의 지시에 따라, 각 지역에는 특공대가 조직되어 선거 거부, 선거 방해, 선거함 탈취 등을 시도했다. 용감한 청년을 세 명 단위로 묶어 특공대로 조직하거나 오가작통제라 하여 다섯 가구를 하나로 묶어 선거에 참여하지 못하도록 감시했다. 밤에 도시 주변 산등성이에 올라가 석유를 부어 불을 피워 올리고 선거에 참여하지 말라고 외치는 봉화투쟁도 무수히 벌어졌다. 일부 지역에서는 전신전화선까지 끊어졌다. 특공대들의 경찰지서 습격과 경찰관 살해로 경기도부터 전라도와 경상도, 제주도까지 거의 전국이 이날 하루 소요 상태에 빠졌다. 부산항의 선박들이 해상 파업을 벌이고 강원도 삼척과 전남 화순의 탄광 노동자들이며 인천, 목포,

강릉 등지의 기상측후소 직원들까지 파업에 동참했다. 시위 군중은 이날을 전후로 경찰서 26개소를 피습하고 12개소에서 무기를 약탈했으며 60여 개 학교도 동맹휴학을 벌였다.

이때부터 남로당의 명령이 극좌적으로 바뀌었음은 부인할수 없는 사실이었다. 구국투쟁 선포 당시 많은 남로당원들이체포되어 고초를 당하고 있던 것은 사실이지만, 이처럼 무모하고 극단적인 투쟁으로 돌파해야 할 상황이라고는 할 수 없었다. 남한의 단독정부 수립을 막는다는 명목이었지만, 북한역시 단독정부 수립의 최종 절차를 밟고 있었다. 지금까지와마찬가지로 남로당의 전면 투쟁이 박헌영이나 그 측근들의독자적인 결정이 아니라 소련군정과 김일성의 제안 또는 승인에 의한 것임은 분명하지만, 설사 그렇다고 해도 이에 대해 어떤 항의도 하지 않고, 투쟁을 최종적으로 지시한 박헌영의 책임이 덜어지는 것은 아니었다. 그는 지금까지도 그랬고, 이후로도 자신의 손으로 결재한 모든 투쟁에 책임을 져야만 했다.

무리한 투쟁 지령은 막대한 피해로 이어졌다. 이는 자생적으로 일어났던 10월 항쟁이나 이후의 평화적인 파업들과는다른 양상으로 나타났다. 각 지역의 남로당원들은 투쟁 역량도 되지 않으면서 파업이나 지서 습격에 동원되었고, 그 피해는 헤아릴 수 없이 컸다. 전국적인 항쟁이 일어날 것이니무조건 투쟁에 돌입하라는 지시가 잇달아 하달되어 왔다. 김일성이 고의로 남한의 혁명 역량을 손실시키기 위해 무리한 투쟁을 강요했던 것도, 박헌영이 북한 권력에서 남로당의 지분을 높이기 위해 일으킨 것도 결코 아니지만, 결과는 다르지 않았다. 이후의 어떤 기록이나 증언에도 박헌영이 남파되는 남로당원들을 안타까워했다거나 구국 총력투쟁을 반대했다는 근거는 나오지 않았다. 김일성이나 소련군정의 호전성을 거부했다는 증거도 없었다.

이 시기 박헌영이 보다 장기적으로 역량을 보존하는 데 힘쓰지 않고 너무나 많은 고귀한 생명들을 죽게 만든 것은 그의 커다란 오류임을 부인할 수 없었다. 하지만 박헌영 혼자 그 모든 책임을 뒤집어쓸 수는 없다는 것도 명백했다. 오늘날, 이 무모한 투쟁을 허가하고 지원한 김일성과 소련군정의 책임은 어디론가 숨어버렸지만, 위대한 대원수 스탈린과 위대한 수령 김일성, 그리고 그 위대한 수령의 나라를 만드는 데 앞장선 공산주의자들 모두가 나눠야 할 책임이었다.

11

사라지는 별들, 떠오르는 태양

朴憲永 評傳

단독정부 수립을 앞둔 남한의 좌익 제거 작업은 거의 인종청소에 가까웠다. 1948년 5월 10일의 국회의원 총선을 앞두고 경찰과 우익청년단들은 무자비한 폭력 테러로 좌익계 조직들을 파괴해 나갔다. 남로당 지구당들은 이미 산중으로 들어가버린 가운데, 산하 단체들과 노동조합은 거의 다 파괴되었다. 경찰과 우익청년단에게 끌려간 이들은 잔인한 폭행과 고문 아래 죽어갔고, 살아남은 사람들은 산으로 도망쳐 야산대에 합류했다. 이 기간 남로당 조직은 70퍼센트 이상이 붕괴되었다.

남로당이 붕괴된 원인에는 자체의 허약성도 있었다. 입당 절차가 까다로웠던 조선공산당은 해체되기 직전까지도 3만여 명의 정예집단을 유지했으나, 남로당은 당원 5배가 운동 과정에서 사상이나 투지가 검증되지 않은 이들이 대거 유입되어 있었다. 20만이 넘는 신규 당원의 상당수는 이론 학습이나 지하조직의 훈련이 되지 못한 상태였다. 박헌영은 이들의 교육을 위해 해주의 인쇄소와 서대문의 고려문방구, 중앙

공무소 등지에서 사회주의 이론 서적이며 팸플릿을 대량으로 발행하도록 했으나 모든 당원에게 전달되기에는 역부족이었다. 사상적으로나 조직적으로 훈련이 되지 않은 당원들은 역사와 사회와 인간에 대한 이해가 거의 없는 상태로 친일파 청산이니 자본계급 철폐니 미제 타도 같은 몇 가지 선동 구호를 기계적으로 해석해 심각한 극좌적인 행위들을 저지르고 다녔다. 그러다가 막상 경찰에 체포되기만 하면 자신이 알고 있는 비밀을 너무 쉽게 털어놓아 고구마 줄기처럼 줄줄이 체포되게 만들었다.

정적들은 이 결과를 두고 박헌영이 종파적인 욕심으로 당원 배가 사업을 벌여 당을 망쳐 놓았다고 공격했다. 그러나 당원 배가 사업은 남로당만의 사업이 아니었다. 전위정당이던 공산당을 대중정당인 노동당으로 바꾸기 위해 남북 노동당이 동시에 실시한 사업이었다. 조선공산당 북조선분국의 당원은 1945년 12월에 4,500명에 불과했으나 1948년에는 무려 80만 명이나 되었다. 북쪽이라 해서 교육이나 훈련에 충실한 것도 아니었다. 국가적인 지원으로 교육의 기회는 열려 있었으나 권력에 의해 반강제적으로 실시되는 교육의 효과는 높지 않았다. 다른 여러 사업들과 마찬가지로, 당원 배가 사업이 실패로 귀결된 것은 남한의 특수성 때문이지 박헌영의 종파적인 욕심 때문이라고 할 수는 없었다.

1948년 4월 3일에 일어난 제주도의 무장봉기는 사태를 더욱 악화했다. 제주도의 좌익 세력은 1947년 3·1절 기념식 이후 1년여 동안 2천 명이 넘게 연행되어 두 명이 고문치사를 당하는 등 혹독한 고초를 겪고 있었다. 이에 제주도당 위원장 김달삼은 3백여 명의 남녀 당원을 규합해 이날 새벽 낫과 괭이 등을 들고 도내 6개 경찰지서를 공격했다. 이들은 수십 명의 경찰을 살상하고 무기를 탈취해 일시적으로 주요 마을을 점령했고, 이에 다수의 국방경비대원들을 포함한 2천여 명이 호응하고 나섰다. 이들은 증강된 군경에 맞서 한라산 깊숙이 숨어들어 장기 투쟁에 돌입했다.

해주의 남로당 지도부는 제주도 무장봉기에 대해 구체적으로 지시를 내린 적은 없었다. 김삼룡 등 서울의 남로당 지도부 역시 이번 봉기에 대해 알지 못하고 있었다. 다소 충동적인 성향의 김달삼이 상부와 상의 없이 독자적으로 폭동을 일으킨 데다 진압을 위해 파견된 국방경비대 문상길 중위가 연대장 박진경 대령을 사살하고 부대원들을 이끌고 반군에 가담하면서 더욱 확대된 사건이었다. 그러나 폭동 자체는 2·7구국투쟁의 연장임을 부인할 수 없었다. 2·7구국투쟁 명령이야말로 경찰관서 공격을 허용하는 무장투쟁의 지침이었기 때문이다.

제주 봉기는 남북 할 것 없이 노동당원들을 흥분시켰다. 박헌영과 남로당 중앙위원회는 이 싸움을 4·3민중항쟁으로 규정하고 단독선거, 단독정부 반대투쟁의 모범이라고 찬양했다. 박헌영은 봉기 직후 비밀조직인 군사부를 만들어 이중업과 이주하에게 책임을 맡겼다. 해방 이듬해부터 모병을 시작한 남한의 국방경비대에는 이미 상당수의 남로당원과 진보적인 청년들이 조직적으로 입대해 있었다. 남북이 통일되면 좌우가 합작하게 된다는 전제 아래, 이념에 구별 없이 자원 입대자를 받아들였기 때문이다. 군사부는 이들 좌익 사병들과 장교들을 관리하는 극비 조직이었다.

곧바로 무장폭동을 일으키려던 것은 아니었다. 남로당원들은 대부분 사병 아니면 하급 장교에 불과했다. 군 지휘부와 고급 장교는 대부분 일본군이나 미군에게 직접 훈련받은 자들이 장악하고 있었다. 박헌영은 레닌의 무장봉기론에 따라 한번 봉기를 일으키면 끝까지 나가야 한다고 믿었다. 중도에 멈추거나 방어에 들어가면 그것은 곧 무장봉기의 죽음이라고 생각했다. 그는 이런 생각을 1947년 '해방사'에서 발행한 『동학농민란과 그 교훈』에 자세히 쓴 적이 있었다. 일시에 서울을 점령할 정도의 역량으로 결정적인 시기에 일으켜야 봉기가 성공할 수 있다고 생각한 그는 아직 역량도 부족하고 결정적인 시기도 아니라고 보았다. 지금은 그 준비 단계였다.

이해 8월 해주에서 열린 남조선인민대표자회의에 참석하기 위해 월북한 김달삼은 남북 노동당 간부들로부터 열렬한 환영을 받았다. 해주대회는 김달삼을 박헌영과 나란히 35명의 주석 중 한 명으로 선출하기까지 했다. 1년 후 남한 군경에 의해 3만 명 이상의 제주 도민이 학살되자 비로소 좌익 모험주의라고 비판당하지만, 김달삼은 한동안 대미 항전의 영웅으로 받들어졌다.

제주 폭동으로 남한이 내란의 위기로 치닫기 시작한 4월 초, 박헌영은 모스크바의 딸 비비안나에게 두 번째 편지를 보냈다. 비비안나에게서 온 편지에 대한 답장이었다. 그는 언제나 의심을 불허하는 공산주의자였다. 러시아어로 타자된 이 짧은 편지는 소련에 대한 믿음과 신뢰로 가득했다.

"사랑하는 나의 외동딸 비보치카! 너의 편지를 받고서 매우 행복했단다. 네 사진을 보니까 아주 건강하고 기분이 무척이나 좋아 보이는구나. 지난 2년간 많이 자랐겠지? 잘 알겠지만, 네가 세상에서 가장 훌륭한 나라인 소련에서 살고 있기 때문에 그렇게 성장하고 발전할 수 있었다고 말하고 싶다. 네가 조선에서 태어났더라면 너의 운명은 아주 서글펐을지도 모르겠다. 오직 소비에트 모국만이 능력 발양을 위한 모든 가능성을 보장해준다.

얻은 성공에만 안주하지 말고 자기 조국에 더 많이 유익할 수 있도록 전진하거라. 물론 네게는 많은 좋은 친구들이 있단다. 하지만 레닌 공산청년동맹과 볼셰비키 당이 너에게 가르치는 대로 살거라. 그래야 너는 훌륭한 사람이 될 수 있고, 자기의 재능을 가장 많이 발전시킬 수 있을 것이다.

너의 선생님 블라디미르 세메노비치에게 안부를 전해주렴. 또한 존경하는 친우 아나톨리 이바노비치에게도 인사를 전하거라. 그는 조선과 조선의 생활에 대해 잘 알고 있다.

비바, 여름에 내게로 오길 바란다. 지금 나는 혼자 살고 있단다. 조선이 얼마나 뒤떨어졌는지, 동시에 북조선의 민주 건설이 어떤 속도로 진행되는지 와서 보기 바란다. 남조선은 해방 전 상태 그대로 남아 있단다. 그러므로 우리 앞에는 매우 큰 과업들이 있단다.

비바, 너에게 사진을 보낼 수 없음을 용서해다오. 네가 오게 되면 그 이유를 알게 될 것이다. 2년 전 너에게 사진을 보낸 후로는 아직 사진을 찍지 못했다. 건강하고 열심히 공부하기를 바란다."

보통의 아버지들과 마찬가지로 열심히 공부하라는 말로 끝나는 편지는 '박 찌혼 이바노비치'라는 낯선 이름으로 서명되어 있었다. 비비안나라는 이름 대신 비보치카라 쓴 것과 마찬가지로, 자신의 이름을 숨기기 위해서였다.

1948년 4월 19일부터 6일간 평양에서는 '남북조선 정당 및 사회단체 대표자 연석회의'가 열려 남한의 총선과 단독정부 수립에 반대하는 정당과 사회단체 43개의 대표 6백여 명이 참가했다. 본래 이 대회는 지난 2월 김구와 김규식이 김일성과 김두봉에게 4김 회담을 제안한 데서 비롯되었다. 소련군정은 이를 받아들이되 형식을 네 명의 회의가 아니라 남북의 모든 정당과 단체를 망라하는 연석회의로 하자고 수정안을 제의해 합의가 되었다. 남한 측 대표들과 신문기자들은 이 대회에 커다란 희망을 걸고 있었다.

북한의 모든 주요 대사가 그랬듯이, 이 대회 역시 소련군정의 철저한 기획과 지도 아래 치러졌다. 대회의 모든 주요 사안은 사령관 슈티코프가 기획해 정치 담당 사령관 레베데프에게 지시해서 이루어졌다. 소련군정 정보장교들은 대회의 준비부터 해산까지 철저히 계획대로 실행했다. 그들은 남쪽 대표단을 위한 숙소와 식사, 용돈까지 세세히 챙겼으며, 김구와 김규식에 대해서는 별도의 숙소를 마련해 미리 수리해 놓았다. 레베데프는 회담이 시작된 후 김두봉이 남한 대표들과 자주 식사를 하는 것조차 못마땅하게 보고, 이를 자신의 비망록에 기록해두었다가 김일성에게 지적하기도 했다. 대회 마지막 날의 결의문 역시 소련군 장교들이 작성해 그대로 낭독한 데 불과했다.

심지어는 북한의 새로운 상징까지 레베데프의 지시에 따라 만들어졌다. 이때까지 북한의 집회장에는 소련기와 나란히 태극기가 걸려 있었고, 남한처럼 '동해물과 백두산이'로 시작되는 안익태의 애국가를 봉창했다. 레베데프는 4월 15일자로 김일성에게 인민공화국 국기와 인민군 깃발을 제작하도록 지시했다. 붉은색과 청색, 흰색과 검은색을 배합하라고 색깔까지 지정해주었다. 붉은색은 공산당을, 흰색과 검은

색은 선과 악을 상징한다고 보아 세 가지 색을 조화시키게 한 것이었다. 그러나 남북연석회의 대회장에는 다수의 우익 참가자를 고려해 태극기 두 개를 양편으로 걸어 놓았고, 적기나 스탈린의 초상화는 걸지 않았다. 연석회의가 끝난 후인 4월 25일 김일성광장으로 명칭이 바뀐 옛 평양시청 광장에서 열린 군중대회에서도 인민군 합창단은 남한의 애국가를 옛날 곡조 그대로 불렀다.

남북의 정당, 사회단체 대표들이 다수 참석하더라도 4인 회담이 중심이리라 생각했던 김구와 김규식은 자신들이 수십 명의 주석단 중 한 명에 불과하다는 사실을 뒤늦게 알고 몹시 불쾌해했다. 극우파들의 살해 위협까지 무릅쓰고 올라왔는데 좌익들의 선전용 정치집회에 들러리로 참여하는 꼴이 되어버렸다고 생각할 수밖에 없었다. 두 사람은 어떻게 통일을 이룰 것인가를 조용히 상의하러 온 것이지 북한의 전략에 찬동하러 온 것이 아님을 거듭 밝히고 주석단에 자신들을 포함하는 것은 끝까지 거절했다. 대회 참석조차 거부했으나 간곡한 요청에 못 이긴 김구가 혼자 나가 인사말만 했다. 김규식은 몸이 아프다는 이유로 끝내 참석하지 않았다.

대회 첫날, 열렬한 박수갈채를 받으며 연단에 등장한 박헌영은 유례없이 긴 연설을 했다. 그는 상세한 통계 수치들을 나열하며 미군정 치하 남한의 경제, 정치, 문화가 얼마나 심각한 파탄에 이르렀는지 지적하고, 이는 미국이 한반도를 식민지로 만들기 위해 계획적으로 조선인의 능력을 약화한 것이라고 주장했다. 그의 연설은 과거 어느 때보다도 쉽고 경쾌했다.[81]

"조선 자체의 경제가 발전하는 날이면 조선 인민들은 미국에 대한 의존심이 없어지고 미국 월가 상인들의 말을 듣지 않을 것을 그들은 잘 알기 때문입니다. 미국인들은 그러므로 남조선을 경제적으로 미국에 예속시키며, 그를 미국 식민지로 만들려고 하는 것입니다. 이 외에는 다른 어떠한 이유로서든지 남조선 경제의 현재 형편은 해석할 수 없습니다.

그들은 말하기를 남조선 경제 회복은 원료의 부족으로 지연되고 있다고 합니다. 그러나 이것이 옳습니까? 물론 옳지 않습니다. 왜 그러냐 하면 필요한 원료는 남조선 내에서도 능히 얻을 수 있습니다. 또한 미국인들이 진정으로 조선을 원조할 생각이 있다면 전시 잉여품 대신 우리에게 필요한 원료를 수입했을 것입니다. 아시는 바와 같이 북조선에서는 경제 부흥에 필요한 원료를 획득했습니다.

그들은 또한 말하기를 산업의 부흥이 기술 간부가 없어서 못 된다고 합니다. 이것이 또한 옳은 말일까요? 절대로 그렇지 않습니다. 왜 그러냐 하면 간부들도 얻을 수 있습니다. 해방 후 경과한 시일에 기술 간부를 능히 준비할 수 있습니다. 이것은 북조선의 경험이 보여줍니다. 북조선에서는 가장 복잡한 기계를 가진 공장을 성과적으로 지도하여 재건할 만한 유능한 기술 간부들이 장성되었습니다."

장시간의 연설은 남조선 단독선거를 거부하고, 외국 군대의 동시 철수를 주장하는 것으로 끝났다. 정부 수립 문제는 조선 인민 자신이 결정해야 한다는 주장이었다.

억지로 참석한 김구는 5분 정도 연설했다. 반드시 평화통일을 이루어야 한다는 기본적인 수사 이외에는 평양으로 오는 도중 북한 경찰과 청년들이 자신에게 무례했다는 등 정치적으로 무의미한 이야기들이었다.

몸이 아프다는 핑계로 연석회의에 불참한 김규식은 4월 25일 만찬장에서 북한이 돌이킬 수 없는 일들을 너무 많이 벌여 놓았다고 질타했다. 독자적인 화폐의 발행, 토지의 몰수와 분배, 임시인민위원회 결성 등 북한이 남한보다 먼저 남북통일을 저해하는 조치들을 해왔다고 지적하고는, 이번 회의에 크게 실망했으며 만찬회에 참석하는 것이 양심에 꺼려질 정도라고 말했다. 그는 자신이 한때 이르쿠츠크파 공산당에 가입했으나 자유주의자라는 이유로 제명당한 후 다시는 공산주의자가 되지 않았다고 털어놓기도 했다.

남한 정국의 주도권을 장악한 이승만과 미국이 용인하지 않음을 잘 알면서 치른 연석회의는 기실 더 많은 분야에서 단독정부를 준비해온 북한의 명분을 위한 선전장이 되고 말았다. 다만, 대회 참석차 북한을 방문했던 이들에게 사회주의 3년째인 북한의 현황은 여러모로 충격을 주었다. 어떤 사람에게는 혁명의 감동을, 어떤 사람들에게는 숨 막히는 갑갑함을 느끼게 하는 풍경이었다.

맨 먼저 방북자들을 놀라게 한 것은 울창한 숲이었다. 삼팔선을 기선으로, 이남 땅은 나무가 거의 없이 황폐해져 있었으나 이북은 울창한 숲이 그대로 보존되어 있었다. 끈적거리는 오물과 쓰레기로 발 디딜 틈도 없는 남한의 경부선과 달리, 평양행 열차는 매우 깨끗했으며, 철로 양편의 산악은 침엽수로 울창했다. 남한 주민들이 산의 나무를 모조리 베어 화목으로 때버리는 데 비해 북한 주민들은 풍부한 석탄 자원을 이용했기 때문이다.

식민지 시절부터 조선공산당과 고려공청의 주요 인물이던 온낙중은 이 무렵 쓴 책자 『북조선 기행』에서 수풀을 스치며 지나가는 늦은 봄바람 소리에 감동한 나머지 북한의 자연보호 정신을 찬양했다.

"정치와 사회가 부패하고 문란한 곳에서는 자연은 학대받는다. 그런 곳에서는 그 몇 배의 위력으로서 자연은 인간에게 복수하고 마는 것이다. 중앙아시아의 광대한 사막의 지하에서는 몇천 년 전의 고대 도시가 발견되고 있다고 한다. 학대되는 자연은 홍수를 내고 모래와 돌을 퍼뜨려 마침내는 인간 문화 그것까지를 삼켜버리고 마는 것이다."

온낙중은 30년 후 남한과 북한의 자연 풍경이 정반대로 바뀌리라고는 예견하지 못했다. 남한은 수풀이 너무 우거져 야산이라도 발을 들여놓기 어렵게 된 반면, 북한은 거의 모든 산악이 사막화되어 해마다 홍수와 가뭄으로 큰 피해를 입게 되리라는 점을 상상조차 했을 리 없었다. 다만 온낙중은 인민에게 불충한 권력은 자연을 학대하며, 자연은 기어코 그 복수를 하리라는 점만은 정확히 맞힌 것이다.

방북자들을 놀라게 한 또 다른 차이는 전기였다. 호롱불도 제대로 켜지 못해 깊은 어둠에 잠긴 남한 농촌을 지나 북한 땅으로 넘어간 방북자들은 한밤중에도 동네 어귀며 집집마다 환히 밝혀진 전등에 놀랐다. 식민지 때 만들어진 수력과 화력 발전소들을 체계적으로 관리한 덕분이었다. 새로 지은 수많은 집들과 걸인이나 부랑자라곤 눈에 띄지 않는 깔끔한 거리, 북한 주민들의 바쁘고 힘찬 걸음걸이도 충분히 감동적이었다.

그러나 예민한 사람들은 정치경제적 안정 뒤에 드리워진 숨 막히는 분위기를 감지했다. 어렵게 산길을 넘어 월북한 이들은 기차만 타면 반나절이면 충분히 도착할 수 있는 평양에 들어가기까지 보통 3~4일이 소요되었다. 오로지 상부의 결재가 나기까지 필요한 시간이었다.

보안서원들은 남북연석회의를 취재하러 간 기자들까지도 모든 소지품에 대해서, 심지어는 소지한 명함의 내용과 뒤에 적힌 글씨며 빈 원고지의 매수까지 낱낱이 기록했다. 기자들은 상부의 이동 지시가 내려올 때까지는 여관 문밖에 나올 수도 없었으며, 무슨 요구를 해도 상부에 보고해 지시가 내려와야 답변을 했다. 보안분소 벽에는 "상부 명령의 충분한 이해가 상부 명령의 정확한 수행을 보장한다!"는 구호가 적혀 있었다. 남한 지식인들에게 북한은 마치 '상부 명령'이라는 원동기와 '연락'이라는 벨트로 움직이는 거대한 기구처럼 보였다. 일찍이 어떤 사회도 도달하지 못했던 기계적인 체계 속에 각 개인은 그 일부를 형성하는 부품으로밖에 보이지 않았다.

보고와 통제가 심하다고 해서 남한의 경찰처럼 "과연 이놈은 어떤 놈인가?" 캐고 드는 태도는 아니었다. 아무 필요도 없는 사소하고 동일한 일을 느릿느릿 반복하고 있는 젊은 보안서원들의 행동에는 어떤 적의도 선의도 나타나지 않았다. 다만 정해진 행정 절차에 따라 평범한 하루 일과를 수행할 뿐이었다. 남한의 경찰이나 관리들처럼 자발적인 충성심이 보이지는 않았지만, 공포와 억압에 지배당하고 있는 모습도 아니었다. 방북자들이 보기에 북한 관료들은 순진하고도 느긋해 보일 뿐, 권력을 두려워하고 있지는 않았다.

월남자들을 통해 잔인한 야만인으로 알려져 있던 소련군조차도 방북자들의 눈에는 그저 소박하고 편안한 인민의 군대로 보였다. 그네들은 "평양 가?", "담배 피워?" 같은 약간의 조선어를 구사하며 누구에게나 친근하게 굴었다. 제국주의 군인들 같은 위압감이라곤 없이, 남한에서 가져간 고급 담배를 얻어 피우며 즐거워하는 소박한 모습은 정겹기도 했다. 자기들끼리 독립된 주거지에서 특별 대우를 받는 남한의 미군들과 달리, 소련군은 별도의 주둔지 없이 주민들 속에 섞여 살았다. 방북자들은 5월 1일 평양역 광장에서 열린 5·1절 행사에 참석하려던 소련군들이 초대장이 없다는 이유로 끝내 쫓겨나는 광경도 목격할 수 있었다. 광장에서 열리는 대규모 공개 집회까지도 초대장을 발부해 일일이 통제하는 모습이나, 신분이 확실한 소련군 장교들의 입장을 끝내 거부하는 북한 하급 관리들의 융통성 없는 관료주의는 우스꽝스러웠으나, 결국 발길을 돌리는 소련군의 모습은 방북자들에게 또 다른 감동을 주었다. 미군 부대 철책을 넘으려는 조선인이나 소매치기를 그 자리에서 사살해버리고도 떳떳한 미군들의 거만한 태도와는 너무 달랐기 때문이다.[82]

노동자의 기념일인 5·1절 행사는 북한 체제가 어디로 흘러가고 있는가를 잘 보여준 대회이기도 했다. 평양역에서 모란강공원에 이르는 연도에 조직적으로 동원된 수십만 군중 앞에 가장 먼저 모습을 드러낸 것은 노동자가 아니라 군대였다. 맨 앞에 젊은 장성들의 기마행렬을 시작으로 인민군 보병부대와 중기관총부대, 기병대, 자전거부대와 오토바이 부대가 지나가고 박격포와 고사포부대가 뒤따랐다. 인민군 뒤로는 남녀 중학생을 시작으로 각급 학교 학생들의 행진이 이어졌다. 이날의 주인공이어야 할 노동자들은 그 뒤에 "민족의 영명한 지도자인 김일성 장군 만세!"가 적힌 플래카드를 들고 나타났다. 노동자들은 하나같이 망치를 거머쥐고 있었다. 마침 줄기차게 쏟아지는 비를 맞으며 몇 시간이나 이어진 행사는 김일성의 특별 지시에 따라 소련제를 본떠 북한에서 자체 제작한 트랙터의 행진으로 절정을 이루었다.[83]

이날 행사는 훗날 북한의 국시처럼 되어버리는 '선군정치'의 첫 시범과도 같았다. 크지도 작지도 않은 아담한 천년고도 평양 거리를 뒤흔든 거대한 구호와 노랫소리, 열광적인 함성은 방북자들을 전율케 하기에 충분했다. 그들은 혼란의 소용돌이에 휩싸인 남한 사회에서는 볼 수 없는 일사불란한 집단주의를 목격했다. 그것은 소름 끼치는 감동과 함께 장차 국가사회주의가 빚어낼 광기의 전조를 느끼게 했다.

북한 당국은 군국주의 시대의 일본조차 해내지 못한 이 철두철미한 체제에 주민들을 적응시키기 위해 아침과 저녁에 각각 한 시간씩 독보회라는 명칭으로 정치사상 교육을 받도록 했다. 사회주의 학습과 함께 자기비판과 상호비판을 수행하는 시간이었다. 직장이나 학교에서 게으름을 피우거나 잘못을 범한 사람은 이 시간을 통해 동료들로부터 지적을 받고 자기반성을 하면서 스스로 교화되었다.

방북자들을 의아하게 한 것은 이 독보회 시간에 대한 북한 주민들의 반응이었다. 적어도 그들이 만난 북한 주민들은 하나같이 독보회에 만족하고 있었다. 식당과 여관의 종업원, 인민군 사병들 모두 비슷했다. 말끝마다 진보적 민주주의라는 단어를 붙이는 특징을 가진 그들은 독보회를 하루 중 가장 유쾌한 시간이라고 말하기까지 했다.

이는 매우 놀라운 일이었다. 대개의 방북자들은 월남한 친구들로부터 북한에서 제일 견디기 힘들었던 게 독보회라는 이야기를 들었기 때문이다. 월남자들은 토지 개혁도 좋고 친일파 청산도 좋지만, 매일 아침저녁으로 여러 사람 앞에서 자신이 무엇을 잘못했는지, 자신의 조상은 또 어떤 잘못을 했는지 공개적으로 반성하라는 건 참을 수 없었다고 말했다.

똑같은 모임에 대한 정반대의 반응이었다. 고등교육을 받았거나, 지주였거나 혹은 부유한 상인의 자식이던 그들에게 독보회는 '무식하고 못난' 이들이 하루아침에 우월한 지위가 되어 자신의 사상과 행동을 비판해오는 '역겨운' 시간에 불과했던 것이다.

독보회는 극심한 남녀 차별에 천대받던 가정주부 혹은 못 배우고 가난했던 농민, 노동자들에게는 더없이 즐거운 시간이었다. 여관에서 걸레질을 하는 중년 여성이 노동자란 이유로 인민위원회에서 일하는 사무직보다 더 많은 월급을 받는 반면, 과거의 지배계급이던 지주와 지식인, 특히 친일파 출신들은 그 자녀들까지 출신 성분이 나쁘다며 식량 배급, 진학, 승진 등 모든 순위에서 뒤로 밀리니 당연한 일이었다.

실상, 방북자들이 들은 의견이 북한 주민 전체의 생각이라고 말할 수는 없었다. 북한 체제에 대해 반감을 가진 주민들은 애초에 방북자들 앞에 나타날 기회가 주어지지 않았거나 불만을 토로하지 못했을 뿐이었다. 학생들은 음악, 무용, 연극 같은 문예 활동에 많은 시간을 보낼 수 있었으나, 그만큼의 시간을 농장이나 공장 혹은 국가적 토목행사에 동원되어 노동을 해야 했다. 학급회의는 쾌활하고 집단주의적인 인간성을 양성한다는 목표 아래 소극성, 시기심, 질투 같은 심리까지도 비판의 대상으로 삼았다. 개인주의적이고 이기주의적일 수밖에 없는 인간의 본성을 전체주의, 이타주의로 개조하려 하고, 학생들을 집단노동에 동원하는 행위야말로 모든 파시즘 정권들의 공통적인 정책이었다.

겉으로는 누구나 이 체제를 수용하고 찬양했지만 내면으로는 반발이 누적되었다. 불과 2년 후 전쟁으로 국가적 통제가 마비 상태에 빠졌을 때, 최소 200만 명 이상의 북한 주민들이 월남하고 그중 상당수가 학생들이었다는 사실이 이를 입증한다. 하지만 반대로, 끝까지 북한에 남은 이들의 체제 우호적인 태도는 얼마 후 남로당과 옌안파, 소련파 등 외부에서 유입된 세력들이 모조리 숙청되면서 더욱 강화된다.

보이지 않는 불만과 상관없이, 북한 체제는 남한과는 비교할 수 없이 견고하게 다져지고 있었다. 도시마다 빈민과 거지, 도둑이 넘쳐나던 남한과 달리 북한의 거리에는 부랑자나 극빈자의 모습은 찾아볼 수 없었고, 절도나 살인으로 체포되는 범죄자도 거의 없었다. 남한은 뒷골목마다 점집이며 무당집이 깔려 있었으나, 북한에서는 주민들의 자발적인 정화운동에 떠밀려 사라져갔다. 방북자들은 평양 대동강변 공원에서 사주팔자를 봐주던 늙은이가 젊은이들의 호통을 받고 쫓겨나는 모습을 목격하기도 했다. 유상몰수에 유상분배조차도 지지부진한 남한과 달리 성공적으로 이루어진 토지의 무상분배는 대다수 농민들을 만족시키고 있었다. 대규모 제방공사나 저수지 건설에 동원되는 농민들의 표정은 어둡지도 불만스럽지도 않았다.

북한의 이 모든 창조와 질서의 정점에는 김일성이 있었다. 남북연석회의가 끝난 후 모란봉극장에서 열린 행사에는 김일성, 허헌, 박헌영 등이 나란히 참석해 인민군 합창단의 〈김일성 찬가〉를 들었다. 이때 사람들은 김일성이 득의만만하게 웃는 얼굴로, 자신을 찬양하는 인민군 합창단의 웅장한 합창 소리에 구둣발로 장단을 맞추면서 박헌영과 담소하는 모습을 볼 수 있었다. 김일성의 이런 개방적이고 활달한 모습은 보는 누구에게나 호감과 감명을 주었다. 사실 이런 유의 감명이란 그가 최고의 권력자이기에 생겨난 것이지만, 지도자라고 해서 누구나 감동을 주는 것은 아니었다. 김일성의 박력 넘치는 풍모는 좀처럼 웃음기를 보이지 않는, 월북한 이후로는 더욱 침울하거나 넋이 나간 듯한 표정이 되곤 하던 박헌영과 극명하게 대별되었다.

김일성은 사람들로부터 '영명하다'는 칭찬과 동시에 '바보 같아 보인다'는 특이한 평을 듣고 있었다. 무서운 권력을 가진 지도자답지 않게 잘 떠들고 잘 웃고, 웃을 때면 거침없이 파안대소하는 솔직담백한 모습을 그렇게 표현하는 것이었다. 얼굴에 살이 잔뜩 찐 데다 보는 각도에 따라 생김새가 달라져 찍은 사진마다 서로 다른 것도 바보스러운 인상을 주었다. 하지만 이런 점이 상대방을 더 편안하게 해주었다. 남북 연석회의에 참석하러 월북한 인사 중 많은 사람이 김일성의 권유에 따라 그대로 평양에 눌러앉은 것도 그의 이 소탈한 매력 때문이었다. 근로인민당 부위원장이던 백남운, 건민회 대표 이극로, 민족독립당 당수이던 홍명희 등이 대표적이었다. 김일성은 이들이 새 정부에서 일할 수 있도록 배려했다.

북한의 경제 발전은 누구라도 감동시킬 만했다. 북한 당국은 회담이 끝난 후 방북자들을 북한의 공업단지로 안내해 사회주의 체제의 우월성을 과시했다. 해방 전부터 중공업이 집중되어 있던 북한 공업지대의 활황은 놀라웠다. 절반 이상의 공장이 문을 닫은 남한과 달리, 거의 완벽하게 가동되고 있는 흥남, 원산, 남포 등의 대규모 공장들의 위용은 방북자들에게 상당한 충격을 주었다. 이는 남한과 달리 대공장들을 국유화해 국가 차원에서 부흥시킨 결과였다.[84]

방북자들 중에서도 제대로 역사 공부를 한 사람들은 히틀러 시대 독일이나 메이지유신 시대 일본처럼 전체주의 절대 권력 치하에서 경제력이 비약적으로 발전했음을 잘 알고 있었다. 엄밀히 말하자면 북한의 경우는 식민지시대 수준의 회복에 불과하다는 점도, 남한에 비하면 굶주리는 주민이 줄었지만 전체적으로 빈한하게 살고 있다는 것도 외면할 수 없었다. 지난 2년간은 식량 문제로도 큰 고통을 겪었다는 사실은 북한 측 안내인들도 인정하고 있었다. 설사 '밥걱정'이 해결된다 할지라도 거리마다 김일성과 스탈린의 초상화가 넘치는 북한에 남기로 결심하기란 쉬운 일이 아니었을 것이다.

하지만 남한에서 생명의 위협을 받아 어쩔 수 없이 월북한 대다수 사람들은 이 새로운 사회를 받아들여야만 했다. 다분히 부자연스러운 아전인수식 해석이기는 했지만, 그들은 북한에 나타난 현상을 자본주의 파시즘과는 본질적으로 다른, 김일성에게 전 정치 역량을 집중시키는 이른바 '진보적 민주주의'로 해석했다. 그들은 조선인의 주권이나 생계 문제에 거의 아무런 관심도 대책도 없는 미군정 아래 수많은 사람들이 매 맞고 굶주리고 죽어가는 남한에서는 그 어떤 희망도 발견할 수 없었다. 남한 민중이 처한 끔찍한 현실에 비하면 북한은 천국이나 다름없어 보였다.

북한의 산업시설을 시찰한 김구도 남한으로 돌아가던 5월 4일 기자회견에서 북한에는 건설 기반이 조성되고 있으나 남한에는 그렇지 못하다는 것을 인정하고, 미국이 남한의 내정에 깊숙이 간여하고 있어 국민의 불만이 높다고 말했다. 그는 김일성에게 미국이 자신을 탄압하면 북한에서 정치적인 피난처를 제공할 수 있느냐고 묻고, 자신은 과수원이나 하면서 여생을 보내고 싶다고 말하기도 했다. 출발 직전에는 주영하에게 반말로 말했다.

"내가 무엇을 원하고 있다고 생각하나? 나는 어떤 권력도 직위도 원하지 않는다."

김구의 말은 진심이었을 것이다. 상하이 임시정부의 경비대장 격인 경무국장으로 출발한 그는 실로 조국의 완전한 독립과 통일 이외에는 아무것도 바라지 않았던 사람이었다. 그럴 만한 정치적 수완이나 지식을 가진 사람도 아니었다. 굳이 그의 사상을 압축하자면 극우 반공의 민족주의였다. 김구를 만난 신문기자들은 "그 영감, 너무 무식해서 말이 통하질 않는다"고 푸념하곤 했다. 그 단순한 우직함이야말로 그를 민족주의의 상징으로 만든 힘인 동시에 정치적 실패로 인도한 근원이었다.

김구와 김규식은 형식상으로는 소련군정과 김일성의 특별 대우를 받으며 단독정부 반대라는 대의명분에 합의하고 남하했다. 그러나 남한뿐 아니라 북한에도 이미 독자적인 정부가 준비된 상황에서 이루어진 공허한 선언에 불과했다. 결국 이들의 생애 마지막 열정은 아무런 보람도 없이 끝나고, 김구는 이듬해 국군 장교 안두희에게 암살되고 만다. 김구의 암살은 이승만의 지시에 따른 것으로 추정되었지만 끝내 진실은 밝혀지지 않았다. 사망 무렵 여론조사에서 김구에 대한 대중적 지지도는 극히 낮았기 때문에 이승만과 대통령직을 놓고 다툴 상대가 아니었다는 점에서 이승만 계열 충성파들에 의한 자발적 테러일 가망성도 높아 보인다. 김규식은 테러는 면했으나 한국전쟁 중 자진 월북 형태로 납북되어 어떤 정치 활동도 하지 못한 채 여생을 보내게 된다.

남북은 제각기 독자적인 체제 구축에 바빠졌다. 남한의 5월 10일 국회의원 총선에 맞서 북한도 최고인민회의 대의원 선거에 들어갔다. 인구 5만 명에 하나씩 대의원을 선출하되 남한까지 한반도 전역을 대상으로 했다. 북한 인구 1,200만에 240명이 배정되었고, 남한 인구 1,800만에 360명이 배정되었다. 선출한다 해도 실제적인 활동을 할 수 없는 남한에 이처럼 더 많은 대의원을 배정한 것은 북한의 최고인민회의가 남북을 대표하는 유일한 대의기구라는 점을 선전하기 위해서였다.

남한 땅에서 북한 최고인민회의 대의원을 뽑는 일은 반국가 행위로 취급되었다. 철저히 극비리에 진행되어야 했다. 남로당은 지하선거라는 이름으로 이를 주관했다. 공공연한 선거운동을 할 수 없으므로 1,800명의 선거인단을 선출해 월북시키면 이들이 360명의 대의원을 선출하기로 했다.

대의원 선거인단 투표에는 남로당원을 비롯해 민전 산하의 모든 정당과 사회단체 구성원들이 대상이 되었다. 이들은 가로 10센티미터, 세로 5센티미터의 작은 종이에 10명씩 이름을 적고 도장을 받은 후 이를 나란히 붙여 똘똘 말아 해주 남로당 연락사무소로 보냈다.

극심한 탄압 속에서도 지하선거는 상당한 호응을 받았다. 이해 여름 남한의 좌익 운동가들은 하나같이 주머니에 투표용지를 넣고 다녔고, 좌익이 아니더라도 통일을 열망하는 수많은 사람들이 비밀서명에 가담했다.

희생자도 속출했다. 도장을 받다가 적발되거나 연판장을 들고 월북하다가 체포되어 모진 고문을 당하는 경우는 기본이었다. 공산주의자가 아니면서도 남북통일을 염원해 명부에 서명했다가 체포되어 극심한 고초를 겪은 이들도 부지기수였다. 석방된 후에도 경찰과 우익청년단은 시시때때로 불러다 구타하고 집안 식구들까지 괴롭혔다. 일상생활마저 어렵게 된 이들 중에는 끝내 월북하거나 산에 올라가 빨치산에 합류하는 이들이 속출했다.

남로당의 활동은 그 자체가 희생이었다. 피검되는 당원들은 급속히 늘어갔고, 전향자도 비례해 늘어났다. 이리저리 수배되고 정체가 드러난 당원들은 발붙일 곳이 없었다. 검거되면 전향 아니면 죽음이었다.

어려움 속에서도 선거 참여율은 상당히 높았다. 박헌영은 7월 30일 소련군정 총사령관 슈티코프와 만난 자리에서 일부 지방의 선거위원들이 구속되고 서류가 압수되는 사건들이 있었으나 투표는 대체로 성공적이었다고 설명했다. 그는 7월 26일 현재 서울의 유권자 60만 명 중 11만 명이 투표에 참가했다고 말했다. 선거가 완료되고 해주에서 열린 8월 21일의 남조선인민대표자회의에서는 남한 유권자 860만 명 중 77.5퍼센트가 투표했다고 발표했다. 다분히 과장된 숫자이기는 했지만 남로당원들의 열정과 일반 주민들의 높은 호응으로 보아 아주 터무니없는 숫자라고 할 수는 없었다. 박헌영은 민전 소속으로 영등포 대의원에 출마해 선출되었다.

남조선인민대표자회의가 폐막되던 날, 남북조선노동당 연합중앙위원회가 결성되었다. 둘로 나뉘었던 노동당이 상부구조를 합친 것이었다. 이는 사실상 남로당이 북로당에 종속되어 모든 권력이 김일성에게 집중되었음을 의미했다. 실제로 북한의 기록들은 이날을 조선노동당 중앙위원회 제1차 회의로 기록한다.[85]

아직 남로당의 명칭은 남아 있었고 박헌영은 연합중앙위원의 일원이자 제2비서로 선출되었지만 위상이 크게 손상된 것은 자명했다. 그럼에도 김일성은 박헌영에 대한 경계심을 풀지 않았다. 이 본능적인 경쟁심은 박헌영이 무기력해질 때까지 계속될 것이었다.

김일성의 경쟁심은 혁명의 선배에 대한 무례함으로 나타나곤 했다. 그는 박헌영의 공식 직함을 무시한 채 '이론가'라고 부르기를 좋아했다. 매사 논리적으로 따지고 원칙을 중시하는 박헌영을 놀리는 별명이었다. 얼마 후 북한 정부가 수립되면서 박헌영 밑에서 외무성 부상으로 일한 박길용 등 소련 교포들은 김일성의 무례한 태도를 흔히 목격할 수 있었다. 각 부처의 상과 부상들이 모여 내각회의를 할 때, 어쩌다가 박헌영이 외교관들을 접대하다가 늦게 되면 김일성은 그를 기다리지 않고 "우리 이론가는 늦게 올 모양이니 먼저 회의를 시작합시다"라고 했다. 전화를 할 때도 "거기 이론가가 와 있는지 살펴보고 내가 찾는다고 말하시오"라고 했다. 김일성은 공식 석상에서나 사석에서나 툭하면 자신들 빨치산파는 공부를 못 하고 일본군과 무기를 들고 싸웠다는 점을 강조했고, 박헌영 등은 말만 공부했다며 면박을 주기 일쑤였다.

이에 비해 박헌영은 답답할 만큼 예의 바른 태도를 견지하고 있었다. 그는 공식적으로는 물론이요, 자신의 지지자들이 모인 자리에서도 김일성을 욕하거나 격하한 적이 없었다. 북한 정부가 수립된 직후인 이해 겨울, 강에서 낚시를 하다가 큰 잉어를 한 마리 잡자 "이 고기는 김일성 수상에게 대접해야겠다"고 말하기도 했다. 김일성에 대한 박헌영의 마음은 넉넉했다. 이런 태도는 억지로 만들어질 수 있는 것이 아니었다. 혁명이라면 몰라도 권력에는 별다른 욕심이 없는 데다 근본적으로 온화한 성품의 반영이었다.

샤브시나 쿨리코바는 1992년 모스크바에 찾아온 『중앙일보』특별취재반에게 말했다.

"박헌영은 자신의 정치 노선에 앞서 소련의 지시를 따랐으며, 자신을 신임했던 소련 정보기관 소속 평양 주둔 소련군 사령부의 정치고문 발라사노프, 샤브신 부영사 등에게 단 한 번도 자신을 최고지도자로 천거해달라는 등의 신상 발언을 하지 않았습니다."

처음에는 박헌영에게 냉담했던 소련군정 관료들도 시간이 지나면서 그를 신임하게 되었다. 해방 초기에 만난 박헌영을 부정적으로 보고했던 레베데프도 생각을 바꿨다. 그는 1948년 12월 25일 소련 국방성에 제출한 북한 정치인들의 신상 평가서에서 몇몇 북한 출신들에 대해 사상성이 약하다거나 우경적이라거나 하는 단점을 기술했다. 그러나 박헌영, 이승엽, 홍남표 등 남로당 출신들에 대해서는 매우 긍정적으로 평가했다. 이승엽에 대해서는 우수한 조직자이며 위신을 갖추었고 재능 있는 민주화 투쟁 지도자의 한 사람이라고 칭찬했다. 특히 박헌영에 대해서는 최고의 긍정적인 평가로 일관했다.

"박헌영은 이론적으로 준비가 잘 된 활동가이며, 조선에서 가장 우수한 마르크스주의자들 가운데 한 사람이다. 그는 마르크스 레닌주의 이론에 대한 자신의 지식을 향상시키기 위해 체계적으로 노력하고 있다. 조선의 국내 정치 상황에 대해 올바른 견해를 갖고 있으며 국제 정세에 대해서도 정통

하다. 온화한 성품과 검소한 생활 태도를 지니고 있다. 공산주의운동에 자발적이며 진지하고 충실하다. 박헌영은 북조선과 특히 남조선의 광범한 대중들과 좌익 정당들, 심지어는 중간파 정당들 속에서도 상당한 권위를 누리고 있다. 그는 남조선 민주주의민족전선의 사실상의 지도자이며 이론적 지도자이다. 박헌영은 조선의 탁월한 정치 활동가이다. 그는 소련에 매우 우호적인 태도를 취하고 있다."

이는 소련군 정치사령관이 상신할 수 있는 최고의 찬사였다. 박헌영에 대한 소련군 장성들과 스탈린의 신뢰는 높아졌다. 그러나 기본 틀을 바꿀 필요까지 느끼지는 않았다. 김일성이야말로 국가를 운영하는 데 필요한 더 많은 정치적 요소를 갖추고 있었기 때문이다. 누구도 그 요소가 무엇인가를 정확하게 기록해 놓지는 않았으나, 기본적으로 사람 만나기를 좋아하는 대범하고 외향적인 성품이라든가, 원칙적이면서도 융통성 있는 정치력, 그리고 이런 장점들을 효과적으로 응집해낼 수 있는 강력한 권력 의지를 의미했을 것이다. 때때로 드러나는 유효적절한 비열함과 냉혹함도 정치가로서의 필수조건이었다. 그것은 박헌영은 갖지 못한, 대중정치가들의 일반적인 특징이기도 했다.

어쩌면 박헌영은 자신의 정치가로서의 한계를 잘 알았고, 이에 맞춰 이인자에 만족했을 것이었다. 그럼에도 김일성은 박헌영에 대한 경계심을 늦추지 않았다. 그것은 심리적일 뿐 아니라 정책적으로도 확연히 드러나고 있었다. 1948년 7월 31일, 김일성은 곧 수립될 조선민주주의인민공화국의 내각 후보를 작성해 소련군정에 상신했고, 이는 그대로 스탈린에게 보고되었다. 이 명단은 명목상으로는 박헌영과 상의한 것으로 되어 있으나 온전히 김일성의 의지대로 만들어졌다는 것을 누구라도 알 수 있었다.

김일성의 최초 명단에서 박헌영과 그의 직계는 거의 배제되어 있었다. 김일성 자신은 행정부 최고수반인 수상직과 함께 남한의 국방부장관 격인 민족보위상을 겸임했다. 세 명의 부수상에는 홍명희, 허헌, 홍기주를 배치했고, 박헌영에게는 사실상 실권이 전무한 외무상 하나만을 맡도록 했다. 박헌영과 가까운 인물로는 유일하게 이승엽이 노동상을 맡았다. 이 명단에 따르면, 무임소상까지 23석 중 북로당이나 빨치산 출신들이 10석을 차지한 반면, 남로당 출신은 허헌, 박헌영, 이승엽, 단 세 명에 불과했다. 허헌은 두루 사람을 사귀는 비정파적인 인물로, 박헌영의 사람이라고도 할 수 없었다. 많은 정적들이 인사 배치에서 박헌영의 편협성을 비난했지만, 김일성의 편협한 종파주의야말로 역대 어떤 공산주의 지도자도 보여주지 못한 최악의 수준이었다.

이 시안을 문제 삼은 이는 다름 아닌 스탈린이었다. 스탈린은 남한 출신 공산주의자들이 지나치게 소외되었다고 지적하며, 김일성에게는 수상만 맡기고 박헌영을 제1부수상 겸 외무상으로 끌어올렸다. 박헌영과 가깝기는 하지만 강원도 출신으로 북로당에 편입된 지 오래인 최용달이 맡았던 사법상은 이승엽으로 교체하고, 허성택과 박문규를 입각시켰다. 하지만 실질적으로는 상보다 더 실권을 가진 부상 자리에는 박헌영 계는 박세영과 김광수뿐, 북로당이나 소련파가 20명이나 배치되었다. 스탈린의 간섭으로 약간의 숨통이 트이기는 했으나 큰 도움은 되지 못했던 것이다.[86]

이 무렵 강동정치학원에서 일어난 충돌 사건은 남북 노동당원 사이의 차별대우에 대한 누적된 불만이 폭발된 사고였다. 사고의 시작은 다름 아닌 이현상이었다.

남로당 간부부장을 맡고 있던 이현상은 남북연석회의에 참석하기 위해 월북한 후 해주 강동정치학원에 머물며 군사훈련과 러시아어 교육을 받고 있었다. 박헌영으로부터 남로당 중앙위원 고찬보, 민전 중앙위원 유축운 등과 함께 모스크바에 유학해 고위 간부 훈련을 받고 오라는 지시를 받았기 때문이다. 같은 시기 강동정치학원에서는 북로당 간부부장 이상조와 선전부장 김창만 등도 러시아 유학을 위해 러시아어를 배우고 있었다.

7월 하순, 나란히 러시아어를 배우고 있던 남북의 노동당 간부들이 조촐한 술자리를 벌였다. 모두 술이 취한 상태에서 장차 누가 공화국의 최고지도자가 되어야 하는가에 대한 이야기가 시작되었다. 먼저 북로당 선전부장 김창만이 나서서 김일성이 북한의 최고지도자를 맡는 것이 순리라고 말하자 북로당 간부들은 열렬히 찬동했다. 보다 못한 이현상이 나서서 김일성은 인민무력부장 정도가 적당하고 최고지도자는 박헌영이 맡아야 한다고 말했다. 이에 북로당 간부부장 이상조가 박헌영은 당파 싸움을 일삼는 종파주의자이기 때문에 안 되고, 빨치산 출신인 김일성만이 조선을 이끌 수 있다고 강변했다. 고문과 감옥 생활로 점철된 국내에서의 험난한 운동을 종파주의로 폄하하는 데 분개한 이현상은 그 자리에서 술상을 뒤집어엎어 버렸다. 술자리는 난장판이 되고 남북 노동당 간부들은 몸싸움까지 벌이게 되었다.

과묵하고 참을성 많기로 이름난 이현상이 술상까지 뒤엎을 정도로 흥분한 것은 결코 우연이 아니었다. 남로당 출신, 더 좁게는 조선공산당 출신들에 대한 김일성의 종파적인 배제에 대한 불만이 표출된 것이었다. 필연적으로 폭발한 언쟁은 점차 확대되어 패싸움으로 번졌다. 두 패는 제각기 훈련용 소총까지 들고 나와 서로를 위협하는 지경에 이르렀다.[87]

소식은 즉시 소련군정 사령부에 보고되었다. 소련군정은 이 사건을 그동안 잠재해 있던 박헌영 계열과 김일성 계열의 대결로 파악하고, 북로당 부위원장을 맡고 있던 소련 교포 허가이에게 진상을 조사한 후 엄벌하라는 명령을 내렸다.

허가이의 직책은 북로당 부위원장이었지만 소련군정의 대변자로서 김일성도 어려워하던 존재였던 데다 8월부터 남북

노동당이 하나가 되어 합동지도부를 구성했기 때문에 당의 운영에 관한 한 누구보다도 막강한 영향력을 가지고 있었다. 그는 소동 당사자들의 소련 유학을 취소하고 김창만은 내각 간부학교 교장으로, 이상조는 군대로 발령하는 한편, 이현상은 즉시 남쪽으로 돌아가라고 명령했다. 소련군정 정치사령관 레베데프는 1948년 7월 31일자로 이현상, 이상조, 김창만, 유축운, 고찬보, 김광식의 유학 취소를 승인했다.

김일성과 소련군정의 격분을 산 이현상은 모스크바 유학의 길을 포기하고 죽음의 땅 남한으로 돌아가야만 했다. 그리고 3개월 후 여수에서 무장반란이 터지자 남북노동당 합동지도부는 이현상에게 이를 수습하라고 지시했고, 이현상은 지리산 특수공작반인 빨치산 제2군단장을 맡는 등 이후 5년간 산중에서 빨치산 투쟁을 하다가 죽는다.

국제적으로나 국내적으로나 조선의 공산주의운동을 대표했던 박헌영과 조선공산당은 이제 역사의 뒤안길로 밀려나고 있었다. 북한의 김일성이 떠오르는 태양이라면 박헌영과 동료들은 사라져가는 별들이었다. 과거, 힘겨운 어둠의 시절에나 찬란한 빛을 발휘했던, 그러나 태양이 떠오르면 어둠 저편으로 사라져야만 하는 쓸쓸한 패배자들이었다.

진정한 고통은 이제 시작이었다. 다가오는 가혹한 현실은 그들에게 남은 알량한 자존심마저 앗아갈 것이었다. 지난 3년이 도무지 통제할 수 없고 걷잡을 수 없던 격동의 시간이었다면, 다가오는 해들은 도저히 감당하기 어려운 분노와 몰락의 시간이 될 것이었다.

12

두 개의 공화국

朴憲永 評傳

●

1948년 8월 15일, 삼팔선 이남 남한 땅에 대한민국이 수립되었다. 3주일 후인 9월 9일에는 북한 땅에 조선민주주의인민공화국이 수립되었다. 마침내 한반도에 두 개의 공화국이 세워진 것이었다.

해방될 때만 해도 누구도 상상하지 않았던 남북 분단이 현실화된 것이었다. 독일은 3천만 명 이상의 목숨을 앗아간 세계대전의 주범이라서 분단되었다지만, 조선은 일본의 식민지로 고생한 죄밖에 없었다. 가해자 일본은 미군정의 지배도 받지 않았고 평화헌법으로 군사비 지출을 줄여 비약적인 경제 회복의 토대를 마련했는데, 피해자 조선은 분단과 동족 간의 극한 대립이라는 최악의 상황이 된 것이었다.

대한민국 정부 수립 기념식장에는 도쿄에서 살다시피 하던 일본 애호가 맥아더가 날아와 이승만과 나란히 앉아 축하 연설을 해주었다. 그는 이 자리에서 이승만이 늘 주장하던 북진통일의 의지를 고무했다.

"장벽은 반드시 무너져야만 하며 무너질 것입니다. 당신들

의 국민이 자유국가의 자유민으로서 종국적으로 통일을 이
루는 데 아무것도 방해해서는 안 됩니다."

맥아더는 삼팔선을 제안한 당사자로서 장벽을 무너뜨리겠
다고 선포할 자격이 없는 사람이었다. 더구나 해방되고 반년
밖에 지나지 않았을 때부터 남한만의 단독정부 수립을 주장
해온 이승만의 집권을 축하하는 자리에서 전쟁을 통해 북진
통일을 하겠다고 주장한 것은 모순이었다. 한국 민중의 고통
따위에는 아무 관심이 없는 오만불손한 발언이기도 했다.

남한의 우익들은 이날부터 시작해 이후 70년이 넘는 오늘
날까지도 맥아더와 이승만 덕분에 남한만이라도 자유와 민
주를 얻었다고 찬양해왔다. 분단 덕분에 남한이 잘살게 되었
다는 이 주장은 그러나 일본의 식민지였기 때문에 조선의 산
업이 발달했다는, 이른바 식민지근대화론처럼 바보 같은 소
리였다. 식민지근대화론이 어느 나라의 식민지도 아니었던
일본 자신과 또 다른 여러 나라들의 자본주의 발전을 설명하
지 못하듯이, 분단에 의한 발전론은 제2차 세계대전 직후 좌
우 대립이 극심했음에도 분단하지 않고 문제를 해결한 대다
수 나라들의 사례를 설명하지 못한다. 만일 모스크바 3상 협
정에 따라 임시정부를 수립하고 신탁통치를 통해 자유로운
사상운동과 정당 활동을 보장했더라면, 한동안은 혼란스러
웠겠지만, 민주주의를 통해 좌우 사상의 대립을 극복해낸 대
다수 나라의 경험처럼 궁극적으로는 좌·우파가 균형을 이루

며 공존하게 되었을 가망이 훨씬 높았다. 설사 그 과정에서 다소의 유혈충돌이 발생하더라도 한국전쟁과 이후 긴 분단의 고통보다 더 끔찍할 수는 없었을 것이다.

분단의 주역을 맡았던 남한 우익들은 대한민국 수립 후 더욱 무소불위의 폭력을 휘둘렀다. 우익청년단 출신들은 국회의원과 국군 장교, 경찰 간부로 대거 진출해 국가 전체를 폭력화하는 데 앞장섰다. 그들의 상층부는 일본군에게 훈련받았으며 하층부는 미군에게 훈련받은 자들이었다. 제주항쟁과 여순 반란 사건을 진압하는 과정에서 경찰 혹은 경찰로 갓 편입된 우익청년단들에 의해 벌어진 민간인 대량 학살은 그들이 자신의 상전들로부터 어떤 훈련을 받았는가를 잘 보여주었다.

남한의 수많은 진보적인 지식인들은 북한이 좋아서라기보다도 남한의 폭력이 무서워서 월북의 길을 선택해야만 했다. 이 불행한 도피자들에게 반쪽짜리 공화국의 직책은 조금도 영광이 될 수 없었다.

북한의 초대 최고인민회의 의장으로 추대된 허헌은 그 시대 진정한 애국자의 상징과 같은 인물이었다. 그는 민전 의장과 남로당 의장에 이어 북조선 최고인민회의의 의장까지 되었지만, 그 어떤 직위도 그가 원하던 것은 아니었다. 다른 많은 사람들이 그러했듯이, 그가 원한 것은 오직 통일된 민주국가뿐이었다. 우익들의 암살 위협을 견디다 못해 월북하기는 했으나, 개인의 의지가 반영될 여지가 없는 북한에서는 아무 실권도 없는 상징적인 인물로 내세워질 수밖에 없었다. 남한에서는 그래도 명목상 진보 진영의 대표로서 중대한 정치적 발언자의 한 명이었으나 평양에 올라온 후로는 거의 정치적 발언을 하지 않고 있었다.

전쟁 때 월남하는 둘째 딸 허근욱의 증언에 의하면, 최고인민회의 의장으로 일하던 어느 날, 술에 몹시 취해 부축을 받으며 현관에 들어선 허헌은 구두도 벗지 않고 현관 쪽마루에 주저앉더니 두 주먹으로 마룻바닥을 치며 하염없이 통탄의 눈물을 흘리기 시작했다. 통일정부 수립의 꿈이 좌절된 채 북한의 단독정부 수립에 참여할 수밖에 없던 한 양심적인 지식인의 통분이었다. 얼마 후 김일성종합대학 학장으로 임명된 허헌은 한국전쟁 중이던 1951년 여름, 차에 탄 채 뗏목에 실려 대동강을 건너던 중 홍수로 불어난 물에 휩쓸려 사망하고 만다.[88]

평생을 꿈꾸던 사회주의 공화국에서 부수상 겸 외무상을 맡은 박헌영에게도 직책 자체는 별 의미가 없었다. 외무상은 군대나 경찰, 법원 같은 실권과는 거리가 먼 자리였다. 신생 공화국의 외무 담당으로서 세계 각국과의 국교 수립과 유엔 가입 같은 기본 업무를 수행하는 외에는 크게 바쁠 일도 없었다. 스탈린의 배려로 부수상이라는 직책을 겸했으나 그 자리는 본래 김일성이 허용한 자리가 아니었다. 자신에게 주어진 사소한 집행권조차 수상에 대한 월권으로 비추지 않기 위해 조심스러운 나날을 보내야 했다. 심지어 외무상으로서 외국 손님들에게 어떤 선물을 할 것인가조차 김일성에게 전화로 확인하고 허락을 받을 정도였다.

1948년 8월 남북노동당 합동지도부가 구성된 뒤로는 대남 사업에 대해서조차 영향력이 대폭 감소되었다. 사람들은 그가 적어도 한국전쟁까지는 남로당을 총지휘하고 있다고 생각했지만, 대남 사업에 대한 그의 권한은 전쟁이 나기 2년 전인 이때부터 이미 제한을 받고 있었다. 실무적인 결정은 내릴 수 있더라도 주요한 기본 결정은 김일성, 허가이 등 북로당 지도부의 승인을 받아야 하는 처지였다. 후일에 쓰인 친북적인 입장의 증언이나 역사 기록들은 이 문제에 대해 이중적인 잣대를 들이댄다. 실패한 전쟁의 책임이 박헌영과 남로당에 있다는 것을 강조하기 위해, 1948년에 남북노동당이 합동했다는 것과 1949년에는 남로당이 사라졌다는 사실은 애써 사소하게 기록하거나 이야기하지 않는 것이다.

누구도 예기치 않은 사건이 터진 것은 남로당에 대한 지휘권이 합동지도부에게 넘어가고, 남북 정부가 수립된 2개월 후인 1948년 10월 19일 밤이었다. 여순 반란 사건이었다.

제주에서의 무장반란과 마찬가지로, 조선노동당 중앙당은 국방경비대 제14연대의 무장반란을 전혀 예상하지 못하고 있었다. 전남 여수시 바닷가 신월동에 주둔하고 있던 제14연대는 '붉은 연대'라 불릴 정도로 남로당원이 많았다. 사병 열 명 중 한 명이 남로당 전남도당 소속 당원이었고, 20여 명의 장교 대다수가 이주하의 군사부가 지휘하는 중앙당 소속 당원들이었다. 1948년 10월 16일, 제주도 반란을 진압하러 출동하라는 남한 정부의 명령이 떨어지자 연대 선임하사 지창수 등 제14연대 내의 남로당 전남도당 당원들은 비상회의를 소집해 총구를 남한 정부에 돌리기로 했다. 출동 날짜가 임박한 데다 연락망이 두절되어 있어 해주나 서울의 남로당 상부는 물론, 지리산으로 피신해 있던 전남도당과의 협의조차 이루어지지 않은 독자적인 결단이었다.

10월 19일 밤 지창수의 선동으로 봉기한 제14연대 사병 2,500여 명은 신식 무기인 엠원 소총으로 무장하고 병영을 나와 여수를 점령하고, 이어 순천, 광양 등 전라도 일대로 병력을 분산했다. 즉시 파견된 진압군과 치열한 전투를 벌이던 반란군은 남한 군경의 대대적인 반격에 기세가 꺾여 불과 며칠 만에 지리산으로 들어갔으나, 그 짧은 사이 경찰관과 우익 인사, 지방 유지 등 1천여 명을 사살했다. 죽은 이의 상당수는 저항할 수 없는 비무장 상태였다. 남한 정부는 반란군이 출몰하는 전남과 제주도 전역에 대해 무자비한 보복을 시작했다.

박헌영을 비롯한 남북노동당 합동지도부는 여순 반란을 처음부터 비판적으로 보았다. 넓게 보면 지난 2월에 떨어진

504

구국투쟁의 호소가 유효한 시점이라 할 수 있었지만, 상부의 허가를 받으려는 어떠한 노력도 없이 충동적으로 봉기한 데 대한 냉정한 비판이었다. 1949년에 발행한 『북조선통신』 4월 상순호에서는 "제14연대 봉기는 시기 선택에서 잘못되었고, 이 사건으로 인해 군대 내부에 잠입한 당 조직이 적발, 숙청되는 계기와 단서를 제공했다. 더욱이 많은 인명 피해를 냄으로써 좌익 활동 전반에 타격을 준 극좌 모험주의였다"고 평가했다.

여기서 말하는 인명 피해 중에는 포로로 잡혔다가 학살당한 군경과 우익들도 포함되어 있었다. 러시아혁명 과정에서 군사 책임자였던 트로츠키는 "적위군 병사는 전투에서 무자비하더라도 포로와 무력한 적에 대해서는 아량을 보여야 한다"고 강조하며 "포로, 비무장 인자, 환자와 부상자에게 칼을 치켜드는 적위군 병사는 모조리 손을 자르라!"고 지시한다.[89] 중국 혁명을 주도한 팔로군 역시 비무장 적군이나 포로를 학살하지 않는 것을 원칙으로 삼았다. 얼마 후의 한국전쟁에서 중국군은 미군 부상병이나 포로를 아무 조건도 없이 무더기로 돌려보내 미군 지휘부를 당황하게 만들곤 했다. 강동정치학원에서 팔로군 전술을 배운 이현상이 지휘하는 유격대도 이 원칙에 철저하려 애썼다. 포로를 죽이지 않고 훈계하고, 때로는 차비까지 주어 돌려보내는 이현상의 정책은 남한 군경에게 상당히 위협적인 심리 전술이었다.[90]

사전 허가가 없었다고 해서 외면할 수는 없었다. 대구의 10월 항쟁과 제주의 4·3이 그랬듯이, 대중봉기는 자연발생적으로 일어나기 마련이고, 혁명적 정당에게는 이를 지도할 의무가 있었다. 내부적으로는 비판할지라도 대외적으로는 환영하여 투쟁을 고무해야 했다.

박헌영과 이승엽은 더욱 가열찬 폭동을 선동하는 성명을 발표했다. 남한 각지에 흩어진 야산대를 지도할 임무를 부여받고 있던 이현상은 곧바로 반군을 찾아 달려갔다. 10월 23일 저녁 무렵 순천역에 도착한 이현상은 8백여 명의 잔여 병력을 이끌고 지리산에 들어가 장기 투쟁을 시작했다.

내란의 시작이었다. 북한은 11월 중순 강동정치학원 수료생 180명을 오대산지구로 내려보내는 등 1948년 겨울에만 두 차례 무장유격대를 남파해 반란군을 지원했다. 남하하던 지원군은 오대산과 소백산에서 국군의 완강한 저지로 섬멸되고 살아남은 극소수는 남하를 포기한 채 월북했지만, 1949년에도 유격대 남파는 계속되었다.

남한 정부도 강경 진압에 나섰다. 이승만은 10월 22일 계엄령을 선포하면서, 남녀는 물론 아동까지 일일이 조사해 불순분자를 제거하라고 지시했다. 반역자의 가족을 함께 죽인 봉건시대처럼 남녀노소를 가리지 말고 처단하라는 전근대적 명령이었다. 전체 국군의 절반에 이르는 4만여 병력이 반란 지역에 투입되었다. 북한을 지지하는 인민위원회가 수립되었던 여수가 그 첫 공격 목표가 되었다.

반군에 장악된 지 사흘 만인 10월 26일 오후 3시, 오동도 밖에 정박한 충무공호 등 일곱 척의 해군 함정에서 일제히 함포 사격을 시작하면서 여수 탈환 작전이 개시되었다. 반군의 주력은 이미 시가지를 빠져나간 가운데, 여수 시가지에는 반군 2개 소대가량과 몇몇 어린 중학생들이 간간이 총을 쏘며 버티고 있을 뿐이었다. 해군의 공격은 시민들에게 공포를 불러일으키기 위한 시위의 성격이 짙었다. 함포와 박격포 탄이 날아들면서 시가지는 불바다가 되고 말았다.

쑥대밭이 된 시내로 밀고 들어온 진압군은 살아 있는 모든 사람을 밖으로 끌어내 서국민학교 등 다섯 군데의 집결지로 이동시켰다. 뒤늦게 발견되는 민간인은 그 자리에서 사살했다. 어둠이 깔리는 가운데 서국민학교, 동국민학교, 종산국민학교, 공설운동장 등에 끌려간 주민들은 사방에 설치된 중기관총이 총구를 겨누고 있는 운동장에 앉혀졌다. 반란 가담 여부를 심사하기 위해서였다.

심사는 간단했다. 생존 경찰관과 우익단체 간부, 진압군 병사들로 구성된 5~6명의 심사원들이 늦가을 추위에 떨며 차가운 흙바닥에 앉은 시민들 사이를 훑고 다니다가 반란에 가담한 사람이라 판단되면 "저 사람"이라고 손가락질했다. 손가락 총에 맞은 사람은 바로 끌려나와 총 개머리판이나 몽둥이로 뼈가 부서지도록 구타당한 뒤 운동장 한편에 파 놓은 구덩이 앞에서 사살되어 불태워졌다. 만주에서 독립군을 잡던 일본군 출신인 대대장 김종원은 수천 명이 보는 앞에서 단칼에 목을 잘라버리기를 즐겼다.

심사는 한 번으로 끝나지 않았다. 심사원들이 5개 수용소를 번갈아 돌며 반란 가담자를 찾아냈기 때문이다. 시민들은 몇 번이나 다가오는 죽음의 위협 속에 숨소리도 내지 못한 채 기가 죽어 있어야 했다. 시민들은 다음 날인 27일에도 온종일 각 학교 운동장에 앉혀진 채 공포에 떨다가 사흘째인 10월 28일 오후 3시가 되어서야 풀려날 수 있었다.

공포는 거기서 끝나지 않았다. 국군은 반란 혐의자로 구분된 40세 미만의 남자 5백여 명을 종산국민학교에 모아 놓고 구타와 고문으로 자백을 받기 시작했다. 이들은 12월 중순까지 팬티만 입은 알몸으로 수용되어 자백을 할 때까지 매일 반죽음이 되도록 장작개비로 두들겨 맞아야 했다. 몽둥이질에 견디다 못한 이들이 처절한 비명을 지르다 못해 생똥을 싸며 기절해버리면 찬물을 부어 깨운 다음 다시 고문을 가했다. 열에 아홉은 구타를 견디다 못해 군경이 요구하는 대로 진술서를 쓰기 마련이었고, 운이 좋은 사람은 군법회의로 넘어가지만 운이 나쁜 사람은 학교 동쪽 버드나무 밑에 설치된 즉결처분장으로 끌려가야 했다.

살육은 여수 시민들에 그치지 않았다. 순천과 구례 등 반군에게 일시적으로 점령되었던 지역에서는 비슷한 유형의 학살이 계속되었다. 일본군 장교 출신들로 이루어진 국군 지휘부는 만주 지역 독립군을 토벌할 때 써먹던 '3광 작전'이란 이름의 초토화 작전으로 훈련된 자들이었다. 그들은 지리산으로 들어간 반군을 쫓아다니며 반군의 거점이 될 만한 산간 마을을 모조리 불태워버리고, 반군에 동정적이라 판단되는 주민들을 남녀노소를 가리지 않고 무자비하게 학살했다. 반란이 일어난 후 수개월 만에 이렇게 죽어간 이들은 훗날 확인된 인원만 3천 명이 넘었다.

초토화 살육 작전은 제주도에도 적용되었다. 국군은 2천 명으로 추산되는 반란군을 진압한다는 명목으로, 그들이 근거하고 있던 한라산 중산간 지대의 모든 마을을 불태우고 주민들을 학살했다. 마을마다 적게는 수십 명에서 많게는 수백 명까지 집단으로 끌려나와 학살되고 불태워져 사망자 숫자는 최소 2만 5천 명이 넘었다. 그중 30퍼센트 이상은 10세 이하의 어린이나 60세 이상의 노인들이었다.

국군은 반란군을 '인민해방군'이라고 표기했는데, 반란 초기 5백 명이던 인민해방군이 곧 2천 명으로 늘어났다고 발표했다. 몇 달 후, 반란 가담자가 수천 명이나 체포되었을 때도 인민해방군의 숫자는 여전히 2천 명이라고 발표되었다. 1949년 봄까지 2만 명 이상의 반군을 사살했음에도 인민해방군의 숫자는 여전히 2천 명이었다. 반란이 진압된 후 인민해방군 가담자로 감옥에 넘겨진 숫자는 2천 명에 이르렀다.

반란군의 숫자가 처음부터 끝까지 2천 명이었다면 반란군이라고 사살되거나 체포된 3만여 명은 도대체 누구란 말인가?

남한 정부의 이 어처구니없는 통계는 이듬해 시작된 한국 전쟁 때도 계속되었다. 국군은 공산주의 유격대를 공비라 불렀는데, 매번 전투 때마다 수 명에서 수십 명 이상을 사살했다고 전과를 발표했다. 전쟁이 시작된 지 겨우 9개월 만에 그 숫자는 15만 명이 넘었다. 남한 신문들은 이를 그대로 보도했다. 이는 개전 당시 인민군 정규군만큼의 숫자가 산악전에서 사살되었다는 뜻이었다. 그러나 여러 정황으로 보아 인천 상륙작전으로 퇴로가 끊겨 태백산맥 일대에서 산악 유격대로 전환한 인민군은 3만여 명으로 추정되었다. 국군의 전투 기록이 사실이라면, 사살되었다는 나머지 12만 명은 도대체 누구란 말인가?

후방의 내란뿐 아니라 삼팔선에서도 무장충돌이 끊이지 않고 있었다. 미군사령부는 1947년에 57회, 1948년에 170회의 교전이 발생했다고 보고하는데, 북한은 1947년 한 해만도 남한 군대와 미군에 의한 무장공격이 1천 회에 육박했다고 항의했다. 1천 회는 과장일지 몰라도, 1947년 중반 이래 삼팔선 일대에서는 거의 하루도 총성이 들리지 않는 날이 없었다. 그중 대다수는 공산주의에 대한 증오로 불타오르는 남한의 호전적인 국군 장교들에 의한 선공으로 시작되었다.

상황은 북한 정부의 수뇌들로 하여금 더 이상 무력침공

을 미룰 수 없다는 결론에 이르게 했다. 김일성, 박헌영, 홍명희, 백남운, 장시우, 슈티코프 등 북한 정부의 최고 수뇌들은 1949년 2월 22일 평양을 출발해 3월 4일 모스크바에 도착했다. 정권이 수립된 후 이루어진 첫 소련 방문이었다. 방문 기간에 북한 각료들은 소련과의 경제 및 문화 협조에 관한 협정을 체결했다. 소련 정부는 북한이 산업시설과 상품을 수입할 수 있도록 차관 및 기술 원조를 약속했다. 그러나 김일성이 스탈린을 만난 가장 큰 목적은 전쟁 승인에 있었다.

사전에 안건을 보고받은 스탈린은 1949년 3월 5일 김일성과 박헌영을 부른 자리에서 물었다.

"삼팔선 몇몇 지점에 남한이 침투해 점령한 후 돌아간 것이 사실이오?"

김일성이 대답했다.

"강원도 삼팔선에서 남쪽과 접전이 있었습니다. 우리 북쪽 경찰은 무장력이 약했기 때문에 정규부대가 도착해 전투를 벌여 쫓아냈습니다."

박헌영도 거들었다.

"남한의 정규군은 6만 명가량으로, 북한군이 더 강합니다."

이에 김일성이 처음으로 무력침략의 의지를 밝혔다.

"남북통일의 방법으로 무력통일의 방법이 세워졌습니다."[91]

이 대화 내용을 비롯한 한국전쟁 관련 수많은 자료들은 소련 외교문서에 기록되어 보관되다가 1991년 소련이 해체되어 러시아 등 여러 개의 공화국으로 분리된 후 공개된다. 소련 외무부 문서에 따르면, 이날 박헌영의 발언은 북한 인민군이 더 강하다는 한 줄이 전부였다. 그는 이후에도 스탈린과 마오쩌둥을 만나 전쟁 문제를 상의하는 자리에 항상 김일성과 동행했지만, 말은 거의 하지 않았다. 그렇다고 해서 전쟁에 반대하는 의사를 밝힌 것도 아니었다. 1946년에 김일성의 무력통일론을 비판하는 편지를 스탈린에게 보낸 적이 있었지만, 이번에는 어떤 발언도 하지 않았다.

스탈린은 이틀 후인 3월 7일 김일성만을 따로 불렀다. 지난번 만남에서 김일성이 꺼낸 무력통일에 대해 상의하기 위해서였다. 박헌영이 빠진 자리에서, 김일성은 더욱 직선적으로 대남 공격에 대한 승인을 요구했다.

"현재의 정세에 비추어볼 때, 군사적 수단을 통해 전국을 해방하는 것은 필연적이고 또 가능하다고 우리는 믿고 있습니다. 남반부의 반동 세력들은 평화통일에 결코 동의하지 않을 것이며, 북침하기에 충분할 정도로 강하다고 스스로 판단할 때까지 조국의 영구 분단을 획책할 것입니다. 현재 우리는 주도권을 장악할 수 있는 최선의 기회를 맞고 있습니다. 우리의 군대가 보다 강하며, 이에 덧붙여 우리는 남측 내의 강력한 유격대 운동으로부터 지원을 받고 있습니다. 친미정권을 경멸하는 남쪽 주민들도 분명 우리를 도울 것입니다."

스탈린은 그러나 허락하지 않았다.

"불가하오. 북한군이 남한군보다 확실한 우위가 아니며 수적으로도 열세요. 더구나 남한에 미군이 주둔하고 있으니 개입할 것이오. 미소 간의 삼팔선 협정도 유효한 상태요. 적들이 만약 침략 의도가 있다면 조만간 먼저 공격을 해올 것이오. 그러면 절호의 반격 기회가 생길 것이오. 그때는 모든 사람이 동지의 행동을 이해하고 지원할 것이오."[92]

김일성은 북한군의 부분적인 전력 우위와 남한 지역 공산 유격대의 존재만으로 승리를 확신했으나, 이는 군사지도자로서의 자질 부족을 보여준 데 불과했다. 보다 예리하고 신중한 스탈린은 전력상 북한군은 결코 우세하지 않으며, 전쟁이 나면 곧 미군이 개입할 것이라고 단언했다. 따라서 스탈린은 북한군의 선제공격에 반대했다. 대신 남한이 먼저 공격할 경우 이를 반격하는 형태로 전면 공격을 가함으로써 '정의의 반격 전쟁'이라는 명분을 세울 수 있다고 가르쳐주었다. 그런 상황이 만들어지면 소련도 지원해주겠다는 암시였다. 김일성의 선제공격론은 이때부터 '남한의 도발에 대한 정의의 반격전'으로 바뀌었다. 이미 남한 측의 지속적인 공격이 계속되고 있던 상황이었기 때문에 명분을 만들기에 어려움이 없는 계획이었다.

스탈린과 김일성의 단독 요담에 따라 북한은 소련의 군사 장비와 물자를 공급받을 수 있게 되었다. 무상증여는 아니었다. 현물로 갚겠다는 차관 협정이었다. 새 무기도 아니었다.
북한으로 수입된 소련제 탱크와 야포는 대부분 중고였다. 북
한은 이듬해 한 해만 해도 무기 대금 대신 3만 톤의 쌀과 9
톤의 금, 40톤의 은, 1만 5천 톤의 모나자이트 정광 등 1억
3,800만 루블 상당의 물품을 지불했다. 스탈린이 형제국가인
북한에 대해 단 1루블도 무상지원을 하지 않은 것은 소련 경
제도 어려웠을뿐더러 전쟁을 지원했다는 국제적 비난을 피
하기 위해서였다. 무엇보다도 미군이 참전할 경우, 소련군과
부딪치면 그것이 곧 제3차 세계대전이었기 때문이다.

김일성은 소련에서 돌아온 다음 달인 1949년 4월 말, 인민
군 정치위원 김일을 중국으로 보내 마오쩌둥과 저우언라이
를 면담하도록 했다. 중국 인민해방군에 소속되어 있던 조선
인 병사들을 북한으로 보내달라고 요청하기 위해서였다.

일본과의 참혹한 7년 전쟁을 겪었던 마오쩌둥은 한반도에
서 전쟁이 일어날 경우, 미군보다는 일본군이 개입할 것을 더
우려했다. 하지만 소련이 무기 수출을 시작했다는 사실을 알
게 되자 자신감을 갖고 한인 병사들을 보내주기로 약속했다.
정식 귀환이 아니라 중국군을 조선에 파견하는 형식이었다.

마오쩌둥과의 합의에 따라, 1949년 하반기 들어 선양과
창춘에 배치되었던 한인 2개 사단과 남부에 배치된 1개 사
단이 북한으로 이동하기 시작했다. 한국전쟁 직전인 1950년
5월까지 3만 7천 명 이상의 조선인 인민해방군이 북한군에

편입되었다. 소련에서 들어온 탱크와 야크비행기로 전차부대와 비행사단도 창설되었다.[93]

군사력 증강의 결과, 이듬해 한국전 개전 무렵 남한 국군은 10만 3천여 명, 북한 인민군은 19만 명이 되었다. 그러나 이는 실제 군사력을 표시해주는 지표는 아니었다. 남한 국군 10만은 잘 훈련된 정예부대인 반면, 인민군 병력 중 7만 5천 명은 내무서원, 경비여단 등에서 급히 차출된 질 낮은 병력이었다. 경찰 병력을 합칠 경우 남한의 총병력도 15만 명 이상이 되었다. 결과적으로 남북의 병력 차이는 불과 3~4만 명에 지나지 않았다. 남한의 국군과 경찰의 상층부가 일본 군대와 미군으로부터 고도의 살인 훈련을 받은 정예분자란 점을 감안하면 그 차이는 더욱 축소되었다. 병력 수에서 세 배 이상의 차이가 나야 안심하고 공격할 수 있다는 일반적인 전쟁 지침과는 거리가 먼 상황이었다.

전쟁 이론의 기초조차 만족시킬 수 없는 이 무리한 공격을 주장하고 관철시킨 것은 명백히 김일성이었다. 북한 정부가 수립되기 전부터 북한 땅에서 김일성이 아닌 누구도 그러한 결정을 내릴 권한을 갖고 있지 않았다. 설사 박헌영이 전면전을 제안했더라도 이를 결정하고 추진한 이는 어디까지나 김일성이었다.

박헌영이 무죄인 것은 아니었다. 샤브신은 훗날, 박헌영이 조선의 평화적인 통일에 대한 부동의 옹호자였으며 전쟁과 무력의 반대자였다고 증언한다. 박헌영은 남침이 매우 과격한 좌익 모험주의로, 미국의 개입을 불러일으키리라 우려했다는 것이다. 월북 후에도 박헌영과 자주 만났던 샤브신은 박헌영이 남한 내 진보 세력의 도움으로 평화통일을 달성할 수 있으리라 생각했다고 증언한다. 샤브신은 박헌영에게 오류가 있다면 남로당을 중심으로 한 남한의 혁명 역량과 혁명 열기를 과대평가한 점이라고 보았다.

그러나 너무나 많은 사람에게 상처를 입힌 비극의 역사는 남침을 선동하는 말과 남한 내의 무장폭동을 선동하는 말의 차이를 중시하지 않았다. 더구나 겉으로 표현되지 않은 머릿속의 생각이란 현실 정치에서는 어떤 의미도 갖지 않았다. 박헌영은 마음속으로는 전쟁에 반대하고 샤브신에게 개인적으로 그 속내를 털어놓았을지 몰라도, 어떤 공식적인 회의나 문건에서도 전쟁에 반대하는 의사를 표출한 적이 없었다. 한국전쟁을 전후로 그의 입에서 나온 말들은 남한 민중들에게 전면적인 폭동을 요구하는 맹렬한 선동뿐이었다. 마음속에만 들어 있는 생각은 아무런 의미가 없었다. 그는 김일성이 주도한 전쟁의 제1의 공범임에 틀림없었다. 그는 유죄였다.

어처구니없는 짓을 하기는 남한 정부도 마찬가지였다. 북한이 극비리에 전쟁 준비를 하고 있던 반면, 이승만과 군부는 공개적으로 북진통일을 추진했다. 대한민국 정부 수립 그 날부터 무력통일을 주장해온 그들은 국무회의 석상에서는 물론, 언론과의 대담에서도 연일 북진통일을 호언장담하더니 1949년에 들어서면서 연대 병력까지 동원한 삼팔선 월경을 감행했다.

1949년 5월부터 급증한 대규모 충돌은 명백히 남한 정부에 의한 도발이었다. 국군 제11연대는 5월 들어 개성 북방 삼팔선 이북을 공격했고, 6월에는 호림부대라 이름 지어진 150명의 유격대가 역시 삼팔선 이북 땅이던 강원도 양양을 공격했다. 7월에는 정규군 3개 대대가 재차 양양을 공격했고, 같은 달 하순에는 국군 제11연대가 또다시 송악산 고지를 공격했다.

이 거침없는 도발의 이면에는 한반도를 분쟁 지역으로 부각시켜 미군의 철수를 막거나, 아니면 대량의 무기라도 공여받으려는 계산이 들어 있었다. 하지만 미국은 한반도에 별 관심이 없었다. 중국까지 공산화된 상황에서 미국이 최후 방어선으로 삼은 나라는 일본이었다. 남한은 일본을 지키는 완충지대만큼의 값어치가 있을 뿐이었다. 5월의 대규모 공세 때, 미군정보부는 남한이 고의적으로 북한을 공격해 중공군을 개입시켜 미군으로 하여금 불가피하게 전쟁을 벌이게 하려 한다고까지 의심했다. 미국 대사 무초와 주한 미군 군사고문단장 로버츠 등은 거듭 이승만을 항의 방문해 선제공격의 중단을 요청했고, 7월 이후에는 한국군에 대한 공격용 무기와 탄약 제공을 중단 또는 감소시켰다.

남한의 공격은 다소 주춤해질 수밖에 없었다. 그러자 이번에는 북한이 역공세에 나섰다. 중국에서 조선족 병력이 들어오기 시작하고 소련의 무기가 공급되면서 자신감을 얻은 김일성은 8월 중순 모스크바로 휴가를 떠나는 소련 대사 슈티코프에게 스탈린을 만나서 다시 개전 승인을 받아달라고 요청했다. 그러나 미국이 이승만을 억제한 것처럼, 소련도 김일성을 억제했다. 슈티코프는 8월 27일 스탈린을 만난 자리에서 대남 공격은 불가능하다는 자신의 의견을 첨부했다. 미군의 참전 가능성과 북한군 전력의 미약이 이유였다.[94]

소련군의 부정적 입장에 직면한 김일성은 9월 12일 박헌영을 대동하고 평양 주재 소련 공사 툰킨을 만났다. 전면전은 어렵더라도 일단 웅진반도부터 점령하겠다고 설득하기 위해서였다. 서해안의 웅진반도가 거론된 것은 삼팔선이 이를 가로질러 반도의 남쪽이 섬처럼 고립되어 버렸는데, 여기에 남한 군대가 주둔하면서 거듭 문제를 일으키고 있었기 때문이다.

김일성은 남한 군대의 전력에 대한 통계를 제시하면서, 인민군이 두 배 이상 강하므로 개전하면 반드시 승리할 수 있다고 장담했다. 남한의 빨치산이 전쟁에 도움이 되겠느냐는 툰킨의 질문에는 현재 남한에는 2천 명 이하의 빨치산이 있는데 그들의 도움을 기대하지는 않는다고 말했다. 반면, 동석한 박헌영은 빨치산들은 적후에서 통신망을 교란하는 등의 활동으로 큰 도움이 될 것이라고 말했다. 두 사람은 시급히 남한을 전면 공격하지 않으면 남한 군대가 강화되고 남한의 좌익 동조 세력은 궤멸될 것이며, 나아가 남한이 북진을 단행할 것이라는 데는 의견이 일치했다.

거듭된 간청에도 스탈린의 입장은 변하지 않았다. 소련공산당 정치국은 9월 24일 남침을 불허하는 최종 결정을 내렸다. 북한의 군사력이 부족하며 빨치산 투쟁의 규모도 크지 않다는 것이 이유였다. 무엇보다도 우려한 것은 미군의 개입이었다. 소련공산당은 옹진반도만이라도 점령하게 해달라는 요청까지 거부했다. 대신 남한에서 유격전을 확대할 것, 해방구를 창설하고 무장봉기를 전체 인민에게 확산시킬 것 등을 남침의 필요조건으로 요구했다.

회답은 10월 4일 툰킨 대사를 통해 김일성과 박헌영에게 전달되었다. 두 사람은 크게 실망했으나 접수할 수밖에 없었다. 박헌영은 남한에서 빨치산 투쟁을 보다 폭넓게 확산하는 것이 필요하다며 맞장구를 쳤다. 두 사람은 툰킨에게 빨치산 확산을 위해 이미 8백 명의 요원을 남파했다는 정보도 제공했다.

스탈린이 시간을 끄는 사이, 남한의 빨치산들은 끊임없이 죽어가고 있었다. 제14연대 반란군 8백여 명의 정예대원으로 출발한 이현상 부대는 1년 만에 절반 이하로 줄어들었다. 강동정치학원에서 남파된 유격대원들은 지리산 근처에도 가

보지 못하고 괴멸되었다. 남로당 조직이 거의 와해된 가운데, 좌익과 그 동조자, 그리고 가족들이 겪는 피해도 막대했다. 남한에서 좌익과 그 지지 세력의 숫자는 급속히 줄어들고 있었다.

그래도 여전히 많은 남로당원들은 당만 바라보고, 당의 결정에 희망을 걸고 있었다. 그들은 남로당이 남한에서 소멸되기 전에 이미 북로당에 의해 해체되고 있다는 사실을 알지 못했다. 1948년 8월 2일 이래 남북조선노동당 연합중앙위원회의 지시를 받아왔던 남로당이 본격적인 해체 절차에 들어간 것은 1949년 5월 15일부터였다. 해체는 남로당 중앙위원회의 명의로 북로당에 합당을 제의하는 형식으로 시작되었다. 현실 여건으로 중앙위원회는 개최하지 못한 가운데 정치국에서 합당을 결정해 북측에 제의하자 북로당 7인, 남로당 5인으로 준비위원회가 구성되었다.

5월 20일 북로당 중앙위원회 사무실에서 열린 회의에는 북로당에서 허가이, 주영하, 박일우, 김열, 김재욱, 최창익, 이유민이 참가했고, 남로당에서 이승엽, 김삼룡, 허성택, 박문규, 강문석이 참석했다. 이 회의에서는 그동안의 남로당 활동을 총보고하는 보고서와 합당할 새 당의 강령과 규약을 작성하기로 결의했다. 남로당 쪽에서는 정태식과 박문규가 문서 작성에 참여하기로 했다. 이후 수차례 준비위원회가 개최된 끝에 6월 25일 당 대회 소집 없이 연합중앙위원회에서 합당

을 실행시키기로 최종 결정했다.[95]

합당대회를 앞두고 6월 18일부터 사흘간 평양에서 남로당의 활동을 총결산하는 마지막 중앙위원회가 열렸다. 박헌영은 이 회의에서 '당 활동 결산에 대하여'라는 제목으로 보고를 했다. 이어 중앙위원들이 차례로 등장해 남로당의 과오에 대해 자기비판을 했다. 남로당의 지금까지의 거의 모든 활동이 부정되고 비판되었다.

강원도당 위원장 최선규는 1948년 3·1절 거점투쟁으로 당 역량이 우세했던 지역이 폭로되어 당세를 약화했다고 비판했다. 송을수는 미군정하에서 당의 합법화 가능성을 포기하고 무모한 비합법 투쟁으로 나간 점을 비판했고, 강문석은 해주인민회의 대표자 선출 과정의 문제점을, 박문규와 최원택은 당의 좌편향을 비판했다. 비판에는 박헌영의 최측근이던 김삼룡과 이인동까지 가세했다. 이인동은 10월 인민항쟁에서 드러난 좌익 모험주의 노선을 비판했고, 김삼룡은 3당 합당의 편협한 추진으로 민전 역량이 전체적으로 약화된 점을 비판했다. 식민지 때부터 박헌영의 동지이던 전평 위원장 허성택은 남로당이 노동운동을 잘못 지도했으며, 북한에서 전평에 내려보낸 지원금의 상당액이 증발했다고 주장해 파란을 일으켰다.

이들의 비판은 결과론적으로 보면 옳았으나 의아한 부분도 있었다. 10월 항쟁이 조선공산당 중앙의 통제에서 벗어난 자연발생적 투쟁임을 누구보다 잘 알고 있던 이인동이 이를 좌익 모험주의의 사례로 지적하는 것은 맞지 않았다. 김삼룡이야말로 교조적이고 편협한 당 운영으로 지탄을 받아온 당사자였고, 허성택 역시 전평 위원장으로서 노동운동의 오류를 책임져야 할 인물이었다. 그들이 모든 책임을 박헌영에게 돌리는 듯한 태도를 취한 것은 옳지 않았다. 더구나 신전술은 박헌영의 독단적인 결정이 아니라 동서냉전에서 비롯된 것으로, 소련과 보조를 맞춰 채택한 전술이었다. 3당 합당의 실패는 여운형과 백남운의 패권주의에 가장 큰 원인이 있었다.

그러나 이 모든 문제를 극복하지 못하고 오히려 증폭시킨 것은 역시 총책임자인 박헌영의 잘못임이 분명했다. 남한에서 사회주의운동이 실패한 원인을 미군정과 우익의 탄압에만 돌리는 것은 훗날 북한 사회주의의 실패를 미국의 봉쇄작전에만 돌리는 것과 다를 바 없는 비겁한 태도였다. 박헌영은 분명 여러 가지 측면에서 현명치 못한 지도자였고, 그와 함께 일했던 고위 간부들 역시 많은 오류를 범했다. 비판의 초점이 잘못되거나 원인을 외면한 결과론적인 비판도 있었지만, 박헌영으로서는 모든 비판을 묵묵히 감수할 수밖에 없었다. 이날의 평가회는 남로당 지도부의 냉정한 자기비판의 자리이자, 김일성으로서는 남로당 해산을 정당화하는 동시에 박헌영의 마지막 남은 조직 역량을 완전히 무력화하는 절차였다.

남로당의 활동 전반에 대한 비판이 끝나고, 6월 30일부터 이틀간 평양 모란봉 회의장에서 '조선노동당 창당을 위한 남북노동당 중앙위원회 연합전원회의'가 개최되었다. 일반 당원들은 모르는 비밀회의였다. 중앙위원의 선출 기준이 되는 당원 수는 북로당 80만, 남로당 20만이었지만, 비율은 6 대 4로 배려했다. 이에 따라 북로당 측은 정위원과 후보위원까지 92명의 중앙위원을 선출했고, 남로당 측은 76명을 선출했다.

이튿날인 7월 1일에는 조선노동당 중앙위원회 제1차 전원회의가 개최되었다. 박헌영은 단독으로 부위원장에 선출되었는데, 며칠 후 허가이와 주영하가 추가되어 3인의 부위원장 중 한 명이 되었다. 이로써 남로당은 완전히 해산되고 모든 조직은 조선노동당에 흡수되었다.

김일성은 조선노동당 최고지도자로서 이제는 과거의 이름이 되어버린 남로당의 지하 조직을 공식적으로 지휘할 수 있게 되었다. 남한의 지하남로당 총책임자인 김삼룡은 자연히 박헌영의 지휘에서 벗어나 김일성의 직접 지시를 받게 되었다. 이인동, 허성택, 최원택, 송을수, 강문석 등도 김일성 직계로 들어갔다.

남로당 해산과 조선노동당의 창당은 중앙위원 이외의 당원에게는 비공개였다. 남로당원들은 전쟁이 일어나고도 한

참이 지나서야 자신들의 당이 이미 사라졌으며, 조선노동당에 새로 입당해야 한다는 사실을 알게 된다. 때문에 남북을 막론하고 대부분의 평당원들은 남로당이 전쟁 초기까지도 존재했으며 박헌영이 이를 지휘한다고 생각했다.

북한의 기록물이나 친북적인 인사들의 증언에서 남로당이 이날 이후에도 존속하며 박헌영의 지휘를 받은 듯 표현하는 것은 이후에 벌어지는 조선노동당의 오류를 박헌영에게 넘기기 위한 고의적인 왜곡이라는 혐의가 짙었다.

남로당 고위 간부 출신들이 김일성과 북로당에 대해 불만을 가졌던 것은 확실해 보인다. 이현상이 김일성의 종파주의를 비판하다 모스크바 유학이 좌절된 이야기는 남로당 간부들 사이에 널리 알려져 있었다. 극우파의 증언이라 완전히 믿기는 어렵지만, 공안검사 선우종원의 수기에 따르면, 김삼룡도 1950년 3월에 체포되었을 때 전향해 경찰로 일하던 옛 동료 홍민표가 "왜 북한으로 가지 않았느냐?"고 묻자 "박헌영 선생이 저토록 박대받고 있는데 어떻게 올라가겠느냐?"고 심정의 한 끝을 털어놓았다고 한다.

대표적인 인물은 이주하였다. 그는 김일성과의 마찰은 물론, 소련군정도 두려워하지 않고 직설적으로 싸운다. 『해방일보』 기자였던 박갑동의 증언에 의하면, 이주하는 김일성에 대해 "저렇게 품위 없는 자하고는 일할 수 없다"고 말했다고 한다. 실제로 김일성과 사이가 나빴던 이주하는 조선노동당 중앙위원에서도 배제되었다. 1945년 9월 조선공산당 재건 시 박헌영, 김일성에 이어 당 서열 3위였고 박헌영이 월북한 이래 김삼룡과 함께 남로당을 이끌어온 이주하가 후보위원까지 168명이나 되는 중앙위원에서 제외된 것은 이례적인 일이었다. 그러나 고위 간부들 사이에는 이미 예고된 일이었다. 이주하는 기록에 남은 것만도 수차례나 김일성 및 소련 군정과 마찰을 일으킨 당사자였기 때문이다.

이주하는 해방되던 해 9월, 소련군 최고책임자인 치스차코프 제25군 사령관이 원산을 방문해 지역 공산주의자들을 면담한 자리에서 당원증을 요구하는 사령관에게 말한다.

"공산주의자인지 여부는 신념으로 판단해야 한다. 당원증은 형식에 불과하다. 레닌과 그의 전우들도 지하운동 시절 당원증이 없었다. 일제하에서 싸운 우리도 마찬가지다."

틀린 말은 없었으나 소련군 최고사령관에게 면전에서 모욕을 준 이주하는 소련군정 장교들에게 미운털이 박히고 말았다고, 당시 치스차코프의 통역을 맡았던 정률은 증언한다. 정률은 이후 북한 문화성 제1부상을 맡았다가 소련으로 돌아가는 인물이다.[96]

이주하는 다음 달인 1945년 10월, 김일성이 북조선분국을 만들어 서울로부터 독립하려 할 때도 오기섭 등을 선동해 완강히 반대한 적이 있었다. 오기섭은 김일성의 압력에 굴복해 분국 창설에 합의했으나, 이주하는 끝까지 김일성과 마찰을 일으켰다.

　연말에 신탁통치 문제가 제기되었을 때는 소련의 지령에 반대해 소련군정을 곤란하게 하기도 했다. 당시 원산시당 제1비서였던 그는 원산시 인민위원장 강계덕과 몇몇 공산당원들을 이끌고 소련군정 원산시 위수사령부를 찾아가 신탁통치 반대 의사를 밝혔다. 약소국 공산당 간부가 소련공산당의 정책에 정면으로 반발하는 것은 상상하기 어려운 일이었다. 소련군 장교들은 크게 격분했다고, 정률은 2007년 10월 서울에 온 길에 증언한다.

　어떤 권위에도 굴복하지 않고 하고 싶은 말을 내뱉는 결벽증은 조선공산당 출신들의 일반적인 성품이라고 할 수 있었다. 이강국, 최용달, 배철, 이원조, 이태준, 이현상, 김응빈, 김태준 등의 원칙주의는 유명했다. 그중에서도 이주하의 성품은 대단해서 김태준은 그에게 '큰 대' 자를 붙여 '대주하'라고 부르기도 했다.

　이들에 비하면 박헌영은 지나칠 만큼 입조심을 하는 편이었다. 하나하나 실권을 잃어가고 있던 이때에도 박헌영은 남한의 현실을 맹공격하고 북한을 극구 찬양하는 판에 박힌 연설만을 되풀이하고 있었다. 특히 북한의 정치적 자유에 대해 그는 남한 사람들의 일반적인 시각과는 다르게 평가했다. 1949년의 8·15해방 4주년 기념 보고에서 그는 말했다.

　"미 제국주의자들과 남조선 매국노들은 '신사'들에게 호의

호식과 사리사욕을 마음대로 채울 자리를 주지 아니했다는 탓으로 북반부에서 민주주의가 없으니 독재정치가 실시되느니 하고 떠들어대고 있습니다. 사실에 있어서는 이러한 반동 분자들이 설 자리가 없기 때문에 우리 북반부가 인민들을 주인으로 한 진정한 민주주의 나라인 것입니다. 또한 전 인민들의 화목은 장성되고 통일은 강화되어 어떠한 침략자든지 능히 방어할 수 있는 난공불패의 태세로 장성되고 있는 것입니다."

박헌영은 북한에서 인민들의 자유와 권리가 완전히 보장되고 있다고 보았다. 각 정당과 사회단체들은 활동과 사업의 완전한 자유를 가졌으며, 공화국 중앙정부는 이들 정당과 사회단체들의 조국 건설을 위한 활동을 최대한 보장해주고 있다고 보았다. 각 정당과 사회단체들은 각기 자기의 기관지를 가지고 있으며 집회 및 시위의 자유를 확보하고 있음을 이유로 들었다.

실상 북한 주민과 단체들에게 주어진 자유란 공공의 이익을 위한 희생에 한정되어 있었다. 박헌영의 표현 그대로 '조국 건설을 위한 활동'이 아닌 것에 대한 자유는 극히 제한되어 있었다. 사적인 감정에 충실하거나 개인적인 자유를 얻으려는 태도는 집단적으로 규탄받았다. 반당 행위 혹은 반국가 행위에 해당하는 범죄의 구성 요건은 너무나 넓어서, 생필품을 낭비하거나 외국의 문물을 부러워하는 감정까지도 규제

대상이 되었다. 당은 무오류요, 지도자는 곧 당이라는 명제 아래 노동당 중앙이나 김일성에 대한 일체의 비판은 물론 만평 같은 불경스러운 묘사도 엄금되었다. 일찍이 독일이나 일본의 파시즘도 이루지 못한 수준의 전체주의 국가가 불과 수년 만에 완성되어가고 있었다.

박헌영의 생애에 진정한 오류가 있다면 이 전대미문의 전체주의 체제를 끝까지 찬양한 데 있었다. 그가 사회주의 혹은 공산주의자였던 것, 이상사회를 지향했던 것은 죄가 될 수 없었다. 그러나 평화통일을 주장하면서도 실제로는 무력통일에 찬성했던 것처럼, 파시즘의 죄악에 대해 그토록 많은 논문을 썼으면서도, 스스로 새로운 전체주의 국가를 건설하고 그 체제에 맹종한 것은 그의 씻을 수 없는 오류였다.

대체로 그가 옳았던 부분은 남한에 대한 비판이었다. 남한 정부가 좌익사범들을 무차별 학살하고 있다는 주장은 한결 사실적이었다.

"단편적이나마 확실한 보도에 의하면, 8월 1일 이승만 정권 경찰은 애국자들을 혹독한 고문 끝에 근처 산중에서 총살했는데, 한 예로 전남 완도군 한녹호 씨를 구암부락 뒷산에서 총살했고, 장흥군 정범호 씨를 영당리 뒷산에서 사살했으며, 풍천군 통동면 리대호 씨를 산중에서 총살했으며, 청도군 백기옥 씨를 산중에서 총살했습니다.

이상과 같이 매일 남조선 각처에서 조사도 재판도 없이 총살되는 애국자들의 실제 숫자는 도저히 알 도리가 없습니다. 남반부의 각 감옥은 전부 정원의 배 이상을 초과하고 있는데, 예를 들면 대구감옥 같은 데는 약 1천 명밖에 수용하지 못함에도 불구하고 현재 2,600명을 감금하고 있으며, 심지어 창고, 사무실까지 뜯어고쳐 감방으로 사용하고 있으며, 서대문형무소에는 기결, 미결 합하여 3천 명밖에 수용하지 못하는데 현재는 6천 명을 감금하고 있습니다."

박헌영은 이승만이 해방 이후 4년간 9만 3천여 명을 학살했으며 15만 4천 명이 투옥되었다고 보고했다. 또 대한민국 수립과 함께 미군이 철수했으나 조선의 식민지적 상태는 변동이 없다고 보았다. 군대를 철수했어도 여전히 많은 미국 병사와 장교들이 남아 있으며, 이들이 남한 정부와 국군을 거머쥐고 있다는 것이 이유였다.

"미 제국주의자들은 자기의 침략 정책을 강화하기 위해 남조선 애국적 인민들을 학살·도살할 뿐 아니라, 나아가 북반부의 민주 건설을 파괴하여 우리 조국의 통일과 민주 독립의 기초를 괴멸시킬 목적하에서 이승만 괴뢰정권으로 하여금 동족상잔의 내란을 도발, 선동하고 있습니다."

박헌영은 1949년 들어서만도 90여 회에 걸쳐 1만 8천여 남한 군경이 삼팔선을 넘어 이북 지대를 침공했으며, 이로 인해 북한 주민 541명이 살상되고 303호의 가옥이 불탔으며 가축 167두가 손실되었다고 보고했다. 그러나 이러한 피해에도 불구하고 끝까지 평화적 통일을 실천하자고 외쳤다.

남한의 무력도발을 평화적으로 해결하자는 박헌영의 너그러운 제안은 완전히 모순된 것이었다. 동족상잔의 내란을 준비하고 있던 것은 확실히 북한 정부였다. 이 시기 김일성은 스탈린에게 9월에 전면 공격을 하도록 승인해달라고 요청했으며, 박헌영도 그 사실을 잘 알고 있었다. 평화적 통일을 실천하자는 주장은 위장술에 지나지 않았다. 이승만이 북침을 주장한 것은 사실이고 박헌영이 평화통일을 염원한 것도 사실이었지만, 이날의 발언은 명백히 거짓이었다.

남북이 전쟁을 향해 치닫고 있는 동안에도 일상적인 삶은 이어졌다. 8월에는 모스크바의 딸 비비안나가 평양을 방문해 한 달가량 함께 생활했다. 이때 박헌영은 새로운 여자와 동거하고 있었다. 서울에서부터 박헌영의 비서 일을 보던 윤옥이었다. 월북해 강동정치학원에서 훈련을 받은 후 다시 비서로 배치되었다가 동거까지 하게 된 것이었다. 박헌영은 그녀에게 윤레나라는 러시아 이름을 지어주었다.

평양에 온 비비안나는 자기보다 겨우 세 살 많은 언니 같은 새엄마 윤옥과 아버지와 함께 행복한 시간을 보냈다. 박헌영은 외무상으로 김일성의 거처에서 멀지 않은 특별가옥에 살고 있었다. 비비안나는 아버지가 출근하고 나면 최승희무용소에 나가 한국과 몽골의 민속춤을 배웠다. 일본 강점기 유명한 현대무용가였던 최승희는 여러모로 자발적인 친일 흔적을 남긴 인물이었으나, 연출가인 남편 안막을 따라 월북한 후 최고 무용수로 대접받고 있었다. 비비안나가 최승희로부터 민속춤을 배운 것은 모스크바 극단에서 활용하기 위해서였다.

딸이 와 있는 동안 박헌영은 윤옥과 결혼식을 올렸다. 1949년 9월, 박헌영은 50살, 윤옥은 25살이었다. 야외 공원에서 열린 피로연에는 뚱뚱한 체격에 흰 양복을 입고 흰 모자를 쓴 김일성이 한 무더기 꽃다발을 들고 와 활짝 웃으며 축하했다. 소련군정 출신으로 초대 북한 대사가 된 슈티코프를 비롯한 소련 고관들이며 김두봉, 박길용 등 조선노동당의 주요 지도자들도 참석했다.

박헌영은 좀처럼 활짝 웃지 않는 사람이었으나 이날만은 내내 환히 웃었다. 그가 남긴 몇 장 되지 않는 웃는 사진은 거의 이 무렵에 찍은 것들이었다. 딸과 함께, 또는 새 아내와 셋이서 함께 찍은 사진에서 그는 행복하게 웃고 있었다. 결혼을 축하하기 위한 또 다른 야유회에서는 술에 만취해 젊은 아내의 머리칼에 얼굴을 박고 있는 파격적인 사진도 남겼다.

꿈같은 한 달이 지나고 비비안나가 돌아갈 길을 서두르자 박헌영은 퍽 상심해했다. 그는 소련으로 돌아가지 말고 평양에서 함께 살자고 애틋하게 권했다. 하지만 그녀는 아버지의 제안을 받아들일 수 없었다. 러시아 남자와 연애를 하고 있었기 때문이다. 한국어를 거의 할 줄 몰라 평양 생활이 불편했던 데다 어서 모스크바 극단으로 돌아가 최승희에게 배운 신기한 춤을 선보이고 싶은 욕구도 컸다. 비비안나는 끝내 모스크바로 돌아갔다. 그것이 부녀의 마지막 만남이 되었다.

박헌영이 잠시 행복에 빠져 있던 시간에도 남북의 대립은 격화될 대로 격화되고 있었다. 지리산, 월악산, 팔공산 등 주요 산악지대에서는 유격대원들이 피를 흘리고 있었다. 그러나 남한 국군의 삼팔선 월경 공격은 1949년 여름부터 중지되어 있었다. 이승만의 고의적인 도발을 미국이 강력하게 저지했기 때문이다. 이듬해 6월 전면전이 벌어질 때까지 적어도 10개월간 삼팔선에서는 사소한 총격전밖에 일어나지 않았다.

김일성은 남한 유격전의 격화를 전쟁의 요건으로 내세운 스탈린을 위해 유격대 남파에 힘을 쏟았다. 조선노동당 중앙위원회는 지리산, 태백산, 오대산, 월악산과 속리산, 한라산 등 남한의 5개 산악지대에 신규 유격대를 침투시켜 남한 현지에서 활동하고 있는 유격대와 결합하도록 결정했다.

1949년 초겨울, 대규모 남파가 시작되었다. 먼저 김달삼과 하준수가 이끄는 제3병단 6백여 명이 오대산에 침투했다. 이호제와 박치우가 지휘하는 제1병단 5백여 명은 강동정치학원 소재지인 승호역에서 기차를 타고 강원도 양양으로 이동했다. 이들은 삼팔선에서 인민군이 집중 사격으로 국군의 시선을 끌고 있는 사이에 남하해 태백산과 소백산에 침투했다.

월북자들로 이루어진 남파 유격대에 대한 박헌영의 애정

은 깊었다. 이 무렵의 연설에서 그는 죽음의 땅으로 향하는 유격대원들을 민족적 주권과 민주주의를 위해 손에 무기를 들고 일어선 사람들이라고 극찬했다.

"빨치산이란 누구입니까? 빨치산은 자유와 민주와 독립을 위해 싸우는 우리 조국의 가장 우수한 아들딸들입니다. 빨치산은 우리 인민의 가장 영예스러운 이름입니다. 인민들의 사랑과 존경을 받는 고귀한 애국자들입니다. 빨치산은 조국의 평화적 통일을 방해하는 원쑤들을 인민의 길로부터 소탕하기 위해 용감히 일어선 남조선 인민의 해방군입니다. 빨치산은 인민의 군대이며 조국의 군대이며 정의의 군대입니다."

조국의 가장 우수한 아들딸이라는 표현은 벌써 2년째 지리산 일대 험준한 산악에서 생명을 걸고 유격대를 지휘하던 이현상이 애용하던 문장이기도 했다. 박헌영은 연설문에서 최현, 이덕구, 홍순석, 김지회 등 빨치산 지도자들의 이름을 거론했으나 이현상의 이름은 말하지 않았다. 이현상은 노명선이라는 가명으로 제2병단을 이끌고 있었기 때문이다. 식민지 시절부터 생사를 함께해온 이현상에 대한 박헌영의 애정은 특별했다. 그는 군사부장 이주하에게 이현상 부대에 지원품을 보내라고 거듭 명령을 내렸다. 그러나 자신들의 생명조차 지키기 어려운 처지에서 겹겹의 포위 속에 갇힌 빨치산들에게 지원을 보내기란 거의 불가능했다. 동해 남부유격대 사령관으로 내려보낼 하준수의 당숙이기도 한 하종구를 통해 의약품 상자를 보낸 게 전부였다.

남과 유격대들은 유격전구를 형성한 후 관공서에 대한 습격, 방화, 파괴 등을 감행하는 아성 공격 작전을 택하고 있었다. 하지만 남한 군경의 강력한 토벌에 부딪혀 전 지역에서 괴멸해버리고 말았다. 박헌영이 아끼던 박치우와 이호제도 사살되었다. 이호제는 사살된 뒤 목까지 잘려 전시되었다. 남은 것은 여전히 이현상 부대뿐이었다.

노동당은 박헌영의 아성 공격 전술이 잘못되었다고 비판하고, 1949년 10월부터는 '국부전 전략'을 지시했다. 소규모 유격대로 기습공격을 가하고 후퇴하는 작전이었다. 그러나 대규모 부대도 견디기 힘든 토벌을 소규모 부대로 이겨내려는 작전은 더욱 무모한 짓이었다.

남한 정부는 1949년 가을부터 삼팔선 월경 공격을 거의 중단하고 빨치산 토벌에 무력을 집중했다. 미군이 제공한 대포와 폭격기까지 갖춘 국군과 경찰 6만 명은 1949년 11월부터 1950년 1월 사이에 빨치산을 거의 몰살했다. 이듬해인 1950년 3월에는 김무현 부대와 김상호 부대가 태백산으로 들어가고 윤상칠 부대는 가야산, 백운산 지대로 입산했으나 결과는 마찬가지였다.

남한 정부는 빨치산 토벌과 함께 남한 내의 모든 반정부적 활동을 금지했다. 1949년 10월 중순에는 남로당을 비롯해 근로인민당, 민주독립당, 인민공화당, 전평, 전농, 민애청, 여맹 등 132개에 이르는 진보 정당과 단체의 등록을 취소했고, 11월 들어서는 다시 29개의 정당과 사회단체의 등록을 마저 없앴다. 이제 남한에서는 좌익은 물론이요, 중도 세력의 합법적 공간조차도 사라져버렸다. 이들 조직에 가담했던 좌익 운동가들은 경찰과 우익청년단의 핍박을 견디지 못해 전향하고 국민보도연맹에 들어가거나, 산으로 도망쳐 유격대에 가담해야만 했다.

1949년 6월 5일에 결성된 국민보도연맹은 식민지 말기의 대화숙을 본떠 만든 전향자 단체였다. 노동당을 비롯한 좌익 단체 출신 전향자들을 조직해 반공 강연을 다니는 것이 기본 활동이었다. 이승만 정권은 진보단체들을 강제 해산하면서 2개월간의 좌익사범 자수 기간을 설정해 놓고 자수해 국민보도연맹에 가입하면 더 이상 죄를 묻지 않겠다고 선포했다. 1만 명으로 시작했던 맹원은 순식간에 30만 명으로 늘어났다.

30만 회원 중에는 애꿎은 사람도 많았다. 가족 중 월북자나 남로당원이 있다는 이유로 반강제로 가입한 경우도 많았고, 평범한 농부들에게 고무신을 나눠 주거나 비료를 주는 조건으로 가입 도장을 받아 가는 일도 비일비재했다. 경찰서별로 할당된 숫자를 채우기 위해 무리해 가입시킨 것이었다. 면책의 약속과 달리, 일단 보도연맹에 가입한 사람들은 시시때때로 소집되어 기합이나 체벌을 받아가며 반공교육을 받아야 했다. 교육에 불참하거나 달아나면 주변 사람들이 피해를 입기 때문에 꼼짝없이 당해야만 했다.

저명한 인물들의 전향도 잇따랐다. 농업 문제 전문가로 훗날 북한의 농림상을 하게 되는 인정식은 식민지 후반기에 전향해 대화숙에서 친일 활동을 하다가 해방 후 좌익으로 돌아왔으나 탄압이 가해지자 또다시 전향해 『남로당 노선 비판기』 등을 쓰며 적극적으로 보도연맹 활동을 하고 있었다. 박헌영을 최고의 정적으로 삼아 끝까지 3당 합당을 거부하고 북로당과 제휴해 근로인민당을 이끌다가 월북했던 정백도 1949년 10월 남파되었다가 체포되자 전향해 보도연맹 명예간사장까지 맡고 있었다.

장차 일어날 전쟁은 사상교육의 강화를 요구했다. 박헌영은 1949년 12월 15일부터 사흘간 열린 조선노동당 중앙위원회에서 당원들의 사상·정치·교양 사업의 강화 문제에 대해 보고했다. 그는 이 자리에서 당원들의 정치사상 교육이 제대로 이루어지지 않을 뿐 아니라 형식적·교조적으로 이루어지고 있음을 통렬히 지적했다.

북한 전역에서 실시되고 있는 사회주의 이념교육은 그 강제성으로 인해 한계가 뚜렷이 드러나고 있었다. 박헌영은 지난 2년간 스탈린의 저서가 18종 54만 부나 발행되었고, 김일성의 보고문집도 62만 부나 발행되었으나, 실제 현장에서는 이를 제대로 소화시키지 못하고 있다면서 잘못된 교육의 사례를 들어 보였다.

박헌영의 보고에 따르면, 흥남시당의 강사는 북한에 토지개혁이 실시된 결과 계급투쟁이 없어졌다고 가르쳤다. 공산주의 이론상, 계급이 사라지는 것은 사회주의가 고도로 발달해 공산주의 단계에 도달할 때나 가능한 일인데 아직까지 토지의 사적 소유가 허용되고 있던 북한에서 계급이 사라졌다고 가르치는 것은 잘못이었다. 또 어떤 철학 교수는 철학을 유물론, 관념론, 이원론으로 분류했다. 이원론은 관념론의 한 갈래일 뿐인데 나란히 제시한 것이다. 평북 철산군당 위원장은 북한 사회가 조속히 부르주아 사회의 문화 수준에 도달함으로써 인민적 문화의 승리를 보장해야 한다고 발언했다. 자강도 회천군에서는 강사가 자기도 모르니 그저 받아쓰기나 하라고 말했으며, 평북 삭주군의 강사 역시 필기 내용을 해석해달라는 요구에 자기도 내용을 몰라서 해석해줄 수 없다고 털어놓았다. 박헌영은 이런 식의 사례를 수십 가지나 나열해 보였다. 사회과학의 기초가 없는 이들이 스탈린과 김일성의 저서 몇 권을 읽고 당 간부를 맡아 교조주의적인 행태를 벌이는 것이 북한 사회의 전반적인 모습임을 지적한 것이다.

실은 남한의 사정도 크게 다르지는 않았다. 해주의 인쇄소에서는 시인 임화와 이원조 등이 남로당원들을 위한 교재를 만들어 줄기차게 남한으로 내려보내고 있었다. 『노력인민』, 『노력자』, 『전진』 같은 기관지와 보조 기관지인 『별』이 정기적으로 내려갔다. 숨겨 다니며 읽기 편하게 만든 소형판 『소련공산당 약사』와 레닌, 스탈린의 저서들이며, 빨치산을 위해 유격전 교범을 찍어 내려보내기도 했다. 불법화된 뒤 산중에 숨어들어간 각 도당들도 극도의 위험을 무릅쓰고 제각기 신문과 전단을 발행하고 있었다.

이런 노력에도 불구하고 남한 지역 노동당원들의 이론적·사상적 수준은 좀처럼 향상되지 않았다. 대중정당을 표방하면서 가입시킨 대다수 당원들은 생명을 건 혁명사상을 가지기보다 이승만과 미군정의 실정에 분노하고 통일을 염원하는 일반적인 수준의 민주주의자나 실천적 민족주의자 수준이었다. 혁명의 고된 역사를 배우지 못한 그들은 현실의 장애 앞에 쉽게 굴복해버렸다. 더구나 자유국가 남한의 당원들은 힘들거나 회의에 빠지면 언제든지 혁명의 대열에서 이탈할 수 있었다. 이는 국가적 통제 아래 오갈 데라곤 없는 북한주민들과는 근본적으로 다른 조건이었다.

이런 상황에서 전쟁 준비는 급물살을 타게 되었다. 제2차세계대전이 종식된 후 4년째 장제스의 국민당 군대와 내란을 벌이던 중국공산당이 1949년 8월에 마침내 승전한 것이다. 마오쩌둥은 1950년 1월 소련을 방문해 스탈린을 만나 축하를 받았는데, 두 사람 사이에는 한반도에서의 전쟁에 대한 어떤 대화도 없었으나 공산주의 중국의 수립 자체가 스탈린을 고무했다. 한반도에서의 전쟁 불가론을 유지해온 스탈린은 마오쩌둥의 예방을 받은 후부터 전향적인 태도를 나타내기 시작했다.

1950년 3월 30일, 김일성과 박헌영은 또다시 스탈린을 만나기 위해 비밀리에 모스크바로 출발했다. 개전에 대한 최후 승인을 받기 위해서였다. 김일성은 전쟁과 관련된 국제회담에서 거의 일방적으로 대담을 했으며, 박헌영에게는 거의 발언권을 할애하지 않았다. 그럼에도 꼭 박헌영을 동행시킨 것은 스탈린이나 마오쩌둥의 박헌영에 대한 깊은 신뢰를 이용하기 위해서라는 혐의가 짙었다.

4월 25일 귀국할 때까지 한 달이 걸린 극비 방문 기간에 두 사람은 스탈린과 세 번 회담했다. 스탈린은 이제 개전을 적극 반대하지는 않았다. 다만 소련은 서방의 심각한 도전에 직면해 있기 때문에 전쟁에 직접 참가할 수 없으며 더욱이 미군이 개입하는 경우에는 일체 관여할 수 없다고 거듭 못 박았다.

이번에도 김일성은 소련과 중국이 북한의 배후에 있는 한 미국은 절대 개입하지 못할 거라고 자신만만해했다. 나아가, 만일 미국이 개입한다 해도 미 지상군이 태평양을 건너 한반도까지 오는 데 한 달이 걸리는 반면, 인민군이 남한을 점령하는 데는 단 3일이면 충분하다고 주장했다. 이때의 3일이란 서울과 수원 등 남한의 중앙부를 점령해 국군을 궤멸하는 데 필요한 시간이었다.[97]

김일성은 수도 서울만 차지하면 남부 지역은 민중봉기와 빨치산 투쟁으로 저절로 적화되리라는 안이한 계산에 빠져 있었다. 남로당의 지도권만을 장악했을 뿐, 구체적인 조직 실태에 대해 과학적으로 파악하지 못하고 있던 결과였다. 그는 남한 국군이 작전상 후퇴한 후 재정렬할 가능성이나 1949년 6월 일본으로 후방 배치된 주한 미군의 신속한 투입을 염두에 두지 않았다. 설사 민중봉기나 빨치산 투쟁이 없더라도 부산까지 완전히 점령하는 데도 한 달이면 충분하다고 생각했다. 이는 남한의 국방장관 신성모가 3일이면 북한을 점령할 수 있다고 호언장담하고 있는 것과 비슷한 수준의 저급한 인식이었다. 전쟁의 경험도 일천하고 신중함마저 부족한 남과 북의 두 군사 책임자들은 전쟁에 필연적으로 수반되기 마련인 적의 반격이나 예측 불허의 곤란에 대해 아무 고려도 하지 않은 채 주관적 열망에만 사로잡혀 있던 것이다.

공산화된 중국을 믿고 전면전을 승인하려 마음먹고 있던 70살의 노회한 독재자 스탈린은 막상 김일성의 어린애처럼 단순무지한 패기에 직면하자 이러저런 걱정을 쏟아 놓았다. 그는 김일성의 끈질긴 요구에 개전을 승인하기는 했으나 영 불안을 떨쳐내지 못했다. 그는 지난번과 마찬가지로 조선의 전쟁을 위해 단 1루블도 지출할 수 없음을 밝히고, 수십 명의 소련 군사고문단 이외의 일체의 병력 지원도 불허했다. 대신 마오쩌둥을 만나 전쟁 승인을 받고 병력을 원조받으라고 조언했다.

이번 만남에서도 박헌영은 남한 내의 유격대 활동이 강력하게 벌어지고 있어 20만 명의 노동당원들이 대중봉기의 지도자로 나설 것이라고 거들었다. 하지만 남한 지역 당원들에 대한 지휘권은 김일성에게 넘어간 지 오래였다. 그의 호언역시 어떤 구체적인 작전 계획도 수반되지 않은 주관적인 요망 사항에 불과했다. 거의 완전히 와해된 남한의 조직 상황을 제대로 보고받을 수 있었다면 보다 신중하게 발언했을지도 몰랐다.

일단 개전 허가를 얻어낸 김일성과 박헌영은 북한에 돌아온 지 얼마 안 된 5월 13일 나란히 베이징으로 향했다. 기나긴 내전 끝에 중국을 통일하는 데 성공한 마오쩌둥은 전쟁에 한결 자신감을 갖고 있었다. 마오쩌둥은 주중 북한 대사 이주연에게 한반도같이 작은 땅을 위해 미국이 제3차 세계대전을 일으키지는 않을 것이라고 말한 적도 있었다.

5월 13일 저녁의 첫 회담에서 김일성이 스탈린으로부터 전쟁 승인을 받았다고 밝히자 마오쩌둥은 즉각 이를 확인했다. 마오쩌둥은 자정이 가까운 11시 30분에 외교부장 저우언라이를 소련 대사 로신에게 직접 보내 사실을 확인하도록했다. 로신은 곧바로 모스크바에 사실 확인을 요청했다. 전신을 받은 소련 외무성은 5월 14일 새벽에 즉답을 보내왔다. 이제 정세가 변했으므로 남북한 통일 사업에 착수하겠다는 북한 동지들의 제안에 동의하되 구체적인 내용은 중국 측과 합의하라는 스탈린의 전언이었다.

긴박한 하루가 지나고, 5월 15일 다시 두 사람을 부른 마오쩌둥은 전면전에 동의한다고 언명하고 승전을 위한 구체적인 전략을 상의했다. 마오쩌둥, 저우언라이, 김일성, 박헌영으로 이루어진 양국의 수뇌들은 남침의 시기와 방법에 대해 오랜 시간 상세하게 토론했다.

김일성은 4월의 모스크바 방문 때 스탈린이 제시한 3단계 작전 계획을 마오쩌둥에게 설명했다. 우선 삼팔선 일대에 병력을 집중 배치한 후 남측에 평화통일을 제안해 거부 답변이 오면 군사 작전을 개시하겠다는 '정의의 반격' 작전이었다. 노련한 야전군 지휘관인 마오쩌둥은 이 작전에 찬동하되, 인민군은 신속히 행동하고, 대도시를 점령하는 데 시간을 낭비하지 말고 우회하여 진격하며, 적의 무장한 군사력을 파괴하는 데 노력을 집중하라고 충고했다.

마오쩌둥 역시 미군의 개입을 우려하자 김일성은 스탈린에게 그러했듯 강력하게 이를 부정했다. 그는 미국인들이 극동에서 군사적으로 개입하겠다는 의향을 보인 적이 없으며, 미국이 장제스를 돕지 않고 공산화된 중국을 떠났듯이 한반도에서도 소극적으로 대응할 것이라고 주장했다. 혹시 2~3만 명의 일본군을 한반도에 파견할지 모르지만 전체 전세에는 영향을 주지 않을 것이라고도 주장했다.

마오쩌둥과 저우언라이는 대규모 전투 경험이라곤 없는 젊은 김일성의 호언장담에 불안해하면서도, 만일 미군이 개입한다면 중국군을 직접 투입할 수 있다고 언질을 주었다. 마오쩌둥은 소련은 미국과 삼팔선에 관한 협정의 당사자이기 때문에 전쟁에 참가하기 어렵지만 중국은 그런 의무가 없으므로 참전할 수 있다고까지 언명했다.

하지만 이날 저녁에 열린 환송 만찬에서 마오쩌둥은 다시 한 번 미국의 개입 가능성을 재론하며 개전의 결정적 책임이 자신에게 씌워지는 것을 회피하려 했다. 스탈린이 그랬듯이, 김일성의 거듭되는 간절한 요청에 군사 지원을 약속하기는 했으나 이 전쟁에 책임을 지는 일은 끝까지 피하고 싶어 했던 것이다.

김일성은 또다시 미국의 개입은 절대 없을 것이라고 자신만만하게 반박했다. 그는 심지어 마오쩌둥의 군사력 지원 제안까지 사양하는 자신감을 보여주었다. 마오쩌둥이 북한과의 국경 지대에 인민해방군을 추가로 배치하거나 북한군에게 무기와 탄약을 공급해주겠다고 제안하자 감사의 뜻을 표하면서도 인민군은 무기나 병력 수에서 압도적이니 중국군의 도움은 필요 없다고 사양한 것이다.

이현상 부대를 토벌하기 위해 상당수가 지리산으로 내려가 있어 전방이 허술했을 뿐, 남한의 군사력은 북한에 크게 뒤지지 않았다. 미군이 개입하지 않더라도 북한 병력만으로 남한 군경을 압도할 수는 없었다. 그럼에도 김일성은 이미 병력과 무기를 완비해 놓았으니 필요한 것은 스탈린의 '허가'와 마오쩌둥의 '동의'뿐이라고 생각했다.

모스크바와 베이징의 관리들은 이 모든 대화를 속기록으로 남겨둔다. 이 속기록들을 보면 박헌영은 중국공산당 지도자들과의 만남에서도 거의 어떤 발언도 하지 않았다. 이틀간의 회의가 끝난 후 저우언라이와 함께 소련 대사 로신을 찾아가 회담의 내용을 설명하는 역할을 했을 뿐이었다. 그는 마오쩌둥을 만난 자리에서는 남한 지역 노동당원 20만 명이 봉기할 수 있다는 발언조차 하지 않았다.

이를 보고 박헌영이 전면전을 반대했다고 보는 것은 무리다. 아마도 김일성에게 발언권을 몰아주어 그의 권위를 존중하려는 뜻이었을 것이다. 또 다른 이유가 있다면 이주하와 김삼룡의 체포 소식에 심정이 복잡했을 것이다.

김일성과 박헌영이 모스크바를 극비 방문하기 직전인 1950년 3월 27일, 서울의 남로당 총책 김삼룡과 이주하가 오랜 수배 끝에 경찰에 체포되었다. 1주일 후인 4월 4일에는 정태식마저 체포되어 사실상 남한의 노동당 조직은 완전히 와해되었다. 조직적 지도가 없는 무장봉기에 전쟁의 승패를 의존할 수는 없었다.

체포 당시 김삼룡은 예지동의 점포가 딸린 아지트에서 아내 이옥숙과 숨어 살고 있었다. 두 사람 사이에는 세 살짜리

아들이 있었고, 점포에서는 청년당원으로 아지트키퍼를 맡은 이세범이 쌀과 반찬을 팔았다. 바로 옆집에는 정순년과의 사이에 낳은 아들 박병삼이 이복형 박지영의 보호를 받으며 살고 있었다. 두 집 사이에는 작은 문이 있어 서로 드나들 수 있었는데, 박지영의 집에는 김제술 외에 출입하는 외부인이 거의 없어 김삼룡과 이주하의 비밀회의 장소로 쓰고 있었다.

경찰이 김삼룡의 비서였던 김형육 부부를 심문해 반찬가게를 덮쳤을 때, 한복 차림이던 김삼룡은 담장을 넘어 옆집 지붕으로 달아나다가 철조망에 걸려 다리를 심하게 다쳤다. 일단 현장을 벗어나 낙산으로 달아나기는 했으나 경찰의 포위망을 벗어나지 못한 그는 어느 골목 안에 있던 일본식 큰 쓰레기통에 숨어 들어갔다. 김삼룡의 얼굴을 알지 못하던 경찰은 시내 일원을 에워싸고 다리를 저는 사람들을 무조건 연행해, 하룻밤 새 3백 명이나 경찰서에 연행되어 조사를 받고 있었다. 심한 상처를 입은 채 쓰레기통에서 버티던 김삼룡은 다음 날 새벽에 몰래 빠져나오려다가 출근하는 경찰관에게 목격되고 말았다. 피를 많이 흘린 데다 굶주려 심하게 탈진한 그는 반항도 못한 채 체포되고 말았다.

김삼룡과 이주하는 해방 후에도 거의 사진을 찍는 일이 없었다. 경찰은 김삼룡을 체포해 놓고도 그가 진짜 김삼룡인지는 알지 못했다. 걸인 행세를 하는 그를 다른 연행자들과 마찬가지로 중부경찰서 1층 대기실에 가두고 긴 나무의자에 수갑으로 채워 놓았다. 남로당 서울시당 제1부위원장을 하다가 전향해 경찰관으로 일하고 있던 홍민표가 경찰서마다 돌아다니며 다리를 전다는 이유로 연행되어 온 이들의 얼굴을 확인하고 있었다.

홍민표가 경찰서마다 돌아다니고 있던 시각, 이주하는 어린 박병삼을 앞세워 중부경찰서를 찾아가고 있었다. 이주하와 정태식은 김삼룡의 체포를 확인한 후 만일 체포되었다면 무력으로 구출하려는 작전을 세우고 있었다. 기본적으로는 서울의 당원들을 동원하되 안 되면 대구 팔공산에 있던 경북도당 위원장 배철의 유격대를 서울로 끌어 올려 경찰서를 습격하겠다는 다분히 비현실적인 계획이었다. 산중 생활로 거지꼴이 되어 있는 빨치산들을 수백 킬로미터 떨어진 서울까지 올라오게 하는 것은 거의 불가능한 일이었다. 설사 무사히 올라온다 해도 소수 병력으로 경찰서를 기습해 김삼룡을 구출한다는 것은 말도 되지 않았다. 이처럼 무모한 계획까지 세운 것은 그만큼 김삼룡의 존재가 중요했기 때문이다. 열 살짜리 박병삼을 앞장세운 것은 어린애라 경찰서 안에 들어가기 쉬운 점을 이용해 김삼룡이 어느 부서에 잡혀 있는가를 확인하기 위해서였다.

중부경찰서 앞은 연행된 가족을 찾기 위해 몰려온 이들로 혼잡했다. 초라한 중늙은이처럼 변장한 이주하는 박병삼에게 '아저씨가 어디 있는지 보고 오라'고 시키고 사람들 사이에 서서 결과를 기다렸다. 그런데 공교롭게도, 연행된 이들의 얼굴을 확인하러 경찰서 안에 들어가려던 홍민표의 눈에 걸려들고 말았다. 홍민표 일행은 즉각 이주하를 체포했다. 경찰서에 잡아둔 사람 중에 김삼룡이 있다는 사실도 곧 확인되었다. 남로당의 두 지도자가 너무도 우연히, 어처구니없이 체포된 것이다.[98]

김삼룡과 이주하의 체포 전말에 관해 남한과 북한은 물론, 남한의 경찰과 검사들도 제각기 다른 주장을 해왔다. 특히 남한 경찰은 자신들의 공로를 강조하기 위해 두 사람을 우연히 체포했다는 사실을 감춘 채 갖가지 무용담을 만들어 유포했다. 두 사람의 체포에 대한 공안검사 오제도와 선우종원, 전향자 홍민표의 수기 내용이 서로 다르고, 방송국마다 이에 얽힌 반공 드라마의 내용이 상이한 것은 이 치열한 공로 다툼의 결과였다.

북한은 담장을 넘어 탈출하다가 다리를 다친 김삼룡이 아현동에 있던 남로당 계열의 의사 집에 찾아가 치료를 받던 중 전향자 안영달의 밀고로 체포되었다고 보았다. 이승엽과 밀접한 관계였던 안영달이 김삼룡을 체포하게 만들었다는 이 주장은 남로당 지도부를 미제의 첩자로 몰아 숙청하는 데 결정적인 역할을 한다. 그러나 김삼룡은 병원에 가지도 못하고 체포되었던 것이 확실했다. 만일 아현동 병원에서 체포되었다면 처음부터 그가 김삼룡인 줄 알았다는 뜻인데, 체포한 그를 경찰서 입구에 허술하게 수갑에 채워 놓았다는 건 말이 되지 않는다. 또 의자에 앉은 김삼룡의 다리와 바지는 피투성이여서 치료를 받은 흔적이 없었다. 안영달의 진술을 토대로 시작된 미제 간첩설의 근원 자체가 의심스러운 것이다.

한편, 정태식은 이주하마저 체포되자 무력으로 구출하려던 무모한 계획을 포기했다. 대신 현직 검사를 동원해 김삼룡을 빼돌리려 시도했다. 이는 더욱 무모한 계획이었다. 경찰의 함정수사에 걸린 정태식은 두 사람이 체포된 지 1주일 만에 붙잡히고 말았다.

최고 핵심 세 명이 잇달아 체포되면서 남한의 노동당 조직은 돌이킬 수 없이 와해되었다. 전라도와 경상도의 도당 지도부와 이를 호위한 약간의 유격대원들이 산중에 은거해 있던 정도였다. 독립된 유격부대 중에는 배철의 팔공산유격대와 이현상의 지리산유격대, 한인식의 오대산유격대 정도가 비교적 세력이 있었으나, 배철 부대만이 중앙당과 연락이 될 뿐 이현상 부대는 물론 유격대끼리도 통신망이 두절된 채 고립되어 있었다. 더욱이 북한이 전면적으로 밀고 내려오리라는 사실은 그 누구도 몰랐다. 서울에 남아 있던 노동당 중앙선전부원들조차 인민군이 밀고 들어올 때에야 전쟁이 터진 사실을 알았다. 70여 명의 잔존 유격대를 이끌고 덕유산 일대를 헤매던 이현상은 전쟁이 터지고도 3주일이 지나서야 인민군이 대전까지 내려왔다는 사실을 알고 무주읍으로 하산했을 정도였다.

소련과 중국으로부터 전면 공격의 승인과 원조 약속을 받아낸 박헌영은 잠시 여유를 가질 수 있었다. 5월 28일 그의 51세 생일을 맞아 소련, 중국, 독일, 몽골 등 세계 여러 나라에서 축하 전보가 답지했다. 북한 최고인민회의 상임위원회는 국기훈장 제1급을 수여했다. 조선노동당을 비롯한 주요 단체에서도 축사가 답지했는데, 북한 내각이 보낸 축하문은 그가 김일성의 친근한 벗임을 강조하는 데 초점을 두었다.

"당신은 일찍이 조선 인민들이 일본 제국주의자들의 식민지 통치 밑에서 신음하게 된 그때로부터 반일투쟁의 기치를 높이 들고 우리 조국을 일본의 기반에서 해방시키기 위해 당신의 전 생애를 바쳐 싸워왔으며, 해방 후에는 조선 인민의 경애하는 영도자이시며 공화국 내각의 수상이신 김일성 장군의 가장 친근하고 진실한 전우로서 조국의 통일 독립과 민주 발전을 위해 전체 조선 인민들의 선두에서 헌신 분투해오셨습니다. 당신이 조국과 인민에게 바친 바 이 공훈은 우리 조국 역사에 영원히 빛날 것이며, 오늘 당신에 대한 전체 조선 인민들의 신임과 존경은 무한히 큽니다."

지난 수년간 박헌영은 확실히 김일성의 친근하고 진실한 전우의 한 명이었다. 스탈린에게 김일성의 무력통일 노선을 경계하는 편지를 쓴 적도 있지만, 남한의 사정이 악화되면서 김일성의 뜻을 좇아 전쟁 준비에 앞장섰다. 이를 위해 모스크바와 베이징을 수차례나 동반 여행했다. 두 사람은 스탈린과 마오쩌둥을 설득해 지원을 받아내는 일에 호흡이 잘 맞았으며 퍽 흡족해했다.

그럼에도 전쟁 준비 과정에서 박헌영의 역할은 극히 제한적이었다. 모든 계획을 주도한 것은 조선노동당 총비서이자 인민군 총사령관인 김일성이었다. 과거 운동 경력으로 보아도 김일성은 무장행동에 익숙한 사람이었고, 누구의 꼬임에 넘어가 전쟁을 일으킬 성격도 아니었다. 스탈린과 마오쩌둥을 만나는 과정에서 그의 역할은 압도적이었고 주도적이었다. 만일 한국전쟁이 북한의 승리로 끝났다면, 북한은 박헌영의 존재를 전쟁사에 올리지도 않았을 것이다.

막대한 인명 피해만 남긴 채 통일에 실패하기 전까지 그들은 이 전쟁을 '정의의 전쟁'이라 불렀다. 전면 공격 직전인 6월 초, 장리천이라는 이름의 한 인민군 병사의 수첩에는 그들이 어떤 정신교육을 받았는가가 그대로 적혀 있었다. 장리천은 깨알 같은 한글로 이렇게 적어 놓았다.

"전쟁에는 정의의 전쟁과 비정의의 전쟁이 있는데, 정의의 전쟁은 자기의 조국 해방, 침략이 아닌 것을 의미한다. 그리하여 오늘 우리가 남반부의 괴뢰군을 분쇄하더라도 이는 정의이며, 인민을 도살하기 위한 것이 아니라 통일을 원하며 행복을 가져오기 위한 것이다."[99]

준비는 끝났다. 적어도 김일성과 박헌영은 준비가 되었다고 믿었다. 무기, 군사, 사상, 지원 약속까지 모든 것이 완결되어 보였다.

북한은 마지막 정치 공세로 6월 15일부터 개성이나 해주에서 남북 제 정당과 단체 사이의 평화통일 회담을 하자고 제안했다. 이를 제안한 날짜는 6월 7일이었고, 이승만, 이범석, 김성수, 신성모, 조병옥, 채병덕, 윤치영 등은 협상 대표에서 제외하는 조건이었다. 이는 남한 측이 북한 측에게 김일성, 박헌영, 김두봉 등을 제외하고 통일 협상을 하자고 제안하는 것과 같았다. 현실적으로 보아도, 남한에 이들을 제외한 정치 세력은 이미 존재하지 않을뿐더러, 설사 있다 하더라도 불과 1주일 만에 합의를 이루어 협상에 나서는 것은 불가능했다. 처음부터 실현 불가능한 제안이었다.

점입가경으로, 이승만은 이 불합리한 남북 협상을 제안하러 내려온 북한의 특사들을 체포해 며칠간 혹독하게 고문을 가한 뒤 기자회견을 열어 자신의 죄를 뉘우치며 전향한다고 발표하게 했다. 내막이야 어떻든, 국가 사이의 협상 대표로 온 외교 사절을 체포하고 고문해 기자회견장에 내보낸 이승만의 무식함은 서울 외교가의 냉소거리로 제공되었다.

북한은 또한 김삼룡과 이주하를 평양의 조만식과 교환하자는 제안도 내놓았다. 6월 12일부터 인민군 주력부대와 탱크들이 대거 삼팔선으로 이동하고 있는 상황에서 나온 이 제안 역시 진정성 없는 정치 공세에 불과했다. 게다가 이승만은 송진우, 여운형, 김구 등 자신의 정적을 모조리 암살해버린 자였다. 이승만은 조만식이 남한에 내려오는 것을 달가워하지 않았고, 조만식을 삼팔선 이남까지 데리고 내려오라는 조건을 붙여 사실상 교환을 거부했다.

6월 21일, 김일성은 평양 주재 소련 대사 슈티코프를 통해 스탈린에게 전문을 보냈다. 남한이 북한의 남침 세부 계획을 눈치 채고 방어선을 강화하고 있으므로 즉시 전면전을 시작해야 한다는 내용이었다. 7월이 되면 장마가 시작되어 공격을 9월로 연기해야 한다는 점도 강조했다.

보고를 받은 스탈린은 당일로 전체 전선에서의 전면 공격에 동의했다. 스탈린은 전쟁 관련 사실을 차단하기 위해 최종 재가를 내린 6월 21일 이후 연말까지 북한과의 일체의 암호 전문 교류를 금지했다.

인민군의 대이동은 6월 23일 완료되었다. 모든 준비는 끝났다. 남은 것은 공격 명령뿐이었다.

13

도발 받은 정의의 반격전

朴憲永　評傳

　　　　　　　　　　　1950년 6월 24일, 인민군 사단
장들에게 공격 명령이 하달되었다. 남조선 군대가 삼팔선을
침범해 군사적 도발을 해왔으니 다음 날인 6월 25일 새벽 4
시를 기해 전면적으로 반격하라는 명령이었다. 이른바, '도발
받은 정의의 반격전'이었다. 이날 국군의 대규모 공격 같은
것은 없었다. 명백히 허위에 기초한 명령이었다. 그러나 인민
군 군관과 병사들은 열광적으로 환영했다. 각 부대는 6월 24
일 자정까지 삼팔선 일대 출발 지점으로 집결해 명령만을 기
다리고 있었다.

　6월 25일 새벽 4시, 인민군은 삼팔선 전역에서 일제히 연
막탄과 포 사격을 시작했다. 남한에서 시작한 전쟁에 역공한
다는 의미에서 선전포고는 없었다. 불시에 기습을 당한 남쪽
의 국군들도 곧바로 소총과 박격포로 맞섰지만 상대가 되지
못했다. 인민군은 지역에 따라 20분에서 40분까지 사격을
가한 뒤 진격을 시작했다. 곧바로 밀고 내려오지 않고 포격
전을 벌인 것은 국군의 북침을 저지했다는 명분을 세우기 위

해서였다. 소련제 중고 탱크를 앞세운 인민군 보병들은 원기왕성하게 남하를 시작했다.

같은 시각, 하준수와 안기성이 이끄는 강동정치학원생 750명은 강원도 양양에서 북한 해군 함정을 타고 남하하고 있었다. 이들은 6월 25일 아침 9시 주문진에 상륙해 부산을 향해 진격을 시작했다. 남도부라는 가명으로 잘 알려진 하준수는 지난해 6백여 명의 유격대를 이끌고 오대산에 침투했던 경험자였고, 안기성은 이승엽의 장인이었다.

북침 도발에 대한 정의의 응전이라는 북한의 주장과 달리, 계획된 남침이었음을 보여주는 수많은 인민군 일기장과 수첩, 잡기장들이 노획되는데, 그중 박한빈이라는 인민군 경비 제1여단 소속 병사의 잡기장은 이를 명징하게 보여준다.

"1950년 6월 25일 아침 3시경, 부대장 계서건 동지의 준엄한 공격 전투의 명령이 하달되였다. 만단의 준비를 갖춘 전투원들은 속속히 삼팔선의 전투 서열을 차지하였다. 인민군 동지들의 용감한 포 엄호사격 밑에 본부대의 적의 종심 종심으로 그리웁든 이남 땅 산속 깊이 침투, 완전한 적의 배후에 드러서게 되였다."

"1950년 6월 25일 조국전쟁 시작. 강원도 양양군 부서치리 출발. 새벽 4시 공격 개시, 두 시간 만에 삼팔선을 박차고 그리웁던 남반부를 찾았다."

일기의 부서치리는 강원도 양양군 손양면 부소치리를 잘

못 기재한 것으로, 부소치리는 남대천 기슭으로 삼팔선 이북이었다. 이 인민군 병사는 6월 25일 새벽에 삼팔선을 넘은이래 소양강을 건너 춘천을 점령하고 경기도 안성과 충북 진천, 청주를 거쳐 보은으로 진격한 승리의 여정을 상세히 기록해 놓았다. 잡기장의 표지 제목은 '위대한 조국전쟁 행정의 역사의 기록'이었다.

미국 정보기관들은 북한군의 지속적인 군사력 증강과 삼팔선 전진 배치에 대해 충분한 정보를 입수하고 있었다. 전쟁 6일 전인 6월 19일자 CIA 보고서만 하더라도 북한이 자신의 군사력만으로 단시일 내에 서울을 점령할 수 있으리라 진단했다. 그러나 이 보고서는 제3차 세계대전을 우려한 소련과 중국의 외면으로 전쟁을 일으키지는 못하리라는 결론으로 끝났다. 북한의 동향에 이상 징후는 없다든가, 한반도는 미국의 보호선 밖이라는 설명이 곁들여졌다.

때문에 미국의 일부 진보 학자들은 미국이 일부러 남침을 유도한 것이 아닌가 의심하기도 했다. 하지만 미군으로서는 북한군의 삼팔선 전면 배치를 남한의 북진 배치에 대응한 조치로 판단할 수 있었다. 전쟁 발발 당시, 한국군도 전투 병력 8만 7,500명 중 6만 7,500여 명이 원주 이북의 전방 지역에 배치되어 있었다. 북한의 병력 남하를 이에 상응한 조치라고 볼 만했다.

도리어 미국은 남한 정부의 무모한 북침 야욕을 억제하느라 골치를 앓고 있었다. 무엇보다도 남침 준비에 관한 모든 정보를 무용하게 만든 것은 소련과 중국이 무모한 전쟁을 지원하지는 않으리라는 워싱턴 정부의 배짱이었다. 이는 김일성이나 마오쩌둥이 품었던, 중국과 소련이 버티고 있으니 미국이 함부로 개입하지는 못할 거라는 배짱과 같은 맥락이었다.

남한 정부 각료들과 국군 수뇌부 역시 수년 전부터 계속되어온 삼팔선 충돌에 만성화되어 있었다. 삼팔선 충돌의 대다수는 국군이 먼저 도발한 것으로, 국군에게 인민군의 남침을 방어해야 한다는 개념은 희박했다. 공개적으로 북침전쟁을 천명해온 국군 수뇌부들은 감히 북한이 밀고 내려오리라고는 예상하지 못했다. 육군참모부는 일요일을 앞둔 6월 24일, 전방 부대의 장교와 사병들에게 대대적인 외출·외박을 허가했다. 삼팔선은 너무 쉽게 무너질 수밖에 없었다.

남한의 극우 세력들은 전쟁 초기에 국군 수뇌부가 보여준 이해할 수 없는 조치들을 두고, 육군 참모총장인 채병덕이 북한 정권과 내통해 고의로 장교들을 외박시켰다고 의심하기도 했다. 그들은 채병덕이 패전을 책임지고 물러나 낙동강 전선에서 인민군과 싸우던 중 국군의 유탄에 맞아 죽은 사실을 두고 이승만이 암살한 것이라고 추론하기도 했다. 국방장관 신성모와 함께 강경한 북진론자이던 극우파 채병덕에 관한 의구심은 그야말로 '불의의 기습'을 받아 여지없이 무너져버린 남한 우익이 자존심을 세우기 위해 만들어낸 소설에 불과했다.

북한 정부는 6월 26일자로 전쟁 수행을 위한 최고 권력기관인 군사위원회를 조직했다. 위원장 김일성에 위원은 박헌영, 홍명희, 김책, 최용건, 박일우, 정준택 등 일곱 명이었다. 굳이 따지자면 남로당 출신은 박헌영 단 한 명이었다. 김일성은 평양방송을 통해 남한 국군이 6월 25일 새벽 삼팔선이북으로 전면 진공을 해왔기 때문에 이에 맞서 인민군이 반격하고 있다고 발표하고, 위대한 조국해방전쟁이라 명명했다.

김삼룡의 구속에도 불구하고, 박헌영은 남한 공산주의자들의 후방 봉기에 큰 기대를 걸고 있었다. 개전 수일 만인 6월 말, 그는 노동당 중앙위원회를 대표해 남한의 노동당원들과 민중들에게 즉각적인 폭동을 선동하는 방송을 했다.

"나는 친애하는 남반부의 우리 당 전체 당원들과 전체 애국적 동포들에게 다음과 같은 과업들을 반드시 충직하게 시급히 또 적극적으로 실천할 것을 호소합니다. …… 적의 후방에서는 첫째도 폭동, 둘째도 폭동, 셋째도 폭동입니다. 전력을 다해 대중적·정치적 폭동을 일으켜 인민 자신의 손으로 지방 주권을 장악케 하여 적을 격멸, 전진하는 인민군에 호응, 궐기해야겠습니다."

개전 6일째인 7월 1일에는 외무상 명의의 성명을 발표했다. 『노동신문』과 『조선인민보』 등에 실린 이 성명에서도 박헌영은 정의의 전쟁론을 주장했다.

"미국의 지원 밑에 이승만 정부는 2년 동안에 걸쳐 그의 군대는 하루 동안에 평양과 원산을 점령할 것이라느니, 다만 진공 명령을 대기하고 있을 뿐이라느니 호언장담하면서 북벌을 준비해왔다. 미국으로부터의 군사적 원조와 약속을 받고 이승만 정부는 자기의 미국 상전의 지지에 의해 6월 25일 조선에 동족상쟁의 내란을 도발했다."

박헌영은 그 증거로 미국 대통령 트루먼이 6월 27일 미 공군과 해군의 한국전 개입을 명령한 것과 30일에는 미 육군까지 투입하기로 한 결정을 들었다. 또한 소련과 중국이 불참한 가운데 열린 유엔 안전보장이사회에서 회원국들이 미국의 의사에 따라 남한 군에 대한 지원을 결정한 것을 비난했다.

호기 넘치게 시작한 전쟁은 처음부터 깊은 수렁에 빠져들었다. 속전속결이라는 김일성의 낙관적인 전망은 주관적인 착각에 불과했음이 드러났다. 국군 지휘부는 만주 등지에서 상당한 실전 경험을 쌓은 일본군 장교 출신들이었으나, 김일성을 포함한 인민군 지휘부는 소규모 유격전 경험뿐인 젊은 이들이었다. 그들은 대규모 정규군을 지휘할 능력도 대담성도 갖고 있지 않았다.

민족보위성 총참모부 작전국장을 지내다가 소련으로 망명

한 유성철은 1992년 5월 한국방송과의 회견에서 솔직하게 증언한다.

"우리에게는 그때 전투 경험도 없고, 실질적으로 그렇게 큰 전투는 해본 적도 없고, 빨치산 전투 했는데 빨치산 전투라는 게 소극적이었다. 그저 일본 파출소나 치고 양식 없으면 양식이나 구하고 총이나 포나 한 방 쏘고 뭐 그런 전투가 있었다. 그러니 뭐 이런 큰 전투에는 비할 바 없이 약했다."

보탬 없는 사실이었다. 인민군은 불의의 기습작전으로 삼팔선을 붕괴하는 데는 성공했으나 이후 진격은 허다한 문제에 부딪혔다. 인민군의 기본 작전은 개전 이틀 만에 수원까지 점령하는 것이었다. 이를 위해 개성에서 서울로 직진하는 주 공격로에 4개 사단을 배치했다. 그러나 전투 경험 미숙으로 서울 점령에만 3일이 걸렸고, 서울에서 다시 3일 동안 아무것도 하지 않고 시간을 보냈다.

서울에서의 3일은 초기 전세에 치명적인 해악을 끼쳤다. 파괴된 한강교 자리에 부교를 놓으려 했으나 준비가 안 되었다는 게 늦장을 부린 이유였다. 그러나 기차가 다니는 한강 철교는 그대로 살아 있어 조금만 손보면 탱크도 지날 수가 있었다. 또 마포 선착장에는 수백 척이나 되는 온갖 종류의 배가 세워져 있었다. 도강을 원한다면 전 부대를 곧바로 도강시킬 수도 있었다. 그러나 인민군은 7월 3일이 되어서야 겨우 한강을 건너 영등포에 진출했다. 인민군이 갑자기 진격을 멈추고 있는 사이, 국군은 흩어졌던 방어망을 재구성할 수 있었다. 심지어는 스탈린까지 나서서 '왜 인민군이 진격을 멈추었는가? 도대체 진격할 생각이 있는가?' 하는 독촉 지령을 보내올 정도였다.

전투력도 국군에 비해 형편없이 약했다. 서울 동북부를 우회해 수원을 점령하려던 인민군 제2사단은 춘천의 국군에게 궤멸적인 타격을 입었다. 제2사단의 엄호를 받지 못함에 따라 빠른 기동력으로 수원을 점령하려던 모터사이클 연대도 진격이 저지되었다. 인민군의 진격은 날이 갈수록 늦어져 개전 한 달 만인 7월 20일에야 중부 지방의 거점인 대전을 점령할 수 있었다. 그사이 국군과 미군은 반격을 준비할 충분한 여유를 얻었다.

이처럼 어처구니없는 지연이 거듭된 것은 인민군의 구조적인 결함과 지휘관들의 무능 때문이었다. 군이나 군단 같은 중간지휘부가 없던 인민군은 김일성의 평양 참모부에서 각 사단으로 직접 전투 명령을 내렸다. 평양의 참모부는 전선과 멀리 떨어져 실황을 파악하기 힘든 데다 통신 장비도 부족해 원활한 소통이 이루어지지 않았다. 게다가 김일성의 미숙한 지휘는 기동력을 더욱 약화할 뿐이었다.

피동성도 심각했다. 대다수의 하급 군관들은 상부의 명령에 순종하는 습성에 물들어 창의성이라곤 없이 당의 지시만 기다렸다. 그들은 상급 지휘관의 명령이 없을 때는 아무런 행동도 취하지 않고 마냥 대기했다. 서울을 점령한 인민군 부대들이 도강을 시도조차 않고 상부 지시를 기다리며 사흘간 대기한 것도 불가사의한 일이 아니었다. 그 시간에 인민군들은 쇼핑에 정신이 팔려 있었다. 중화학은 남한보다 나았지만 경공업은 마비 상태인 북한에서 몇 해를 보낸 인민군 군관과 사병들은 전쟁 수당으로 손목시계며 가죽 장화, 양복, 내복 등을 사는 데 정신이 팔려 '북한 거지들'이라는 비웃음까지 들을 정도였다.

김일성은 7월 5일이 되어서야 소련 군사고문단의 지시에 따라 군단, 전선사령부, 군사령부라는 중간지휘부를 창설했다. 하지만 이 직책을 맡은 인민군 지휘관들의 무능은 믿기 어려운 수준이었다.

7월 5일 신설된 전선사령부의 참모장 강건은 김일성에게 전화를 걸어 자신은 소련 군사고문단 없이 부대를 지휘할 능력이 없음을 고백하고, 소련 군사고문단이 함께 가지 않는다면 서울에 내려갈 이유가 없으니 소련 정부에 공식적으로 요청해 고문단을 대동하게 해달라고 하소연했다. 강건은 빨치산에서 시작해 18년의 군사 경험을 가졌다고는 하나 지휘자 경험이라고는 분대장이 고작이었고 나이도 33세에 불과했다. 이런 인물에게 10개 사단 규모의 병력과 화력이 총동원되는 거대한 실전을 입체적으로 지휘하도록 맡긴 것은 총사령관 김일성의 이해할 수 없는 실책이었다. 한국전쟁의 진정한 불가사의는 인민군 사병들의 피동적인 모습이 아니라, 인민군 총사령부의 도저히 믿기 어려운 무능력에 있었다.

다급해진 김일성은 7월 8일자로 급히 스탈린에게 친필 서명한 편지를 보내 소련 군사고문단을 전선사령부에 투입해 달라고 요청했다.

"25~35명의 소련 군사고문들이 조선인민군 전선참모부와 2개의 군단참모부에서 활동할 수 있도록 허락해주실 것을 요청합니다. 왜냐하면 인민군 간부들이 아직까지 현대식 군대 지휘술에 제대로 정통하지 못하기 때문입니다. 조선민주주의인민공화국 내각수반 수상 김일성."[100]

스탈린은 어쩔 수 없이 소련 군사고문단이 미군의 눈에 띄거나 포로로 잡히지 않도록 보호하는 조건으로 허락했다. 그러나 강건은 2개월 만인 9월 8일 소련인 군사고문과 함께 전선을 시찰하던 중 지뢰가 폭발해 동반 사망하고 만다.

미군이 소련 군사고문의 참전 사실을 알게 된 것은 인민군 제13사단 참모장이던 이학구의 귀순 때문이었다. 이학구는 사단장의 부상으로 지휘권을 인수받자 자신감을 잃고 미군에 투항하면서 다량의 비밀문서를 제공했는데, 그중에 강건과 군사고문의 지뢰 사고 보고서가 들어 있었던 것이다. 사단장과 참모장을 잃은 인민군 제13사단은 무질서하게 붕괴되고 말았다.

인민군의 패배는 필연적이었다. 늦어도 한 달이면 부산까지 점령할 수 있다고 큰소리쳤던 인민군은 낙동강 전선에서 무기력하게 진퇴를 거듭하더니 세 달 만에 대역전을 당하기 시작했다. 스탈린과 마오쩌둥이 가장 우려했던, 그러나 김일성은 절대 있을 수 없는 일이라고 강변했던 미군의 참전 때문이었다.

세계 최강의 미 공군은 개전 3일째부터 한반도 상공을 누비며 북한 공군을 순식간에 궤멸하고, 거의 모든 보급 수송로를 차단해버렸다. 미 공군의 폭격은 가공할 위력을 가지고 있었다. 미국 항공대는 아무런 군사적 대상물도 없는 한반도의 무방비 도시들과 산업지대들을 공습해 주택을 파괴하고 주민들을 몰살했다.

평양은 제1의 폭격 대상이었다. 개전 직후부터 시작된 평양 공습으로 한 달 새에 2천 호 이상의 주택이 파괴되고, 인민병원과 공업대학이 파괴되었으며, 7백여 명이 죽고 5백여 명이 부상당했다. 원산을 비롯해 흥남, 남포 등 북한의 공업도시에 대한 폭격도 극심했다. 이들 도시들은 공장은 물론 가옥, 병원, 학교 등 모든 건물이 완파되어 끔찍한 폐허가 되고 말았다. 북쪽 도시들만이 아니었다. 인민군 점령하의 서울과 원주, 홍천, 평택 등 남한의 모든 도시들도 미 공군의 융단폭격으로 폐허가 되어갔다.

박헌영은 8월 5일부터 시작해 줄기차게 미 공군의 무차별 폭격을 비난하는 성명을 발표했다. 유엔 안전보장이사회에 보내는 성명에서 그는 비무장 민간인에 대한 수많은 폭격 사례들을 나열하고, 맥아더 사령부가 매일 조선의 도시와 촌락에 수백 톤의 폭탄을 투하해 놓고 '짐승같이 뻔뻔스럽게도' 이를 '조선인에 대한 커다란 선행'이라고 내세우고 있다며 분개했다.

호기 있게 개전한 지 두 달도 되지 않아 이처럼 초조한 성명서를 발표하게 된 것은 모든 상황이 예상과 다르게 돌아가고 있었기 때문이다. 무엇보다도, 그가 그토록 기대했던 민중봉기가 일어나지 않았다. 인민군이 들어온 지역에서는 그동안 억눌려 살았던 좌익이나 그 가족들이 들고 일어나 우익 인사를 죽이거나 집단 폭행하는 일은 잦았으나 전반적으로는 고요했다.

이는 남한의 좌익들이 도저히 봉기할 수 없을 정도로 치명적인 타격을 입은 탓이었다. 최소 7천 명 이상의 좌익사범들이 감옥에 갇힌 채 전쟁을 맞아 즉결 처형되었으며, 최소 5만 명 이상의 보도연맹원도 개전 직후 학살되었기 때문이다.

이승만 내각은 전쟁이 터지자마자 남한 내 모든 좌익들에 대한 체포령을 발동했다. 좌익 운동가들을 모두 구금하고 상황이 악화되면 즉시 사살하라는 지시였다. 전쟁이 터졌다는 소식조차 몰랐거나, 삼팔선에서 늘 벌어지던 무장충돌이 재연된 정도라 생각하고 집에 머물던 좌익 인사들과 보도연맹원들은 모조리 체포되어 경찰서나 창고에 수감되었다. 그사이 인민군은 서울을 점령해버렸고, 쫓기는 남한 정부는 체포한 좌익사범들을 전원 학살하도록 지시했다.

3월에 체포되었다가 사형 선고를 받고 서대문형무소에서 대기 중이던 김삼룡과 이주하는 서울이 인민군에 함락되던 6월 28일 남산헌병대 뒷산에서 처형되었다. 정판사 사건으로 체포되어 무기징역을 받고 대전형무소에서 4년째 수감 중이던 이관술, 박낙종 등은 7월 3일 대전 외곽 산내면 골짜기에서 다른 좌익수들과 함께 처형되었다.

남한 정부는 인민군이 서울을 점령하자 풀려난 보도연맹원들이 인민재판을 열어 우익 인사들을 학살했기 때문에 이에 대한 보복으로 처형을 시작했다고 주장했다. 그러나 개전 바로 다음 날부터 보도연맹원들이 연행된 사실에 비추어 볼 때 일부만의 진실이었다.

인민군 치하의 서울에서 보도연맹원들이 인민재판을 열어 일부 우익 인사들을 타살했던 것은 사실이었다. 인민재판을 주도한 이는 전향 후 보도연맹의 명예 간사장을 맡고 있던 정백이었다. 그는 서울이 인민군에게 함락되자 즉시 극좌로 돌아서 우익 인사들을 죽이기 시작했다. 북한 정치보위부는 정백을 기회주의자의 표본이자 잔인한 인민재판으로 민심을 교란시킨 책임을 물어 처형해버렸다.

국군과 우익들은 수없이 많은 좌익들을 무참히 학살했음에도 보이지 않는 곳에서 죽였고 생존자를 남기지 않았기 때문에 그 야수적인 잔혹성이 민중들의 마음에 새겨질 새가 없었다. 반면 인민재판은 고의적으로 주민들이 보는 앞에서 몽둥이로 쳐 죽이는 잔인함을 연출함으로써 공산주의에 대한 극도의 공포심과 혐오감을 불러일으켰다. 잔혹한 인민재판을 목격한 이들은 자신의 부모 형제가 국군에게 학살되었음에도 반공주의자가 되는 경우가 많았다. 이 점을 파악한 소련 군사고문단은 인민재판을 중지시켰지만 때늦은 조치였다.

감옥에서 처형된 이들과 보도연맹 학살자의 대다수는 인민군에 호응할 세력이었다. 또한 인민군은 남한에서 40여만 명의 의용군을 강제로 모집한 것으로 알려졌는데, 그중 상당수는 자발적인 입대자였다. 이렇게 본다면 박헌영의 예견대로 최소한 20만 이상의 남한 젊은이들이 인민군에 가담할 준비가 되었던가, 아니면 실제로 가담했던 게 사실이었다.

박헌영이 기대했던 민중봉기는 일어나지 않았으나 여전히 헌신적으로 투쟁한 이들은 남한 출신들이었다. 낙동강을 기점으로 남한의 대부분이 인민군 치하에 들어간 3개월 동안, 낙동강 전선 후방의 미군 지역에서 유격전을 벌인 것은 이현상 부대와 배철 부대였다. 이현상 부대 70여 명은 대구 남쪽 비슬산을 거점으로 치열한 유격전을 벌였다. 숫자는 얼마 되지 않았으나 전쟁 전 2년여 동안 지리산 일대에서 활약하며 살아남은 정예부대인 이들은 달성군과 창령군 등지에서 수백 명의 미군을 살상하고 대량의 군수물자를 파괴하는 등 기록적인 전과를 올렸다. 배철 부대도 대구 북방 팔공산 자락을 거점으로 이틀 동안 대구비행장을 점령하고 미군 포진지를 급습해 1개 중대 병력을 살상하는 등의 큰 전과를 세웠다.

그러나 남한 민중들은 이제 더 이상 공산유격대라는 물고기가 살아갈 물이 되어주지 못했다. 전선이 고착되어 있던 3개월이 안 되는 기간에 남한 땅에 이식되었던 북한 체제가 그들을 크게 실망시킨 것이다. 중농에도 들지 못하는 이들의 토지를 마저 빼앗아 더 가난한 이들에게 나눠 준다든가, 매일 저녁 사람들을 불러 모아 김일성을 찬양하는 교육을 한다든가 하는 모습들은 남한 민중의 감정을 차갑게 식혀버렸다.

무엇보다도 큰 충격은 김일성 우상화였다. 이승만이 아무리 독재를 하더라도 그를 독재자라 비판하는 다양한 야당들이 모인 국회도 있고 언론도 있었다. 이승만을 국부라 칭송하는 자들이 있는 반면, 전쟁의 와중에도 이승만 물러나라고 시위하는 이들도 있었다. 많은 사람이 김구를 존경했지만 선생이라는 단어 하나면 충분했다. 경애하는 지도자니 위대한 수령으로 묘사되는 건 상상할 수 없었다. 나아가 "조선 인민의 가장 우수한 아들이요, 스탈린의 충실한 제자요, 항일무장투쟁에서 불멸의 위훈을 세운 조선 인민의 절세의 애국자이시며 경애하는 지도자"라는 따위의 미사여구로 치장된 김일성에 감동받을 남한 사람은 별로 없었다.

공산주의에 대한 남한 민중들의 막연한 기대감은 급속히

깨져버리고, 빨치산과 인민군은 차가운 시선을 받아야만 했다. 당사자들은 남한 인민이 공산주의를 염원하지만 '미제와 그 괴뢰'들의 잔인하고 혹독한 탄압 때문에 본심을 숨기고 있는 거라고 믿었지만, 이 역시 주관적인 착각이었다. 과학적이고 이성적이어야 할 사회주의자들이 너무 쉽게 상식 이하의 주관적인 관념에 빠져버리고 있었다. 패배는 필연적이었다.

마침내 미군은 개전 3개월 만인 9월 15일, 대규모 부대를 인천으로 상륙시켜 인민군의 허리를 끊어버렸다. 전의를 잃은 인민군은 폭격이 미치지 않는 험준한 산악로를 따라 힘겨운 후퇴를 시작했다. 미군의 개입은 절대 없으리라 장담하고, 만일 개입하더라도 그보다 먼저 통일을 이룰 수 있다던 김일성의 계획은 완전히 빗나가고, 이제 한반도 전역이 미국에 의해 통일될 판이었다.

서울은 9월 28일에 국군의 수중에 떨어졌다. 서울 함락까지 완강하게 저항한 세력은 김응빈이 이끄는 서울시당 자위대였다. 서울시당에는 본래 소속된 군대가 없었으나 학생들과 젊은 당원들로 긴급히 방어진을 만든 것이었다. 이들은 서울을 지키고 있던 인민군 1개 대대와 함께 거리 곳곳에 바리케이드를 치고 미군과 국군에 맞섰다. 변변한 무기조차 없어 긴 나무막대기 끝에 뭉툭한 쇠붙이를 매달아 창이라고 갖고 다니거나 깡통에 다이너마이트와 유리 조각 등을 넣어 수류탄이라고 던지면서도 용맹하게 싸웠다. 나중에는 죽은 인

민군이나 미군의 총기를 주워 사용했다.[101]

김응빈이 서울시당을 맡던 동안 서울시 인민위원회 위원장은 이승엽이었다. 훗날 북한 재판정은 이 두 사람이 서울에 머물던 3개월 동안 서울시청 지하에 토지조사위원회를 만들어 많은 당원을 죽였으며 후퇴 중에도 살인을 계속했다고 추궁한다. 조선공산당 시기부터 남로당 결성 이후까지 집요하게 경성콤그룹 출신들을 공격해왔던 영등포 지구당의 한일대, 구소연, 변재철, 최문용, 그리고 남한 경찰의 밀정이던 안영달 등이 그의 부하들에 의해 죽임을 당했다는 것이다. 이승엽이 이렇게 사람들을 죽인 이유는 자신이 미군과 내통해 전쟁을 패배로 이끌려 했다는 사실이 들통 날 것 같아서였다고 했다. 김응빈 역시 이승엽의 동조자로 몰렸다.

이승엽이 옛 정적들이며 전향자들을 학살한 것은 명백한 사실로 보인다. 그러나 이승엽은 마지막까지 서울을 사수했을 뿐 아니라, 서울이 함락된 후에도 군단장 최현과 함께 강원도에 남아 미군과 싸우는 한편, 후퇴하는 인민군 패잔병이나 월북 피난민들을 유격대로 재편성해 남하시키는 일을 맡았다. 박종근에게 경북도당을 인수하고 올라오던 배철도 이에 합류해 대남 유격대 남파를 지휘했다. 11월에는 북상해온 이현상 부대를 만나자 남한 젊은이 8백여 명으로 남부군단을 편성해 다시 남하시키기도 했다. 이러한 공로로 김일성은 이승엽을 조선인민유격대 총사령관에 임명하고 그의 공적을 치하하는 연설까지 한다.

진정으로 북한 정권에게 곤욕스러운 일은 남한 민중이 봉기하지 않았다는 점이 아니었다. 북한 민중이 봉기하지 않았다는 점이었다. 북한 주민들은 밀려오는 미군과 국군들에게 맞서 빨치산 투쟁을 벌이기는커녕 앞장서서 환영하고 나섰다. 연합군이 나타나면 주민들이 먼저 인민위원회 사무실을 때려 부수고 태극기를 만들어 흔들며 반겼다. 후퇴해 돌아오는 인민군에 대한 북한 주민의 눈초리는 너무나 싸늘했다. 짜인 조직 틀에 따라 어쩔 수 없이 잠자리와 식사는 제공했으나 공산주의에 대한 환상이 남아 있던 남한 주민들의 따뜻한 대우와는 달랐다고 여러 인민군 출신들이 증언한다.[102]

덕분에 연합군은 거의 아무런 장애도 없이 불과 1개월 만에 북한 거의 전역을 점령할 수 있었다. 이는 충분히 준비되었다던 인민군이 겨우 대전까지 내려가는 데 1개월이 걸린 것과 비교되었다.

뿐만 아니었다. 북한 민중들은 2개월 후 국군이 후퇴하기 시작하자 엄청난 숫자가 뒤를 따라 남하해버렸다. 북한의 인구 발표는 필요에 따라 유동적이어서 믿기가 어렵지만, 김일성은 전쟁이 종료된 후 북한의 인구가 700만 명에 불과하다고 공식적으로 언급했다. 미군 폭격으로 많은 사람이 죽었다는 것을 강조하기 위해서였지만, 만일 그것이 사실이라면 해방 직후 1,200만 명에서 전쟁으로 죽은 150만 명과 초기 월

남자를 제외하더라도 300만 명이나 전쟁 중에 월남했다는 계산이었다. 북한은 미군이 북한에 원자탄을 터뜨린다는 소문을 듣고 도망쳤다고 변명하면서, 월남하지 않고 버틴 주민들을 칭송하는 문학 작품까지 발표했지만, 월북자보다 훨씬 많은 숫자가 월남했다는 사실을 숨길 수는 없었다.

더더욱 부끄러운 것은 북한 정부와 군부 지휘관들의 비겁함이었다. 스탈린은 2백만 독일군이 침략해 왔을 때 끝까지 모스크바에 남아 수도를 사수했다. 그러나 인민군 총사령관 김일성은 미군이 삼팔선을 깨고 원산을 점령하자 곧바로 국경을 넘어 중국 땅 만주 통화현까지 달아나버렸다. 인민군의 무기력함은 하급 군관부터 사단장 이상 고위층까지 일반적이었다. 삼팔선이 무너지자 인민군 장교와 장성들은 공포에 사로잡혀 방어 임무를 방기한 채 뿔뿔이 후퇴하기 바빴다. 심지어 사병 옷으로 갈아입고 달아난 사단장도 있었다.

북한 수뇌부는 미군의 폭격에 모든 원인을 돌렸으나, 남한은 물론 북한까지 겨우 1개월 만에 빼앗긴 것은 결단코 무장력의 차이 때문만은 아니었다. 이현상과 하준수가 이끄는 남한의 빨치산들은 그보다 훨씬 끔찍한 악조건 속에서도 국군의 무기와 탄약을 탈취해가며 2년여를 싸워왔다. 북한의 험준한 산악을 이용해 유격전으로 저항했다면 얼마든지 버틸 수도 있었다. 그러나 인민군 장성과 군관들 누구도 산악 빨치산으로 전환하지 않았다.

사정이 이런데도 북한 고위직들은 박헌영과 김무정 등이 인민을 버리고 자기들만 먼저 피신했다며 맹비난했다. 이는 사실과 달랐다. 박헌영은 군사 지휘관으로서의 능력을 보여줄 기회는 없었으나 결코 비겁자도 아니었다. 서울이 미군에게 함락되었다는 소식이 전해진 다음 날인 1950년 9월 29일, 박헌영은 김일성과 공동명의로 스탈린에게 긴급 원조를 청하는 전문을 보냈다. 두 사람은 스탈린이 끝까지 군대를 보내지는 않으리라 예상하고 있었다. 스탈린에게 얻을 것은 중국군의 투입을 승인해달라는 것이었다.

"적군이 삼팔선 이북을 침공할 때는 소련 군대의 직접적 출동이 절대로 필요하게 됩니다. 만일 그것이 여하한 이유로 불가능하게 되는 때에는 우리의 투쟁을 원조하기 위하여 중국과 기타 민주주의 국가들의 국제의용군을 조직해 출동하도록 원조해주시기 바랍니다."

예상대로 스탈린은 소련군의 동원을 불허했지만 중국군의 원조를 반대하지는 않았다. 박헌영은 마오쩌둥에게 긴급히 지원군을 보내달라는 편지를 보냈다.[103] 이 편지가 외교문서 형식으로 베이징에 전달되는 사이, 미군은 서울을 넘어 삼팔선을 함락하고 있었다.

다급해진 김일성은 인민군 내에 총정치국을 급조하고 박헌영에게 그 책임을 맡겼다. 중국과 소련의 지원을 받아 오게 하기 위해서였다. 비로소 인민군 중장 계급을 달고 전쟁에 보다 깊이 참여하게 된 박헌영은 새 직함을 받자마자 내무상 박일우, 이상조를 대동하고 베이징으로 날아갔다. 마오쩌둥을 만난 박헌영은 인민해방군을 지원해 삼팔선을 기점으로 휴전을 할 수 있도록 해달라고 단도직입적으로 요청했다. 이에 마오쩌둥은 응대했다.

"무엇으로 중공군의 참전에 보상을 할 거요?"

마오쩌둥의 물음에 박헌영은 답했다.

"앞으로 친중국 정책을 취하겠습니다. 또 김일성 수상이 스탈린 대원수에게 한반도 통일을 못 할 경우 책임을 진다고 약속했으므로 지금 즉시 전쟁 실패의 책임을 물어 김일성 수상을 숙청하고 중국공산당 당적을 가진 이들로 내각을 구성할 수 있습니다."

박헌영은 자신의 부하들 앞에서 김일성에 대한 감정을 드러낸 적이 없었다. 그에 대한 모략과 중상으로 가득한 재판 기록에조차 박헌영이 김일성을 험담했다는 고발이나 증언은 한 줄도 들어 있지 않다. 박헌영이 자신의 불만을 털어놓고 상의한 대상은 스탈린과 마오쩌둥뿐이었다. 자신이 공산당 최고지도자들의 반열에 들어 있으므로 자신의 감정과 생각을 솔직하게 털어놓을 사람도 그들뿐이라고 여긴 것 같다. 두 공산당 지도자가 자신을 굳게 신뢰하고 있다는 박헌영의 생각은 착각일 수도, 아닐 수도 있었다. 그것은 앞으로 북한에서 어떤 일이 일어나느냐에 따라 정해질 것이었다.

마오쩌둥은 친중국 정책을 천명한 박헌영에게 흔쾌히 파병을 약속했다. 마오쩌둥 자신이 미군이 개입하면 중국군을 투입하겠다고 언명한 적도 있던 데다, 린뱌오, 펑더화이 등 주전파들의 의견이기도 했다. 그들은 미국이 한반도 전체를 장악해 북한이라는 완충 지역이 사라져버리면 중국과 미국이 직접 국경을 맞대는 형상이 되고, 언젠가는 중국 본토에서 미국과 전쟁을 벌여야 할 것이라고 우려했다. 실제로 맥아더는 후퇴한 인민군을 잡는다는 핑계로 이미 만주에 폭격을 가하고 있었다. 마오쩌둥은 다만 김일성의 교체에 대해서는 유보적인 태도를 취했다.

"지금은 전쟁 중이고 소련과의 마찰을 일으키지 않으려면 휴전협정까지는 김일성이 현 상태로 있어야 할 거요."

박헌영은 향후 친중국 정책을 시행하겠다는 내용을 서면으로 작성해 제출하고 중국 인민해방군의 파병에 합의했다.[104]

마오쩌둥의 재가를 받은 펑더화이는 즉시 중국 인민해방군을 한반도로 이동시켰다. 1950년 10월 중순, 압록강 일대에는 벌써 중국 인민해방군이 등장하기 시작했다. 전세는 다시 역전되었다.

일단 한숨을 돌린 조선노동당은 12월 초에 제3차 전원회의를 열어 미군에 쫓겨 무질서하게 후퇴한 장성들을 출신이나 파벌에 상관없이 일괄 징계했다. 그러나 소련파 김열은 총살당하고 옌안파 김무정은 회의석상에서 체포되어 다시는 복귀하지 못한 반면, 김일성 직계이던 김일, 임춘추, 최광 등은 곧바로 복권했다. 총사령관 김일성 및 군부의 압도적 다수를 차지한 김일성파가 책임져야 할 패전을 옌안파와 소련파가 떠안은 것이다.

항일무장투쟁의 상징이던 조선의용군 사령관 출신 김무정은 군단장직에서 쫓겨나 평양형무소 죄수들을 이끌고 전후 복구공사에 투입되었다. 괄괄한 성격을 참지 못한 그는 울분으로 위장병을 얻어 다 죽게 되었다. 소식을 들은 팔로군 사령관 펑더화이가 급히 중국으로 불러들였으나 회복할 수 없었다. 죽음을 앞둔 김무정은 죽어도 조선 땅에서 죽겠다고 우겨 끝내 귀국했으나 평양에 돌아와서도 장교용 병원에 들어가지 못하고 사병용 막사에서 치료받던 중 1952년 10월에 사망했다.

전세는 역전되었으나 패전의 피해는 너무나 컸다. 박헌영은 외무상으로서 미군의 무차별 폭격과 민간인 학살 등 전쟁범죄에 대한 비난에 총력을 기울였다.

1950년 11월 26일 유엔총회 의장 앞으로 보낸 편지에서 그는 9월 28일 서울이 국군에게 탈환된 이후 수백 명의 인민위원회 참가자나 노동당원들이 살해되었다고 주장했다.

"10월 5일에는 우익청년단들이 30세 남자의 목을 매달아 지프에 걸고 을지로를 끌고 다니며 공산주의자들에게 동정

하는 자는 누구든지 이렇게 될 것이라고 공포를 조성했으며,
9월 20일 신촌에서는 미군 병사 일곱 명이 최 모라는 여인을
강간하는 등 무수한 강간 사건이 벌어졌다."

미군 점령 후 서울에서 좌익에 대한 수많은 즉결 처형이
벌어졌던 게 사실이었다. 그 숫자를 1천 명으로 보는 이들도
있었다. 하지만 인민군 점령 기간 중에, 그리고 인민군 철수
시에 반동분자로 낙인되어 있던 많은 서울 시민을 학살했다
는 사실은 박헌영의 편지에 빠져 있었다. 인민군이 죽인 숫
자는 1천 명보다 많으면 많았지 적지는 않았다.

편지는 또한 국군과 미군이 평양에서 1천여 명의 여성들
을 체포해 야만적으로 강간한 후 총살했으며, 순천에서는 오
빠가 노동당원이라는 이유로 18세 처녀의 코와 유방을 도려
내 살해했고, 순천에서 10킬로미터 떨어진 촌락에서는 해산
한 지 1주일된 여인을 강간했다고 주장했다. 또 남북한의 모
든 도시들에서 미군과 국군이 15세 이상 35세 이하 여성들
을 모집해 '미군 위안대'라는 명목의 사창을 조직하고 있다
고 했다. 오늘에 와서 이 주장들을 입증할 증거를 찾을 수는
없지만, 현대의 여러 전쟁에서 나타나는 범죄 유형을 크게
벗어나지 않은 것은 사실이었다. 박헌영은 도시별로 학살자
의 숫자와 이름까지 제시했다.

"이리하여 잠시 동안의 강점 시기를 통해 미군과 이승만
군대들은 희천에서 8백여 명에 달하는 민주주의적 인사들을

체포하여 야만적으로 학살했는바, 그중에는 희천 여성동맹 위원장 박춘화, 중학교 교원 최희강 등이 포함되어 있었다. 희천군 이외 촌락들에서는 50여 명의 주민들이 살해되었으며, 살해당한 사람들의 목을 베어 주민들을 공갈할 목적으로 길가에 널어놓거나 나무에 매어 달아두었다.

초산시에서는 만취한 이승만 군대가 자동차로 돌아다니며 시내에서 그들의 눈에 띄는 주민들을 닥치는 대로 사살했다. 초산을 강점한 수일간에 이승만 도당들은 9백여 명에 달하는 평화적 주민들을 살해했다. 초산에서 여섯 명의 이승만 군대는 가정부인 김 씨를 권총으로 위협해 윤간한 후 그를 학살했다.

회천에서 미군들은 17세의 여자 중학생을 무기로 위협해 강간했다. 개천에서 10킬로미터 떨어진 촌락에서 미군들은 55세의 노파와 병석에 누워 있는 그의 며느리가 살고 있는 집에 침입해 그들을 강간했다."

미군기의 폭격에 대한 항의도 계속했다. 박헌영은 12월 7일 유엔총회 의장에게 보낸 서신에서 미군 항공기들이 북한 지역의 7천 개소 이상의 농촌과 도시를 파괴하고 있다고 주장했다.

"미군 항공기들은 조선의 도시들과 농촌들을 폭격하기 위해 날마다 1천 회 이상이나 출격하고 있다. 미국 항공기들은 초토 전술을 사용하면서 아무런 군사적 시설도 없는 도시들과 농촌들에 허다한 소이탄과 유산탄을 투하하고 있다. ……
11월에 이르러 미군 항공기들은 강계, 신의주, 의주, 진천, 구
성, 태천, 초산, 북진, 고산, 만포, 중강진, 회령 및 기타 도시들
을 폭격해 폐허로 만들었다. 강계시에는 8천여 호 중 5백여
호에 도달하지 못하는 가옥들이 남아 있을 뿐이고, 신의주에
는 1만 2천 호 중 약 1천 호가 남아 있으며, 만포에는 1,500
호 중 약 2백 호가 남아 있을 뿐이다."

편지 내용의 상당 부분은 허위와 과장으로 보이지만, 미 공
군의 폭격이 한반도 주요 도시들을 잿더미로 만들고 있다는
말만은 사실이었다.

미국은 한반도에서 공산주의를 막아 일본을 지키고 나아
가 미국을 지킨다는 기본 전략 이외에 한국인의 재산과 인
명, 문화재를 지킨다는 생각은 추호도 갖고 있지 않았다. 그
들은 아무리 중요한 산업시설이나 문화재라도 상관치 않고
폭탄을 투하했다. 일일이 나열할 필요도 없이 부산과 대구
등을 제외한 한반도 전역의 도시와 산업시설, 문화재, 교량
등이 파괴되었다. 빨치산을 소탕하기 위해 남한의 주요 산악
지대에 헤아릴 수 없는 폭탄을 투하하고 네이팜탄으로 불태
워 없앴다. 네이팜탄은 첫 폭발 수 초 후 휘발유가 분출되어
주변 일대를 일시에 불바다로 만들어버리는 가공할 폭탄이
었다. 미군은 그것도 부족해 미리 드럼통으로 휘발유를 비처
럼 쏟아붓고 여기에 네이팜탄을 터뜨렸다. 산중의 고찰들은

미군기의 제일의 목표가 되어 거의 남김없이 소각되었다.

1951년 1월 3일부터 시작된 평양 시가지에 대한 대규모 융단폭격은 사상 유례없는 야만적인 행위였다. 박헌영은 최고조의 극단적인 용어들을 사용해 맹렬한 비난을 퍼부었다.

"나는 조선민주주의인민공화국 정부의 위탁에 의하여서와 또한 전체 조선 인민의 명의로서 무장한 미제의 야수들이 조선 인민에 대해 감행한 새로운 만행에 관해 유엔과 전 세계 인민과 전 세계의 여론 앞에 통고하는 바다.

금년 1월 3일 오전 10시 30분에 82대의 B29는 죽음의 짐을 평양에 내려 부었다. 미합중국 군인의 옷을 입었으며 유엔의 깃발로써 자기들의 범죄적 행동을 은폐하려는 악독한 강도 놈들은 주밀한 계획 밑에 평화적 평양시 주민들에 대하여 살인귀와 같이 유혈적 만행을 감행했다. 놈들은 수백 톤의 폭탄과 소이탄을 일시에 도시의 전체 지역에 투하해 초토적 화재를 일으켰다. 미국 야만인들은 소화를 방해할 목적으로 도시의 전체 지역에 시계폭탄을 투여한 결과 폭탄은 하루 종일 폭발했으며 주민들은 거리에 나올 수 없었다. 벌써 이틀 동안이나 도시 전체가 불덩어리가 되어 연소하고 있다. 이미 하루 동안에 7,812개의 시민의 가옥이 소각되어 버렸다.

미국인들은 평양시에 아무런 군사적 목표도 없다는 것을 잘 알고 있으며, 공장, 제조소, 교량, 변전소, 행정기관, 건물, 병원, 학교 및 기타 큰 건물은 이미 오래전에 미제의 육군과 공군에 의해 파괴되어 있다. 평양시에는 조선 인민군 부대도 군 기관도 주둔하지 않았다. 시내에서 파괴를 면한 조그마한 주택들에는 평화적 주민들, 즉 집을 잃어버린 여자와 아이들과 노인들이 있었을 뿐이다.

미국 초원에서 자라난 이 야만족들은 아무런 죄도 없는 조선 인민이 이미 흘린 피에 만족하지 못하고 인류 역사상 전대미문의 이러한 유혈적 만행을 또다시 감행했던 것이다. 폭탄 파편에 살상되었으며 불에 타 죽었으며 연기에 질식해 절명한 평양 시민들의 희생자 수는 너무나 많기 때문에 일일이 계산할 수 없다. 평양시 인구가 전쟁 전에 50만 명이었다면 지금에 와서는 겨우 5만여 명이 남았을 뿐이다.

월가의 지배층들이 전 세계 인민들에게 강요하려고 하는 미국 문명이란 바로 이러한 것이다. 타국에 수출하려는 미국식 '민주주의'의 진정한 면모는 바로 이러한 제국주의적 식민지 약탈자로 전환한 미국 강도배들의 질서인 것이다. 전 세계 인민들은 세계 제패의 야망에 날뛰는 미 제국주의자들이 그들에게 무엇을 가져오는가를 똑똑히 알고 있다. 아무런 죄도 없는 평화적 주민들을 야수적으로 학살하는 미국 무력 간섭자들의 조선에서의 범죄적 행동에 대해 전체 조선 인민들은 불타오르는 분노와 격분으로써 항의하는 바다."

실로 미 공군의 폭격은 인류 역사에 기록될 만한 잔인한 학살극이었다. 그것은 전쟁을 누가 일으켰는가 하는 것과는 또 다른 문제였다. 김일성이나 박헌영이 아무리 잘못을 했더라도 그것은 계급 해방이라는 주관적 착각에서 일으킨 고의성 없는 실수에 속했다. 그들의 오류가 아무리 크더라도, 사람을 죽이려 시작한 일은 아니었다. 이에 비해 미국은 명백히 고의적인 대학살을 감행하고 있었다. 명분은 언제나 민주주의의 수호를 내세웠지만, 전쟁을 통해 소비를 촉진해 자본가들을 살리려는 자본주의 고유의 법칙이 돌아가고 있을 뿐이었다. 자국으로 공산주의의 불꽃이 튀는 것을 막기 위해서라면 약소민족의 땅과 주민은 먼지처럼 태워 없애도 된다는 제국주의 정신의 표현일 뿐이었다. 그렇지 않다면, 4천 년 역사를 지닌 나라의 아름다운 자연과 유구한 문명을, 산업시설과 인명을 이처럼 무참히 소각시킬 수는 없었다. 한국전쟁에 국한할 경우, 스탈린이나 김일성 혹은 박헌영이나 마오쩌둥의 오류에 대해 온갖 비판을 나열할 수 있지만, 그 모든 것을 합친다 해도 오만한 제국 미국이 저지른 대학살의 범죄와는 결코 비교할 수 없을 것이다.

한때 충북 진천까지 내려갔던 인민해방군은 미군의 역공으로 삼팔선 일대까지 후퇴하고, 전선은 교착 상태에 빠졌다. 서부전선 개성부터 중부전선 철원을 지나 동부전선 화천, 양양을 잇는 삼팔선 전역에서 매일 수백 명씩 죽어 나가는 고지 탈환전이 시작되었다.

박헌영 명의로 발표되는 항의 성명의 수위는 갈수록 높아졌다. 그는 미군과 국군에게 점령되었던 3개월 동안 북한에서 7만 5천 명의 주민이 연행되어 2만 8,800여 명이 고문을 당한 끝에 학살되었다고 주장하며 구체적인 사례를 나열했다. 그중에는 미군이 한국인의 머리 가죽을 벗겨 간 사건이 열두 건이나 되며, 유치장에서 해산한 좌익수의 영아를 구둣발로 밟아 죽였다는 등의 믿기 어려운 주장이 많았다.

이런 상상 못 할 야만 행위들은 그러나 20년 후 베트남전에서 한국군과 미군이 베트남인들에게 자행했던 행위들과 대단히 유사했다. 여성들에 대한 강간과 살해는 20년 후로 갈 것도 없이 한국전쟁 내내 벌어진 일반적인 사례였다. 박헌영은 1951년 4월 15일의 서한에서 이런 사례를 수십 건이나 서술했다.

"1950년 10월 4일 강점자들은 경기도 김포군 월곡면 민청 부위원장 이성의(여성)를 체포해 나체로 만들어 국부를 야구방망이로 쑤셔 빈사 상태에 이르게 한 후 10명의 다른 민청원들과 함께 총살했다. 12월 20일에 이승만 괴뢰군은 강원도 원산시 단공리에 사는 민청 열성맹원 신약천(여성)을 체포해 벌거벗겨 붙들어 매 놓고 국부를 촛불로 지지면서 고문하여 의식을 잃게 했으며 그 후에 그를 학살했다. 11월 5일 개성시에서 미군 두 명은 남편과 같이 지나가는 부인을 만나서 그의 남편을 죽이고 그 여자를 윤간했다. 11월 20일 평양시에서 미군들은 그들이 포로로 잡고 있는 인민군 간호원 세

명을 강간한 후 총살했다. 11월 27일 미군 여덟 명은 경기도 화성군 정남면 금암리 여맹 위원장 이 모를 강간한 후 그를 죽였다. 그의 벌거벗은 시체는 수일간 길가에 나뒹굴게 했다. 12월 말 이승만 괴뢰정부 문교부장관 백낙준의 초대연에 참가했던 미군 장교 세 명은 때마침 백낙준을 방문했던 여자중학교 여 교원을 그 집 방공호에서 윤간한 후 학살했다."

국군이나 우익청년단이 체포한 여성 빨치산의 음부에 말뚝을 박아 죽이거나 체포한 좌익 여성단체 간부들을 나체로 묶어 놓고 윤간하는 사건은 남한에서 공공연하게 벌어지고 있었다. 박헌영은 경기도 김포군 양촌면 홍심리에 거주하며 김포 비행장에서 노력동원을 한 농민 김광국의 증언이라며 미군 비행사들이 80명 이상의 젊은 조선 여자들을 비행장 지하실에 가두어 놓고 밤낮으로 능욕했다고 주장한다. 여러 현대전에서 여성들을 집단으로 장시간 가둬 놓고 윤간을 하는, 이른바 '강간 캠프'의 한 사례였다.

월북하기 전 박헌영이 작성한 문건들은 대개 무미건조하고도 원리원칙적인 내용들이었다. 눈에 띄는 과장이나 감정적 표현들은 거의 보이지 않았다. 그러나 북한에 올라간 이후 박헌영의 글들은 냉철한 이성을 토대로 쓴 것이라기보다 과장 혹은 거짓, 아니면 감정의 과잉이 두드러지게 나타났다. 어떤 전쟁의 사례를 비교해보더라도 도저히 믿을 수 없는, 악의적인 선전이 확실해 보이는 주장도 많았다.

"1950년 10월 초에 경기도 파주군 교하면에서 경찰들은 김일성 장군의 노래를 부른 여섯 명의 어린아이들을 잡아다가 입술을 도려내고 찍개로 혀를 끊어 죽였다. 놈들은 아이들의 시체를 길가에 널어놓고 그 부근 동리 아이들을 전부 모아 놓고 시체를 가리키며 김일성 장군의 노래를 부르면 이렇게 죽인다고 협박했다.

10월 10일 경기도 김포군 인민위원회 지도원의 부인을 납치하여 벌거벗기고 예리한 칼로 국부를 찌르고 배를 갈라 죽였으며, 그의 두 아들도 그 자리에서 돌로 머리를 까 죽였다. 11월에 신천군 원남리에서 창고에다 열 살도 못 되는 아동들을 80명 이상이나 가두어 놓고 그들을 곤봉으로 때려죽이고 나머지는 굶겨 죽였다. 11월에 태천군에 침입한 미군과 이승만 도당은 서면 우능리에 사는 노동당원이며 군농민동맹 위원장인 이은준의 귀와 코를 자르고 눈알을 뽑고 피부를 벗겨 학살했다. 1951년 1월 5일에 강원도 양양군 강현면에 사는 노동당원 윤희두를 체포하여 톱으로 그의 몸을 세 토막내어 죽였다."

사살한 빨치산의 귀나 코, 목을 잘라 상부에 보고하여 전공을 자랑하는 일은 전쟁 이전부터 있었다. 제주 항쟁과 여순 반란 때 진압군에게 학살된 어린이들도 수백 명이 넘었다. 그렇지만 박헌영이 나열한 엽기적인 살해 장면들은 도저히 믿기 어려운 내용들이었다.

과장과 허위가 명백한 서한도 있었다. 1951년 6월 29일자로 유엔총회 의장에게 보낸 서한에서는 북한에서 강제로 끌려간 주민들이 수용소에 억류되어 있으며, 이들 중 청장년들은 인민군 후방에 파견할 무장대, 밀정단으로 훈련되고 있다고 주장했다. 박헌영은 충청도에만 해도 그 숫자가 90만 명이 넘고, 제주도와 거제도, 전라북도에도 120만 명이 강제로 수감되어 있다고 주장했다. 후퇴하는 미군과 국군에 의해 강제로 끌려간 이들은 충청도의 77개 수용소, 제주도의 160개 수용소, 거제도의 7개 수용소 등지에 갇혀 굶주림과 질병으로 고생하고 있으며, 1951년 4월 현재 37만 4,097명의 환자가 있고, 4월 7일 단 하루만에도 2,765명이 사망했다고 구체적인 숫자까지 나열했다.

월남민의 대다수는 사회주의 체제에 회의와 불만을 느끼고 자발적으로 내려온 이들이었다. 남한 곳곳에 월남민들의 집단 주거지가 형성되었으나 강제로 수감했던 것은 아니었다. 국군에 입대한 월남 청년들이 북한에 무장유격대로 밀파되는 경우는 있었으나, 강제로 보냈다고는 할 수 없었다. 강제 수용된 북한 주민이 200만 명이 넘는다는 박헌영의 주장은 자진 월남한 북한 주민의 숫자가 그만큼 된다는 뜻에 지나지 않았다. 해방 후 좌익 계열 사설의 80퍼센트를 썼다고 이야기되던 박헌영의 명석한 논리력과 합리적인 판단력은 북한에 올라간 후로는 거의 상실된 것처럼 보인다.

전쟁의 광기는 평상시라면 도저히 상상할 수 없는 극한적인 상황들을 만들어내고 있었다. 남한의 후방에서는 퇴각하지 못한 인민군이나 인민공화국 부역자 최소 2만 명 이상이 산악지대에 숨어들어 군경과 치열한 유격전을 벌이고 있었다. 총사령관 이현상의 지휘 아래 박종근, 하준수, 박영발, 방준표, 김삼홍, 조병하, 김선우 등 도당 위원장들이 이끄는 남부군은 산악지대는 물론 인근 마을과 도시들을 거듭 공략해 국군을 교란했다. 이현상의 직할부대만 해도 박종하, 김홍복, 이진범, 양봉순 등 헤아릴 수 없이 많은 용감무쌍한 대원들이 영웅적인 투쟁을 벌였다. 그러나 대세는 벌써 결정되어 있었다. 산악 주변 마을들이 대부분 소각되어 아무도 살고 있지 않는 가운데, 식량도 무기도 제대로 갖추지 못한 유격대들은 한미 연합군의 상대가 되지 않았다. 네이팜탄까지 동원한 융단폭격으로 떼죽음을 당했고, 털옷은커녕 고무신도 제대로 갖추지 못한 채 영하 30도에 육박하는 겨울 산중을 헤매다가 얼어 죽고 굶어 죽고 총에 맞아 죽었다. 국군은 유격대가 생존하기 어려운 매년 겨울마다 전방 사단까지 끌어내려 대규모 토벌전을 감행했고, 유격대는 서리 맞은 풀잎처럼 고사되어 갔다.

압록강 너머로 피신했던 북한 수뇌부는 1951년이 되면서 평양으로 돌아왔다. 미 공군의 거듭되는 폭격으로 평양 중심가는 안전하지 않은 상태였다. 김일성은 평양시 북쪽에 있는 대성산 밑 방공호에 최고사령부를 설치하고 군사 업무를 담당했다. 박헌영은 가루게에서 흥부로 나가는 삼거리 근방 방공호 앞의 집무실에서 정부 업무를 총괄했다.

부수상 박헌영의 집무실은 내각 총사무실이라지만 네 평정도밖에 안 되는 조그마한 판잣집이었다. 삼엄한 경계망이 펼쳐진 김일성의 최고사령부와 달리, 입구에 인민군 사병 둘이 교대로 서 있어 누구나 쉽게 드나들 수 있었다.

조선공산당 기관지『해방일보』기자로 시작해 전쟁이 터질 때까지 서울의 지하당에서 정태식과 김삼룡을 보필해온 박갑동은 월북 후 허정숙이 이끄는 문화선전성의 유럽부장을 맡고 있었다. 그는 1951년 5월, 북한을 방문한 국제민주여성동맹 대표단에게 어떤 선물을 할 것인가를 상의하기 위해 박헌영을 만날 기회를 얻었다.

『해방일보』시절 친하게 지내던 박헌영은 좀처럼 보기 어려운 환한 웃음으로 박갑동을 맞았다. 방문 목적을 들은 박헌영은 외국 손님에게 주는 선물이니 되도록 우리나라 명산물이 좋겠다고 말하고는 인삼 등 여러 지방의 고유 특산물에 대해 박식하게 설명했다. 그러고는 탁자 위에 놓인 전화기를 집어 들었다. 대성산 지하 참호에 있는 김일성과의 직통전화였다. 어떤 선물을 하는 게 좋겠느냐고 김일성과 상의하기 위해서였다.

이런 사소한 일까지 김일성에게 낱낱이 승인을 받는 박헌영의 모습은 그를 조선 최고의 지도자로 존경해온 박갑동에게 상당한 충격이었다. 남한 출신들 사이에 돌고 있던, 월북한 박헌영이 김일성의 식객이 되어 눈치나 보며 살고 있다는 소문을 확인하는 순간이었다.

북한 사람들끼리는 매일 만나 술을 마셔도 누구 하나 뭐라 하지 않지만, 남한 출신끼리는 두셋만 모여도 분파주의가 아니냐는 경계의 눈초리를 맞아야 했다. 북한 출신들의 경계심이나 남한 출신들의 실망감은 현실적인 문제에서 비롯되었다. 전쟁 초기 인민위원회나 여성동맹, 청년동맹 등에서 일하다가 죽음을 피해 월북해 온 남한 출신들에게는 일자리가 없었다. 인구가 대폭 줄었기 때문에 고급 일자리는 더욱 줄어들었다. 자리를 뺏기지 않으려는 북한 출신들의 경계심과 목숨을 걸고 싸우다 올라온 보상을 받고 싶어 하는 남한 출신들 간의 갈등은 불가피했다.

박갑동은 그나마 허정숙의 배려로 직장은 얻었으나 숨통이 막히는 듯한 북한 사회가 싫었다. 어떻게든 소련이나 동유럽으로 빠져나가고 싶은 생각뿐이었다. 선물 선택의 용무가 끝난 후, 박갑동은 솔직하게 자기를 외국으로 보내줄 수 없느냐고 청원했다.

박헌영은 어색해 보이는 특유의 미소를 띤 채 되물었다.

"왜? 외국에서 뭣을 배우게? 평양이 마음에 안 드는 모양이군? 서울에서 온 당원들은 왜들 그렇게 다 평양이 마음에

안 드는가?"

마침 공습경보가 울리기 시작했다. 문밖의 경비병들이 먼저 겁을 먹고 어쩔 줄을 몰라 했다. 박갑동도 방공호로 대피하자고 권했다. 하지만 박헌영은 괜찮다며 눈도 깜짝이지 않고 31살의 젊은 후배를 위해 말을 이었다.

"외국에 가서 뭣을 배우려 하는 거요? 정치가가 배울 곳은 외국이 아니라 자기 나라의 인민대중이 아니요? 혹, 학자가 되려면 외국에 갈 필요도 있겠지만."

박헌영은 화제를 돌려 남쪽에서 온 동지들은 다들 어떻게 지내는가를 물은 후, 한마디 한마디 그의 가슴에 심어주듯이 말했다.

"박 동무! 직장에 불평불만을 가져서는 안 돼요. 남에서 온 동지들은 모든 것을 꾹 참아야 해요. 남에서 온 당원들은 일제 때부터 부정적 사실에 대해 남달리 예민했고, 불평불만을 품고 그것을 올바르게 해결하기 위해 혁명의 길로 들어선 거예요. 해방이 되어서도 우리의 불평불만은 해결되지 못했지요. 북에 와서 불평불만을 품어서는 큰일 나요. 모든 것이 일조일석에 해결되는 것은 아니에요. 참기 어려운 것을 참아야 진실한 혁명가가 될 수 있으며 정치가가 될 수 있어요."

어떤 어려움이 닥쳐도 변함없이 혁명의 제일선을 지켜온 선배 혁명가의 말은 원칙적이고 진술해 보였다. 그러나 박갑동은 어쩐지 그가 불안에 떨고 있다는 느낌을 피할 수 없었다. 눈앞에 닥쳐오는 불행을 조금이라도 연기시키기 위해 안간힘을 다하고 있는 것처럼 느껴졌다. 박헌영에게 부탁하면 외국으로 나갈 수도 있으리라는 희망을 잃어버린 박갑동은 앞으로 자신에게도 다가올 암울한 미래를 생각하니 전신에 소름이 끼치는 기분이었다.[105]

1951년 7월 10일부터 시작된 휴전협상은 지지부진했다. 소련을 통해 먼저 휴전협정을 제안한 북한은 해방 기념일인 8월 15일이면 휴전이 되리라 낙관하고 축하 잔치까지 준비했다. 그러나 남한 정부와 우익들은 이 기회에 통일을 이루겠다며 휴전에 극력 반대했다.

국군에게 잡힌 인민군과 중국군 포로들의 석방도 걸림돌이 되었다. 1949년에 체결된 제네바협정 제118호는 전쟁이 끝나면 모든 포로는 지체 없이 석방되고 송환되어야 한다는 내용을 담고 있었다. 미국은 처음에는 이 조항에 따라 전원 송환의 의사를 밝혔다. 그런데 인민군 포로 중 다수가 남한에 남기를 원하면서 문제가 발생했다. 남한 정부는 포로에게 송환 지역 선택권을 주자고 나섰으나 북한 측은 일괄 북송을 요구했다.

논란은 거제도 포로수용소에 수용된 인민군과 중국군 포로들에게 번졌다. 포로들 사이에는 북한으로 돌아갈 것인가, 남한에 남을 것인가를 두고 치열한 편싸움이 벌어졌다. 남한에서 의용군에 자원했거나 반강제로 끌려갔던 대다수는 남한에 남기를 원한 반면, 북한 출신들은 다 함께 북으로 돌아가야 한다고 주장했다. 수용소 경비를 맡은 미군은 반공 포로들을 지원하고 친북 포로들을 탄압했다. 친북 포로들이 반공 포로들을 때려죽이는 일도 매일 밤 벌어졌다. 나중에는 친북 포로들이 수용소장을 감금했다가 풀어주는 등 거제도 포로수용소는 매일처럼 난투극과 칼부림에 휩싸였다.

박헌영은 남한 포로수용소에서 공산주의 포로들에 대한 학살이 자행되고 있다고 비난하는 한편, 모든 군사 행동의 즉각 중지, 전선에서 군사를 후퇴시켜 각각 2킬로미터의 비무장지대를 설정할 것, 모든 외국 군대를 철수시킬 것 등을 요구하는 서한을 보내는 등 전쟁을 종식시키기 위해 애썼다. 그러나 북진통일을 국론으로 내세운 남한에서는 휴전을 옹호하는 사람은 반역자로 몰리는 판이었다. 전쟁을 일으킨 당사자인 북한이 이제는 휴전을 거부하는 남한을 전쟁광이라고 비난하는 역설적인 상황이 벌어졌다.

이러저런 이유로 휴전협정은 이후 2년이나 끌게 되었고, 그동안에도 전선의 전역에서 수많은 남북의 젊은이들이 피를 흘리며 숨져갔다. 국군은 겨울마다 중부전선의 병력을 남하시켜 남부 산악지대의 공산유격대들을 이 잡듯이 도살해나갔다. 영하 20도의 한파가 몰아치는 태백산맥과 소백산맥의 고산준령들은 겨울이면 빨치산의 피로 붉게 물들었다가 봄이 되면 썩은 시신에서 나오는 검은 핏물로 적셔졌다.

휴전협정이 늘어지면서 북한 권력 내부의 갈등도 심화되었다. 이 무모한 전쟁을 시작한 자가 누구인가에 대한 책임론이 대두되기 시작한 것이다. 휴전이 성립되기까지 남북을 합쳐 3백만 명에 이르는 사망자가 나고, 유엔 16개 연합국 병사와 인민해방군을 합쳐 30만 명의 외국인 병사들이 죽어간 전쟁이었다. 대구와 부산 등을 제외한 남북의 전 국토가 초토화되고 거의 모든 산업시설이 파괴되었다. 이 전쟁을 시작한 자는 누구라도 전범으로 취급되어야만 했다.

원인 제공자로 따지자면 해방된 나라의 권력자로 재등장한 부일매국노들이었으나, 한 줌도 안 되는 악인들을 잡기 위한 희생으로는 너무나 가혹했다. 더구나 그 악당들은 건재했을 뿐 아니라 전쟁 특수를 통해 장차 독점자본의 기초를 쌓아갔다. 반면에 남한의 압도적 다수 민중들은 반공주의자가 되어버렸다. 일제 강점기 동안 축적되었던 공산주의자들에 대한 신뢰는 파탄이 나고, 동족상잔을 불사하는 전쟁과 인민재판을 떠올리게 만드는 잔인하고 혐오스러운 무리들로 각인되었다. 제2차 세계대전 이후 서구 유럽이나 일본에서 공산당 혹은 사회당이 사회 진보의 견인차 역할을 하여 민주주의의 꽃을 피우게 된 것과 달리, 남한의 진보운동은 씨앗이 자랄 토양조차 사라져버리고 말았다.

이 어처구니없는 전쟁의 제1의 책임자는 당연히 김일성이었다. 북한 정부의 수상이자 조선노동당 위원장이고 조선인민군 총사령관인 김일성이 모든 책임을 지는 것은 너무나 당연한 일이었다. 김일성으로서는 모든 것을 잃을 수 있는 위기였다. 김일성은 자신의 책임을 회피하기 위해 생사를 걸어야 했다. 가장 좋은 방법은 이인자에게 책임을 떠미는 것이었다. 김일성과 박헌영의 사이는 급속히 냉각되었다.

1951년 11월 7일, 자강도 만포의 임시 소련대사관에서 러시아혁명 44주년 기념 회식이 열렸다. 당시 조소문화협회 부위원장으로 회식에 참가했던 박길용의 증언에 따르면, 이 자리에서 술에 취한 김일성이 박헌영에게 패전에 대한 책임을 묻다가 박헌영이 조목조목 따지고 들어 말문이 막히자 잉크 스탠드를 집어 던지며 화를 내는 사건이 벌어졌다. 두 사람은 서로 욕까지 하며 싸우다가 소련 장성들의 만류로 겨우 떨어졌다.[106]

회식 사건 이후 북로당 출신들 사이에는 박헌영이 남로당 봉기설을 주장해 전쟁을 일으켰는데 남로당이 호응하지 않아 망했다는 비난이 공식화되어 떠돌기 시작했다. 스탈린의 대숙청을 겪은 소련파들은 남로당 출신들에 대한 대숙청이 멀지 않았음을 예감했다. 그러나 당 내부의 자유로운 비판 분위기에 익숙한 남한 출신들은 으레 있을 수 있는 당내 갈등 정도로 여유를 부리고 있었다.

자신에게 패전의 책임을 뒤집어씌우려는 음모가 시작된 이후에도 박헌영은 미군의 폭격과 세균전을 비난하는 국제적인 항의운동을 조직하는 데 대부분의 시간을 보냈다. 파괴된 생산력을 복구하기 위해 축산농민대회나 농민대회, 산업성 산하 기업소 지배인회의니 소비조합대의원대회 등에 참석해 노동자와 농민들을 격려하는 일상 활동도 계속했다.

가정생활도 원만했다. 박헌영은 젊은 아내 윤옥과 함께, 둘 사이의 첫딸 나타샤를 무척 아꼈다. 남로당 출신들 사이에서는 박헌영이 예쁜 아내에게 빠져 자기들에게 신경을 쓰지 않는다는 투정까지 나올 정도였다. 윤옥은 전쟁의 와중에도 다시 임신을 해 1952년 여름, 혼자 모스크바를 방문해 남자아이를 출산했다.

윤옥은 모스크바에 머무는 동안 동생이나 다름없는 의붓딸 비비안나에게 박헌영의 불안한 처지에 대해 털어놓았다. 형식상 북한 권력의 이인자인 박헌영이 전용차를 갖지 못하고 있다는 믿기 어려운 이야기도 그중 하나였다. 박헌영은 1949년 2월에 소련을 방문했을 때 스탈린으로부터 최고급 승용차를 선물 받았는데 얼마 전에 김일성이 그 차를 빼앗아 갔다는 것이었다. 기동력이 없어진 박헌영은 도보로 집과 사무실만을 오갈 뿐, 다른 사람들은 만날 수 없는 상태가 되어 있었다. 이 역시 남로당 출신들과의 교류를 차단하기 위해서였다. 젊은 아내에게 빠져 두문불출한다는 남로당 출신들의 불만은 오해였던 것이다.

불길한 예감이 든 박비비안나는 평양에 돌아가지 말고 모스크바에서 함께 살자고 언니 같은 윤옥을 붙잡았다. 박헌영이 모스크바에서 출산하도록 내보낸 것도 그녀와 아이를 보호하기 위해서라는 생각이 들었다. 하지만 윤옥은 남편을 위해 돌아가야 한다고 고집했다. 25살이나 나이 차이가 났지만 그녀는 남편 박헌영을 진심으로 존경하고 사랑했기 때문에 그에게 닥친 불행을 함께 겪고자 했다. 윤옥은 끝내 평양으로 돌아가고 말았다. 박헌영은 그녀가 안고 온 갓난 아들에게 세르게이라는 소련식 이름을 붙여주었다.

전쟁이 막바지에 이른 시기에도 박헌영은 북한을 대표해 유엔을 향해 줄기차게 항의 서한을 보내고 있었다. 북한 전역에 대한 미군의 폭격은 1952년에도 계속되었고, 평양은 건물이라고 부를 만한 어떤 것도 남아 있지 않을 정도로 폐허가 되었다. 미국은 1950년 말부터 1951년 초까지 세균전을 벌인 데 이어 1952년 1월에도 또다시 세균전을 벌인다는 의심을 받았다. 중국 측은 만주에 떨어진 중형 포탄 모양의 통과 죽은 파리, 쥐 등을 세균전의 증거로 제시하고, 미군 포로 케네즈의 자술서도 공개했다.[107]

박헌영은 미군의 무차별 폭격으로 인한 민간인 살상과 함께 세균전에 대해 맹렬히 비난하는 서한들을 보냈다.

"조선 인민군과 중국 인민지원군 사령부의 정확한 자료에 의하면, 미제 침략군은 금년 1월 28일부터 아군 진지 및 우리 측 후방에 대해 전염병 균을 전파하는 다량의 각종 독충들을 비행기에서 조직적으로 산포했다.

1월 28일 적 군용기들은 조선에서 종전에 보지 못하던 세 종류의 벌레들을 이천, 동남, 농소동, 용수동 등 지구에 대량적으로 산포했는바, 그 첫째 종류의 형태는 검은 파리와 같으며, 둘째 종류의 형태는 벼룩과 같으며, 셋째 종류의 형태는 빈대와 같다. …… 2월 11일 적군 비행기들은 철원지구의 아군 진지에 대해 벼룩, 거미, 모기, 개미, 파리 및 기타의 작은 벌레들이 가득 찬 종이통과 종이봉지를 투하했다. 시변리 지구에서는 파리를 대량적으로 투하했으며, 평강지구에서는 벼룩, 파리, 모기, 귀뚜라미들을 대량적으로 뿌렸다."

이 시기 북한 전역에는 이질, 콜레라 등이 만연하고 있었다. 중국군 역시 전염병으로 고전했다. 중국 외교부장 저우언라이도 거듭해서 유엔에 항의 서한을 보냈다. 사회주의권은 이 세균들이 일본인 기술자들에 의해 양산된 것으로 의심했다. 박헌영은 1952년 2월 22일자 서한에서 그들의 이름까지 거론했다.

"이러한 극악한 범죄를 준비하는 과정에서 미 제국주의자들은 공공연하게 일찍이 일본 군국주의의 앞잡이로서 죄상이 확실한 일본 세균전쟁 범죄자들과 합작했으며, 일본의 전쟁 범죄자들인 이시이 시로, 와까마쯔 지르, 기다노 마사구라 등을 조선에 파견했는바, 소련 정부는 1950년 2월 1일 이 세균전의 주동자들을 국제 특별군사법정에 넘길 것을 제안했던 것이다.

미 제국주의자들은 미국까지 포함한 전 세계가 공인하는 일본 전쟁 범죄자들과 합작하여 현재 우리나라에 대규모의 세균전쟁을 진행하고 있다. 미제 침략군은 조선 인민의 불구 대천의 원쑤인 일본 군국주의자들과 특히 그의 앞잡이인 세상이 공인하는 세균전쟁 주동자들인 일본 전범자들을 이용해 조선 인민을 전멸하려고 기도하고 있는 것이 명백하다."

박헌영과 저우언라이의 호소에 응답하여 프랑스 파리 등 유럽 여러 도시에서 미국의 세균전을 비난하는 규탄 집회가 열리기도 했다. 그런데 막상 북한은 유엔 세계보건기구가 방역 원조를 하겠다고 나서자 이미 방역이 끝났으며 '미국 식인종들의 시책을 추종'하는 유엔의 도움은 필요 없다며 이를 거절했다. 남한 언론과 미국은 북한이 방역을 거절한 것이 세균전이 없었다는 증거라고 역공하기도 했다.

국제무대를 향한 박헌영의 마지막 편지는 1952년 11월 28일에 작성되었다. 미국이 전쟁 포로 석방 문제를 구실로 휴전 회담을 지연시키고 있다며 강력히 비난하는 내용이었다.

"조선에서 미국 간섭자들이 도발한 전쟁은 이미 2년 5개월이나 계속되고 있다. 소련의 제의에 의해 시작된 정전 담판은 시작된 때로부터 1년 이상이 경과했다.

담판의 과정은 미국이 조선 문제의 평화적 해결에 관심을 갖고 있지 않으며, 각종 방법으로 담판을 지연시키고 나중에는 담판을 일방적으로 파탄시키기 위하여 포로 송환에 관한 문제를 도발적 목적에 이용하고 있음을 보여주었다.

평화적 조선 인민에 대한 야수적인 극악무도한 폭격을 더욱더 강화하면서 미국은 전 세계 인민들이 평화를 갈망하고 있음에도 불구하고 자기의 침략적 목적을 위해 조선에서 전쟁 상태를 계속하려고 시도하고 있다.”

미국을 규탄하는 이 서한은 유엔에 보내는 그의 마지막 공개서한이 되었다. 박헌영은 다른 사회주의 국가 외무상들과도 서신을 주고받았는데, 공식적으로 기록된 그의 마지막 서한은 월남민주공화국으로 불리던 북베트남의 외무상 ‘황명감’ 앞으로 보내는 감사의 편지였다.

“조선민주주의인민공화국과 월남민주공화국 간의 외교 관계 설정 3주년에 제하여 당신이 보내주신 축하에 대해 뜨거운 감사와 경의를 드립니다. 야수적 제국주의 침략자들을 반대하는 공동투쟁에서 우리 양국 인민들은 더욱 빛나는 승리를 쟁취할 것이며, 형제적 친선 관계가 날로 강화되리라는 것을 확신합니다.”

제국주의의 야수적 침략에 함께 맞서 싸우자는 내용의 이 편지는 1953년 2월 12일자 『노동신문』에 게재되었다. 그리고 한 달 후인 3월 11일, 박헌영은 제국주의의 간첩이라는 혐의로 체포되었다.

공교롭게도, 박헌영이 마지막으로 편지를 보낸 북베트남

은 동서냉전이 낳은 또 다른 분단국가였다. 박헌영처럼 국제
레닌학교에서 수학한 호치민이 이끄는 북베트남 공산당은
대규모 숙청 사건 같은 것은 일으키지 않고, 치밀한 전략으
로 남베트남 및 미국과의 전쟁에서도 승리해 장차 통일정부
를 수립하게 된다.

朴憲永 評傳

숙청은 1952년 연말에 시작되었다. 12월 15일부터 4일간 개최된 조선노동당 중앙위원회 제5차 전원회의는 박헌영과 남로당 출신들에 대한 대대적인 숙청을 공식화하는 자리였다. 나아가 옌안파, 소련파, 갑산파 등 김일성 직계를 제외한 모든 파벌에 대한 대숙청을 예고하는 서곡이었다.

이 대회에서 김일성은 '노동당의 조직적·사상적 강화는 우리 승리의 기초'라는 제목의 보고를 통해 당내 종파주의의 위협을 맹렬히 공격했다. 다소 의외로, 공격의 첫 번째 화살은 문학가들이 맞았다. 김일성은 가장 분파주의적 행동이 심한 단체로 조선문학예술총동맹을 지목한 것이다.

조선문학예술총동맹은 1951년 3월 북조선예술동맹과 남조선예술동맹이 합친 단체였다. 김일성이 지목한 인물은 임화, 이태준, 김남천, 이원조 등 남한 출신의 저명한 시인과 소설가들이었다. 이론적으로는 공산주의 사상을 갖더라도 근본적으로 인본주의 위에 자유로운 사고를 가질 수밖에 없는 예술가들이 북한의 체제에 거부감을 느끼고 비판적이 되는 것은 불가피한 일이었다.

해방된 이듬해인 1946년 2월 8일부터 이틀간 서울에서 열린 조선문학가동맹 결성식은 문학인들의 성향을 잘 보여준 대회였다. 좌파의 대표적인 문인들은 물론, 서정주, 노천명, 신석정, 김광균, 김기림 등 친일에 앞장섰거나 보수적인 순수문학 계열의 작가들까지 80명이 참가한 이 대회에서 이론 발제자 박치우와 신남철은 장차 이루어질 북한 체제와는 사뭇 배치되는 주장을 펼쳤다.

정치학자 박치우는 파시즘을 계급 대신 민족의 이름으로 비상사태를 처리하려는 반역사적인 폭력 독재라고 규정하며 경계했다. 파시스트들은 민족 감정, 피와 흙이라는 감상적 원리에 호소함으로써 민중들의 열기를 모으려 한다고 지적했다. 이는 당시 남한의 국수주의 정파들을 겨냥한 발언이었지만, 시간이 가면서 민족주의적인 성향이 강한 전체주의로 치달아간 북한의 체제도 그 비판에서 자유로울 수 없었다.

철학자 신남철은 만연하는 좌익소아병적인 경향을 경계하면서 민주주의적 휴머니즘의 필요성을 역설했다. 일본의 폭압 아래 휴머니즘은 모험을 회피하려는 연약한 의지 표명인 측면이 있었으나, 상황이 바뀐 지금은 보다 적극적으로 인간 개성의 근원적인 '생의 감정'을 혁명적으로 실천해야 한다고 주장했다. 휴머니즘을 체득함으로써 원만, 능숙하고 고상한 교양을 토대로 한 신축성 있는 전술의 전개가 가능하리라는 것이었다. 이는 남북의 공산주의 지도자들이 주창하는 '철의 규율, 집단주의' 같은 구호들과는 사뭇 다른 감정이었다.

이틀 꼬박 계속된 문학가대회 어디에서도 김일성이나 박헌영에 대한 찬양, 혹은 사회주의에 대한 구호는 외쳐지지 않았다. 유일하게 외쳐진 정치적 구호는 "조선민주주의 국가 건설 만세!"로, 어떤 특정 인물이나 사상을 극단적으로 추종하지 않는 작가들의 자유주의적인 특성을 잘 보여준 대회였다.[108]

우연하게도, 저명한 작가 중 이 대회에 참석하지 않았던 홍명희, 이기영, 한설야는 북한에 올라온 이래 김일성 체제에 적극적으로 동조하고 있었다. 홍명희는 일체의 정치적인 발언을 삼간 채 굳게 입을 다물고 있었고, 한설야는 김일성이 축지법을 쓴다는 내용의 소설을 쓰는 등 이기영과 함께 김일성 영웅화에 앞장서고 있었다.

대회를 주도했던 임화, 김남천, 이태준 등은 경향이 달랐다. 사회주의 공화국에 대한 환상을 품고 자진해서 월북한 그들은 점차 실망에 빠져들고 있었다. 박헌영이 그랬듯이, 소련파들과 친해서 노동당 선전부장 박창옥, 조소문화협회 부위원장 박길용, 『노동신문』 주필 기석복, 내각간부학교 교장 강상호 등과 종종 술자리를 함께했는데, 술에 취하면 남한에서의 추억을 회상하며 월북을 후회하는 말을 하곤 했다.

"우리는 사회주의 사상이 선진 사상이고 사회주의운동만이 예술의 본질을 살릴 수 있다는 신념으로 월북했다. 특히 우리의 이 같은 진보적인 예술 활동은 애국자 박헌영 동지가 충분히 보장해줄 것이라고 믿고 그를 따라 공화국으로 올라왔다. 그러나 막상 올라와보니 처음 우리가 기대했던 것과는 크게 사정이 다르다."

"당의 모든 작품 활동을 사상의 테두리 속에 너무 맞추려 하다 보니 예술 활동이 억압된다. 이런 환경에선 올바른 예술이 발전할 수 없다."

"이제 공화국에서도 해외에서 빨치산 운동을 했던 사람의 항일운동만 추켜세우지 말고 국내의 일본 놈들 밑에서 모진 탄압을 받으며 항일운동을 했던 국내파나 박헌영 동지의 불굴의 애국정신도 함께 인정해주는 풍토가 되어야 한다."

식민지 시절 조선 제일의 소설가로 불렸으며 해방 후 남한에서 중요한 좌익 집회 때마다 사회를 보았던 이태준은 김일성을 영웅화하라는 노동당의 지시를 정면으로 거부하기까지 했다. "황해제철과 청진제철 등 공장과 기업에 나가서 그곳의 노동자들이 김일성 수상의 빨치산 혁명정신을 받들어 불철주야 공장을 가동해 생산을 배가하고 있다는 내용의 소설을 만들어 김일성 수상의 사상과 당의 영도, 마르크스 레닌 정신 등이 반영되고 인민들에게 감동을 주게 하라"는 지시를 거절한 것이다.[109]

제5차 전원회의에서 김일성에 이어 작가들을 맹비판하고 나선 것은 월북 작가들의 술자리에 거의 매번 참석해 그들의 성향을 잘 알고 있던 선전부장 박창옥이었다. 회의의 마지막 날인 12월 18일, 연단에 오른 박창옥은 남로당 출신 작가들의 자유주의 성향을 맹비판했다. 뿐만 아니라 돌연 박헌영과 이승엽의 이름을 거론하며 종파주의의 경향이 위험 수위에 있다고 맹렬히 공격했다.

　박창옥은 이날 남로당 종파주의라는 단어를 처음 사용했는데, 이후 북한의 모든 기록과 재판 및 증언에도 남로당이란 용어가 사용되었다. 엄밀히 말해 남로당은 벌써 4년 전에 사라지고 없었다. 상징적인 규정이라 할지라도, 남로당 출신이라기보다는 조선공산당 중앙파 출신들이라 하는 게 정확한 표현이었다.

　박창옥의 격렬한 비난 연설에 이어 조직부장 박영빈이 일어나 김일성의 보고에 적극 찬동하는 당의 대책을 표결에 부치자고 제안했다. '각급 당위원회와 당 단체들은 김일성의 보고를 지도 지침으로 삼아 조직적·사상적인 대책을 강화할 것', '각 연구기관 등은 이 문제를 꾸준히 연구할 것' 등 3개 항이었다. 박영빈의 제안은 사전 각본에 따라 만장일치로 통과되었다.

　3개월 후인 1953년 3월 5일, 스탈린이 사망했다. 조선인 망명자를 비롯해 수많은 혁명가들을 반역자로 몰아 처형한 희대의 독재자였지만, 신흥 사회주의 국가들을 강력히 통제함으로써 정치권력 내부의 균형을 유지시키던 스탈린의 죽음은 김일성을 자유롭게 했다. 고삐가 풀린 김일성은 곧바로 정치적 욕망을 실천에 옮겼다.

남로당 출신들에 대한 체포는 스탈린이 죽은 바로 그날부터 시작되었다. 첫날 임화, 이승엽, 조두원, 박승원 등이 체포되고, 이튿날 새벽 이강국, 윤순달, 배철, 이원조, 맹종호, 설정식 등이 체포되었다. 박헌영은 6일 후인 3월 11일에 체포되었다.

체포된 이들은 내무성 건물 지하에 있는 특별감방에 수감되었다. 시베리아 형무소의 내부 구조를 본뜬 이 감방은 두꺼운 벽돌로 둘러싸여 옆방의 소리도 들리지 않았고, 강철판으로 만든 문은 한 사람이 겨우 엎드려 들어갈 정도로 작고 낮아 출입문을 열고 들여다보기 전에는 안에 있는 사람의 얼굴을 알아볼 수 없었다. 때문에 각 방의 문 위에는 수감자들의 이름을 적어 놓았는데, 박헌영의 방은 안쪽 깊숙이, 이승엽의 방은 한가운데 있었다. 박헌영 등 간부들은 독방에, 월북 예술인들은 한방에 서너 명씩 합방되었다.

박헌영 체포와 함께 남로당 출신 또는 박헌영과 가까웠던 북로당 출신 고위 간부들에 대한 대대적인 소환 조사가 벌어졌다. 소련 대사로 가 있던 주영하와 중국 대사로 가 있던 권오직이 소환되어 수사를 받았고, 정재달, 김오성, 이태준, 허성택, 이순금, 유영준, 송성철, 안기성 등 수백 명이 체포되어 종파주의와 미제의 간첩 혐의에 대해 강도 높은 수사를 받았다. 이들 주요 인사들은 평양의 내무성에서 직접 조사를 받았고, 주변 인물들은 각지의 수사기관에서 조사받았다.

고위 간부들이 조사를 받는 동안, 월북한 중·하급 당원들에 대한 사상 검열과 비판이 북한 전역을 휩쓸었다. 『노동신문』과 조선중앙방송은 매일같이 남로당의 종파주의와 자유주의 경향에 대한 기사를 싣고 폭로하는 방송을 내보냈다. 수만 명에 이르는 남로당 출신 당원들은 소속 기관과 단체, 직위, 연령, 성별을 불문하고 비판대에 올려졌다. 비판은 종파주의 및 자유주의적 경향을 자인하고 스스로 조선노동당에서 추방당하기를 원하게 될 때까지 계속되었다.

수사에 대한 총지휘는 스탈린 시대 소련의 KGB 정보장교 출신으로 고문 기술과 심문 기법의 전문가로 알려진 방학세가 맡았다. 입북 시 소련군 대위 계급이던 방학세는 1952년 사회안전성을 통합한 내무성의 책임자가 되어 있었다. 그가 남로당 출신 간부들을 위해 오래전부터 준비해 놓은 죄목은 반역죄와 간첩죄였다. 박헌영의 죄목도 미리 정해져 있었다. 김일성은 3월 21일 평양 주재 소련 대사와의 대화에서 박헌영과 그 추종자들이 당내에서 종파 행위를 했고, 당의 기밀을 미국에 누설했으며, 한국선생을 패배로 이끌었다고 말함으로써 그의 죄명을 결정해주었다. 만일 김일성이 자신이 한

말을 스스로 믿었다면 심각한 정신병이요, 거짓말인 줄 알면서 말했다면 사악한 정치 모리배라고 말할 수밖에 없다.

한국전쟁 때 남로당 관계 수사 서류를 들고 월북한 남한 경찰 간부 출신 조용복과 백형복은 남로당 출신들을 간첩죄로 옭아매는 데 결정적인 역할을 했다. 북한 당국은 그들이 남한 경찰의 첩자임을 자인했으며, 이승엽과 이강국도 미군과 내통하던 간첩이라는 사실을 고발했다고 발표했다. 남한 경찰 고위직으로 잘 살아온 이들이 돌연 이중간첩이 되어 월북했다가 또다시 심리적인 변화를 일으켜 공화국의 충실한 애국자로 변신해 남로당 간부들의 이적 행위를 고발했다는 것은 믿기 어려운 이야기였다. 오히려 남로당 프락치로 경찰에서 활동하다가 전쟁을 기해 월북했으나 도리어 남한의 첩자로 몰렸을 가망성이 높았다.

박헌영은 처음에는 백형복과 이승엽 일당의 간첩죄를 방조했다고 몰리다가 나중에는 박헌영 자신도 일본과 미제의 3중간첩이라고 공격당했다.

내무성은 평소 북한 체제에 불만을 토하곤 했던 이강국의 집에 식모로 위장한 내무서원을 시켜 이탈리아제 소형 녹음기를 장치해두었다. 또한 남한에서 올라온 북파 간첩인 김애리사를 일부러 이강국에게 접근시켜 애인이 되게 한 다음, 그녀와의 사적인 대화들을 모아 반역죄와 간첩죄로 몰아세우는 데 이용했다. 김애리사는 나중에 별도로 처형되었다. 이

공작을 지휘한 것은 옌안파 출신으로 조국보위위원회 중앙
위원장을 맡고 있던 정엽이었다. 정엽 역시 몇 해 후 옌안파
숙청 때 간첩죄로 처형된다.[110]

대담하고 직선적인 성격인 배철은 1953년 2월 소련공산
당 제19차 대회에 참석했다가 돌아와 조사를 받게 되자 자
신의 지난날의 결점과 착오 등을 아무 숨김 없이 털어놓았
다. 그는 또 남한에 파견한 공작원 가운데 적에게 체포되었
거나 변절하여 비밀을 누설한 자들에 대한 자료와 함께, 북
한에 잠입한 남한의 첩자들을 역이용하고 있는 데 대한 자료
도 다 제공했다. 내무성은 배철의 진술을 바탕으로, 다섯 명
이상의 북파 간첩들이 미군정보부의 지령에 따라 월북해 박
헌영과 이승엽 주변을 맴돌았음을 확인하고, 두 사람이 이들
을 방치한 것은 그들 자신이 간첩이기 때문이라고 추궁했다.
내무성의 혐의 중에는 배철이 일본 노래를 불렀다는 부분도
있었다. 일본의 식민지일 때 일본노동총연맹 중앙간부로 활
동하며 일본 문화에 익숙해진 그는 남한에서 활동할 때도 술
에 취하면 곧잘 일본 노래를 부르곤 했었다. 성격이 활달하
고 호탕한 그는 경북도당 위원장 시절에 군당 위원장들이 오
면 언제나 융숭한 술대접을 해야 직성이 풀리는 사람이기도
했다. 그런 모든 성품과 행동이 그를 죽음으로 몰고 갔다.

수사 초기, 내무성에서 제시한 쿠데타 음모설은 소박한 수
준이었다. 제5차 전원회의 이후 불온한 분위기 속에서도 남

로당 최고 간부들은 연말을 맞아 송년회를 열었다. 1952년 12월 31일, 남한 출신이 운영하는 평양 시내의 한 국숫집에서였다. 조소문화협회 부위원장 임화, 조선노동당 연락부 부부장 박승원, 조선노동당 선전부 부부장 이원조 등 10여 명이 모여 술을 마시는 조촐한 자리였다. 대중식당이었기 때문에 김일성이나 북로당을 대놓고 욕한다거나 쿠데타를 모의한다는 것은 있을 수 없는 일이었다. 다만 문화선전성 부상을 맡고 있던 조두원이 개인적인 사정으로 한 시간 정도 늦게 도착하자 여럿이 농담으로 "문화선전상 동지, 어서 오십시오" 하고 놀린 것이 전부였다.

내무성은 이 모임을 금강정치학원에서 양성한 유격대원들을 평양으로 집결시켜 쿠데타를 일으키기 위해 모의한 것으로 바꿔치기했다. 박헌영을 수상에 앉히고 내각의 상들을 미리 지명하는 자리였다는 주장이었다. 조두원을 문화선전상이라고 호칭한 것을 그 증거로 내세웠다. 쿠데타 후 구성할 내각까지 만들지 않았느냐고 추궁했다. 북한 내무성이 작성해 보여준 혁명 내각의 명단에는 남로당과 상관없는 소련 대사 주영하와 62세의 고참 혁명가인 장시우도 들어 있었다. 두 사람은 북한 출신이지만 박헌영과 가까운 인물들이었다.

금강정치학원은 강동정치학원의 후신으로 만들어진 대남유격대 양성기관으로, 평양 남쪽 대동강 건너에 자리 잡고 있었다. 대남공작 총책임자인 이승엽은 금강정치학원생들을 쿠데타에 동원하려 한 것 아니냐는 수사관의 심문에 완강히 부인했다. 당시 수사를 맡았던 강상호의 증언이다.

"그런 증언을 한 대원을 내 눈앞에 대시오. 설사 그런 계획을 갖고 있더라도 그것은 현실적으로 불가능하오. 평양엔 비행기, 탱크, 박격포, 고사포, 기관총, 폭탄, 수류탄 등 현대 무기로 무장한 수만 명의 인민군, 친위군, 경비군 등 평양방위군이 주둔하고 있습니다. 낡은 교재용 총을 든 1천여 명의 유격대원들이 이들 방위군을 이길 수 있다고 보는 겁니까?"

남로당 고위 간부 출신 중에 인민군이나 경찰 혹은 정보기관을 움직일 수 있는 직책에 배치된 인물은 거의 없다고 보아도 좋았다. 박헌영과 이승엽이 가장 높은 편이었고, 나머지는 상업성 등 주변 부서의 부부상 이하의 직급에 불과했다. 금강정치학원생들이 사격도 어려운 낡은 훈련용 소총으로 쿠데타를 일으킨다는 것은 희극적인 발상이었다.

그럼에도 조사관들은 그들이 기습적으로 평양에 밀고 들어와 요인들을 사살·감금하고 기관을 점령하면 북한과 남한에 있는 이현상 부대 등 3천여 명의 유격대원들이 평양에 집결해 폭동을 일으키려 한 것이라고 몰아쳤다. 새로 남파된 유격대들도 국군의 매복에 걸려 줄줄이 몰살하고 있던 판에 5백 킬로미터 아래 지리산에 고립된 이현상 부대와 하준수 부대가 월북한다는 것은 말도 되지 않는 발상이었다.

체포된 소설가 이태준은 서울에서 미제의 앞잡이 노릇을

하지 않았느냐는 심문에 완강히 거부하고, 자신에게 죄가 있다면 김일성 우상화 작품을 쓰라는 당의 명령을 거부한 것뿐이라고 싸웠다. 그는 말했다.

"나는 그 같은 작품을 쓴 이기영과 한설야를 정통 작가로 보지 않습니다. 솔직히 터놓고 말해서 그들처럼 작가의 양심을 뭉개고 개인숭배에 앞장서는 변절 작가가 될 수는 없습니다."

임화는 공화국을 전복할 음모를 꾸몄다는 자백만 하면 김일성이 용서할 것이라는 전언에 대꾸했다. 역시 수사 책임자 강상호의 증언이다.

"수상 동지가 쓰라신다면 써야지요. 그렇지만 난 쓸 것이 없으니까 당신네가 쓰시오. 거기다 수표는 내가 하리다."

내무성은 쿠데타 혐의만으로는 중죄를 입증하기 어렵다고 판단하고 연행자들을 제국의 간첩으로 몰아가기 시작했다. 먼저 간첩이라는 결론을 내려 놓고 거기에 모든 정황을 꿰맞추는 연역법식 수사였다. 수사의 강도도 훨씬 높아졌다.

내무성이 애용한 수법은 연행자의 가족들을 끌어다 함께 조사하는 것이었다. 모스크바에 유학 중이던 이승엽의 아들과 레닌그라드 대학에 유학 중이던 이강국의 아들도 끌려왔다. 이승엽의 장인인 안동 출신 공산주의자 안기성도 체포되었다. 남한에도 연좌제가 있었으나 자녀들의 취업이나 진급에 제한을 두는 정도인 데 비해 북한의 그것은 가족들을 피의자와 함께 체포해 수사할 뿐 아니라, 온 가족을 오지로 이주시키거나 탄광 같은 힘든 직장에 배치하는 것은 봉건왕조 시대의 처벌법과 다르지 않았다. 가족에 대한 수사는 체포된 이들을 위축시키는 좋은 수단이었다.

1차 조서에서는 모든 혐의를 완강히 부인했던 이들은 2차 조서 때부터는 하나둘씩 무너져갔다. 임화, 이강국이 포기했고, 미군정의 통역으로 일했던 설정식도 미군 장교들에게 정보를 제공했다고 시인했다. 이승엽도 무너졌다.

수사관들은 박헌영과 남로당 간부들이 미국의 지시에 따라 혁명 역량을 소모시키기 위해 월북자들을 모아 유격대를 양성한 다음, 이를 내려보내면서 미군에게 보고해 모두 체포하게 했다고 몰아갔다. 즉 강동정치학원이 남한의 혁명 역량을 소멸시키기 위해 만든 조직이라는 황당한 심문이었다.

수사관들은 '김달삼, 하준수 등 남로당 유격대를 남파하면 국군이 기다렸다는 듯이 괴멸시켜 이상하게 생각하고 북로당인 오진우를 대장으로 한 유격대를 비밀리에 보내봤더니 태백산까지 갔다가 무사히 돌아왔다'는 주장을 근거로 제시했다. 그러나 남파 유격대가 국군의 방어망에 걸린 주요 지점은 태백산보다 한결 아래편인 오대산부터였다. 태백산까지는 인구가 희박한 지역이라 유격대 활동이 활발하지 않았기 때문에 국군의 매복도 적었을 뿐이었다.

나중에 남파된 금강정치학원생들의 경우, 먼저 내려갔다

가 체포된 이들이 전향을 하고 경찰과 함께 서울로 들어가는 길목에 매복해 있다가 안면이 있는 이들을 적발해내기도 했다. 이렇게 체포되어 20년에서 40년까지 옥살이를 하게 된 이들은 북한의 재판 기록과 결부해 남로당 고위층이 자신들의 명단을 남한 경찰에 알려주었다고 의심하기도 했다.

수사관들은 박헌영의 집무실 지하에 무전기가 있어 이를 통해 미국과 교신해왔다고 주장했다. 하지만 박헌영은 그 정도의 시설은 항상 갖추고 있었다. 박헌영은 해방 직후에도 조선공산당 간부회의 장소로 애용하던 이관술의 집에 무전기를 구비해 놓고 소련 측과 연락을 주고받았다. 아직 전시 중인 상황에서 부수상이자 인민군 총정치국장의 집무실에 무전기가 있었던 것은 당연한 일이었다.

오히려 집무실 지하의 무전기로 미군에게 일일보고를 했다는 북한의 주장이야말로 박헌영이 간첩이 아니었다는 결정적인 반증이었다. 북한 말대로 일일보고를 했다면, 미국과 남한은 인민군의 전쟁 준비와 전면 남침에 대해 정확한 정보를 알고 있어야 했다. 하지만 전쟁이 발발하자 남한 정부가 엄청난 혼란에 빠졌으며 한강 인도교를 파괴하는 등의 무리수까지 동원해 급박하게 후퇴했다는 것은 그 누구도 부인할 수 없는 사실이었다. 미국이 즉각 참전을 결정한 것은 사실이지만 인천 상륙작전이 성공하기 전까지 세 달 가까이 막대한 피해를 입으며 고전한 것도 속일 수 없는 사실이었다.

수사관들은 박헌영이 미국의 간첩이 된 과정에 대해서는, 경성고보 재학 중 영어를 배우기 위해 만난 미국인 언더우드로부터 친미 의식을 주입받고 반일 활동을 지령 받아 그때부터 미국의 첩자 노릇을 했다고 주장했다. 또 감옥에 들어간 후에는 석방되기 위해 일본과 타협해 해방되기까지 일본의 첩자 노릇을 했다고 주장했다. 돈 한 푼 받지 않은 채 서로 적대국이던 미국의 첩자와 일본의 첩자를 겸직하고, 다시 두 나라의 공통의 적이던 소련의 편에서 공산주의운동을 했다는 것이다. 이 놀라운 능력의 3중 첩자 박헌영이 교묘한 술수로 조선 공산주의운동의 최고지도자의 지위에 올랐고, 미국과 내통해 북한을 붕괴시키려 온갖 암약을 했다는 것이다.

북한 법정은 이 '세기말적인 엽기 행각'을 입증하기 위해 1925년 조선공산당 사건으로 구속된 그가 일본 감옥에서 광인으로 행세해 2년 만에 석방된 것은 있을 수 없는 일이며, 1933년에 다시 체포되었을 때 겨우 6년 만에 석방된 것도 일본의 첩자이기 때문에 가능했다고 주장했다. 심지어 박헌영이 경성콤그룹 명단을 경찰에 몽땅 갖다 바친 대가로 체포를 면하고 일본 경찰의 보호로 안전하게 산 것 아니냐고 추궁했다.

20년이나 일본의 첩자 노릇을 했음에도 돈 한 푼 없이 세 차례에 걸쳐 10년의 감옥살이를 했다면 너무 야박한 보수를 받은 셈이다. 만일 국내외에 널리 알려진 최고지도자 박헌영이 전향했다면 일본은 이보다 더 좋은 선전거리를 찾기는 어려웠을 것이다. 어떤 보상도 받지 못한 채 일제 식민지 마지막 날까지 벽돌을 나르고, 해방 후에도 월북할 때까지 자기 방 한 칸 없이 떠돌아다닐 필요는 없었을 것이다. 만일 그가 처음부터 일본과 짰다면 자기 똥까지 먹어가면서 광인 행세를 할 필요도 없었을 것이다. 의사로부터 폐병이나 각기병 진단서 한 장만 받으면 쉬웠을 것이었다. 식민지 마지막까지, 체포된 사상범들은 반드시 박헌영이 어디 있는지 아는가를 심문받았다. 일본이 자기들의 밀정을 찾기 위해, 그의 거처에 대해 피를 토하도록 고문했다는 말이었다. 도합 10년에 이르는 감옥살이가 일본과의 타협의 산물이라고 주장하는 것은 북한의 법관들이 제대로 감옥살이를 해보지 못한 이들로 구성되어 '조선사상범 예방구금령'의 자세한 내용조차 알지 못한 소치였다. 수상인 김일성도, 재판장인 최용건도 항일 기간 중 제대로 감옥살이 한 번 안 해본, 어떤 의미에서는 대단히 편하게 운동을 한 사람들이었다.

미국의 간첩이라는 근거는 더욱 우스꽝스러웠다. 박헌영이나 이강국과 접촉한 미국 측 인물로 등장하는 이들은 미군 사령관 하지, 미국대사관 일등서기관 노블, 선교사인 언더우드, 육군 대령 로빈슨과 항공정보관 니콜스 대령, 헌병 대위 존슨, 중위 버치 등 너무 잘 알려지거나 혹은 정보 업무와 관련이 없는 하급 장교들이었다. 이 미국인들은 박헌영뿐 아니라 조선의 모든 정치가들과 접촉하는 게 임무였다. 그들은 하루에도 수십 명씩 조선의 정치가들을 만나느라 바빴다. 고도의 기밀 유지를 생명으로 하는 간첩 행위를 위해 만난 인물들이라고 보기 어려운 상대들이었다.

근본적으로, 한 인간이 어떤 경제적·정치적 대가도 없이 친일사상으로 일본의 첩자 노릇을 하는 동시에 숭미사상으로 미제의 첩자를 하고, 동시에 공산주의에 심취해 반일투쟁과 반미투쟁의 선봉에 섰다는 것은 도무지 말이 되지 않는 억지였다. 차라리 박헌영을 정신병자로 몰아버리면 좋겠지만, 그러기에는 그의 모든 글과 연설이 너무나 일관되게 공산주의적이었다.

간첩설이 터무니없는 조작이라는 점은 이승엽의 공판 기록으로 더욱 명확히 드러난다. 이승엽의 재판 기록에는 이승엽이 이렇게 진술한 것으로 되어 있다.

"1950년 6월 26일 미국대사관 일등서기관 노블이 서울에서 퇴각하면서 안영달을 통해 나에게 미국이 인천과 원산에 상륙하는 기회를 이용해 인민군 후방에서 미군과 호응해 인민봉기를 조직하고, 인민군이 해방시킨 지역에서 정치적 세력 토대를 구축하면서 중간 및 우익분자들을 자수시키는 형식을 취해 굴복시키고 있다가 미군이 진공해 오면 다시 나서도록 조직하라고 하였다."

이 부분은 처음부터 끝까지 완전한 창작이었다. 왜냐하면 노블은 전쟁이 발발한 1950년 6월 26일에는 일본 도쿄로 휴가를 떠나 있었기 때문이다. 도쿄에 머물던 노블이 동해 바다 건너 서울에 출현해 안영달에게 인민군 파괴 작전을 지시했다는 것은 있을 수 없는 일이었다. 설사 노블이 서울에 있었다 하더라도, 한낱 일등서기관인 그가 아직까지 맥아더도 생각해내지 못한 인천 상륙작전을 거론하며 이후 활동까지 지시했다는 것은 있을 수 없는 일이었다.

이승엽이 간첩이라는 증거 중에는 박진목이라는 인물이 한국전쟁 중 노블의 지시를 받고 월북해 북에 관한 정보를 받아 갔다는 부분도 있었다. 민족주의자인 박진목은 식민지 치하에서 감옥살이를 한 경륜으로 한때 남로당 경북도당 간부로 활동했으나 중앙당의 거듭되는 투쟁 지시를 무리한 요구라고 반대해 당을 떠난 인물이었다. 다분히 낭만적인 애국주의자인 그가 전쟁이 교착 상태에 빠져 있던 1951년 여름 노블의 도움으로 북한을 방문해 이승엽을 만났던 것은 사실이었다. 그러나 그 전개 과정은 간첩 행위와는 아무 상관이 없었다.

박진목은 조속히 전쟁을 끝내기 위해서는 민간사절단을 구성해 북측과 협상해야 한다고 주장했고, 이에 서울청년회 계열의 공산주의자였던 최익환이 동조했다. 두 사람이 공개적으로 월북해 협상하겠다고 천명하자 한 미국 장교가 도움을 주겠다고 나섰다. 이름이 노블이란 사실은 나중에서야 알았다. 그 의도가 어떠하든, 이런 일을 전투장교가 할 수는 없으니 정보장교인 노블이 맡은 것은 당연한 일이었다.

박진목과 최익환은 1951년 7월 28일, 노블의 도움으로 무사히 전선을 넘어 북측에 도착할 수 있었다. 그러나 북쪽 관리들은 두 사람의 황당한 설명을 믿지 않고 미국의 간첩으로 의심해 억류했다. 다행히 어렵게 만난 이승엽은 거나하게 술상을 차려 대접해주며 이승만이나 미국 측의 신임장이 없어 진정성을 인정받기 어려우니 다시 내려가 신임장을 받아 오라고 했다. 이승엽은 두 사람을 대접하는 자리에서 말한다.

"언제 우리 조선인이 미국 땅에 포탄 하나라도 떨어뜨렸습니까? 전쟁을 일으킨 것도 미국이요, 한국인을 몰살하고 있는 것도 미국이 아닙니까?"

박진목이 보기에 미국을 맹비난하는 이승엽은 예나 지금이나 철두철미 반제투쟁의 애국자였다.[111]

북한의 의심 때문에 40일 만에 겨우 남한에 돌아온 두 사람은 그러나 이번에는 남한으로부터 간첩으로 몰렸다. 노블은 두 사람이 보고 들은 내용을 상세히 조사했을 뿐, 간첩 누명을 벗겨주기 위한 어떤 행동도 취하지 않았다. 두 사람의 평화통일 의지를 이용해 정보를 수집하려던 것뿐이었다. 환갑인 최익환은 노령이라고 풀려났으나 박진목은 간첩죄로 14개월의 실형을 살게 된다.

거의 공상가적인 박진목과 최익환의 정전 중재 사건은 신문에도 여러 차례 보도되는 등 남한 사회에서는 유명한 사건이었다. 그런데 북한의 내무성은 이승엽이 북한 관리들의 의혹과 반대를 무릅쓰고 박진목 일행을 남한으로 되돌려 보낸 것을 간첩 행위로 몰아세운 것이다.

이강국의 애인이자 북한의 간첩으로 알려졌던 남로당 프락치 김수임 사건도 마찬가지였다. 그녀는 동거하던 미군 장교로부터 정보를 탐지해 이강국에게 빼돌렸다는 이유로 남한 법정에서 사형을 선고받고 처형되는데, 북한 법정은 반대로 이강국이 미국의 간첩이라고 몰아세운다.[112]

다른 사례이지만, 반파쇼 인민전선을 내세웠던 제2차 세계대전 말기, 일본공산당 의장 노사카 산조 등이 미 정보부를 도와 활동한 것이 사실이었다. 자국의 파쇼 정권을 무너뜨리려고 연합국과 내통한 것은 사회주의운동의 입장으로는 문제가 되지 않는 일이었다. 그러나 해방 후 미국과 적대적이 된 상황에서 계속해서 미국의 첩자 노릇을 했으리라고는 볼 수 없었다.

북한 검사들은 이승엽, 배철, 이강국 등이 자신들의 간첩 행위를 발견한 경기도 여맹 위원장 김경애를 죽이려 했다거나 박헌영이 미국의 여간첩 현앨리스를 입국시켜 간첩질을 하도록 했다는 등의 이야기를 만들어내기도 했다. 이는 남한 정권이 북한을 비난하기 위해 만들어낸 수많은 사건 조작들과 너무나 흡사한 내용들이었다. 그 누구보다도 용감하게 싸워온 배철이 자신이 간첩이라는 것을 감추기 위해 김경애를 죽이려 했다는 따위의 누명은 거론할 값어치도 없었다.

박헌영과 현앨리스의 관계도 마찬가지였다. 해방 후 미군 공산당원들과 함께 가끔 조선공산당사를 방문했던 현앨리스는 미국에 돌아가 살던 중 박헌영이 북한의 부수상이 되었다는 소식을 듣고 함께 일하기를 원했다. 박헌영은 여권 담당 부서인 외무상으로서 그녀의 입국사증을 발행해주는 등 편의를 제공해 북한에 입국시켰다. 그런데 그녀는 한국전쟁 직전 미국의 간첩이라는 이유로 체포되어 수사를 받았다. 입북 후 체코와 미국에 유학 중이던 아들들에게 여러 차례 편지를 보냈는데 한 번도 답장이 오지 않았다면서, 그 편지들에 북한 정보가 담겨 있었을 거라고 본 것이다. 북한 검사들은 이 사건을 박헌영이 간첩이라는 결정적인 근거로 제시했다. 그러나 자신의 집무실 지하에 무전기를 갖춰 놓고 매일 미국에 모든 상황을 보고했다는 박헌영이 편지 검열이 극심하다는 것을 빤히 알면서 그런 어설픈 짓을 했다는 것은 말이 되지 않았다.

소련도 박헌영이 일본과 미국의 스파이라는 김일성의 주장을 미심쩍어했다. 소련 교포 출신으로 스탈린과 개인적으로도 각별해 소련군정 시절 김일성보다 더 막강한 권력을 갖고 있던 부수상 허가이가 그 통로였다. 김일성을 절대 권력자로 내세우기 위해 앞장섰던 허가이는 전쟁이 터지면서 드

러난 김일성 정권의 무능함에 크게 실망하고 부적 박헌영과
가까워져 있었다. 이는 전쟁이 실패하면 김일성에게 책임을
묻는다는 스탈린과의 약속의 연장선이기도 했다.

김일성 입장에서는 남로당 숙청을 원활히 하기 위해서는
소련과의 연결고리인 허가이를 제거해야 했다. 스탈린이 죽
은 데다, 중국과 급속히 가까워지면서 소련에 대한 자신감을
얻은 김일성은 우선 전쟁 중 허가이에게 맡긴 저수지 복구공
사가 제대로 진척되지 않는다는 이유로 비판을 시작했다. 허
가이가 유엔군이 북한을 점령했을 때 당증을 버리고 당무를
이탈했던 노동당원들을 재등록하는 데 지나치게 엄격해 많
은 당원이 자격을 상실하게 한 것도 해당 행위로 몰았다.

궁지에 몰리던 허가이는 1953년 7월 2일, 자신의 사무실
인 평양의 지하 방공호에서 시신으로 발견되었다. 노동당은
즉각 허가이가 자신의 오류에 대해 비판받을 것이 두려워 자
살했다고 발표하고 비겁한 행위라고 비난하는 결의문을 채
택했다. 하지만 허가이를 잘 아는 이들은 노동당의 발표를
믿지 않았다. 권총을 두 개나 갖고 있으면서도 가슴에 장총
을 맞은 자세로 죽었다든가, 죽기 몇 시간 전 장인이자 인민
군 탱크부대장이던 최표덕과의 대화에서 조금도 자살 의도
를 보이지 않았다는 점을 들어 그가 살해되었으리라고 단정
했다. 최표덕에게 했다는 말도 그 근거로 회자되었다. 1993
년, 노동당 고위 간부였다가 소련으로 망명했던 강상호는 허

가이가 최표덕에게 했던 말을 이렇게 옮긴다.

"김일성 동지는 내가 자기의 일거일동을 모스크바에 보고하고 있다고 오해해 나를 경계하고 있습니다. 그러나 시간이 지나면 그 오해는 쉽게 풀릴 것입니다. 지금 조국에는 1937년 스탈린 대숙청을 생각하게 하는 징조가 보이고 있습니다. 사실 우리는 김일성 동지를 너무 치켜세워 그를 조선의 스탈린으로 만들어버렸습니다. 우리가 적당한 시기를 선택해 고치지 않으면 인민들의 불행은 피할 수 없을 것입니다. 장인께서도 알다시피 나는 여러 차례 나를 소환해주도록 모스크바에 요청했습니다. 조국에서 나의 사명은 거의 끝났습니다. 오직 아첨분자들이 분별없이 날뛰고 있음이 걱정될 뿐입니다."

허가이의 죽음은 체포된 이들의 마지막 희망을 거두어 갔다. 휴전협상도 급진전되었다. 허가이가 죽은 지 3주일 후인 1953년 7월 27일 휴전협정이 체결되었다. 제2차 세계대전에서 쓰인 폭탄의 양만큼이 쏟아진 3년간의 참혹한 전쟁으로 북한에서 150만, 남한에서 1백만 이상이 살상되었다. 원인과 과정이 어찌 되었든, 스탈린과 마오쩌둥의 만류에도 불구하고 고집스럽게 전쟁을 일으킨 것은 김일성이었고, 박헌영도 그 충실한 보조 역할을 한 것이 사실이었다. 이제 전쟁의 책임을 모두 박헌영이 뒤집어씀으로써 마지막 보조 역할을 할 때가 왔다. 재판은 급물살을 탔다.

휴전 1주일 후인 8월 3일, 박헌영을 제외한 남로당 사건 구속자 여덟 명에 대해 사형 선고가 떨어졌다. 이틀 후인 8월 5일부터 열린 조선노동당 중앙위원회 제6차 전원회의는 박헌영을 비롯해 주영하, 장시우, 김오성, 안기성, 김광수, 김응빈, 권오직 등을 출당 조치했다. 박헌영의 출당 사유는 '이승엽 등 제국주의 스파이 변절자들의 암해 공작과 파괴 행위를 비호·조종했으며 당과 국가를 배반한 혐의'로 보고되었다. 여운형의 큰사위인 송성철도 숙청되어 탄광으로 쫓겨나는 등 수많은 남한 출신들이 농장이나 탄광, 공장으로 쫓겨났다.

박헌영에 대한 수사는 2년이나 계속되었다. 소련과 중국의 의구심을 의식한 김일성으로서는 대내외적으로 박헌영의 간첩 사실을 명확히 증명할 근거들을 찾아내야 했으나 도무지 나오지 않았기 때문이다. 두 나라의 감시와 수많은 남한 출신들을 의식해 쉽게 처형할 수도 없었다. 수사가 계속되는 동안 박헌영은 이미 사형 선고를 받은 동지들과 함께 햇볕한 점 들지 않는 내무성 지하 감옥에 계속 갇혀 있어야 했다.

박헌영은 10여 차례의 예심 재판을 받은 후 1955년 12월 3일이 되어서야 공화국 전복 기도 혐의로 정식 기소되었다. 이때부터 그의 이름 앞에는 반드시 '미 제국주의 고용 간첩의 두목'이라는 접두어가 붙었다. 12월 12일 기소장 등본을 받은 박헌영은 변호사를 원하지 않는다는 내용의 문건을 자필로 제출했다.

12월 15일 오전 10시, 평양 시내 사회안전성 회의실에서 본심 재판이 열렸다. 특별재판소는 인민군 차수 최용건, 국가 검열상 김익선, 내무상 방학세, 최고재판소장 조성모, 노동당 검열위원회 위원장 임해로 구성되었다. 검사는 최고검찰소 검사총장인 이송운이 맡았고 변호사는 없었다. 방청인은 중앙기관의 상과 부상, 지방기관의 인민위원장과 당 위원장 급으로 제한되었다.

박헌영 재판에 대한 친북적인 입장의 증언들은 대개 하급 관리 출신 아니면 남파 공작원이나 빨치산 출신들에 의한 간접 증언이었다. 예컨대 인민군 군관 출신으로 1958년부터 1970년까지 남파 공작원으로 활동하다 체포되어 장기형을 산 김진계가 조선노동당 연락부 자료과장이던 최선규로부터 전해 들었다는 간접적인 이야기라든가,[113] 박헌영 재판에는 직접 관여하지 않았던 초보 검사로, 후에 간첩으로 남파되어 장기형을 살았던 김중종 등의 주장[114]이 유독 월간 잡지『월간 말』을 통해 누차 등장했으나 신뢰성이 극히 낮다. 재판정에는 참석도 하지 못했으며 구체적인 내막이나 진행 과정도 거의 모르는 하급 당원 출신인 그들의 증언은 북한 정부의 발표와 조금도 다르지 않거나 오히려 믿을 수 없는 추측들이 추가되어 더욱 신뢰성이 낮다.

친북적 증언자 중 최고위직은 조선노동당 조직부장 출신으로 박창옥, 박정애, 박금철과 함께 남로당 숙청을 주도했던 네 명의 박 씨 중 한 명인 박영빈이었다. 사람들은 이들을 네 명의 박가라는 뜻으로 '사박가'라고 빈정댔는데, 개를 뜻하는 러시아어 '사바까'를 의미했다. 훗날 자신도 숙청되어 소련에 망명한 후 북한 출신들을 피해 혼자 은둔해 살던 그는 1993년 『월간 말』과의 인터뷰에서 남로당 재판으로 억울하게 죽은 사람은 없다는 식으로 자신의 행위를 두루 변명했을 뿐, 수사와 재판의 구체적인 과정이나 박헌영과 남로당 출신의 구체적인 죄과에 대해서는 일체의 언급을 회피했다.[115] 그것은 증언이 아니라 증언의 회피였다. 모든 사실을 알고 있었기에 그는 아무런 할 말도 없었던 것이다.

박헌영 재판에 직접 참관했던 북한 중앙방송위원장 남봉식은 "박헌영은 자기가 진짜 일본의 간첩이라거나 미국의 간첩이라는 진술을 일언반구도 하지 않고 다만 모든 것이 자기 잘못이라고만 진술했다"면서, 박헌영은 끝까지 진실을 밝히지 않았기 때문에 비겁자라고 비난했다. 철저히 친북 입장을 견지하고 있는 남봉식의 증언은 거꾸로, 박헌영이 끝까지 자신이 일본이나 미국의 간첩이 아니라고 주장했다는 뜻으로 해석할 수 있다. 이는 북한에서 발행된 재판 기록에 박헌영이 자신이 미제의 간첩이요 일본의 간첩이라고 인정하며, 잘못했으니 제발 죽여달라고 애걸했다는 최후진술 부분이 완전한 허위라는 역설적인 증언이기도 하다.

사건 전체가 북한 정권에 의한 조작이었다는 사실은 소련파나 옌안파 출신으로 북한에서 고위직을 맡았다가 망명한 이들에 의해 누차 확인되었다. 대개 사건 당시 최고위직에 있으면서 사건 조사에 깊숙이 개입했으며 재판정에도 직접 참가했던 이들이었다. 조선노동당 평양시당 위원장 고봉기, 외무성 부상 박길용, 내무성 제1부상 강상호, 문화선전성 부상 김강 등이었다. 소련이나 중국으로 망명해 북한과 일정한 거리를 확보할 수 있던 그들의 증언은 박헌영과 남로당에 대한 재판이 처음부터 끝까지 철저히 조작된 것이라는 데 일치했다.

특히 강상호는 이 사건의 예심을 주관한 내무성의 부상으로 사건의 내막을 깊숙이 알고 있었으며, 1955년 12월 15일에 열린 본심 재판에서 8백여 명이 넘는 방청객의 맨 앞줄 왼쪽에 앉아 다섯 시간이나 계속된 재판의 모든 과정을 상세히 지켜본 당사자였다. 그의 기억은 북한의 공식적인 재판 기록에서 지워지거나 교묘하게 변조된 내용들을 사실대로 되살려낸다. 조선노동당 조직부장이었던 박영빈은 『월간 말』과의 인터뷰에서 강상호가 사건 내막을 잘 알 수 없는 위치에 있었다고 말한다. 하지만 사건을 직접 조사하고 재판으로 이끌어간 내무성의 부상인 강상호가 모든 것을 더 자세히 알 수 있는 위치였다는 데는 의심의 여지가 없었다. 대표적인 가해자였던 박영빈 등 북한의 주장을 변호하는 이들을 증언자로 내세운 자칭 진보 잡지라는 『월간 말』이야말로 언론으로서의 도덕성과 신뢰성을 의심받아 마땅했다.

강상호의 증언에 따르면, 박헌영은 호송원 두 사람에게 팔짱이 낀 채 검은 양복 차림으로 재판정에 들어섰다. 3년 가까이 내무성 지하 감방에 갇혀 수사를 받아온 그의 몰골은 전날 밤까지도 형편없었다. 얼굴의 핏기는 사라지고 수염은 덥수룩했으며 옷도 엉망이었다. 예심처는 재판을 앞둔 전날 밤에서야 내무성 간부용 목욕탕에 데리고 가 목욕과 면도를 시키고 처음 연행될 때 입고 있던 검정색 양복을 입게 한 것이다.

피고석에 앉은 박헌영은 안경 속의 시선을 정면에 고정한 채 태연한 표정을 잃지 않았다. 검사가 범죄 사실을 낭독하고 사형을 구형할 때도 안경 속의 두 눈을 지그시 감은 채 표정을 드러내지 않았다. 이어 재판장 최용건의 질문이 시작되자 두 눈을 뜨고 재판장을 쏘아보았다.

"검사의 논고를 들었는가?"

"잘 들었다."

"이 논고를 어떻게 생각하는가?"

"논고장이 길어 재판장이 어떤 부분을 묻는지 잘 모르겠다."

"검사는 박헌영이 미제 간첩이라고 선언했지 않은가?"

"재판장이 보는 미제 간첩이라는 개념이 나와는 큰 차이가 있다."

"스파이면 스파이지 개념의 차이가 있다는 말은 무슨 뜻인가? 박헌영은 내무성 예심처 조사 과정에서 미국 놈들과 여러 차례 만났다는 사실을 시인하지 않았는가?"

"그렇다. 멀리는 상해에서, 가깝게는 남조선에서 혁명 사업을 하면서 여러 차례 미군정 고위 인사들과 만났다."

"그것이 스파이가 아니고 무엇인가? 전 인민들은 미제 스파이임을 잘 알고 있다. 이 엄숙한 재판을 모면하려는 수작을 부리지 마라. 왜 스파이를 했는지 말하라."

"남조선에서 미군정 인사들에게 이승만 세력만 감싸고돌지 말고 민전 인사들의 활동도 도와달라고 요청했다. 그리고 하루속히 남조선에서 미국이 물러가고 조선의 통일은 조선인 손으로 이룰 수 있도록 도와달라고 요청했을 뿐이다."

오산학교를 중퇴하고 중국 윈난의 강무학교를 졸업한 최용건은 제88정찰여단 출신 중에는 지식이 높은 편에 속했으나 박헌영의 주장에 반박을 못 했다. 큰 눈에 이목구비 뚜렷한 검은 얼굴이 잘생긴 그는 용감하고 배짱 있는 군인이었지만 지혜는 부족해서 자기보다 열두 살 아래인 김일성의 참모 역할에 만족해온 인물이었다.

최용건이 쩔쩔매자 안 되겠던지 배심원을 맡고 있던 방학세가 말을 가로챘다.

"민전을 도와달라고 요청한 것이 바로 미제와 손잡고 혁명을 하려는 것이 아니고 무엇인가?"

"미군정이 민전 활동을 감시하고 공산당 당원들만 잡아가는 것을 항의한 것이지 그들과 손잡고 혁명 사업을 하려던 것은 아니다."

방학세의 목청이 높아졌다.

"무슨 소린가? 예심처에서 미제들과 주고받은 담화 내용과 그 증거들을 확보하고 있는데 그래도 부인할 작정인가? 우리 공화국의 원수 미제의 간첩이 인민 앞에 솔직히 죄과를 털어놔도 용서받을지 모르는 판에 어디서 주둥아리를 까발리고 있는가?"

순간, 박헌영은 안경을 벗어 시멘트 바닥으로 내던졌다. 식민지 치하 조선공산당 첫 재판에서 벌어졌던 광경 그대로였다.

"그래, 네 말대로 스파이였으니 멋대로 해라!"

안경알이 박살 나고, 재판정 분위기는 더욱 무거워졌다. 호송병들이 시멘트 바닥에 박살 난 안경알을 줍는 사이 방청석의 일부 고위 간부들 사이에서 박헌영에 대한 욕설이 튀어나왔다.

"저 새끼 아직도 정신을 못 차렸구먼?"

"저런 새끼는 재판할 필요가 없어!"

욕을 퍼붓는 이들은 모두 김일성 직계의 빨치산파나 갑산파 간부들이었다. 옌안파나 소련파 간부들은 굳은 표정으로 묵묵히 재판 과정만 지켜보고 있었다. 일부 간부들의 지원에 힘을 얻은 방학세는 손바닥으로 탁상을 두드리며 소리를 질렀다.

"여기가 어딘 줄 알고 그따위 행패를 부리는가? 동무는 아직도 왜 이 자리에 서 있는지를 모르는가, 알고 있는가?"

"잘 알고 있다."

"동무는 반당 종파분자들의 두목으로 공화국의 특급 비밀을 미제들에게 까발린 스파이의 왕초였다. 동무를 믿고 공화국에 따라온 이강국, 권오직, 구재수 등이 그 증인으로 이 자리에 와 있지 않은가? 지금 저자들은 혼자만 살아남기 위해 비겁한 행동을 하고 있는 동무에게 실망과 조소를 보내고 있다. 종파분자 두목답지 않은 행동을 벗어던지고 솔직히 동무의 죄과를 시인하고 용서받는 것이 도리가 아닌가?"

재판정에는 권오직, 이강국 등이 증인으로 나와 있는 것은 사실이었으나 방학세의 말과 달리 박헌영을 원망하는 표정은 아니었다. 오히려 '억지로 증인석까지 끌려온 부하들을 용서해달라'는 표정으로 침통해하고 있을 뿐이었다. 박헌영과 시선이 마주친 이강국은 고개를 떨어뜨렸다. 상대를 잃은 박헌영도 초점 없는 시선을 재판정 천장으로 올려놓았다. 맨 앞줄에서 이 모습을 지켜본 강상호는 불운한 한 혁명가와 그의 부하들이 운명의 재판정에서 최후의 시선을 주고받던 순간을 잊을 수가 없다고 회고한다.

박헌영은 잠시의 침묵을 깨고 다시 카랑카랑한 목소리로 입을 열었다.

"당신들이 지금 나에게 무엇을 요구하고 있는지 잘 알고 있다. 이것이 마지막 진술 기회인가?"

"그렇다."

"알겠다. 얘기가 조금 길더라도 양해해줄 수 있는가?"

이번에도 방학세가 말을 가로막았다.

"이미 예심처에서 하고 싶은 얘기를 다 했지 않은가? 그 얘기를 시인하는지 여부만 간단히 하면 되지 않는가?"

"그렇다면 예심처에서 조사한 사실만 가지고 당신들끼리 모여 최종 결론을 내리지 않고 왜 나를 재판정에까지 데리고 나왔는가? 이렇게 많은 간부들에게 이 박헌영의 몰골을 마지막으로 보여주기 위함인가? 자, 박헌영을 똑바로 봐라!"

박헌영은 돌연 몸을 뒤로 돌리며 매서운 표정으로 돌변했다. 표범이라 불리던 그대로, 식민지 치하 여러 재판정에서 보여주었던 기개가 조금도 죽지 않은 태도였다. 그 모진 세월 동안 한 번도 굴욕적인 모습을 보여주지 않았기에, 감옥에서 만났던 그 많은 공산주의자들이 그를 지도자로 옹립했던 이유를 마지막 재판에서 보여준 것이다. 그러나 너무 늦은 포효였다.

박헌영의 사나운 태도를 본 최용건은 지금까지의 반말투를 바꾸어 경어로 말했다. 두 사람은 같은 1900년생이기도 했다.

"그래, 동무의 말이 옳소. 이 자리는 동무가 예심처에서 못했던 말을 다 할 수 있는 곳이오. 지루하지만 들어주겠소."

박헌영의 카랑카랑한 음성은 최후진술의 후반부로 갈수록 커졌다.

"나는 이 자리에 오기 훨씬 전부터 살아 나갈 수 없는 신세임을 느끼고 있었다. 이 재판은 말 그대로 요식일 뿐, 어떠한 최후진술도 너희들의 각본을 뒤집을 수 없다는 사실을 잘 알고 있다. 그렇다면 결론부터 말하겠다. 너희들의 주장대로 나는 미제 간첩이었다. 그러나 너희들이 주장하는 미제 간첩과 내가 주장하는 미제 간첩은 엄격히 다르다. 나는 남조선에 있을 때, 아니 그 훨씬 전부터 미국 사람들과 교분이 있었다. 그 교분은 조국의 해방과 독립 통일을 위한 차원이지 결코 간첩 행위가 아니다. 남조선에서 나는 미군정 고위 장성들을 만나 내가 통일조국의 최고책임자가 되면 미국과도 국가 정책을 협의할 수 있다고 분명히 밝혔다. 내가 약속한 그 협의는 현재 소련과 미국의 두 지도자가 서로 얼굴을 맞대고 국제 문제를 협의하고 있는 것과 같은 맥락의 뜻이다."

나중에 북한 재판 기록은 박헌영의 실제 발언 중 자신이 미제 간첩이었다고 표현하는 부분만을 인용하고 인민에게 사죄한다는 내용의 창작을 덧붙인다. 최후진술을 듣고 있던 재판장 최용건 역시 그의 발언을 간첩죄를 시인한 것으로 받아들였다.

"동무는 미국의 스파이 활동을 대체로 시인하고 있는데,

구체적으로 어디서 누구와 연락을 했고 어떤 자료를 제공했는가?"

박헌영은 부아를 터뜨렸다.

"재판장은 말귀를 그렇게 못 알아듣는가? 그 질문에 대한 답변은 내무성 예심처에서 진술한 기록이 재판장 책상 위에 있을 테니 그것으로 대신하시오."

"동무는 예심처의 진술과 재판정에서의 최후진술을 구분하지 못하는 모양인데, 양자는 엄격한 차이가 있다. 굳이 답변을 거부한다면 예심처의 진술을 참고하겠다."

"아직도 재판장은 말귀가 열리지 않은 것 같다. 예심처의 진술과 이곳에서의 최후진술을 구분하지 못하고 있다고 지적했는데, 나는 독립운동을 하다 여러 차례 일본 헌병에게 붙들려 감옥살이를 했다. 그러다 보니 형사법에 관한 한 나도 반풍수는 되었다고 자부한다. 재판장의 질문에 대한 답변을 예심처의 진술로 대체하라는 말은 그 이상 새로운 진술이 없다는 뜻이다."

말문이 막힌 최용건은 버럭 화를 냈다.

"이곳은 법 이론을 토론하는 토론장이 아니다. 다 떨어진 일본 놈들의 법 이론을 들고 나와 어쩌겠다는 건가? 쓸데없는 소리 집어치우고 재판장 질문에만 충실히 답변하라. 공화국 비밀자료를 누구에게 넘겨주었는가?"

"미군정 지도자들을 만나 약속한 것은 내가 장차 통일조국의 최고책임자가 되면 미국과 국제 협력 관계 등을 적극적으로 검토하겠다는 것이었다. 따라서 아직 내가 최고책임자가 되지 않았기 때문에 미국과의 약속은 하나도 이루어진 게 없다."

"그런 헛소리를 듣기 위해 이 재판을 연 것이 아니다. 더 이상 할 말이 없다는 소리인가?"

"마지막으로 한마디만 하겠다. 그대들 말대로 나는 미국의 스파이였다고 하자. 모든 것은 내가 주도했을 뿐, 남로당 간부들은 전혀 책임이 없다. 그들은 모두 조국의 해방과 통일, 사회주의혁명 과업을 위해 밤낮으로 일해온 정직한 애국자들이다. 나에게 떨어진 죄의 대가가 어떤 것이든 간에 달게 받겠으니 죄 없는 남로당 간부들을 용서해달라. 거듭 부탁한다."

박헌영의 마지막 공식적인 발언이었다. 친북적인 증언자들은 이 발언을 두고 "박헌영이 비굴하게 살려달라는 식으로 이야기를 했다"고 평가한다. 교조에 사로잡힌 그들의 시각에는 책임감 있는 공산주의자가 할 수 있는 이 상식적인 발언이 자신의 죄를 부인하고 살려달라고 구걸하는 모습처럼 보였을 것이다.

최후진술이 끝나자 최용건 등 재판관들은 일단 퇴장했다가 20여 분 후 돌아와 긴 판결문을 낭독했다. 예심처의 기소장을 거의 그대로 반복한 내용이었다. 최용건의 선고가 내려진 시각은 정확히 밤 10시였다.

"박헌영을 사형에 처한다. 조선민주주의인민공화국 최고 재판소 재판장 최용건!"

재판은 끝났다. 참석자들은 두런두런 자리에서 일어나 재판정을 빠져나가기 시작했다. 김일성 직계 간부들은 재판 결과에 만족해 기세등등한 표정이었으나, 나머지 대부분의 참관 간부들은 침통한 표정으로 굳게 입을 다물고 있었다. 그들은 사형 선고에 대한 일체의 심정을 드러내지 않고 밤늦은 귀가를 서둘렀다.

박헌영 재판의 결과는 평양발 조선중앙통신을 통해 세상에 알려졌다. 12월 17일, 조선중앙통신은 박헌영이 "미 제국주의자들의 고용 간첩 두목으로서 미제의 조선 침략에 충실히 복무하고, 조국의 자주독립과 민주화를 반대하며, 공화국 주권을 전복할 목적 아래 간첩, 파괴, 암해, 살인, 테러 등의 방법으로 조국 반역의 극악한 범죄를 감행했다"고 발표했다. 방송은 박헌영이 사실 심리 과정에서 기소장에 명시된 일체 범행을 명백히, 그리고 전적으로 시인했으며, 최후진술에서 재삼 완전히 자기의 범죄 사실을 승인했다고 보도했다.

북한 당국은 증인으로 출석시키기 위해 살려두었던 이승엽과 이강국 등은 박헌영 재판이 끝나자마자 처형했다. 그러나 박헌영은 함부로 손을 댈 수가 없었다. 미제 간첩으로 확정 판결을 하고 국제적으로 발표까지 했음에도 그가 정확히 어떤 간첩 행위를 했는가에 대한 구체적인 증거를 제시하지 못했기 때문이다.

소련의 압력도 무시할 수 없었다. 소련 대사 이바노프는 1956년 2월 중순부터 수차례 김일성을 방문해 박헌영을 죽이지 말고 소련으로 보내달라는 소련 외무성의 메시지를 전달했다. 김일성은 그때마다 모스크바의 의견을 참고하겠다고 약속했고, 이바노프는 이를 소련 외무성에 보고했다. 그러나 김일성은 이바노프가 돌아가고 나면 모스크바에서 내정을 간섭한다며 불만을 털어놓으며 어서 보다 확실한 간첩죄의 증거를 찾아내라고 추궁했다. 내무성 예심처장 주광무 등 조사요원들은 남로당 관계자들을 또다시 불러들여 심문을 벌였으나 미제 간첩의 흔적은 도무지 찾아낼 수가 없었다.

박헌영을 살리기 위한 작업은 중국에서도 이루어졌다. 전 북한 문화선전성 부상 김강이 2007년 남한 언론에 보낸 서면 증언에 따르면, 마오쩌둥은 박헌영이 사형 선고를 받았다는 보고를 받고 격분했다. 그는 박헌영에 대해 '공화국의 애국자요, 생각이 깊은 사람'이라고 회상하면서, 박헌영이 중국군을 파견해달라고 와서 김일성을 숙청하겠다고 했을 때 소련과의 마찰을 피하려고 제거하지 말라고 했던 것이 잘못이었다며 분통을 터뜨렸다. 마오쩌둥은 진상조사단을 구성해 평양으로 보내야 할 것이라고 했으나, 소련 측에서 먼저 진상조사단이 평양에 갔다고 하자 그렇다면 일단 지켜보자고 했다.

소련과 중국의 의혹을 의식한 김일성은 사형 선고를 내린 지 반년이 흘러가도록 최종 결재를 내리지 못했다. 1956년 여름이 되었을 때, 기다리다 못한 마오쩌둥은 박헌영을 중국으로 망명시킬 방도를 찾아보라고 지시했다. 오랜 혁명 동지를 살리기 위한 선의의 지시였다. 개인적인 친분도 작용하고 있었다. 두 사람은 모스크바의 스타소바 육아원에 각각 딸과 두 아들을 맡겼던 학부형이기도 했다. 박비비안나와 마오쩌둥의 두 아들은 어렸을 때부터 절친했으며, 마오쩌둥의 아들 중 한 명은 한국전쟁에 참전해 목숨을 잃기도 했다. 박헌영과 조선에 대한 마오쩌둥의 관심은 각별할 수밖에 없었다. 그러나 이 따뜻한 호의가 엉뚱한 반향을 일으켜 오히려 박헌영의 죽음을 앞당길 줄은 아무도 생각지 못했다.

스탈린 사후 사회주의권의 최고지도자로 부상한 마오쩌둥이 박헌영을 구하라고 지시했다는 소식은 북한의 옌안파들을 고무했다. 남로당 대숙청 이후 나날이 강화되는 김일성 체제에 밀려 언제 숙청될까 불안해하던 김강, 윤공흠, 서휘 등 옌안파 핵심들은 이번 기회에 김일성을 축출하기로 모의했다.

이들은 1956년 7월 중순 김일성이 동유럽의 사회주의 국가 순방에 나선 틈을 이용해 이상조 등 일부 소련 출신 간부들과 합세해 조선노동당 전원대회를 열어 투표로써 김일성을 밀어내기로 결정했다. 중국을 믿지 않았다면, 무력을 완전히 장악하고 있는 김일성을 합법적 당 대회를 통해 숙청한다는 계획은 있을 수 없었다.

그러나 김일성이 외유하러 나간 사이 열린 전원대회에서 이들은 자신들이 소수파라는 것을 확인했을 뿐이었다. 김강, 윤공흠, 서휘 등은 모의가 실패하자마자 그대로 중국으로 달아나버렸다. 한때 김일성의 열렬한 지지자로 이현상과 다툼을 벌인 적도 있던 이상조도 이 사건으로 소련으로 망명했다. 이른바 '8월 종파 사건'이었다.

동유럽 순방 중 쿠데타 시도 소식을 들은 김일성은 모든 일정을 취소한 채 급히 귀국 비행기를 탔다. 김일성은 이 사건이 박헌영이 살아 있기 때문에 생긴 일이라고 생각했다. 김일성은 비행기 안에서 좌석에 앉지도 못하고 서성대며 흥분해 신경질을 내다가 평양공항에 내리자마자 마중 나온 내무상 방학세에게 즉시 박헌영을 처형하라고 명령했다.

방학세는 예심처장 주광무에게 당일 밤으로 처형하라고 지시했고, 주광무는 다시 내무성 중앙부장 김영철에게 이를 하달했다. 방학세와 김영철은 이날 밤 박헌영을 지프에 태워 평양 변방 야산 기슭으로 끌고 갔다.

밤중에 허리까지 오는 잡풀을 헤치고 가면서 자신의 죽음을 알아차린 박헌영은 말했다.

"오늘 죽을 것을 아니까 여러 가지 절차를 밟지 말고 간단하게 처리해주시오. 그런데 수상께서 내 처와 두 아이를 외국으로 보내겠다고 약속해 놓고 아직까지 약속을 지키지 않고 있소. 꼭 약속을 지켜달라고 수상께 전해주시오."

방학세는 말을 마친 박헌영의 머리에 직접 권총을 대고 두 번 방아쇠를 당겼다. 1956년 7월 19일, 그의 나이 57세였다.

이날 밤 방학세 일행을 태우고 간 운전수는 외무성 차관 박길용의 관용차 운전수였다. 훗날 소련으로 돌아간 박길용은 자신의 운전수가 말해준 대로 박헌영의 최후를 세상에 알렸다.

실패한 혁명가들의 초상

1953년 봄, 주세죽은 박헌영이 체포되었다는 소식을 듣고 급히 모스크바로 향했다. 딸 비비안나까지 체포되지 않았을까 하는 염려 때문이었다. 누구보다도 투철한 혁명가이던 두 남편 김단야와 박헌영을 모두 제국의 간첩이라는 누명으로 잃게 된 그녀는 크게 상심해 있었다. 오래전부터 심장병과 폐병을 앓고 있던 그녀는 모스크바까지 가는 먼 기차 여행 중 극심한 정신적 고통과 육체적 피로를 이기지 못하고 기진해 쓰러졌다.

회복하기 어려운 상태로 모스크바에 도착했을 때, 마침 비비안나는 지방 순회 공연을 가고 없었다. 주세죽은 소련인 사위 빅토르가 지켜보는 가운데 초라한 병실에서 숨을 거두었다. 그녀의 나이 53살, 낯선 나라 낯선 오지에서 유형 생활을 하며 방직공장 직공으로 일해온 지 15년 만이었다. 조국을 떠나온 지는 23년째였다.

허정숙, 고명자와 함께 대표적인 신여성 트로이카로 신문과 잡지에 오르내리던 그녀의 죽음에 대해 고국의 누구도 알지 못했다. 내무성 지하 감옥에서 혹독한 고초를 겪고 있던 박헌영도 물론 알지 못했다. 그녀가 홍범도, 김경천 등 수많은 조선인 애국자들과 함께 카자흐스탄공화국 크질오르다에서 비참한 유형 생활 끝에 사망했다는 사실은 40년이 지나서야 남한 사회에 알려졌다. 소련은 미하일 고르바초프의 개혁으로 민주화가 된 이후인 1989년 3월 9일에야 주세죽을 복권했다. 스탈린 시절에 일어난 박해 사건의 희생자들을 복권하는 조치에 따른 것이었다.

주세죽의 생애 유일한 유산인 비비안나는 다시 여러 해가 지난 1994년이 되어서야 어머니가 복권되었다는 사실을 알게 되었다. 그때까지 그녀는 자신의 어머니가 중앙아시아 황량한 오지에 유폐되어 있었다는 사실조차 모르고 있었다. 주세죽은 힘겹게 번 약간의 돈을 모두 털어 모스크바의 딸을 찾아오곤 했지만 자신이 어떤 처지에 있다는 이야기를 차마 해줄 수가 없었던 것이다. 1950년 무렵에는 박헌영이 조카 박병석을 모스크바로 유학 보내면서 한동안 주세죽과 함께 살도록 배려해주었지만, 그녀는 모스크바에 살면서도 자신의 정치적 처지에 대해서는 일언반구도 하지 않았다.

만일 주세죽이 딸 앞에서 자신의 억울함을 호소하거나 공산당에 대한 불평을 털어놓았다면, 철없는 어린 딸에 의해 반동으로 신고되었을지도 몰랐다. 박비비안나는 스탈린 체제에서 태어나 온전히 그 속에서 성장한 세대였다. 그녀의 세대에게 스탈린은 세상의 전부였다. 스탈린이 죽었을 때, 그녀는 세상이 망하는 게 아닌가 하는 절망과 공포에 사로잡혀 눈물을 흘렸다. 철저한 정보 통제 속에 바깥세상에 대해 알지 못한 채 공산당에서 주입하는 대로 밝은 미래만을 꿈꾸며 살아온 결과였다.

니키타 흐루쇼프의 노력에도 불구하고 스탈린이 죽고도 한동안 계속되던 스탈린주의의 망령을 완전히 걷어낸 인물은 고르바초프였다. 러시아인들은 고르바초프의 개혁개방 정책을 경험하면서 비로소 진정으로 인간적인 삶이 무엇인가를 알게 되었고, 그렇게 살아갈 조건들을 갖추기 시작했다. 박비비안나도 그제야 스탈린은 악마 같은 천재였으며, 스탈린 체제는 인류가 다시는 겪지 말아야 할 악몽이었음을 알게 되었다. 또한 북한의 김일성도 스탈린과 같이 되고자 했던 인물이라고 생각하게 되었다.

박비비안나가 보기에 지도자 신격화, 철저한 정보 통제, 경쟁자에 대한 야비한 숙청, 인간 생활의 최하부 단위까지 거미줄처럼 뻗어 내린 감시 체제 등 김일성과 그 후계자들이 행해온 정책들은 스탈린의 그것과 너무나 유사해 보였다. 자신이 그랬던 것처럼, 김일성이 아니면 세상이 무너지는 줄 알고 살아갈 북한 주민들을 생각하면 안타까운 마음뿐이었다. 같은 사회주의자라 해도 아버지 박헌영이 정권을 잡았다면 김일성과는 다르지 않았을까 상상해보기도 했다. 베트남의 호치민처럼 교육을 많이 받은 지식인이었으므로 보다 평화적이고 민주적으로 국가를 이끌어가지 않았을까 하는 상상이었다.[116]

무용에 뛰어난 재능을 가지고 있던 박비비안나는 소련 민속무용의 일인자가 되어 미국, 프랑스, 일본, 중국 등 세계 각국을 누비고 다녔다. 1966년 무대에서 은퇴한 후로는 볼쇼이 발레학교와 함께 소련 무용을 이끌어온 모이세예프 민속무용학교에서 중앙아시아 지역의 민속무용을 가르쳤다. 명망은 높아도 부유하게 산 적은 없었다. 그녀는 방 한 칸에 작은 거실이 딸린 소형 아파트에서 평생을 살아왔으며, 정부로부터 받은 별장이란 것도 14평 정도 되는 작은 땅에 나무판자로 창고 비슷한 가건물을 지어 놓은 데 불과했다. 그나마 겨울에는 추워서 쓸모가 없었다.

마지막 죽는 순간까지도 박헌영을 걱정하게 했던 윤옥과 두 자녀의 이후 소식은 한 남파 공작원의 수기 속에 잠깐 등장한다. 윤옥은 아이들을 데리고 탄광에 배치되었는데, 석탄에서 돌을 골라내는 험한 일을 시키자 당차게 거부하며 차라리 자신들을 죽이라고 소리치며 싸웠다. 단지 비서였다거나 젊고 미인이라서 박헌영의 세 번째 부인이 되었던 게 아니었던 것이다. 윤옥은 한 달을 버틴 끝에 아이들과 함께 다른 어디론가 이송되었다. 윤옥과 아이들에 관한 증언은 더 이상 확인되지 않는다.

정순년과의 사이에서 뜻하지 않게 태어난 아들 박병삼은 할머니 이학규의 보호 아래 경기도 과천과 충남 예산에서 유아 시절을 보냈다. 할머니마저 사망하고, 해방을 맞아 큰아버지 가족과 함께 서울에 올라온 여섯 살의 박병삼은 몇 번 아버지의 집무실에 놀러 간 적이 있었다. 박헌영은 바쁜 일과 중에도 장난꾸러기 어린 아들이 소란을 피우며 뛰어다니는 모습을 물끄러미 바라볼 뿐 말리거나 야단치지 않았다. 따뜻하게 안아주거나 애틋하게 애정을 표시하지는 않았으며 자기 집에 데려가 함께 잔 적도 없었다. 김삼룡이나 이주하는 그를 보기만 하면 안아주거나 업어주었고, 어디를 나갈 때도 꼭 손을 잡고 다녔지만, 아버지 박헌영은 그런 잔정이라곤 없는 사람이었다. 그렇게 만난 날조차도 다섯 번 정도밖에 되지 않았다. 박병삼에게 아버지 박헌영의 모습은 안개처럼 흐릿하게 남아 있을 뿐이었다.

박병삼은 아버지가 월북한지도 모르는 채 열 살이 되던 1950년 봄까지 큰아버지와 함께 서울 효제동에서 생활했다. 바로 옆집에는 김삼룡 내외가 갓난아이를 돌보며 살고 있었다.

어느 날 이주하가 그를 경찰서 앞까지 데려가 저 안에 김삼룡이 있는가 확인하고 오라고 시켰다. 들어가 보니 김삼룡은 한복 바지가 찢어진 채 피투성이가 되어 의자에 수갑으로 묶여 있었다. 박병삼을 발견한 김삼룡은 무서운 표정을 지으며 어서 나가라고 눈짓을 했다. 그런데 밖에 나와보니 사람들 틈에서 기다리고 있던 이주하가 경찰에 체포되어 잠바를 뒤집어씌운 채 연행되고 있었다. 박병삼이 기억하는 김삼룡과 이주하의 체포 장면은 남한 경찰들이 쓴 엉터리 수기와 반공 드라마의 왜곡을 시정해줄 수 있는 귀한 증언이 되었다.

김삼룡과 이주하가 체포되고 큰아버지 박지영까지 종적을 감추어버려 홀로 빈집을 지키고 있던 박병삼은 뒤늦게 나타난 김제술을 따라나섰다. 김제술이 의탁할 곳은 지리산의 이현상밖에 없었다. 그는 어린 박병삼을 지리산 화엄사에 맡겨두고 이현상 부대를 찾으러 나갔다. 그사이 박병삼은 머리를 깎고 승려가 되는 공부를 했다. 아버지를 닮아 기억력이 좋은 그는 『천자문』을 28일 만에 깨우칠 정도로 학습 속도가 빨랐다. 금방 『천수경』, 『반야심경』 같은 불경을 공부해 승려의 계를 받을 수 있었다. 이때부터 박병삼은 평생 승복을 벗지 못하는 운명이 되었다.

승려 복장을 한 두 사람은 이현상 부대를 찾아 소백산맥 일대를 헤매고 다니던 끝에 남덕유산 원통사에서 감격적으로 해후할 수 있었다. 김삼룡, 이주하가 그랬던 것처럼, 이현상은 박헌영의 아들을 자신의 아이처럼 아끼고 사랑해주었다. 얼마 뒤 전쟁이 나자 하산하면서 한동안 헤어졌던 이들은 상황이 악화되면서 다시 산에서 만나 전쟁이 끝날 무렵까지 2년여 동안 함께했다.

긴 휴전협상이 종료될 때까지 북한은 남한의 공산유격대를 군인으로 인정해 북송해달라는 말은 한마디도 꺼내지 않았다. 오히려 남한 측이 빨치산을 귀찮게 여겨 데려가라고 제안해도 일절 응대하지 않았다. 대신 빨치산들에게 하산해 도시로 들어가 지하 활동을 계속하라는 지시만 내렸다. 빨치산들은 하나같이 거지꼴이어서 하산이 어려운 데다 경찰이 잔존 대원들의 신상을 거의 다 파악하고 있어 무사히 산을 벗어난다 해도 갈 곳이 없었다. 산을 내려가라는 지시는 인맥이 넓은 일부 간부들 이외의 빨치산에게는 하루빨리 죽으라는 소리와 다름없었다.

친북적인 인사들은 오늘날까지도 김일성이 그랬을 리가 없다고 주장하지만, 이는 명백한 사실이었다. 왜냐하면 휴전협정 무렵, 월북했던 남한 출신 수천 명이 수감된 상태로 조사를 받고 있었다. 당시 진행 중이던 남로당 재판의 주된 혐의는 이승엽이 지리산의 이현상 부대를 불러들여 평양을 공격하려 한다는 것이었다. 만일 남한의 유격대가 북송된다면 곧바로 수감할 수밖에 없던 상황이었다. 북한으로서는 이 복잡한 계산을 풀기보다는 차라리 현지에서 소멸되기를 바랐을 것이다.

전쟁이 끝날 무렵, 박병삼은 이 문제로 이현상과 김제술이 크게 언성을 높여 다투는 광경을 목격하기도 했다. 김제술은 이현상에게 먼저 월북해 남한의 빨치산을 인민군 포로에 포함하도록 북한을 설득해야 한다고 강력히 권고했다. 그러나 이현상은 완강히 이를 거부한다. 어린 박병삼은 내막을 알 수 없었겠지만, 이현상은 북한에서 벌어지고 있던 남로당 숙청을 잘 알고 있었기에 북에 올라가 반역자라는 누명을 쓰고 수모를 받느니 차라리 지리산에서 죽겠다고 버틴 것으로 추측된다.

휴전협정이 체결된 후에도 북한에 송환되지 못한 수백 명의 잔존 유격대원들은 남한의 산중 곳곳에서 남로당 잔재 청산을 위한 비판회를 열어야 했다. 평당원으로 강등된 이현상은 유격대 비트를 돌아다니며 자신의 종파성과 유격전의 오류를 인정하는 가혹한 자아비판을 해야 했다. 그리고 산중에서 만나 그의 아이까지 가진 여자 하수복이 기다리는 경상도 진주를 향해 하산하던 중 9월 18일 오전에 등에 총상을 입은 시신으로 발견되었다.[117]

김제술은 한때 장안의 부자이던 명월관의 상속자였으나 여동생 김소산까지 북한의 간첩으로 체포되어 처형된 후로 전 재산을 잃고 떠돌이가 되었다. 가족과 동지들을 모두 잃고 박헌영마저 반역자로 체포된 후 남북 어디에도 정착할 수 없던 그는 한산이라는 법명으로 발길 닿는 대로 전국을 떠돌아다녔다.

박병삼은 김제술과 함께, 때로는 혼자서 전국의 사찰을 떠돌며 소년 시절을 보내야 했다. 전쟁이 끝난 직후인 1954년 서울 뚝섬을 지날 때 우연히 큰아버지 박지영이 채소장사를 하는 광경을 목격했으나 김제술이 가까이 가지 못하게 해 먼 발치에서 바라보고 헤어져야 했다. 박지영은 이후 고향 신양에 한 번도 나타나지 않은 채 영영 사라져 종적을 감춰버리고 말았다.

남로당 재판은 월북한 모든 사람에게 영향을 미쳤다. 소설가 이태준은 남로당 숙청에서 벗어났으나 사상 투쟁의 그물에서는 벗어나지 못했다. 정치성이 없는 글을 쓴다는 이유에서였다. 북한 문예 당국은 그에게 매번 김일성 형상화를 위한 과제와 시간을 주었으나 이태준은 해낼 수 없었고, 노력도 하지 않았다. 그는 결국 창작 활동이 금지된 채 1957년 황남 해주시의 도일보사 인쇄공장 노동자로 쫓겨났다. 김일성대학에 다니던 두 딸은 반동분자의 자식이라는 이유로 이혼을 당하는 수모를 겪어야 했다.[118] 현재까지 남한에 알려진 이태준의 마지막 행적은 66살이던 1969년 강원도 장동탄광 노동자 지구에서 극빈자로 살고 있는 모습이었다.[119]

이태준이 비판받은 명목은 김일성을 찬양하는 내용이 들어간 소설을 쓰지 않는다는 것이었다. 그러나 누구보다도 앞장서서 김일성을 찬양하는 글을 많이 써서 북한의 문예조직을 이끌며 동료 작가 숙청에 앞장섰던 한설야 역시 1967년의 또 다른 숙청을 넘기지 못하고 문단에서 사라졌다. 그가 숙청된 사유는 술자리에서 김일성을 '무식한 사람'이라고 말한 데 있던 것으로 알려졌다. 하급 노동자로 일하다가 죽은 그는 사후에 복권되었다.

숙청과 복권의 모든 전결권은 김일성에게 있었다. 김일성이 직접 비판을 하여 문예인 숙청 제1호가 되었던 김남천은 식민지시대부터 계급투쟁을 주제로 한 소설을 써온 혁명작가였지만, 단편소설 『꿀』에서 전사한 인민군의 머리가 남쪽을 향해 있다고 썼다 하여 남한을 숭배하는 반동으로 비판받은 끝에 징역 6년을 언도받고 수감 중 사망했다.

이태준과 김남천, 임화 등 숙청 작가들의 책은 북한 전역에서 모조리 수거되어 평양의 작가 단체 뒷마당에서 불태워졌다.[120]

〈인민항쟁가〉, 〈빨치산의 노래〉 등 100여 곡에 이르는 혁명가를 작곡한 김순남은 사형은 면했으나 일체의 작곡 행위가 금지된 채 산골에서 극빈자로 살다가 죽었다. 서양의 오페라와 한국의 민요를 결합한 독특한 곡조로 소련과 미국의 음악계를 놀라게 했던 이 천재 작곡가가 만들어낸 혁명가요들은 남북 어디에서도 부를 수 없는 금지곡이 되었다.

박헌영의 추천으로 초대 소련 대사에 부임했던 주영하는 쿠데타 음모의 일원으로 지목되어 혹독한 비판을 받은 후 지방 공장의 지배인으로 보내졌다. 다행히 1956년 교육성 부상으로 복권되었으나 박창옥 숙청 때 다시 추방되어 함경남도의 한 탄광에 보내졌다가 총살된 것으로 알려졌다.

정판사 위조지폐 사건의 주범으로 몰려 월북한 뒤 중국 대사로 부임했던 권오직도 소환되어 박헌영 재판에 강제로 참관한 후 반당 파괴분자라는 이유로 평안북도 삭주의 농장으로 추방되었다.

헤겔주의 전문가로 저명한 공산주의 철학자이던 신남철은 조선공산당 대신 옌안파들이 만든 신민당에 들어가는 바람에 1953년 남로당 숙청은 면했다. 그러나 1956년 8월 종파 사건 때 옌안파들과 함께 반역자로 몰려 숙청되었다.

옌안파의 최고지도자 김두봉은 김일성대학 총장, 최고인민회의 상임위원장, 조국전선 의장 등 최고위직을 연임했으나 1958년 토지 몰수와 집단농장 등 김일성의 극좌적인 경제 노선을 비판하다 숙청되어 평남 순안농장의 막노동자로 일하다가 세상을 떠났다.

임화의 부인이자 자신도 소설가이던 지하련은 중국 동북부 지방에 살다가 남편이 사형 선고를 받았다는 소식을 듣고 1953년 가을 평양으로 돌아왔다. 아직 임화는 처형되지 않았을 때였다. 그녀는 중앙당 등 관계기관들을 돌아다니며 남편을 만나게 해달라고 애원했으나 아무도 상대해주지 않았다. 실의에 빠져 넋이 나간 지하련은 정신이상이 되어 옷도 제대로 챙겨 입지 못한 채 임화를 내놓으라고 헛소리를 외치며 평양 시내를 배회하다 내무서원들에게 끌려간 이후 행방은 알려지지 않았다. 그녀는 남로당 재판에 공개적으로 저항한 유일한 인물이 되었다. 임화는 1955년 12월 3일 박헌영의 예심 재판에 나와 증언을 한 뒤 평양 부근 산골에 끌려가 총살당한 후 그 자리에 매장된 것으로 알려졌다.

민족시인으로 유명한 이육사의 동생이자 자신도 비평가로서 월북 후 임화와 함께 남로당 선전물 제작에 전념해온 이원조는 12년 형을 받고 수감되었다가 2년도 못 살고 옥사했다. 다만, 유교학자이던 동생 이원일은 늦게까지 살아남을 수 있었다.

한국전쟁 때 서울시당 위원장으로 이승엽과 함께 유격대를 조직해 14일이나 미군을 막아냈고, 이후에도 유격대장으로 활약하던 김응빈은 군사분계선 근처 병원에 입원해 있다가 남로당 체포 소식을 듣고 탈출했다. 그러나 곧 체포되어 즉결 처형되었다.

김형선은 한국전쟁 때 인민군과 함께 후퇴하다 머리에 총탄을 맞고 사망했다. 박헌영의 지시를 받고 옌안에 파견되어 조선의용군에서 활약해 백마 탄 여장군으로 유명했던 그의 여동생 김명시는 전쟁이 터지기 얼마 전 부천경찰서에 체포되어 수사를 받던 중 사망했다. 경찰은 김명시가 목을 매어 자살했다고 발표했다.

김명시를 체포한 인물은 김삼룡을 체포한 뒤 중부경찰서 앞에서 김삼룡을 구출할 기회를 노리던 이주하까지 발견해 체포한 홍민표였다. 남로당 고위 간부였다가 전향해 수많은 동료들을 체포해 죽음으로 인도한 홍민표는 훗날 양한모라는 본명을 되찾고 기독교 전도사가 된다.

모나지 않고 온순한 성격인 이순금, 박문규, 이기영, 홍명희, 홍증식, 허정숙 등은 평소 김일성의 독주에 대해 입을 굳게 다물었거나, 박헌영 재판 때 그에게 불리한 증언자로 나선 대가로 살아남았다.

농업상 박문규는 살아남기 위해 자기 집에 남한 출신들은 출입을 금지했는데, 심지어 처제까지 못 오게 했다. 그는 조선공산당 출신으로는 드물게 국가검열상, 내무상 등 북한의 최고위직을 두루 거치며 1971년까지 살았다.

경성콤그룹 시절 5년여를 한시도 박헌영을 떠나지 않고 연락책을 맡았고 아들 박병삼까지 돌봐주어 그의 부인이라는 오해까지 받았던 이순금은 예심 재판에서 박헌영을 비판한 대가로 살아남았다. 그녀는 1990년까지 살아 최고인민위원회 대의원으로 일했다.

남로당 위원장 허헌의 딸이자 박헌영의 아내 주세죽의 절친한 친구였던 허정숙도 1991년 사망할 때까지 조선노동당 비서를 지내는 등 고위직을 유지했다.

해방 이전부터 박헌영과 대립했던 이영은 해방 후의 온갖 분파적인 행동에도 불구하고 김일성으로부터 후한 대접을 받았다. 1953년 12월 최고인민회의 의장이 된 이래 연임을 계속하다 자연사했다. 이영, 정백과 나란히 식민지 시절부터 반

박헌영파의 선두였던 최익한도 월북 후 김일성대학에서 가르치며 많은 역사 서적을 남기고 자연사했다. 역시 반박헌영파의 선봉이던 백남운도 잘 대우받다가 1979년 자연사했다.

반면, 끝까지 박헌영에 대한 비판을 거부한 김점권은 부부가 권총으로 자살했다. 경기도 고양 출신인 김점권은 이승엽, 김형선 등과 함께 노동운동을 하다 6년간 감옥살이를 한 인물로, 해방 후에는 민전과 남로당 중앙위원을 맡았던 헌신적인 운동가였다.

남로당 숙청은 잇단 대규모 숙청의 전주곡이었다. 만일 북한의 숙청이 남로당에서 끝났다면, 남로당 출신들을 비난하는 북한 정권의 논리를 어느 정도 인정할 수밖에 없을 것이다. 그러나 북한의 숙청은 김일성과 최측근 이외의 모든 운동가를 향함으로써 어떤 정당성도 얻을 수 없게 된다.

소련파를 동원해 남로당을 숙청한 김일성은 다음에는 옌안파로 하여금 소련파를 제거하게 했다. 그다음에는 만주 빨치산 출신들을 동원해 옌안파를 숙청했다. 이 과정에서 복잡한 재판이나 명분 따위는 문제가 되지 않았다. 남로당 숙청 때만 해도 소련과 중국의 눈치를 보아야만 했으나 두 나라가 서로를 수정주의니 교조주의로 비판하는 틈바구니에서 등거리 외교를 펼치면서 국내 문제에 대해 독자권을 확보한 덕분이었다. 이른바 주체사상의 성립이었다. 이때부터는 아무런 복잡한 절차 없이 수많은 사람들이 탄광이나 집단농장으로 끌려갔고, 일부는 그 자리에서 총살되었다. 남로당 재판 과정만을 본 외부인들은 북한에서 죽은 정치범이 몇 명 안 된다고 생각했지만 실상은 크게 달랐다.

1953년부터 1968년까지 15년 동안 계속된 숙청으로 옌안파나 국내파들의 지도자들은 대부분 죽거나 사라졌다. 혹은 중국과 소련으로 망명했다. 남한에서 여성운동을 대표하던 유영준은 1953년에, 정칠성은 1958년에 숙청되어 사라졌다. 국가검열상을 맡았던 의열단 출신 김원봉은 1958년에, 강원도당 위원장이던 또 다른 김원봉은 1960년에 숙청되었으며, 남한에서 국회 프락치 사건으로 유명했던 김약수는 1959년에 숙청되었다. 유명한 무용가 최승희의 남편으로, 한설야와 함께 동료 문인들을 숙청하는 데 앞장섰던 작가 안막도 1959년에 숙청되었다.

마지막 대숙청은 항일유격대의 주력이던 갑산파들에 대해 행해졌다. 노동당 부위원장 박금철과 이효순, 민족보위상 김창봉 등 함경도 갑산 출신들에 대한 대숙청이었다. 남로당과 소련파, 옌안파 숙청에 가장 앞장섰던 갑산파는 1967년 김일성을 몰아내려 쿠데타를 모의했다는 죄목으로 모조리 처형되었다. 북한 전역에는 또다시 숙청 바람이 불어 3만여 명이 직책을 잃은 것으로 알려졌다.

이후 더 이상의 대규모 숙청 사건은 일어나지 않았다. 그럴 필요가 없었다. 군대, 당, 행정부 등 북한 권력의 요직은 제88

정찰여단 김일성 부대 출신인 김일, 오진우, 최용건, 임춘추, 최현, 박성철, 서철, 오백룡 등 20여 명이 장악해 지금까지 반세기 넘게 북한을 지배하게 된다. 박헌영의 경성콤그룹을 비롯해 공산주의운동사에는 수많은 종파들이 등장하지만, 김일성처럼 철저히 자기 파벌의 이익에 종사한 종파주의자는 존재한 적이 없었다.

남한 권력의 주력이 친일파와 친미파들로 이루어진 데 비해 북한 권력의 핵심이 항일 빨치산파로 구성된 점 자체는 비난할 수 없는 일이었다. 다만, 공산주의 이론에 대한 고민과 그 대중적 실천의 경험이 부족한 군 출신들의 권력화는 북한을 갈수록 질곡에 빠지게 했다. 이 특수한 사회 구조는 과연 북한을 사회주의 국가로 볼 것인가에 대한 근원적인 의문까지 제기하게 만들었다.

지배 권력의 세습과 출신 성분의 구별, 거주 이전과 이동의 부자유, 정보 통제와 언론 및 집회·결사의 부자유 등은 명백히 봉건시대의 유물이었다. 심지어 토지와 산업의 국유화조차도 봉건제가 갖고 있던 특성이었다. 북한을 사회주의라는 명분으로 포장되어 반제투쟁이라는 동력으로 돌아가는 전근대적인 봉건 체제라고 볼 수밖에 없는 이유다. 공산주의 이론 어디에도 등장하지 않는 이 강력한 독재국가는 주체사상이라는 단순한 사상으로 합리화되었다.

대숙청 이후 북한에는 정통 공산주의자라고 할 만한 이들은 거의 살아남지 못한 것이 사실이었다. 봉건적 위계의식이 강한 의타적이고 복종적인 이들만이 살아남았다 해도 과언이 아니었다. 이 점은 실로 중요한 의미를 가지고 있었다. 공산주의자들이 제거된 자리를 봉건의식 뚜렷한 민족주의자들이 차지함으로써 북한 사회가 자본주의보다도 더 반동적인 좌익 민족주의라는 이름의 봉건 체제로 회귀했기 때문이다.

훗날 김일성이 최고의 국빈으로 대우해 평양에 웅장한 저택까지 지어 살게 해준 캄보디아 국왕 시아누크는 무수한 공산반군을 학살한 극우 독재자였다. 그는 절대 권력을 유지하기 위해 중국에 의존해 좌우합작 정부를 내세웠으나, 중국 대신 미국과 손을 잡지 않았던 것을 두고두고 후회한 인물이었다. 김일성이 평생 우대했던 외빈이 봉건 국왕인 시아누크였다는 점은 북한 정권의 본질을 상징적으로 보여준다.

더구나 시아누크가 연합했던 세력은 폴 포트가 이끄는 크메르 루주였다. 즉각적인 공산주의 실현이라는 목표 아래 7백만 동족 중 150만 명 이상을 학살하거나 굶겨 죽인 인류사상 최악의 극좌 파시스트 집단이었다. 지도자 폴 포트는 다음과 같은 말을 입에 달고 살았다.

"내가 주변 사람들을 너무 많이 믿었다. 그들의 정책은 지나치게 급진적이었다. 그자들이 모든 것을 망쳐 놓았다. 그들이 진짜 배신자였다."[121]

놀랍게도 이는 김일성이 박헌영을 비롯해 숙청한 혁명가

들에게 늘 하던 말이었다.

남한에서도 조선공산당 출신들의 말로는 초라했다. 고참 공산주의자는 대부분 죽거나 전향한 가운데, 살아남은 사람은 김철수와 조봉암 정도였다.

사회민주주의를 천명한 조봉암은 한때 이승만 정부의 농림부장관이 되어 유상몰수 유상분배의 자본제식 농지 개혁을 성공적으로 이끌었다. 그러나 곧 쫓겨난 후 독자적으로 대통령 선거에 도전했다. 두 번째 출마에서 216만 표까지 얻어 이승만을 위협한 그는 1956년 11월 10일 진보당을 창당해 평화통일론과 수탈 없는 계획경제론을 표방했다. 스탈린식 사회주의가 아닌, 보다 민주적인 사회주의를 내세운 것이다. 사회민주주의의 등장이었다.

불안해진 이승만은 1958년 1월 조봉암, 윤길중 등 진보당 간부 10여 명을 체포, 그중 9명을 간첩죄와 간첩방조죄로 구속기소했다. 대법원은 1959년 2월 16일 조봉암과 양이섭에게 사형을 확정했고, 재심 청구가 기각된 다음 날인 7월 31일 서대문형무소에서 사형이 집행되었다. 1920년대 초반, 과학적인 사회주의운동의 선두주자로 국내 공산주의운동을 선도했던 세 청년 박헌영, 김단야, 조봉암이 모두 북한과 소련, 그리고 남한에서 적국의 간첩이라는 혐의로 처형된 것이다.

조선공산당 제3차 책임비서를 맡았던 김철수 역시 사회민주주의로 돌아섰으나, 남한의 경직된 여건 속에 특별한 활동을 하지 못한 채 한국전쟁 이후 40여 년 세월을 산중 오두막에서 혼자 외롭게 살다가 죽었다.

남북 분단 고착화의 최대 책임자이자 수십만의 동족을 학살한 주범인 이승만은 조봉암을 죽인 이듬해인 1960년 4월 전 국민적인 항거로 대통령 자리에서 쫓겨났다. 임시정부 때부터 대한민국 초대 대통령을 두 번이나 역임해 국부가 되고자 했던 그는 두 번 다 탄핵당하는 기록을 남겼다.

이승만이 쫓겨나고 잠시 일어났던 민주화 열기를 잠재우고 군사쿠데타를 일으킨 것은 한때 남로당 군사부에 소속되었던 박정희였다. 일본 육사를 나와 일본에 충성을 바치다가 해방 직후 좌익이 득세하자 돌연 남로당에 가입했던 그는 여순 반란 사건으로 국군 내의 남로당원들이 제거당하기 시작하자 동료 당원들의 명단을 제공하고 살아남은 전형적인 기회주의자였다.

한때나마 공산주의 이론을 배웠던 박정희는 공산주의적 집단주의와 일본의 폭력적 군국주의가 기묘하게 혼합된 국가독점자본주의를 택했다. 메이지유신이 불과 25년 만에 봉건 일본을 근대국가로 탈바꿈시킨 것처럼, 사회주의 국가들이 초기에는 혁명적 경제 발전을 이룬 것처럼 남한 경제는 급속히 발전했다. 그러나 자유주의 체제 아래 독재는 영원할 수 없었다. 박정희는 끊임없는 반독재 시위에 쫓기던 끝에 18년 만인 1979년 부하의 총에 맞아 죽고 말았다. 이로부터 본격화된 민주화 투쟁은 남한을 경제적·정치적으로 지속적으로 발전시켜, 남한은 1990년대 들어 세계 10대 경제 대국에 진입했다. 많은 한국인들은 오늘의 부를 박정희가 기초했다고 믿고 그것이 상당 부분 사실이지만, 박정희 사후의 민주화가 경제 발전의 더 큰 동력이었다.

북한의 유일한 승리자 김일성의 집권 50년은 주체사상이라는 이름의 자주 노선으로 요약되었다. 그러나 김일성이 죽는 그날까지 주체와 자립은 구호요, 희망에 머물러 있었다. 북한이 1960년대까지 남한의 두 배 이상의 경제력을 유지한 것은 사실이지만, 소련의 무상지원과 중국의 호혜가 바탕이 되었다. 두 나라조차 경제 사정이 악화되어 지원이 어려워진 1970년대 이후로는 다시는 남한을 능가하지 못했다. 북한이 구호가 아닌 현실에서 자립경제를 이룬 해는 없다고 해도 과장이 아니었다.

그럼에도 김일성은 줄곧 국민총생산의 20~30퍼센트에 이르는 군사비를 지출하며 4대 군사 노선을 유지했다. 1980년대 중반까지도 중소 규모 무장유격대 남파를 계속했으며, 미얀마에서 남한 대통령 암살을 시도하는 등 기습공격을 거듭했다. 전쟁이 계속되고 있다는 위기의식 속에 벌인 이 야만 행위들은 남한 측에 의해서도 대동소이하게 행해졌지만, 테러가 사회주의혁명의 적이라는 것은 재론할 필요도 없는 원칙이었다. 무장유격대와 테러에 대한 집착은 정통 사회주의자들과 구별되는 김일성 특유의 성향이었다. 그는 자신의 유일하고도 자랑스러운 추억인 항일 빨치산의 경험에서 평생 벗어나지 못한 사람이었다.

해방과 함께 시작된 남북의 경쟁이 북한의 패배로 귀착되고 있다는 사실은 나날이 명확해졌다. 북한은 모든 책임을 미국의 경제 봉쇄 때문이라고 주장했지만, 소련, 중국, 동독 등 풍부한 자원과 고도의 과학기술을 갖고 경제적 독립을 유지할 수 있었던 국가들도 똑같은 어려움을 겪었던 데서 볼 수 있듯이, 근본적인 문제는 레닌과 스탈린의 공산주의 이론 자체에 있음을 더 이상 숨길 수 없게 되었다. 민주주의의 발전 정도와 경제력의 수준은 대체로 정비례한다는 세계사적인 경험은 사회주의 세계도 비켜 가지 못했던 것이다.

빵도 없고 자유도 없고 지켜야 할 이상조차도 사라진 북한의 형편은 김일성이 사망할 무렵 최악에 이르렀다. 고난의 행군이라 이름 지어진 굶주림과의 투쟁은 해를 거듭할수록 악화되어 동사자와 아사자가 늘어만 갔다. 김일성은 14살 나이로 항일운동을 시작한 이래 1994년 사망할 때까지 오로지 반외세, 자주자립을 위해 살아온 반제국주의의 상징이었지만, 결과적으로는 자신의 주민을 외국의 무상 식량 지원 없이는 한 달도 버틸 수 없게 만든 외세 의존적 지도자로 기록되었다. 또한 배타적 민족주의와 좌경적 사회주의가 결합했을 때 얼마나 위험한 사태가 벌어지는가를 실증한 지도자로 기록되었다. 자신의 정적들과 마찬가지로, 김일성 역시 실패한 혁명가의 그물을 끝내 벗어나지 못했던 것이다.

한편, 원경이라는 법명으로 승려 생활을 하던 박병삼은 19살이 되어서야 자신의 아버지가 어떤 사람이며 어떻게 죽었는가를 알게 되었다. 출생의 비밀을 알게 된 그는 한동안 방황하며 자살까지 기도했으나 김제술의 헌신적인 간호로 살아남았다.

살아난 덕분에 생모 정순년도 만날 수 있게 되었다. 정순년의 불행은 갓난 아들과 생이별하는 것으로 끝나지 않았다. 억지로 결혼했던 목수도 남로당의 하급 당원이었다. 그는 한국전쟁이 나자 보도연맹으로 끌려가 처형되고 말았다. 정순년은 대전역 앞에서 경북상회를 하면서 홀로 두 아이를 키우고 있었다. 그녀는 되찾은 아들 박병삼에게 단편적이나마 아버지와 그 동지들의 이야기를 해주었다. 그녀의 짧은 추억은 존경과 사랑으로 메워져 있었다. 박병삼은 어머니를 통해 아버지와 다시 연결되었다.

박헌영의 아들이라는 이유로 정보기관으로부터 수차례 곤욕을 치르기도 했던 박병삼은 6월 항쟁으로 남한의 민주화가 대폭 진전된 1987년부터 아버지의 일생을 복구하는 일을 시작했다. 이 작업의 가장 조심스러운 부분은 박헌영이 과연 미국의 간첩이었던가 하는 것이었다. 박병삼은 자신의 아버지이기 때문에 더욱 어떤 편견에도 빠지지 않아야 한다는 압박감으로 이 부분만큼은 전적으로 역사학자들의 판단에 맡겼다.

오랜 세월, 이름을 말하는 것조차 금기시되었던 인물에 처음으로 제대로 접근한 젊은 역사학자들은 새로운 많은 사실을 알아냈다. 학자들과 박병삼은 소련이 붕괴된 직후인 1991년 10월 모스크바를 방문해 생존한 북한의 고위 간부 출신들을 두루 만나 희귀한 증언들을 채록할 수 있었다. 북한 정권의 탄생을 지휘했던 그들은 박헌영 재판의 허구성을 너무나 잘 알고 있었다. 그들의 증언은 중국으로 망명한 이들의 증언과도 일치했다.

자료를 모으는 과정에서 모스크바의 이복누이 박비비안나도 만날 수 있었다. 1991년 10월 18일이었다. 잠시 눈물도 났지만, 너무나 오랜 세월 다른 세상에서 다른 말을 쓰며 살아온 남남이었다. 언어도 다른 오누이는 그저 서로의 눈만 들여다보며 손을 잡고 있었다. 박비비안나는 박헌영을 닮아 작은 체구에 얼굴도 인형처럼 오밀조밀한 반면, 박병삼은 어머니 정순년을 닮아 살찌고 커다란 체격에 이목구비도 뚜렷한 얼굴이었다.

박비비안나는 승복을 입은 이복동생의 모습에서 아버지와 닮은 점을 찾기 어려웠으나, 선량하고 호의적인 미소와 눈매를 보면서 아버지를 다시 만나는 느낌을 받았다. 박병삼은 작고 메마른 늙은 누이의 모습에서 불쌍하고 가련한 느낌을 받았다. 고통을 당해본 사람끼리만이 느낄 수 있는 연민의 정이라는 생각이 들었다.

박비비안나 내외는 박병삼의 초청으로 그해 12월에 남한 땅을 밟았다. 동생과 함께 서울의 친척들이며 아버지의 고향을 방문한 그녀는 돌아갈 때 모스크바 공원묘지에 있는 주세죽의 봉분에 뿌리기 위해 아버지의 생가에서 한 줌의 흙을 떠 갔다.

소련영사관 부영사 샤브신의 부인이자 역사학자인 샤브시나 쿨리코바는 소련으로 돌아간 후 3·1운동에 관한 연구 논문을 책으로 발표했다가 큰 곤욕을 치러야 했다. 박헌영이 체포되기 전에 쓴 자신의 논문에서 박헌영이 1947년에 집필한 두 개의 글을 발췌 인용했을 뿐 아니라, 박헌영을 조선의 위대한 혁명가의 한 사람으로 묘사했기 때문이다. 박헌영이 체포된 후 그녀의 책은 독자의 고발을 받았다. 소련은 북한과 동맹을 맺은 나라였다. 소련 관리들은 북한과 마찰을 일으키면서까지 북한에서 일어난 재판의 허구성을 입증할 의무를 느끼지 않았다. 그들은 샤브시나의 이유 있는 항변들을 묵살했다. 책은 모조리 몰수되어 찢기거나 소각되어 단지 몇 부만이 특별보관소에 열람 금지 도서로 보관되었다.

그러나 해방 후 수년간 누구보다도 가까이에서 박헌영을 지켜본 샤브시나 부부는 박헌영이 간첩이라는 말을 추호도 믿지 않았다. '혁명의 적'이니 '제국주의의 간첩'에 대해 질병과도 같은 적개심을 갖고 있던 냉전시대이기에 더욱 믿지 않왔다. 용감한 샤브시나는 다시 『조선 근대사 개요』라는 책을 썼고, 그 안에서 박헌영을 조선의 위대한 혁명가의 한 사람으로 재차 묘사했다.

논문을 출판해야 하는 국립정치문헌출판사는 이 부분에 극히 비우호적인 태도를 보였다. 출판사 측은 여러 기관과 조선학 전문가들에게 이 논문을 보내 무려 17번이나 수정을 하도록 했다. 그러고도 박헌영이 '인민의 적'으로 판정되었다는 말을 추가하도록 요구했다. 하지만 샤브시나는 끝까지 박헌영을 '배신'할 수는 없었다. 그녀는 박헌영에 관해 쓰기는 쓰되 자신의 이름을 걸지 않고 조선노동당의 공식 자료에서 인용하는 방식으로 돌려 어렵게 최종 심사를 통과할 수 있었다.

이 선량한 마음씨를 가진 작고 갸름한 체구의 아름다운 러시아의 지성은 소련공산당 일당독재가 붕괴된 직후인 1991년 가을에 찾아온 박헌영의 두 자녀, 박비비안나와 박병삼을 눈물로 반겼다. 그녀는 40년 전 러시아 사람들에게 살아 있는 인형이라 불리던 박비비안나의 매혹적인 조선 춤에 매료된 적이 있었다. 박비비안나는 늙었지만, 여전히 상냥하고 매력적이었으며 예술가다운 풍모를 지니고 있었다. 키가 크고 살이 찐 데다 승복을 입은 박병삼의 모습에서 박헌영의 흔적을 찾기는 어려웠지만 선량하고 호의적인 미소만은 닮아 보였다.

샤브시나는 1949년 3월 모스크바의 연회장에서 만난 박헌영의 마지막 모습을 기억했다. 소련과 북한의 경제문화협정 체결을 기념하는 연찬회장에서였다. 박헌영은 샤브신 내외와 오랫동안 많은 이야기를 나누었는데, 딸 비비안나를 만났다는 이야기를 할 때 즐거움에 가득 차서 흥분하는 모습이 흥미로웠다. 남한의 사건들에 대해 이야기가 시작되자 박헌영은 지나가는 말처럼 무심코 말했다.

"많은 일들이 생각했던 것과는 전혀 딴판으로 진행되지요. 그러나 우리는 의기소침하지는 않을 것입니다."

영웅적이고 비극적인 운명을 지닌 한 인간에게 주어진 5년은 너무나 짧고 아쉬웠던 시간이었을 것이다. 30년 세월을 준비했건만, 막상 다가온 해방의 시간은 너무나 빨리 혼란스럽게 흘러갔다. 걷잡을 수 없는 사건의 홍수들이 그를 정신없이 난타했고, 월북 이후의 무기력한 처신은 그의 전 생애를 치욕의 구덩이로 몰아넣고야 말았다.

샤브시나는 남편이 보관해온 공문서철과 사회주의 붕괴 이후 공개된 러시아 정부의 방대한 문서들을 재차 정밀하게 조사한 후 너무나 확고하게, 그는 결코 간첩이 아니며 간첩일 수가 없다는 결론을 내렸다. 또한 그는 결단코 침략전쟁을 옹호한 적이 없다고 판단 내렸다. 박헌영의 적들은 그가 북한의 대남 침략전쟁을 주도했다고 주장했지만, 그녀가 내린 결론은 달랐다. 그녀는 1994년 한국의 역사 전문 계간지

『역사비평』에 기고한 논문에서 단호히 말했다.

"감히 단언하건대 이것은 사실이 아니다. 내 눈으로 직접 본 것, 들은 것, 그에 관해 아는 것, 그 모든 것으로 판단하건 대 이것은 믿을 수 없는 일이다. 그는 조선의 평화적 통일에 대한 부동의 옹호자였으며 전쟁과 무력의 반대자였다. 조선 전쟁기에 전문고문으로서 평양과 중국에 체류했던 남편의 회상들도 동일한 것을 증명해주고 있다.

몇몇 남한 학자들, 예를 들면 김충천도 동일한 사실을 쓰고 있다는 사실을 주목할 필요가 있다. 박헌영은 북에서의 침공 이 매우 과격한 좌익 모험주의라는 것, 그것이 미국의 간섭 을 불러올 것이라고 생각하면서 침공을 반대했으며, 남한 진 보 세력의 도움으로 이 나라의 평화적인 통일을 달성할 수 있으리라 생각했다고 이 학자는 지적했다. 박헌영은 이 세력 의 규모와 역량을 실제보다 높이 보고 과대평가했던 것으로 보인다. 그러나 그는 전쟁을 원할 수는 없었다. 그의 삶 전체 는 평화의 대의에 바쳐진 것이었다."

박헌영과 수많은 혁명가들은 공산주의 이념이 가진 완벽 한 이상주의와 동시에 광적인 폭력성을 알고 있었을 것이다. 많은 진보적 지식인들이 이념 자체에서 괴물을 찾아내고 이 념을 수정하려 애써왔다. 어떤 사람들은 이념은 죄가 없으며 다만 사람이 문제였다고 말하기도 한다. 박헌영이 살아 있다 면 과연 어떻게 말할까? 현실 사회주의의 붕괴 현장에서 살았던 산증인인 샤브시나는 결코 그는 희망을 버리지 않았으리라고 말한다.

"공산주의 교의와 사회주의 현실이 급격한 위기를, 아니 몇몇 사람이 그것을 저주하면서 주장하듯이 완전한 종국적 파산을 겪고 있는 지금, 나는 마음속으로 박헌영에게 호소해 본다. 그였다면 오늘날 무슨 말을 했을까? 나는 믿는다. 그는 공산주의운동이 지나온 길에서 나타난 왜곡과 오류, 교조주의, 이에 대해 자신이 부득이하게 관여한 것을 단호히 질책했을 것이라고. 그는 자신을 용서치 않고 고백했을 것이다. 이제 우리가, 그의 동지들이 어떻게 말하고 어떻게 행동해야 할지를. 그러나 나는 다른 것에 대해서도 확신한다. 즉 박헌영은 남들이 이념을 왜곡하고 중상한 것에 반하여 이념은 죄가 없다는 것을 기억하면서 자신의 이념을 포기하지 않았으리라고."

문제는 언제나 실천하는 인간에게 있음을 인간의 역사는 잘 보여준다. 보다 자유롭고 보다 평등하고 보다 평화로운 사회를 위해 인간이 창안해낸 이념들은 언젠가 반드시 현실에 적용된다는 점을 역사는 증명한다. 처음 한동안은 심각한 부작용을 일으킬지라도, 결국 그것을 해결하는 것도 인간임을 보여준다. 언젠가는 평등과 평화의 나라가 도래하리라던, 박헌영을 비롯한 조선의 혁명가들이 품었던 염원을 한낱 망상이었다고 단정 지어서는 안 되는 이유다.

이미 그들이 추구했던 많은 부분들이 현실화되기도 했다. 여전히 새로운 모순들이 생성되고 있지만, 오늘의 민중이 획득한 정치경제적 제 권리들을 쟁취해내는 데 공산주의자들의 역할은 지대했다. 역사상 어떤 지배계급도 자신의 권력과 부를 스스로 약자에게 나눠 준 적은 없었다. 개인적으로는 가능할지 몰라도 국가 차원에서의 평등과 호혜란 피지배계급의 투쟁으로서만 가능한 일이었다. 이 불의의 지배 권력에 맞서 인류 역사상 가장 희생적으로 자신의 목숨을 바쳐 투쟁한 이들이 공산주의자였음을 그 누가 부인할 수 있을 것인가?

물론, 다가올 이상사회는 그들이 처음 생각했던 것보다는 한결 자유롭고 개인주의적인 모습일 것이다. 북한은 결단코 그 해답이 될 수 없으며, 공산주의 시절의 권력자들이 여전히 돈과 이권을 독점하고 있는 현재의 러시아와 중국도 결코 그 모델이 되어서는 안 될 것이다. 이 점을 간과하고 여전히 화석화된 옛 혁명론을 추구한다면 고귀한 죽음들에 대한 모독이 될 것이다.

또 어떤 사람은 말할 것이다. 전설은 전설로 남겨두자고. 인간은 본래 추하고 이기적인 동물이므로 이상사회의 꿈 따위는 버리라고. 아니다. 설사 그것이 진실이라 할지라도, 그것이 인류사에 숨겨진 최대의 비밀이라 할지라도 함부로 말하지는 말자. 비록 이룰 수 없는 꿈일지라도, 이상사회를 향한 인간의 여정이 멈춘다면 그날이 인류의 종말이 될 것이므로.

1 소설가 김성동의 증언. 김성동은 진사 김창규의 증손자이자 김봉한의 아들이다.

2 이 학교는 박헌영 재학 중에는 경성고등보통학교로 불렸으나, 1921년 경성제일고등보통학교로, 1922년 경성제일공립고등보통학교로, 1938년에는 다시 경기공립중학교로 개명되었으며, 해방 후에는 경기중학교로 불리다가 최종적으로 경기고등학교가 되었다.

3 박헌영의 입학보증인으로는 아버지 박현주와 함께 신양의 양반 자손인 조용구가 나서주었다. 입학보증인 제도는 학생이 사고를 내거나 월사금이 밀렸을 때 책임을 지는 제도였다. 신양의 이름난 부자이던 조용구의 집안은 해방 후까지 박헌영과 관계를 갖다가 큰 피해를 입는다. 조 씨네 자손 일부는 정상적인 사회생활을 할 수 없어 산속에 들어가 승려가 되었다.

4 전 대전시 부시장 한상현의 증언(박갑동, 「내가 아는 박헌영」, 『중앙일보』, 1973. 2. 29.).

5 샤브시나 쿨리코바, 「소련의 여류 역사학자가 만난 박헌영」, 『역사비평』, 1994년 여름호.

6 일본은 조선의 경찰 업무를 통일해 경무총감부를 독립기관으로 설치하고 조선총독에게 직할하게 했다. 정치 문제를 총괄하는 정무총감부도 따로 두었다.

7 훗날 북한의 재판정은 박헌영이 이때 친해진 언더우드와 내통하여 숭미 사상을 갖게 되었으며, 언더우드는 해방 전인 1940년 박헌영이 주도한 경성콤그룹에 접근해 그 지도권을 장악했다고 주장한다. 또 박헌영이 해방 후 언더우드를 다시 만나 미국의 간첩으로 고용되었다고 공격한다. 서양 전도사들이 식민지 쟁탈전의 선봉으로 들어와 서양 문화를 전파한 것은 사실이었다. 그러나 목적이 어디에 있든 자유주의와 민주주의 같은 신문명

의 교사로도 큰 역할을 한다. 초기 공산주의 지도자 이동휘도 캐나다 선교사 밑에서 전도사로 일하며 자유와 민주주의를 배운다. 박헌영이 언더우드와 친했던 것은 사실이지만, 조선 공산주의운동의 지도권을 언더우드가 행사했다는 것은 말도 안 되는 음모론이다. 더구나 같은 재판의 또 다른 기록에는 박헌영이 경성콤그룹 조직원 명단을 몽땅 일제 경찰에 바친 대가로 살아남았다는 주장이 등장한다. 서로 전쟁 중이던 일본과 미국을 동시에 만족시켜주기 위해 수없는 감옥살이와 고문, 도피 생활을 감내했다는 황당무계한 주장을 믿는 것은 대단히 어리석은 일이다. 해방 후 조선공산당의 최고지도자가 되어 미국과 싸우던 박헌영 앞에 언더우드가 다시 나타나 그를 미국의 간첩으로 고용했다는 주장은 더더욱 억지스럽다.

8 『문우』 제1호, 1920년 5월.

9 일본 경찰의 기록에는 주세죽이 1901년생으로 되어 있으나, 박헌영의 영해 박씨 족보에는 1898년 6월 2일생으로 기록되어 있다. 박헌영이 주세죽과 결혼하며 정식으로 올린 출생일이니 정확할 것이다. 그러나 이 족보에는 주세죽이 1932년 날짜 미상 일에 사망한 것으로 잘못 기록되어 있다. 박헌영이 상하이에서 구속된 후 주세죽이 행방불명되자 사망한 것으로 올린 듯하다.

10 박헌영의 상하이 생활과 주세죽과의 결혼, 여운형과의 관계에 대해서는 심훈의 소설 『동방의 애인』에 잘 묘사되어 있다. 박헌영의 경성고보 1년 후배이자 3·1운동을 함께 하다가 4개월간 감옥살이를 했던 심훈은 상하이 시절에도 박헌영 부부와 절친한 사이였다. 박헌영의 상하이 생활을 충실히 재현해 소설이라기보다 실록에 가까운 『동방의 애인』은 1930년 10월 29일부터 『조선일보』에 연재를 시작했다가 총독부의 제재로 12월 10일 39회를 끝으로 중단되고 만다.

11 이괄은 나중에 감옥에서 나와 소련 땅 연해주에서 활동하다 1937년 스탈린의 조선인 강제 이주 때 우즈베키스탄으로 이주당한 후 숙청되어 집단농장 작업반장으로 일하다가 사망한다. 연락이 두절되었던 김호반은 얼마 후 연락이 재개되어 국내에 들어가 조선공산당 경남도당 위원으로 활동하다가 1930년에 국제적색노조 프로핀테른 산하의 태평양노조 간부로 원산에 입국해 이주하, 이강국, 최용달 등과 노동운동을 한다.

12 유광렬, 「나의 이력서」, 『한국일보』, 1974. 4. 13.

13 박헌영, 「역사상으로 본 기독교의 내면」, 『개벽』, 1925년 11월호.

14 『조선 사상운동 조사자료』 제1집 제2부, 조선고등법원 검사국, 1932.

15 박헌영, 「죽음의 집에서」, 『모쁘르의 길』, 1929년 제17호.

16 「개인과 결사, 공산당 사건 공판 개정에 임하여」, 『조선일보』, 1927. 9. 14. 자코·반제티 사건은 1926년 미국에 대규모 파업이 일어나자 이듬해인 1927년 혁명적 노동운동가이던 두 사람을 살인강도범이라고 몰아 전기의자에서 사형한 사건이다. 시인 임화는 억울하게 죽은 두 사람을 추모하는 시를 발표하기도 했다. 반제티는 최후진술에서 말한다. "나는 급진적이기 때문에 극형에 처해진 것이다. …… 나는 내 가족들과 나보다 더 사랑하는 사람들을 위해 고통당하고 참는다. 나를 두 번 죽인다면 나는 반드시 두 번 살아날 것이다. 다시 태어난다 해도 나는 이 길을 갈 것이다." 이 명백한 조작 사건에 대해 미국 사법부는 50년이 지난 1977년에서야 무죄 판결을 내린다.

17 「십삼일 법원 문 앞에서 그리운 가족이 담긴 자동차나 보려고 날이 저물도록 섰는데 말굽 소리만 요란」, 『조선일보』, 1927. 9. 15.

18 김철수 구술, 『자운 김철수』, 한국정신문화연구원, 1998, 229쪽.

19 훗날 북한 법정은 그가 일본 경찰에 투항한 후 서로 짜고 미친 행세를 하여 석방되었다고 주장한다. 그러나 고문으로 건강이 악화된 이는 백광흠, 박길양, 양재식, 이재익, 임형관, 신철수 등 여럿이었고 일부는 병보석되었다. 고의로 박헌영을 석방하려 했다면 굳이 미친 사람 행세를 시킬 필요도 없이 폐병 같은 내과적 질병에 걸렸다고 발표만 하면 되었을 것이다.

20 「박헌영, 김찬의 탈출기」, 『제1선』, 1933년 3월호.

21 생전의 주세죽은 딸 비비안나에게 "1928년 9월 1일 함경선 기차 안에서 너를 낳았다"고 이야기해주었다. 박비비안나의 증언, 1992년 모스크바.

22 〈눈물 젖은 두만강〉에 얽힌 사연은 박헌영의 조카이자 수행비서였던 김제술이 박헌영의 아들 박병삼에게 들려준 이야기를 토대로 했다.

23 최용달, 「삼권분립론」, 『신흥』, 1930년 7월호.

24 코민테른 동양비서부 조선위원회 회의록, 1930. 11. 4.

25 박헌영의 수행비서 김제술이 박헌영의 아들 박병삼에게 들려준 바에 따르면, 박헌영과 주세죽은 모스크바 시절부터 사실상 이혼 상태였다고 한다. 박헌영이 오로지 혁명 사업에만 빠져 냉담하자 주세죽은 다정다감한 김단야에게 끌렸다는 것이다. 상하이에서도 주세죽은 박헌영이 아

닌 김단야와 함께 살았다고 한다. 하지만 김제술이 직접 본 것은 아니며, 경찰 조서나 소련공산당의 서류 어디에도 나오지 않는 이야기로, 확인하기 어렵다.

26 김형선 일가는 어머니까지 모두 항일운동에 투신했으나 하나같이 비극적으로 사망한다. 오기영, 『사슬이 풀린 뒤』, 성각사, 1948.

27 「중앙 및 지방 동지 연석간담회 회의록」, 『조선공산당 문건자료집』, 한림대학교 아시아문화연구소, 1993, 153쪽.

28 이재유의 아버지는 면사무소에서 보조서기로 일하기도 했으나 대대로 화전을 해온 집안이다.

29 일본 경찰은 8월이 되어서야 두 사람의 체포 소식을 공개했다. 7월 15일 김형선을 체포해 취재한 결과 상하이의 박헌영으로부터 조선공산당 재건의 지령을 받았음을 알고 상하이 일본총영사관 경찰부에 수배하여 7월 18일 체포했다는 내용이었다. 이 발표는 8월 8일자 『조선일보』에 그대로 게재되었다. 그러나 1933년 7월 20일자 상하이 총영사의 비밀보고문 제854호에 따르면, 박헌영이 체포된 날은 김형선보다도 10일 빠른 7월 5일이었고, 일경은 자신들이 체포한 사람이 박헌영이라는 사실조차 모르고 있었다. 또한 박헌영은 김형선이 경성에서 어떻게 활동하고 있는지 알 수 없었으므로 김형선이 노량진에서 체포된 것과는 아무 상관이 없었다.

30 훗날 북한 법정은 김형선이 11년 이상 옥살이를 하다 해방이 되고서야 풀려나고 이재유도 수감된 지 9년 만인 1944년에 옥사한 것을 예로 들며 박헌영이 6년 만에 석방된 것이야말로 그가 일본에 항복해 동료들을 팔아넘긴 대가라고 주장한다. 그러나 9개 공장의 파업과 10여 개 학교의 동맹휴학을 직접 지도했고 두 차례나 경찰서에서 탈출해 조선을 떠들썩하게 했던 이재유가 6년 형을 받은 데 비하면 구체적인 물증이 없는 박헌영의 6년 형을 짧다고는 할 수 없었다. 조선공산당 1차와 2차 집행부의 책임비서를 맡아 법적으로 가장 높은 직위에 있던 김재봉과 강달영도 각각 6년 형을 받았으며, 박헌영에 이어 고려공청 책임비서를 맡았던 권오설은 그보다도 1년 적은 5년 형을 받았다. 김형선과 이재유가 장기간 옥살이를 한 것은 초기 형량과 상관없이, 1941년 초에 만들어진 조선사상범 예방구금령에 따라 만기가 되어도 석방되지 못하고 감호소로 이송되었기 때문이다. 이 법이 만들어지기 직전에 6년 만기를 마치고

석방된 박헌영은 운이 좋았을 따름이었다. 나중에 구속되는 이관술, 이현상 등도 운이 좋았던 경우였다.

31 이구영 구술, 심지연 정리, 『역사는 남북을 묻지 않는다』, 소나무, 2001.

32 김삼룡의 부인 이옥숙은 이순금의 가명이며, 이순금과 김삼룡은 부부 관계라고 생각하는 이들도 있다. 그러나 해방 후인 1946년 2월에 열린 조선공산당 중앙 및 지방 동지 연석간담회 회의록을 보면 이순금은 중앙당 대표로, 이옥숙은 서울시당 대표로 나란히 참석한다. 또 다른 근거로는 경성콤그룹의 핵심인 이주상이 김삼룡의 처삼촌이라는 기록이 있다. 이주상은 충남 아산 출신으로, 경남 울산 출신인 이순금과는 무관하다. 김삼룡의 부인은 이옥숙이 분명하며, 이순금이 부인이라는 추측은 김삼룡과 이순금이 경성콤그룹의 핵심 인물로 많은 시간 함께한 데서 생긴 오해로 보인다. 이순금은 때로는 박헌영의 애인으로 오해받기도 한다. 역시 늘 함께 다녔기 때문이다.

33 1942년 9월 18일부터 경성지법에서 열린 이현상의 심문 조서. 국사편찬위원회 소장.

34 고학당은 정규 학교에 다닐 수 없는 가난한 청소년들을 위해 마장동 도축장을 빌려 운영하던 야간학교였다. 소와 돼지를 잡아 팔던 도축장 바닥을 청소하고 앉아 공부했는데, 서로 돕는다는 의미에서 '갈돕회'라고도 불렸다. 학생들은 영신환 등을 팔아 생활비를 벌어가며 배웠는데, 김삼룡뿐 아니라 강귀남, 정종명 등 다수의 항일운동가가 배출되었다.

35 김태준 심문 조서, 1942년 9월 16일자, 국사편찬위원회 소장.

36 주세죽과 박헌영이 서류상으로는 이혼한 적이 없기 때문에 정순년은 호적에는 올라가지 못하고 박씨 족보에만 박헌영의 두 번째 아내로 정식 등재되었다.

37 박헌영 가문의 족보에는 주세죽이 사망일이 오기된 것처럼 정순년도 1944년에 사망한 것으로 잘못 기재되어 있다.

38 이현상의 학교 후배이기도 한 여운철은 해방 후 민전 중앙위원 등으로 활동하다가 같은 경성콤그룹 출신인 조복애와 함께 빨치산에 가담, 이현상의 남부군 정치위원으로 활동하는 인물이다. 이주상도 전쟁 초기에 충남도당 위원장으로 내려와 이현상과 함께 싸운다.

39 훗날 북한 정권은 박헌영이 경성콤그룹 명단을 일본에 제공해 모두 체포하게 만든 대가로 자기만 살아남아 광주로 달아난 것이라고 주장한

다. 그러나 경성콤그룹이 붕괴한 것은 1년에 걸친 끊임없는 체포의 결과였지 하루아침의 일이 아니었다. 국내의 공산주의 조직들이 와해되는 이유는 어느 한 사람의 밀고가 아니라 일경의 집요한 추적 때문이었다. 코민테른으로부터 조선공산당 재건의 최고 책임을 지고 들어와 생명의 위험을 무릅쓰고 활동한 박헌영이 일본의 간첩으로 돌변해 산하 조직원 명단을 몽땅 넘겨주었다는 비방은 지나치게 악의적이다. 더구나 밀고의 대가라는 것이 광주에 내려가 3년 가까이 방직공장에서 인분을 져 나르고 벽돌공장에서 벽돌을 찍는 일이었다는 것은 앞뒤가 맞지 않는다. 이 당시 전향자들은 반공 강연이나 학도병 모집 강연을 다니고 있었고, 그 대가로 편안히 살 수 있었다. 가장 유명한 공산주의자의 한 명인 박헌영이 전향했다면 공산주의에 먹칠을 하고 다른 운동가들을 좌절시킬 수 있는 최고의 선전물로 이용했을 것이다. 무엇보다도, 북한의 또 다른 주장대로라면 이 시기 박헌영은 이미 선교사 언더우드를 통해 미국의 간첩이 되어 있을 때였다. 아무런 금전적 대가도 명예도 없이 순수한 숭미사상으로 미국을 위해 봉사했다는 그가 어느 순간 미국과 전쟁 중이던 일본의 간첩으로 돌변해 동료들을 몽땅 갖다 바쳤다는 주장은 도무지 말이 되지 않는 억지다.

40 「우리 민족의 지도자 박헌영 동지의 지하 생활 일편모」, 『해방일보』, 1946. 2. 26.

41 제88정찰여단장 저우바오중의 보고서, '소련극동군 총사령관 소련 원수 바실레프스키 동지 앞', 소련 국방성 중앙고문서보관소 소장. 소련의 고문서들은 열람은 가능하나 복사나 반출이 불가능하다. 이 문서를 비롯한 많은 소련 문서들은 1991년부터 2년간 모스크바에서 북한 관계 서류를 조사한 『중앙일보』 특별취재반이 러시아 전문가를 고용해 필사한 후 번역해 한국에 반입했다.

42 김오성, 『지도자 군상』, 대성출판사, 1946, 36쪽.

43 '1945년 8월 31일 현재 제25군 전투 작전 지역에서 일본군과 제25군이 입은 손해에 관한 자료', 소련 국방성 중앙고문서보관소 소장(김국후, 『평양의 소련군정』, 한울, 2008, 20쪽).

44 샤브신 부부의 증언, 『중앙일보』 특별취재반, 『비록 조선민주주의인민공화국』, 중앙일보사, 1992, 280쪽.

45 김태준, 「연안행」, 『김태준 전집』, 보고사, 1990.

46 이주하, 「우리가 요구하는 민주주의는」, 『조선인민보』, 1946년 6월 29일 부터 5회 연재.

47 김경일, 『이재유, 나의 시대 나의 혁명』, 푸른역사, 2007, 244쪽.

48 김국후, 『평양의 소련군정』, 한울, 2008, 102쪽.

49 '북조선 정당, 사회단체 조사보고서', 1946년 9월부터 12월까지, 보고자 미상, 소련 대외정책고문서보관소 소장.

50 1948년 남북한 총인구가 2,820만 명이라는 통계에 따르면, 해방 당시 남북한의 총인구는 2,500만 명 수준이었던 것으로 추측된다.

51 박헌영이 두 번째 감옥살이에서 석방된 실제 날짜는 1927년 11월이다. 샤브시나에게 말한 1928년 7월은 재판이 끝난 시간이다.

52 김호웅 · 김해양 편저, 『김학철 평전』, 실천문학사, 2007, 225쪽.

53 A. 기토비차, 『1946년 북조선의 가을』, 최학송 옮김, 글누림, 2006.

54 소련공산당 중앙위원회 국제부 부부장 코바렌코의 증언, 1992년 5월 8 일, 『중앙일보』 특별취재반.

55 1991년 모스크바에서 레베데프의 증언(김국후, 『평양의 소련군정』, 한 울, 2008, 77쪽).

56 전 소련군 제2극동전선 제7호 정치국장 메크레르 중좌의 증언, 『중앙일 보』 특별취재반, 1991. 6. 15.(김국후, 『평양의 소련군정』, 한울, 2008, 122쪽).

57 레베데프의 증언, 『중앙일보』 특별취재반, 1991. 6. 11.(김국후, 『평양의 소련군정』, 한울, 2008, 126쪽).

58 '조선공산당 총비서 박헌영 동지와 미 제24군 사령관 하지 중장의 회담', 소련 대외정책고문서보관소 소장(『이정 박헌영 전집』 9권, 역사비평사, 2004, 250쪽).

59 샤브시나 쿨리코바의 증언, 『중앙일보』 특별취재반, 『비록 조선민주주의 인민공화국』, 중앙일보사, 1992, 286쪽.

60 미군정 보고서 G-2 Perioclic Report, No 118, 1946. 1. 8.(『이정 박헌 영 전집』 제6권, 역사비평사, 2004, 219쪽).

61 김호웅 · 김해양 편저, 『김학철 평전』, 실천문학사, 2007, 208쪽.

62 미군정 보고서 G-2 Weekly Summary No 41. '공산주의자의 일기'(『이 정 박헌영 전집』 제6권, 역사비평사, 2004, 239쪽).

63 박갑동, 「내가 아는 박헌영」, 『중앙일보』, 1973. 5. 25.

64 슈티코프, '남북 임시정부 내각안', 소련 대외정책고문서보관소 소장(김 국후, 『평양의 소련군정』, 한울, 2008, 167쪽).

65 박비비안나 소장(『이정 박헌영 전집』 제2권, 역사비평사, 2004, 306쪽).

66 에스테베스 레오노르의 증언, 1994년 모스크바(『이정 박헌영 전집』 제8 권, 역사비평사, 2004, 932쪽).

67 주세죽은 소련에서 김단야와 재혼해 아이까지 낳았지만 여전히 박헌영 을 남편이라고 표현하고 있었다. 박씨 문중의 족보에는 주세죽이 일찍 사망한 것으로 기재되어 있으나, 신양면사무소의 박씨 호적에는 현재까 지도 여전히 그녀가 유일한 아내로 등재되어 있으며, 박헌영과 주세죽 모두 살아 있는 것으로 남아 있다. 사망을 확인할 수도 없고 이혼 신고를 할 사람도 없기 때문이다. 일부일처제의 법률에 따라서 둘째 부인 정순 년은 공식 호적에는 오르지 못하고 족보에만 등재되었다.

68 미군정에 제출한 정판사 사건 변호인단 성명서, 미국 문서보관소 소장, 고지훈 발굴.

69 박갑동, 「내가 아는 박헌영」, 『중앙일보』, 1973. 7. 6.

70 레베데프의 증언, 1992년 6월, 모스크바. 레베데프는 평양비행장에 사 복을 입고 가는 바람에 회담에는 참석하지 못했지만 자신이 보고받았던 내용을 기록해두었다가 『중앙일보』 특별취재반에 제공한다.

71 소련공산당 중앙위원회 결의문, '조선에서의 소미공동위원회 사업에 대 하여'(김국후, 『평양의 소련군정』, 한울, 2008, 172쪽).

72 박헌영은 이 회의의 내용을 잡지 『건국』 1946년 8월 24일자에 상세히 소개하기까지 했다. 북한의 집권자들과 남한의 당원들에게 보여주기 위 해서였다.

73 미군정 보고서 G-2 Weekly Summary No 56, 1946. 9. 26.~10. 6. '여 운형 인터뷰'(『이정 박헌영 전집』 제6권, 역사비평사, 2004, 270쪽).

74 박병엽은 1992년 『중앙일보』 특별취재반에게 증언할 당시 모스크바에 살고 있었는데, 서용규라는 가명을 사용한다. 그의 증언은 매우 편파적 으로 북한 정권을 지지해 북한에 체류할 당시 자신이 한 일들에 대해 합 리화하는 데 집착하고 있다는 인상을 준다.

75 슈티코프 비망록, 『중앙일보』, 1995. 5. 9.

76 전 남로당 경북도당 남부 블록 제1정치위원 이일재의 증언('대구항쟁? 먹 을 것이 없어 싸운 거죠', 문제안 외, 『8 · 15의 기억』, 한길사, 2005, 172쪽).

77 김학철 자서전, 『최후의 분대장』, 문학과지성사, 1995, 326쪽.

78 신영갑의 증언, 「적색교원노조 사건과 부산 지역 조공, 사회당에서의 활동」, 『역사비평』, 1992년 봄호.

79 전 경남 여성동맹 위원장 권은해의 증언, 「일제 시기, 해방 직후 경남 지역 사회주의운동의 맥」, 『역사비평』, 1990년 여름호.

80 소련공산당 중앙위원회 '조선민주주의인민공화국 임시헌법 초안에 대한 지적과 결론', 1948년 4월, 소련 대외정책고문서보관소 소장.

81 박헌영, 「남조선 정치 정세」, 『근로자』, 1948년 5월호.

82 설국환, 「남북회담 수행기」, 『신천지』, 1948년 4월호, 72쪽.

83 온낙중, 『북조선 기행』, 조선중앙일보 출판국, 1947, 88쪽.

84 최성복, 「평양 남북협상의 인상기」, 『신천지』, 1948년 4월호, 62쪽.

85 조선노동당 중앙위원회 제1차 회의 결정서, '남북조선노동당 연합지도기관을 구성할 데 대하여,' 1948. 8. 2.(『김일성 선집』 제9권, 1994, 325쪽).

86 이 사실은 레베데프 비망록 1948년 7월 31일자와 1991년 5월 18일 모스크바에서 『중앙일보』 특별취재반이 녹취한 내용에 공통된다. 김국후, 『평양의 소련군정』, 한울, 2008, 189·279쪽.

87 전 북한 내무성 부상 강상호의 증언, 1992. 6. 1., 모스크바(김국후, 『평양의 소련군정』, 한울, 2008, 231쪽).

88 허근욱, 「나의 아버지 허헌과 언니 허정숙」, 『역사비평』, 1994년 가을호.

89 아이작 도이처, 『무장한 예언자 트로츠키』, 김종철 옮김, 필맥, 2005, 603쪽.

90 차길진 편저, 『빨치산 토벌대장 차일혁의 수기』, 후암, 2002, 154쪽.

91 『소련 외교문서』 제3권 9쪽. 정병준, 『한국전쟁』, 돌베개, 2006, 292~293쪽에서 재인용.

92 예프게니 바자노프·나탈리아 바자노바 공저, 「김일성이 지휘하는 북한 정부 대표단과 스탈린과의 대화록」, 『소련의 자료로 본 한국전쟁의 전말』, 김광린 옮김, 열림, 1998, 27쪽.

93 이 세부적인 내용은 70년이 지난 현재까지도 대외비로, 본문의 내용은 슈티코프 상장이 스탈린에게 보낸 보고서에 들어 있는 것을 번역한 것이다.

94 정병준, 『한국전쟁』, 돌베개, 2006, 419쪽.

95 박병엽·강상호·주홍성의 증언(김광운 정리. 『북한 정치사 연구 1』, 선인, 2003, 717쪽).

96 정률은 2007년 10월 서울을 방문한 자리에서 당시 상황들을 증언한다.

97 예프게니 바자노프 · 나탈리아 바자노바 공저, 『소련의 자료로 본 한국 전쟁의 전말』, 김광린 옮김, 열림, 1998, 52~53쪽.

98 박병삼의 증언, 「혁명과 박헌영과 나」, 『역사비평』, 1997년 여름호. 박병 삼은 이 사건이 벌어진 경찰서의 정확한 이름은 몰랐으나 여러 정황으 로 보아 중부경찰서로 확인된다.

99 제3중대 장리천의 야전수첩, 1950년 6월 14일자(정병준, 『한국전쟁』, 돌 베개, 2006, 636쪽).

100 『소련 외교문서』 제4권 50쪽(정병준, 『한국전쟁』, 돌베개, 2006).

101 전 부안군 인민위원장 허영철의 증언, 한국정신문화연구원 한민족문화 연구소, 『내가 겪은 해방과 분단』, 선인, 2001, 408쪽.

102 최하종의 증언, 한국정신문화연구원 한민족문화연구소, 『내가 겪은 해 방과 분단』, 선인, 2001, 324쪽.

103 박헌영이 마오쩌둥에게 보낸 이 편지는 중국 단둥의 전쟁박물관에 원 본 그대로 전시되어 있다.

104 이 증언은 조선의용군 출신으로 북한 문화선전성 부상을 지낸 후 중국 으로 망명한 김강이 중국 외교부에 소장된 '마오쩌둥과 박헌영 대화' 속기록을 확인한 후 2007년 박헌영의 아들 박병삼에게 서면으로 보내 온 내용이다.

105 일본에 거주 중인 박갑동의 직접 증언, 2008년.

106 전쟁 당시 조소문화협회 부위원장으로 회식에 참석했던 박길용의 1992년 증언이다. 내무성 제1부상이던 강상호가 1993년 『중앙일보』에 연재한 「내가 치른 북한 숙청」 제6회에도 같은 내용이 서술되어 있다.

107 중국해방화보사, 『그들이 본 한국전쟁 1』, 노동환 외 옮김, 눈빛출판 사, 2005.

108 조선문학가동맹, 『건설기의 조선문학』, 문학가동맹서기국, 1946, 136~169쪽.

109 강상호의 증언, 「내가 치른 북한 숙청」, 『중앙일보』, 1993년 제21회.

110 전 평양시당 위원장 고봉기의 증언(고봉기 외, 『조선 노동당원의 육필 수기』, 시민사회, 1990).

111 박진목, 『민초』, 원음출판사, 1983.

112 2008년 일부 국내 신문에 '미국에 거주하는 김수임의 아들이 자신의 어머니가 북한의 간첩이 아닌데 억울하게 처형당했으며, 미국의 비밀 문서에 이강국이 미국의 정보 제공자로 기록되었다고 주장했다'는 기

사가 실렸다. 그러나 미국의 본인에게 전화로 확인한 결과, 그렇게 말한 사실은 없다고 증언했다. 만일 이강국이 진짜 미국의 첩자였다면 그의 정보원이라는 김수임을 처형할 이유가 없을 것이다.

113 김민희, 「박헌영 간첩 사건의 새로운 전모」, 『월간 말』, 1994년 11월호.

114 정희상, 「박헌영은 미국의 간첩이었다」, 『월간 말』, 1991년 5월호.

115 이지훈, 「박헌영 사건으로 죄 없이 숙청된 사람 없다」, 『월간 말』, 1993년 12월호.

116 박비비안나와 『문화일보』 기자 이미숙과의 대담은 월간 잡지 『사회평론』 1992년 2월호에 '박헌영의 딸과 아들, 박비비안나와 원경스님'이라는 제목으로 게재되었다.

117 박갑동은 전쟁 때 월북해 평양에서 일할 때, 이현상과 함께 마지막까지 지리산에서 유격대를 했던 경성콤그룹 출신 여성 조복애로부터 '북한에서 빨치산 이현상을 죽이라는 명령을 내렸다'는 증언을 듣는다. 박갑동은 이 사실을 2008년 필자에게 서면으로 증언했다.

118 최진이, 「월북 작가 이태준의 통곡의 가족사」, 『월간중앙』, 2000년 11월호.

119 남파 공작원 김진계의 증언(김응교 기록, 『조국』, 현장문학사, 1990).

120 민충환, 『이태준 소설의 이해』, 백산출판사, 1992, 315쪽.

121 필립 쇼트, 『폴 포트 평전』, 이혜선 옮김, 실천문학사, 2008, 299쪽.

주요 연보

1900년(1세)

5월 28일(음력 5월 1일) 충남 예산군 광시면 서초정리에서 출생. 어머니 이학규는 아버지 박현주의 둘째 부인으로, 첫 남편과는 딸 하나를 두고 사별했다.

1912년(13세)

4월 대흥보통학교 2학년에 입학. 취학 전에 줄곧 다녔던 서당 교육을 인정받아 곧바로 2학년에 편제됨.

1915년(16세)

3월 대흥보통학교 제1회 졸업.
4월 경성고등보통학교 입학.
5월 조선중앙기독교청년회(YMCA)에서 영어 공부 시작.

1919년(20세)

3월 3·1운동에 참가, 경성고등보통학교 제15회 졸업.

1920년(21세)

9월 일본 도쿄행.
11월 중국 상하이로 망명, 사회주의운동에 입문.

1921년(22세)

1월 상하이기독청년회 영어야학부에 입학.

3월 고려공산청년회 상하이회 결성에 참가, 비서직 수행.
5월 여운형이 주도하는 이르쿠츠크파 고려공산당에 입당.
6월 주세죽과 결혼.

1922년(23세)
4월 2일 비밀리에 귀국하다가 신의주 경찰에게 체포.
5월 30일 신의주지방법원에서 1년 6개월의 징역형을 선고받다.

1923년(24세)
평양형무소에서 복역.

1924년(25세)
1월 19일 만기 출옥, 서울행.
3월 고려공산청년회 중앙총국 책임비서 재선임. 한 달 동안 신흥청년동맹의 첫 전국 순회 강연에 참가하여 남부 지역 담당.
4월 15일 『동아일보』 입사.

1925년(26세)
4월 17일 조선공산당 창립대회 주도.
5월 『동아일보』 퇴사.
8월 『조선일보』 입사.
10월 15일 신일용 필화 사건으로 『조선일보』에서 해직됨.
11월 29일 주세죽과 함께 종로경찰서에 체포.
12월 3일 신의주경찰서로 압송, 22일 신의주지방법원에서 '치안유지법 및 제령 7호 위반'으로 예심에 들어감.

1926년(27세)
7월 21일 서울로 압송되어 서대문형무소에 수감되다.

1927년(28세)
3월 31일 조선공산당 사건 예심 종결.
9월 13일 조선공산당 제1회 공판에서 법정 투쟁, 20일 제4회 공판에서 최초로 정신이상 증세를 보임.

11월 22일 병보석 신청이 받아들여져 출감해 병원에 입원.

1928년(29세)

8월 주세죽과 함께 소련으로 탈출. 탈출 도중 주세죽, 딸 박영(박비비안나) 출산.

11월 5일 모스크바에 도착, 20일 소련공산당에 입당.

1931년(32세)

국제레닌학교 졸업.

1932년(33세)

1월 25일 조선공산당 재건운동을 위해 상하이에 도착.

1933년(34세)

7월 5일 상하이에서 일본영사관 경찰에게 체포됨.

8월 초 상하이에서 나가사키를 거쳐 서울로 압송됨.

1934년(35세)

3월 29일 예심 종결.

12월 27일 경성지방법원에서 징역 6년 선고 받음.

– 아버지 박현주 사망.

– 주세죽, 모스크바에서 김단야와 재혼.

1938년(39세, 수감 중)

5월 22일 주세죽, 사회적 위험분자라는 이유로 카자흐스탄으로 5년 유배형 선고받음. 1946년 7월 10일 크질오르다로 이전되어 방직공장 노동자가 됨.

1939년(40세)

9월 대전형무소에서 출옥.

12월 12일 이관술, 김삼룡, 이현상에 의해 경성콤그룹의 지도자로 초치됨.

1940년(41세)

1월 청주 무심천변 아지트로 이주. 아지트키퍼 정순년과 부부 관계가 됨.

2월부터 1년간 서울의 아지트에 기거하며 지하운동.

1941년(42세)

1월 경성콤그룹 제1차 검거 사건을 피해 대구로 피신.

3월 21일 정순년과의 사이에 아들 박병삼 출생.

1942년(43세)

12월 경성콤그룹 제2차 검거를 피해 광주로 피신, 벽돌공장 노동자로 일함.

1943년(44세)

어머니 이학규 사망.

1944년(45세)

광주 벽돌공장에서 일하며 윤순달 등 전남 지역 운동가들과 활동. 이순금을 통해 서울의 소련영사관과 정보 교류.

1945년(46세)

8월 15일 제2차 세계대전 종식되고 일본 패전함. 이틀 후인 17일 광주 출발해 상경 길에 오름. 20일 조선공산당 재건준비위원회 결성.

9월 11일 조선공산당 재건하고 책임자가 됨.

12월 25일부터 평양 방문, 소련군정과 조선공산당 북조선분국 지도부와 신탁통치 문제에 관해 잇단 회견.

1946년(47세)

1월 2일 새벽에 서울로 귀환. 모스크바 3상 회담 결정 지지를 발표. 한민당 등 40여 단체들이 박헌영 규탄과 공산당 배격을 결의함.

2월 15일 민주주의민족전선 결성식에 참석.

4월과 6월에 잇달아 평양을 방문하고 7월에는 모스크바까지 방문하고 서울로 귀환 후 조선공산당과 조선인민당, 신민당과의 3당 합당을 결의함. 새 당명은 남조선노동당으로 확정.

9월 7일 미군정 경찰, 박헌영 등 조선공산당 지도부 체포령.

9월 29일 비밀리에 삼팔선을 넘어 월북함.

11월 23일 남조선노동당 결성되고 박헌영은 부위원장으로 선임됨.

1947년(48세)

1월 대남 사업 해주 연락소 설치.

2월 27일 미군정 경찰, 박헌영 체포에 황금 120돈의 현상금.

1948년(49세)

8월 15일 남한에 대한민국 정부 수립.

9월 9일 북한에 조선민주주의인민공화국 수립. 박헌영은 부수상 겸 외무상으로 임명됨.

1949년(50세)

3월 북한 정부 일원으로 수상 김일성, 부수상 홍명희 등과 함께 모스크바 방문.

8월 모스크바에 거주 중인 딸 박비비안나가 평양을 방문해 한 달간 함께 생활함.

9월 평양에서 윤옥(윤레나)과 재혼.

1950년(51세)

6월 25일 한국전쟁 발발.

9월 29일 베이징을 방문해 마오쩌둥에게 긴급 구조 요청.

1951년(52세)

2월 10일 외무상 명의로 유엔에 서한을 보내 미군의 무차별 폭격을 비난함.

이후 전쟁이 계속되는 2년간 미군의 세균전과 민간인 학살을 규탄하는 서한을 보내고 방송을 함.

1952년(53세)

여름에 부인 윤옥이 모스크바에서 남자아이를 출산함.

미군의 세균전에 대해 항의 성명을 지속적으로 유엔에 보냄.

1953년(54세)

3월 11일 공화국 전복 음모와 반국가적 간첩 테러 행위 등의 혐의로 체포되어 이강국, 이승엽 등 다수의 조선공산당 출신들과 조사를 받음.

8월에 재판에 회부됨. 이 소식을 들은 주세죽, 겨울에 모스크바로 향하던 중 폐렴에 걸려 사위가 보는 가운데 사망함. 윤옥과 두 아이는 탄광으로 배치되었다가 이후 종적이 사라짐.

1955년(56세)

12월 15일 미 제국주의 고용 간첩의 두목이라는 혐의로 사형을 선고받음.

1956년(57세)

7월 19일 김일성의 지시를 받은 방학세에 의해 평양 교외에서 권총으로 살해당함.

참고문헌

단행본 및 자료집

강만길 · 성대경 엮음, 『사회주의 인명사전』, 창작과비평사, 1996.

고봉기 외, 『조선 노동당원의 육필수기』, 시민사회, 1990.

김광운, 『북한 정치사 연구 1』, 선인, 2003.

김국후, 『평양의 소련군정』, 한울, 2008.

김경일, 『한국 근대 노동사와 노동운동』, 문학과지성사, 2004.

-----, 『이재유, 나의 시대 나의 혁명』, 푸른역사, 2007.

김경학 외, 『전쟁과 기억』, 한울아카데미, 2005.

김남식, 『남로당 연구 1』, 돌베개, 1984.

김오성, 『지도자 군상』, 대성출판사, 1946.

김일성 외, 『반일투사연설집』, 8 · 15해방 1주년 중앙준비위원회, 1946.

김일성종합대학 조선사 강좌, 『조선사 개요』 전 3권, 국립출판사, 1957.

김정기, 『국회 프락치 사건의 재발견』 전 2권, 한울아카데미, 2008.

김준엽 · 김창순, 『한국 공산주의운동사』 전 5권, 청계연구소, 1990.

김형석 구술, 『나는 조선로동당원이오』, 선인, 2001.

김호웅 · 김해양 편저, 『김학철 평전』, 실천문학사, 2007.

민주주의민족전선, 『조선해방연보』, 문우인서관, 1946.

민충환, 『이태준 소설의 이해』, 백산출판사, 1993.

박갑동, 『박헌영』, 인간사, 1984.

박영기 · 김정한 공저, 『한국노동운동사』 전 3권, 지식마당, 2004.

박진목, 『민초』, 원음출판사, 1983.

박치우, 『사상과 현실』, 백양당, 1946.

박헌영, 『동학농민란과 그 교훈』, 해방사, 1947.

백준기, 『한국전쟁사의 새로운 접근』, 국방부군사편찬연구소, 2001.

부루스 커밍스, 『한국전쟁의 기원』, 김자동 옮김, 일월서각, 1985.

서중석, 『한국 현대 민족운동 연구』, 역사비평사, 1996.

심지연, 『이강국 연구』, 백산서당, 2006.

-----, 『이주하 연구』, 백산서당, 2007.

아이작 도이처, 『무장한 예언자 트로츠키』, 김종철 옮김, 필맥, 2005.

안성일, 『혁명에 배반당한 비운의 혁명가들』, 선인, 2004.

안재성, 『이관술』, 사회평론, 2006.

-----, 『이현상 평전』, 실천문학사, 2007.

오기영, 『사슬이 풀린 뒤』, 성각사, 1948.

온낙중, 『북조선 기행』, 조선중앙일보 출판부, 1948.

육철식 외, 『강동정치학원 출신 3인의 이야기』, 충북역사문화연대, 2009.

이강국 외, 『민주주의 12강』, 문우인서관, 1946.

이구영 구술, 심지연 정리, 『역사는 남북을 묻지 않는다』, 소나무, 2001.

이기형, 『여운형 평전』, 실천문학사, 2004.

이소가야 스에지, 『우리 청춘의 조선』, 김계일 옮김, 사계절, 1984.

이원규, 『약산 김원봉』, 실천문학사, 2005.

이일재 외 39명 구술, 『8·15의 기억』, 한길사, 2005.

이태, 『남부군 비극의 사령관 이현상』, 학원사, 1990.

정병준, 『한국전쟁』, 돌베개, 2006.

조선문학가동맹, 『건설기의 조선 문학』, 문학가동맹서기국, 1946.

중국해방군화보사, 『그들이 본 한국전쟁』, 노동환 외 옮김, 눈빛출판사, 2005.

『중앙일보』 특별취재반, 『조선민주주의인민공화국』, 중앙일보사, 1992.

차길진 정리, 『빨치산 토벌대장 차일혁의 수기』, 후암, 1990.

편집위원회, 『이정 박헌영 전집』 전 9권, 역사비평사, 2004.

편집위원회 엮음, 『남과 북을 만든 라이벌』, 역사비평사, 2008.

필립 쇼트, 『폴 포트 평전』, 이혜선 옮김, 실천문학사, 2008.

한국노동조합총연맹, 『한국노동조합운동사』, 고려서적, 1979.

한국사연구회, 『일제하 사회주의운동사』, 한길사, 1991.

한국정신문화연구원, 『내가 겪은 해방과 분단』, 선인, 2001.

--------------, 『내가 겪은 건국과 갈등』, 선인, 2004.

A. 기토비차·B. 볼소프, 『1946년 북조선의 가을』, 최학송 옮김, 글누림, 2006.

W. F. 샌즈, 『조선의 마지막 날』, 김훈 옮김, 미완, 1986.

『남로당 연구 자료집』, 고려대학교 아세아문제연구소, 1974.
『빨치산 자료집』, 한림대학교 아시아문제연구소, 1996.
『여순 사건 자료집』, 여수지역사회연구소, 1999.
『여순 사건 자료집: 논문집』, 여수지역사회연구소, 2006.
『일제하 조선관계 신문자료 집성』, 영진문화사, 1993.
『조선공산당 문건자료집』, 한림대학교 아시아문제연구소, 1993.
『한국전쟁 전후 민간인 집단희생 관련 영동군 구술 증언록』, 충북역사문화
　　연대, 2009.
『한국현대사 자료총서』, 돌베개, 1986.
『한민족독립운동사 자료집 별책』, 국사편찬위원회, 1992.

신문

『독립신보』
『동아일보』
『로동신문』
『매일신보』
『조선인민보』
『조선일보』
『조선중앙일보』
『해방일보』
『현대일보』

잡지

『개벽』 1925년 11월호(박헌영, 「역사상으로 본 기독교의 내면」)
『근로자』 1948년 5월호(박헌영, 「남조선 정치 정세」)
『문학』 1946~1947년, 1~3호(김태준, 「연안행」)
『민고』 1946년 5월호(박치우, 「전체주의와 민주주의」)
『사회평론』 1992년 2월호(이미숙, 「박헌영의 딸과 아들, 박비비안나와 원
　　경스님」)
『선봉』 1946년 1월호(유태옥 · 박명근, 「8 · 15 이후 각지 순회기: 38선 이

　　　남편」)

『신세대』 1946년 5월호(김학철, 「한빈」)

　　　1946년 7월호(신남철, 「지도자론」)

『신천지』 1946년 2월호(전후, 「혁명의 길: 종로서 꼼그룹 사건」)

　　　1946년 2월호(귀환 학병의 진상보고 좌담회)

　　　1946년 3월호(임화, 「인물 소묘: 박헌영」)

　　　1946년 4~6월호(하준수, 「신판 임꺽정: 학병 거부자의 수기」)

　　　1946년 8월호(에드거 스노, 「미소공동점령하의 조선의 실정」)

　　　1946년 8월호(이강국, 「삼상회의 결정을 엇지하야 지지하는가!」)

　　　1947년 3・4월 합본호(전석용, 「사로는 왜 패배했는가?」)

　　　1948년 4월호(설국환, 「남북회담 수행기」)

　　　1948년 4월호(최성복, 「평양 남북협상의 인상」)

　　　1948년 7월호(조덕송, 「유혈의 제주도」)

　　　1948년 8월호(홍한표, 「반란의 제주도 이모저모」)

　　　1948년 11월호(설국환, 「반란지구 답사기」)

『신흥』 1930년 7월호(최용달, 「삼권분립론」)

　　　1932년 12월호(신남철, 「민족 이론의 3형태」)

　　　1932년 12월호(오스카 와일드, 「사회주의하의 인간정신」)

　　　1933년 9월호(레옹 피에르 캥, 「지드의 사회비판: 개인과 사회」)

『역사비평』 1989년 봄호(윤석수, 「조선공산당과 6・10항일시위운동」)

　　　1989년 여름호(이미숙, 「박헌영, 남로당에 대한 비판을 비판한다」)

　　　1989년 겨울호(이종석, 「친소파, 남로계, 연안파 숙청에 대한 연구」)

　　　1990년 봄호(한상구, 「일제시기, 해방 직후 경남 지역 사회주의운동의
　　　맥」)

　　　1990년 여름호(이일재, 「해방 직후 대구 지방의 조공, 전평 활동과 야산
　　　대」)

　　　1991년 여름호(신주백, 「박헌영과 경성콩그룹」)

　　　1992년 봄호(강용권, 「항일독립전쟁에서의 비밀연락 방법」)

　　　1994년 봄호(안소영, 「해방 후 좌익 진영의 전향과 그 논리」)

　　　1994년 여름호(샤브시나 쿨리코바, 「소련의 여류학자가 만난 박헌영」)

　　　1994년 겨울호(허근욱, 「나의 아버지 허헌과 언니 허정숙」)

　　　1994년 겨울호(김재용, 「북한의 남로당계 작가 숙청」)

1995년 봄호(김민철, 「일제하 사회주의자들의 전향 논리」)

1996년 봄호(한지희, 「국민보도연맹의 조직과 암살」)

1997년 여름호(박병삼, 「혁명과 박헌영과 나」)

1998년 봄호(김종민, 「제주 4·3항쟁: 대규모 민중 학살의 진상」)

2002년 겨울호(임경석, 「김철수와 그 경쟁자들」)

2003년 겨울호(기광서, 「해방 직후 조선공산당에 대한 소련의 입장」)

2005년 봄호(김태우, 「한국전쟁기 북한의 남한 점령 지역 토지 개혁」)

2006년 겨울호(박태균, 「반탁은 있었지만 찬탁은 없었다」)

2006년 여름호(김성호, 「민생단 사건과 만주 조선인 빨치산들」)

『월간 말』 1991년 5월호(정희상, 「박헌영은 미국의 간첩이었다」)

1993년 12월호(이지훈, 「박헌영 사건으로 죄 없이 숙청된 사람 없다」)

1994년 11월호(김민희, 「박헌영 간첩 사건의 새로운 전모」)

『월간중앙』 2000년 11월호(최진이, 「월북 작가 이태준의 통곡의 가족사」)

『인민』 1946년 3월호(박달환, 「인물월단: 박헌영」)

『재건』 1947년 2월호(조헌영, 「영남소요의 진상, 원인, 대책」)

박헌영 평전

초판 1쇄 펴낸 날 2020. 1. 23.

지은이   안재성
발행인   양진호
책임편집   김진희
디자인   김민정
발행처   도서출판 인문서원

등 록   2013년 5월 21일(제2014-000039호)
주 소   (07207) 서울시 영등포구 양평로21가길 19, 우림라이온스
            밸리 B동 512호
전 화   (02) 338-5951~2
팩 스   (02) 338-5953
이메일   inmunbook@hanmail.net

ISBN   979-11-86542-60-6 (03990)

이 도서의 국립중앙도서관 출판예정도서목록(CIP)은 서지정보유통지원시스템
홈페이지(http://seoji.nl.go.kr)와 국가자료공동목록시스템(http://www.nl.go.kr /
kolisnet)에서 이용하실 수 있습니다.(CIP제어번호: CIP2019052720)